JN235673

松本城

福山城再建天守

弘前城天守南東面

高知城天守と追手門

会津若松城復元天守・同走長屋

備中松山城天守

熊本城大天守・小天守

犬山城天守

佐賀城鯱の門及び続櫓（北西面）

白河小峰城復元三重櫓

松本城月見櫓仰視

田中城本丸櫓南面

松本城渡櫓東面

熊本城東十八間櫓内部

熊本城源之進櫓北面

熊本城監物櫓北面

平戸城狸櫓南西面

平戸城模擬天守

福知山城再建天守

昌龍寺鐘楼南西面

高知城詰門

高知城黒鉄門

上田城西櫓北面

上田城復元本丸東虎口櫓門

津和野藩邸物見櫓南東面

会津若松城鐘撞堂東面

新発田城旧二ノ丸隅櫓東南面

神戸城太鼓櫓西北面

土浦城太鼓櫓門南西面

笠間城八幡台櫓南面

城郭建造物遺構

「櫓」探訪(上)

美坂 龍城

文芸社

目次

序章

御挨拶

私は中学生の頃から城に魅せられて、現在まで各地の城址を探訪してきました。昭和五〇年頃、東海古城研究会に入会させて頂き多くの知己を得て、毎月一回の研修会を楽しみに働いてきました。

以前から城郭の櫓《やぐら》について興味があり、平成元年から櫓を中心として近世城郭を探訪するようになりました。そして幾つかの移建櫓の存在も知り、探訪を繰り返しようやく目処がつきましたので発刊させて頂きます。

何分浅学菲才の身ですので皆様方の御意見・御叱声を賜りたいと思いますので宜しく御願い致します。

美坂龍城

第一章　城郭建造物遺構『櫓』

はじめに

明治維新時の日本において、城郭としての構造を有したものは、三五〇余城あったといわれているが、明治新政府も実際にはその正確な数を、把握していなかったようである。明治五年（一八七二）、新政府の兵部省は陸軍省と改称され、同年一二月に「城郭存廃決定」が陸軍省から大蔵省に通達された。これが明治の廃城令である。全国の城郭の要・不要の区分がたてられ存廃が決定した。この時、存城となったのが東京城（旧江戸城）など四三城・一要害で、各地方の主要な城郭は大部分存城とされ、後に存城は追加され五八城となった。さらには首里城（沖縄県）も追加されている。

廃城となったものは、一二五城・一九要害（仙台藩の支城）・一二六陣屋であった。これら廃城となったほとんどの城郭の建造物は入札で取り壊され、大半のものは失われた。また存置城郭の建造物は廃城に較べてはるかに良く保たれたが、兵営構築・失火などで次第に失われていった。また戦災で、多くの城郭の天守・櫓・城門等が焼失した。台風や火災により消失した例もある。城郭建造物払い下げの際、破壊を免れた城門などは、寺社・民家などに移建され比較的多く遺存するが、櫓のそれは僅かである。

櫓の現存状況は大きく二つに分けられる。一つは各城址に現存し、国・都府県・各市町等の文化財に指定されていたり、城址そのものが各指定史蹟で、櫓もその一部として扱われているものである。その中でも本来の位置に存するものと、同一城内ではあるが移建されたもの、あるいは城外に移建され、また城内に再移築復元されたものもある。もう一つは城外に移建されたもので、その中でも文化財に指定されているものもあれば、所有者が大切に保存しているものもある。しかし民間の倉庫や物置などになって、朽ち果てようとしているものもある。本稿は、櫓について概説するものであるが、櫓門は多くの書籍に城門として扱われているので、多くは記述しない。

櫓の起源と略歴

〝やぐら〟の城郭の防御的構築物としての発生は古く、古代の城柵時代から、要所に丸太を組み合わせ展望性を良くした井楼（せいろう）を建てたのが源流であるといわれている。ところが、平成四年（一九九二）五月に、弥生時代の大環濠集落として知られる奈良県磯城郡田原本町の唐古・鍵（からこ・かぎ）遺蹟から、二階建て以上の本格的な楼閣を線刻で描いた画期的な紀元一世紀の絵画土器が発見された。これは日本建築史の根本的な見直しを迫るものであるとされ、さらに考古学・文化史など、広く弥生文化の位置付けに大きな波紋を投げかけることは必至である、といわれる。

楼閣とは、高殿や物見などの高層建築のことである。楼は弓を射る穴の開いた建物で、防御施設である。閣とは高殿のことである。中国・漢では二階建て以上の楼閣が造られた。

今から二〇〇〇年近く前の弥生時代の日本の住居は、竪穴式住居が一般的で、屋根が少なくとも二層あり、屋根の垂木の上に土台を置き、さらに小さな建物を重ねる本格的な重層建築は、六世紀末の寺院建築である飛鳥寺（奈良県）まで無かった。土器の絵は壺を焼成する前に描かれていて、楼閣を故郷で見て知っていた中国人が来て描いたというよりは、実際に目前にある建物を、唐古の弥生人が描いた、と解釈するのが自然である、とされた。

「楼観・城柵を厳かに設け…」と『魏志倭人伝』が描く邪馬台国女王・卑弥呼の宮室状況より、さらに二〇〇年以前に、この楼観を彷彿とさせる建物が、奈良県に存在していた可能性が高い、とされる。この絵画土器の推定年代は、中国でいうと後漢時代の初めに相当するが、ちょうど当時の中国大陸では、これと似た重層の楼閣が普遍的に造られていたことが知られている。墓からの出土品や壁画・画像石などに描かれているものから判明するわけであるが、多くは大邸宅の前面や隅に建てられた望楼（物見櫓）、あるいは門の両脇に一対立つ闕（けつ・門楼）のような類の建物である。なかには、官衙（かんが・役所）・関所・市場などに建つ楼閣を描いたものもある。今回発見された絵画土器に描かれた重層建築物等が、日本の城郭における櫓や天守の源流となったとも考えられる。

古代の〝やぐら〟は、蔵・兵庫（つわものぐら）・楼（やぐら）などと記され、専ら武器や収穫穀物の貯蔵と見張りが目的であった。

中世になると、土塁の隅や城門の上に弓矢を常備して、監視の兵が置かれる矢座（座＝くら・すわる場所）・矢倉・矢蔵・矢庫と記される櫓機能の原型が生まれて武士の館や山城に多く建てられた。なお、中世の櫓建物は、一二世紀から一六世紀前半まで、あまり変化は見られなかったようである。そして、その位置や形状によって既に、高櫓・出櫓（だしやぐら）・関櫓（きどやぐら）・向櫓（むかいやぐら）などと称し、井楼（せいろう）と呼ばれる組み上げ式の櫓も存在していたといわれている。応永の乱（一三九九）・永亨の乱（一四三八）・応仁の乱（一四六七〜七七）などでは高さ、二〇〜三〇m以上もの大井楼が、数多く戦場に建てられた。近世に入ってからの、大坂の陣・島原の乱でも同様であった。中世の櫓の状態は絵巻物などに描かれており、全国各地の中世城郭の発掘現場からも、掘立式の矢倉柱穴が出土している。矢倉は門の上に建てるものを楼門・櫓門といい、塁上に建てるものを隅櫓といった。矢倉が櫓と記されるようになったのは、戦国期からである。

その他、中世の戦闘用の矢倉としては走矢倉（はしりやぐら・走櫓）がある。これは近世でいう多聞櫓にあたる。塁に開いた虎口の門上に長屋状建物をわたす構造である。土矢倉（つちやぐら）は、矢倉の外側の板壁にあたる部分が、土壁でできている櫓のことで、防火建築にあたる。出矢倉（だしやぐら）は、矢倉の下に車がついていて、移動できる構造で、攻撃や防備に井楼と共に多く築かれた。山車矢倉（だしやぐら）・車井楼（くるませいろう）とも記されている。

戦国末期になると寺院建築の影響を受けた櫓が現れ、城郭の宮殿化に伴う装飾と防備を兼ねた恒久的な設備となった。

近世城郭において櫓は、攻撃・防備を主体として建てられたが、倉庫として、また一城の飾りとしての要素も強かった。櫓も天守と同様に江戸初期に入ると、定形化が進み、その立面・平面とも同じ形状の櫓ばかり建てられるようになる。

安定した徳川政権下、城が政庁・宮殿化した現れとして、戦闘面よりも住居面の色彩の強い櫓も各城にあった。江戸末期、物情騒然たる中で、天守の代用である井楼が二条城・上田城などに建てられた。

明治から終戦にかけて多数の城郭建造物が消滅したが、城址に遺存しているものについては解体修理や外観修理がなされ、それぞれ文化財などに指定されている。また、昭和三〇年頃（一九五五頃）から、全国各地の城郭の天守・櫓・城門などが相次いで復元・復興された。現在は平成の築城ブームといわれ、かつてはややもすれば、史実を一部無視した乱造が多かったのに較べ、史料等を精査して、忠実に復元されている。

櫓の分類

近世城郭において多くの櫓は、塀あるいは、他の櫓と連結して、城内の郭の要所に配されていた。その形態は配置の場所・外観・機能・構造方式などで異なるが、隅（角）櫓と多聞（多門）櫓に大別できる。その他、附櫓・渡櫓・続櫓・走櫓・出櫓・天秤櫓などがある。

Ⓐ隅櫓――石塁・土塁が突き出した隅に造られた櫓。

（イ）二重櫓――隅櫓は展望性を考慮して通常二重櫓が多い。また、二重櫓は外から見て屋根が二重になっている櫓の総称で、渡櫓・多聞櫓・附櫓にも用いられる。近世に入って城に装飾的要素が強くなると、主要な櫓・生活用の櫓も二重になってその外形・内形体も一城内で単一化する。二重櫓は、移建櫓も含めて現存するものが多い。

（ロ）三重櫓――三重櫓はカザシ（城の内部を外部から見透かされないようにするための遮蔽物一般をいう）用の櫓・戦闘面の要となる櫓・小天守・外郭の突端・本丸の隅・見通しの悪い所などに建てられた。また、仙台城・江戸城・大坂城・津城・明石城・福井城などでは、天守が無かった代わりに本丸塁線上に三重櫓を連ねた。三重櫓は装飾的な意味合いが強い。

三重櫓の遺構例として、弘前城三基・会津若松城御三階櫓・江戸城富士見櫓・名古屋城清洲櫓・彦根城三重櫓・明石城二基・福山城伏見櫓・高松城二基・熊本城宇土櫓の計一三基である。

（ハ）単層櫓――多聞造のものが多いが、遺構例として伊勢亀山城多門櫓・大分城宗門櫓・日出城裏門櫓などがある。

（ニ）御三階櫓――櫓ではないがこの名称は、外様の雄藩の居城を筆頭に天守建築の代名詞として用いられるようになった。徳川政権膝元である関東では、江戸開府以前から存在した小田原城と沼田城の天守以外は、幕府の政策等から三層天守を天守と呼ばずに御三階櫓と称した。高崎・忍・佐倉・古河・関宿・大多喜・川越・水戸などの各城が天守といわず御三階櫓と称した。

川越城の御三階櫓は富士見櫓と称し、忍城御三階櫓は江戸城富士見櫓の外容と同じであった。久留里城は二重三階構造で、宇都宮城・烏山城の御三階櫓の存在については、不詳である。関東以外では、高田城・盛岡城・米沢城・白石城・山形城・徳島城・園部城などにあった。また、弘前城・平城・岩村城・金沢城・篠山城・鳥取城などは三重の隅櫓を御三階櫓と称して天守代用とした。

近世初頭に築造した五重天守やそれ以前からの天守が焼失して、三重隅櫓を改築したり、天守の旧位置に三重櫓を建てて御三階櫓と称した例もある。また、盛岡城・水戸城・久留米城などは四階の天守を御三階櫓と称して幕府より造営許可をもらっている。水戸城御三階櫓は古写真で見ると三層であるが、実質的な階数は五階になっていた。現在、高田・忍・大多喜・久留里の各城址に再建されていて、なかでも高田城の櫓はほぼ忠実に再建されている。

◎風子（カザシ）の櫓と蔀（シトミ）の櫓――櫓は塀・植物などと共に城内を見透かされないようにする目的があり、塁線上に多聞櫓・二重多聞櫓を連ねたり、二重櫓・単層櫓を置いて城外からの視線を遮断した。これらの櫓を風子の櫓といい、城内側に築いた櫓を蔀の櫓といった。

Ⓑ多聞櫓（多門櫓）――中世の走矢倉が発達した建物である。城郭の塁線上に造られた桁行を長大にした長屋で、多聞長屋ともいわれ、石垣と壁面をそろえ城壁となる。松永久秀が大和多聞城で、初めて構築したのに由来するといわれる。用途は兵器庫などの蔵である。代表的な櫓の一つで、石垣上の大部分を多聞櫓にする例もみられる。遺構例として松本城天守の渡櫓、彦根城天守の多聞櫓・同西ノ丸多聞櫓・同天秤櫓・同佐和口多聞櫓、大坂城大手門渡櫓、姫路城の西ノ丸の一連の多聞櫓・同二ノ丸の渡櫓・同腹切丸・同本丸の一連の多聞櫓・同天守郭の渡櫓、福知山城銅門続櫓、高知城本丸多聞櫓三棟、伊予松山城隠門続櫓、高松城水ノ手門脇多聞櫓、佐賀城鯱の門渡櫓、福岡城南二ノ丸多聞櫓、熊本城源之進櫓をはじめ一連の多聞・同監物櫓・同平櫓などである。

その他、平戸城北虎口門、佐伯城三ノ丸櫓門、福山城筋鉄門、丸亀城大手門、金沢城石川門、江戸城の各門、弘前城の各門、庄内松山城大手門、二条城の各門など、櫓門と称するものの上部は、通常多聞櫓となっていた。また、金沢城三十間長屋は、同城の薪ノ丸に火薬庫として造られた二重二階の多聞櫓で特異なものである。

多聞櫓は、現存する伊勢亀山城の多門櫓のように隅櫓としたものは少なく、多くが姫路城西ノ丸や熊本城東嶽ノ丸のように塁上に連なって塀の役割をなしたもので、天守や櫓の渡櫓としての利用も多かった。多くが単層であるが、二重のものもかなりあった。

Ⓒ附櫓（つけやぐら）――天守などに附属する櫓で遺構例として、松江城天守前面の一重附櫓、松本城の天守東南に附属する辰巳附櫓、彦根城天守の一重附櫓などがある。

Ⓓ渡櫓（わたりやぐら）――城郭の虎口門上は、多くは桝形になっているが、ここに置かれた櫓で、櫓台と呼ばれる左右の石垣の上に渡したもので、櫓の下の石垣と石垣との間は門が附され、渡櫓門、あるいは単に櫓門と呼ばれる。また、石垣の上に長く渡っている櫓をさす場合もある。遺構例として、松本城天守渡櫓、姫路城一連の一重・二重の渡櫓、高松城新郭渡櫓などがある。

Ⓔ続櫓（つづきやぐら）――門、あるいはその他の櫓などと接続する櫓で、門に連な

る遺構例として、彦根城太鼓門、佐賀城鯱の門、伊予松山城隠門に存在する。また、他の櫓に接続する例には、彦根城西ノ丸三重櫓・同天秤櫓、高松城着見櫓、熊本城宇土櫓などにそれぞれ続くものがあり、いずれも一重櫓である。

Ⓕ走櫓（はしりやぐら）――走りやすく広くした櫓で石垣の上に長く延びる櫓をさすが、これは渡櫓・あるいは多聞櫓ともいわれる。

このように多聞櫓・渡櫓・櫓門・続櫓・走櫓は諸書により必ずしもその区分が明確ではない。

◎幕末の井楼――勢楼とも呼ばれ、今日の盆踊りのやぐらに似ていて、火の見櫓などが連想できる。江戸末期に築造された二条城二ノ丸塁上の井楼・上田城二ノ丸火の見櫓・五稜郭主殿上の井楼などが著名である。

Ⓖ天秤櫓――彦根城に現存し中央部が一種の櫓門で、門の左右に二重二階の隅櫓も連ねる。左右対称に見えることから、天秤櫓の名称がある。

櫓の名称

Ⓐ方位を櫓名としたもの

（イ）十二支――名古屋城本丸隅櫓二基、弘前城隅櫓三基、江戸城隅櫓、明石城隅櫓二基、伊予松山城などに現存し、多くの近世城郭の櫓が、艮（うしとら）・巽（たつみ）・坤（ひつじさる）・乾（いぬい）などと名付けられた。特異例として日出城・高取城・高山城などのように、東北方向の鬼門を櫓名としたものもあった。その中で日出城鬼門櫓は移築現存している。

（ロ）東西南北――松本城は東西南北で櫓名を統一し、仙台城の本丸には東脇櫓・西脇櫓があった。他の城郭にも多くみられた。

（ハ）いろは――方位ではないが、イの櫓・ロの櫓・ハの櫓と称する例は姫路城に多数現存し、かつては桑名城にもあった。

（ニ）江戸口櫓・京口櫓――地名方向を表す櫓で、江戸を中心とした関東、京都を中心とした近畿の城に多かった。

Ⓑ数字を櫓名としたもの――数字を並べた櫓で、大坂城二ノ丸の一番より十番までの櫓で、現在一番櫓と六番櫓が遺る。福山城にも神辺櫓の一番から四番までがあった。

Ⓒ形状を櫓名としたもの――平櫓・高層櫓・高櫓・丸櫓・方（かく）櫓・三角櫓・五角櫓・六角櫓・八角櫓などである。その中で、熊本城に平櫓と名付けられた櫓が現存する。丸櫓以下については、遺構例がなく実体は不明である。

Ⓓ位置を櫓名としたもの――本丸櫓・二ノ丸櫓など立地場所を櫓名としたもので、これも多くの城郭にみられた。

Ⓔ櫓の階数を名称としたもの――一層櫓・二層櫓・三層櫓・あるいは二重櫓・三重櫓など、熊本城の飯田丸五階櫓・同三階櫓・数寄屋丸五階櫓などは有名であった。

Ⓕ記号を櫓名としたもの――卍櫓・巴櫓があるが実体は不明である。

Ⓖ人名や櫓の管理者の名前を櫓名としたもの――櫓名に人名や管理者名を用いたので、その城にゆかりのある人名が多かった。平城の弥市櫓、熊本城の大木弥助預櫓・長岡図書預櫓（監物櫓・現存）・有吉織部預櫓など、岡山城の伊木長門屋敷内櫓・池田主税屋敷内櫓・上阪多仲屋敷内櫓などや大坂城の鉄砲奉行預方櫓などがあった。

Ⓗ動物・植物名を櫓名としたもの――高松城の鹿櫓・龍櫓・烏櫓（からすやぐら）・虎櫓など、また虎櫓は川越城などにもあった。平戸城には狸櫓が現存している。江戸城には梅林櫓があった。

Ⓘ守護神を櫓名としたもの――天守の最上階にその城の守護神を祀る例は多いが、櫓にも宗教的な色彩の濃いものが多い。各城の天神櫓が挙げられ、伊予松山城の天神櫓は復元されている。岩村城・笠間城には八幡櫓があり、笠間城の八幡(台)櫓は移築現存する。

Ⓙ千貫櫓・重箱櫓――櫓の中でも一城内で一段と大規模な櫓を千貫櫓と称した。大坂城大手門脇に現存し、かつては犬山城などにもあった。

重箱櫓は、重箱のように初層と上層を同じ大きさに造った櫓で、規模の大小を問わない。高崎城乾櫓、犬山城宗門櫓、臼杵城畳櫓・卯寅口門脇櫓なども現存する。

櫓の用途と目的

Ⓐ物見を目的とした櫓

（イ）着到櫓

門のそば、特に虎口上や左右にある櫓を総称して軍学で着到櫓という。何々門脇櫓という櫓の全てが着到櫓で、隅櫓の約半数以上が何らかの形で着到櫓的な存在であった。その起源は出陣の時や、戦後に集まった軍勢の来着を記したり、入城する者の記帳や検問をする番所からきているといわれる。物見の櫓ともいわれ、評定・人数の手配・下知などの会所として用いられたとされる。金沢城石川門櫓（菱櫓・現存）、江戸城西ノ丸伏見櫓（現存）、仙台城大手門脇櫓（復元）、大坂城大手門脇千貫櫓（現存）、福山城筋鉄門脇伏見櫓（現存）、大分城東ノ丸着到櫓（復元）などがある。また、着到櫓は着見櫓ともいって高松城北ノ丸水手門脇に現存する。

（ロ）物見櫓

近世城郭では何らかの形でどの櫓も物見の役割を備えていた。吉田陣屋物見櫓（馬見櫓・現存）や松坂城・米子城の遠見櫓、船の往来や潮流を監視した潮見（汐見）櫓は、かつては、江戸城、赤穂城、宇和島城などに存在し、福岡城潮見櫓は解体保存中である。その他、平戸城沖見櫓・日出城望海櫓などがあった。

Ⓑ太鼓櫓・時鐘櫓

太鼓櫓は登城の合図の太鼓打ちや、時刻を告げるための櫓で、内部に太鼓を置く櫓である。涌谷要害太鼓堂、土浦城太鼓櫓（櫓門）、姫路城太鼓櫓、掛川城太鼓櫓などが現存している。その他、伊勢神戸城、柏原陣屋、園部城、白河小峰城の各太鼓櫓が移築現存する。

太鼓でなく鐘を使用した櫓も多かった。

岩槻城時鐘櫓、福山城鐘櫓が遺構例である。また、高遠城太鼓櫓や出石城辰鼓櫓は明治・大正の建築であるらしいが、この種の櫓の形状をよく伝えているものといわれている。

◎時の鐘・時の太鼓――城郭の太鼓櫓や鐘櫓が、主に城内やその付近に時などを知らせたのに対して、時の鐘・時の太鼓と称されるものは、多くは城近くの町中にあって、城下の人たちに時や異変などを告げた。花巻城の時の鐘、川越の時の鐘、忍城の時の鐘、須坂陣屋の時の鐘、松代藩の鐘楼、美濃北方陣屋の時の太鼓、和歌山城下岡山の時の鐘堂、日出城の時の鐘、三原城下の鐘撞堂などが有名である。方形造や切妻造で袴腰を張った高櫓か、切妻で、柱は四方転びの屋形型式の建物が多い。太鼓や鐘のみ遺存する例も多い。

Ⓒ人質を入れる櫓

戦国期には数多くの人質櫓があったらしいが、大半は落城伝説や小説によって創作されたものである。戦時に人質を入れるための櫓であるが、彦根城人質郭・姫路城腹切丸などの人質郭もあった。近世城郭で実質的な人質櫓は、大坂城にあったくらいで、あとは単なる名称に過ぎないものといわれている。津和野城、福山城、大分城などにあって、大分城の人質櫓は現存している。

Ⓓ倉庫や食料などに関する櫓

(イ)武器に関するもの――松江城・今治城などの武具櫓、本荘城・平城・名古屋城などの弓櫓、犬山城・松江城などの弓矢櫓、福山城・新発田城などの鉄砲櫓、犬山城の大砲櫓・小銃櫓、本荘城・村上城・名古屋城・福山城などの具足櫓、岡山城・名古屋城などの旗櫓、高取城・宇和島城などの煙硝櫓をはじめ、鉛櫓・玉櫓・修羅櫓などと呼ばれたものがあった。

(ロ)納戸櫓と道具櫓

納戸(なんど)とは、衣服・諸道具を入れておく室で、これを櫓名とした城郭も多かった。江戸城・岡崎城・新庄城などの大納戸櫓や、熊本城・岡山城・新庄城などの小納戸櫓、また犬山城には道具櫓があった。

(ハ)食糧保存のための櫓

大坂城・名古屋城などの糒(ほしいい)櫓、本荘城の粮米(りょうまい)櫓、岡山城・会津若松城の干飯櫓、高松城の米櫓、岡山城の油櫓、熊本城の茶櫓、姫路城・岡山城の塩櫓、高取城の竹櫓などがあった。

(ニ)台所櫓と水櫓

台所櫓は籠城戦に備えての櫓で、通常天守の附櫓として存在していたが、泰平の世になると天守より分離された。現存する大洲城台所櫓は小天守として使用された。龍岡城台所櫓は幕末の建造で、規模が大きい。姫路城台所櫓は、本丸二の渡櫓に附属する。

水櫓の水ノ手櫓・要(かなめ)ノ櫓は、城内の水源・井戸などを外部から守るための櫓で、井戸櫓・井郭櫓は、井戸・水源を櫓内に包合した櫓であった。井戸掘りのできない城ではダムを造って溜池を築き、そこに要ノ櫓を構えた。この櫓は水を汲み上げるために滑車を伴った切妻造のものが多かった。大坂城天守台に金明水井戸屋形が現存する。また、各城郭には水ノ手郭を守備するための水ノ手櫓があり、水ノ手の池の上に井楼を組み櫓を建て、また水ノ手郭のない場合、河川などに井楼を上げ櫓を置いた。要櫓は井楼形に井桁を組みあげて、その上に櫓を構えたもので現存例はないが、遠州二俣城の井戸櫓が寺院に再建されている。水ノ手に関する櫓を総称して水櫓といった。なお、姫路城には井郭櫓が現存する。

Ⓔ風雅のための櫓と居住性を重視した櫓

全く戦闘面を考えない風流のための櫓で、四方吹き抜けの望楼・高欄が最上階にあった例もある。月見櫓・花見櫓・涼（すずみ）櫓・富士見櫓などである。月見櫓は、松本城・岡山城・田中城・江戸城に現存する。その中で、田中城の櫓は復元された。また、江戸城の月見櫓は伏見櫓の別称である。

関東地方の城郭では、富士信仰と結びついて富士山を望見する櫓があり、富士見櫓と呼ばれ江戸城に現存する。かつては川越城・宇都宮城・諏訪高島城にも存在した。遠距離の城では白河小峰城富士見櫓も挙げられる。涼を取るための櫓として古河城・高崎城・福山城などには涼櫓があった。花見のための花見櫓は、小諸城・福岡城などにあり、福岡城の花見櫓は解体保存中である。また、今治城には山里櫓が復元されている。

これらと関連して居住面の色彩の強い櫓も各城郭にあった。福山城や名古屋城の畳櫓と呼ばれたものがそれで、名古屋城の場合、城内に面した多聞櫓で同心屋形を兼ねていたものといわれている。なお、臼杵城には畳櫓が現存する。また、現存する大洲城高欄櫓もこれらと同種のものといえる。本格的な居住用の櫓としては、姫路城の化粧櫓が有名でその規模は内外とも二層、内部は書院造で徳川家康の愛孫千姫が、休息所として使用したものと伝わる。

Ⓕ伏見櫓とそれに類似した櫓

徳川家康が江戸開幕の際、豊臣氏を征したことを世に知らしむるべく、伏見城の建造物を諸大名に与え各城へ移建させた。どの櫓も桃山風の重厚なものだったらしい。福山城伏見櫓を除き、はっきりした伏見城の遺構とは認め難い。江戸城西ノ丸・福山城本丸に現存する。かつては、岸和田城・淀城・大坂城・尼崎城・膳所城などにも存在した。豊臣秀吉の伏見城は、慶長五年（一六〇〇）の関ケ原合戦前に焼失しているので、それ以後、家康により築かれた伏見城の遺構であるといわれる。その中でも、福山城伏見櫓は内部二重目の木材に「松ノ丸ノ東やぐら」と記された墨書があるところから、伏見城松ノ丸にあった櫓であると考えられている。また、江戸城伏見櫓は伏見城の古材を利用して建てられたものといわれている。

伏見櫓のように、廃城となった城の建物を移築して、その城の名を櫓名としたものに、名古屋城清洲櫓（現存・西北櫓）・福山城神辺櫓・熊本城宇土櫓（現存）などがある。その内、清洲櫓は解体修理の結果、再用材が明らかになり、ある程度、清洲城小天守移建説が証明されたが、宇土櫓の場合、明治初期の古写真に同型状の櫓が多く撮影されていて、小西行長の宇土城天守移建説は、現在では一応否定されている。また彦根城の場合、天守は大津城から、太鼓櫓門は石田三成の佐和山城から、天秤櫓は長浜城大手門を、西ノ丸三重櫓は小谷城天守をそれぞれ移建したものと伝わる。この中で、天守は解体修理の結果裏付けされたが、あとの移建説は疑問視されている。

ところで、新たに城郭が築かれる場合、

近隣の旧城の建造物を移建して利用した例は多い。現存する弘前城亀甲門（かめのこもん）は、大光寺城の城門だったと伝わる。加納城御三階櫓は岐阜城から、犬山城の櫓二棟と城門などは、美濃金山城から移建されたものといわれる。桑名城の神戸櫓は伊勢神戸城からの移建、高取城宇陀櫓は大和宇陀郡秋山城からの移建、岡山城の大納戸櫓は亀山城（沼城）の天守の移建、その他、岡山城には近辺の諸城の建物が移されている。現存する伊予松山城の乾櫓や隠門は、松前城（まさきじょう）からの移建など、実証されたものや、伝承の域を出ないものなど様々である。

櫓の外観と平面構成

Ⓐ外観

入母屋造の二重・三重のものが多いが、臼杵城卯寅口門脇櫓や福岡城南二ノ丸多聞櫓の南隅櫓のように切妻造の櫓もあった。また、涌谷要害太鼓堂の現状は寄棟造である。

多聞櫓の上にのった二重・三重櫓もあった。姫路城西ノ丸外周の一連の櫓と二ノ丸の隅櫓、彦根城西ノ丸三重櫓・同天秤櫓・佐和口門櫓、復元された仙台城大手隅櫓、現存する掛川城太鼓櫓などは、多聞櫓の上に望楼をのせたものである。

Ⓑ平面構成

（イ）Lの字形――九〇度に曲がった櫓で、大坂城乾櫓が現存する。かつては水戸城・古河城にも存在したし、新発田城天守もこの形状であった。小田原城二ノ丸隅櫓は復元されている。

（ロ）塁線に沿って湾曲したもの――姫路城本丸のハ・ニの渡櫓が現存する。

（ハ）不整形な平面を持ったもの――菱櫓とか菱形櫓と呼ばれる。金沢城菱櫓（石川門櫓）が現存し、かつては江戸城・川越城・鳥取城・岩村城・小浜城・淀城などにもあった。

（ニ）コの字形のもの――多くが多聞櫓で櫛形櫓と呼ばれ、姫路城帯の櫓が現存し、かつては平城・福山城にあった。

（ホ）くの字形のもの――姫路城に折廻櫓が現存する。

（ヘ）扇形のもの――扇櫓と呼ばれ大分城に存在した。

櫓の現存状況

前述したように特に隅櫓の現存状況をみると、城址現存と移建とに大別できる。城址現存の櫓は一部を除いてそれぞれの文化財に指定されていたり、史蹟の一部であるのが現状である。これらの櫓は修理もなされ保存状態は大概良好である。城址現存の櫓でも同一城内から他へ移建されたものもある。新発田城二ノ丸隅櫓が本丸鉄炮櫓址に、高松城艮櫓が太鼓櫓址へそれぞれ移建され、また、掛川城太鼓櫓も往時と位置が違っている。それに明治初期に城外に移建されたもので、城内に戻されたものもある。高崎城乾櫓は旧来とは三〇〇m程位置が違っているが、城址に戻されている。

移建された櫓の中で、寺社などの鐘楼・茶室などになっているものは、改造されているものもあるが、文化財に指定されているものもあり、その保存状態は、大概良好である。しかし、かつて移建され一般民家として使用されたり、倉庫・物置などになっている建物の中には老朽化が甚だしいものもある。

移建櫓

移建櫓で、現在存知されているのは、以下である。

Ⓐ移建櫓

①福岡城――潮見櫓・花見櫓（解体保存中）
②日出城――鬼門櫓・裏門櫓
③吉田陣屋（広島県）――物見櫓の一部
④下津井城――単層櫓
⑤柏原陣屋――太鼓櫓
⑥三日月陣屋――陣屋址に復元中
⑦園部城――太鼓櫓
⑧高槻城――二ノ丸櫓
⑨高取城――火薬櫓
⑩水口城――隅櫓（約一割の遺材を用いて再建）
⑪膳所城――本丸二重櫓
⑫菰野陣屋――隅櫓
⑬伊勢亀山城――城門多聞櫓部
⑭伊勢神戸城――太鼓櫓
⑮犬山城――宗門櫓
⑯犬山城――屏風櫓（遺材）
⑰田中城――本丸櫓（下屋敷庭園址に再移築復元）
⑱笠間城――八幡台櫓
⑲白河小峰城――太鼓櫓
⑳会津若松城――本丸御三階櫓

Ⓑ伝承移建櫓

①守口城――櫓
②岡崎城――太鼓櫓
③姫路城――遺材・本徳寺

Ⓒ移建楼閣

①二条城楼閣――横浜三溪園・聴秋閣
②聚楽城楼閣――京都西本願寺・飛雲閣

Ⓓ戦後消滅した移建櫓

①上山城――太鼓櫓
②相方城（広島県）――櫓
③篠山城――櫓
④彦根城――二重櫓二基
⑤高取城――隅櫓
⑥桑名城――多聞櫓
⑦小松陣屋――太鼓櫓

なお、老朽化の甚だしい移建櫓については、保存対策が焦眉の急である。これ以外にも、私たちが存知しない移建櫓がまだあるように思える。

附、其の一――櫓各部の名称・概説

一、層・重・階

初期の天守や櫓などは、三重四階、五層六階などと外部と内部が一致しないものが多い。層・重・階などいろいろな表記があるが、文化庁では現在、外観を重・内部の床数を階と呼ぶことにしているが、適宜に表現されることが多い。後には二重二階、三重三階などと外部と内部が一致する建造物が多くなって行く。

二、**切妻造**（**甍〈いらか〉造**）（図1A参照）
天地根元造という想像上の日本の原始家屋に基づくという説と、大陸伝来説がある。妻は物の端や縁（へり）の意で、屋根の両端、つまり側面を呼ぶ。大棟を境として両方に流れを持つ構造である。

（イ）**大棟**――屋根の最高所にある水平棟で、降棟（くだりむね）などに対していう。

（ロ）**鳥衾**（**鳥伏間・とりぶすま**）――雀瓦ともいい、棟の鬼瓦・鬼板の上端に突き出て先が反り上がっている円筒形の瓦で、巴紋や城主の紋章などが入る。

（ハ）**鬼瓦**――棟の両端に用いられる鬼面・獣面のある瓦で、鬼獣面の無い瓦も鬼瓦と称される。鬼面のものを特に鬼面鬼瓦といい、その他、洲浜鬼瓦などがあり、城主の家紋を入れた鬼瓦も多い。鬼瓦の代わりの飾り板を鬼板という。鬼板は初めは木板が多く、後に瓦板になった。無鬼面が多い。鬼瓦の側面などに製作者の名前や製作年月日等が刻んであるのを鬼瓦銘といい、建物の構築や改築の時期を知る手掛かりとなっている。

（ニ）**妻**（**つま**）――建物の長手の方向の端、つまり棟との直角の壁面。

（ホ）**平**（**ひら**）――大棟に平行な側。

三、**寄棟造**（**四注造**）（図1B参照）
屋根の形式の一つで四つの流れを組み合わせたものである。大棟の両端から四隅に降棟の降りてきているもの。

（イ）**降棟**（**くだりむね**）――屋根の勾配にそって大棟から軒へ降る棟。大棟と直角のものを平降棟といい、ほぼ四五度角なものを隅降棟と呼ぶ。

四、**C、入母屋造**（図1C参照）
上部は切妻のように二方へ勾配を有し、下部は寄棟のように四方へ勾配を有する屋根形に造ったもので、寺社・住居に最も多く用いられた。

（イ）**鯱瓦**――我国では中国の仏教文化の影響を受け、鯱も仏教建築の鴟尾（しび）の抽象化されたものとして考えられてきたが、印度（インド）より直接伝来したもので、厨子（ずし＝仏像・舎利、または経巻を安置する仏具）の棟飾りとして利用された。
戦国期になり、鴟尾思想を以厭火祥とする火除けの鯱が城郭に登場した。鯱は頭は龍のようで、背に鋭い棘を有する想像上の海魚で、海に棲むことから波をおこし雨を降らせるといわれる。火災を忌み、それを防ぐためのまじないである。名古屋城大天守の場合、木身の上に鉛板を張り、その上に鱗形に金の延板を張った豪華なものであった。金箔をはった鯱瓦なども、多くの城址発掘現場などで発見されている。

丸岡城天守の場合は、天守入口石段下に石造の鯱があるが、慶応元年（一八六五）に復元された鯱は、以前は木彫漆塗りに金箔で押さえてあったのを、松材の上に銅板張に改められている。その他、青銅製のものもあるが、通常は土瓦製である。その頭部が小さい程古い型であるといわれる。

（ロ）、（ハ）**破風**（**搏風・はふ**）――屋根の切妻部分のところに打ちつける合掌形の厚板、またはその三角形のことである。切妻（切）破風は切妻屋根の破風である。そして、入母屋破風は、入母屋屋根の妻の上方にある切妻屋根の破風である。また、千鳥（据）破風とは、屋根の中途に設けた三角形の入母屋破風のことで、千鳥とは破風の三角形をいう。唐破風は、合掌部が丸い山形で破風腰以下が下にそって端がはね上がり、凸凹二様の連続曲線をなすものである。唐破風は曲線状で、千鳥破風は切妻破風の退化と考えられている。破風は妻や平の側面の飾りである。

◎狭間（さま）・石落——城郭の櫓や塀などには弓・鉄砲・鑓等を使用できるように小窓があり、これを狭間という。石落は、櫓・塀の壁を出張せ、その床板を開けて、石や鑓で攻撃を加えるものであるが、平穏な時代には、城郭建造物の美観としての要素が強くなる。

五、方形造（宝形造・ほうぎょうづくり）（図１D参照）

屋根の形式の一つで隅棟が屋根中央に集まるもの。いわゆる大棟がなく、頂点に雨仕舞（あまじまい・雨水の浸入や漏るのを防ぐこと）として露盤・宝珠などをのせる場合が多い。

六、梁と桁

（イ）梁（はり）——上部からの荷重を支えるため、あるいは柱を緊束するために架する横臥材の総称で、狭義には桁とわけて梁は棟と直角に架けられたものを意味することもある。

（ロ）桁（けた）——柱の上方にあって垂木（たるき）を受ける材。

七、垂木など（図２A参照）

（イ）垂木（棰）——棟木から軒へわたす材で、屋根の裏板を支えるもの。垂木が一段または、上下二段に並んでいるとき、一軒・二軒という。二軒の場合、下の方を地棰（じだるき）、上の方を飛檐棰（ひえんだるき）と呼ぶ。そして垂木の鼻を横に連ねる材をそれぞれ、木負（きおい）・茅負（かやおい）という。裏甲（うらごう）は、建物の軒先の茅負上にある化粧板のことである。垂木と直角にわたす細長い材を木舞（小舞・こまい）という。また、垂木の幅と、垂木の空きが等しいものを繁棰（しげだるき）、垂木の空きが広いものは、疎棰（まばらだるき）と呼ばれる。

（ロ）軒（のき）——庇（廂・ひさし）に同じで、屋根の葺降しの下端の建物の外部に出たところ。

八、桁行と梁行（図２B参照）

桁行（けたゆき）は桁間とも、梁行（はりゆき）は梁間ともいう。間口・奥行という表現もある。そして、建物などの内側の寸法を内法（うちのり）、同じく外側の寸法を外法（そとのり）と表現する。

九、瓦（図３参照）

Ⓐ宇瓦（のきがわら）——軒平瓦・唐草瓦ともいい反りのある長方形の瓦で鐙瓦と鐙瓦の中間にある。唐草紋の他に城主の紋を入れたり、巴紋を入れたものもある。

Ⓑ鐙瓦（あぶみがわら）――馬具の鐙に似ているのでこの名称がある。丸瓦の先端に使用し、江戸期より水流を意味し火除けのための巴紋が多く使われ巴瓦ともいわれる。巴紋の周囲には珠紋がある。巴の線が細いのが古いもので、後に造形美的要素が加わり、しだいに太い巴紋に変化していく。城主の家紋も多く使われたため、紋瓦ともいわれ、姫路城や松本城のように城主の変遷の激しい城では何種類もの紋様の鐙瓦が見られる。

（イ）平瓦――反りのある長方形の瓦で横断面は弧状であり、女瓦（牝瓦・めがわら）ともいう。

（ロ）丸瓦――半円形の瓦で男瓦（牡瓦・おがわら）・筒瓦とも呼ばれ、平瓦と丸瓦とで交互に葺いた屋根を本瓦葺（本葺）という。延宝二年（一六七四）に本葺瓦の平瓦と丸瓦を一つに簡略した桟瓦（さんがわら）が近江の西村半兵衛によって考案された。本瓦葺より軽くて経費も安く、幕府の奨励策ともあいまって急速に普及した。

◎城郭建造物の屋根は普通は土瓦で葺かれるが、稀に木材を細長く削り取った柿（こけら）板で葺く柿葺（こけらぶき）や、檜・杉・栗の木などを用いた板葺の屋根があった。また、銅板葺の屋根もあった。

一〇、壁

城郭建造物の壁面は、ほぼ板壁と塗壁に大別できるが、純然たる区別がつけられない場合もある。そして壁の仕上げに鉄板や銅板を張ったものもあった。板壁とは羽目や下見などの板張の壁の総称である。下見板張（したみいたばり）は外部の壁を覆う横板張で、各板が少しく重なり合うように取りつけたものである。

そして、その上に細い木を直角に間隔をおいて縦に打って押さえとした。この材を簓子（ささらこ）という。下見板張の壁は下から順に板を張るが、城郭建造物の場合は板張の中は塗土壁である。防腐剤として柿渋（かきしぶ）や漆が塗られた。壁の下部だけ下見板張で上方は漆喰といった例は多い。羽目板張は、下見板張のように羽重ねにせず平らに張ったものである。塗壁とは、外壁をすべて土塗壁・白漆喰で仕上げる手法で白堊《はくあ》漆喰などと表現している。白漆喰で上塗した壁を白壁という。なお、漆喰とは我国独特の塗壁材料で、消石灰に、ふのり（海草の一種）、苦汁（海水を煮つめたあとの液）などを加え、これに糸くず・粘土などを配合して練ったもので、防火にすぐれている。

漆喰を塗った城郭建造物は、その構造から、真壁造と大壁造とがあるが、もちろん双方が完全に区別されるわけではない。真壁は、一般建築にみられる荒壁の上に漆喰を塗ったもので、柱の太さより壁の厚さが薄く、壁にある柱や長押（なげし）などはそのまま型どおりにして凹凸をつけた。大壁は、柱を全くみせず平滑な面に造るものである。軒垂木は、真壁の場合は素木（しらき）のままであるが、大壁は波状になる。

海鼠壁（なまこかべ・平瓦を張り付け大きな目地を漆喰で蒲鉾形に高く盛り上げて塗って造った壁）は、金沢城・新発田城が有名である。その他、富山城・鹿野城・水戸城天守などにみられた。

鉄砲が発達してくると、城の壁は鉄砲弾丸が貫通するのを防ぐために、壁の中に砂利などがつめられたものも造られた。

一一、窓

城郭建築の場合、内側に土戸（つちど）を伴った格子窓が多い。武者窓は突上式で、内側か外側に掛戸を伴った窓で、内側は格子が多い。眺望と採光を目的とした連格子窓も比較的多い。連格子の窓は連子窓（れんじまど）とも呼ばれ、横の格子の場合もあった。城郭建築の場合、連子子《れんじこ》は太く漆喰で塗られることが多い。連子は、本来は角材の綾を正面に向けた竪格子をさすが、竹を使ったものなども連子という。また、無双窓は無双連子を取り付けた窓である。無双連子というのは、一組の連子を造りつけにし、一組を移動できるようにして、一方を引けば両方の隙間が互い違いになって、一面の板張のようにみえるものである。開いた状態では通風がとれ、閉じると雨戸の役割をする。

附、其の二――古建築用語抜粋

◎**明障子（あかりしょうじ）**――室内の境・窓・縁の内側に建てる建具が障子で、明障子は、紙・布を貼って外光を通すようにしたもの。

◎**石瓦**――丸岡城天守は笏谷石（しゃくだにいし）という石材を加工した石瓦で葺かれている。

◎**板葺**――板で屋根を葺くこと。また板で葺いた屋根をそう呼ぶこともある。年輪沿いに挽き割りした檜・杉・椹（さわら）・栗などを用いる。板の厚さによって、栩葺（とちぶき）・杮葺などがある。城郭建築には防火の点から使用されることは少ないが、諏訪高島城・岩国城の天守は板葺であった。

◎**入側（いりがわ）**

①建物の外周から一間入った柱筋。

②座敷と縁側にある一間幅の通路。

櫓の場合は武者走りとなる。

◎**入側柱**――側柱（かわばしら・建物の外周に並ぶ柱）より一列内側にある柱。

◎**一間**――建築の柱と柱の間。

◎**掛戸（かけど）**――窓の上部に折釘を打ち、それに掛けて取り外しのできる建具。外部に掛ける雨戸、内部に掛ける障子などがある。

◎**懸魚（げぎょ・拝懸魚〈おがみげぎょ〉・主懸魚〈おもげぎょ〉）**――屋根の切妻部分の三角形の頂点（合掌部）を拝（おがみ）という。拝の部分に垂れ下げた装飾的彫刻を懸魚という。

①**猪の目懸魚**――ハート形または、ひょうたん形の彫刻のある懸魚。

②**蕪（かぶら）懸魚**――人字形の段彫りが重なっているもの。

③**三ツ花懸魚**――下向きのほか左右にも同じ形がつき出ているもの。

④**梅鉢懸魚**――外角六角形に近い形の懸魚。

◎**京間・中京間・江戸間**

①京間

（a）土地・建物に用いる尺度の単位。一間を六尺五寸（約一・九七m）とするもの。

（b）江戸期以後の家屋で畳の大きさを六尺三寸と三尺一寸五分とする造り方。柱の内法は三尺一寸五分の整数倍となる。主として関西地方で行われる。

②中京間
家屋で畳の大きさを六尺と三尺とする造り方。

③江戸間（田舎間）
（a）土地・建物に用いる尺度の単位で一間を六尺とするもの。
（b）家屋の柱心の間隔を三尺の整数倍とする造り方。
主として関東地方で行われる。

◇**畳の寸法**——大京間一間は二・一二一m（七尺）。京間一間は一・九〇九m（六尺三寸）。
相間（あいま）一間は一・八一八m（六尺）。
田舎間一間は一・七五七m（五尺八寸）。

◎**狐（きつね・木連〈きつれ〉）格子**——入母屋屋根で破風の後ろに、裏に板を張り、縦横に組み立てた格子。

◎**高欄（勾欄）**——通俗的には欄干・手《て》摺《すり》の類のことである。階段や縁の端に人が転倒することを防ぐ目的で造られたが、これが建築の意匠上重大な役割をなすので、実用を離れて意匠上だけから高欄を設けて、建築を巧みにまとめることは古くから行われた。

◎**小屋組**——日本建築の場合、基壇の上に礎石があり、その上に柱が立つ。この基壇から上、柱によって支えられるところは、水平・垂直の多くの部材が組み合わされて、建築の主要な骨組を構成しているが、この部分を軸部（じくぶ）という。次にこの上部に屋根を構成する各部材が架けわたされ、次第に山形に組み上げられて屋根の斜面の骨組となるが、これが小屋組という部分である。

◎**小屋梁**——小屋組の一番下にある梁。

◎**転び（ころび）**——柱の傾斜。内側に傾くから正式には内転びという。

◎**敷居・鴨居**——敷居は部屋の境の戸・障子・襖の下にあって、それを開け閉めするための溝のついた横木。その上部にある溝のついた横木を鴨居という。

◎**獅子口**——鬼瓦同様に、大棟・降棟などに使われる棟飾りの一種である。獣面のものは無い。本体はおよそ五角形をした箱形の上に、三箇または五箇の巴瓦をのせたものである。これを経の巻（きょうのまき）といい、五角形の箱形の部分にある「へ」の字形の平行線を綾筋（あやすじ）と名付けている。

◎**下見板張**——城郭建造物では風雨にさらされやすい白壁の下半分に下見板を張ったものが少なくない。

◎**笏谷石（しゃくだにいし）**——良質の凝灰岩で福井・島根県方面で多産し、現存の丸岡城天守の他、柴田勝家の北庄城の屋根瓦も笏谷石で葺かれていた。

◎**鯱（しゃちほこ）**——城郭建造物などの大棟の両側に取り付ける屋根飾りで、雌雄一対を、棟が南北の場合には南が雄、北が雌として置き、東西の場合は、東が雄、西を雌とする。

◎**樽ノ口（たるのくち）**――懸魚の主体の上に、六葉（ろくよう）という六瓣《べん》花の彫刻をつけるが、これは長押にも使用される。六葉は四葉などとともに、室町期頃までは低平で薄く桃山期からは厚さも厚くなっていく。そしてその中央に出ている花の蕊（しべ）にあたる丸い棒を樽ノ口という。なお、破風の懸魚の六葉を城主個人の紋章にしているものに、姫路城西の小天守の五三の桐、高松城の着見櫓の葵、大洲城苧綿櫓・同三ノ丸隅櫓の蛇ノ目などがある。

◎**突上戸**――棒で突き上げて固定して開閉する戸で、城郭では犬山城天守・松本城天守・彦根城天守・丸岡城天守など、外壁の一部が板張りである天守などに用いられている。

◎**出窓**――外壁面からはね出して造られた窓。城郭建築の場合、下方や側方の敵を攻撃するのに便利で、格子をめぐらして出格子とすることが多い。石落としても使用される。

◎**天井**――室の上に張り、上部の小屋組や上層の床組を隠すための板壁である。天井関係の主な名称は、格縁（ごうぶち＝格天井の四角格を形づくる木）、格間（ごうま＝格縁で囲まれた区域）、天井支輪（てんじょうしりん＝天井の周囲を一段斜めに打ち上げたもの）、亀の尾（格縁に連なり彎《わん》曲したところ）、蛇骨子（じゃぼこ＝亀の尾と亀の尾の中間の彎曲細木）、小組（こぐみ＝格天井の格間に入れた小格子）、廻縁（まわしぶち＝天井の周囲で壁に接し取りつけた横木）、木舞（こまい＝垂木の屋根の間の横木）である。

①組入天井（くみいれてんじょう）――格子形に組んだ格間の狭い天井。

②格天井（ごうてんじょう）――格縁を直交し格子に組む。格間は広い。

③小組格天井（こぐみごうてんじょう）――格天井の格間に、さらに小組を組み入れたもの。

④化粧屋根裏天井――天井を張らず屋根裏垂木がみえるもの。

⑤鏡天井――廻縁内は一面に平らな板張りの天井。

⑥竿（棹）縁天井（さおぶちてんじょう）――竿縁とよばれる細木を並べ、これと直角方向に板を並べて張る天井。

⑦猿頬天井（さるぼうてんじょう）――竿縁天井の押縁（おしぶち＝板などの押さえに打ち付ける細長い木、または竹）の切り口が猿頬（武具の一種＝頬とあごにあてる鉄面）面であるもの。

⑧平縁天井（ひらぶちてんじょう）――押縁の断面が矩形をなしているもの。

⑨根太天井（ねだてんじょう）――二階の床裏をそのまま一階の天井としたもの。

◎**鉄板張・銅板張**――外壁・建具などの表面を鉄板銅板などで包む仕上げ。城門の門柱・貫・扉などにも防備のため、鉄板や銅板を張ったものが多く、黒金門・銅門（あかがねもん）などとよばれている。

◎**通柱（とおしばしら）**――例えば一階・二階を一本で通っている柱を通柱といい、階上と階下とを別々に立てた柱を管柱

（くだばしら）という。

◎**長押**（**なげし**）――柱角に釘付けした横木。

◎**柱間装置**――鴨居の種別、溝の数やその形状及び、間仕切りや開口の方式などを総称したもの。欄間や格子、窓なども含む。

◎**檜皮葺**（**ひわだぶき**）――檜の樹皮を四五～六〇㎝くらいの長さにして重ねて葺いていく屋根葺。

◎**宝珠**（**ほうじゅ**）――屋根のなかで角錐形をなす方形造などの形式では、その各屋根面が一点に集まるから雨仕舞のため、また装飾的な機能も兼ね、露盤《ろばん》宝珠、あるいは火焔宝珠などとよばれる屋頂飾りを設ける。

◎**方杖**（**ほうづえ**）――軒の支えとして斜めに取りつけた材。

◎**舞良戸**（**まいらど**）――框（かまち・この場合、戸・障子などの周囲の枠）の間に板を入れ両面に細長い舞良子（まいらこ）という横木を、空きと横木が同じに取りつけた建具。松本城月見櫓は、寄棟造・三方吹抜きで、舞良戸・朱漆塗の外縁を持つ建築である。

◎**楣**（**まぐさ**）――窓や戸口の上部にあたる水平材。また、細長く丈夫な木材を水平と鉛直に組合わせて建物を造る日本的な方式を、簡単に木造楣式などという。

◎**起り**（**むくり**）――屋根面が平面からなっているものは、直線屋根と表現する。屋根面が曲面で、下向きに反っているものを、照り屋根、同じく上向きに反っているものを、起り屋根（むくりやね）、上方が起り、下方が照るものを、照り起り（てりむくり）という。

◎**棟札**（**むなふだ**）――棟木に打ち付ける板で、建物自体に、建造の年月・修理の記録・建築に係った工匠などの名前を遺しておくために用いられる。そのため、信頼性の高い歴史資料となる。板の頭部を山形状にすることが多い。なお、同様の目的で書かれたものに、棟木銘・梁上銘がある。棟木銘とは、直接棟木に墨書したもので、梁上銘は、禅宗建築に用いられ銘を書いた板を梁下に打ち付けた。

◎**主屋**（**もや**）――母屋・身舎とも表現する。建物の中心部。

◎**連子子**（**れんじこ**）――連子窓の各々の細い木を連子子または、略して子というが、連子子は普通は、正面から見て四五度回転した形で使われる。

◎**連子窓**――城郭建築では、柱を挟んで二つの窓を開く二連窓が多く、内側に土戸と明障子が入れられる。

旧大手門渡櫓の鯱
江戸城大手門内屋外展示

北庄城鬼瓦
福井市西方寺所蔵

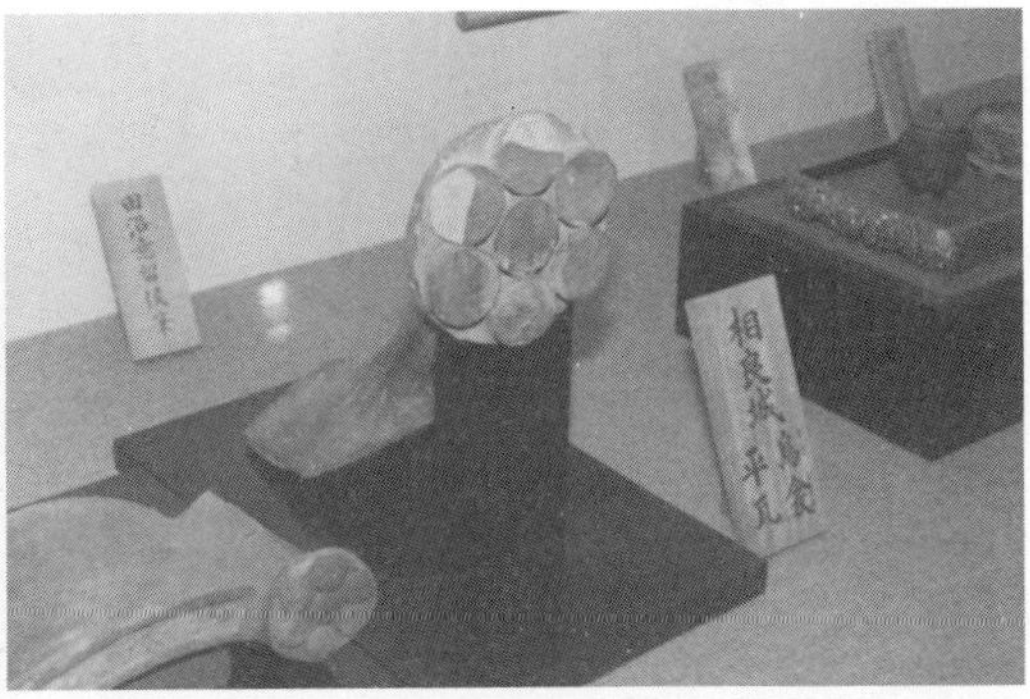

鳥衾瓦
静岡県榛原郡相良町史料館展示

尼崎城天守戸田氏九曜紋入り鬼瓦
尼崎市桜井神社境内展示

本瓦葺屋根
大坂城金蔵

太鼓櫓の太鼓
土浦市立博物館展示

太鼓櫓
広島城址

桟瓦葺屋根
掛川城太鼓櫓

出窓式石落
熊本城宇土櫓

石落
福岡城南丸多聞櫓南櫓

矢狭間
弘前城天守内部

石落
岡山城西ノ丸西手櫓

狭間
松本城復元太鼓門

入母屋造
大分城人質西隅櫓

方形造・
鳶魚閣（えんぎょかく）
和歌山城
紅葉渓（もみじだに）庭園

切妻造
福岡城南丸多聞櫓南櫓

妻部詳細
川越城本丸御殿

寄棟造（四注造）
小諸城三ノ門

須坂藩詰所破風
長野県須坂市

方位を示す櫓
唐津城三ノ丸復元辰巳櫓

銃眼塀
石田城址

人吉城址

多聞櫓
人吉城

甲州流天守雛形
赤穂市花岳寺所蔵

甲州流水櫓雛形（高さ約25cm）
赤穂市花岳寺所蔵

再建された井戸櫓
静岡県天龍市清滝寺

時の鐘
川越城下

古代城柵の復元櫓
志波城　岩手県盛岡市新堰端

推定物見櫓

逆井城址

三内丸山遺蹟
縄文時代（前期・中期）

井楼櫓
逆井城址

吉野ケ里遺蹟復元楼閣
弥生時代

鞠智城八角形鼓楼仰視

熊本県鹿本郡菊鹿町

鞠智城八角形鼓楼

七世紀後半大和朝廷が建てた建造

中世城郭の櫓
逆井城址

近世城郭の櫓
大村城板敷櫓

関宿城復元御三階櫓

折曲櫓
駿府城巽櫓

唐破風出格子窓
金沢城石川門菱櫓

窓
弘前城天守

突上げ窓
彦根城天守

格子窓と狭間
熊本城宇土櫓

窓
熊本城宇土櫓

窓
犬山城天守

水櫓台
小諸城址

鬼門櫓石垣
高山城址

鬼門除け石垣
鹿児島城址

鬼門除け土塁
上田城址

図１Ａ
切妻造（甍《いらか》造）

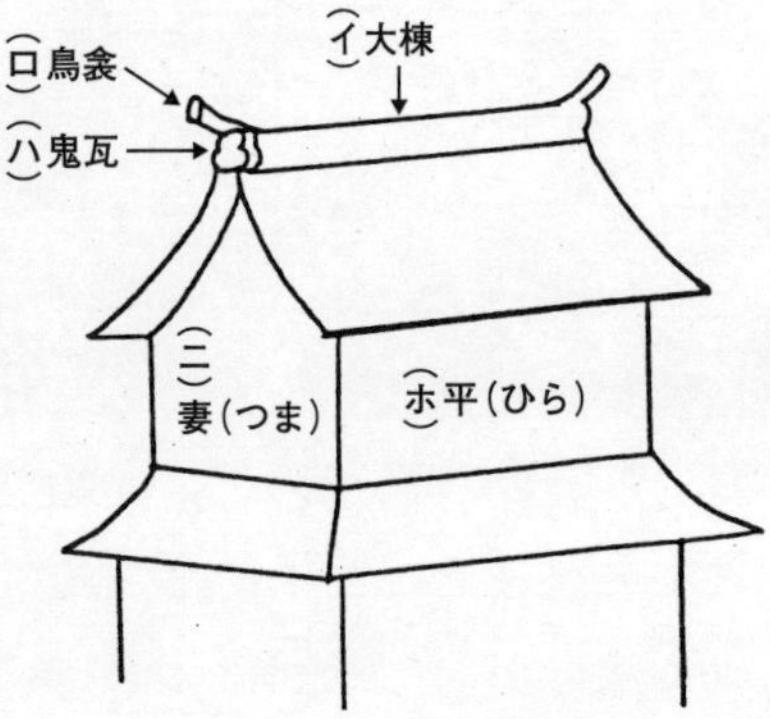

図１Ｂ
寄棟造（四注造）

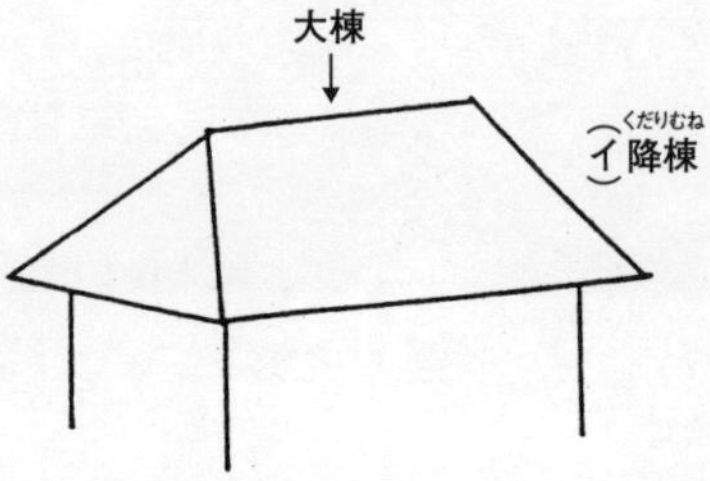

図１Ｃ
入母屋造

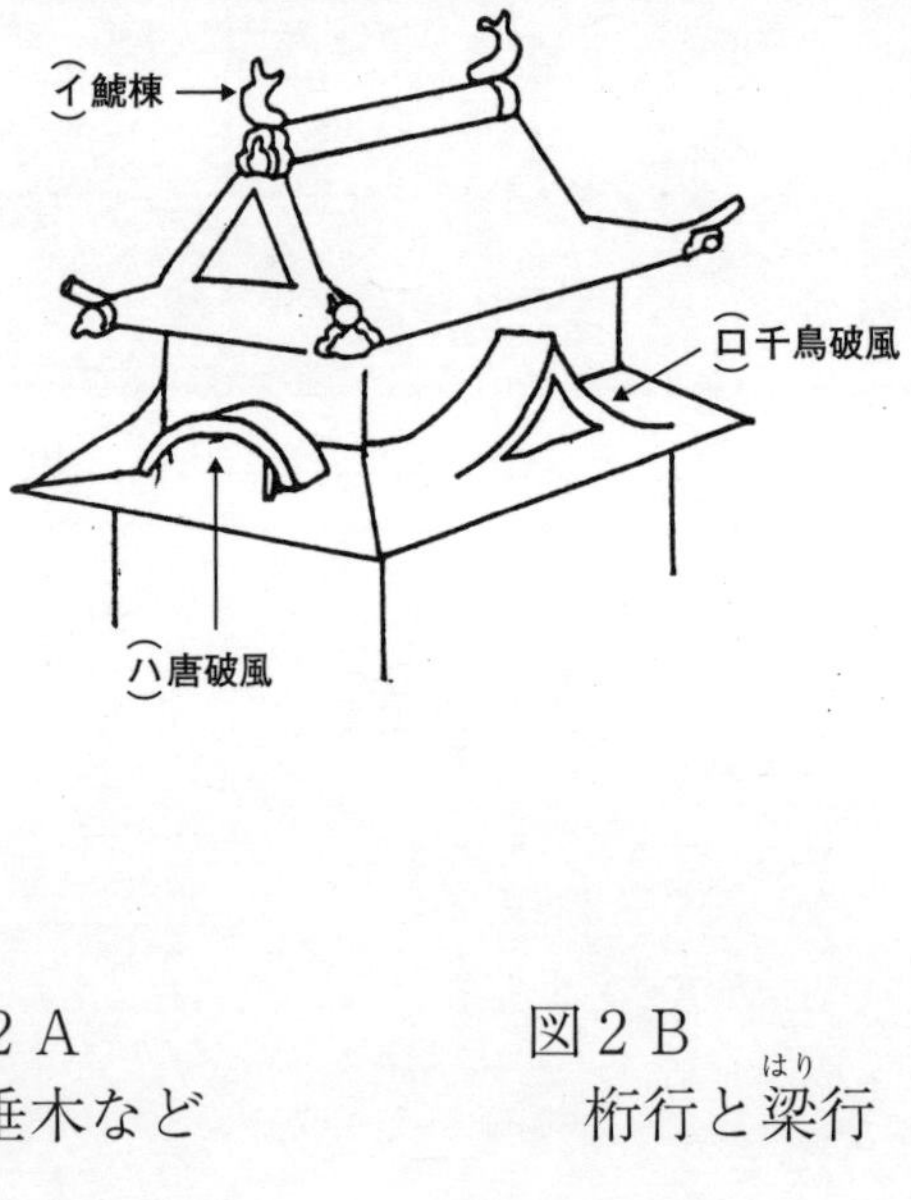

図１Ｄ
方形造（宝形造《ほうぎょうづくり》）

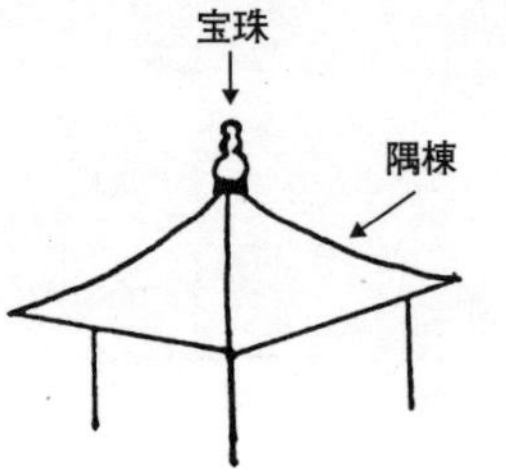

図２Ａ
垂木など

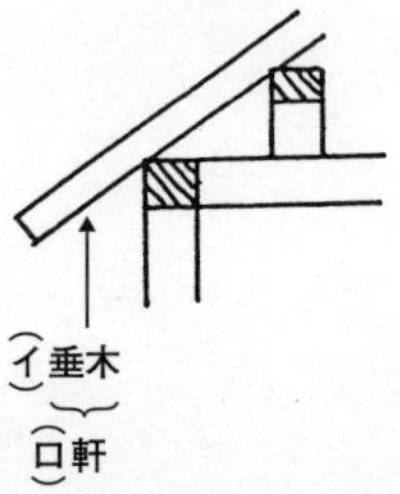

図２Ｂ
桁行と梁《はり》行

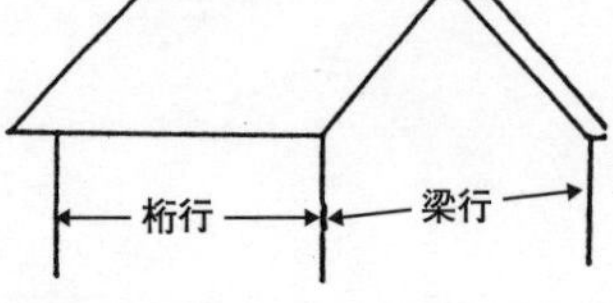

図３
瓦

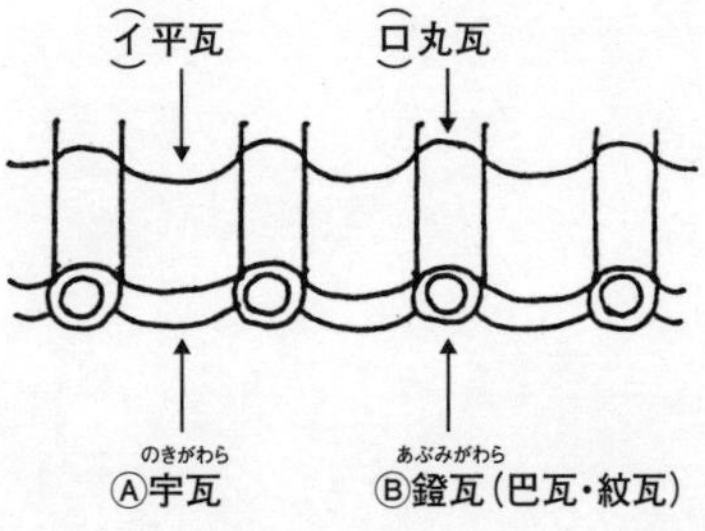

懸魚《げぎょ》の種類

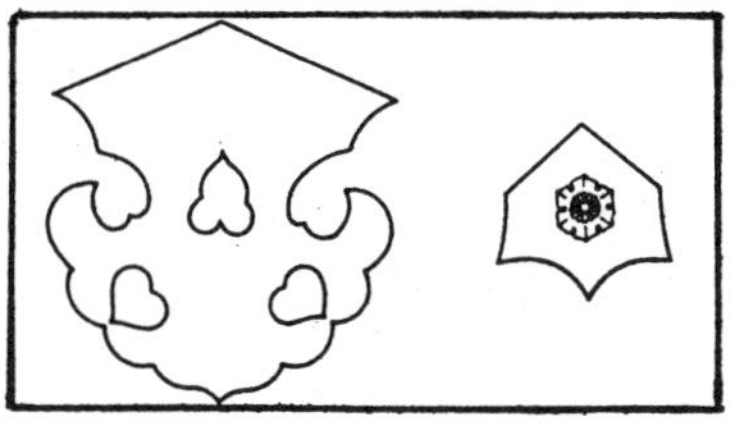

猪の目懸魚　　梅鉢懸魚

蕪《かぶら》懸魚

三ツ花懸魚

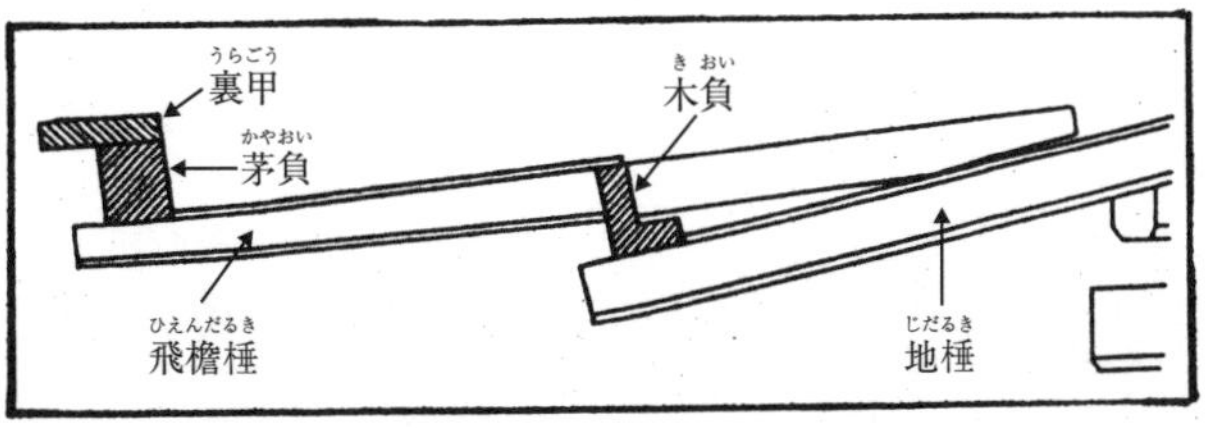

棰 の 構 造

共に山川出版社『図説・歴史散歩辞典』より

第二章　探訪

弘前城の櫓遺構

はじめに

「宵の月　さくら落ち葉に　音すれば　もしやと思ふ　千里の人を」、この歌を教えてくれた人はもういない。母が逝った年の秋、寂寥《せきりょう》感と解放感が相半ばする複雑な心境で東北地方の諸城址を巡る旅に出た。

初日は横浜の三溪園と江戸城東御苑を見学し、夕方に品川から出発するハイウェイバスのノクターン号に乗った。車中は隣のオバさんのいびきで一睡もできず、弘前に着いた。

最初は津軽氏発祥の地である大浦城址に行き、城址碑や解説板などを撮った。運転手さんはよく笑う人でいろいろ教えてもらった。

その後寺院などを撮り追手門前に来る。「運転手さんきれいですね、何ですか、この葉っぱは」・「桜ですよ」・「へー、桜の葉ってこんなふうに紅葉するんですか」・「ここは桜の時もいいですが、紅葉も有名でね」、運転手さんは誇らしげに言う。

追手門から入城し、散り敷く落ち葉を踏み城郭中枢部へ向う。本丸址に立って津軽富士といわれる岩木山を眺める。もう雪が降っている。寒風が吹いていたが、心の中は熱かった。

城史

青森県の南西部に位置する弘前市は、桜・ねぷた・林檎の町として有名である。津軽藩を成立させたのは津軽為信である。東北地方にあって中世に栄えた豪族の中には葛西氏・大崎氏のように没落の悲運にあった者もいるが、南部氏から独立して戦国乱世を生き抜き、四万五〇〇〇石とはいえ近世大名として独立を成し遂げた為信は、当時の奥羽両国では稀有な存在であった。

津軽為信の出自については諸説があり、現在では弘前中央高等学校教諭の福井敏隆先生が熱心に研究されてみえる。津軽氏は藤原秀郷の子孫だとかいわれ、南部藩の記録では南部一族の末孫で、家臣であったとしている。後に南部氏と津軽氏の仲が悪くなった原因は、南部氏側にいわせると、家臣でありながら津軽領を横領したことであるといわれている。

その津軽氏が風雲に乗じて津軽平野に駒を進めたのは為信より四代前の南部光信の時からである。当時津軽の西部に位置する鰺ヶ沢町の種里城にいた光信が、津軽進出の一拠点として文亀二年（一五〇二）に大浦城を築いて城将に長男の盛信を置き、大浦の姓を名乗らせた。この四代目が為信である。

為信は典型的な戦国武将であった。為信が大浦城主になったのは一八歳の時であるが、まだこの頃は南部氏の支配下にあった。

やがて五年の歳月が流れて為信二二歳の時、津軽領内は南部氏の重税取り立てに反抗した一揆の群れが、燎原《りょうげん》の火のように蜂起していった。この騒乱につけ込んで為信の戦国雄飛の夢は大きく脹んでいったのである。

為信が土豪から戦国大名になる最初のきっかけをつくったのは、元亀二年（一五七一）五月、南部氏の最大の出城で弘前市石川にあった大仏ヶ鼻城の南部高信を攻め滅ぼしたことに始まる。この時為信は兵士の数が少ないので、無頼の徒八〇余名をかり集めた。しかも手にする武器もなかったので樫の八角棒をもたせ、総勢五〇〇余の士民混成の部隊を編成して城を急襲したのである。

これに対して南部氏側は三〇〇〇余名の兵力を持っていたが、節句の休みとあって城中に兵士の数も少なく、一挙に城を占領された。逃げ場を失った城兵達は右往左往するばかりで、城主高信は自刃して城は落ちた。為信はすかさず南部氏の支配下にあった和徳城を攻め落した。

為信はこれより津軽を征服するのに二七年の歳月を費やしているが、経済力も軍事力も極めて乏しかったので、これを補うために謀略の手段をしばしば使用した。南部氏側の記録によると、為信は身内でも平然と使用し、目的のためには命すら奪った。

津軽氏側の記録によると、為信は天正六年（一五七八）七月の暴風雨の夜、北畠氏の重臣達の不在を狙って、近隣からまたも無頼の徒を集め、急遽浪岡城を包囲した。城内には裏切り者がいたので城はもろくも落ちて、城主北畠顕村は自刃した。城中の男女達は嵐の闇夜に紛れて落ちていったが、三戸城にいて浪岡の敗報をきいた南部領主南部信直は激怒し、即刻出陣を命じたが、家臣に諫められ津軽進駐を止まったといわれている。

津軽為信の次の敵は大光寺の城代滝本重行を倒すことであった。天正三年（一五七五）為信は大光寺城を攻めたが、かえって逆襲され命からがら逃げ出す途中、乗馬が泥田に足をとられて危うくなった。この時家臣が身代わりになって討死したので、やっとのこと大浦城に帰ることができた。

そこで為信は一計を案じ翌年の大晦日の夜、敵の油断をついて大光寺城に奇襲をかけた。この日は雪が深く、為信は兵士達にカンジキを履かせ、兵糧や武器は全てソリで運ばせるという機動力を使ったので、さすがの堅城、大光寺城は手もなく落城してしまった。城将滝本重行は捕らえられたが為信は彼の剛勇ぶりを誉めて南部領へ返してやった。

こうして南部と津軽の争いは決着のつかないまま続けられたが、天正一四年（一五八六）豊臣秀吉によって関東と奥羽両国に対して惣無事令（そうぶじれい）が出された。秀吉は以後関東と奥羽両国の戦国大名間の戦いは全て私闘とみなし、惣無事令違反として成敗するという行動にでてくる。小田原の北条氏が征伐されたのはこのためである。

天正一八年（一五九〇）津軽為信はいち早く豊臣秀吉を小田原の本陣に訪ね、所領安堵の朱印を貰い、大名の列に加わることができた。

文禄・慶長の役では朝鮮へ渡海はしなかったものの、肥前国名護屋で布陣を余儀なくされた。関ケ原合戦における為信の行動は、弘前大学の長谷川成一先生が津軽家に長く所蔵されていた「関ヶ原合戦図屏風」で、「津軽屏風」とも呼ばれ、先生はこの屏風の右隻（うせき）の第五扇から第八扇に描かれている赤坂の徳川家康本陣の描写に注目された。

本陣入口付近の馬屋の辺りに立てられている幟（のぼり）は二個の卍印である。当時これらの所有者であったのは堀氏・蜂須賀氏・津軽氏のみであった。堀氏は上杉包囲網の一翼を担い、蜂須賀氏は家康の赤坂本陣には在陣していないので、この卍印幟は津軽氏である可能性が高い、ということである。

しかし田舎大名の為信が家康本陣近くにいたという可能性は低い。主戦場となった関ケ原の手前の大垣城攻めに参加したことが、為信の関ケ原の戦い参陣と認定された。

文禄三年（一五九四）為信は大浦から東南約八kmの堀越城に移ったが、城の規模が小さく不便なので、現在の弘前城のある高岡の地に新たに築城しようと考え慶長八年（一六〇三）より工事に取りかかったが、同一四年に病死したので工事は一時中断した。

しかし、二代目信枚（のぶひら・信牧ともいう）が亡父の遺志を継いで、慶長一六年（一六一一）に城を完成させ、堀越城から移った。為信・信枚・信義・信政・信寿（のぶひさ）・信著（のぶあき）・信寧（のぶやす）・信明（のぶはる）・寧親（やすちか）・信順（のぶゆき）・順承（ゆきつぐ）・承昭（つぐあきら）と一二代にわたり在封した。当藩の表高は様々な事情により文化五年（一八〇八）より廃藩まで一〇万石であった。

規模・構造

弘前城は、西の岩木川と東の土淵川（つちぶちがわ）に挟まれ、南から北に緩く傾斜する台地に築城されていて、南側には南溜池と長勝寺構（ちょうしょうじがまえ）を配し、北側には八幡宮・神明宮・春日社などを置いて、それぞれ防衛線を形成していたものとみられる。岩木川の河岸段丘上の台地の末端を利用した平城で南北約一〇〇〇m、東西約六〇〇mで内部の区分は、本丸・二ノ郭・三ノ郭・内北ノ郭・北ノ郭・西ノ郭等と絵図には記載されている。全て水堀により区画されていた。

本丸は城地の中心をなしていて、東西約一〇〇m、南北約一五〇mでここにだけ四周に石垣が築かれ、東・南・北の三方は、堀が廻らされ、西側は石垣の下に幅約七〇mの西堀が長さ三〇〇m程続いている。本丸の南には追手郭とでも呼べる郭が付随している。

本丸の北側には内堀を隔てて内北ノ郭に接し、東側は二ノ郭である。本丸の東南隅には文化七年（一八一〇）に造られた三層の天守が現存している。当初は西南隅に五層の天守があったが、寛永四年（一六二七）九月に落雷によって内部に備えられていた焔硝《えんしょう》が爆発して飛散焼失している。

二ノ丸

二ノ郭（二ノ丸）は本丸の東・南二面に形成されていて、北は内北ノ郭に、東南は三ノ郭に接している。南北に長く約四四〇mあり、東西の長さは南方で、約一九〇m、東内門付近で約九〇m、丑寅櫓南方付近で約七五mである。東北隅に丑寅櫓・南方隅に辰巳櫓・西南隅に未申櫓（ひつじさるやぐら）が現存している。東側の中央部に三ノ郭との通路として東内門があり南方の通路として南内門がある。ここは重臣達の居住空間で、後には藩主の下屋敷が置かれた。

三ノ丸

三ノ郭（三ノ丸）は二ノ郭の外側にあり、東・南の二面を囲っている。南北に長さ約七〇〇ｍあり、東西は南方で約一七五ｍ、北方で約四一五ｍ、東門付近で約一二五ｍである。東辺中央部に東門があり、南方中央部に追手門がある。三ノ郭も当初は侍屋敷が置かれていたが、それが郭外へ出てからは、藩庁の諸役所や学問所（稽古館）なども置かれていた。

内北ノ郭は本丸の北側にあって本丸より約八ｍ低く東は三ノ郭に、北は北ノ郭に、そして西は大きな西堀に接していた。

北ノ郭は三ノ郭及び、内北ノ郭の北側にあり、巨大な馬出郭の形式を示していて、東西約二九〇ｍ、南北約一三〇ｍの規模であった。東・西・北の三方には土塁と堀が廻らされて北面中央に亀甲門がある。

西ノ郭は本丸の西側で、本丸より約一六ｍ低く、西堀と河跡沼との間に造られていて、南北約三七〇ｍ、東西は約二二〇ｍであった。

当初の城郭は俗に北条流の陰陽の型を合併した全国でも稀な形態といわれている。

津軽信枚は、弘前城の防備を目的に城の南と東に惣構えを築いた。慶長一八年（一六一三）に弘前城の東側の防禦《ぼうぎょ》として大溜池を構築したのである。南塘（なんとう）の雅名で呼ばれた東西に長く水を湛えた大溜池である。平時は人馬の水練の場とし、戦時には城下東南最大の防衛戦であるばかりでなく、東端の土塁を切ることによって土淵川を増水させ敵兵の渡河を阻止することを目的としたものであった。

元和元年（一六一五）から弘前城の南の茂森山を切り崩して堀を掘り土塁を築き、入口に虎口を開き、桝形《ます》を設けて、その郭内に領内各地の三〇有余の寺院を移転させ、長勝寺を中心に曹洞宗寺院街を造り、南の防衛戦を形成させこれらは弘前城の出城であった。

この西茂森の長勝寺と禅林三三ヶ寺は長勝寺構といわれている。禅林街は禅宗の寺院を三三ヶ寺集めて構成されているが、新寺町には禅宗以外の天台宗・浄土宗・浄土真宗・日蓮宗・浄土真宗大谷派の各宗派の寺院二三ヶ寺からなっていて、これが最勝院構である。昭和二七年（一九五二）に国の史蹟として、最勝院構と長勝寺構は同時に指定されている。

幕末・維新時一二代藩主承昭は去就に迷う藩論を勤王に決し奥羽越列藩同盟を脱して王事に励むことになった。

その後の弘前城

正徳五年（一七一五）京都嵐山の吉野桜二五本を城内に移植、文化五年（一八〇八）津軽寧親の時に石高は一〇万石となり、同七年本丸東南の隅櫓を壊し、新たに天守を造営し、三ノ丸庭園を築庭した。

明治四年（一八七一）七月に弘前県庁が城内に置かれたが、同年九月県庁は青森に移された。弘前城は兵部省の管轄となり、兵営となった。城は陸軍省所管として存城になり、本丸御殿・武芸所等が取壊されたほかは保存された。

明治二七年（一八九四）旧藩主津軽家より市民公園として城地の貸与を願い出て許可され、翌二八年五月城地が弘前公園として開園された。

明治二九年（一八九六）三ノ丸に陸軍第八師団司令部が置かれた。その頃は、天守付近の石垣が壊れ、修理のため天守を本丸入口左に移さなければならなかった。それを契機に、弘前市は城址内建造物の有償払い下げを政府に申請して買い受けている。明治三六年（一九〇三）内山寛弥が桜樹千本を寄付して本丸・二ノ丸・北ノ郭に植樹し、その後数回にわたって桜樹を移植している。

昭和一二年（一九三七）天守・二ノ丸辰巳櫓・同丑寅櫓・同未申櫓、追手門・二ノ丸南門・同東門、三ノ丸南門・北ノ郭北門が旧国宝に指定された。昭和二七年（一九五二）城址は国指定史蹟となった。同二八年に、三ノ丸東門が重要文化財に指定された。弘前城は旧藩主当時の城域がほぼ現存し、建造物の大半が遺る貴重な近世城郭遺構である。

弘前城の櫓遺構

一、天守

津軽信枚は慶長一五年（一六一〇）に至り城普請に着手し、自ら縄張りを行い五重天守と七棟の櫓が聳《そび》える高岡城を完成させた。弘前城と改称されたのは寛永五年（一六二八）である。寛永四年にこの五重天守は落雷により焼失し、その後天守は再建されることはなく、現存する三重天守は、江戸幕府に対して、「御三階櫓」として届けられていた。

この三重櫓が天守と呼びならわされるのは明治以降と考えられている。

現存天守の造営は文化六年（一八〇九）に始った。既存の仮櫓を撤去して石垣が修復されその竣工は文化八年であった。この現存天守の設計には山鹿流軍学者の山鹿八郎左衛門と貴田十郎右衛門が当り、両家伝来の秘書をもって櫓の雛形が作られたといわれている。三重櫓としては一般的で、天守とすれば小型であり、それを克服するために外観意匠には数々の工夫が観られる。

天守外壁は白漆喰塗仕上げで、窓に替る箱狭間の上下には長押型を表す意匠をみせるが、眼につきにくい軒裏は全て素木造で垂木などの木部が露出している。屋根葺材は耐寒性に優れた銅瓦葺である。

飾破風は大手方向に面する東と南側の一階と二階に観られ、張出を設けてその上に大きな切妻破風をかけ、妻部には青海波模様（せいかいはもよう）を刻した銅板がはめられている。

他方、本丸内側に面する櫓建築の西側と北側には飾破風は全くなく、鉄扉のついた竪格子連子窓が単調に並んでいるだけの外観である。外向きの東・南面が躍動的で高石垣の上に聳えるのに対し、内向きの単調な外観というこの対照こそがこの天守が二方正面の櫓といわれる由縁である。

二、規模・構造

ところで、弘前城の規模と構造は実に壮大なものでその総面積が一四万坪に及び、よく三〇万石級の大名の居城に匹敵するといわれている。

弘前城は昭和一六年（一九四一）から昭和六三年（一九八八）にかけて、建物の解体修理や発掘調査が実施され、その修理工事報告や発掘調査報告書が弘前市や教育委員会他から刊行された。

天守――三層三階天守・屋根銅板葺

長押・破風板等壁下地となる木部には粗めの寒冷紗を張り、さらにその上に木麻下げ苧《からむし》を三寸あきに、上・中・下段の三段に乱打ちとし、下塗漆喰乾燥の後、斑《はん》直し漆喰を塗り、乾燥を待たずに上塗り仕上げを施した。仕上りの厚さは平均三分、なお長押上端には三分の小返りをつけた。

外側大壁は全般に在来漆喰を剥ぎ取り、斑直し、砂摺を施し、乾燥後漆喰下塗、下塗の乾燥を待たずに上塗を施した。入口土扉は周辺及び破損部の甚しい部分は荒壁まで剥ぎ取り、他は中塗以上を剥ぎ取った。

召合せ部の竪框《たてかまち》に和釘を二寸あきに打ち、なお、鉄製L型の稲妻を釘打ちしたものに、細縄を一分五厘あき程度に絡みつけて補強をはかった。漆喰塗は旧来通りとした。

各階窓の土戸は旧漆喰を剥ぎ落とし、麻下げ苧を打ち下塗漆喰乾燥後上塗仕上げとした。仕上りの厚さは二分五厘、各階内部壁は損傷部分を繕いの上、ペンキが塗られた。

各重を部分的に繕った。巴瓦は一重西側中央寄りのものを新規に取り替え、他は変形を整え、裂傷部分を繕った。特に一・二重の南側及び東側の張出屋根の谷部付近や、軒先廻り、一重西側軒先廻り等の損傷が著しかったので、部分的に葺き替えた。

その他、張出屋根棟部、一重西側隅棟、大棟屋根板、降棟下部等を張り替えた。鬼板は一重東北隅、三重東北隅及び西南隅を除き、全て一旦取り下ろして新材で張り替えたが、大棟鬼板及び鯱はそのまま繕った。仕様は旧材に倣って施工された。

なお、張出屋根谷の軒先部に平銅瓦と唐草銅瓦との間に水切銅板を挿入して、雨水が軒先を伝い化粧部に達しないようにされた。

天守の規模

一重	桁行	三九・〇〇尺
	梁行	三三・五〇尺
二重	桁行	三二・五〇尺
	梁行	二六・〇〇尺
三重	桁行	二六・〇〇尺
	梁行	一九・五〇尺
	棟高	四七・七五尺

弘前城の当初の天守については記録がない。現存の天守は本丸に面した西と北側の窓は鉄の扉をつけた連子窓があるが堀側の東と南側は矢狭間だけであり、またこの双方一・二階には中央に張出をつけて石落を備えている。内部は中央に大黒柱を通し、一階隅に立つ柱の内側にさらに母屋柱を立て、これが最上層三階の隅の柱である側柱となっている。各階とも間仕切りをしないで、一室の広間となっている簡素な造りである。建物は小振りであるが江戸時代に本州最北端に築かれた天守である。

三、辰巳櫓

二ノ丸東南隅に東面する三層櫓である。その創立年次は不詳であるが、弘前城の築造がほぼ完了した慶長一六年（一六一一）五月には、すでに造立されていたものと考えられる。

その後度々、火災にあって弘前全般の史料文書などが焼失したので、沿革も不明な点が多い。

元禄一一年（一六九八）に椚（くぬぎ）

葺屋根の葺替えが行われ、享保一八年（一七三三）修理に着手し、同一九年竣工している。これは基礎より軸部に及ぶ大規模な工事であった。

明和三年（一七六六）正月に大地震があり櫓全体に歪みを生じ、やがて修理が行われた。

文政四年（一八二一）には大修理が施された。工事は文政四年の二月より始められ、三月には建物の解体を完了し、新たに櫓台とすべく、石を西山から人夫約八六〇〇人を使役して運んだ。また屋根を新たに栩葺型銅板葺となし、同じく鯱を据えつけ、さらに妻飾り、出窓格子等、従来素木の部分を漆喰塗に改めている。

その他、初層の添柱・大引・根太・床板等はこの当時の修補材と見られ、化粧垂木にも取替え材が多く、茅負・裏甲・二重裏甲・栩板葺の過半部が更新され、建具大部分も当時の補加である。

辰巳櫓・構造形式――三層三重隅櫓・屋根銅板葺・西面。基礎、石垣、切石乱石二段積み。礎石、自然石。石階、切石七級、耳石附。各層大壁、内部中塗、外部白漆喰塗仕上。ただし下層及び三層太鼓壁、内に玉石を充填する。三層内部、鴨居以下竪板張。

初重及び二重、方四間。三重、方三間。間柱入り。

初重、西面出入口一箇所、両開き土戸、肘壺釣り。内板戸、腰高格子戸、各片引き。南面及び東面、各塗込竪格子二連窓一箇所、銃眼四箇所。北面、銃眼一箇所。

二重、西面及び北面、各塗込竪格子二連窓一箇所、銃眼一箇所。東面及び南面、各出竪格子窓一箇所、銃眼二箇所。

三重、西面、出竪格子窓一箇所、銃眼一箇所、東面・出格子窓一箇所、南面及び北面、各塗込竪格子窓二箇所、各重格子窓は片引き、出格子窓は引違い、いずれも土戸、板戸、明障子建、銃眼は枠及び蓋、木製、蓋蝶番釣り。

軒、初層一重疎垂木、腕木、出桁、茅負、布裏甲・化粧裏板横張、二層一重疎垂木、腕木、出桁、茅負、布裏甲、化粧裏板横張り、出窓、破風板、芽負、布裏甲、裏板、竪張り。三層、一重疎垂木、茅負、布裏甲・化粧裏板横張り。出窓、二層同様。總軒廻り材素木造。

屋根、初層、四方庇、二層、南北面千鳥破風、破風板眉欠《か》き、登布裏甲、妻、木連格子、蕪懸魚、鰭《ひれ》若葉附、六葉樽ノ口附。總素木造。三層、東西に入母屋。妻飾、二層千鳥破風同様。屋根、各層出窓共、栩葺銅板覆、二層千鳥破風、箱棟、鬼板鰭附、以上何れも銅板覆。

初重、床拭板敷、出入口一間通り床を低くし、梠大曳き、根太一五通入り。

二重及び三重床、拭板敷、床組、大梁一本、小梁三通り、根太一五通り、登り階段及び登口、手摺附。三重、床、疊《たたみ》寄附。天井棹縁。

木部總素木、各層隅木木口、飾金具打。

四、丑寅櫓

二ノ丸東北隅を固める三層隅櫓で、辰巳櫓と同様、その創建沿革の適確な史料を欠いているが、構造形式は辰巳櫓に等しく、慶長一六年頃（一六一一頃）すでに完成していたものと考えられている。

元禄五年（一六九二）にこの櫓から北ノ郭門までの土居上の塀が修理されていて、元禄七年に屋根栩葺板の葺替に着手して同年には完成している。安永四年（一七七五）にさらに屋根の葺替が行われた。

文久元年（一八六一）には初層中央に支柱を立て内部に床板張を行い、外部各層の破風妻飾木連格子及び出窓格子を白堊漆喰塗とし各層屋根の栩葺板、茅負・裏甲・二重裏甲等を大略取替えたことが、発見された各部材の墨書銘その他から判明した。

この丑寅櫓において特に注意すべきは、享保以前城内の各建造物が順次屋根葺替えに際して銅板覆葺に替えられたにも関わらずこの櫓にかぎり銅板葺とされた形式が認められないことである。

丑寅櫓――三層三重隅櫓、屋根銅板葺、南面。基礎、石垣、切石一重積、各層、大壁、内部中塗、外部白漆喰塗仕上げ、ただし下層は太鼓壁、内に玉石を充填する。三重内部、鴨居以下竪板張り。

初重及び二重、方四間。三重、方三間。間柱入り。

初重、南面出入口一箇所、両開き土戸、肘壺釣り。内板戸、腰高格子戸、各片引き。東面及び北面、各塗込竪格子二連窓一箇所、銃眼四箇所、西面、壁。二重、南面及び西面、各塗込竪格子二連窓一箇所、銃眼一箇所。北面及び東面、各出竪格子窓一箇所、銃眼二箇所、三重、南面、出格子窓一箇所、銃眼一箇所、北面、出竪格子窓一箇所、銃眼二箇所、東面及び西面、各塗込竪格子窓二箇所、各重、格子窓は片引、出格子窓は引違い、いずれも土戸、板戸、明障子建。銃眼は枠及び蓋木製、蓋喋番釣り。

軒、初層、一重疎垂木、腕木、出桁、茅負、布裏甲、化粧裏板横張、二層、一重疎垂木、茅負、布裏甲、化粧裏板横張、出窓、破風板、茅負、布裏甲、裏板竪張、三層、一重疎垂木、茅負、布裏甲、化粧裏板横張、出窓二層同様。軒廻り材總素木造。

屋根、初層、四方庇、二層、東面、千鳥破風、破風板、眉欠き、登り裏甲、妻、木連格子、蕪懸魚、鰭若葉附、六葉樽ノ口附。三層、南北に入母屋、妻飾、二層千鳥破風同様、總素木造。屋根、各層出窓とも、栩葺、銅板覆。二層千鳥破風、箱棟、各鬼板附。三層屋根、箱棟、鬼板、鯱附。以上何れも銅板覆。

初重、床土間、漆喰叩き。二重及び三重床、拭板敷床組、大梁一本、小梁三通、根太一五通。登り階段及び登り口、手摺附。三重床、寄附、天井竿縁。木部總素木、各層隅木木口、飾金具打。

五、未申櫓

弘前城隅櫓は現在二ノ丸に三棟遺存している。何れも三層土蔵造で、一・二階層は同規模、白漆喰塗、屋根は入母屋造、銅板葺というよく似た外観であるが、窓の形や妻の構造など、細部の造り方が微妙に異なっている。三櫓とも石落の装置がなく、土塁上に建っているが、未申櫓は切石積基段高さ一・三六m上に立地している。

未申櫓における修理工事内容は、正面石階段及び、櫓台石垣の南東隅を一旦取りほどき築き直した。正面雨落位置に暗渠《あんきょ》排水溝を雨落し水を南堀に導入した。

トタン仮葺の下に残存していた栩板葺のうち、不朽の軽微な一重上方部分及び二重入母屋（三重軒下部分）の一部を遺し、他は栩葺型の下地を造って屋根全面に銅板を被覆した。葺足その他の外形は従来通りにした。壁は全て部分繕いとしたが一階土扉の外部は中塗以上を塗替えた。三階西側の板戸一枚及び各階の大部分の明障子が亡失していたので補足した。天井その他の破損部分を繕った。

西側高さ二尺通りの腰部壁、二・三階出窓取付部、二重入母屋屋根取付附近などの中塗土を補い、上塗り漆喰塗を塗替えた。各階銃眼蓋及び剥ぎ取って土戸の外側漆喰塗は、いずれも旧漆喰を剥とって塗替え、また入口土戸の建合わせ部を中塗以上塗替えた。なお、外壁全般の汚損を除去して水性白ペンキを塗布した。

各階明障子及び三階板戸を、旧規にならって補足した。なお、土戸の戸車を新調して全て取替えた。出入口土扉の受折金物及び打掛金物を繕い、南京錠を新調して戸締まりし、屋根銅板下地となる面にクレオソートを塗布した。新補木材にはもれなく昭和三一年（一九五六）から同二年の修補の烙印を押した。修理概要を銅板に陽刻し、三階内部北側中央間の竪羽目板に打付けた。

屋根工事は各重の銅板下地にクレオソートを塗り、アスファルトフェルトを敷いた後に銅板が葺かれた。使用銅板は定尺厚さ〇・三㎜のもの、ただし打ち出し用は〇・五㎜のもの、銅釘は平頭、長さ一寸のもの、溶接半田は特号を使用した。軒付部には前板下方に幅二寸の捨板を五分下げて銅釘打ちとし、これに定尺五つ切り（一尺二寸×八寸）したものの長手を横にして上下はぜ五分横ははぜ四分にしてはぜ掛けし、それぞれ釣子どめにした。

平葺は定尺銅板を裁断することなく長手を上下に向け両横縁を五分はぜ掛けにして、あらかじめ四枚を組み合わせてから栩葺型に合わせて折り曲げ周囲をそれぞれはぜ折りにして下拵《こしら》えしたものを、軒先は五分出しの水切り部分に組み合わせ、他は釣子止めとし、中間には各下地板前面にはぜ位置より銅釘打ちとして順次葺登った。

箕甲部はあらかじめ下地に合わせて型板をとり銅板を裁断し、栩葺板木口相当部分の銅板とははぜを組み、釣子止めとした。箱棟は樋棟上端板を共通にして片側四工程ではぜ組みとした。鬼板は打出し工法で銅板被覆をしたが、鯱は切張りとし、各突起部ははぜ組みとして半田溶接した。

未申櫓――一重　桁行　二六・〇〇尺
　　　　　　　　梁行　二六・〇〇尺
　　　　　　　　棟高　三九・五三尺
　　　　　二重　桁行　二六・〇〇尺
　　　　　　　　梁行　二六・〇〇尺
　　　　　三重　桁行　一九・五〇尺
　　　　　　　　梁行　一九・五〇尺

丑寅櫓――一重　桁行　二六・〇〇尺
　　　　　　　　梁行　二六・〇〇尺
　　　　　　　　棟高　三九・三五尺
　　　　　二重　桁行　二六・〇〇尺
　　　　　　　　梁行　二六・〇〇尺
　　　　　三重　桁行　一九・五〇尺
　　　　　　　　梁行　一九・五〇尺

辰巳櫓――一重　桁行　二六・〇〇尺
　　　　　　　　梁行　二六・〇〇尺
　　　　　　　　棟高　三九・一六尺
　　　　　二重　桁行　二六・〇〇尺
　　　　　　　　梁行　二六・〇〇尺
　　　　　三重　桁行　一九・五〇尺
　　　　　　　　梁行　一九・五〇尺

城址逍遥

弘前城追手門桝形は手前に小門を配さない形状で、弘前公園の南、市役所向いに位置し、高さは一二・七mで、いわば城の正面玄関である。他の四棟同様に国指定重要文化財となっている。仰視する門は極めて大きい。武骨という語句が脳裏を横切る。

追手門を入ると右手に弘前城植物園、左手に市民広場があり、この辺は三ノ丸址である。三ノ丸は廃藩後、兵部省（後に陸軍省）の管轄となり、戦後は弘前大学教育学部の敷地となり弘前大学の移転後、文化庁の補助事業で整備を行い、昭和五四年度（一九七九）建設省の補助事業で緑の相談所を建築し、また都市緑化植物園の整備を進め昭和六二年度（一九八七）に完成した。

さらに進んで赤茶色の欄干を持つ杉の大橋を渡るわけであるが、左手に行くと未申櫓が見える。この辺りは森閑としていて石碑の台の石に腰掛け、タバコを吸う。昨今タバコのみは肩身が狭い。タバコは吸うためのものであって決して飾って置くものではない。肺癌云々はその人の気力次第で何とでもなる。

杉の大橋を渡りきるとすぐの場所に南内門が立っている。追手門より一m低いだけで、構造は追手門とよく似ている。銅板葺・入母屋造・脇戸附櫓門・桁行正面五間・梁間三間・中央に大扉口、その左側を脇戸として、左端一間に武者窓附門番所を設ける。正面下層羽目板張、太い中貫が通る。上層正面、側面に出格子窓、銃眼が付く。これは追手門のデータである。この城の各門は、後で写真整理に困るほど似ている。

隅櫓は城郭の隅に立つ櫓でこれには矢狭間・鉄砲狭間・石落等が付いているのが普通であるが、弘前城の隅櫓は石落の装置がないのが特徴である。南内門を潜って右に行くと未申櫓、左に行くと辰巳櫓で、どちらもひっそりとした所に、下を見下ろすように立っている。

天守の雄姿が見える。下乗橋は朱色に塗られこの橋の欄干越しに観る天守は、あまりにも有名である。

解説板がある。武者屯（むしゃだまり）御門址は、長勝寺構えの黒門と同様の高麗門形式で、門扉は二枚扉で番所があり、さらに門の両脇に袖塀があったことが解る。二ノ丸と下乗橋で区画され、本丸に連絡して続くこの一郭が、武者屯で、合戦の際には大将が軍装を整えて号令を発したところである、と書かれている

下乗橋という名はここを渡る時はどのような偉人でも馬を下りたことから名付けられた。本丸に入ると天守を真近に観ることができる。天守は当初五層で、本丸西南隅にあったが、落雷で焼失してしまい、当時の一国一城令では五層の天守を禁じていたため再建ができず、やむなく物見櫓の一つであった本丸辰巳櫓を改築して造ったのが現在の天守である。

本丸未申櫓址の解説板には、築城当時には五層の天守があったが、寛永四年（一六二七）に落雷で焼失したために隅櫓が建設された。元禄七年（一六九四）に石垣を修理した際、不動明王の梵字を刻んだ石が出土し最勝院に保存されている。昔は方角を十二支で示し未申は南西に当る、と書かれている。

天守に入る。右手に売店がある。展示品を撮影しようと思ってビデオカメラを持参したが、ここは写真撮影・ビデオ撮影共に禁止で、いささか拍子抜けしたが、二階にいた警備係のオジさんに話したら、いいよ、とのことであったので写真を撮りまくる。

弘前城天守は弘前城資料館として活用されている。撮った写真を後から観たら、国指定重要文化財の棟札だけ解った。パンフレットで観ると、津軽為信公画像・牡丹紋付駕籠・唐獅子図屏風等がある。

津軽家の定紋は近衛家より下賜された杏葉牡丹紋で旗印に使用されたのが卍紋である。

東内門がある。弘前城の五棟の城門全てにいえることは、雪を考慮したためか一層目の屋根がひときわ高くできていることである。

二ノ丸東門与力番所がこの門の近くにある。与力番所とは、城内の主要な箇所の見張り所として配置されたもので、藩政時代には追手門与力番所、三ノ丸東門与力番所等一二箇所に建てられていたようである。この与力番所の建築年代は定かではないが、柱や梁に遺された墨書きは江戸時代初期に建てられた三ノ丸東門の墨書き跡と酷似し、構築手法は江戸時代中期の様相を呈していることから、古材を利用し江戸時代中期に一度改修されたものと推定されている。

廃藩以降取壊されることもなく、そのまま放置されていたものを、大正四年頃（一九一五頃）に現在緑の相談所が建てられているその東側に曳家移築し、以後公園管理人等宿舎や作業員詰所として使用されていた。それを、昭和五四年（一九七九）から三箇年をかけ文化庁の指導協力を得て再度復元移築されたものである。

文化センター向いに東門がある。辺りにはピクニック広場や牡丹園となっている。中央高校向いの入口から公園に入ると、すぐ見えるモダンな建物が緑の相談所である。ここでは市民の植栽等の相談、育成についての指導助言のほか、随時植物鉢や盆栽等の展示会が開催されている。

緑の相談所から見て斜め右の方角にあるのが丑寅櫓である。三重三階の隅櫓で、他の二棟と似た格好であるが、辰巳櫓が長方形の矢狭間だけなのに対し、丑寅櫓は一層には三角・四角の小さな鉄砲狭間が設けられ、二層・三層には長方形の矢狭間（これは鉄砲にも使用）が造れているなど、細かい構造に違いがある。

丑寅櫓の背面を撮りさらに進むと、賀田（よしだ）御門址の標示がある。築城当初は北門が城の表玄関で、賀田門は三ノ丸の北門として、大浦城の大手門を移築したと伝えられる。ここには、門の内外が直進できないように折れ曲った桝形が造られ、堅固な構えをみせていた。ここから北門付近を観ると、物凄く広い。東北地方の城郭の幾つかは、すこぶる広大で、これは土地を自由に活用できたからだと考えられる。

弘前城の北門は亀甲門（かめのこもん）とも呼ばれ、移築年代は慶長一六年（一六一一）二代藩主津軽信枚の時で、棟高は一二・七ｍである。弘前城には現在五棟の城門が遺されているが、この北門はこれらの中でも特に規模が大きくまた形状も異なり最古の形式を呈する城門である。

北門は大光寺城（現在の南津軽郡平賀町）の城門を慶長一六年（一六一一）に二代藩主信枚が築城に当り弘前城追手門として移築再建したもので、昭和三三年（一九五八）の保存修理工事に当って、柱などから多数の矢傷跡が発見されている。

弘前城は築城以来実戦の経験がないため、この北門が城郭内で唯一の実戦の痕跡をとどめる貴重な城門である。また棟の両端にある鯱も他の門のものより古い形式のものであることや、矢狭間・鉄砲狭間のない点など、観るべきところが多い門である。

昭和三〇年代に歌手三橋美智也さんが歌った「古城」という歌が大ヒットした。作詞者は能登七尾城をモデルとして創案したときく。

現在、天守と大手門が遺存する城は、丸亀城・高知城であるが、これらの城は実戦の経験がない。ところが弘前城には天守や矢弾の跡もある北門があり、古城の歌は、弘前城がふさわしいと個人的に考えている。

城下散策

北門の北に重要文化財指定の石場家住宅がある。木造・平屋建で、江戸時代後期に建てられ、藁工品や荒物などを商っていた。一般に公開されているが時間がないので外観の写真を撮る。

津軽藩ねぷた村では、若い衆が太鼓を叩いて、そして説明してくれた。弘前には明治の西欧建築が多数遺っている。日本キリスト教団弘前教会・青森銀行記念館・弘前学院外人宣教師館・弘前カトリック教会・弘前昇天教会・青森銀行津軽支店・一戸時計店時計台・旧弘前市立図書館・弘前厚生学院・旧東奥義塾外人教師館などである。

長勝寺と禅林三三箇所を訪れる。長勝寺は、津軽藩主の菩提寺であって、禅林街三三箇寺の中で最も格式の高い寺院である。同寺は津軽統一を成し遂げた藩祖津軽為信の大祖父大浦盛信が、享禄元年（一五二八）に父光信を弔うため、西津軽郡鰺ヶ沢町種里（現鰺ヶ沢町）に建立し、その後為信が大浦（現中津軽郡岩木町）に移し、慶長一五年（一六一〇）二代信枚が弘前城築城とともに現在地へ移したといわれている。

同寺建立に当って信枚は征服した領内の寺院三二箇所を同地に集め、次いで寛永六年（一六二九）、為信の御影堂とともに壮大な三門を建て、この一帯を城の未申（西南）の固めとし長勝寺構を構築して、領内の宗教や文化の統一を図るとともに、政治的及び、軍事的にも大きな役割を果たさせていた。長勝寺三門は津軽信枚により建立されたもので、三間一戸楼門・入母屋造・栃葺の建物である。文化七年（一八一〇）火燈窓を新設したため下層一階の様相が当初とは違っているが、全体的に江戸時代初期の特色が随所に観られる。

三門とは三解脱門を略したもので、色彩の無さが、戦国時代の逞しさを感じさせてくれる。高さ一四・五m、正面桁行三間、梁間二間、軒下二重繁垂木、二階の腰組に逆蓮柱（ぎゃくれんちゅう）の勾欄を廻らしていて、階上に県重宝指定の薬師如来像が安置されている。

長勝寺の庫院は、津軽藩主の先祖大浦光信が、文亀二年（一五〇二）に大浦城の台所として岩木山麓の大浦の地に建て慶長一六年（一六一一）に此所に移された。茅葺屋根の巨大な建物である。

重要文化財の誓願寺の山門は京都誓願寺山門を模し江戸時代中期に建立されたと推定されている。誓願寺は慶長年間（一五九六〜一六一四）に南津軽郡大光寺より本地に移されたものであるが、以後数次の火災に遭遇した。

しかし、幸いにも山門は片扉を失っただけで今日に伝えられている。杮葺、妻入りの重層四脚門で高さ約六・九m、正面に切妻破風の妻を配置し、少しも小さく感じさせない量感あふれる力作で、桃山時代の手法を遺し珍しい形とともに地方色豊かな建物として高く評価されている。屋根軒下部分に飾られている懸魚に鶴と亀とが付けられていることから鶴亀門と呼ばれ、市民に親しまれている。

常陸宮家は、昭和天皇の第二皇男子正仁（まさひと）親王殿下と、陸奥弘前一〇万石の旧藩主家で旧伯爵津軽義孝・久子御夫妻の第四女子華子様が、昭和三九年（一九六四）に御結婚され、戦後初めての宮家創立として誕生した。津軽は華子様の故郷なのである。

津軽の伝統工芸品と民芸品は多い。津軽塗・津軽焼・こぎん刺し・ブナコ・あけび蔓細工・鳩笛・こけし・弘前ねぷた・凧絵等がある。初めて弘前に行った時は鳩笛と独楽が買えた。二度目には、金魚ねぷたが手に入った。

昭和二三年（一九四八）六月中旬、太宰治は山崎富栄と玉川上水に果てた。恋多き人の最後であった。青森県に生まれ、東京大学仏文科を中退、在学中左翼運動に関係したが後に離脱、その敗北感を出身階層の劣等感とともに抱き続けた。

「晩年」・「道化の業」などによって文壇に出た。戦時中は日本浪漫派の同人、戦後「斜陽」によって有名になり、青年層に異常な歓迎を受けた。昭和の知識人の苦悩を鋭く体現し、道化のポーズに隠れながら日常的なものに反抗した。

津軽を代表する作家の一人で、金木の大地主の六男坊であった。成績は優秀だったがアウトサイダーとしての反逆の意識が強く、波乱に富んだ生涯を送ることになる。

石坂洋次郎は弘前に生まれ、弘前中学校から慶應義塾大学に学んだ。中学校の教師の傍ら創作活動に入るが、「若い人」によって作家の地位を確立した。戦後は、「青い山脈」を始めとする新聞小説の分野で、我国有数の書き手となった。

「井田は汗を拭き拭き、シャツのボタンを外づして涼しい風を入れるやうにしながら歩いた。今は時雨の季節ではないけれども、井田がかうした旅情に浸るのは、ほんとうに何時以来のことであらう。暑いことも暑かつたが、井田は道が尽きることを惜しむかのやうに、殊更にゆるゆると歩を運んだ。

一つの稜線を越えると、また一つの稜線が遙か向うに現はれ出た。それは悪戯をして隠れて居つた子供がヒヨイと姿を現はすのに似てゐた。後をふりかへるといつの間にか展望がひろく大きくなつてゐるのに驚く。そして今年四十二になった井田の眼は、いまでもその中から町の旧城址の天守閣の白壁を発見することが出来るのだつた。」

石坂洋次郎著『山の湯』より

津軽古城紀行

弘前への旅では、大浦城址、堀越城址・黒石城址・浪岡城址を探訪することが出来た。弘前城の原点の一つである大浦城址は現在津軽中学校の敷地となり、大きな石碑と解説板がある。

津軽氏が、大浦城から堀越城・弘前城と戦国大名から近世大名へと成長する過程を観る上でも古くから注目されている古城址である。

古来、津軽一円は、蝦夷管領といわれた安東氏が勢力を張っていたが、南北朝の頃から、南部氏の侵攻に遭って、出羽方面と北海道に失地を求めていった。

南部氏は津軽地方の押さえとして、南部光信を種里城主とした。光信は南津軽の経営のため嗣子《しし》盛信に大浦城を築かせ大浦氏と名乗らせた。大浦築城は明応七年（一四九八）と伝えられている。

大浦氏は南部氏の勢力下から次第に自立の兆しをみせ、政信・為則の代には津軽一円を支配するに及んだ。為則の子為信は、南部氏支配下から独立して津軽氏を名乗り、南部氏に対した。居城も文禄三年（一五九四）堀越城に移して、戦国大名としての基盤を確立して行った。

大浦城に関して伝わる数種の絵図によると、同城は本丸・二ノ丸・三ノ丸・西ノ丸から成り、本丸を高所に、二ノ丸を南、東を三ノ丸としている。近世に入っても弘前城の支城として存続したが、元和元年（一六一五）の一国一城令で廃城となった。

堀越城は平賀氏によって新里城と共に築かれたことに始まるが、大浦城にあって南部氏の勢力下から独立する津軽為信によって取り立てられたことから、一躍有名になった。かわって為信は大浦城にあって、旧主南部氏に替り津軽を平定にするには、南部氏の拠点、大仏ケ鼻城・和徳城・大光寺城・石川城等を攻略する必要があった。

そこで大光寺城・石川城に最も近く、敷地の真っ只中ともいえるこの地に支城として当城を構えると、元亀二年（一五七一）から天正三年（一五七五）にかけてこれらの南部氏側の諸城を陥落させ、同一六年に津軽平定をなし遂げた。

津軽為信は豊臣秀吉から大名として認められると、文禄三年（一五九四）には、大浦城に替り津軽支配の居城を堀越城に移すために大拡張工事を行い、今に遺る土塁や空堀・水堀を築かせたのであった。しかし、津軽家中の謀反が続き、堀越城も近世大名の居城に相応しくないという訳で、さらに弘前築城となった。

堀越城址は、車道に面して熊野神社の鳥居があり、傍らに城址碑がある。そこから進むと左手は発掘調査されていて青いシートがかけられていた。本丸址は周囲を土塁で囲繞《いにょう》されている。発掘調査中に二ノ丸水堀と思われる堀の側面と、堀の底から鋭く尖った柵状の木列が出土したのである。虎落（もがり）と呼ぶものであるが、堀の中から柱穴ではなく柱そのものが多量に出土した。史上初めてであるといわれる。

黒石市は弘前とは境を接し、明暦二年（一六五六）弘前藩主津軽為信の孫信英（のぶふさ）が弘前藩から五〇〇〇石を分知されたことにより、後に文化六年（一八〇九）に一万石の藩として立藩した。

JR弘前駅から弘南鉄道で約四〇分位であっただろうか、終点の黒石駅に着く。歩くのもえらかったのでタクシーに乗り旧黒石城址の碑を撮り、御幸（みゆき）公園となっている城址の碑も撮る。巨大で深く彫られた刻銘な石碑である。帰りの電車でヤン・ギャルが化粧をしている。当世のはやりである。人間は見かけよりも、ハートとガッツである。それを見抜くには、眼である。その人の眼を視れば、大抵のことは解る。明眸皓歯（めいぼうこうし）といって眼と歯並びがいいのが美人の第一条件である。

つらつらと思うに、ユーラシア大陸・ア

メリカ大陸・アフリカ大陸など、誰が国境を決めたのか。それは人間である。ラインを挟んでドン・パチやっているのは全て人間なのである。戦争をしている大人達はいいが、子供が迷惑なのである。子供のつぶらな瞳をみてそれでも戦争ができるか、日本・アメリカ・ロシア・イギリス・フランス・ドイツ等、用意ドンでスタートしたのに日本だけが走り過ぎた。二〇世紀はまさに殺しあいの歴史であった。日本人の国民性として、つっ走ってしまい、後を振り返ると、後悔、その連続である。戦争がしたければ、兵士を使わずその国のトップ同士が一対一で決闘をすれば済むことである。昨今は皆が平和ボケしていて、話にならない。

北畠氏と奥州との結び付きは、北畠顕家が多賀城（宮城県多賀城市）に下向したことに始まる。元弘三年（一三三三）一〇月顕家は、後醍醐天皇より陸奥守として多賀城に入り奥州の武士達を統率下に置くことを命じられた。延元二年（一三三七）、顕家が和泉（大阪府）で戦死した後、弟の顕信が兄の遺志を継いで奥州を統治しようとしたが、北朝方に次々と拠点を奪われ、北へと押され、本州の北の果ての津軽の浪岡城まで北上し、ようやく安住の地を得ることが出来たと伝えられている。

土地の豪族行岡（なみおか）某の娘は、顕家に仕えて顕成（あきなり）を産み、この顕成が母の実家を頼り浪岡北畠氏の始祖になったとされる。以後、名族北畠氏は、人々に崇められ〝浪岡御所〟と尊敬をもって称された。また、顕信の子守親も浪岡に落ち着き〝川原御所〟と称され、本家とともに栄えた。

因に伊勢北畠氏は、親房の三男顕能（あきよし）を始祖としている。浪岡北畠氏は〝川原御所の変〟を境にして没落の一途をたどることになる。

永禄五年（一五六二）川原御所の北畠具信（とものぶ）が浪岡城を訪れて突然当主の具運を斬り殺してしまったのである。城内は騒然となったが、具信もまたすぐに具運の家臣達に討ち取られ、残った川原御所の一族も攻め滅ぼされた。

事件が収まった後、顕運の跡目はわずか五歳の顕村が継いだ。内紛の痛手は大きく、また、北畠氏は朝廷への貢物を送るために重い税を取り立てたので、領民からの信頼感も失いつつあった。

南北朝時代から津軽に君臨する浪岡御所を攻めるには無理があった。しかしその無理を平然とやってのけた男がいた。大浦為信である。

為信は、三戸（さんのへ）の南部氏の武将であったが、反旗を翻し津軽地方を主から奪い取った。戦国時代の奥羽地方では、配下の武将が主の地位を奪う、いわゆる下剋上の例は殆ど見受けられず、南部・伊達・最上・相馬といった古くからの名族が、戦国大名へと発展するのだが、為信はその例外であった。

為信は、北畠氏の重臣や、浪岡領の民を手なづけ、浪岡城の攻略にかかった。為信は、ならず者に命じて城下を混乱に陥れた上で、為信率いる本隊は三方から攻め寄せたと伝えられている。城方も抵抗を試みるが、大勢は動かしがたく、城は為信の手に落ち、当主の顕村は捕らえられて自刃し、浪岡北畠氏は滅亡した。落城の炎の中で北畠氏の興亡を記す史料などが紛失してしまったため、浪岡城や北畠氏の歴史には不明な点が多い。

浪岡城址はどうせ道の傍らに墓石などが遺っている程度と考えていたが、それは全くの自分自身の誤解であった。夏の早朝であったが、行ってみてあまりの規模の大きさに、呆然とした。発掘調査が実施され、丁寧に整備されている。北畠家の墓石も見せてもらった。

心洗われる気持ちで青森の三内丸山遺蹟に向った。

超能力という言葉がある。テレビなどでユリゲラーさんがやっているが、この能力は本来は誰でも持っているものなのである。小さい子がスプーン曲げなどにチャレンジしているが子供に比較的能力があるのは、心が清らかなためである。

人間は大きくなると喋ることに夢中になる。だから霊力が衰えるのである。金銭欲・物欲・名誉欲・愛欲、これらを全部退け、ある程度体力をつければ簡単にできるようになるが、自分はこの力をたたき出すのに五〇年かかった。

普通の人を人類と呼ぶが、自分は超人類である。例えば猫の群れの中に虎がいるようなものである。ヨーロッパの方に超人類がいるが、自分は修業中の身で今は彼らにはアクセスできる状態ではない。

人間は頑張って会社を創ったりして金持ちになる。そこで豪邸を建てふんぞり返る。そんなことしたって死ぬ時は独りなのである。一歩先を行く人は社会に還元することを考える。

無…どうしても行き着くところは「無」である。どんなに考えても、「無」なのである。

弘前城天守西北面

弘前城天守南東面

弘前城丑寅櫓北面

弘前城未申櫓東面

弘前城辰巳櫓北西面

弘前城天守詳細

弘前城天守一階内部

弘前城天守二階内部

弘前城天守三階内部

弘前城図

①天守閣
②丑寅櫓
③辰巳櫓
④未申櫓
⑤追手門
⑥東門
⑦亀甲門
⑧南内門
⑨東内門
⑩与力番所

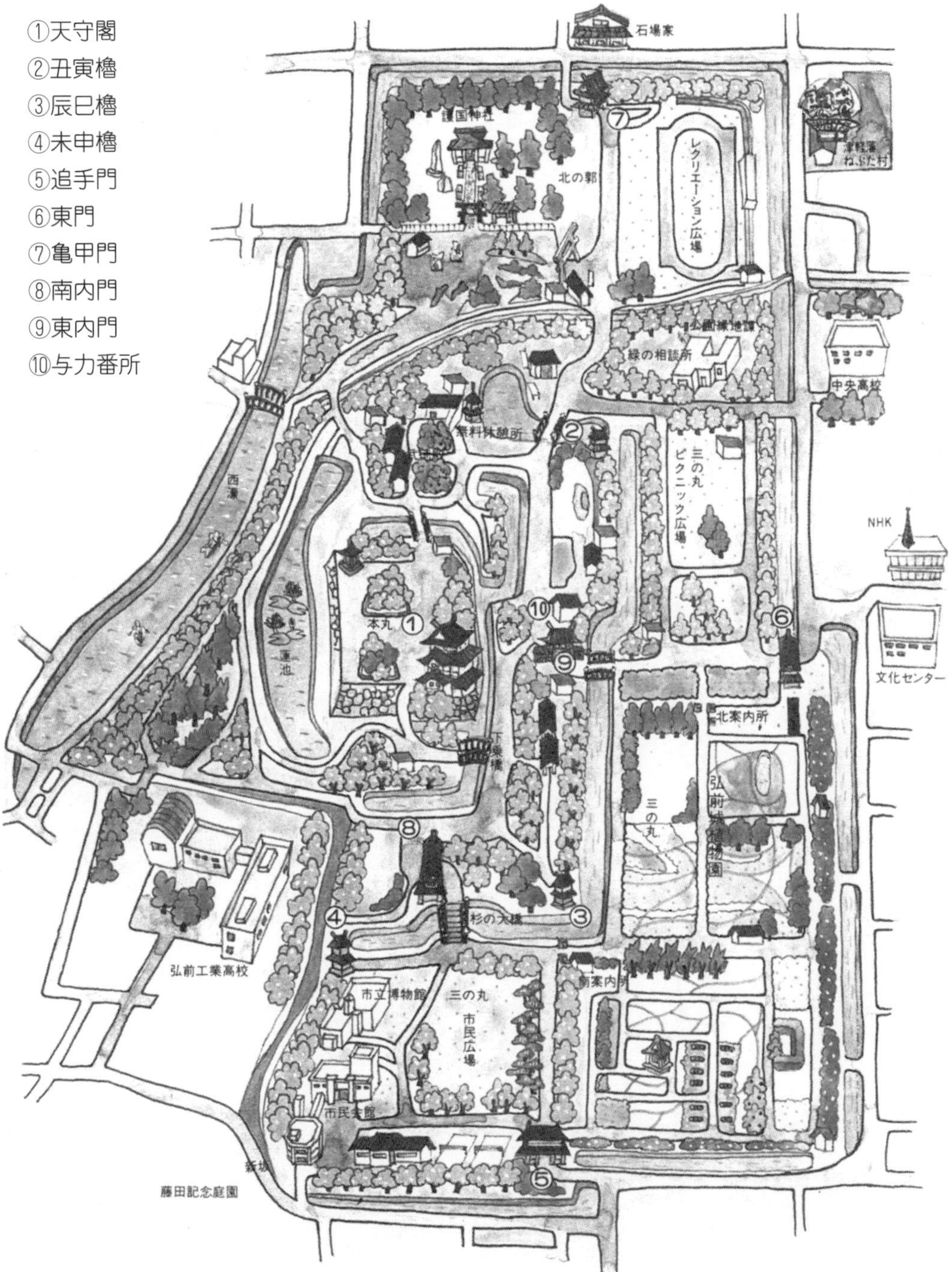

第二章　探訪

城郭櫓（涌谷・会津若松・白河小峰）

はじめに

「美しいと思った。青く澄み渡ったみちのくの空を背景に、黒絲縅の鎧を纏《まと》った美丈夫が床几にどっかと腰をおろして睥睨《へいげい》している、そんな感じの櫓だった。

通り過ぎる風に、まもなく訪れる鉛色の冬を思い、しばし佇んで仰視した。（平成三年・晩秋の白河小峰城址にて）」

東北地方の諸城址探訪の計画を立て、秋に実行した。探訪地は、涌谷・仙台・福島・二本松・三春・会津若松・須賀川・白河小峰である。

夜行高速バス青葉号は名鉄バスセンターを定刻に発車した。しばらくは窓の外を眺めながら音楽を聴く。時々、遠隔地の城址を探訪する場合に、高速バスを利用するが、会社から短縮電話で予約するので大抵座席は最前列左端である。

少し腹が減ってきた。もう一つ隣の席の美人ギャルがサンドイッチを食べている。ギャルはサンドイッチだが、おじさんはやはり握り飯である。五つほどたいらげて、ウーロン茶を飲む。そして遠慮がちに煙草を吸う。消燈時間になり、目を閉じてこの一年を振り返ってみる。旅への期待・まだ見ぬ城址、…バスの振動、とても眠れたものではない。

薄暗いバスの中を見回すと、天地がひっくり返ったような格好で、ヤケクソになって眠っている人がいる。それでも二時間ばかりうとうとしたか、早朝国見のサービスエリアに着いて洗顔する。時刻表を見ると涌谷へ連絡する列車に間に合いそうである。そしてJR仙台駅付近で下車して、美人ギャルの横顔を見て駅へ走って列車に飛び乗った。

涌谷要害太鼓堂

一、仙台藩の要害

仙台藩では一国一城令の特例として、島津氏の「外城制」・山内氏の「土居構」などのように、一族と有力家臣の在地城郭を「要害」と称して、白石城を含め二一箇所存続させた。

元和元年（一六一五）の一国一城令によって伊達氏仙台藩領では、仙台城の他に白石城が正規の城として幕府から公許された。

これに対して水沢・佐沼・江刺・岩沼その他の諸城は、城としては認められなかった。しかし、仙台藩ではこれらの諸城に対して延宝年間（一六七三〜八〇）まで「城」の呼称を用いていたものと考えられている。

天和元年（一六八一）仙台藩当局から領内諸士に在郷居屋敷絵図の提出が命じられた。そして、それらの格付けが決定された。居館付・居所付・居所付相除の三段階である。

町場を擁し、伝馬役を勤め市立ての行わ

れるのが居館付である。この要害の条件を欠くものが居所付、町場を擁さぬものが居所付相除であったらしい。

この頃幕府から仙台城と城下絵図の提出が要求され、仙台藩では領内の要害屋敷についても幕府に御伺いを立て、貞享四年（一六八七）に要害制として確立した。仙台藩の要害制成立理由は、伊達氏が入部するに当って抱えていた家臣団の問題、仙台領入部に際して実施されたこの地域における破城と城修築との問題、さらに軍事・交通の諸点から考えられる。

天正一九年（一五九一）、伊達政宗が旧大崎・葛西領を与えられて岩出山に入部する以前、天正一七年（一五八九）六月から同一八年六月までの段階の伊達氏は、会津・仙道（福島県中通り）・長井（山形県置賜郡）・宮城郡（宮城県）以南の諸城を領有した。後の石高にして一〇〇万石を越えるこの領土には、石川・亘理（わたり）・留守氏など、ほぼ独立的な領主権を行使する大名級の家臣と、譜代とはいえ、すでに数十箇村をも支配する高野・片倉・伊達・白石・大町・茂庭（もにわ）・柴田など多くの家臣が存在した。

それぞれに膨大な陪臣を擁するこれらの大身の武士達を岩出山城下あるいは、仙台城下に集住させたきりにして［大名――家臣］の一元的知行制に編制しきることは到底不可能であった。［大名――家臣］・［家臣――陪臣］の、いわば二元的多層的な知行制にふさわしい大身の諸士の在郷居住制を採らざるをえなかったのである。しかも陪臣の大半は半農の士で、これらの存在が仙台領入部に際して著しい削封とあいまって、特に旧大崎・葛西諸郡の開発を進める原動力となった。

後に仙台藩六二万石は、内高一〇〇万石を越えた。この成果は藩当局による北上川・迫（はざま）川・江合川の改修などの治水工事が、仙台平野の開発の前提となったことや、開発の直接の担い手が農民ではあるが、要害・所拝領の諸士による開発推進を見落とすことはできないとされている。

仙台藩の要害制の成立整備は幕府の令達によって推進され、その規制を受けたが、結果的には藩は大身の士に対する統制を強めることができたと考えられる。藩当局と大身の士との間に展開した領主裁判権をめぐる緊張関係にもみられるように、要害・所拝領などの制度は藩への権力の一元的集中を妨げるものであった。寛文事件（伊達騒動）に生じた政治風土はこれに起因するのである。

要害は、角田・金山・亘理・坂本・平沢・舟岡・川崎・岩沼・不動堂・岩出山・高清水・宮沢・登米（とよま）・佐沼・水沢・金ケ崎・岩屋堂・人首・上口内・涌谷などである。白石城は別格と考えられ、各要害が戦国末期の城郭を彷彿とさせるものであった。

その中で涌谷要害には太鼓堂と称される隅櫓が現存している。東北地方では弘前城の櫓三基と並んで貴重な遺構例である。

二、涌谷要害

涌谷（わくや）要害は、宮城県遠田郡涌谷町の江合川に臨んだ城山と呼ばれる舌状台地の先端に位置する。中世には涌谷氏の居城地と伝えられる。天正一九年（一五九一）に亘理重宗に与えられ、その後は涌谷伊達氏（亘理氏）の要害屋敷として明治維新に至った。

この地には、永享年間（一四二九～四〇）

に大崎氏の支流百々（どど）氏より分かれた涌谷氏が築城したと伝わる。

涌谷城は葛西氏の勢力に対する防御線の一つとして、代々涌谷氏が居城して防備したが、天正一八年（一五九〇）の豊臣秀吉の小田原征伐に、宗家大崎氏は参陣しなかったため所領を没収され、涌谷氏も同時に滅亡した。

その後涌谷は木村吉清の所領となり、葛西・大崎一揆による木村氏没落後の天正一九年（一五九一）、伊達政宗は葛西・大崎の地を領有し、居城を米沢から岩出山に移した。涌谷は亘理重宗に与えられ、重宗は天正二〇年に涌谷城を修築して移城した。知行高は八八八五石であった。

亘理重宗は父元宗と共に、伊達氏の有力な武将として武名を馳せた。重宗の子が定宗で、慶長一一年（一六〇六）に伊達の姓を許されて一門に列した。その後を継いだ安芸宗重が寛文の伊達騒動で、原田甲斐に江戸酒井邸において斬殺された伊達安芸である。亘理伊達氏の最終石高は二万二六四〇石であった。

涌谷要害は、箆（のの）岳丘陵の一支脈が西北から東南へ細長くのびた地形を利用して造られている。南を江合川が東流し、東と西は深い沢で断崖となっていて、北は堀切の大きな谷で区切られている。城地の最高所は標高三〇・八mで、東西二四m、南北九〇mの平場があり、現在は涌谷神社が建てられている。西南の江合川沿いの斜面に、張り出した郭と腰郭が確認できる。

仙台市博物館所蔵の『涌谷要害図伊達安芸知行所』は現在知られている涌谷要害に関する最古の図面で、最高所の平場に、「山城」南北七〇間、東西二〇間と書き入れがある。南に城門があり、土塀を廻らしている。この平場が中世の涌谷城本丸の地と考えられている。

本丸から一〇m低い二ノ丸も図面にあり、南端に冠木門が描かれている。元禄二年（一六八九）の涌谷要害の全焼及び時代の推移から、城の機能が山城の本丸から下段の標高二二・八mの二ノ丸へ移る。

元禄二年九月当時の涌谷館平面図について、佐藤巧教授は次のように論述している。

「東南端に位置する詰の門を入ると式台に達するが、この式台は広間の次の間たる鑓《やり》の間に付く。広間の奥に四間取りで両側に縁を持つ中之間と呼ぶ一棟に、廊下によって接続しその奥、向かって左手に表御座之間・表御寝所を連ね,右手に台所を配する。

表御座之間・表御寝所・中之間の三棟と台所棟は廊下によって連絡させる。表部は広間・中之間・表御座之間・表御寝所・台所の五棟から成り、これら各棟は一系列の間取りをとる。極めて単純な平面形状を持つ。

中心的建物はその規模・位置の点からみて中之間がこれに当ろう。この中之間には、床・棚の施設がみられないが、大身侍屠屋敷における表の中心建物たる書院に比すべきものと思われる。

この表部から長い廊下によって、寄附を経て奥部に達する。奥は惣女中部屋・竹田部屋・局部屋を、そしてその奥は長廊下の左右に『卯之吉様御座間』・御茶之間・御膳組・御すへが連なり、さらにその奥に奥御座之間、そして『おやす様之間』が配され、西北端に御寝所・御化粧之間そして物置が位置し、奥部は比較的充実している。本丸敷地の幅は狭いところでは一六間半程であるのに対し、奥行きは約一二五間程ある。

本丸の敷地形状に応じて、表から奥に至って各建物がほとんど直線的に配列され、奥方向に極めて長い殿舎配置になっている。『卯之吉様』は涌谷伊達氏六代村元の嫡子で『おやす様』は泰姫、卯之吉の妹である」

元禄一二年（一六九九）の涌谷要害は、本丸は二ノ丸に移り、旧本丸は山林となっている。要害の南端の冠木門は詰ノ門に変わり、館下の二ノ郭に新しく中ノ門が設けられた。また城西に上屋敷が構えられた。江合川に架けられた涌谷大橋の東側に大手門があり、大手門から城内に至る小路を表丁と呼び、作事小屋・蔵屋敷などがその左手に並んでいた。

水堀を渡って中ノ門を入ったところが一ノ郭と呼ばれ、その右手に厩があり、厩門を経て三ノ郭に至る。厩の右手は大きな貯水池が二ノ郭を包むように延びていた。一ノ郭の北方石段を上ると詰ノ門に至る。本丸の表門でこの付近だけは急勾配の石垣が築かれている。門の脇には二層の隅櫓がある。本丸だけに塀が廻らされていた。

現在、城址は町指定史蹟で城山公園となり、最高所の初期の本丸址には、昭和三年（一九二八）に伊達安芸宗重を祀る涌谷神社が建てられた。また、宗重の胸像もある。そして一段低く南に続く丘陵上が二ノ丸址である。本丸焼失後は二ノ丸が本丸となった。今は天守風の史料館が建てられている。詰ノ門脇の二層の隅櫓は太鼓堂と称され遺存する。

三、涌谷要害太鼓堂

太鼓堂は瓦葺で、棟には鯱が置かれている。隅櫓であるが櫓と称さなかったのは、涌谷城は表面では幕府の一国一城令で廃城になっており、新城の築城は許されていなかったから、完全な城郭であるにもかかわらず要害と称していたので、櫓も同様に太鼓堂と称された。

天保四年（一八三三）に再建されたものであるが、創建年代は不明である。太鼓堂の外観は二層、内部一階現況は寄棟造・桟瓦葺で一軒疎垂木の建物である。下層外法約四・七五m×五・六〇m、上層外法約二・九五m×三・八〇m、棟高は地表より大略五・五m、上層軒高（この場合地表より軒先までの高さ）約四・九二m、同下層軒高約二・五二m、下層軒の出（この場合壁面と軒先までの水平距離）約〇・六m、下層の高さ一・一〇mは茶色の塗料を塗った横板張で、上層は白色の塗料を塗った横板張、上層四方に三本の格子窓、下層東北面・東南面の二面に八本の格子窓がある。

下層の窓は横板張上部から二五cmの位置に高さ〇・七五m、幅一・六〇mの大きさである。建物西北面の高さ一・八五m、幅一・一〇mの引戸が入口になっている。鯱は仙台藩一門の地位を表すもので、高さは約四三cm、再建当時のものである。

明治維新までは太鼓を打って時を告げたが、太鼓は現存せず、今から二〇年程前修理がなされた。その前までは白漆喰・下見板張の建物であった。外観は二層ではあるが内部は一階で、現在は史料館展示物の保管倉庫として使用されている。東北地方に現存する二重櫓として貴重な遺構ではあるが、惜しむらくは塗料を塗った板張など不適切な修理である。

城址解説板には次のように記されている。

「史跡涌谷城—涌谷城は、箆岳丘陵を背に、北東に深い谷をかかえ、前面は江合川の流れによって守られている天険の要害である。平山城で東西一〇九m、南北三二七mの長方形をしている。

中世大崎氏の支族涌谷氏の居城地であった。現在、涌谷神社のあるところが本丸で、北に空堀、南に物見の松がある。二ノ丸の西部に腰郭が張出し、犬走りも現存している。

天正一九年（一五九一）に亘理重宗が入城し以来二二七年、仙台藩一門二万二六〇〇余石の涌谷伊達氏（亘理氏）の要害屋敷として知られた。天守は無く二ノ丸が削平拡張されて邸宅風建築が並んだ。伊達騒動で有名な伊達安芸の嫡子宗元が、日光廟修営奉行として出張中、元禄二年九月に失火により全焼し、復興に数年を要した。江戸時代の末期には建物二一棟、土蔵三棟があり、堀を廻らしていた。

西方一kmに出丸があって上屋敷と呼ばれた。下郡沼の南端寒神沼から引く深い内堀が二ノ丸の裾を廻り、江合川は城の外堀の役目を果たした。城東に妙見宮・見龍寺・龍渕寺が建造された。涌谷大橋東に大手門が設けられ、河岸に郷学月将館、内堀を渡ると中ノ門があり坂を登ると詰ノ門があった。城下は江合川に沿って侍（家中）屋敷を割り出し、町屋敷は仙台通に沿う本町・新町と穀船河岸につながる河原町の三町であった。

明治二年（一八六九）登米県庁が置かれて、権知事鷲津宣光が来任した。明治五年城館は全て取り壊され、今は詰ノ門付近の石垣と角櫓に昔の名残を留めるのみである。」

桜の見頃には川原で輓馬（ばんば・通例では車輛を引かせる馬）競争が行われる。涌谷大橋から江合川越しに城址を振り向くと、一幅の名画を見るように美しい。

会津若松城御三階櫓

一、城史

会津若松にはじめて城を築いたのは葦名（あしな）氏七代の直盛である。至徳元年（一三八四）、南北朝末期頃のことで、東黒川館と称された。また、近年小山田に詰城があった、という古文書が発見されている。そして葦名氏の勢力拡大に伴って、戦国期に黒川城が築かれ、城下町も形成された。天文七年（一五三八）に館と城下の大部分を焼失し、同一二年（一五四三）、葦名氏全盛期の一六代盛氏によって黒川城は本格的な城郭として建て直された。

奥羽最大最強の名門葦名氏は、英傑盛氏没後内憂により急速にその勢力が衰えた。天正一七年（一五八九）に伊達政宗が二万三〇〇〇軍勢で攻め入り、一万六〇〇〇余の葦名軍と磐梯山麓の摺上原（すりあげはら）で合戦し、葦名軍は敗れ、四〇〇年余りの歴史を誇った名族葦名氏は滅亡した。

伊達政宗の会津支配は一箇年であったが、その間に黒川城西館で生母義姫による政宗毒殺未遂事件があり、政宗は義姫が推した弟小次郎政道を斬殺した。そして、政宗は小田原攻めの豊臣秀吉に伺候し、会津攻略の罪を問われ、黒川城を秀吉の重臣木村清久と浅野正勝に明け渡し、安堵された旧領米沢へ移った。

天正一八年（一五九〇）、小田原の北条氏を滅亡させた豊臣秀吉は、奥羽仕置を断行するため黒川に入城した。そして会津には蒲生氏郷が四二万石で入封し、後には九二万石を領するようになった。仮想敵伊達氏に対する鎮めの配置であった。

文禄元年（一五九二）に氏郷は城郭と城

下町の建設に着手し、翌二年に完成させた。城は若松城と命名され、雅称は鶴ヶ城とされた。七層の天守が聳え、本丸・二ノ丸・三ノ丸を構える梯郭式の縄張であった。天守は内部が七階であったと、伝えられている。外郭に土塁と外堀を構築して郭内を武家屋敷、郭外を町人街とした。

氏郷はその二年後の文禄四年（一五九五）に病没した。氏郷の後は子息秀行が蒲生家を継いだが、宇都宮一八万石に転封された。そして会津には上杉景勝が一二〇万石で入封した。

上杉景勝は領内二八箇所に支城を置き、大身の家臣を城主として住まわせた。景勝は豊臣家の五大老の一人であったが、秀吉が死去し徳川家康との対立も表面化してきた。景勝は天下支配の大望を抱いていたともいわれている。慶長四年（一五九九）、日本三智将の一人と称された景勝の重臣直江兼続は、近江国佐和山に石田三成を訪ねて家康失脚の秘策を練った。

景勝はこれからの戦は火砲中心になることを考え、山に近い若松城では守備に不適で、そのため若松城の北西一里ほど隔てた神指（こうざし）村に神指城を築くことにした。新城の規模は本丸が東西一八一m、南北三〇八m、塁の幅は一八mで高さ一〇・五m、塁には石垣を築き、外側には堀を廻らした。二ノ丸は東西四七二m、南北五二六m、塁の幅は二七mで高さは七・五m、四方に門を開き水堀を廻らした極めて壮大なものであった。

景勝はこの城に家康軍を誘い込み、耶麻郡山崎辺を堰止めて水攻めにする戦略であった。神指築城の報は家康に知らされ、さらに景勝と家康の対立は激化した。

慶長五年（一六〇〇）六月一八日、家康は上杉征伐の途についた。そして八月二日下野国小山で石田三成の挙兵を知って江戸に引き返し、九月一五日関ケ原の合戦に突入することとなる。そして戦後、上杉景勝は会津領などを没収され、米沢三〇万石を与えられた。

再び、会津及び仙道六〇万石は蒲生秀行に与えられた。秀行は慶長六年（一六〇一）会津に再転封し、三〇歳で死去するまで領内統治に心血を注いだ。しかし慶長一六年（一六一一）に会津地方は未曾有の大地震に襲われ、城の石垣の大半が崩れ落ち、各地での被害は甚大であった。そのため災害復旧工事に莫大な資金を投入したので財政が逼迫し、家臣団の不和対立もあり、秀行の後を継いだ忠郷は二五歳で若死して、蒲生家は断絶した。

寛永四年（一六二七）、会津には加藤嘉明が四〇万石で入封した。時に六五歳の老齢であった。

寛永八年（一六三一）、嘉明に替って明成が家督を相続した。寛永一六年（一六三九）に若松城は大改修され、慶長一六年（一六一一）の大地震以来傾いたままになっていた七層の天守は五層に改造された。また、北出丸・西出丸が築造され、現在見られるような規模雄大な城郭が完成した。しかし、明成は重臣堀主水との確執、苛斂誅求の藩政、大凶作に対しての無策などによって寛永二〇年に会津四〇万石を没収された。

寛永二〇年（一六四三）、会津には徳川家光の異母弟保科正之が二三万石で入封した。正之は会津藩の藩政確立に大きな貢献を果たした人物で、名君の誉れが高く、政（まつりごと）をはじめ、文武両道にも優れた業績を残している。

入国すると次々に新法令を発し領国支配

の確立に努めた。二代正経・三代正容（まさかた）の時代には一層藩政が整備されていくが、しかし同時に藩財政の窮乏も現れ始めた。元禄九年（一六九六）に幕府は正容に松平姓を与え、葵紋の使用を許した。これ以後保科氏は松平姓を用い徳川一門となった。

以後、容貞（かたさだ）・容頌（かたのぶ）と歴代藩主は、慢性的な財政難と家臣団の困窮に悩まされ続け、幕末の内外共に危機感が高まっていた嘉永五年（一八五二）、九代藩主容保（かたもり）が襲封したのである。

松平容保は文久二年（一八六二）、徳川御三家諸侯が体よく辞退した京都守護職に任命され、幕末の難局に当ることになった。そして禁門の変では薩摩藩と協力して長州軍を撃退し、孝明天皇の厚い信任を蒙り、数々の感賞を賜った。

しかし、公武合体を念願とした孝明天皇は崩御してしまった。武力革命で近代国家を創ろうとする薩摩・長州の軍事同盟は、会津藩を鳥羽・伏見の戦の首謀者と見做し、会津藩征討の命を下した。慶応四年（一八六八）の鳥羽・伏見の戦から明治二年（一八六九）の五稜郭の戦までの戊辰戦役は、関東・北陸・東北、さらに北海道にまで及び、徳川三〇〇年の歴史は幾多の悲劇を残しながらその幕を閉じた。

あくまで政府軍に抗戦しようとする旧幕兵や諸藩の脱走兵が会津に集結した。ここに至って会津藩は抗戦の決意を固めたが、軍制改革の立ち遅れにより新兵器の不足は如何ともしがたく、劣勢は否めなかった。

政府軍の会津討伐作戦は、まず仙台・米沢二藩を屈服させ、それから孤立無援の会津藩を降伏させることであった。しかし、政府軍参謀の土佐の乾退助と薩摩の伊地知正治は、冬が来ないうちに会津攻略に着手することを主張し作戦が進められた。

慶応四年（一八六八）八月二〇日、政府軍の主力は二本松を出発し、石筵・中山の二道を進んだ。大鳥圭介率いる伝習隊が守る母成（ぼなり）峠は、政府軍に背後を衝かれて敗れ、会津軍は抗戦する間もなく支城の猪苗代城を焼いて敗走した。会津軍は猪苗代から流れ出る日橋川にかかる十六橋を爆破してその進撃を食い止めようとしたが、時を逸して、わずかに一部の橋板を外しただけで退却した。

母成峠での敗報は会津藩を混乱に陥れ、容保は守兵の士気を鼓舞するため自ら滝沢本陣でその指揮をとったが、政府軍は怒濤のごとく城下に突入した。薩長・土佐藩兵を主力とする精兵三〇〇〇に対し、城下の防戦に当ったのは四境に出動した主力軍を除く六〇〇ほどの兵士であった。

こうして、一箇月にわたる若松城籠城戦が始まった。難攻不落の名城の前には政府軍は施す策が無かった。そこで小田山から城中めがけて盛んに四斤（ポンド）山砲の砲弾を撃ち込み、九月一四日、包囲軍は総攻撃を開始した。

戦闘は三昼夜にわたり、籠城軍に死傷者が続出した。壮麗な白堊の御殿もすべて敵弾の破壊するところとなった。長い籠城戦のため食糧はおろか包帯さえ欠乏し、帯芯・襟芯を解いてこれにあて、後には錦の帯も使用したと伝わる。

悲劇は城外でもいたるところで見られた。政府軍が城下に殺到した八月二三日、会津藩の戦死者は四六〇名余りにも達し、足手まといになることを恐れた者達は自らの手でその命を絶った。中でも家老西郷頼母の一族二一名の自刃は悲惨を極めた。頼母の妻千恵子は「なよ竹の、風にまかする身ながらも、たわまぬ節は、ありとこそきけ」の辞世をしたためた後、幼少の子供達を次々に刺殺して自刃した。

西郷邸の玄関を通り屋敷の中へ入ってきた土佐藩士中島信行に、死にきれなかった細面の美しい娘が、「御味方でしょうか。それとも…」と尋ねた。中島が、「御味方の者です」と答えると娘は嬉しそうに微笑んで懐剣を引き出した。とても助からない命とみた中島はしかたなく介錯した。

中島信行は、後に自由民権論者となり、最初の衆議院長に選ばれた人物である。介錯された娘は、西郷頼母の長女一六歳の細布子（たいこ）であった。

また、会津婦女薙刀隊の娘子軍（じょうしぐん）二〇余名は、敵軍襲来の早鐘の合図で入城する予定だったが、政府軍の城下侵入があまりにも早かったため入城できず、かねてから決められていた河原町に集結した。

彼女達は、坂下（ばんげ）に退いた容保の義姉照姫を守ろうとして坂下に駆けつけたのであったが、それは誤報であった。藩の軍事方に出陣を懇請したが許されなかった。しかし、自害する、とまでの決意を示し、若松城に向う衝鋒隊に従軍することになった。

そして八月二五日大小を腰に、薙刀《なぎなた》をかかえて出発した。若松に近付いた午前一〇時頃、七日町へ湯川を渡る涙橋（柳橋）で長岡藩援兵を加えた約四〇〇名は、政府軍の長州・大垣藩兵と遭遇し、いわゆる〝涙橋の戦〟となった。同道した女性達も薙刀を振るって戦闘に参加した。

敵将は相手が女だとわかって、生け捕りにするように命じた。中でも中野竹子は二二歳の評判の美人であったので、敵兵は竹子の周りに群がった。しかし、竹子は免許皆伝の薙刀の腕前だったので、たちまち敵兵数名を斬り伏せた。

驚いた敵は一斉に銃を乱射し、その一弾が竹子の胸を貫いた。敵兵が竹子の首を斬ろうとするのを、一六歳の妹優子が敵兵を斬って姉の首を奪い返したとも、後に義勇兵が首級を中野母子のもとに届けたともいわれる。竹子の薙刀の先には、「武士の、猛き心にくらふれは、数にも入らぬ、我が身なからも」と書いた短冊が結びつけられていた。会津戦役の中で異彩を放った娘子軍の奮戦である。しかし、明治元年（一八六八）九月二二日、数々の悲劇のうちに若松城は開城した。

明治元年（一八六九）五月、戦争の全責任を負う形で家老萱野権兵衛長修（ながのぶ）が自刃し、会津戦争は終結した。会津には若松県が置かれ、その後明治九年（一八七六）に福島県が成立した。

二、規模・構造

会津若松城は、本丸・本丸帯郭・二ノ丸・北出丸・西出丸・三ノ丸で構成された平山城で、典型的な梯郭式縄張の城郭である。各郭は広い水堀で画され、土橋で結ばれている。本丸を中心とした各郭には石垣が積まれ、本丸東面の石垣は高さが約二〇mある。

本丸周囲の石垣には横矢掛りが多く、石垣の形態としては鉢巻石垣が多用されている。石垣は打込ハギが圧倒的に多く、天守台だけは野面積である。二ノ丸は虎口だけ石垣造で、三ノ丸は土塁造の郭であった。外郭には侍屋敷があり、それを囲んで外堀があった。

天守は初め蒲生氏郷が、五重七階、大入

母屋を途中に伴った望楼型式のものを築き、慶長の大地震の後、加藤明成が層塔式天守に改造した。天守の両翼には本丸防衛のため、走長屋が伸びていて、現在はその北側だけ再建されている。

走長屋には多数の鎧・火縄銃・槍・弓矢などが保管されていた。帯郭から本丸に入る門は、木の肌が見えないように鉄板で覆われていたところから、鉄門（くろがねもん）と称された。本丸から二ノ丸に出るところに廊下橋がある。蒲生氏時代まではこちらが若松城の表の入口だった。有事の際、この橋を落とせば本丸には容易に近づけない構造になっていた。

若松城がその形を整えたのは加藤明成の時代からであるが、若松城の主要な門は、すべて頑丈な石塁の桝形構造になっていた。本丸・西出丸・北出丸等、若松城の主要な郭は石垣や、土塁と石垣を組合わせた鉢巻石垣で取り囲まれている。この石塁上に合計一〇基の櫓が構築されていた。

これらは総塗込の二重櫓で、本丸には南から東にかけて、干飯櫓・月見櫓・茶壺櫓・御弓櫓・御櫓が二基、北出丸に、北出丸西北櫓・同東北櫓、西出丸に、西出丸西南櫓・同西北櫓があった。月見櫓は、若松城の櫓の中では日光街道に対して最もよい位置を占めていた。もし北方の諸藩と事を構えた場合、日光街道を進出してくる援軍を見張り、これと連絡をとることが、この櫓に課せられた一大使命であった。すなわち軍兵の到着を見る着見櫓であった訳である。秋の観月というのは暖かい地方でのことで、東北でも比較的寒さの早い会津での旧八月十五夜の月見などは不適当で、この月見櫓は、着見櫓と表現するのが妥当であるといわれる。

若松城の大手口を守る北出丸の別称を、皆殺丸という。北出丸は、加藤明成が新しく江戸街道滝沢峠口を切り開いたため、防備の正面がそれまでの東面、白河街道から北面へと変わり、さらに火砲による戦闘を考慮して一大拡充したものである。北から攻め寄せる敵兵が、仮に大手門や西門を突破して北出丸に入るとすると、目指す本丸の向うには、両側を大きな水堀に挟まれた約四〇ｍの椿坂と呼ばれる緩い坂道が一本ある。

さらにその奥には太鼓門の頑丈な桝形がある。攻めあぐねているうちに、周囲の城壁・櫓・塁上から散々に狙い撃ちに合い、さらに城外へ逃れようと門に殺到すれば、伏兵郭や西出丸及び、本丸からの銃口にさらされ大損害を出して敗退することになる。

西出丸も、加藤明成が蒲生氏時代の西の梅坂下、馬出と呼ばれる城門外の防備施設を大々的に拡充し、一つの独立した郭として幅広い水堀と堅固な石垣で築き上げ、西面からの敵に対して完璧な防御体制を整えた。

二ノ丸・三ノ丸は、北出丸や西出丸と較べると石塁をあまり用いず、土塁が主体である。加藤明成が若松城を大改修する前は、本丸・二ノ丸・三ノ丸の部分だけで、大手門は三ノ丸にあり、東に構えた城郭であった。二ノ丸・三ノ丸は防備の主点が北面に変わったことで、城主の住居が建てられたり、家臣団の屋敷や藩士の練兵場などに利用された。

土井晩翠は、第二高等学校時代に訪れたことがある会津の城、そして仙台の青葉城の印象を素材として作詞し、天才作曲家滝廉太郎が作曲して名曲「荒城の月」が生まれた。その詩碑が本丸月見櫓台の北下にある。

昭和四〇年（一九六五）に天守・走長屋・鉄門が外観復元され、また平成二年（一九九〇）、茶室麟閣が城内へ再移築され復元されている。本丸御三階櫓は市内七日町の阿弥陀寺に移建されて現存する。鶴ヶ城は史蹟の宝庫会津若松の観光の要として、年間を通じて多くの観光客で賑っている。

三、会津若松城御三階櫓

会津若松城の本丸御三階櫓が移建されている阿弥陀寺は、ＪＲ只見線七日町駅付近で、城址西北方向に位置する。同寺には、戊辰戦役の東軍の戦死者一二八一体が埋葬されている。

御三階櫓は外観三層、最上層高欄附、桟瓦葺、寄棟造の建物で、外観真壁造、唐破風玄関附である。外観は三層ではあるが、内部は四階になっている。二階天井と三階床の間に、武者隠しの間と称される階がある。家臣などが座して忍ぶ階であり、立つことはできない。そして階段が半分取りはずせて、下から侵入できないようになっている。密議所として使用されたものと伝えられている。

城郭では、かつては本丸御殿東側に位置し現在も櫓台が遺存する。櫓台の高さは約一・八ｍ、底辺規模は東西約八・三ｍ、南北八・一ｍで、西側北方向に七段の石段があり、その幅は四・一ｍ、石段の奥行を加えると、櫓台の南北底辺規模は約一〇ｍである。

御三階櫓の創建年代は不明ではあるが、江戸時代後期頃に描かれた絵図面や、建物配置図などに記載されているので、その頃には存在していたものと考えられている。

規模・構造は三間四面、外部三層内部四階である。内部は四階畳敷、三階は板敷で鶯張（うぐいすばり）になっている。会津若松城が取壊しとなった明治七年（一八七四）以後に、阿弥陀寺の本堂として使用すべく移建された。

また玄関部分は、本丸にあった大書院の玄関を移築して継ぎ足したものである。鬼瓦は三葉葵・下波頭、桟瓦葺で赤瓦を使用、降棟鬼瓦も三葉葵紋である。

棟高は、地表から大棟まで大略一〇・八ｍ、以下最上層軒高（この場合地表より軒先までの高さ）九・七ｍ、同二層軒高六・七ｍ、同初層軒高三・七ｍ、建物外法は初層約五・一ｍ×六・二ｍ、二層約四ｍ×四・八ｍ、三層約三ｍ×四ｍ、初層軒の出（この場合壁面と軒先までの水平距離）約一・三ｍである。一階から四階まで通った柱は使用されていない。最上層高欄の高さは約〇・九五ｍである。玄関部は高さ約四・七ｍ、以下間口四・九ｍ、奥行二・五ｍ、軒高三・六ｍ、軒の出一・二ｍである。玄関屋根正面に三葉葵紋の飾瓦を載せる。

ところで、飯盛山の白虎隊記念館には夥しい数の戊辰戦役関係の資料が展示されているが、その中に元治元年（一八六四）の刻銘のある若松城の鬼瓦が二つある。いずれも赤い釉薬を施した陶器瓦とみられる。陶器瓦は、盛岡城や会津若松城など、寒冷地の城にしかその使用例はない。ちなみに御三階櫓の屋根瓦も、当初のものかどうか不明ではあるが赤瓦である。

以前は阿弥陀寺本堂として使用されていたが、現在本堂は隣接して新築されている。住職の話では、若い連中が「忍者寺ってここですか？」と言ってよく訪ねて来るそうである。会津若松城御三階櫓は、その特異な構造が注目される稀有な遺構例である。

四、城址逍遙

会津若松で最初に訪れたのが、関ヶ原合戦の誘因の一つとなった神指町高瀬の神指城址である。規模雄大な城址で土塁が遺り、東北隅にある欅の巨木は「高瀬の大木（おおき）」の名称で国の天然記念物に指定されている。樹高約一六ｍ、樹齢約五〇〇年と推定され、築城当時も大木で、幹に土を寄せて土塁を築いたと伝えられる。

鶴ヶ城へ向う。花の命を散らせた娘子軍中野竹子戦死の地、神指町湯川の土手に、昭和になってから「中野竹子殉節之地」の碑が建てられている。そして大手門付近から北出丸に入る。若松城の規模は、南北約五〇〇ｍ、東西約一〇〇〇ｍに及び、外郭の総延長は約五㎞あった。現存する若松城の敷地は約二八万㎡ある。城址は国史蹟に指定され、鶴ヶ城公園となり、本丸・二ノ丸・西出丸・北出丸の石塁・土塁・堀が現存している。

北出丸にはかつては隅櫓二基、大手門・西門があった。椿坂を登ると大石を使用した石垣に突き当る。これは、加藤明成が東山の慶山から運ばせた物で、この大きな石を運ぶ時は、石の上に美しく着飾った遊女を乗せ、勢いをつけて運んだことから「遊女石」の名が付いている。この石垣の上には急を告げる太鼓が置かれた太鼓門があった。このような大きな石を使用したのは、城主の威厳を示す手段でもあった。太鼓門は帯郭に入る重要な箇所であった。

帯郭西北部石塁上に鐘撞堂がある。地表からの棟高約七・四ｍ、軒高（この場合地表より軒先までの高さ）五・八ｍ、櫓台石垣の高さ〇・七五ｍ、下見板は高さ二・七五ｍ、建物底辺部約五・二ｍ×三・八ｍ、切妻造・内転びの建物で本瓦葺・三ツ巴紋の使用された瓦が見られ、赤瓦のようにも見える。

北東部に高さ一・七五ｍ、幅一ｍの入口がある。ここの鐘は、延享四年（一七四七）に会津の鋳物師早山掃部介安次が鋳造したもので、江戸時代には時守（ときもり）を置いて一時（今の二時間）ごとに城下に時刻を知らせていた。

若松城籠城戦では、鐘撞堂は敵軍の格好の攻撃目標とされたが、時守が弾丸に当って倒れると武士が替わって鐘を撞き、開城になるまで決して中断することはなかった。

西軍各藩の砲兵は専ら天守と鐘撞堂を目標にして砲弾を集中させたが、刻々に撞き出される鐘の音は、少しも時を違えなかったので、後にはセコンド（懐中時計）を持った西軍将士はそれで時刻を合わせる始末であった。

城外で戦っていた味方の兵も鐘の音により城の健在なるを知って安心して戦ったと伝えられている。

梅坂から西出丸に出る。寛永一六年（一六三九）の構築で、外周の石垣・門の桝形も全く崩れていない。現在は駐車場となっている。かつては二基の隅櫓の他、西大手門・南門（讃岐門）・弾薬庫・焔硝蔵があった。

そして帯郭に戻り、鉄門・走長屋・天守を見る。みちのくの空に白堊の天守が眩しい。帯郭から本丸に入る門が鉄門（くろがねもん）である。会津戦役では小田山から西軍の砲弾が激しく、一昼夜に二五〇〇発余りもの砲弾が落下し、城内には安全な場所がなくなり、松平容保以下重臣達はここで作戦を練り指揮をとった。

天守の両翼には、本丸防衛のため走長屋が伸びていた。ここは個人の武具を含めての武器庫であった。非常の際藩士達は平服のまま登城し、ここで武装を整えたと伝えられる。しかし、戊辰戦争では殆ど役に立たなかった。いた旧式の武器は殆ど役に立たなかった。若松城開城の際には西軍の将士達は、無数の鎧・火縄銃・槍・弓矢の中から自分の気に入ったものを持っていったと伝えられる。いくつかの鎧・兜は、その時から三〇〇年以上も昔のものであった。

一群の観光客を引き連れたベテランガイドが、「…その時、鶴ヶ城は燃えていなかったんですねえ。飯盛山から見た彼らには、城が燃えているように見えたんですねえ。今と違って昔は電話もファックスもありませんから…」と言って観光客を笑わせている。昔の人が血みどろになって戦った地を、今では多くの人々が観光目的で訪れる。自分もその一人であるが、時々釈然としないものを感じる。

本丸に出る。現在の五重の天守は、塩蔵と呼ばれる地下の部分も含めると約三六mの高さがある。昭和四〇年（一九六五）に竣工したものである。天守への入口は塩蔵から入るようになっている。野面積の天守台は地下室が二段になっており、中は真夏でも底冷えする涼しさである。ここには、常時一七〇〇俵余りもの塩が貯蔵されていた。海のない山国会津では塩は特に貴重品であった。その他、戊辰戦争の時には多量のタニシが貯蔵してあったといわれ、食料の欠乏した当時、五〇〇〇人の兵士を餓死から救うのに大いに役立ったと伝えられる。

復元天守は郷土博物館として、一階から三階まで多数の重要文化財をはじめ、県指定重要文化財、市指定文化財等、寺社関係を含む数百点の会津を代表する文化財が陳列してある。一階・会津文化室＝古墳出土資料と仏教文化資料を展示。二階・工芸室＝会津の漆器・陶器・刀剣等、代表的な会津の美術工芸品を展示。三階・戊辰戦室＝白虎隊を中心とした戊辰戦役関係の資料を展示。四階には会津藩最後の藩主松平容保を中心に白虎隊士の肖像画が掲げられている。五階は展望室として会津盆地の四囲が一望に眺められる。

走長屋は民俗資料展示室となっていて、漆鉢・櫓時計・帳タンス等が展示してあり、売店もある。販売されている書籍の殆どが戊辰戦役に関してのものである。走長屋から退城して、本丸址の御三階櫓を実測する。立面約八〇度傾いた切込ハギの櫓台である。かつて本丸内には御殿・奥御殿・長局などがあった。

若松城本丸内には市指定文化財の麟閣（りんかく）が、再移築復元されている。城主蒲生氏郷は織田信長の女婿であり、器量大にして勇猛であったが、この時代を代表する文化人で特に茶道に親しみ、後に千利休七哲の筆頭にあげられるほどであった。

天正一九年（一五九一）、千利休が豊臣秀吉の怒りに触れて死を命じられ、千家が茶の世界から追放された際、氏郷は利休の茶道が途絶えるのを惜しんで、その子少庵を会津に匿い、徳川家康と共に千家復興を秀吉に懇願した。

その結果、文禄三年（一五九四）と推定される「少庵召出状」が出された。少庵は京に帰って千家を再興し千家茶道は一子宗旦に引き継がれた。その後、宗左・宗室・宗守の三人の孫によって、表・裏・武者小路の三千家が興され、今日の茶道隆盛の基礎が築かれた。

この少庵が会津に匿われている間に、氏郷のために造ったと伝えられるのが、茶室麟閣である。その後の城主達も氏郷ゆかりの茶室として、若松城内で大切に使用してきた。

ところが戊辰戦役後若松城が取壊される際、森川善兵衛は貴重な茶室が失われるのを惜しみ、明治五年（一八七二）自宅へ移築し、以来森川家ではその保全に努めてきた。会津若松市では市制九〇年を記念して、この茶室を城内のもとの場所に移し、あわせて周囲の庭園を整備して貴重な文化遺産を広く世に紹介している。長椅子に敷かれた緋毛氈《もうせん》の上で抹茶を頂いた。菓子は干菓子であった。

つくばい〈茶席の前に設けられる手水鉢（ちょうずばち）〉は若松城の遺構を生したものである。入り組んだ茅葺屋根と板葺の庇をもつ茶室麟閣は、麟閣と鎖の間を融合した複雑な間取りを構えている。東日本には珍しい貴重な草庵風の茶室であるといわれる。

二ノ丸址へ向う。本丸と二ノ丸の間に廊下橋がある。蒲生氏時代までは、ここが若松城の表の入口であった。葦名氏時代には屋根のついた廊下であったが、加藤明成の時代に廊下を壊して橋のみとした。

二ノ丸から見る廊下橋左手の本丸石塁は、城内で最も見事な所である。やや反りのある扇の勾配の堅固な石積で、高さは約二〇mあり、堀の底にも深く基盤をおいた安定した築城法を使用している。二ノ丸は殆ど土居構えで、その北部三分の一程が一つの郭になっていて、二ノ丸とは土塁で仕切られ、伏兵郭といわれた。この郭から大手に迫る敵に横矢を仕掛けるべく工夫されていた。

西出丸の堀を隔てた城址西に、会津藩校日新館址碑と､さらに西に天文台址がある。同藩校は江戸時代の各藩藩校の中でも有名なもので、天明八年（一七八八）藩主松平容頌（かたのぶ）の時、家老田中玄宰（はるなか）が命を受けて創設したもので、天文台は藩校の施設の一つであった。

天文台は常に星の観測をする所であったが、また毎年冬至の日には藩の天文方の師範が集まり、明年の気候を観測する所として重要な役割を果たした。天文台址は現在石垣が遺り、石碑や解説板が設置されている。

山鹿町には山鹿素行誕生地の碑がある。江戸初期の儒者・兵学者であった山鹿素行は、元和八年（一六二二）父貞似が客臣として寄寓していた蒲生家の家臣、町野幸和邸内で生れた。

蒲生家断絶後町野氏に従って江戸に出た。そして林羅山に儒学、小幡景憲・北条氏長に兵学を学び、その後も神道・歌学・仏法なども修め名声をあげた。

寛文の初めころ朱子学の抽象性を批判して古学を提唱し、数多くの門弟を持った。しかし、当時の官学であった朱子学を批判し、古代の聖賢にかえることを主張した書物を刊行したため､播州赤穂へ配流された。

一般には山鹿流兵法創始者として有名であるが、その思想は宏遠で著書は六〇〇巻以上にのぼり､近世の儒学と兵学に限らず、明治の思想家・軍人達に多大な精神的影響を与えた。

若松城の大手門入口西、裁判所の庭園となっている白露庭は、藩政時代には家老内藤家の庭園であった。老松や楓が昔日を物語る。

その東の西郷邸址は若松城の北出丸北方に位置し、現在の栄町大通り南端にあり、城に向って左手である。明治戊辰戦争のみぎり、会津藩の嘆願もむなしく、藩主松平容保は賊軍の首魁として討伐を受け、会津藩は挙げて藩主に殉じた。

かかる時、会津藩家老として常に無意味な戦争を回避すべく努力してきた西郷頼母とその一族の立場は、自然微妙なものとなった。西軍が城下に迫った時、一族二一名は籠城の足手まといになることを恐れ、且つ、一族の赤心を披瀝するため自邸において刃に伏した。

栄町の興徳寺は、北条時宗が崇敬した中国四川省の僧経堂覚円によって、弘安一〇年（一二八七）に開山された名刹で、時の領主葦名氏の帰依を受けて隆盛を誇った。

豊臣秀吉は会津に入ると、ここを御座所として奥羽仕置を行った。会津に入部した蒲生氏郷は、城下の整備に当って、他の寺院を外郭に移転させたが、興徳寺だけは寺領二〇〇石を寄進して郭内に残している。文禄の役で秀吉に従った氏郷は肥前名護屋で発病し、四〇歳で死去した。墓は京都大徳寺黄梅院にあり興徳寺には遺髪を葬って五輪塔が建てられた。墓の傍らには、「限りあれば、吹かねど花は散るものを、心みじかき、春の山風」の辞世の歌が刻まれた歌碑がある。

同じく栄町の若松城甲賀町口郭門址は、市指定文化財で、西側石垣が遺存する。若松城の外郭には土塁と外堀が廻らされていて、その中は武家屋敷で外は町人街であった。

土塁には一六の郭門があった。これらの郭門のうち桝形が顕著なのは、天寧寺口・徒町口・甲賀町口など七箇所で、しかも高石垣があったのは熊野口・外讃岐口・甲賀町口の三箇所であり、甲賀町口西側にだけ石垣が遺る。

この門は、加藤明成が若松城の大手を天寧寺口から北出丸甲賀町通りに改めたことによって、参勤交代の滝沢峠に通ずる重要な郭門となった。石垣は打込ハギである。戊辰戦争では最も激しい戦闘の行われた場所でもある。

明治七年（一八七四）、新政府陸軍省は若松城の破却を決定した。当時は文明開化の真っ只中、西洋の文物が急速に取り入れられて、我国古来の文化などは一文の値打ちもないように軽視された時代であった。

新政府に対する不平士族の動きが活発で、特に旧会津藩士の精神的拠り所となった若松城の破却は、新政府の願うところであった。

明治七年（一八七四）に行われた城内の博覧会を前後して、若松城は破却された。明治二三年（一八九〇）、城址までもが競売に附されることになったが、旧会津藩士遠藤敬止は私財二五〇〇円を投じてこれを落札し、旧藩主松平家に献納した。城址はその後松平家より若松市に贈られた。

市内循環バスで飯盛山へ向う。歩いて上ってもたいして高い山ではないが、「歩いて上るのは大変です。どうぞ、スロープコンベアにお乗り下さい。」という女性のアナウンスに誘われて、また、旅の記念にスクラップブックに貼るチケットほしさにコンベアに乗る。

エスカレーターの階段が無いものと考えてもらえばよい。わずか数分で頂上につく。白虎隊士自刃の地・墓碑の前で合掌する。

戸ノ口原で戦いに敗れた白虎隊は、戸ノ口堰の洞門を通って飯盛山の南面に辿り着いた。若松城と城下を一望できる所である。見ると城下には西軍が侵入して砲声が轟き、炎が上がって町は燃えていた。落城と察した少年達は、潔く殉じようと次々に自決していった。初め一七名、次いで三名が後から到着し、すでに自刃している隊士の後を追った。

二〇名のうち、ひとり飯沼貞吉が幸いにも奇蹟的に蘇生したことにより、隊士の奮戦の様子と心情が後に語り継がれることになった。香煙絶えぬ一九隊士の墓の左には藩主松平容保が白虎隊士を弔った歌碑がある。「幾人（いくたり）の、涙はいしにそそぐとも、その名は世々に、朽ぢとぞ思う」

飯盛山から城下を眺める。鶴ヶ城の天守が見える。日本が近代国家に生まれ変わる時に起きた悲惨な戦役は、人それぞれの一生を燃やし、会津の天を焦がし続けた。

白河小峰城太鼓櫓

一、城史

奥州の関門白河には、白川城と小峰城が存在した。白川城（搦目城）は白河結城氏の本拠地で、南北戦争乱期には、義良（のりよし）親王・北畠顕家が在城した。白河市旭町にある比高約一〇〇ｍの山城で、本丸址や土塁が遺存する。

白河市郭内の小峰城を初めて築いたのは、白河結城氏の第三代顕朝を後見した結城親朝である。興国元年（一三四〇）のことで、その後小峰氏を称した。惣家とは対立したり、融合したりしたが、白河結城氏は戦国期までその命脈を保つ。

天正一八年（一五九〇）の豊臣秀吉の小田原征伐には、伊達政宗に託して秀吉に名馬を贈ったのみで参陣せず、領地を没収され、白河結城氏は一三代で滅亡した。

蒲生氏郷が会津に入部し、氏郷は小峰城に関一政を四万八〇〇〇石の城主として置いた。一政が伊勢亀山に転封されると、その後の城代として町野吉高を入れた。会津に入った上杉景勝は、慶長三年（一五九八）仙道の要衝である小峰城を修築している。

関ケ原合戦後、蒲生秀行は小峰城の城代として町野氏吉を任命し、三万七〇〇〇石を与えた。蒲生氏改易後の寛永四年（一六二七）、小峰城には奥州棚倉で五万石を領有していた丹羽長重が、一〇万石で入部した。丹羽長重は、織田・豊臣氏に仕えた丹羽長秀の長男で、軍学・築城術に秀でていた。長重は前任地棚倉（福島県東白河郡棚倉町）で土塁と堀による平城棚倉城を、そして白河では総石垣造の平山城小峰城を、さらに長重の子光重は高石垣の近世山城二本松城（福島県二本松市）をそれぞれ築き上げ、奥州の関門の守りとした。

丹羽長重は幕命により、寛永六年（一六二九）から大規模な城の改修工事を起した。城の南を流れていた阿武隈川の流れを変えて北側を通るようにし、城の規模を東と南に向けて拡大した。約四箇年を要し毎日二〇〇〇人を動員して、本丸・帯曲輪・竹ノ丸・二ノ丸が総石垣造で、三ノ丸は一部を除いて土塁で築かれた。

本丸を囲む塁上に植えられた桜が、おとめ桜である。丹羽長重築城の際、外堀の石垣が何度も崩れるため人柱を立てることになり、最初にそこを通った者と決めた。父親を迎えに来た和知平左衛門の娘がたまたま通りかかり、娘は逃げ回ったがついに捕らえられ人柱とされた。この娘を悼んでおとめ桜が植えられたが、いつしか枯れて忘れ去られていた。

ところが、子孫のところへこの娘の霊が現れたため、昭和二九年（一九五四）桜の木と碑が立てられた。現在、三重櫓入口にその解説板がある。

小峰城城主交替は丹羽氏二代の後、榊原氏一代・本多氏二代・奥平松平氏一代・結城松平氏三代・久松松平氏四代・阿部氏八代と頻繁であった。

幕末の慶応三年（一八六七）には江戸幕府の直轄地となり、二本松の丹羽氏が管理していた。慶応四年、小峰城は仙台・棚倉・二本松・三春・泉・湯長谷の諸藩兵が守備し、会津征討の西軍下参謀世良修蔵らも入城した。

一方会津軍は閏四月二〇日に小峰城を攻め、西軍参謀付野村十郎は城を焼いて退却した。会津軍は城内に入り北上する西軍を待ちかまえ、そして同二五日西軍による攻撃を退けたが、悲惨な戦闘が各地で展開された。しかし、兵を立て直した西軍により五月一日に城は陥落した。

明治六年（一八七三）作成の「白河城郭内絵図」によると、戊辰戦争で焼失したのは、本丸御殿・天守櫓・前門・桜門・矢ノ門・矢ノ門二重櫓であった。明治維新後、城は廃城となり、外郭には東北本線が貫通して白河駅が設けられ、三ノ丸と共に市街地化していった。

昭和二六年（一九五一）城址の主要部分が公園化された。現在は小峰城公園として、本丸・帯曲輪の石垣・堀が現存する。最近史蹟として整備されつつあり、戊辰戦役で焼失した天守櫓（三重櫓）が、平成三年（一九九一）諸史料等を精査し、発掘調査を踏まえ、木造で忠実に復元された。さらに前門の復元も終了して清水門の復元も計画されていると聞き及んでいる。

二、規模・構造

白河小峰城は、東西約九〇〇m・南北七〇〇mの規模の梯郭式平山城で、地形に随い不等辺五角型に石垣を積み本丸として、その下に帯曲輪を廻らし、内堀を隔てて南に向って二ノ丸・三ノ丸・外曲輪を設け、それぞれの郭を石垣・土居・堀で囲んだ縄張である。城の北を東流する阿武隈川は外堀の役割を果した。

本丸は、小峰山の頂上部分の西・北をL字形の土居として残し､削平して造られた。この土居は外郭から本丸御殿を見透かされないことと、白河地方特有の西からの那須颪や、北からの寒風などから御殿を守る役目を持っていた。本丸の虎口は前門と桜門の二つが設けられていた。東北隅の土居上には天守櫓（三重櫓）が建てられた。その他、富士見櫓・雪見櫓・八幡台櫓・多聞櫓・本丸御殿・御殿土蔵・稲荷社・鐘撞堂等があった。

竹ノ丸は本丸を守備するための郭で、本丸の東に位置した。竹ノ丸角二重櫓・竹ノ丸平櫓があった。

帯曲輪は本丸直下の南・西・北を帯のように囲む郭で、清水門・帯曲輪門・月見櫓・文庫櫓（荒目櫓）・矢ノ門・矢ノ門二重櫓等や、堀の塵を取るために設けられた水懸口門があった。現在はバラ園となっている。

二ノ丸は本丸を守備する第二の区画で、本丸への重要な虎口の馬出の役目を果たしていた。太鼓門・元太鼓門・藤門の他、米蔵・武具蔵等の土蔵が一一棟あった。

三ノ丸は、二ノ丸の虎口を堅固にする役目を担っていた。化粧櫓の他、三ノ丸門・北小路門・搦手門・和党門・埋門、土蔵や各番所・厩等があった。

外曲輪は城の外郭で、築出櫓・高麗門・大手門・横町門・田町門・道場門・会津門の他、各種の土蔵・番所・勘定所・奉行詰所・武家屋敷などがあった。

当城の櫓の多くは隅櫓で、郭の一隅に設けられていた。防備が最重点の櫓のため石落や狭間が設けられ、窓は小さく外壁に腰板が張られていた。本丸の三重櫓・富士見櫓・雪見櫓、竹ノ丸の二重櫓・平櫓、三ノ丸の化粧櫓、帯曲輪の月見櫓等であった。

その他の櫓としては蛇中堀と蛇尾堀の間の出桝形に築出櫓、本丸に八幡台櫓、帯曲輪に文庫櫓（荒目櫓）、竹ノ門二重櫓があった。また多聞櫓が本丸玄関前門に接続して設けられていた。櫓は一一基、多聞櫓は一棟であった。

本丸三重櫓の高さは、土台下から棟木上端まで約一三・五m、初層桁行一二・九m、同梁行一一・九m、二層桁行七・九m、同梁行七・九m、三層桁行四・〇m、同梁行四・〇m、入母屋造・本瓦葺であった。

富士見櫓の高さは、土台下から棟木上端まで約六・四m、初層桁行七・〇m、同梁行四・七m、二層桁行七・〇m、同梁行四・〇m、入母屋造・柿葺《こけらぶき》で南面と西面に石落が張り出していた。

雪見櫓は、初層桁行一〇・三m、同梁行四・六mで上層も同規模の、いわゆる重箱櫓であった。

八幡台櫓は、平櫓で桁行五・五m、梁行三・六mの規模であった。

竹ノ丸二重櫓は附櫓を伴い、建物自体の高さは八・一m、初層桁行九・五m、同梁行五・六m、二層桁行七・六m、同梁行三・八m、入母屋造・柿葺であった。

竹ノ丸平櫓は、建物自体の高さが五・九mで、東面桁行五・七m、西面桁行六・五m、東面梁行五・〇m、西面梁行四・八mの片菱形の櫓であった。

文庫櫓は、建物自体の高さ四・九mで、桁行五・六m、梁行五・六mの切妻造・瓦葺の平櫓であった。

矢ノ門櫓は、建物自体の高さ八・九mで、初層桁行七・四m、同梁行五・八m、二層桁行五・八m、同梁行三・六mの入母屋造、柿葺の二重櫓であった。

化粧櫓は、建物自体の高さ四・四mで桁行五・七m、梁行四・二mの入母屋造・瓦葺の平櫓であった。

築出櫓は、建物自体の高さ四・七mで、桁行一五・三m、梁行三・八mの切妻造・柿葺の平櫓であった。

三、三重櫓

平山城では本丸で最も高い所にある最大の城櫓を天守と称する。当城の天守は本丸を囲む東北隅の最も高い塁に築かれ、北・東側の外面は石積にして堅固に造られている。天守の様式は西・南側に附櫓が附されているので、複合式天守に分類される。丹羽長重の建てた天守が三重櫓と称されるようになったのは、明暦《めいれき》大火（一六五七）で江戸城の天守が焼失したので、各藩では幕府をはばかって公的には天守と称さなかった、という理由によるものと考えられている。

白河小峰城の三重櫓は、高さが約一三・五mあり、一・二階は張出部分及び石落、各階に格子窓及び鉄砲狭間を設け、東・

南・北にそれぞれ守りやすい造りとなっている。屋根には瓦製の高さ一・二ｍの鯱が載せられた。構造は三層三階で、各階二間ずつの低減となっていて安定した形をしている。

今回の三重櫓復元については、正保元年（一六四四）幕府が白河城主榊原忠次に命じて作成させた城郭絵図「奥州白河絵図」（正保城絵図）と、松平定信が南合義之（なんごうよしゆき）に命じて写させ、文化五年（一八〇八）に完成させた「川越侯所伝之図」等をもとにして、その復元作業が行われた。

「川越侯所伝之図」の三重御櫓絵図は、松平定信が川越藩主松平直恒より借用し、文化五年（一八〇八）に写した建地割図である。結城松平氏は白河城主として、元禄五年（一六九二）から寛保二年（一七四二）まで在城した。原図は、松平基知の頃に描かれたものといわれている。

復元に当っては諸史料の精査・収集及び三重櫓址の発掘調査を実施した。その結果、三重櫓の礎石が完全な形で確認され、「川越侯所伝之図」等の図面とほぼ一致することが判明した。「川越侯所伝之図」は元禄から享保年間の建物の改修絵図であると考えられ、小峰城内の本丸や本丸御殿の縄張、櫓及び城門等の配置図、建絵図、材料・寸法・屋根勾配などが詳細に描かれている。

また、正保の城絵図ともほぼ一致している。黒漆腰下見板張の三重櫓は、丹羽氏による寛永の築城時の姿を忠実に復元し、平成三年（一九九一）に完成した。

四、白河小峰城太鼓櫓

移建された太鼓櫓について、白河市史には次のように記載されている。

「旧太鼓櫓（市内郭内所在）＝中世結城氏によって築城され、白河藩成立とともに寛永四年〜九年（一六二七〜三二）丹羽長重によって拡張大修築された白河城（小峰城）は、戊辰の兵火及びその後の破却によって、旧城内の建造物遺構は一棟も遺らない。

この旧太鼓櫓は、城内二ノ丸入口付近に建てられていたが、明治六年（一八七三）の破却に際して、これを惜しんだ現在の所有者荒井家方で譲渡を受け、城地払い下げ後の旧三之丸の紅葉土手に移建して利用を図り、その後昭和五年（一九三〇）郭内東方の現屋敷のなかに再移建したものである」

荒井家方では、最初の地では四周に板戸や障子戸を入れて二階建住宅風に用い、現在地に移してからは大改装して上下とも茶室として使用してきた。したがって、両度の移建改造によって、太鼓櫓らしい形態はほとんどとどめていないが、古写真や旧柱の痕跡等から多少推察することはできる。

原形は重層で方一間（第一層三・三三ｍ四方、第二層三・二三ｍ四方）、寄棟造、茅葺（現在、瓦葺）で第一層には木羽葺（現在、鉄板葺）に庇を付していたらしい。基壇・基礎部分の原形は知るすべもないが、おそらくは二〜三段の切石積み布基礎で土台を置かず、軸部は第一層は開放、第二層は四方とも一文字鴨居による板戸引込みであったと観察される。

第一層に床板を張った形跡は不明であるが（あるいは敷石？）一隅に寄せて梯子を設け、第二層は拭板敷き、隅の階段部分は落し板で塞ぐことが可能であった。軒の一重の疎垂木は原形以来の形であろうが、屋根の改造によってすでに旧姿の棟高は知ることができない。

建造物の遺構としてより、むしろ旧城内

の記念物として意義があると思われる。

荒井氏宅は白河市郭内にあって、城址より東へ徒歩数分、裁判所の東隣りである。現所有者の荒井つね子氏は茶道の師匠で、建物は茶室として使用されている。

建物外観は、赤瓦の桟瓦葺・寄棟造で、二層二階である。棟高（建物下部より大棟まで）は大略六・一m、下層棟高（この場合建物下部より軒先まで）約二・二m、同上層軒高四・六m、外部下層西側の外法は約三・六mで二〇cm角の柱が使用されている。

内部は畳敷で杉皮天井・落し天井の使用、障子・押入・床の間・戸袋の設置等、櫓としての面影は無い。一階畳面から杉皮天井までの高さ二m、同落し天井までの高さ一・九一m、二階畳面から天井までの高さ二・一三mである。現況での一階内法は約三・三m×三・三m、二階は約三・一m×三・一mである。太鼓櫓の旧部材が使用されているという理由で、昭和三九年（一九六四）白河市の重要文化財に指定された。二階戸袋には建物の由来が書かれた木札がある。


「建物ノ由来――本建築物ハ、旧小峯城建築物中唯一ノ遺物旧太鼓櫓ニシテ、明治六年旧城趾御拂下ノ折、曾祖父忠幸御拂下ケヲ受ケ、之ヲ旧三ノ丸紅葉土手ノ東側ヘ移シ保存シ、旧三ノ丸開墾スルニ當リ、毎日出張物見ト称シ、人夫監督ヲ為セリト。然ルニ年移リ月変リ、昭和四年耕地整理スルニ當リ、建物敷地道路トナルニヨリ、昭和五年六月此処ニ移シ修理ノ上保存ス。昭和五年六月・吉辰・忠實」。

荒井家を訪れ、建物の計測や内部の写真撮影をさせて頂いた。二階丸窓から見える小峰城三重櫓は印象的であった。

五、城址逍遥

小峰城址には過去三回訪れている。一回目は昭和五四年（一九七九）駅ホームから見える高石垣、鬱蒼《うっそう》と樹木が生い茂った城址しか記憶にない。二回目は平成三年（一九九一）、木の香も芳しい三重櫓が復元されていて、その威容に驚嘆した。

三回目は平成五年（一九九三）城址へ行ったら、前御門復元工事中で清水門址より中へは入れず、しかたなく城址の石垣沿いに東方へ廻った。針金を二段にした高さ七〇cmぐらいの柵があり、それを乗り越えようとして短い足がからんで転倒してしまい、買ったばかりのショルダーバックを傷つけてしまった。よく見ればすぐ左手に出入り口があった。それでも三重櫓北側へ廻り、バラ園を通って月見櫓址付近まで行って、胸までの高さの金網を乗り越えて城址に入ることができた。

さて、JR白河駅前から左手に進み、線路の下のトンネルをくぐり、さらに左手に歩くとすぐに城址公園に着く。立派な城櫓風のトイレが新築されていて驚いてしまう。本丸を取り巻く美しい曲線の石垣が素晴らしい。城東の羅漢山・南東の文珠山など採石場に恵まれていたことと、縄張が東北地方随一といわれたことが白河小峰城を名城とした。

月見櫓台や本丸桜門の切込ハギの石垣などは特に美しい。清水門址より中枢部に入る。そして桜門址より入って、本丸南西の富士見櫓台に立つ。古代日本では、人々は山に神が降臨し、自然を支配しているものと信じていた。日本一の寿麗なる高嶺を誇る富士山は、荘厳なる霊感と巨大な破壊力を持つ神の山として崇められてきた。

関東地方の近世城郭の幾つかにはこの富士山を望見できる櫓があった。江戸城の富士見櫓が現存している。白河小峰城の富士見櫓は他の城郭に比べて富士山から最も遠隔地にある。倍率二五倍の双眼鏡で西を見るが富士山は見えない。富士山頂まで直線距離にして約二三五km、当時も富士山が見えたとは考えられない。むしろ円錐形の美しい山容の那須連山一支脈、標高一五八九mの黒尾谷岳が目につく。この山を富士山に見立てたのではないかと思われる。富士見櫓台の石垣直高は、帯曲輪より約九・四mある。

富士見櫓のほぼ北にあった雪見櫓は風雅のための櫓で、藩主が重臣達と暖をとりながら、遠く冠雪をいただいた那須連山や降る雪を眺めて、雪見酒でも酌み交わしたものと推察される。

三重櫓入口付近におとめ桜とその解説板がある。三重櫓内部には棟札・連子窓・和釘についての解説板があり、三重櫓に使用されていた和釘が展示してある。戊辰の役当時の激戦地であった松並稲荷山の樹齢四〇〇年の杉の大木を復元用材として使用した際、幾つかの鉄砲の鉛玉や弾傷が発見された。

そして、それがそのまま加工され、現在柱や床板・腰板などにその痕跡を見ることができる。矢印の表示が設置してある。城郭愛好家にとって何よりも喜ばしいのは、木造による忠実な復元ということである。幾年か経たら、また訪れたい城址である。

白河小峰城復元三重櫓

会津若松城鐘撞堂東面

会津若松城御三階櫓東面

会津若松城御三階櫓台

白河小峰城富士見櫓跡

白河小峰城太鼓櫓南東面

白河小峰城富士見櫓台（右）と雪見櫓台（左）

涌谷要害太鼓堂西北面

会津若松城復元天守
・同走長屋

白河小峰城太鼓櫓一階内部

涌谷要害大手門附近図

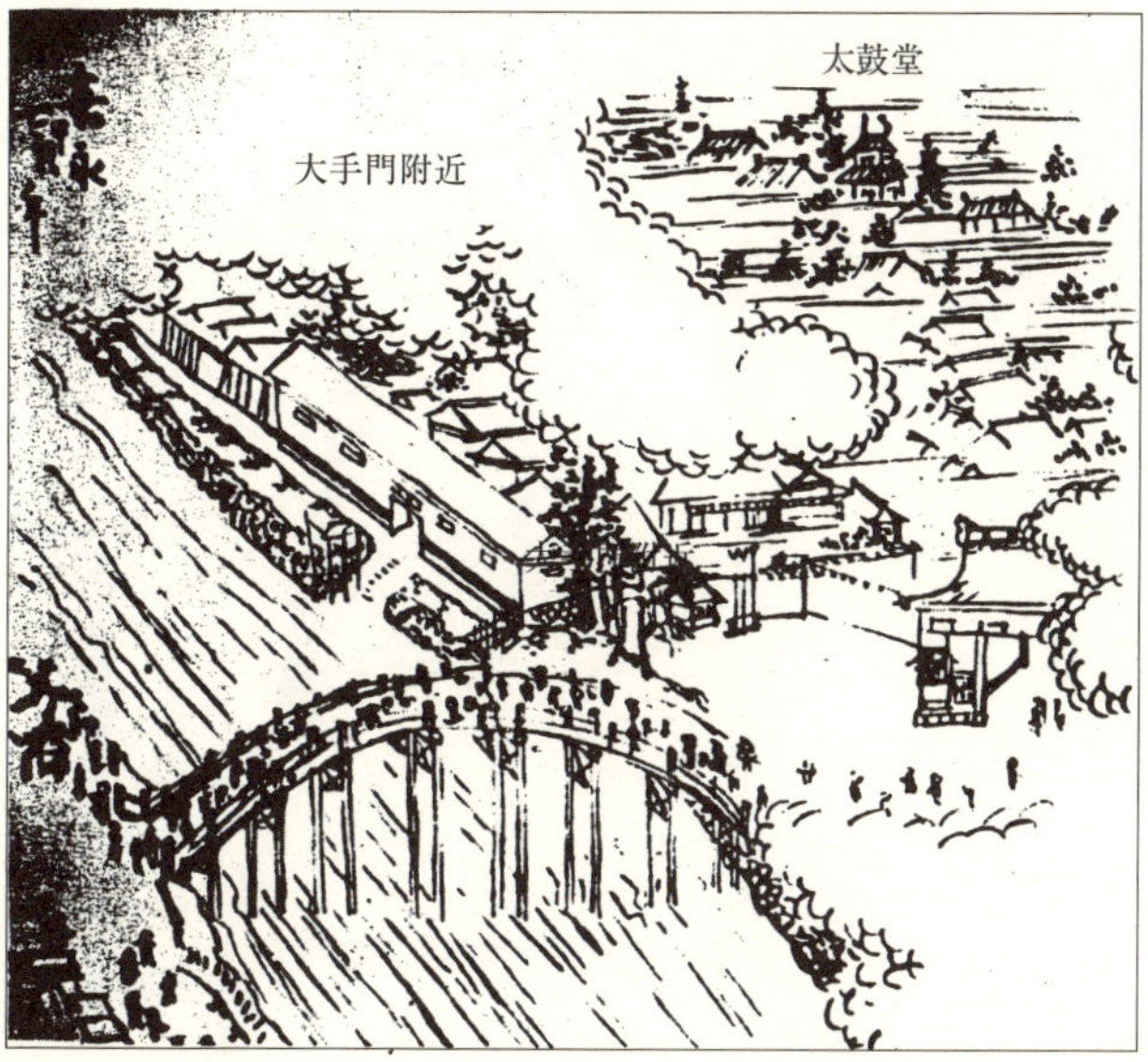

白河小峰城富士見櫓図（白河市史より）

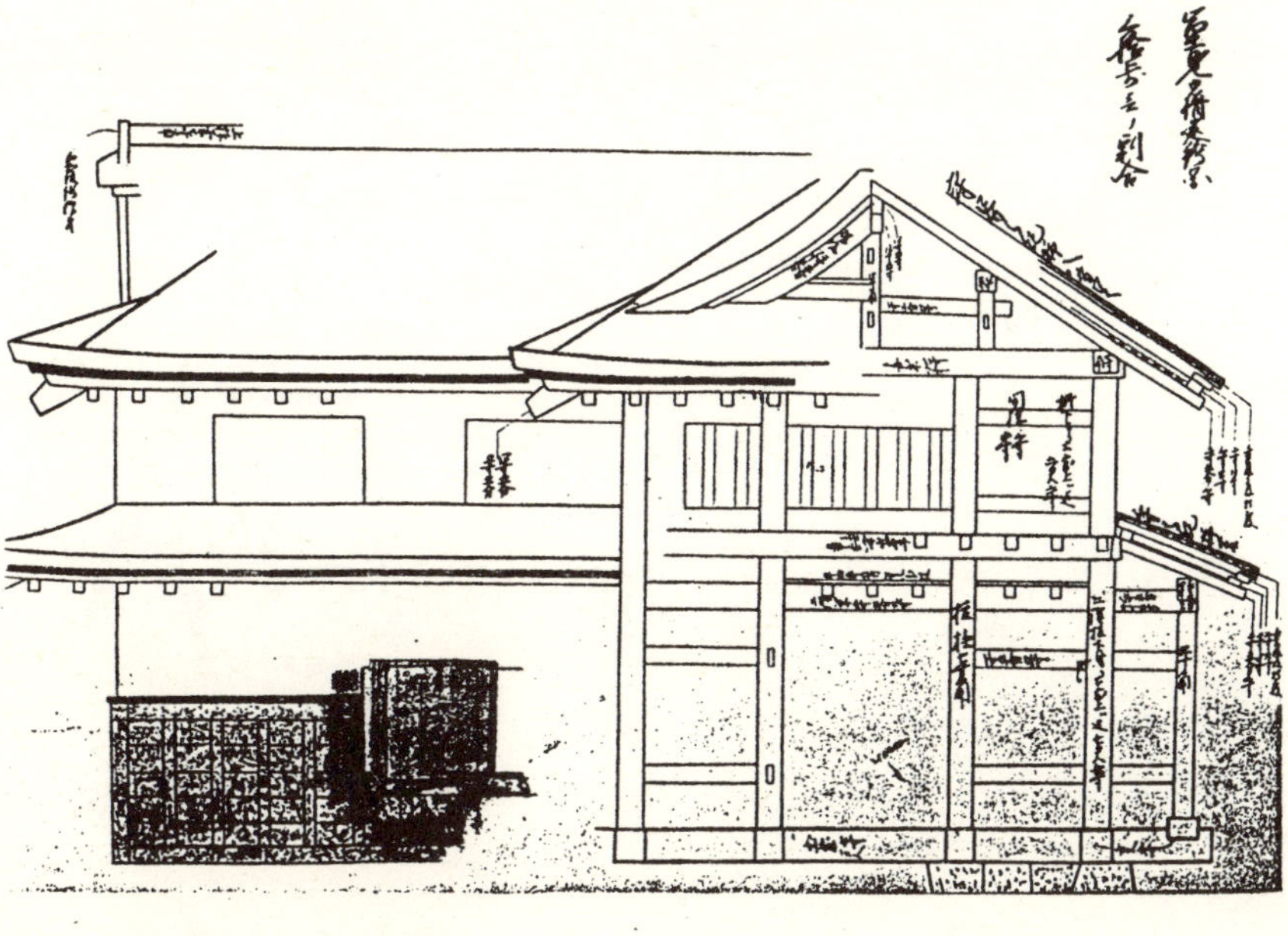

久松松平氏時代（江戸後期）の白河小峰城郭図
白河市史より

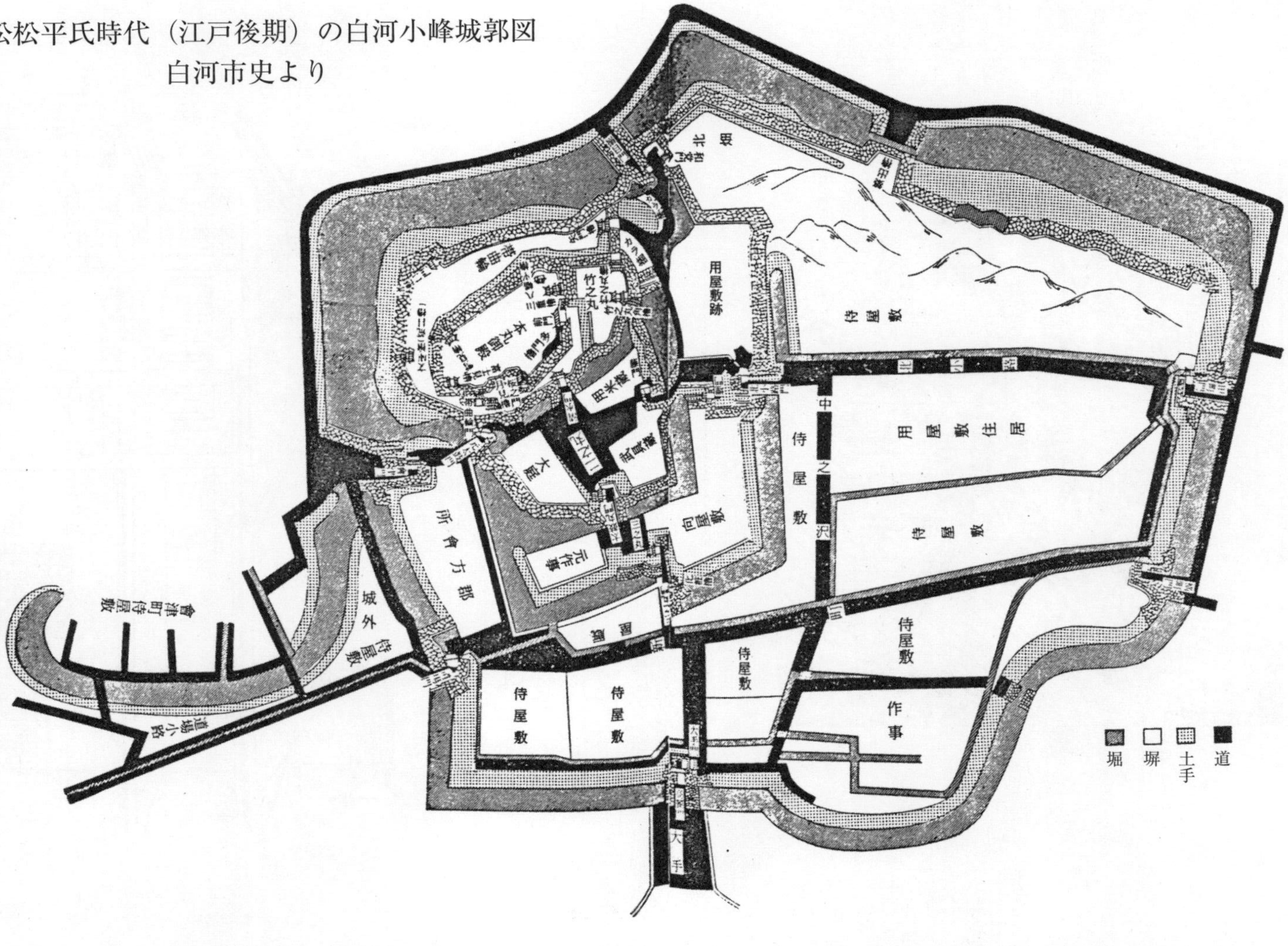

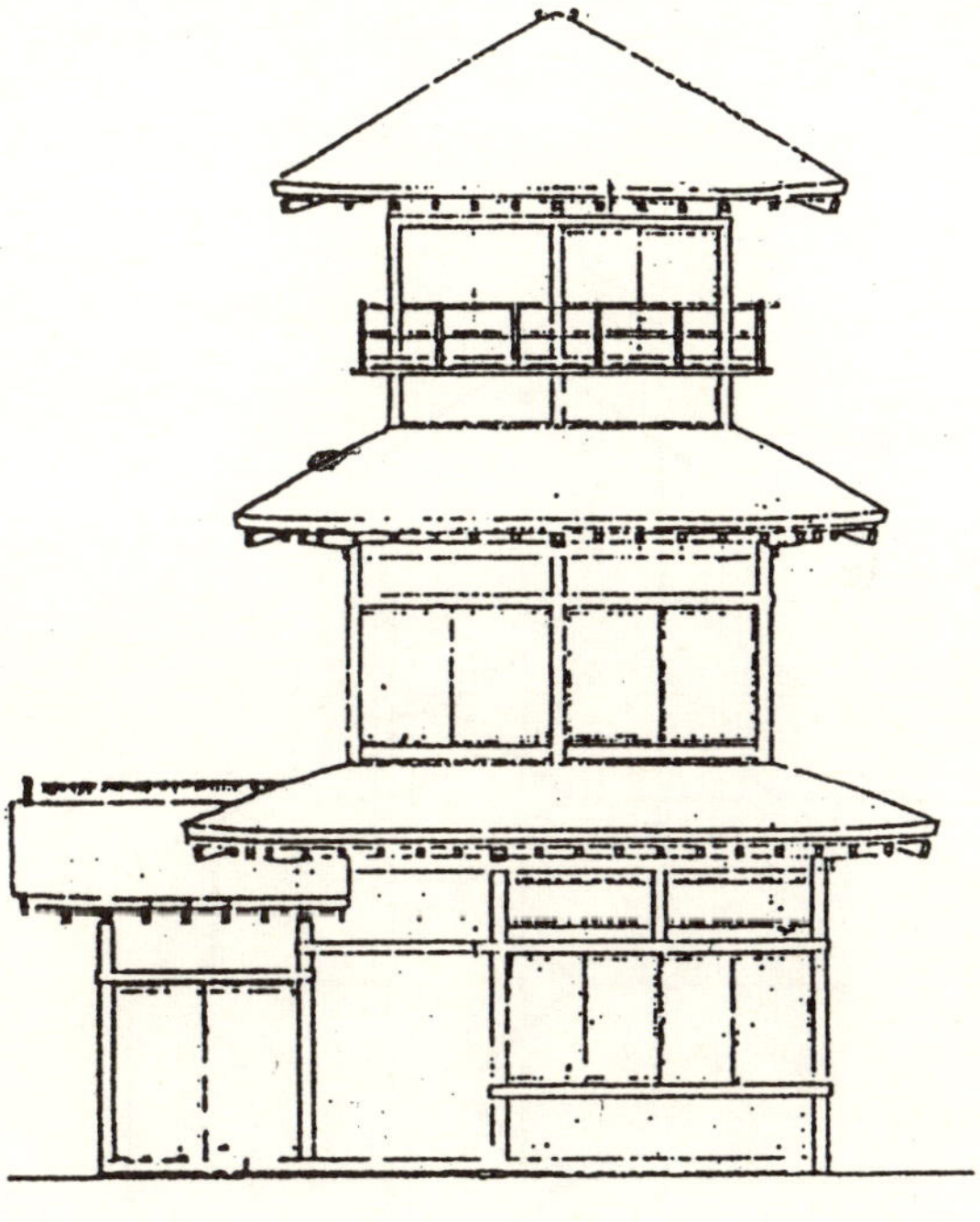

会津若松城御三階櫓南立面図

鶴ヶ城復元図

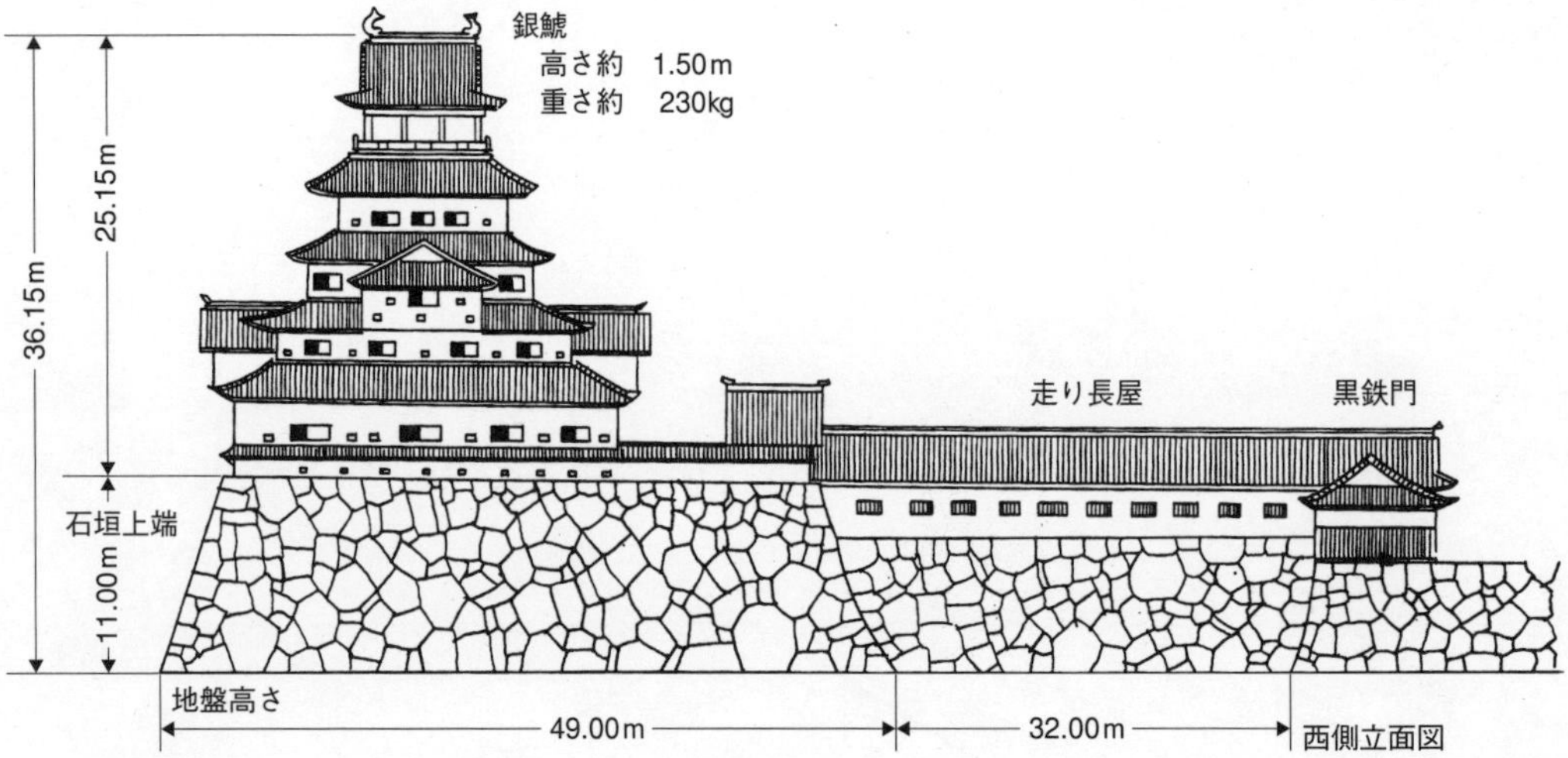

断面図

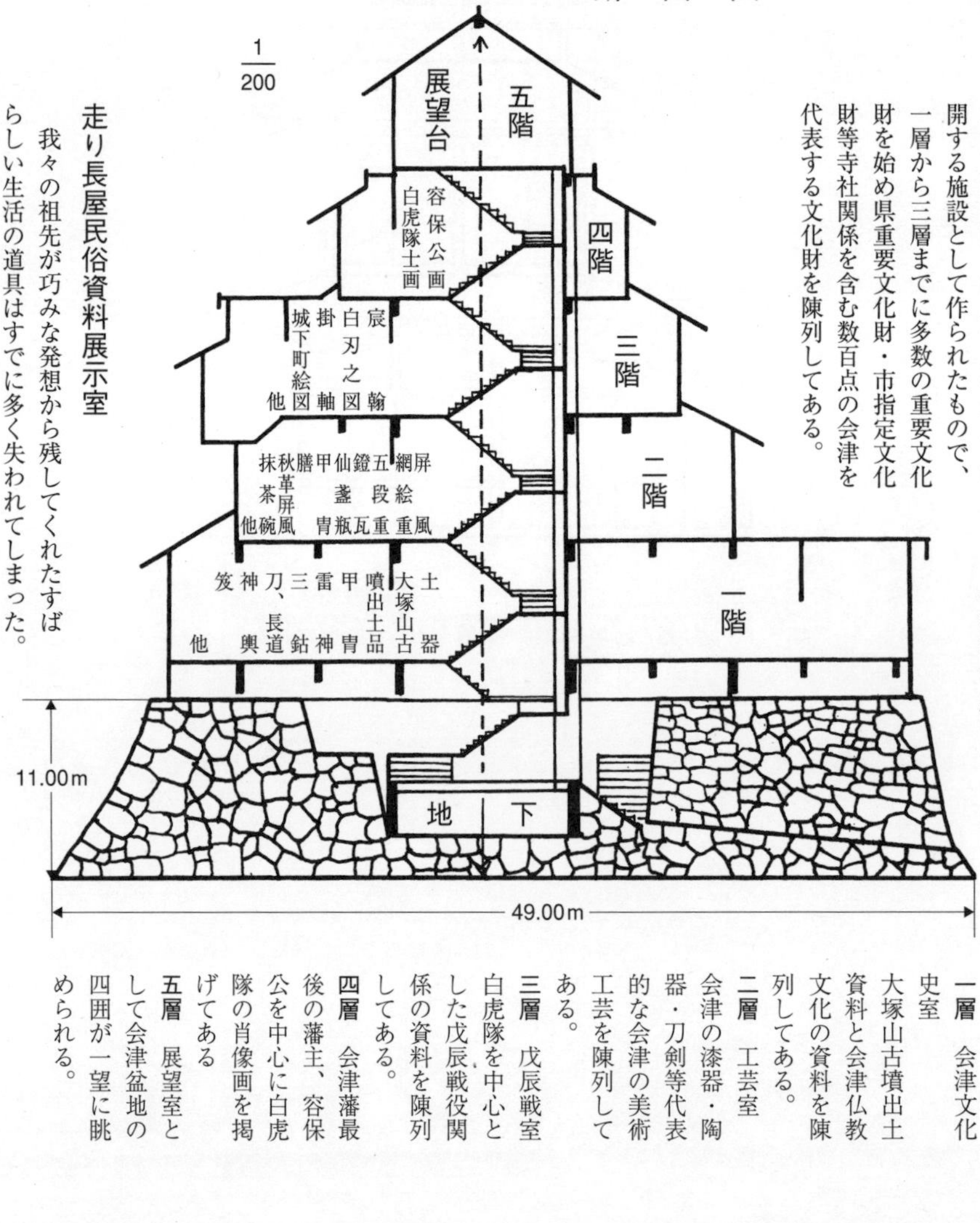

天守閣郷土博物館

天守閣の復元とともに内部に会津地方に残された貴重な文化遺産を公開する施設として作られたもので、一層から三層までに多数の重要文化財を始め県重要文化財・市指定文化財等寺社関係を含む数百点の会津を代表する文化財を陳列してある。

走り長屋民俗資料展示室

我々の祖先が巧みな発想から残してくれたすばらしい生活の道具はすでに多く失われてしまった。これらの貴重な資料の散逸を防ぎ、永く保存しようと展示室を設け公開している。

■**走り長屋**

大こねばち、うるし鉢、櫓時計、もめん、帳タンス、ししがしら、つのだる 他

一層 会津文化史室
大塚山古墳出土資料と会津仏教文化の資料を陳列してある。

二層 工芸室
会津の漆器・陶器・刀剣等代表的な会津の美術工芸を陳列してある。

三層 戊辰戦室
白虎隊を中心とした戊辰戦役関係の資料を陳列してある。

四層 会津藩最後の藩主、容保公を中心に白虎隊の肖像画を掲げてある

五層 展望室として会津盆地の四囲が一望に眺められる。

第二章　探訪

新発田城の建造物遺構

はじめに

午前七時にビジネスホテルをチェックアウトする。駅のコインロッカーに荷物を預けて足軽長屋に向う。初冬の早朝、吐く息が白い。自転車に乗った男子高校生が走っていく。地図を見ながら長屋を探し当てる。新発田川沿いの道路に面して茅葺の建物が延びているが、もちろんまだ開いていない。反対側は清水園である。ここに新発田城三ノ丸の知政庁の門であった茅葺の建物があるが、ここも開園していない。垣根越しにカメラにおさめる。それから、戦国乱世、当地に城を構え上杉謙信麾下の猛将として東国に名を馳せた新発田重家の墓所福勝寺、新発田藩主溝口家の菩提寺宝光寺を訪ね、新発田城三ノ丸址・二ノ丸址の各標柱を撮り、城址に着く。隅櫓と本丸表門・周りの水堀・青々とした松、ベンチに腰を下ろしてしばらく眺める。櫓は雪国の櫓で窓が小さく白壁の下方は海鼠《なまこ》壁である。石垣も整然とした積み方である。三階櫓台の方へ行って写真を撮り、表門の方にまわって何枚か撮る。堀部安兵衛の像が江戸の方角を向いて建つ。時間は八時三〇分、開門を待つ。

城史

初めて新発田の地に築城したのは鎌倉時代に加地荘（現在の新潟県新発田市・北蒲原郡加治川村）の地頭職に赴任してきた佐々木源氏の末裔新発田氏である。越後国が守護上杉氏、続いて守護代長尾氏から改名した上杉謙信の治世の頃に、国内には揚北衆（あがきたしゅう）と称し武力を誇った軍団がいた。その重鎮新発田重家は天正九年（一五八一）八月、織田信長に内通し上杉景勝に背いた。

天正六年（一五七八）三月、上杉謙信が四九歳の生涯を閉じると、養子となっていた謙信の姉仙桃院の子で坂戸城主長尾政景の次男景勝と、小田原城主北条氏康の七男でやはり謙信の養子となって謙信の幼名を賜っていた景虎との間に相続争いである御舘（おたて）の乱が勃発した。上杉謙信が営々と築いてきた上杉氏の武力を半減させた血みどろの越後国内外にも及んだ抗争であった。その際に、新発田重家は上杉景勝方に就いて大活躍したにも拘らず、景勝の論功行賞が得られなかったことと、織田信長の上杉氏の内部崩壊を狙った裏工作としての重家に対する勧誘もあり、両者間に対立を生み、天正九年からおよそ七年間新発田合戦は続いた。信長の支援を受けた重家軍は、怒濤の如き進撃で新潟と沼垂（ぬったり）を占拠し、戦線を拡大させた。ところが翌天正一〇年六月、織田信長が京都本能寺にて自刃すると戦況は一変した。上杉景勝は積極的に新発田氏に対して攻撃を展開した。羽柴秀吉は重家に降伏を勧告したが無駄であった。時は虚しく流れ越後の山河は血で染まった。

天正一五年（一五八七）六月、上杉景勝は一万の軍勢を率い短期決戦をのぞむべく新発田城を中心とした堅固な城砦群も長年の交戦に次第に落城して殊に唇歯の関係にあった五十公野城（いじみのじょう）が陥落しては如何ともしがたかった。五十公野城は、新発田氏一族五十公野氏の拠点で新発田城の東南約四㎞隔たった丘陵上に築かれた城で、新発田城の重家と五十公野城の五十公野道如斎は一心同体となって景勝軍に対して頑強な抵抗を繰り返してきた。

同年一〇月、五十公野城を落した上杉景勝は五日後に新発田城に迫った。新発田重家は奮戦したが、内応者も出て、最後は七〇〇余騎となり、景勝軍めがけて突進した。しかし従う者わずかとなり、もはやこれまでと覚悟を決め自尽して果てた。重家、享年四二歳であった。

当時の新発田城は古記録によると、内郭・外郭はもとより、出丸・総構を備えたかなり規模の大きい平城の様相を持つものであったらしく、本丸は小堤を挟んだ二重の広い堀を廻らせていたことや、西南大手の猿橋口付近には出丸が築かれ、城下町も形成されていたようである。

豊臣秀吉が天下を統一した後の慶長三年（一五九八）上杉景勝は会津へ移封され、替って越前国北庄城主堀秀治が越後国主となり春日山城に入城した。その時秀吉の家臣として勲功のあった溝口秀勝が、越後国蒲原郡で六万石を与えられ、堀氏の戦いに協力する大名であった与力大名として、加賀国大聖寺から新発田に来た。それは、徳川家康が江戸に幕府を開く五年前であった。

溝口秀勝は、尾張国中島郡溝口村の地侍の家に生れ丹羽長秀と秀吉に仕え若狭国高浜五〇〇〇石の城主を経て、加賀国大聖寺四万四〇〇〇石の城主に取り立てられた。慶長五年の関ケ原合戦では徳川方についた外様大名であった。秀吉から与えられた領地は、現在の北・中・南の蒲原郡三郡にわたり南は中之島村までにも及ぶ広大なものであった。領内は信濃川をはじめ、阿賀野川・加治川・中ノ口川などの大きな川が流れていてそれが潟や沼をつくり、当時は雨が降ればたちまち氾濫して一面泥の海となる有様で、また長い戦乱の後で田畑は荒れ、六万石とはいっても実際は四万石程度しか収穫がなかったといわれている。

慶長三年（一五九八）越後国蒲原に入封した溝口秀勝は、まず五十公野に居を構えて領内統治と築城について構想を練った。築城の候補地として新発田のほかに五十公野・加茂（現加茂市）があげられたといわれるが秀勝は天下泰平の兆しを見て取り、結局平地であった新発田に決定したと伝わる。そして上杉景勝と戦って滅亡した新発田重家の城址を取り入れ、新たな城の構築が始められた。縄張は家臣の軍学者長井清左衛門と葛西外記が行い、秀勝入封五六年後の三代宣直（のぶなお）の代に完成している。その後、寛文八年（一六六八）と享保四年（一七一九）に大火に遭っていて、特に寛文の大火の時には城内の殆どを焼失している。明治五年（一八七二）の城の取り壊しまでの間に、櫓の位置や数に変化がみられる。新発田城は政治経済の中心として交通の便利さを考えて平地に造られた城で本丸が舟のような形をしていたので〝舟形城〟、また当時は周囲に湿地が多くあやめがたくさん咲いていたことから〝菖蒲城（あやめじょう）〟、城造りの時、一匹の狐が現れ、尾を引いて縄張のヒントを与えたという伝説から、〝狐の尾引城〟とも呼ばれた。

初代溝口秀勝没後、二代目宣勝（のぶかつ）は弟善勝に一万石を分け与えて沢海藩（そうみはん・現中蒲原郡横越村）を立藩させ、本藩は五万石となったが歴代藩主は阿賀野川・加治川の改修・島見潟の干拓等、治水と新田の開発に努め、一時は実石高が二〇万石以上にもなったといわれている。

寛政元年（一七八九）に幕府から、陸奥国の山間地楢葉（ならは）・信夫（しのぶ）・田村の三郡（現福島県）と、蒲原郡の最も肥沃で安定した領地二万石との交換を命じられたため、収入の減少を余儀なくされた。しかし、幕末の万延元年（一八六〇）には実績を認められ石高が一〇万石に改められている。

新発田藩は大坂冬・夏の両陣や寛永年間（一六二四～一六四三）数回の江戸城普請手伝い、その他しばしば勅使や朝鮮使節の接待、大坂・高田・会津若松城等の在番など、幕府に対して各種賦役を勤めてきたが新田開発による増収のためその負担に耐えることができた。しかし、華やかな元禄年間末期の一二年（一六九九）、江戸麻布新堀普請に至り藩財政は破綻の兆しをみせ、享保四年（一七一九）の大火による多額の出費で決定的となった。以後藩の赤字財政は救われることなく藩士からの借上げ、町人への御用金賦課、農民への多額の年貢米強要、大坂商人からの借金が継続的に行われるようになった。

七代直温（なおあつ）の頃から旱魃《かんばつ》と、特に水害による不作で、禁令を破り土地を離れて町に流れていく農民が多くなって行った。全国的に商業が盛んになるにつれて、貨幣が広く使われるようになり、生産手段の土地を手放し小作人になる者が増加し、農民の間にも貧富の差がひどくなった。豪商・豪農の出現とその巨大化は封建体制を足元から揺がし、資本主義制度移行への大きな胎動となって行った。

幕末に近い一〇代直諒（なおあき）の頃は、折からの天保大飢饉や外国船出没のため領内沿岸と佐渡の警備に追われ、物価は暴騰し、藩政運営は深刻さを加えた。藩は倹約令を出すとともに養蚕や家内手工業の振興にも力を入れたが、その実効をみるには至らなかったようである。

幕末動乱時での新発田藩は、藩主を始めとして尊王思想の影響を受け早くから藩論がまとまっていて、明治元年（一八六八）の戊辰戦争では会津藩を中心として奥羽越列藩同盟の中にあって、機を観て新政府につき旧幕府側の庄内・米沢・会津等の軍と戦った。市内中山角石原では会津軍と激戦を交えている。

明治四年（一八七一）廃藩置県がなされて、新発田藩は秀勝入封以来、宣勝・宣直・重雄（しげかつ）・重元・直治・直温（なおあつ）・直養（なおやす）・直侯（なおよし）・直諒（なおあき）・直溥（なおひろ）・直正と計一二代、二七三年にわたったその歴史を閉じた。

七代藩主直温（なおあつ）は、絵画・彫刻・工芸などと幅の広い趣味を持ち、また〝梅郊〟と称した俳諧の宗匠でもあった。いわば文芸君主であったのだが、江戸の女形の歌舞伎役者瀬川菊次郎にたいそう入れあげた。このことは講釈師馬場文耕が言い触らしたので江戸中誰知らぬ者はなく、天竺浪人こと平賀源内の筆になった滑稽本

「根南志具佐・ねなしぐさ」［宝暦一三年刊（一七六三）］のモデルの一人にされたほどであった。

規模・構造

城地は新発田川が形成した自然堤防上にあって、東から西へ半島状に延びた微高地の北から西を巡って広大な沢沼地帯が広がっている。また、新発田川やこれに連なる潟・沼などを利用し、舟で上流の五十公野方面、下流の沼垂・乙・新潟へ自由に連絡することができた。

城郭は新発田川の本流と支流を取り込んで外堀に利用し、内包された東西に長い地形を塁堀で区画して巧妙に縄張りしたものである。西端に不整五角形の本丸を構え、この東・南・西の三方を包んで二ノ丸を設け、さらに二ノ丸の東に三ノ丸を広く突き出したもので、全体の形は中央のくびれた鼓形をしている。大手門は三ノ丸東側に開口し、東方の五十公野から城下へ向う街道に正面を向けていた。二ノ丸中ノ門・本丸表門も全て東へ向いている。搦手口は二ノ丸南側に西南面する西ノ門であった。大手門から西ノ門にわたる城南の地域に城下町が形成されていたが、城郭に接した武家町と外側の町屋との間は水路で隔てられていた。

本丸は四隅に櫓を置き、東西に虎口を開いていた。櫓は西南隅だけが三重櫓で「御三階櫓」と呼ばれ棟はT字形で棟先に三尾の鯱がついていた。石垣は端正な切込ハギ布積で、寛文の大改修の際に積まれたものである。本丸表門の外の堀に沿って、細長い帯状の郭が本丸の東側から北側を鉤の手に囲み、その両端の虎口から二ノ丸に通じていた。これは本丸正面への攻撃に備えた馬出の変形と観られる。本丸の西側の堀を隔てた一画は、古丸、と呼ばれ、新発田重家時代の本丸址であったと伝えられている。

新発田城の形式は平城で規模は城郭全体の本丸・二ノ丸・三ノ丸が、東西約七〇〇m・南北約一〇七〇mであった。

大手門・大手中ノ門・裏門・西ノ門は桝形門で高麗門と櫓門の組み合わせから成る二重の門であった。本丸の三階櫓から鉄炮櫓・辰巳櫓の間は現在でも観られるような完全な石垣であったが、本丸の北・東面や二ノ丸・三ノ丸の大部分は土塁で囲まれていた。切込ハギの石垣は、石の表面がていねいに整形してあり、石と石に隙間ができないように積み上げられている。石材は総て五十公野古寺（ふるでら）に産する粗粒玄武岩を使用している。

本丸は藩主、二ノ丸の南半分及び三ノ丸は家老職等上級藩士達の居住地であり、中級以下の家臣団はそれを取り巻くような形で居住していた。

二ノ丸の北半分のうち、古丸と呼ばれた地域には庭園や蔵屋敷などがあり、西ノ門の脇には藩校が置かれていた。三ノ丸には後の知政庁である奉行所があった。

新発田城には天守は無く、本丸の西端にあった三階櫓がその役目を果たした。櫓等の屋根に上げる鯱は通常二個であるが、この三階櫓はT字形になっていて、三つの入母屋を造っていてそれぞれに鯱を上げるという独特のものであった。三層三階櫓で塼（せん）瓦を各重外壁の下方に廻す意匠で、同様の手法は金沢城や富山城にも観られた。これは海鼠壁と呼ばれ隠狭間が自由に配される構造であった。西面と南面二方向の初層屋根には切妻破風を配し下方を張り出させ出窓式石落を形造っていた。

新発田城三階櫓は延宝七年（一六七九）建造で、穴蔵はなくて、初重は桁行七間半・梁行六間、二重は桁行六間・梁行四間半、三重は桁行四間半・梁行三間で、下階の床から上階の床までの高さが初重は一二・四四尺、同じく二重が一〇・七二尺、土台から最上層棟までの木造部分まで高さは、三一・二〇尺あった。この尺数値をメートル法数値に換算すると約九・四mとなる。

本丸表門は内部両脇に番所があり、二階建の櫓門となっている。堀に架けられた橋は元来は木で造られていて、戦時には切り落とせるようになっていた。表門は現在旧二ノ丸隅櫓が建てられている所に立地していた鉄炮櫓からは充分な射程距離に入っていた。表門は櫓門だけであるので一見防備上弱点となっているようであるが、二ノ丸との間に帯郭があり、これが桝形門の形式を成していただけでなく、さらに防備線を一つ加えた形になっていて縄張に工夫が凝らされていたことが解る。表門と旧二ノ丸隅櫓は共に、弾丸や火矢を防ぐため外壁が完全に漆喰で塗り固められていて、腰廻りは瓦張であり、白と黒の美しい海鼠壁となっている。

新発田城は、本丸に櫓門の表門と裏門、南側両端に二重櫓の鉄炮櫓と辰巳櫓、西北隅に三階櫓、北東隅に矩折れ（かねおれ）一重の折掛櫓、二ノ丸には櫓門であった中ノ門と西ノ門、小門の土橋門・筋違門・古丸門・東出丸門、二重櫓は東櫓・中ノ門脇櫓・西櫓・西ノ門脇櫓・乾櫓・丑寅櫓の計六基、三ノ丸には櫓門の大手門と小門の榎門・菅原門・宝橋門、二重櫓の大手櫓門があった。

新発田城の古絵図を観ると、城の形は南北に細長いヒョウタン状を成していて西南部一帯に城下町が造られている。これは当時、北・東・西の三方が湿田や湿地で自然の要害になっていたためと城下に入るには他領からの街道がいずれも五十公野を通るようにしてあり、特に中山以南の赤谷（あかだに）が徳川親藩の会津領で、その方面の防備が最も重要であったためと考えられている。五十公野から大手門に至るには直角の大きな曲がり角を幾つも通らなければならなかった。城下の幹線道路の両端には、上・下の鉄炮町を造りそれぞれに足軽達を配置していた。また上鉄炮町から五十公野までの間には杉並木を造り、戦時にはそれを切り倒して敵兵の侵入を妨害できるようにしていた。伝説では、この城は近くを流れる加治川の堤防を切って水を城下に引き入れ水城として敵を防ぐように造られた、ともいわれている。

新発田藩中物語

家中屋敷の竹町の中西宅に数人が招かれ、将棋を楽しんだ後の酒席で、滝沢休右衛門は久米弥五兵衛を斬殺してその場から逃走した。文化一四年（一八一七）一二月のことであった。弥五兵衛の遺族は、妻・娘・長男幸太郎七歳・弟盛次郎五歳の四人であったが、藩は年三〇俵の米を与え生活を援けた。

文政一一年（一八二八）、藩から仇討ちの許可が下り一〇代藩主直諒に御目見えして直々に刀一腰と金二〇両を賜り、激励の言葉をかけられ、久米兄弟は同行を許された板倉留六郎と共に仇討ちの旅に出た。以後、苦節四〇年仙台領石巻近郊の寺の僧侶となっていた滝沢を討ち本懐を遂げた。事件当時七歳であった幸太郎は四七歳になっていて、仇敵滝沢休右衛門は八二歳の高齢であった。

新発田城内三ノ丸に、代々家老職を勤めた里村家の邸宅があり、それは〝里村様のお怪屋敷〟として有名であった。なぜか同家で団子や餅などを煮る時は、必ずその鍋釜の湯の中から血の泡がわき出るというのである。そしてそこから立ちのぼる湯気がからみあって一本となり、砕けたと見るうちに、色青ざめた若い娘が灰白色の着物を着て現れるのである。それは、旧藩時代誰知らぬ者がないほど有名であった。

そもそもの原因は、里村家は八代藩主溝口直養の時代に〝官治様〟という人があり五〇〇〜六〇〇石で家老職を勤め、ある事件に対し主君に死を賭して諫めた豪気の傑物として藩中では並ぶ者がなかった。

この官治様には誰といえど敬服していたのであるが、この傑物に対して、あることに限り言うことを聞かなかったのは、同家の下女であった。百姓の娘であったがたいそうな美人で、いつしか官治様はこの娘に思いを寄せるようになっていた。

ある夜更け官治様は、酒の酔いにことよせてこの娘の部屋をうかがったが、下女のすることとは思えないほど、手厳しくひじ鉄砲をくらったのであった。娘に対する恋慕の情が、一晩で憎悪と憤激に変わって行った。夜が明けて台所では娘が朝食の支度を始め、小用に起きた官治様は憎々しげに障子を開けて中をうかがったところ、娘は当日は〝大師祭り〟とあって小豆粥（あずきがゆ）を煮ていたのであるが、官治様が覗いているとも知らず、団子の煮え加減をみるために娘は指でその一つをつまみあげて口に入れた。

官治様はこの様子を見るやいなや前後を忘れて障子を跳ね飛ばして台所に入り、腰にさした小刀で娘の首を斬り落としてしまった。娘の首は煮え立つ大鍋の中に落ちた。里村家ではこの事件を無礼討として処理し娘の菩提を弔ってやったとのことであるが、それ以来同家では怪異が続いた。

新発田藩主一二代のうち、伯耆守を称したのは初代秀勝はじめ五人いた。この官名は実質的な官職の伴わないもので、単なる伝統的な名誉の称号であったが、誰もが毎日使用する生活用具の一つが、箒（ほうき）であり、たまたま殿様の官名と同じであったため、文化一一年（一八一四）一〇代藩主直諒（なおあき）の時に領内各組に文書を触れ廻させ、以後、箒を、〝なで〟と呼ぶように申し渡した。漢字では〝撫〟と書いた。領民は、呼び捨ては恐れ多いとして、〝おなで〟と呼んだ。

新発田藩主溝口重雄（しげかつ）の代に一五〇石で採用された杉田甫仙という外科の医師は、重雄が通行の際、その刀のこじりが頭に当たったのに、あいさつなく通り過ぎたと怒ったため、採用一年目にして解雇された。杉田はその後、若狭国小浜藩主酒井氏に召し抱えられた。杉田甫仙は『解体新書』で有名な杉田玄白の父親であった。

その後の新発田城

新発田城は寛文八年（一六六八）の大火

により、本丸・二ノ丸の大半を焼失し、同一〇年から元禄一三年頃（一七〇〇頃）にかけて復興された。その間の延宝七年（一六七九）本丸西隅にあった二重櫓を三重櫓に改造し御三階櫓と称して天守代用とした。享保四年（一七一九）城下からの大火により二ノ丸・三ノ丸の一部が類焼し延享三年（一七四六）までに再建された。

　明治四年（一八七一）七月、新発田県庁が三ノ丸知政庁に置かれたが、同年一一月新潟県に合併された。明治六年、新発田城は最終的に存城となり第一軍管に属し第三師管管内分営所となった。明治七年城内に兵営が建設された。その頃、三階櫓以下の建物の大部分が工部省により取り壊された。明治一七年（一八八四）から歩兵第一六聯隊が編成され城内に駐屯した。

　昭和二〇年（一九四五）九月、米国進駐軍が一時城内に駐屯した。戦後、城内には一時新潟大学教養学部分校・市立本丸中学校・引揚者寮などが置かれたが、昭和二八年（一九五三）四月、保安隊（現陸上自衛隊）駐屯地となり、昭和三七年（一九六二）師団改編により第三〇普通科連隊となった。

　昭和三二年（一九五七）六月、本丸表門・旧二ノ丸隅櫓が国指定の重要文化財となった。昭和三五年、旧二ノ丸隅櫓が本丸鉄炮櫓址に移築復元された。二つの建物は昭和三四年（一九五九）から翌三五年にかけて解体修理工事が行われた。新発田城下は明治以降三度の大火に遭っていて、武家屋敷はその殆どが焼失したが、八軒町裏や外ヶ輪裏（とがわうら）などに往時の面影はかなり失われているものの、数軒遺っている。このほか、旧藩時代の建物で現在遺されているものとしては、清水谷の足軽長屋と清水谷御殿、五十公野の御茶屋などがある。

　平成八年（一九九六）自衛隊新発田駐屯地の施設改築に伴い二ノ丸址の発掘調査が実施され、中世新発田氏の館址と思われる遺構が発見された。

　城址の本丸と二ノ丸の大部分は陸上自衛隊新発田駐屯地になっている。二ノ丸東部は県立新発田病院等の敷地、三ノ丸は市役所・裁判所等の官公庁、公共施設敷地や住宅地などとなり、城址には本丸表門・旧二ノ丸隅櫓及び、本丸東・南側の石垣と堀、帯郭土橋門付近の土塁が一部遺存している。三ノ丸知政庁の門は旧藩主下屋敷であった清水園に移築されている。

新発田城の建造物遺構

　新発田城の隅櫓と表門は、昭和三二年（一九五七）六月一八日付文化財保護委員会告示第二九号により重要文化財に指定された。隅櫓は指定当初二ノ丸隅櫓と称されたが後に旧二ノ丸隅櫓と改称され、同時に大蔵省所管から文部省所管となった。

一、規模

隅櫓　二重二階櫓・入母屋造・本瓦葺
一階　桁行　全六間（各間間柱入）
　　柱真々　三一・六〇尺
　中四間　柱真々　二四・〇〇尺
　両端各一間　柱真々　三・八〇尺
　梁行　全五間（正面中央を除き各間間柱入）
　中三間　柱真々　一八・〇〇尺
　両端各一間

柱真々　三・八〇尺
軒高　柱石口より茅負
（塗込厚を除く）外下角まで
一〇・〇二尺
軒の出　柱真より茅負
（塗込厚を除く）外下角まで
二・八〇尺
二階　桁行　全四間（各間間柱入）
柱真々　二四・〇〇尺
梁行　全三間（各間間柱入）
柱真々　一八・〇〇尺
軒高　柱石口より茅負
（塗込厚を除く）外下角まで
二〇・三五尺
軒の出　柱真より茅負
（塗込厚を除く）外下角まで
三・〇五尺
棟高　柱石口より棟瓦天端まで
三一・二〇尺
メートル法概数換算法で
九・三六m

表門　櫓門・入母屋造・本瓦葺
一階　桁行　全五間（背面は三間）
柱真々　三五・〇〇尺
中央間　柱真々
正面　一四・五〇尺
背面　二八・四〇尺
両脇間　柱真々
正面　七・二五尺
両端間　柱真々
正面　三・〇〇尺
背面　三・三〇尺
梁行　全二間
柱真々　一五・〇〇尺
軒高　柱石口より茅負外下角まで
一三・四〇尺
庇軒の出　柱真より茅負外下角まで
二・九五尺

二階　桁行　全八間（各間間柱入）
柱真々　五四・〇〇尺
中六間　柱真々　六・五〇尺
両端各一間柱真々　七・五〇尺
梁行　全三間
柱真々　一八・〇〇尺
軒高　柱石口より茅負
（塗込厚を除く）外下角まで
一階石口より　二一・八八尺
二階石口より　九・五二尺
軒の出　柱真より茅負
（塗込厚を除く）外下角まで
三・〇〇尺
棟高　柱石口より棟瓦天端まで
一階石口より　三二・七〇尺
二階石口より　二〇・三〇尺
メートル法概数換算法で
一階石口より　九・八一m

二、構造・形式

隅櫓

概要　二重二階櫓・入母屋造・本瓦葺・北面（移築前は南面）妻入。

基礎　正面（北面及び西面、高さ約三尺の低い間知石垣積、正面中央石段二級）。南面及び東面は堀に面し水面より高さ約二〇尺の間知石垣積。主屋柱礎石床束石とも自然石。（移築前は、高さ約二〇尺・長辺約三八尺×短辺約三二尺の方形土塁の上に建ち、周囲土台下は間知石一段通布積になっていた。）

平面　一階　主屋は桁行四間・梁行三間でその外周半間通り裳階（もこし）状に武者走を設ける。武者走柱間は桁行六間・梁行五間、各柱間間柱入り。（したがって桁行一二間・梁行一〇間となる）。正面梁行中央間出入口開口。片引漆喰土戸建で西に引く。東面（桁行）、窓開口三箇所（第三間の北半分・第四間の北半分・第五間の南半分）、南面（梁行）、窓開口二箇所（東より第二間の東半分・第四間の西半分）、各外面突上板戸附内枠漆喰武者格子二本入り。その他、外側塗込壁、内側真壁、床総拭板敷、武者走の出入口部に踏込、主屋の西側北寄りに階段を設ける。段板一一級。

二階　桁行四間・梁行三間（一階主屋平面がそのまま二階平面となる）、各間間柱入り。東西桁行北より第二間・第七間及び南面桁行東より第二間・第五間窓開口、各外面突上戸附内枠漆喰武者格子二本入り、その内側に片引漆喰土戸建（いずれも隅へ片引とする）。その他、外面塗込塗、内側真壁、床総拭板敷、西側南寄りに階段開口を設ける。手摺附。

軸組　一階　側柱・間柱とも五寸角（共に外壁面苆〈すさ〉掛突起作出す）、土台、壁貫二通（桁行・梁行とも同高両上楔締）、外面腰長押及び内法長押附（共に壁に塗り込む）、腕木、繋梁、側桁、壁面中塗込仕上貫心に納まる。主屋柱（通柱）七寸四分角、床下部固足入（梁行は貫とする）、二階床下部胴差入り。胴差よりやや上方に化粧垂木掛長押、胴差と丈違下に胴長押を打ち、化粧垂木掛長押間中塗仕上小壁、内面厚板張とする。

二階　側柱（通柱）六寸四分角、間柱見付四寸見込五寸（共に外面苆掛突起作出す）壁貫二通（柱心より五分外に納まる、桁行梁行同高両上楔締）、外面腰長押附（共に壁に塗り込む）、腕木、側桁。壁面中塗仕上貫心に納まる。床梁三通胴差より丈半分高く架け、両妻は根太掛を打ち、根太渡し、床板張、床板矧目下目板入り。

小屋組　大梁三通妻小梁角三本妻側より大梁に掛け渡す（共に丸太材）。妻小梁上に母屋台置き、その他は大梁上に直接束を建て、棟木及び母屋二通組み化粧屋根裏。

外装　一階　腰下海鼠壁、瓦布張目地漆喰塗、一・二階共塗込白漆喰壁とし内法及び腰長押繰出附。
二階　腰長押鐶金具各面三個附、窓突上板戸墨渋塗仕上。

軒　一・二階共出桁造一軒疎垂木、切裏甲のみ木肌出し墨渋塗。その他、総塗込白漆喰塗垂木木口波型。妻も同様に切裏甲のみ木肌出し墨渋塗。その他、破風前包羽目板懸魚鰭を塗込とし、六葉を黒漆塗とする。

屋根　本瓦葺、一階、四方葺降し、隅棟熨斗（積垂木端鬼板鳥衾附、葺仕舞熨斗二重、雨落捨瓦三通、入母屋造、降棟を設けず、隅棟熨斗積、棟端鬼板鳥衾附、大棟熨斗積、棟端鬼板及び鯱附、妻前包際熨斗二重。

表門

概要　櫓門、入母屋造、本瓦葺、南面。（石垣に設けた開口の幅に合わせて五間三戸の冠木門を造り、その内部両脇に番所を設け二階を多聞櫓とする。多聞櫓は門幅より広く両翼部は石垣上に載る）。

基礎　一階　柱礎石方形柱座繰出、蹴放下及び番所下地覆石切石、雨落葛石見付矩折れ二方仕上石、葛石内方床面コンクリート土間。二階両翼部、石垣上に載る。石垣間知石積高さ一階柱石口より一二尺、水面より約一八尺、建物地覆石間知石一段積。

平面　一階　桁行五間（背面三間）・梁行二間、正面中三間戸口とし（背面はこの間一間で吹放し）中央間内開大扉釣、両脇間片内開扉を釣り、両端間（背面も同じ）羽目板張としこの一間通りを番所とする。両番所とも柱間各引違板戸建石垣際羽目板張、内部拭板張。
二階　桁行八間・梁行三間（正面通柱真は一階柱真より三尺張出し、背面通柱真は一致する）。正面（桁行）窓開口三箇所（東より第二間の西半分と東半分、第四間の西半分と第五間の東半分、第六間の西半分と第七間の東半分が、それぞれ一組となる）各間中柱入引分漆喰塗戸建、その内側漆喰塗武者格子六本入、背面窓開口三箇所（東より第一間の西半分、第三間の西半分と第四間・第五間の全部及び第六間の東半分、第八間の東半分）各漆喰塗格子入、その内側に漆喰塗戸建、中央引違二組その両脇一枚片引、両端片引、両側面（梁行）中央間漆喰塗戸建、東面は南より北へ西面は北より南へ片引とする。以上のほかは壁面、外面塗込壁内面荒壁の上へ羽目板張、内部床総拭板張、棟通り独立柱三本あり、床板は正面窓際（一階より張出となる部分）のみ桁行に張り石落八箇所を設ける。その他総て梁行に張る。両妻出入口部床一段低く踏込とし高床部との間に木階一級を付す。

軸部　一階　正面　主柱脇柱断面矩形面をなし、同両端柱断面方形面をなし、石垣面にひかり付けて傾斜して建つ。各柱頂同高冠木を受ける。冠木断面矩形両端切欠いて石垣に取り付く。中央間大扉主柱内面に上下二箇所肘壺釣り、四周框を組み外面横張板内面縦繁桟、蹴放楣横板張小壁、両端間横張板壁、地覆飛貫附。

背面　主柱面取方柱同脇柱面取方柱石垣面にひかり付け、柱頂同高冠木を受ける。冠木丸太材、主柱脇柱間縦張目板地覆地貫飛貫。両上楔貫端半枘打出。番所、柱面所柱面取方柱上方床梁に架す中桁に達する。正面脇柱背面主柱と地貫内法貫飛貫通じ、各上楔締貫端木口半枘打出、地貫内法貫抱合面に敷居鴨居を入れ、柱間各引違板戸建、敷居下総張蹴込板地覆附、鴨居上縦張目板打羽目板、番所、中柱面取方柱上方は二階床梁を受ける。正・背面両端柱と地貫内法貫飛貫を通じ、番所内側縦張目板打羽目板張、幅木内法貫打。

二階　正・背面冠木上に六通の床梁を架け床梁端部上に柱盤を据え、両翼部は地覆石上に土台を据えそれぞれ二階基盤とする。側柱正・背面間柱入り（背面間柱窓部のものは細めて格子心木となる）、柱内外面苆掛突起作出附、壁貫二通（両翼部は三通）通じ、柱頂に舟肘木（外部は出桁を受ける）を入れ小屋梁を架し側桁を組む。小屋梁は中柱筋のもの、三通は中柱へ枘差横栓打ちとし他は通材、両妻のものは妻側桁との間に小梁各三通を架す各梁上小屋束を立て母屋二通及び棟木の小屋を組む。貫棟通二通母屋通一通梁行を下木とし総て上楔打ち、化粧裏天井。

外装　一階　総素木、正面冠木以下柱扉羽目板欅材、柱根鉄巻金具附丸鋲釘留、主柱見付及び見込に扉釣肘壷金具足隠乳金具附、大扉脇扉とも入八双金具筋鉄及び冠貫金具足隠乳金具附。背面及び番所は柱冠木貫等松刃檜使用。

二階　腰海鼠壁、瓦布張目地漆喰塗とするほか軸部塗込白漆喰塗壁四隅面取。

軒　一階庇　素木、二階床梁先端に出桁を架け柱盤に垂木尻取付く、一軒疎垂木、茅負布裏甲二重、螻羽（けらば）破風登布裏甲附。

二階　出桁造一軒疎垂木、切裏甲のみ木肌出し墨渋塗とする以外布裏甲茅負垂木軒裏とも総塗込白漆喰塗、妻も同様に切裏甲のみ木肌出し墨渋塗、他は破風前包羽目板懸魚鰭を塗込とし、六葉を黒漆塗とする。

屋根　本瓦葺、一階庇方流、葺仕舞熨斗二重。

二階、入母屋造、降棟はなく隅棟熨斗積棟端鬼板鳥衾附、大棟熨斗積棟端鬼板及び鯱附、妻前包際熨斗二重。

かつて新発田城内の藩主居館の屋根はいずれも柿葺となっていたので、当初は諸門櫓の多くも柿葺屋根であった可能性があり、そして調査の結果、隅櫓は古くは柿葺であったことが推定された。表門も庇が柿葺であったことが判明した。寛文の大火による復旧工事の機会に、諸門櫓の屋根の大半が瓦葺に改められたとされている。

現存の本丸表門は近年まで享保一七年（一七三二）建立の棟札があったといわれる。大手門普請が終わってから三年後に相当する。

隅櫓は明治棄却直前まで六棟あった二ノ丸櫓のうちの一棟で、本丸の北側に位置していたものである。明治以降周辺地形の変貌が著しく、近接して兵営・民家等が建ち、わずかに遺された土塁とともに孤立していたので、旧本丸石塁上鉄炮櫓址に移建された。寛文八年（一六六八）の大火で焼失し、再建の年次は明らかでないが、元禄二年（一六八九）の前後頃と推定されている。この櫓は享保四年（一七一九）の大火では被災を免れ、他の門櫓の復旧に際し何らかの理由で、延享三年（一七四六）東方角地に移建されたものと推定される。その後、文政一三年（一八三〇）に修理が施されたが、調査の結果この修理時には、根本より解体され、通柱をはじめ主要構造材の大半が取り替えられたことが判明した。また一階側柱は根部が一尺五寸切り縮められた痕跡があり、このことから以前は柿葺もしくは栩葺（とちぶき）であったことも推定された。そして延享三年（一七四六）の移築時には規模を変更し、同時に屋根も本瓦葺に改められたものと考えられている。

三、現状変更

隅櫓

隅櫓は、文政一三年（一八三〇）に解体修理が施されたことが確認され、その時に現在の規模にされたことも明らかになった。昭和の解体修理工事では文政期修理時の規模を基準とし、明治以降の改造部を旧規に復しそして整備された。

①従来位置より約三〇〇m南々東の石垣上旧鉄炮櫓址に移築した。この敷地寸法は同隅櫓と同じであり、また櫓の城外曲折二方に窓を持ち往時の機能等総てが適合した。
②桟瓦葺を本瓦葺に改め、大棟に鯱を復した。
③外部腰廻下見板張を海鼠壁に改めた。
④一階・二階の窓に縦格子を復し、二階はその内側に土戸を設けた。
⑤一階出入口板戸を土戸に改めた。
⑥一階内部中央二通の補強大梁を撤去した。

表門

表門は享保一七年（一七三二）の再建で、その後、宝暦二年（一七五二）・天明三年（一七八三）・寛政七年（一七九五）・天保七年（一八三六）・慶応三年（一八六七）・明治初年・明治二八年（一八九五）・昭和初年等の修理を経て、昭和の解体修理工事に至ったが、明確に改造があった部分は旧規に復された。

①一階両番所に引違板戸を復した。
②二階床の正面側に石落を復した。

③二階両側面の出入口に片引土戸を復した。
④二階各室に土戸を復した。
⑤二階外部の腰下見板張を海鼠壁に復した。
⑥二階の軒小天井を撤去した。
⑦桟瓦葺を本瓦葺に復し、大棟に鯱を設けた。

四、鬼瓦紋章五階菱（溝口菱）の形状調査について

隅櫓・表門とも、昭和の解体修理で桟瓦葺を本瓦葺に復する現状変更が行われたが、隅棟鬼瓦についてはかつて新発田城に使用されたと伝えられている五階菱附鬼瓦（慶長六年追刻銘入）一個を採用、他がこれに倣って補足された。その製作に当って五階菱の比例等について調査が行われた。

五階菱は溝口氏の紋章で、別名溝口菱といわれていて現在新発田市章ともなっている。

初代溝口秀勝は関ヶ原合戦に徳川軍に属し大功をたてたが、その合戦前夜秀勝は今までの溝口家紋章水菜（みずな）の紋に美しい後光がたなびいた瑞夢を見て吉兆としてその形に倣って紋章を定めた。これが溝口菱紋で、昭和九年（一九三四）町制当時溝口家に請うて溝口菱をそのまま町章とした。

市章の原形となったものは、戊辰戦役に出陣した新発田藩の中隊旗に染め抜かれたものに若干修正を加えたものといわれ、鬼瓦に比べ横長である。それで、溝口氏ゆかりの什器等が調査され、その結果、溝口氏関係のものはいずれも比較的横が長く、流布本等に見られるものは比較的縦が長いものであることが判明した。しかし割り出し方についてはいずれも明らかでない。資料的には縦長の鬼瓦のものが最も古く、細部比例も相似形の七五三の比率の菱を重ねた整然としたものであることが判明した。

城址逍遙

隅櫓周囲の水堀は、カメラで広角レンズを使用して撮影すると、とても広く感じられ、城郭関係の書籍でもよく見かける。噴水が上り空気は少し冷たいが長閑な気分に浸れる。しかし内心は焦っていた。現在はどうだか解らないが、毎年文化の日あたりに表門多聞櫓内部と隅櫓内部を特別公開するということだったのでそれが主目的の探訪でもあった。時間はあまりない。

新発田城の隅櫓は、雪国のため窓は小さい。入母屋造の屋根に降棟がないのも特徴の一つである。上下層とも白漆喰塗込で窓の上に長押を浮き出させている。整然とした石積の上部は横に三条の海鼠壁である。現在ではここ新発田城と金沢城にそれを観ることができる。鬼瓦は五階菱紋で、鎧瓦・鳥衾瓦は三ツ巴紋であり、入母屋の妻には蕪懸魚を吊る。三階櫓址の方へ行って櫓台を撮る。かつては特異な形状の櫓が建っていて新発田城の場合は三階櫓を中心に幕末・明治の古写真が多数遺っている。表門の方へ行く。表門を右にして左側に隅櫓が入る構図は有名である。

堀部安兵衛の銅像が建てられている。堀部（旧姓中山）安兵衛武庸（たけつね）は、波乱に満ちた生涯を送り人気も高くその生誕地と称するところが新発田以外にもある。しかし安兵衛自身生国は越後新発田としているし、地元に遺されている各種の史料からもそれに異論を唱える余地はない。ただ、新発田に住んだのは少年時代の一三歳までであった。安兵衛は、新発田藩士で二〇〇石取りの中山弥次右衛門の長男として寛文一〇年(一六七〇)家中屋敷の外ケ輪(とがわ)で生まれた。外ケ輪とは外曲輪のことで、大手中ノ門と堀を隔てた外側の辺りで、生誕地の大きな石碑が建っている。

天和三年(一六八三)安兵衛が一三歳の時、父弥次右衛門は禄を没収され浪人する。その理由は本丸巽櫓の焼失の責任をとらされたものといわれている。弥次右衛門は浪人の身となった直後に、不遇のうちに病死し、菩提寺であった長徳寺に葬られた。

安兵衛はやがて新発田では家名再興も覚束ないと考え、郷里を出る。新発田を離れる時、長徳寺に父の遺愛の石台松と印籠を寄進し供養を願ったと伝わる。現在、長徳寺本堂前にある老松は安兵衛手植えの松であると伝えられている。新発田を出た安兵衛は、しばらくの間姉の嫁ぎ先であった庄瀬村牛崎(現白根市)の長井家に身を寄せた。かくして青雲の志を抱いて江戸へ出たのは安兵衛一八歳の元禄元年(一六八八)のことであった。

新発田城表門左手の石垣法高は地表より頂辺まで三・八七mである。同じく堀水面よりの法高は五・五mあり、地表から堀水面までの高さは約一・六mとなる。表門は隅櫓同様に壁の下方は海鼠壁で四条あり、白漆喰壁が美しく、大きめの引分漆喰塗土戸の連双窓三箇所、計六箇所を開口しているが、通常は外部に格子があるのに、この表門は内部に格子がある。これも全国的に観て珍しい。背面の窓は外側に格子があり内側は漆喰塗土戸で、前面と逆の造りとなっている。

午前一〇時頃に管理係のオジさんが門を開けてくれたので、まず隅櫓に向う。そして約四〇分かけて内部の写真撮影・略測・観察を行った。

隅櫓の入口は縦一・七四m、横一・四六mの片引土戸で左手に錠がある。内部に入ると右手に勾配の緩やかな手摺無しの階段がある。真壁白漆喰塗で、窓からの採光もあり明るい。一階の内法は壁から壁までの寸法が七・七二m×九・五八mで、同様に二階は、五・四七m×七・三〇mである。

一階床面から天井までの高さは三・二六mで、同じく床梁までの高さは三・〇mである。敷居・鴨居はなくて柱は二一cm角で合計一四本、柱と柱の間隔は一・八mである。間柱の間隔は〇・九m、外周武者走の壁面から内側の柱の中心までの水平距離が一・一六m、突上窓は縦〇・六五m、横〇・五mで、格子子は二本あり格子子の寸法は、六・五cm×七・八cmである。一階の窓は内側に戸はない。

二階床面から棟木下部までの高さが四・三七m、同じく小屋梁下部までが二・五四mある。窓は格子子二本の突上窓で内側は戸車附板戸であり計五箇所ある。

隅櫓海鼠壁部の高さは約〇・九m、城内側の石垣の高さは約〇・六五mである。

新発田城址には自衛隊が駐屯している。全国で自衛隊が駐屯しているのはここ新発田城址と、長崎県対馬の厳原・桟原館址(いづはら・さじきばるやかたあと)ぐらいである。以前は岐阜の加納城址にも駐屯していた。対馬の桟原館址を訪れた時には、道路に桟原館跡と標示して矢印があったので、解説板か何かあるかもしれないと思って、坂を上って行った。周辺には対馬流の石垣がよく遺っていた。しばらく進むと自衛隊の施設があり若い隊員さんが二名立番をしていた。一人に栈原館址の解説板がないかと聞いてみたら解らなかったらしく中へ入れてくれて幹部クラスの人に会わせてくれた。結局は解らなかったが、帰りに若い隊員さんが敬礼してくれたのには驚き、また感動もして、とても頼もしく思えて、私は深々と頭を下げて帰った。聞くところによると、対馬の自衛隊所有の高性能の双眼鏡では、遙かかなたの朝鮮半島の家々の洗濯物や、車のナンバープレートの文字まで確認できるとのことである。

岐阜市加納丸ノ内にある加納城址には、戦後久しく陸上自衛隊が駐屯していて、後に同城址が国指定史跡となり前年に自衛隊は移転していた。

昭和四〇年（一九六五）のNHK大河ドラマは「太閤記」で、そろそろ、その地位を確立しつつあったが、太閤記はそれまでの大河ドラマと違って全く斬新な装いで走っている新幹線を画面に入れ、ゆかりの史蹟を紹介したりして大好評であった。私は高校に受かった年の春にあたり、全国の大河ドラマファンで現在の団塊の世代と呼ばれる人達は、ずいぶんとこれに触発されたと思う。私もその一人で、テレビに岐阜の鷺山城址が削られているところや、墨俣城址・川手城址・名古屋の諸城址等が紹介され、思いきって母に話した。当時の高校生や中学生は、どこへ行くにも制服制帽であり、別に何の違和感も無かった。中学や高校の教師には、太平洋戦争で爆弾を抱えて、ベニヤ板みたいな船で敵艦隊へ突入する寸前に終戦となり命が助かった人もいた。そういった教師は厳しかった。手もあげた。幸い私は殴られた経験は無かったが、殴られた生徒も自分が悪いと解っていたので親などには決して言わなかった。今振り返って印象の残っているのはそういった厳しい先生達である。大学を出たてで軟弱な格好ばかりつけたがった教師は、はっきり言って印象が薄い。そういった厳しい先生たちに鍛えられ、高校では柔道部に所属し、先輩達に上下関係や礼儀・口の利き方等を徹底的に叩きこまれたから、そのおかげで社会に出ても人に接する態度や、その後身につけた粘り強さと共にそれがとても役に立った。しかし、団塊の世代が育てた子供達が乱れているというが、もとを正せば、国家でも大企業でも、また零細企業でも、上層部がふらふらしているから悪いのである。それは歴史が証明している。

母といっしょに、春休みの一日を利用して岐阜へ行った。墨俣城址・川手城址・加納城址・鷺山城址を訪れた。当時は、加納城址には自衛隊が駐屯していて、鉄条網が張られ、堀址には何台もトラックが駐車していた。母に城址の石垣の写真を撮ってくるから待っていてくれ、と言って写真を撮り、帰ってみたら母はおにぎりを食べていたので、一緒に食べた。

昭和六三年（一九八八）四月、短歌を趣味としていた母が平泉の中尊寺にお参りしたいと言ったので、地方祭の連休を利用して二人で出かけた。仙台に二泊することにして、まず仙台城址へ行った。復元櫓の石碑があるところに母を待たせて、写真を撮って帰ってみたら、母は石碑が建てられている石に腰をかけて、持参したのか駅で買ったのか盛んに石衣（いしごろも）という菓子を食べていた。俺はてっきり母が櫓をしみじみと見上げながら、歌のひとつでも創っているのかと思ったので、意外だったし、それが可笑しくもあり、また、悲しくもあった。その頃から人は歳を取ると子供にかえるというのは事実だと思った。後から、よくそのことで母をからかってやったら、いつでも笑っていた。そんなことを思い出しながら駅に急ぐ。新発田病院前の公衆電話でタクシーを呼んだがなかなか来なかったので焦った。帰りの特急列車の時間がせまっていたので、やっと来たタクシーに乗り、清水園付近の土産物店で、新発田名物の郷土玩具である金魚台輪を買い求めて駅に行き駅弁を買って、発車間際の列車に乗ることができた。

県指定文化財の清水園は旧新発田藩主の下屋敷で、簡素な数寄屋風の建物には、寛文六年（一六六六）の棟札が観られ地名に因んで清水谷御殿ともいわれた。広大な廻遊式庭園は、幕府に仕えた庭方で遠州流の茶人でもあった懸（あがた）宗知の手になるもので越後路から東北にかけて、比類なき名園といわれている。

国指定重要文化財の足軽長屋は、本来は清水谷長屋と呼ばれていたもので上鉄炮町の裏手にあり、清水園に面している。記録によると、清水谷長屋と呼ばれたのは当長屋のみでなく幕末に至るまで前を流れる川に沿って一列に四棟あったものの総称と思われている。この建物はその中の北から二棟目に当り、当時の城下絵図には「北長屋三軒割八住居」と記されているが、住人は姓のある者が一名、他の七名は名のみで、足軽ではない身分の低い人達であった。役職は御門番組・御旗指組等の小者と御網方などであった。現在の長屋は、天保一三年（一八四二）に藩の普請奉行の指揮のもとに建てられたもので、全国的にみて貴重な遺構である。

蕗谷虹児（ふきやこうじ）は、明治三一年（一八九八）に新聞記者の長男として新発田市中央町に生れ、一七歳で上京して日本画を学んだ。実母エツなきあと一家は離散し、虹児は小僧奉公のあと、画才を買われて樺太（現サハリン）で旅の絵師をした。北限の冬をさまよう悲惨な生活を支えたのは幼い母の肌のぬくもりであった。再び上京して竹久夢二の口利きで、大正七年（一九一八）に「少女画報」で吉屋信子の「花物語」の挿絵を担当し、人気を博した。大正一四年（一九二五）からパリに遊学し、サロン・ドートンヌなどに連続入選した。昭和四年（一九二九）虹児が四年間のパリ留学から帰国すると、街に歌が流れていて、それが自分の創った詩だと驚いた。当時は著作権があいまいで、レコードも少なく、歌は楽譜を媒体に盛衰した。この歌も、ある楽譜出版社が虹児に無断で作曲を依頼し、勝手に楽譜を売って、少しずつ流行りはじめた。だから虹児はこの歌で一銭も得ていない。虹児の元の詩「花嫁人形」は、大正一三年（一九二四）少女雑誌「令女界」に掲載された。千代紙で作ったママゴト用の人形が擬人化され、嫁ぐ日の感傷が託された詩だった。「花嫁人形」の背景には、わずか一四歳で新聞記者に嫁ぎ、生活苦を一身に背負ったまま二八歳で逝った若き母エツを慕う気持ちがあった。歌は、昭和の初め哀愁をおびた内容が受けて若い女性達に愛唱された。戦後から現代にかけても広く歌い継がれている。

「きんらんどんすの帯しめながら

新発田城旧二ノ丸隅櫓東南面

新発田城旧二ノ丸隅櫓二階内部

新発田城旧二ノ丸隅櫓一階内部

新発田城表門多聞櫓内部

新発田城城郭図

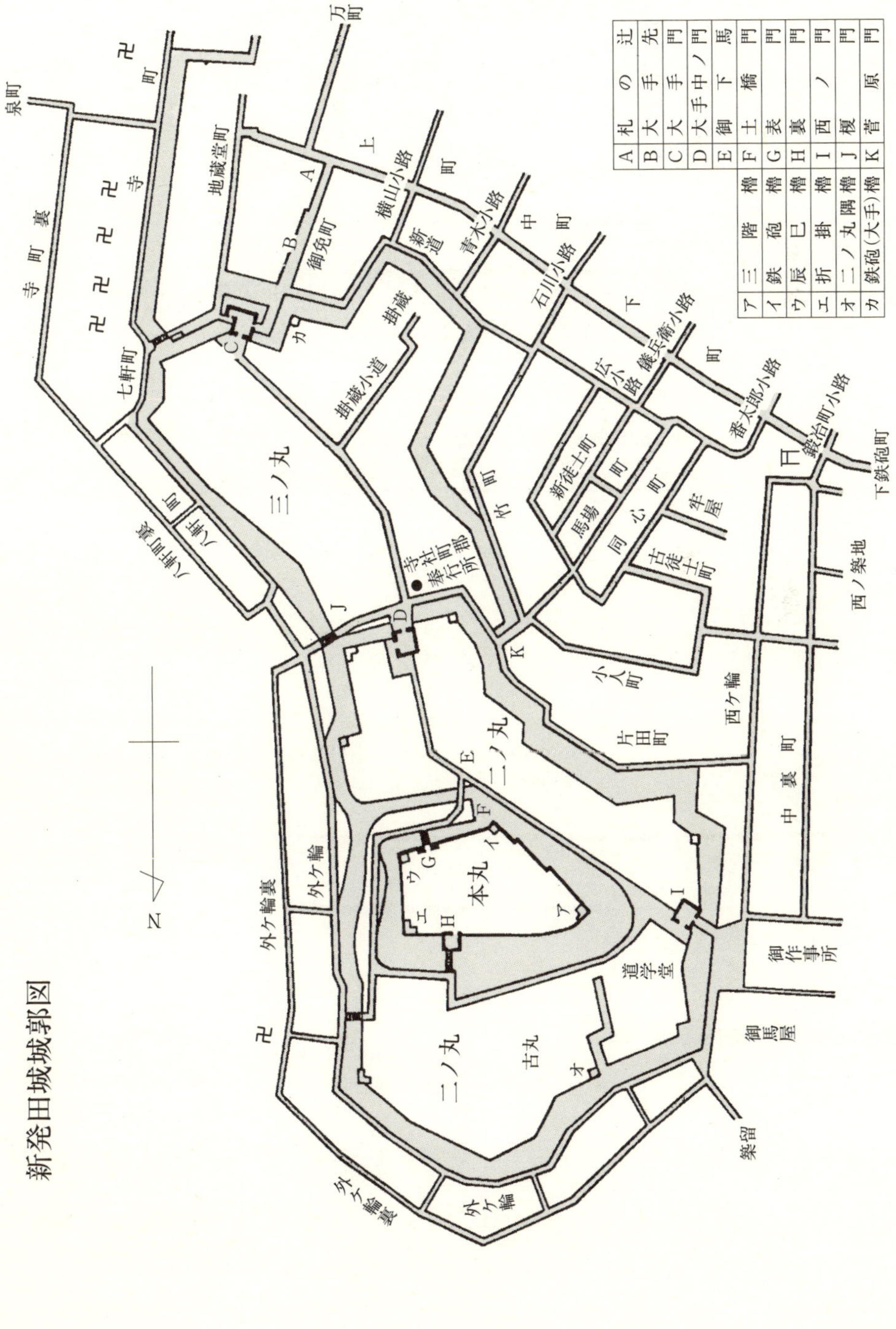

ア	三階櫓	A	札の辻
イ	鉄砲櫓	B	大手先
ウ	辰巳櫓	C	大手門
エ	折掛櫓	D	大手中ノ門
オ	二ノ丸隅櫓	E	御下馬
カ	鉄砲(大手)櫓	F	土橋門
		G	表門
		H	裏門
		I	西ノ門
		J	榎門
		K	菅原門

新発田市教育委員会発行パンフレットより修正

新発田城旧二ノ丸隅櫓南東面立面図

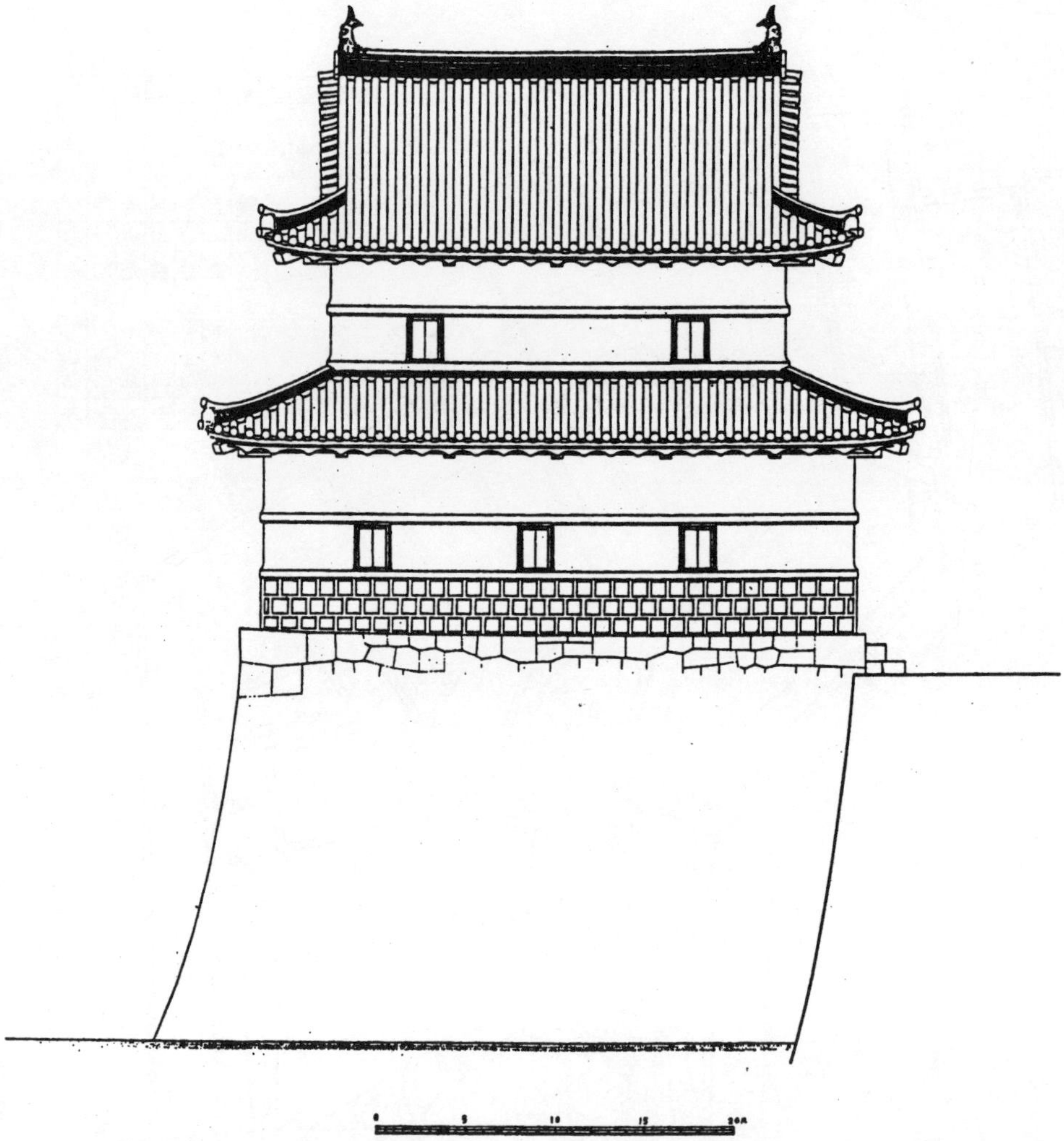

昭和35年（1960）10月
重要文化財新発田城旧二ノ丸隅櫓・表門解体修理工事報告書
編集兼発行者　重要文化財新発田城修理委員会

第二章　探訪

城郭櫓（笠間・土浦）

はじめに

頂上付近で下車して、しばらく山道を歩く。傍に可憐な野花が咲いている。母に採って帰ったらどんなに喜ぶことか…。「かたわらに、秋くさの花かたるらく、ほろびしものは、なつかしきかな」季節は違うが、牧水の歌を口ずさみながら、山頂をめざす。所どころ苔むした石垣が見える。本丸址に着いて、天守郭の石段を登る。昔は天守櫓の建っていた所に、その遺材を利用して社が造られている。その前の石に腰をおろして持参した缶コーヒーの栓を開け、煙草を取り出す。薫風の中、静かに時間が流れて行く。命燃えつきるまで続く古城流離の身をいたわるように…。

（平成五年・新緑の笠間城址にて）

笠間市は茨城県の西部中央に位置し、古くから笠間藩牧野氏八万石の城下町・日本三大稲荷の一つ笠間稲荷の門前町として栄えてきた所である。市街を抱くようにそそり立つ秀峰佐白山（さしろやま）は、鎌倉時代の東国には稀にみる貴族的な武将、笠間時朝によって山城が築かれた地で、以来約七〇〇年にわたり笠間統治の要となった。

佐白山は標高一八二m、関東地方では唐沢山城・沼田城と共に、極めて稀な山城の、完全な石塁が遺存する。山頂には天守郭があり、旧天守建築の解体材で建てられた佐志能（さしの）神社がある。本丸をはじめとした城址一帯は、石塁・空堀共によく保存されている。本丸にあった八幡台櫓は移建され、佐白山西麓の真浄寺に現存している。

笠間城八幡台櫓

一、城史

笠間城は、笠間市中心部にある佐白山を中心に築かれ、中世・近世を通じて存続した山城である。笠間城の起源は、中世に笠間地方を支配した笠間時朝の、元久二年（一二〇五）における笠間進出とされる。

笠間時朝は下野国宇都宮に本拠を置いた豪族宇都宮氏の支族で、当時宇都宮一族の代表的な存在だった塩谷朝業（しおのやともなり）の次男である。笠間に進出して地名を苗字とし、笠間氏の祖となった人物である。

時朝の笠間進出の発端は、佐白山の正福寺と徳蔵村（とくらむら）の徳蔵寺との間で繰り広げられていた勢力争いであった。当時、両寺は相当な寺領を持ち僧兵を擁して対立抗争しており、その中で正福寺側が宇都宮氏に援助を求めた。笠間は、山一つ越せば宇都宮氏の領地という位置にあった。

宇都宮氏は元久二年に、一族の時朝を大将として軍勢を派遣し、徳蔵寺の僧兵軍を撃破した。同時に正福寺をも制圧し笠間の地を掌中にした。

時朝の築いた佐白山の山城は砦で、平常の居館は山麓にあった。居館は現在の笠間稲荷神社境内一帯の約四〇〇m四方で、土塁を築いて堀を廻らせ、後世には麓城（ふもとじょう）と呼ばれた、と伝えられている。

笠間時朝は中央文化の導入にも熱心で、浄土信仰にも心を寄せ、寄進した仏像の幾つかが、この地方に遺されている。また、常陸国一ノ宮鹿島神宮には、中国渡来の「宋版一切経」が奉納されている。そして、歌人としても中央歌壇で名を成し、幾つかの勅撰和歌集にもその歌は選ばれている。

笠間氏は天正一八年（一五九〇）、一八代綱家に至って滅亡する。豊臣秀吉が小田原の北条氏を攻めた際、笠間氏は、本家の宇都宮氏に逆らって北条氏に味方したため、秀吉の命を受けた宇都宮氏に攻められて滅亡した、と伝えられている。

その後、慶長六年（一六〇一）に笠間藩が成立するまでの間、笠間地方は初め宇都宮氏、その宇都宮氏が秀吉によって所領を没収された後は、宇都宮領を引き継いだ蒲生秀行の支配するところとなった。この時代に佐白山の笠間城の改修と城下町の整備が行われた。笠間氏時代にも、城郭の整備は行われてきたと考えられているが、中世の笠間城についての正確なことは不明である。蒲生氏が支配した慶長三年（一五九八）から約三年間は、その重臣蒲生郷成（がもうさとなり）が笠間城に入り、城郭の大規模な修・改築を行っている。天守郭には高さ四ｍの石垣を築き、その中央に二層の天守櫓を建てた、と伝えられている。この蒲生氏時代に笠間城は石塁が築かれ、中世山城から近世山城に変容した、と考えられている。石塁だけでなく、縄張そのものにも西国様式が取り入れられていて、蒲生氏が近江国蒲生郷の出身で、蒲生衆は巧みな技術で城を築いた、という意味の古記録もある。

慶長六年（一六〇一）以後、延享四年（一七四七）までの一四六年間は、転封による藩主の入れ替わりが延べ八家、一三代に及んでいる。松井松平氏一代・小笠原氏一代・城番時代・戸田松平氏一代・永井氏一代の後、浅野氏が二代続く。この浅野氏は、元禄赤穂事件で知られる浅野長矩（ながのり）の先祖である。浅野氏は元和八年（一六二二）から二三年間、長重・長直の二代にわたって笠間にいたが、正保二年（一六四五）に赤穂へ転封となった。長矩は長直の孫に当る。

浅野長直は笠間藩主の時、政務を執るための藩庁と藩主の居館を、佐白山麓に新たに造営した。山頂近くの笠間城本丸での執務のため、家臣達が長く険しい山道を往復しなければならないなどの不便を解消するためのもので、下屋敷と称された。下屋敷は浅野氏が去った後も、明治維新に至るまで使用された。

浅野氏の後は井上氏が二代続く。正保三年（一六四六）、井上正利は江戸幕府の許可を得て天守櫓を改築したが、その用材は正利の前任地、遠州横須賀から筏に組んで運んだといわれ、改築前の天守櫓は板屋であったと伝わる。

続いて、本庄松平氏二代・井上氏三代である。延享四年（一七四七）、日向国延岡から京都所司代在職の牧野貞通が八万石で入封し、蒲生氏時代の城郭と、浅野氏時代の下屋敷が、ほぼ当初の形状を保って、廃藩まで九代一二五年間領有した。牧野氏歴代には、寺社奉行・大坂城代・京都所司代・老中等、幕府の要職に就いた藩主もいた。

大政奉還の際、藩主が大坂城代であった笠間藩は、勤王・佐幕の二つに藩論が分かれて争ったが、時勢から勤王に落ち着き、下野国小山で官軍に加勢している。

明治四年（一八七一）に廃藩となり、笠間県から茨城県に編入された。

二、規模・構造

笠間城は佐白山山頂に約一万六〇〇〇㎡の地積を占め、縄張は梯郭式で、いちばん南に約三〇〇㎡の規模の本丸を置き、さらに北の方へ二ノ丸・三ノ丸と突出している。そして、本丸の東方にある佐白山の頂上に天守郭を配している。

『図説笠間市史』は、蒲生郷成の修・改築によって近世山城に変容した笠間城を次のように描いている。

「登城路をのぼり、城郭の入り口の黒門をすぎ、右に曲がると駒場丸（千人溜・せんにんだまり）というたまりがある。大手門の桝形の石垣・土塁を曲がると空堀に架かる大手橋がある。大手橋をわたり大手門をくぐると右側に、城山を囲む細長い三ノ郭（三ノ丸）がある。石段をのぼり中門・二ノ門を通ると東側一帯が帯郭、西側に本丸を囲むように二ノ郭（二ノ丸）がある。急な石段をのぼると玄関門があり本丸に出る。ここに本城の館があり、西に宍ヶ崎櫓（ししがさきやぐら）・南の帯状台上に八幡台櫓がある。殿守（天守）郭は本丸の東の峰にあり、本丸とは空堀で切り離され橋が架けられている。天守郭は、自然の巨岩が露出した東峰（山頂）一帯で、百段近い石段が積まれ、石垣に囲まれた二つの桝形の上に天守台がある。天守台は東西に長く南北に狭い長方形である。ここに間口四間半（約八・一m）・奥行三間（約五・四m）の木造二層入母屋造・瓦葺の天守櫓が建てられた。…」

天守郭のある佐白山の頂上付近は一大岩盤であって本丸とこの岩盤の間は、ごく一部を除いて深くて広い谷が入り込んでいて、天守郭のある岩盤は、本丸からほとんど完全に孤立したようになっている。仮に攻城された場合、攻撃兵は常に側面を天守郭に暴露して進まなければならないようになっていて、天守郭から鉄砲の狙い撃ちにあう。そして、もし本丸まで攻め落されても、本丸と天守郭との間にある跳ね橋をあげてしまえば、天守郭が一つの砦になって、さらに抗戦を続けることができる。笠間城の縄張は抵抗線を何段にも重ね、最後まで抗戦しようとする意図が明確にくみとられる。この築城思想は東国ではなく、関西で発達したものである。

笠間城が石垣を積みあげた天守郭を持つ山城として存続したことは、徳川幕府の関八州の築城政策の中でも異例中の極みである。これは、東の小田原城・北の沼田城と同様に、笠間城の場合、奥州方面の押えとしてその存在が重要視されたことを物語る。笠間城の施設として記録では、二層の天守櫓・櫓二基・町口門・黒門・大手門・中ノ門・二ノ門・玄関門・東櫓門等一〇棟の門、大手橋などがあった。

三、笠間城八幡台櫓

笠間城本丸広場の南側に、細長い八幡台と呼ばれる台地がある。笠間時朝築城以前に、この台地に八幡宮が祀られていた、と伝えられている。八幡台は高さ約五m、長さ七〇m程で南東方面に眺望が開けている。この東端に、物見櫓である二層の八幡台櫓が建てられていた。八幡台の西、本丸址の広場に続いて長さ約六〇m、幅一〇mの細長い平地がある。三方が断崖絶壁になっている。ここは宍ヶ崎と呼ばれ、笠間盆地の西北方を一望に収めることができるため、宍ヶ崎櫓が建てられた。

八幡台櫓は廃城の後、明治一三年（一八八〇）に城下の真浄寺に払い下げられ、日蓮上人と関係の深い七面天女を祀る仏堂、七面堂として遺存する。笠間城の櫓遺構として貴重な建造物であるところから、昭和四四年（一九六九）に茨城県有形文化財に指定された。以前の建物は、初層は格子窓、二層目は華灯窓、寄棟造でかなり改築されていたが、昭和四七年（一九七二）からの修理工事で入母屋造の旧態に戻された。『茨城の文化財』には八幡台櫓について、次のように記されている。

「この建物はもと笠間城八幡台物見櫓、正保二年（一六四五）に浅野長直によって改築されたものと伝えられ、明治一三年（一八八〇）廃城の際に現在地に移築したものという。爾来、徳川光圀の祖母お万の方の作にかかると伝えられる七面大明神をまつり、七面堂と呼ばれてきた。構造形式の概要は桁行八m、梁間六・五m、平入り、二重二階櫓。寄棟造、二重本瓦葺、一重桟瓦葺、正面中央に一間向拝附入母屋造桟瓦葺で、背面中央に一間の凸出附（内部仏壇）切妻造桟瓦葺である。関東から東北にかけて、殆どみることのできない城郭建築の遺構として、珍しい存在である。建立年次を建物自体から明確になし得ないのは残念であるが、たとえ仮に江戸時代末期に近いものであるとしても、この地方の城郭建築の一端を示す実例として貴重である。」

八幡台櫓の現状は、本瓦葺・漆喰塗込・二重二階櫓で、切石積の高さ六〇㎝の基壇上にあり、棟高（この場合建物下部から大棟付近まで）大略八・八m、下層軒高（この場合建物下部から軒先までの高さ）二・八三m、同上層軒高約五・三m、下層軒の出(この場合壁面より軒先までの水平距離)〇・九五m、一軒疎垂木、大棟に鯱と獅子口を置く。鳥衾は無く、鬼瓦や獅子口には七曜紋が見受けられる。また、鎧瓦はすべて七曜紋で統一されている。七曜紋は曜星紋の一つである。曜は輝く日・月・星紋の総称で、天体にきらめくすべてが、古代社会の人々にとって驚異であり、信仰の対象とされた。それが紋章となったもので、七曜紋は七ツ星とも呼ばれ、平氏良文流・繁盛流の諸家が使用した。しかし笠間城主では戸田松平家が六星を使用しているのみである。日本全国の日蓮宗寺院では、祖師は日蓮生家の家紋、井桁に橘、を使用している。しかし京都の日蓮宗本山頂妙寺は、日祝上人を開山としているため、彼らの出自である下総千葉氏の月星紋を使用している。八幡台櫓は日蓮宗ゆかりの仏堂であるところから、千葉氏の妙見菩薩信仰のため、その家紋である七曜紋が使用されているものと考えられる。

建物下層外法は、八・一〇m×六・七〇m、上層は二・二〇m小さい。ほぼ南側と北側上下層に、高さ八五㎝、幅六五㎝の、二本の格子窓を三箇所設けている。背面下層に、高さ八五㎝、幅九〇㎝の、四本の格子窓二箇所、正面入口扉の左右には、高さ一・一五m、幅一・八〇mの、六本の格子窓をそれぞれ設け、内は華灯窓状になっている。正面上層には四本の格子窓を、三箇所設けている。背面切妻造の凸部は、奥行外法一・九六m、同じく幅は二・一五mである。内部の通柱は二〇㎝角で、右手に梯子段を設け、二階への昇降とする。

延享四年（一七四七）、笠間城主井上正賢が磐城平に転封され、その後に牧野貞通が日向国延岡から笠間へ移封になった。その時の引継文書の中に、八幡台櫓に保管されていた武具として以下のものがあった。弓二〇張、矢二〇〇本、鉄砲六〇挺、玉三〇〇〇発、火縄一〇〇本、鉄砲袋五〇個、槍三〇挺、空穂（うつぼ・矢を入れて腰や背におう武具）二〇個、鞍二〇個、胴乱（皮製の四角い袋・腰に下げ印などを入れる）五〇個、膏薬入五〇個、合煙硝七〇貫、煙硝三〇貫、硫黄一〇貫、鉛三〇貫、鋳型八個、鋳鍋五個等であった。櫓は、常時は武具類を保管した倉庫で、戦時には物見や防備の拠点となったのである。

　八幡台櫓右手には解説板が設置されている。「茨城県指定文化財旧笠間城八幡台櫓――笠間城は、藤原時朝によって、今を隔てる七四〇年余り前の、文暦元年（一二三四）佐白山頂に構築され、天守をはじめ、八幡台・宍ヶ崎の両櫓等を構えた要害堅固を誇る山城として、一三代の城主により七〇〇余年受け継がれてきたが、明治維新の際、廃城となった。この建物は元八幡台に据座していた物見櫓で、正保二年（一六四五）浅野長直が播州赤穂へ国替えとなる前、修復されたと伝えられている。明治一三年（一八八〇）当山寺号復活の年、檀頭園部清兵衛らの尽力で払い下げをうけ、原形のまま山頂からこの地に移築されたものである。爾来、当山所有の仏堂として、七面大明神・三十番神・鬼子母神の三尊神が奉安され、通称七面堂と呼ばれている。然るに太平洋戦争によって城郭建造物としては県内唯一のものとなってしまったため、昭和四四年（一九六九）一二月一日、県教育委員会はこれの保存の必要を認め、文化財保護条例によって正式に茨城県指定有形文化財に指定し、次いで昭和四七年（一九七二）四月県補助事業として大修理を施すこととなり、市当局当山檀信徒並びに、市民有志の協力の下、昭和四九年（一九七四）三月まで二カ年を費やして完成した。

　昭和五三年（一九七八）四月・真浄寺山主識。」

　笠間城天守址の佐志能神社本殿は、一・八m四方の総檜造である。周囲は土瓦をはめこんだ厳重な土塀に囲まれていて、山頂の強い風をこの塀が防いでいる。拝殿は、明治初頭まで同じ場所に建っていた天守櫓を改築したものとみられている。間口約八m、奥行約五・五mの木造平屋の建物で、木組や塞がれた窓の穴址・ホゾの址など至る所に天守櫓であった時の名残が観られる。内部の柱が必要以上に多いのも、もとは二重であった証左である。佐志能神社拝殿は、高さ一・四mの石垣上にあり建物外法は、八・五〇m×六・一七m、建物本体の棟高は大略六m、一軒疎垂木で、軒高（この場合建物下部から軒先までの高さ）約三・六mである。南西側と北東側に縦一・一二m、横〇・八mの窓址がそれぞれ三箇所ある。南西側の窓址の二箇所は二三cmの間隔をもち、そして二・〇五m離れてもう一つの窓址がある。石垣上の建物下辺の遺材の一つは、縦二五cm、横三二cm角である。天守櫓が改築されたこの拝殿も貴重な文化財といえる。

土浦城太鼓櫓（門）

　土浦は、桜川低地と霞ヶ浦とが接する湖頭に発達した湖頭集落で、平安時代の末頃にその母体がつくられたと伝わり、江戸時代には水戸街道と桜川、霞ヶ浦の水運と相まって交通の拠点、物資の集散地として商業を中心に宿場町・城下町として発達してきた。現在は茨城県南随一の近代都市である。

土浦城はその昔、ちょうど水の中に浮かぶ亀にその形が似ていたことから、別名を亀城と呼ばれた。現在、市の中心部に、土浦市の歴史の象徴として土浦城の本丸と二ノ丸の一部を整備した亀城公園があり、園内は子供の遊び場や、恋人達の語らいの場になっている。そして太鼓櫓門のほか、二棟の城門が遺存する。

一、城史

土浦城の嚆矢は、永享年間（一四二九～四一）に在地領主若泉三郎が居館を営んだことによる。永正一三年（一五一六）、若泉五郎左衛門の土浦城は、小田城主小田氏の武将菅谷勝貞に攻め取られた。後の城主菅谷範政は小田氏腹心として上杉・佐竹氏と戦い、よく主家を補佐して幾多の先陣を駆けめぐった。しかし、天正一一年（一五八三）小田氏治は佐竹氏の軍門に降った。天正一八年（一五九〇）の豊臣秀吉の小田原征伐にあたり、菅谷範政は土浦を退城した。後に範政は小田氏への忠節を見出され、五〇〇〇石の旗本となった。

関八州を支配することになった徳川家康は、土浦城を下総国結城城主結城秀康の支配下に置いた。約一一年間の秀康の土浦支配の後、松平信一（のぶかず）が三万五〇〇〇石で入城し、その子信吉の時に四万石に加増された。信吉は近世城郭としての土浦城の改修に着手した。土浦城は霞ヶ浦と新治地方の交通上の要、水戸・奥州への抑えとして重要視された。信吉は水戸街道を外郭に通し、沿道に町屋を設け南北の出入口と城西に三門を造った。元和三年（一六一七）信吉は上野国高崎へ転封され、翌四年西尾忠永が二万石で入城し、その子忠昭（ただあきら）の時には、本丸御殿・東西の物見櫓が築造された。慶安二年（一六四九）西尾忠昭移封の後、朽木稙綱（たねつな）が三万石で入城し、大手門を太鼓櫓に改築した。これが現存する櫓門である。その子稙昌は城内の武器庫を整備し、さらに城下町の形成にも尽力した。

寛文九年（一六六九）朽木稙昌転封後、土屋数直が四万五〇〇〇石で入封した。数直は幕府老中として、また朽木氏の跡を継いで城郭の整備に努め、新郭を設け、大手・搦手などに馬出を設置した。その子政直の時の天和二年（一六八二）に移封され、松平信興が二万二〇〇〇石で入封し、水戸街道の南門外に桝形を、北門外に馬出を築いた。

貞享四年（一六八七）に松平信興が移封されると、老中職を勤めていた土屋政直が再び土浦に入封し、六万五〇〇〇石を領した。土屋政直は老中として徳川綱吉から四代の将軍に三〇年間仕えながら、国許の繁栄を図った名君で、在職中将軍の寵臣柳沢吉保の横暴を抑えたことや、元禄赤穂事件の際に情理を加えて裁決したことは有名である。石高四万五〇〇〇石から一代にして累増九万五〇〇〇石となったが、泰平の世に五万石の加増は当時珍しかった。また地元産業の奨励発展などにも多大な功績を残し、中でも醤油は、江戸城御用達となった。

政直の子陳直（のぶなお）の代、享保八年（一七二三頃）に城外立田に武家屋敷を設けて立田郭とした。土屋氏九代の彦直（よしなお）は、水戸家からの養子で水戸斉昭の叔父にあたり、好学の藩主であった。一〇代の寅直（ともなお）は彦直の子で、天保九年（一八三八）に藩主となり、寺社奉行・大坂城代等を歴任し幕末の多難な国政に当たり、そして藩においては種々の改革を行った。寅直の治世は三一年間に及び、土浦の名君の一人といわれている。一一代藩主挙直（しげなお）は水戸斉昭の一七男であった。明治二年（一八六九）版籍奉還、そして同四年の廃藩置県により土浦藩の歴史は終焉した。

その後、明治一七年（一八八四）に火災があって本丸の建物のほとんどが焼失し、わずかに西櫓と太鼓櫓門及び、霞門が遺ったが、西櫓は昭和二四年（一九四九）のキティ台風で小破し、後に解体された。明治に入って県庁や郡役所が置かれたが、土浦町では早くから城址の公園化を計画し、昭和九年（一九三四）本丸と二ノ丸の一部を含めて亀城公園として整備し今日に至っている。

現在の土浦城址には太鼓櫓門の他の建築遺構として、本丸に霞門、そして二ノ丸と外丸を仕切る高麗門（前川門）がある。霞門は昭和五四年（一九七九）、高麗門は同五五年に復元修理工事が行われている。そして平成三年（一九九一）、浄財の半分以上を市民が寄付して、梁は松・柱は欅・壁は漆喰の塗込と往時の建築技法そのままに、西櫓が復元された。さらに明治初期に焼失した東櫓が復元された。

二、規模・構造

土浦城は霞ヶ浦に近く、桜川の水を利用して五重に堀を廻らせた平城で、水城としての性格も兼ね備えていた。戦国時代の土浦城は、本丸・二ノ丸・三ノ丸付近までの規模で、城郭としての本格的な築城工事は江戸時代になってからであった。城郭の縄張は、東西約九〇m・南北約五〇mの本丸を取り囲むように、ほぼ南に二ノ丸、同じく北に亀井郭、さらにそれを囲むように西から、三ノ丸（乾郭）、南へ三ノ丸（西郭）、東方へ外丸が輪郭式に配置され、これらの北方に多斗郭・勝軍木郭・築地郭が梯郭式に配置され、その西には立田郭があった。輪郭式と梯郭式とを折衷させている。本丸は約三三〇〇㎡で、城郭の規模は約六万二七〇〇㎡あった。

建物は本丸に、本丸御殿・太鼓櫓門・霞門・東櫓・西櫓・鐘楼、二ノ丸には糒蔵（ほしいいぐら）・武具庫・厩・米蔵等、外丸には外丸御殿、その他、門として二ノ丸の仕切門、黒門、西・南・北の各門、田町門・真鍋口門等の各門があった。三ノ丸には大手門・外記門・搦手門があった。

土浦城には天守は無く、本丸の周囲には土塁が廻らされ、南面に太鼓櫓門・東北面に四脚の薬医門である霞門があり、本丸東西にはそれぞれ二重櫓が建てられた。そして白堊の塀が塁上に設けられた。巽郭（外丸の南）・西郭には重臣達の役宅があった。城の東側を水戸街道が通じ、それに沿って町屋が並んでいた。土浦城の大手門と搦手門は、同一方向である東方に設けられ、有事の際、霞ヶ浦方面への脱出を考慮したものといわれている。そして、江戸城に対する境目の城（敵領と味方領の境に築かれた支城）の任務を持っていた。奥州諸大名との間に軍事衝突があった場合、一日でも長く敵をくいとめる目的のため、その縄張は複雑であった。

土浦城の外郭は水戸街道や堀によって、ほぼ正五角形に形造られている。五角形城郭の内部には本丸をはじめ、二ノ丸・三ノ丸・西郭などが水堀に囲まれ配置されている。近世初頭の五角形の城郭はほかに、丸岡城・福井城・宇和島城などがあるが、その利点は第一に、外郭の防衛線が短くてすむことである。城を守るには郭内の面積に比較して防衛線が短い程よいわけで、円形が最も有利である。したがって四角形にするより円形に近い多角形にしたほうが外周が短くてすむ。第二に、心理的に敵を混乱させることができるということである。宇和島城の五角形縄張は有名で、敵に城の縄張を四角形と誤認させ、敵が四方に布陣した場合、籠城軍は残る一方に活路を見出せるようになっていた。土浦城の縄張もこれに共通する。亀城の別称は、本丸付近の形が亀に似ているだけでなく、五角形の外郭が亀に似ているための呼称ではないか、ともいわれている。

三、土浦城太鼓櫓（門）

『日本の古城』で藤崎定久先生は土浦城太鼓櫓について、次の様に述べておられる。

「土浦城――太鼓櫓という楼門で、本丸の正門であった。楼内に太鼓を置いて時を報じたので太鼓櫓と言われるようになった。一見堂々としているが、小さな楼門である。均衡がよくとれていて瀟洒である。この種の小形の城門としては上出来の部に属する。明暦二年（一六五六）すなわち江戸時代初期の建築である。本丸の西北隅に小さな塗籠造りの二層の隅櫓があったが、この方はバランスがくずれていて四国の大洲城の隅櫓などと比較すると見劣りがした。土浦城は江戸に対して境目の城の任務を持っていた。境目の城は本丸・二ノ丸を小さく取るのが原則である。したがって隅櫓や城門も小さくなる。この種の建物は大きくても小さくてもバランスがくずれやすい。作事奉行や大工の腕の見せどころであったようだ。」

◎創立沿革

元和六年（一六二〇）とその翌年にかけて西尾忠昭が本丸の東・西櫓を築造し、さらに同八年には大手門が小さいという理由で、櫓門に改築している。しかし本丸御門の方は、館城時代のままの小規模な門であった。それから三四年後の明暦二年（一六五六）になってようやく櫓門に改築された。時代は下って、土浦城址及び、櫓門は茨城県指定史蹟の第一号として昭和二七年（一九五二）に文化財指定を受けた。そして昭和二九年に改修工事を行っている。さらに昭和六一年（一九八六）と同六二年の二箇年、解体修理工事が実施された。

◎規模と構造

重層薬医門の楼門形式。上層屋根は入母屋造、本瓦葺。下層は腰屋根本瓦葺。一階は、桁行三間、梁間二間。正面中央の両柱は鏡柱で、断面寸法一九・三寸×九寸、両脇柱は断面寸法一一・五寸×九寸。控柱は一〇寸角。柱真々寸法は、中央間が一二八寸、両脇間五六寸で桁行二四尺、梁間方向は各六一・五寸で合計一二・三尺。中央間に大扉を開き、左手の脇間に潜戸、右手の脇間は板張。それぞれ御影石の切石礎石に立つ。正面の柱上には冠木を架け、背面には大梁を架ける。上層の柱は、妻側では下層の柱筋に立つが、正・背面では一六・五寸ほど張り出した位置に台輪（だいわ）を渡してこれに柱を立てる。したがって、柱真々寸法は、桁行は初層と同じく二四尺だが、梁間では一五尺六寸ということになる。上層の床の一部、正面の冠木の位置から台輪までの間を揚げ蓋として、いわゆる石落になっている。それは中央よりの二間分で、両脇の一間ずつの部分は板張となる。

上層正面中央二間分は太い木格子を設け

る。窓は全て漆喰塗の土戸の引戸形式となる。南側（正面）は、引違が二、片引戸が二、東側は片引戸一、北側は片引戸一、西側は引違一となる。このように四方ともに開口部を設けるのは、ここに太鼓を置いて時を知らせていたためと考えられる。

上層の外壁は、大壁の漆喰仕上げであるが、軒周りは塗らず、壁の部分だけであるから、化粧垂木はそのままとなっている。室内では三段の貫を化粧風にみせている。隅部においては化粧隅木を受ける繋梁を設けている。本柱には小屋梁を架けるが、柱上に肘木を入れて梁の受けとする。立行梁（たつゆきばり）は四間のうち東側の一間分を継ぐ。この梁筋に小屋束を立て二段の貫で固めて、いわゆる和小屋形式とする。

軒周りは、下層では梁先に、上層では肘木先に旅桁を渡し、その上に一重の化粧垂木を並べる。垂木は反りのない直材である。

軒先は、茅負（かやおい）・裏甲（うらご）・葺地（ふきじ）と重ねる。

屋根は、丸瓦と平瓦を組み合せた本瓦葺、軒丸瓦は全て三ツ巴紋であるが、右巻と左巻があり、しかも連珠の数も八～一七まで様々である。

上層屋根は、入母屋造となり、大棟は青海波の棟積みで丸星をつける。その両端には、城主土屋氏家紋の三石畳紋が入った鬼瓦を置き、棟上には鯱を載せる。入母屋造の妻飾は白壁仕上げとなっているが、この姿は後の解体工事によるものであり、もとは木連格子であったことが判明して復元された。これは、昭和二六年（一九五一）に解体された西櫓の妻飾と同一形式である。なお、西櫓は軒裏まで白漆喰で塗込になっていた。

◎解体修理工事概要

解体修理工事では次のようなことが判明した。江戸時代前期の櫓門としては、関東地方で唯一ものとして文化的価値の高い土浦城太鼓櫓門は、明暦二年（一六五六）の建立以来、歴代の城主が大小の修理工事を施して、代々維持してきた歴史的建築物であることが判明した。発掘調査によって、礎石が二重になっていたことが明らかになり、解体作業の中で文政一一年（一八二八）に大修理があったことを示す墨書が発見された。これは、湿地帯に建立された櫓門が、建立以来柱が傾くなどの不同沈下に悩まされながら、時代の中で存続が図られてきたことを示している。

今回の解体保存工事は、櫓門の老朽化に伴うものとされているが、修理を必要とする最大の原因は、櫓の傾きによる梁や桁のずれ、漆喰の破損防止を図ることであった。このため、櫓の保存にあたっては、基礎の沈下を防ぐことに重点が置かれ、コンクリートの杭打ちをして復元することになり、礎石・地層の状態を調べるため発掘調査が行われた。その結果、礎石は二重構造で、一番下の礎石は、逆円錐形をした玄武岩の礎石で、その上に板石が置かれて台形をした花崗岩の礎石が載っていた。地層は、これらの礎石を囲むように堆積土を固めた層状になっていた。これは、軟弱な地盤に重い櫓門を建てるために必要な作業であったものと考えられる。旧礎石にあった櫓門が、不同沈下して柱が傾いたため、板石を置いて水平にして、新たな礎石を置いたものとみられる。最初の礎石は、伊豆石と称され、寛永期の江戸城築城に使用されているところから、年代的にみて明暦二年の建立時の礎石と判断されたが、解体修理を裏付ける新礎石の設置年代は不明であった。しかし、櫓門本体の解体作業の中で、屋根材に使用されていた一本の裏甲に、普請に当った武士や棟梁・大工など一四名の名前の入った墨書が見つかり、日付に「文政十一年」と入っていた。このことから、この年にかなり大規模な修理工事が施されたものと判断される。新礎石は、この時期の解体修理に置かれた可能性が濃厚で、土浦城太鼓櫓門は、不同沈下に対応して建立以来、今回のコンクリート杭打ちを含めて約一五〇年単位で、土台の補強を強いられることになる。

◎太鼓櫓門要項

①構造形式――桁行三間（柱真々寸法で二四尺、七・二ｍ）、梁間二間（同一二・三尺、三・六九ｍ）、楼門形式、屋根は本瓦葺の入母屋造、軒高は柱礎石上端から茅負外下角まで二一・五尺（六・四五ｍ）、棟高は同点から棟頂上まで三二・六尺（九・七八ｍ）、平面積は下層八・二坪、上層一一・一坪、軒面積は茅負下角内側で一六・六坪、軒の出は側柱真から茅負外下角まで三・六尺（一・〇八ｍ）

②工事概要――今回の工事は礎石の不同沈下及び、鳩の糞害・経年の変化等による建物の傾斜・瓦と壁の破損・木部の腐朽と破損が著しくなったため、全解体を行い、基礎の強化を伴う根本修理とした。

工事内容及び発見資料の主なものは次の通りである。

ⓐ　地下遺構の調査によって、現在使用の礎石下から、明暦二年（一六五六）建立時のものと思われる旧礎石が発見された。

ⓑ　上層小屋束に和釘止めの棟札があった。享保一九年（一七三四）、幼年にて土浦藩主となった土屋篤直の武運長久を祈ったもの。

ⓒ　軒まわりの部材（下層屋根東側及び北側の裏甲）から文政一一年（一八二八）の修理時の墨書銘が発見された。

ⓓ　上層の白壁下部に打ち廻した「水切長押」が、もとは、元位置よりも下方、すなわち下層屋根の降棟の位置まで下った位置に、打たれていたものであることが判明したことにより、当初の屋根は瓦葺ではなく、木葺であった可能性が考えられる。

ⓔ　入母屋造の妻から木連格子の古材が発見され旧寸法が判明したので復元した。

ⓕ　今回の根本修理の発端となった礎石の不同沈下の再発を防ぐため、コンクリートパイルを五ｍ下の砂利層まで打ち込み頂部を鉄筋コンクリート地中梁を設けて礎石を据えた。

ⓖ　瓦材は新規取り替えとしたが、降棟の鬼瓦四個及び棟上の鯱二個は近年の取り替えのものを再用した。

ⓗ　木部の内、腐朽、破損したものは、同程度の材をもって新規取り替えとし、昭和六二年（一九八七）修理の焼印を押した。主なるものとしては、下層東側の妻棟が中央で折損し、同じく下層両妻の中央の柱が昭和二九年（一九五四）修理の際に高継ぎされて、構造的に弱体であったために、また上層の腕木は、鳩の糞害によって著しく腐朽していたため、いずれも取り替えた。

四、城址逍遥

駅前のビジネスホテルに荷物を置いて、泣き出しそうな空の下を城址まで歩く。一〇分程歩くと水堀や櫓門が見えてくる。綺麗に整備された公園である。まず前川門を写真撮影する。土浦城内の二ノ丸と外丸を区切るこの位置には、かつては二ノ門が建っていた。現在の門は前川御門といわれ、城内と町屋敷を区切る門であったが、明治一八年（一八八五）土浦町役場表門に、さらに大正九年（一九二〇）には大手町（旧田宿町）の等覚寺山門として移築され、そして寺の寄贈を受けて城址に再移築復元された。この門の形式を高麗門と称し、親柱の背面に控柱を立て屋根を架けることに特徴がある。城郭の仕切門として多く建てられた形式であるが、現在茨城県内の旧城郭遺構では類例がない。なお建築年代については文久二年（一八六二）建立の墨書銘が発見されている。付近には外丸址の石碑がある。

　太鼓櫓門は解体修理工事が成って、新緑の中に白壁が映え端麗な姿を見せていて、門に左右には石垣も遺る。櫓門鬼瓦に土屋氏家紋三石畳紋が見受けられる。土屋氏祖は清和源氏一色氏族でこの四角いタイルのような紋章を用いた。頻りに鳩が舞っている。本丸西の西櫓は、老朽化と昭和二四年（一九四九）のキティ台風により小破し復元を前提として解体され、今回忠実に復元された。霞門は本丸東北隅に現存する裏門で、単層の瓦葺薬医門である。門の前は小規模ではあるが桝形になっている。

　城址に隣接する市立博物館は、昭和六三年（一九八八）に開館された。一階は土浦の民俗歴史を映像で見せるビデオコーナーで、二階常設展示室には土浦の歴史の流れを示す史蹟や文化財が、映像や模型も交えて解りやすく展示されている。太鼓櫓に置かれた太鼓・鯱瓦・城郭の模型も展示してある。

　降り出した雨の中、土浦市指定建造物の郁文館正門のある第一中学校へ向う。土浦藩の藩校郁文館（いくぶんかん）の名称は、七代藩主土屋英直が名付けたもので、郁文とは論語からの引用で学問や教育の盛んな様を意味する。はじめは土浦城内に置かれていたが天保一〇年（一八三九）、一〇代藩主土屋寅直（ともなお）の時ここに新築して移った。一名文武館ともいい文館と武館に分かれており、学者として有名な藤森弘庵や剣客の島田虎之助などが指導にあたっていた。その後、明治・大正時代にも洋学校化成館・新治師範学校・土浦高等小学校の校舎として使用されたが、昭和一〇年（一九三五）に取り壊され、この正門だけが唯一の遺構となった。解体復元工事に当り、地盤沈下による建物の不同沈下防止のため、地盤下の基礎はＰＣ杭で支持された。また調査の結果、木材表面から酸化第二鉄（ベンガラ）が検出されたことから赤門に復元された。

　少し冷えて薄暗くなってきた雨の中、ベンガラの赤だけが明るかった。

土浦城復元西櫓

土浦城太鼓櫓門南西面

笠間城八幡台櫓南面

笠間城八幡台櫓一階内部

佐志能神社拝殿北面

土浦城復元東櫓

土浦城復元東櫓二階内部

土浦城復元東櫓一階内部

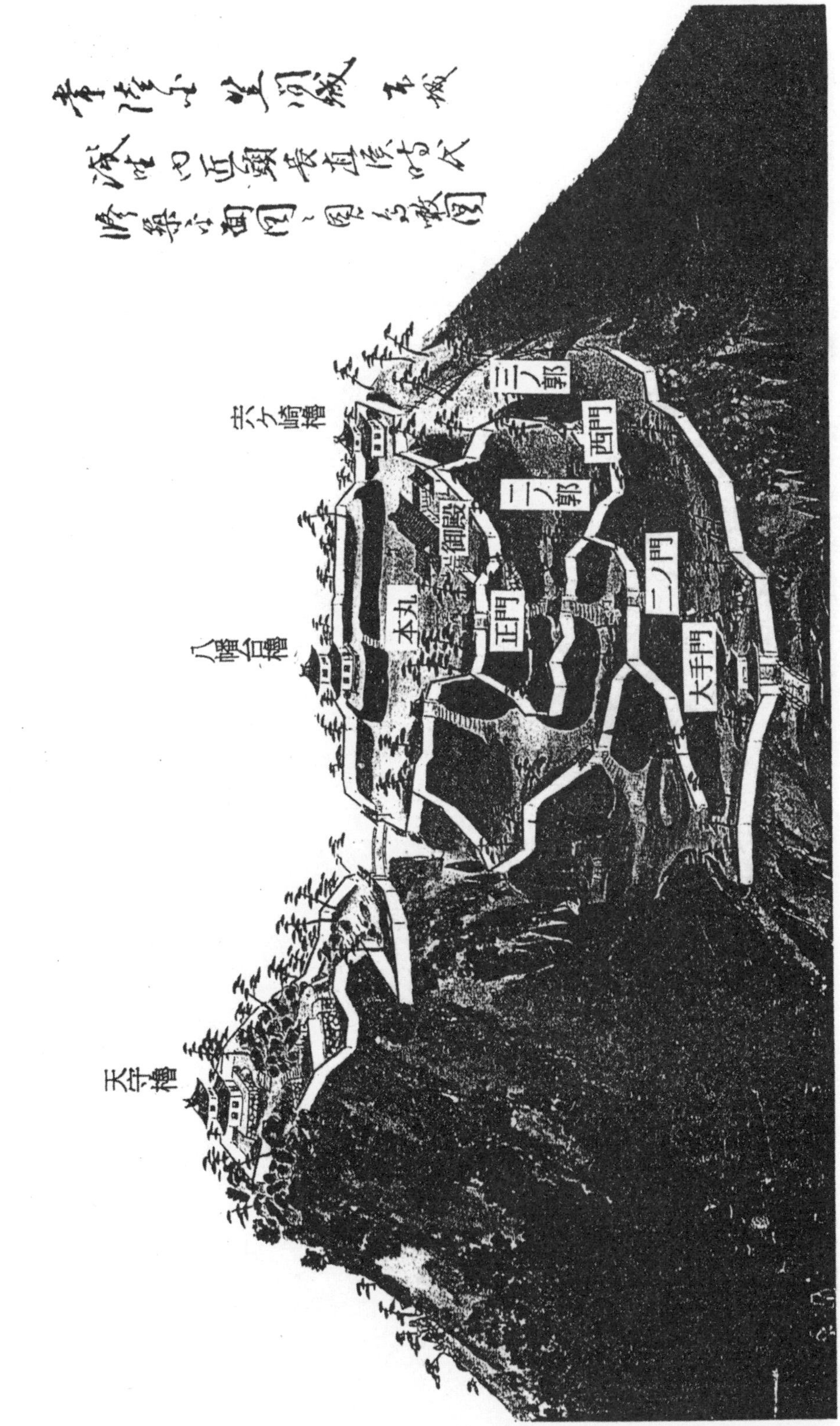

常陸国笠間城本城絵図

土浦城要図

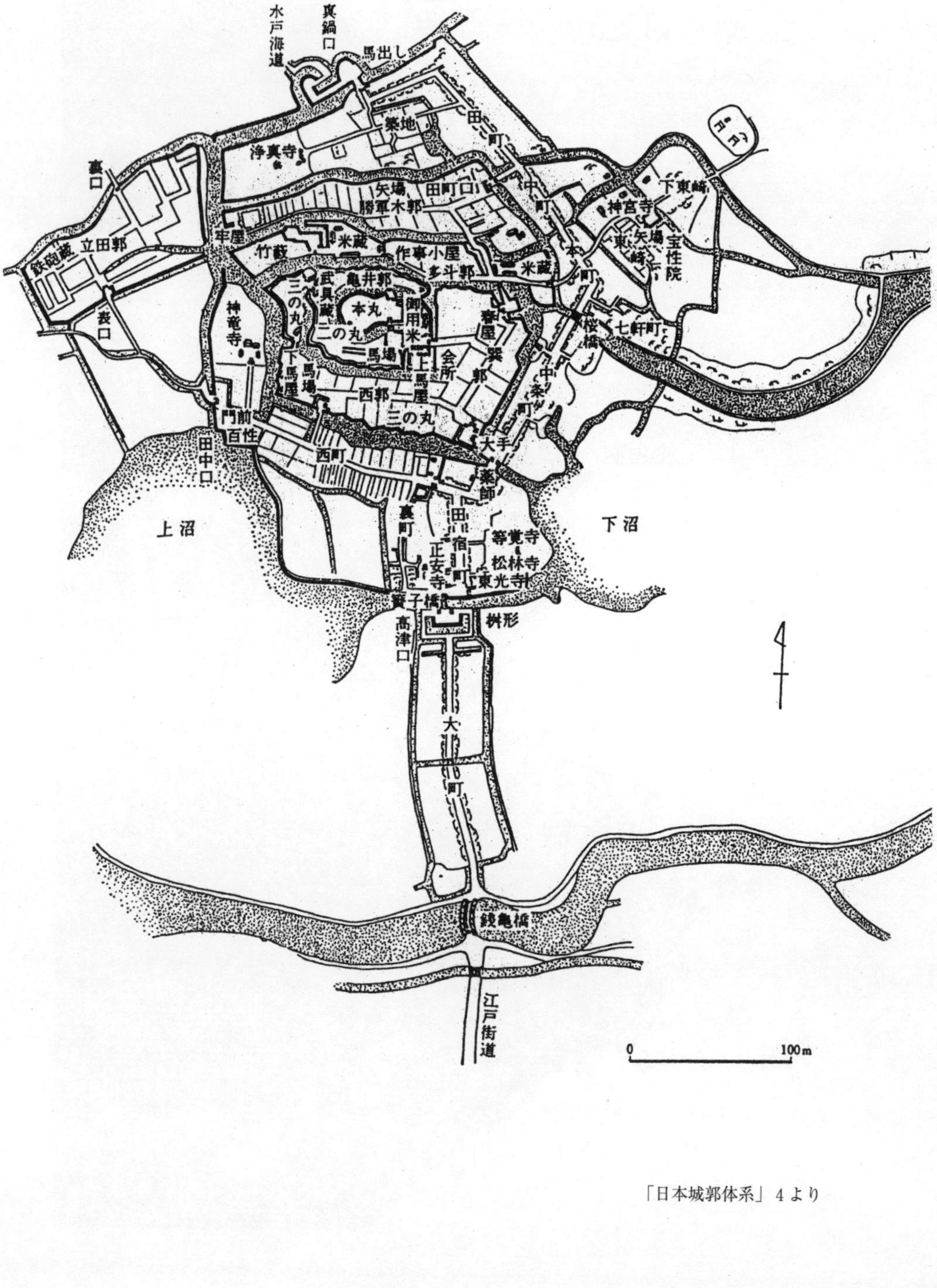

「日本城郭体系」4より

第二章　探訪

城郭櫓（岩槻・高崎）

はじめに

「オオガマエ？」怪訝そうな顔をして運転手は聞き返した。「はあ、岩槻城の、外郭の土塁が遺っているところです。」「ガイカク？　ドルイ？」「愛宕神社の所です。」「ああ、愛宕神社ならすぐそこだ。」

こうした会話の後、タクシーは走り出した。

岩槻市は東京から約三〇km、埼玉県の東部に位置し関東平野のほぼ中央に、静かな佇いをみせて広がっている。東京駅からは約一時間、JRで大宮へ出て東武野田線に乗り換え、十数分程で岩槻駅に着く。東に元荒川、西に綾瀬川が流れ、郊外には今なお武蔵野の面影が残っている。岩槻市はその昔、太田道灌が関八州の北方の砦としてこの地に岩槻城を築いて以来、奥州・北陸道に通ずる江戸近隣の城下町として開かれ、後には日光御成街道の宿場町として栄え、市内に多くの名所旧蹟を有し、城下町としての名残を留めている。日光東照宮の造営・修築に当った工匠達がそのまま足を留め、人形作りを始め、現在では雛人形・武者人形など、その質・量ともに日本一の地位を占め、〝人形の町・岩槻〟として広くその名が知られている。

岩槻城時鐘櫓

一、城史

康正元年（一四五五）、鎌倉公方足利成氏は、下総国古河に逃れて室町幕府に対抗し、古河公方と称した。扇谷上杉持朝は、同家の家宰太田道真（どうしん・資清）に命じて古河に備えさせた。そして太田道真・道灌父子は、江戸・川越・岩槻の三城の築城に取りかかった。岩槻城は、道真が道灌の協力を得て築城したものと伝えられるが、岩槻の地は元荒川が北側から東側にかけて流れ、城地は北と東を川に接する関東ローム層の微高地で、西約二kmの所に綾瀬川が流れ沼沢地が多かった。

岩槻築城には次のような有名な伝説がある。太田道灌は、かねてから奥州街道筋に堅固な城を築きたいと思っていた。そして元荒川と綾瀬川に挟まれた岩槻の地を選んだが、この辺りは沼地であった。ある日、道灌は少数の家来を連れてこの辺りに来て、暫く馬を休めていると、二羽の鶴が飛んできてくわえていた枯れ枝を沼の水面に落して翼を休めた。道灌は瞠目して周囲の地形を望見し、この地が、丘・沼・原野・川という築城地相の原理に当てはまることに気がついた。まもなく、道灌は、動員した人夫達に命じ、竹の束を沼一面に敷きつめさせ、その上に土を盛って沈めるという奇抜な工法で地固めをして沼地の築城を成功させた。これより岩槻城の雅称は、白鶴城（はくかくじょう）・浮城（うきじろ）・竹束（たけたば）の城となった。

築城期間は長禄元年（一四五七）から寛正五年（一四六四）と伝えられている。完成した岩槻城は平城ではあるが、川と沼とを最大限に活用した要害の城であった。東と西は元荒川と綾瀬川が流れ、その間は南北に細長い海抜一四m前後の台地の一部、特に元荒川の流れにつながる広い沼地に、西から東に向かって複雑に分かれて突出した台地を利用しているので、浮城の名の由来が理解できる。

室町幕府は、関東・東北地方を統制するために鎌倉に関東管領を置いた。足利尊氏の次男基氏が初代となったが、度々幕府との関係に不和が生じ、しばしば争乱が起った。第四代足利持氏の時に永享の乱（一四三八）が起り、持氏は敗れて関東管領職はなくなった。その後しばらく、関東管領の執事である上杉氏が管領の職務をするようになるが、関東地方の内紛は収まらず、一〇年後に関東管領は復活し、持氏の遺児である足利成氏が鎌倉に帰った。しかし今度は足利成氏と上杉氏との抗争が表面化し、これに幕府との関係が絡んで、康正元年（一四五五）に足利成氏は上杉氏を援助する幕府の力によって鎌倉を追放され、古河に逃れて東関東の武将の力に頼って抗争を続けることになる。これが古河公方（こがくぼう）で、以後関東は争乱の巷と化した。幕府は足利政知を関東の主として送ったが、伊豆国堀越に留まったので、これを堀越公方と称した。

この時、扇谷（おうぎがやつ）上杉氏の家宰（家老）であった太田道灌は、古河公方に対抗して東奔西走の日々が続いた。関東平野のほぼ中央を北から南に流れる渡良瀬川と旧利根川の線を境として、足利成氏軍は時々東から西進して、西関東を地盤とする山内・扇谷両上杉氏を討とうとした。これに対抗して上杉氏の最前線基地として選ばれたのが岩槻であった。太田道灌岩槻築城後、戦乱はますます拡大していった。岩槻城の初代城主は太田道灌の養子資家である。その子資頼の代に江戸城を落した北条氏綱が岩槻城を攻めた時、資頼の家臣渋江三郎が北条氏に内応したため落城し、資頼は石土城（埼玉県北本市）に逃れた。以後岩槻城は北条氏の持城となり渋江三郎が城将となったが、享禄三年（一五三〇）、雌伏していた太田資頼は渋江三郎を討って岩槻城を奪回した。資頼の子資正は、美濃守太田三楽斎と称し、名将道灌の曾孫として恥じない活躍をした。

太田資正は、天文一五年（一五四六）扇谷上杉氏が滅びると山内上杉憲政方の部将として北条氏康に対抗した。そして憲政が越後に出奔すると、上杉謙信と結んでなおも北条氏に対抗し続けた。永禄七年（一五六四）南総の里見氏と呼応して下総の国府台で北条氏康と戦ったが惨敗し勢力が低下した。この機に乗じた北条氏康は、資正と確執のあった長子氏資に自分の娘を妻として送り、資正が房総方面に出陣している留守の間に北条勢を岩槻城内に引き入れさせ、帰ってきた資正を追い返してしまった。資正は後に佐竹氏の客将となり、岩槻城の奪回を策したが、果たせず異郷の地で没している。岩槻城は北条氏康の孫の氏房が、氏資の養子として城主になった頃、完全に北条氏の支城と化した。岩槻城には総勢五〇〇〇人の大軍が置かれ、城下町をも包み込む大構と称された惣構は、今日の岩槻市を包む規模であり、小田原城と共に特異な存在であった。天正一八年（一五九〇）豊臣秀吉の小田原征伐で浅野長吉等の二万の軍勢に攻められた岩槻城は、城代伊達房実以下二〇〇〇の兵で二日間の猛攻によく耐えたが、激戦の末に落城した。

天正一八年から、江戸に入城した徳川家

康の関東支配が開始される。岩槻城は江戸に最も近い衛星的な城として、川越・忍と共に北方の要衝として重要視された。城主は大岡氏が宝暦六年（一七五六）以後定着するまで、江戸防備の要衝として老中等の重職大名が目まぐるしく交替した。高力氏二代（二万石）・青山氏一代（四万五〇〇〇石）・阿部氏五代（五万五〇〇〇石～一一万五〇〇〇石）・板倉氏一代（六万石）・戸田氏一代（五万一〇〇〇石）・藤井松平氏一代（四万八〇〇〇石）・小笠原氏二代（五万石～六万石）・永井氏三代（三万二〇〇〇石～三万三〇〇〇石）・大岡氏八代（二万二〇〇〇石～二万三〇〇〇石）、そして大岡忠貫（ただつら）の時に版籍奉還・廃藩置県となった。

岩槻城は廃城となり城門や櫓などが撤去された。大正九年（一九二〇）、新郭の一部が公園化された。そして昭和四五年（一九七〇）に黒門が城址に移築復元された。城址は県指定史跡で、本丸・二ノ丸・三ノ丸周辺は破壊され市街地となり、新郭・鍛冶郭周辺のみ岩槻城址公園となり、土塁・空堀の一部・大構の土塁の一部・時鐘櫓・藩校遷喬館が現存している。

二、規模・構造

太田氏時代の岩槻城は今の本丸・二ノ丸・三ノ丸といわれる部分だけで、各郭の周りは沼沢であった。また、新郭周辺が太田氏時代の城だともいわれている。北条氏の支城となって南に新郭・鍛冶郭等が築造された、とされている。江戸時代になって近世城郭として完成した。本丸の北東に茶屋郭・その東に天神郭、本丸の東に二ノ丸・その東に竹沢郭、本丸の南西に樹木屋敷・その南西に三ノ丸があった。沼を隔てて本丸の南東に新郭・その東に鍛冶郭があった。

本丸は方形で総面積約八九三〇㎡、出入口は南東の表門・北東の裏門・北の茶屋郭口の三箇所であった。表門の先に番所があり、門の北東に二重櫓、一重の櫛形櫓があり、これらは柿葺であった。南西隅には瓦葺の瓦櫓と称された二重櫓があり、これは天守の代用であった。本丸には当初本丸御殿が営まれたが、近世後期には荒廃して空地となっていた。

二ノ丸は総面積二八五八㎡で、西に空堀を隔てて本丸・東は竹沢郭と接し、北と南は沼地であった。出入口は南の車橋門・北の天神郭門・東の竹沢郭入口である。二ノ丸御殿と武具蔵があり城主の居住区であったが、湿地のため病に悩まされた城主もいて、後に城主の住居は三ノ丸に移ったと伝わる。

三ノ丸は城内最大の郭で、総面積が六一一四九㎡あり、出入口は南西の大手門・東南の武具蔵門・北東に中ノ門があった。大手門の東西に一重櫓である東櫓・西櫓が置かれた。大手門の前には馬出と三日月堀があった。

江戸後期の岩槻城の主な建造物は、本丸に表門・裏門・番所二棟・櫓三基・極楽橋、二ノ丸に建家・御成門・北門・武具蔵・番所二棟、天神郭に天神社・武具蔵二棟・煙硝蔵二棟・番所・明戸門・中ノ門際に櫓・車橋・車橋門、三ノ丸に藩主住居・長屋二棟・侍屋敷四棟・武具蔵・城米蔵五棟・番所・大手門、その他冠木門が六棟あった。

なかでも、本丸・二ノ丸と三ノ丸とをつなぐ木製の車橋は特異な存在で、幅が約三・六m、長さは二一・六mあった、といわれていて、橋の四隅に車を取り付けて、城内側へ引き込む形式のものであった。

台地上に展開する城の郭の内外の周囲は、総延長約八kmに達する土塁が廻らされていた。城郭とその外側の城下町を土塁で囲んで防備した城の構えを、総郭というが、岩槻城の土塁は大構（おおがまえ）と称され城外側に堀を設け、その揚土を利用して築いたもので内側からは上りやすく、外側は急であり、その勾配は三〇度前後が最も安定していて、高さは約六mが標準であった。この大構は外敵の侵入を防ぎ、物資の確保の上でも重要な役割を果たした。大構には、椋（むく）・欅（けやき）などの木々が茂っていて、昼でも暗かったと伝えられている。この大構は〝岩槻の金屏風〟といわれ、岩槻の人々の語種であった。

三、岩槻城時鐘櫓

近世城郭には、報刻や異変を告げる施設として、太鼓櫓・時鐘櫓（鐘櫓・鐘楼）の一方、もしくは双方が存在した。また城下には、時の鐘・時の太鼓と称された建物があり、現在も各地に遺構例がある。岩槻城の時鐘櫓は、福山城の鐘櫓と共に、城址に現存する稀有な遺構例であるといわれている。

小高い盛り土上の岩槻城時鐘櫓の鐘は和鐘で、高さ約一・八m、口径約七五cm、厚さ約六cmで、寛文一一年（一六七一）に城主阿部正春が、鋳物師渡辺正次に鋳造させ、城内・城下の人々に時刻を知らせたもので、九里四方に鳴り響いたと伝えられている。ところが約五〇年後、ひびが多くなり音響不調となったので、享保五年（一七二〇）、時の城主永井直信が、江戸の良冶小幡勝行に改鋳させて、今日に至っている。現在でも旧藩士の子孫の方が、朝夕の六時に撞《つ》いていて、岩槻の象徴〝時の鐘〟として市民に親しまれている。この鐘は昭和三三年（一九五八）に岩槻市の文化財に指定されている。

時鐘櫓（鐘櫓・鐘楼）の形状は、一般的に通常の城郭の隅櫓などとは異なっていて、屋根は、切妻造もしくは宝形造、構造は、柱を垂直に対して傾斜を持たせる転び（ころび）の手法で、建物下部は板張が多い。岩槻城の時鐘櫓は、天保年間（一八三〇～四三）の焼失後、嘉永六年（一八五三）に建てられたことが棟札により確認された。同棟札には、「嘉永六癸丑年　大岡家臣　普請奉行　大塚八郎左衛門　普請方増田左兵衛　同　野田五助　場所出役　染谷庄五郎　大工棟梁　嶋田清治郎　大工世話　甚治郎　同　亀治郎　大工　兵五郎　同　重五郎　同　寅蔵　木槐世話　善助曳馬頭　惣右衛門」とある。屋根は桟瓦葺の時代もあったが、近年適切な修理が施されている。時鐘櫓は、高さ六五cmの切石積上に、一・四五mの盛り土をして建てられている。宝形造・本瓦葺・一軒疎垂木の建物で、建物自体の高さは、下辺から屋根の宝珠先端まで、八・五五m、地面からは一〇・六五mである。建物下部は傾斜を持たせた板張で、板張部の垂直の高さは、三・二五mである。垂直に建てられた四隅の通柱は、二三・五cm角で、約三m四方に配され、各柱から軒先までの水平距離は一・二七m、建物底辺規模は約五・六m×五・六mで、入口は北側にあり、高さ一・六八m、幅〇・八二mである。そして二階床から天井までの高さは約二・六mある。鬼瓦や鳥衾には菊の花弁状の紋様がある。文化財としては無指定である。

四、城址逍遥

城地約九万坪・外郭を含めると六〇万坪

にも及ぶ宏大な岩槻城は、廃城後市街地として埋没し、わずかに新郭・鍛冶郭の部分が公園となり、史蹟に指定されている。岩槻市指定文化財の大構（土居）も、本町の愛宕神社とその付近に一部遺存するのみである。大構は天正一六年（一五八八）に初見の古文書があるので、その頃には存在していたものと考えられている。岩槻城の外郭に当り、内から外にかけて土塁・堀・道路の順で築かれていた。総延長は約八㎞あり、その内約三㎞に樹木が生い茂っていた。城と町とを一つの土塁で囲み、商工業者等を大構内に住まわせ保護し、外敵と不法の輩の侵入を防ぐ目的や、武器・食糧などの城内確保の上で大切な働きをした。大手口址・三ノ丸址・二ノ丸址は碑石が建つのみである。本丸址についてはガソリンスタンド横に、石碑・標柱・解説板がある。岩槻城址公園には城門が二棟ある。黒門は岩槻城の大手門と伝えられていて、明治初年に城内の建造物が解体された時、由緒ある城門を取り壊すにしのびず埼玉県に寄贈され、県庁の正門になったと伝えられている。その後知事公舎正門として、多くの人に親しまれてきた。昭和二九年（一九五四）、岩槻市に払い下げられ昭和四五年（一九七〇）現在地に建てられた。間口一一・七ｍ、奥行三・六ｍ、高さは、軒下三・六ｍで、桟瓦葺の平屋建長屋門である。昭和三三年（一九五八）市指定文化財となった。付近にある岩槻城裏門は、解体移築の際に、柱の枘（ほぞ）から発見された棟札により、明和七年（一七七〇）に建てられ、文政六年（一八二三）に補修されたことが判明した。民間に払下げられ、旧所有者から市に寄贈されて、再移築復元された。間口五・四ｍ、奥行一・八ｍ、高さ軒下三・三ｍの桟瓦葺の門で、昭和五六年（一九八一）に市の文化財に指定されている。隣接する新郭址付近には、土塁・空堀がよく遺り、関東地方に多く存在する土の城のイメージを思い描くことができる。土塁上には白鶴城の城址碑がある。

本町の時鐘櫓付近には、昭和一一年（一九三六）建立の岩槻城墟碑がある。時の鐘のひび割れには次のような伝説がある。渋江の鋳物師斉藤鉄翁が工作半ばで死去したので、一人娘のお国が女鋳物師として完成させた。しかし恐ろしい妄執が入り、鐘にひびが入ってしまった。そこで女の蛇性を除き、龍神を祀って祈願するために城主の奥方は、多くの黄金を提供して鋳込ませたといわれている。岩槻藩校遷喬館は寛政一一年（一七九九）、岩槻藩の学者児玉南柯が五四歳の時私塾として創建したもので、後に南柯の功績をたたえた藩主大岡忠固（ただかた）によって、藩校とされた。建坪一三二㎡・藁葺屋根・平屋建で、生徒の収容数は約四〇人であった。昭和三二年（一九五七）に現在のように復元された。埼玉県内で原形のまま保存されている唯一のものである。昭和一四年（一九三九）、県指定の文化財となっている。

高崎城乾櫓

群馬県高崎市は関東平野の西北に位置し、赤城・榛名・妙義の上毛三山を臨み、市街地の東を流れる利根川、西南を流れる烏川・碓氷川、一〇㎞に及ぶ観音山丘陵等、水と緑が豊かで自然に恵まれ、交通の要衝として、また商業の町として古くから栄えてきた。そして江戸時代には高崎藩八万石の城下町であった。

一、城史

中世の高崎は和田宿と称され、この辺りを治めていた和田氏は、鎌倉時代の初期には幕府侍所の別当職であった。源頼朝の死後北条氏が台頭し、これに不満を持った御家人は多く、その一人であった和田義盛はついに幕府に対して反旗を翻したが敗死し、一族の多くが戦死した。その中で八男の義国が逃れて、箕輪の和田山に住んだといわれている。和田山にいた和田氏が烏川を背にした崖上に城を築いたのは、室町時代に入って間もない正長元年（一四二八）、和田義信の代のことであった。和田城は鎌倉街道といわれる道を見下ろし城の前には金井宿・馬上宿という二つの宿があり、総称して和田宿と呼ばれていた。和田氏は箕輪城（群馬県箕郷町）の長野氏の麾下であったが、永禄六年（一五六三）武田信玄に降り従い、武田氏滅亡後は小田原の北条氏の配下となり、北条氏と共に滅亡した。そして和田城は廃城となった。

慶長三年（一五九八）、箕輪城一二万石の城主であった井伊直政は、幕府の命令で中仙道の要衝の地である和田宿に移り、新たに城郭を築き地名を高崎と改めた。徳川家康の援助により直政は、一二万石の石高に相当する城郭の築城を計画し、近世城郭としてほぼ完成させた。そして城下町も中仙道を中心に主要な町を配置して、その外に遠構（遠堀・総構）と称された堀を築造し、それに沿って寺院や武家町を配置した。井伊直政移封後、慶長九年（一六〇四）に酒井家次が五万石で入封し、城郭の整備が続けられた。その後、戸田康長・松平信吉・安藤重信と城主は替り、安藤氏三代七七年間に高崎城は完成した。二代安藤重長の時に、三代将軍徳川家光の弟である駿河大納言忠長が、高崎城内に幽閉され、後に自刃している。その後城主は、松平（大河内）輝貞・間部詮房（まなべあきふさ）と替り、享保二年（一七一七）再び大河内氏が高崎城主となり以後明治維新まで一〇代約一五〇年間、大河内氏の治世が続いた。幕末の元治元年（一八六四）には、高崎藩が天狗党の西上を阻止しようとした下仁田の戦があった。

二、規模・構造

高崎城の西には烏川が流れ、外堀の役割を果していた。囲郭式の構造で、本丸は東西約九〇m・南北約一一〇mの規模であり、本丸北に二の宮門、南東に本丸門・さらに槻木門があり、ここには、これらを防備する郭馬出（大型の馬出）である梅木郭があり、梅木郭には、北に梅木門・南に埋門があった。本丸の西には刎橋門（はねばしもん）があり、その西は西郭であった。本丸の北西には榎郭があり、本丸の北東から東、さらに南にかけて二ノ丸があり、本丸の南に西ノ丸があった。これらは本丸を取り囲んでいた。二ノ丸には北と南に著しい角欠があり、中央部には城主の居宅があった。三ノ丸は大郭で、北西の角馬出付近の赤坂下門・北に子の門・東に大手門・その南に東門・南には南門がそれぞれ配置されていた。

本丸の土居は高さが約六mあり、艮・巽・坤・乾の四隅に二重櫓と、乾櫓の南に天守に相当する三重櫓があった。寛永年間（一六二四〜四四）に城主安藤重信によって造営されたものと推定され、御櫓、または御三階櫓と呼ばれ、群馬県下で明治まで遺っていた唯一の天守であった。三重櫓は正面は東、入口は南にあり、一階は六間×七間、二階は四間×五間、三階は二間×三間半で、外観正面及び、背面の千鳥破風は一階屋根に二つずつ、二階屋根に一つずつあり、両側面では一階屋根に一つずつあった。三階側面には華燈窓が二つずつ並んでいた。西北隅には出狭間があった。四基の隅櫓はすべて二重で、その中で最小であった乾櫓が、県下唯一の城郭建造物として、旧来と位置が異なってはいるが、再移築復元されている。乾櫓と坤櫓は一、二階が同規模で、側面に千鳥破風は無く、他の二基は二階が一間ずつ狭く、四面に千鳥破風が一つずつあった。

城郭の規模は、東西約四五〇m・南北約六七〇mであり、本丸二万五七四〇㎡・梅木郭三六三〇㎡・榎郭九二四〇㎡・西ノ丸四九五〇㎡・二ノ丸三万三〇〇〇㎡・三ノ丸五万二八〇〇㎡、堀の全面積は六万五三四〇㎡であった。高崎藩には築城学研究の伝統があり、高崎城についての極めて詳細な文献・図面も存在し、城の全容を知ることができる。

三、その後の高崎城

高崎城は明治の廃城令で存置城郭となり、明治四年（一八七一）に群馬県庁が城内に置かれたが後に移転し、東京鎮台高崎分営第九大隊が設置され、そのため本丸・二ノ丸は消滅した。明治一〇年（一八七七）頃天守以下建物が払い下げられ取り壊された。明治一六年（一八八三）歩兵第一五連隊が置かれ、三ノ丸まで兵営が拡張された。そして昭和二〇年（一九四五）まで城址は兵営として使用された。現在城址は市役所その他の公庁敷地等になっている。三ノ丸外郭の土塁と堀は全長約一㎞あり、桜の木が植えられ、県指定重要文化財の乾櫓と、東門が再移築復元されている。

また、高崎城の前身的な存在の和田城址は、高崎市烏川畔、国道一七号線の和田橋付近にある。国道の拡張で何度も削り取られ、櫓台の一部が遺っているだけである。この櫓台は昭和五〇年（一九七五）に高崎市指定史蹟となり、解説板が設置され小公園になっている。櫓台址について、山崎一氏の説によると、「高崎城の構造様式とも異なり、元禄の頃の高崎城大意にも『古台』としてあるので、高崎城築城以前の和田城の遺構であろう。」ということである。

櫓台址は兵営が置かれた時代、二〇三高地と命名され、演習に利用されていた。終戦後その姿は大きく変貌した。烏川沿いに国道が開通し、そしてその拡張にともない大部分が削られた。現在、櫓台址の烏川に面した崖には、昔を偲ばせる老樹もあり、和田城遺構の殆どが失われてしまった今、誠に貴重なものであるといわれている。高崎城三ノ丸の土塁については、昭和五七年（一九八二）に高崎市指定史蹟となっている。

四、高崎城乾櫓

高崎城乾櫓付近に設置されている解説板には次のように記されている。

「高崎城乾櫓の由来――この櫓は、高崎城本丸の乾（西北）の土居上にあった。その南に建つ三重の天守（御櫓）と並んで、本丸堀の水に影を投じた姿が偲ばれる。高崎藩に伝えられた『高崎城大意』という書物によれば、〈もとこの櫓こけらふきにて、櫓作りになし。二階もなく土蔵の如くなるを、先の城主、腰屋根をつけ櫓に取立て〉とある。先の城主である安藤重博が、今のように改築したとある。したがって、重博在城の元禄八年（一六九五）より以前から存在したことが明らかである。多分安藤重長が城主であった寛永の頃（一六二四～四三）の建築であろう。城郭建築物の本県内に現存するものは、この櫓ただ一つである。幸いにこれが保存されていたのは、明治初年に払い下げられ下小鳥町の梅山氏方に移り、納屋として用いられていたからである。所有者の梅山太平氏が市に寄贈の意を表され、県指定重要文化財になったのは昭和四九年（一九七四）で、以来一二年を経て、漸くこの位置に復元することができた。元の位置は西方三〇〇ｍの地点に当る。

　屋根の〈しゃちほこ〉は、栗崎町の五十嵐重五郎氏宅に現存する元高崎城のものを模造したものである。また、塀は金古町の天田義英氏宅にある高崎城から移した塀に倣って造り、瓦は大部分を下滝町の天田委近氏宅に保存されていた高崎城のものを、天田氏が寄贈されたものである。

　高崎城には石垣は殆ど無かった。現在のこの石垣は土居敷が広面積を占めないようにやむを得ず築いたもので、乾櫓には土居上に一ｍ足らずの高石台があったに過ぎない。

　昭和五二年五月・高崎市教育委員会」

　乾櫓は本瓦葺・漆喰塗込の二重二階櫓で、上下層共同規模のいわゆる重箱造である。建物外法は、三・九一ｍ×五・七二ｍ、下層軒高（この場合建物下部より軒先鐙瓦付近まで）二・一五ｍ、上層軒高同じく四・二六ｍ、棟高は大略五・八五ｍ、下層軒の出（この場合建物壁面と軒先までの水平距離）一・〇五ｍ、一軒疎垂木、垂木は桁方向に四本、梁方向に三本で、垂木断面は、縦九㎝、横七・二㎝である。また、垂木を支える材の断面は、縦一五㎝、横一二㎝である。なお、垂木は素木である。

　入母屋造上層の妻は木連格子、素木の懸魚は蕪懸魚である。竪格子窓は、上層東西両面に二箇所、南北両面にも二箇所、下層は東面と北面に一箇所ずつであり下層東面の位置は北寄りで、同じく北面のものは東寄りに位置する。三本の格子窓で、約六五㎝×七〇㎝の開口部と推定される。扉は西面にあり、高さ約一・七ｍ、幅一・六三ｍの片引土戸である。鯱の高さは約六六㎝、鬼瓦の紋は、大河内氏家紋、蝶の丸に一六弁の菊である。これは三匹の蝶の中央に菊の花が配されている紋章である。鳥衾・鐙瓦は三ツ巴紋で、一つの連珠を数えると一六個ある。建物北面の石垣の法高（のりだか・傾斜した部分の高さを傾斜面にそった長さで表したもの）は、建物の下辺まで約三・四ｍである。

　高崎城乾櫓については、全国的にみて他の市町に先駆け、市当局が積極的に保存対策に乗り出し、再移築復元が結実した誠に喜ばしい事例である。

　高崎城の一六の城門中、本丸門・刎橋門・東門は平屋門であった。その内、潜戸が付いていたのは東門だけで、通用門として使われていた。乾櫓に隣接して再移築復元された東門は、寛政一〇年（一七九八）と天保一四年（一八四三）の二度の火災により焼失し、現在のように建て直されたものと考えられている。潜戸は駕籠が通れるようになっている。門の高さは建築当初よりかなり低くなっていて、乗馬のままでは通れなくなっている。そしてこの門には番所が作りつけになっている。東門は明治初年、当時名主であった梅山太兵衛方に払い下げられ、市内下小鳥町の梅山大作氏宅の門となっていた。高崎和田ライオンズクラブは創立一〇周年記念事業として、これを梅山氏より譲り受け移築復元し、昭和五五年（一九八〇）に市に寄贈した。城址北方の成田山光徳寺には旧高崎城内の裏門が水屋として利用されている。これは珍しい利用方法である。

高崎城乾櫓のある大手門址付近は、旧来の城郭にはなかった石垣が築かれるなどしているが、堀端から乾櫓を見上げていて爽快な気分にさせられた。

移築前の高崎城乾櫓

岩槻城時鐘櫓南面

高崎城乾櫓隅棟詳細

高崎城乾櫓北東面

高崎城乾櫓正面立面図

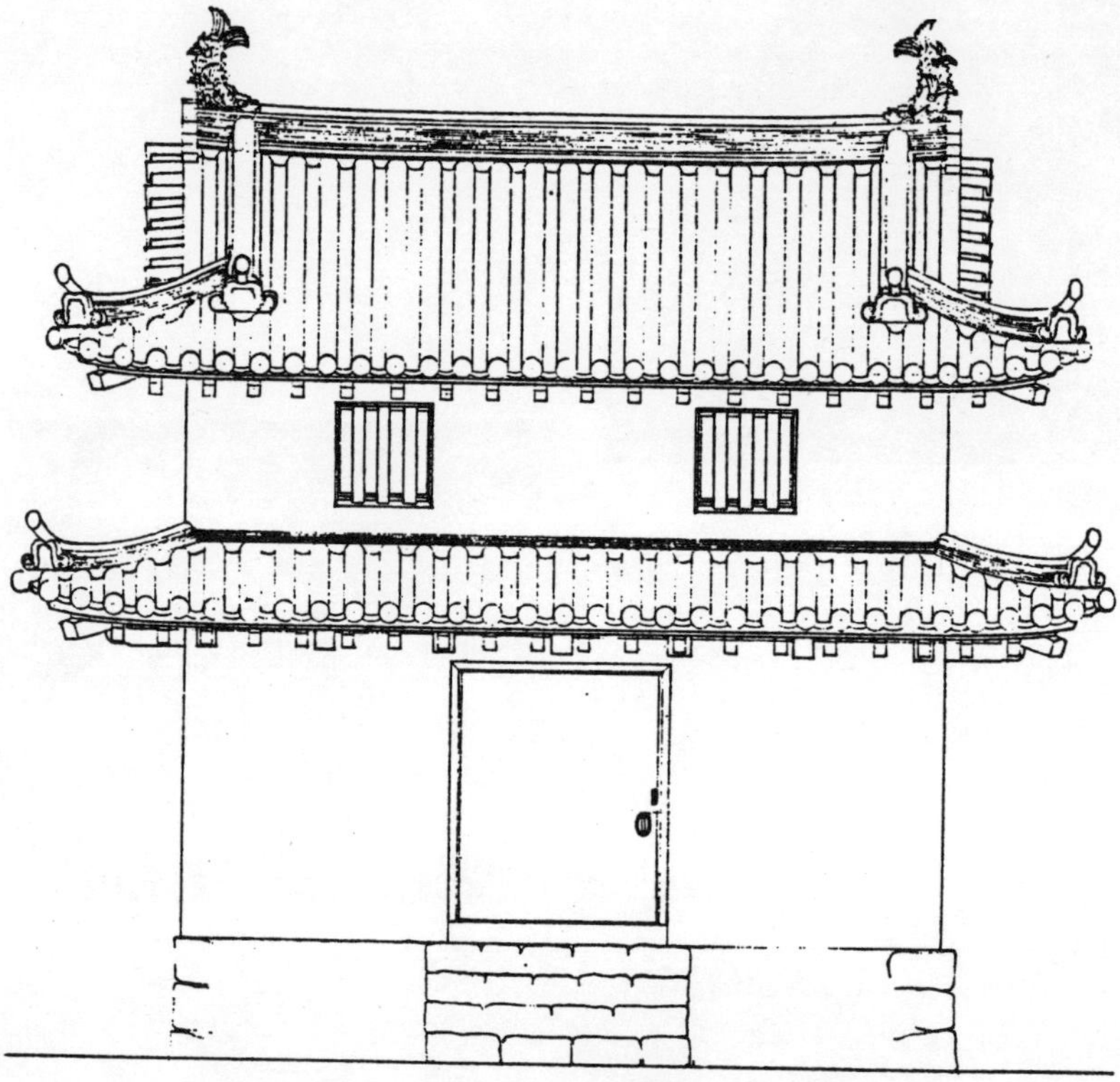

正　面　図

第二章　探訪

伝承松代城移建櫓考察

はじめに

暑かった夏も終わり茜色の夕焼け空の下、奥様バイクで帰宅すると、城門研究家の近藤薫氏より書簡が届いていた。開封して一読し、驚愕した。松代城の移建櫓が存在するかもしれない、との内容だったので休日を待ちわび、早朝JR名古屋駅へ向った。名古屋駅は折から新造中で、自動切符購入システムの機械で、隣にきれいな姉さんが座ってくるような淡い期待を抱いて指定席の切符を買い、名古屋発八時の特急しなの号に乗り込んだ。長野着一一時五分、結局隣に来たのはオバさんだった。

駅前でタクシーに乗り、犀川を越え長野市稲里町の昌龍寺へ向う。この寺の鐘楼が松代城の移建櫓ではないか、との伝承がある。運転手さんにあちこち廻ってもらって探す。すると、川越の時の鐘に似たような建物がある寺が見えてきた。多分これだろうと思って付近で下車する。庫裏《くり》は新築中で、鐘楼に近づいてみて寺院建築には全く似つかわしくない建物である、と思った。少し写真撮影をし、内部を見学したいので近所に住んでおられる住職さんの家へ行く。二階のベランダに娘さんらしい人がいたので、下りてきてもらってあやしい者ではない旨を告げ、持参した郷土銘菓の菓子箱を渡し、また娘さんと一緒に鐘楼まで行く。大晦日に除夜の鐘を撞く時に上るとのことで、中は自由に見て下さい、と言われたので内部の写真撮影と規模を略測しつつ階段を上る。

松代城

一、城史

海津城は永禄三年（一五六〇）、甲斐の武田信玄が北信濃制圧の前線拠点として、川中島地方を抑えるため創築した。当地は古代から大穀倉地帯で、渓谷を流れ下った犀川は扇状地を形成し、その流れがあまりに急なため、千曲川は南の山際に押しつけられ蛇行を繰り返している。

海津城の地一帯は、北に千曲川が外堀の役割を果たし、東・南・西の三方を山で囲まれ、しかもその間を流れる関屋川・神田川等を外堀として取り込む天険の地であった。武田信玄は奥信濃経営と共に、主戦場である川中島の近くに〝越後の虎〟と称された上杉謙信に対する平站基地として海津の地を選んで築城した。物資の集散に便利で大兵力の収容が可能であり、その進退が容易であることが最大の条件であった。

城の縄張を担当したのは馬場信房、あるいは山本勘助とも伝えられ、城将には高坂昌信が任命された。そして、永禄四年（一五六一）には日本合戦史上類例なき両雄の智略の限りを尽くした第四次川中島合戦が始まる。高坂昌信の子昌貞の時武田氏は滅亡し、織田信長の家臣森長可（ながよし）が一八万石で海津に入部したが、本能寺の変で信長が落命し、六〇日余りで城を去った。その後、海津城は上杉景勝の経略するところとなり、武田氏旧臣春日信達・小幡昌虎等がこれに服従し、さらに村上義清の子景国・上条義春・須田満親と、上杉景勝麾下の諸将が在城した。景勝が会津に転封させられると、豊臣秀吉の命を受けて田丸直昌が四万石で入城した。

慶長五年（一六〇〇）、徳川家康は田丸氏を美濃へ移し、森忠政に一三万七五〇〇石を与えて海津城主とした。忠政は海津城の城名を待城（まつしろ）と改めた。慶長八年（一六〇三）松平忠輝の城代花井吉成、元和三年（一六一七）に家康の孫松平忠昌、同四年酒井忠勝と城主は替り、元和八年（一六二二）に真田信之が上野国沼田領を併せて一三万石で入封し、真田幸道の正徳元年（一七一一）に城名は松代城とされ、ここに松代の地名が始まった。真田氏は信之の後、明治維新に至るまで、信政・幸道・信弘・信安・幸弘・幸専（ゆきたか）・幸貫（ゆきつら）・幸教・幸民（ゆきもと）と約二五〇年間にわたって在封した。

真田氏七代幸専は彦根藩主井伊直幸の四男、幕府の老中を務めた八代幸貫は老中松平定信の次男、一〇代幸民は宇和島藩主伊達宗城の次男で、特に七代・八代を井伊家及び、久松松平家から迎えたことにより、外様大名真田氏は譜代大名に準ぜられるようになった。一〇代幸民の時、版籍奉還となった。明治四年（一八七一）廃藩置県となり、松代県を経て同年長野県に吸収された。

松代城は享保二年（一七一七）の火災により焼失、明治六年（一八七三）には藩主の居館であった花ノ丸御殿が焼失し、本丸・二ノ丸・三ノ丸の櫓及び、門も同年払い下げられ取り壊された。昭和五六年（一九八一）城址は国指定史蹟となった。本丸址は海津城址公園となり天守台・本丸の石塁・堀址が現存し、二ノ丸は野球場、花ノ丸は住宅団地となっている。外郭には真田家別邸と旧藩校文武学校が現存している。

二、規模・構造

松代城の立地は北に千曲川の本流、西に笹崎・妻女山、東方は金井山・関崎の尾根が突き出して千曲川に迫り、東・南・西の三方を山に囲まれた要害の地でその縄張は千曲川を背にした本丸、その外周、東・南・西に二ノ丸を廻らし、その外側に三ノ丸を設けた梯郭式の城郭で、各郭の外側に土居・石塁と水堀を廻らしていた。また、南と東に丸馬出を置き、城下町を含めてその外に総構を設け、神田川と関屋川の水を堀に引いた現在の松代町の大部分を囲い込む総面積一〇万二九八〇㎡の壮大な規模であった。

築城当時は本丸に相当する部分だけの小規模なもので、芝土居・叩土居で石塁はなかったものと推定されるが、後に石塁に改められ二ノ丸・三ノ丸を拡張した。この時期は森忠政在城時と考えられている。現在遺る本丸石塁の野面積工法からして慶長期以前の古式とみられるので森氏時代、あるいは在城期間の長かった須田満親時代とも考えられる。

本丸内は、内法が七二・四m四方で、四囲には高さ三・七二m、馬踏み一・八mの石塁が巡っていて、その外側を堀が取り巻いていた。

廃藩当時の海津城配置図によると、本丸南に櫓門の太鼓門と冠木門の二ノ門、同東に東不明門、同じく北に北不明門、本丸の南東・南西・北西に二重櫓が三基あり、西北隅の櫓は戌亥御櫓である。

二ノ丸は南東隅が入り込み、北西隅に小型の出丸形状の張出が付く。二ノ丸の東には石場門・倉庫群、同南に南門、同じく西不明門があり、図から見ると単層櫓はその外周に六基を数える。

三ノ丸は二ノ丸の正面に構えられ、大型の三日月堀が中央部を占め、東に大御門・西に中ノ御門があった。

三ノ丸西に花ノ丸があり、花ノ丸御殿が描かれている。当御殿は真田幸弘の代の明和四年（一七六七）建立、これまで藩主の居館は本丸内にあったが、これ以後花ノ丸に移された。嘉永六年（一八五三）城内花ノ丸より出火し殿閣をことごとく焼失してしまい、万延元年（一八六〇）漸く再建されたが、明治五年（一八七二）、不用となった花ノ丸の建物が貸座敷にされることに決まったのを悲憤慷慨した旧藩士が火を放って焼失させてしまった。

弘化四年（一八四七）三月の善光寺地震による松代城に関する被害は、「本丸囲塀八〇間（一間は約一・八m）、二ノ丸囲塀九四間半、三ノ丸囲塀二七間、住居囲塀一四間、計二一五間半（約三八八m）が倒れ、櫓は二ノ丸馬出櫓一箇所大破、三ノ丸櫓一箇所潰れ、門や番所はすべて被害を受け、瓦や壁は崩れ落ちた。二ノ丸東の米蔵一〇棟破損、櫓一棟大破、本丸北西の水除土手が五二間にわたって崩れた」とある。

松代城の面影を探し求めて

郷土誌「長野・一七六号」に、川中島古文書クラブ顧問の岡澤由往氏が、「松代城の面影を探し求めて——城門・城櫓は更北の地に移築されていた——」と題して論述しておられるので、全文を紹介したい。

『長野市は松代城址復元計画を進めている。その第一段階として本丸址等の発掘調査を行い、具体的な復元計画を策定する整備委員会もすでに発足した。松代城の廃城が決定した明治五年から一二〇年の歳月が流れて、復元の歯車が回り出したのである。この歳月の流れは松代城に対する住民の記憶をも流していった。

上田城址や、小諸城址の復元と違って、本丸址の石垣ですら往時の形で遺っていない松代城址、その上、本丸・二ノ丸・三ノ丸の楼櫓門牆は取り壊され、城郭地すら旧藩士らに払い下げられてしまった。「何がどこへいったか」記録も定かでない。城址の復元は闇夜に手で探るような難仕事である。しかも史実に近づけねばならない。そのためには小耳に挟んだちょっとしたことでも足を伸ばしてみると、「瓢箪から駒」も出るかもと拙文を寄せた次第。

松代城の建造物は、廃城の時に取り壊されてしまったために、往時の面影を伝える物は現存しないと思われてきた。ところが、長野市更北地区、小島田町の杉山家の門は、松代城の城門が移築された門といい、稲里町の昌龍寺の鐘楼は、松代城の櫓が移築されたものと伝えられている。いずれも言い伝えだけで、これを証明する記録はない。また小島田町頤気の中村家には、松代城を振り返り、大御門を乗馬して出る最後の藩主真田幸民（ゆきもと）を描いた扁額がある。いずれも松代城復元に参考になろうかと思い紹介する。

一、移築された松代城の城門

（小島田町字野田　杉山利治氏宅表門）

小島田町野田の杉山利治氏宅には、松代城が廃城になる時まであったという城門一基が現存している。この門は在家の門としては珍しく、屋根の巴瓦に真田家の家紋「六文銭」の入った瓦が使われており、間口九尺（約二・七m）、奥行六尺（約一・八m）、杉材で造られている。昭和五六年（一九八一）に門は修復された。その時東側についていた潜門は、痛みがひどく、修復が困難で取り除いてしまったとのこと。

杉山氏の話によると、明治五年（一八七二）松代城が廃城となって、本丸・二ノ丸・三ノ丸の楼櫓・門塀など取り壊された時、藩邸に出仕していた曾祖父の三右衛門が払い下げを受け、自宅の表門として移築したものという。

松代城（海津城）は、元和八年（一六二二）真田信之が松代藩主として入封して以来、明治二年（一八六九）の版籍奉還まで、約二五〇年間、真田一〇万石の居城としてその威容を誇ってきた。明治四年（一八七一）廃藩置県の令により廃城が決定し、翌五年本丸内の御殿を始め、楼櫓・門塀は取り壊され、一部は民間に払い下げられた。城内の門には、城内入口の大御門・南御門・東御門・西御門・北御門・土戸と呼ばれた通用門などがあったと伝えられている。杉山家の門は、どの門が移築されたのであろうか。

二、移築された松代城の櫓
（稲里町字広田　昌龍寺鐘楼）

稲里町広田の昌龍寺に一風変わった鐘楼がある。四面角塔二層、高さ八・五間（約一五・三m）の鐘楼である。この鐘楼が松代城の櫓を移築したと伝えられているものであるが、これを証明する記録は寺にも、檀家にも見当たらない。

二層の部分は、梵鐘を衝《つ》く場所として明治の初期に四寸杉材の柱を継ぎ足したものである。二層の継ぎ足し部分がないと、松平氏と国替えになって上田から但馬の出石（現兵庫県出石郡出石町）に移封した仙石氏の辰鼓櫓と外形がよく類似している。出石城の辰鼓櫓は、旧大手門の一隅に建てられた高さ一六mの見張り台。藩政時代はここで太鼓を打ち藩士に登城を知らせた。

昌龍寺の鐘楼基底部は、三間四方の土間で、一層の上部、軒に当たる辺りが、一間四方の板張二階となっている。二階の天井が低いが、気がねなく立って歩ける程度の高さはあり、四方を望見する窓切りも設けられている。一層の隅柱と中柱は尺角の杉材が用いられている。手斧（ちょうな）削りの黒光りする八本の柱が、斜めに上部へ伸びている景観は、仰ぎ見る者を圧倒し、城の櫓を連想させる。こうした連想が松代城の櫓移築の憶測を生んだのであろうか。

昌龍寺（曹洞宗・佐久岩村田の竜雲寺末寺）は、天正五年（一五七七）安曇郡千見城主、大日方佐渡守直長が開基創建した。直長は天文・弘治の頃（一五三二～五七頃）、武田信玄に仕えた大日方一族で、広田砦の守将となった。子の直家は父に代って広田に在って父の意を継ぎ、創立当初の寺の創建に尽くした。直長は天正一二年（一五八四）九月九日小川の地で没し、昌龍寺に葬られた。墓は開山順貴和尚の墓と並んで建てられている。

昌龍寺は、戦後の農地開放で三町二反余を開放したかつての地主層である。檀中も富裕層が多い。また、元治元年（一八六四）の蛤御門の変・長州征伐に藩主真田幸教の馬の轡取りとして従軍した檀中の下村某の『元治元年甲子出陣日記』に、

［…金の三がい笠の御馬印を立て、御先衆は矢沢但馬殿、御後は真田志摩殿、殿様の前後を御警護なさられ、行列美しく御威堂々たり。我も殿様の御馬に召され、

轡の音はりんりんと雲にも飛びつく心地にて、寺町通りへかけ行き候ところ、…略。
…御用相勤め候功によって、殿様より御書き付け、並びに、御目録頂戴仕り候。真田志摩様より御書き付け、並びに、御上下一具頂戴仕り候。」

　このように、藩主や、真田志摩ら藩の重役から特に目をかけられた檀家もいた。こうして縁で、廃城の際、檀寺昌龍寺の鐘楼として城の櫓を払い下げして貰ったと考えられないこともないが、下村家にもこれを伝える記録は見当たらない。

三、松代城を後にする藩主真田幸民の扁額

（小島田町頤気　中村久吉氏所蔵）

小島田町頤気の中村久吉氏宅の玄関ロビーに、明治五年（一八七三）に廃城が決まり、松代城の大御門を出て、上京する最後の藩主、幸民（ゆきとも）の馬上姿を見送る旧藩士・領民を描いた扁額が掲げられている。背景には松代城の全景も描かれている。松代の長国寺本堂の鯱瓦となった大御門のそれがひときわ目立つ絵である。

　扁額の絵は、松代町新馬喰町の桜井雪礫が、当主久吉氏の祖父、彦太郎の求めに応じて描いたものといわれる。画賛には次のようにある。

「明治之大勢廃藩興縣王政復古帰一途、以舊松代改、為海津城松代縣廳乎、是時以従四位幸民公為縣知事、今哉此際公被為上京、是時藩士衆民悉皆呑涙、以主君之精情昔語之図題画。
　　為中邨愛兄賢子嘱。
予、顧見憶意伿製作描、於信更雅芳席莚之許。
　　干時大正七戊午之春　需應
　　　　六十有七史　雪礫寫」

　桜井雪礫は嘉永五年（一八五二）一〇月、松代新馬喰町に生れた。昭和六年（一九三一）四月、七九歳で没した。本名を龍治といい、染色の下絵描きを生業とし、書画俳句を嗜んだ。雪礫は雅号、俳号を雪友と称した。生家の当主、桜井定雄氏宅や、中村久吉氏宅を始め、雪礫の作品は多く現存しているという。

　雪礫は中村彦太郎の本家、中村金作（当主は中村勝氏）の姉であるやえを娶《めと》ったこともあって、妻の実家小島田町中村家にしばしば足を運んだ。絵心のある彦太郎にとって、本家を訪れる雪礫は、よき師であり、友であった。

　扁額の絵は、本家を訪れた雪礫を自宅に招いて、大正七年（一九一八）に描いて貰ったものである。画賛にあるように廃城、松代県が廃止され、殿様が松代を去って東京に行くことは、二〇歳の青年、龍治にとっては忘れることのできない大事件であったに違いない。

　松代藩が松代県となって、城下町松代を新時代の県都に相応しい町にと、青春の血をたぎらせていた龍治達にとって、長野村に県庁が移ることは思ってもみなかったであろう。衝撃が大きかっただけに旧藩主のこと、朝夕見慣れて暮らした松代城が四〇数年過ぎていても、老人雪礫の心に生き続けたものと思われる。

　位置は違っていても、描かれている山々は、一見して皆神山・象山山（ぞうざんやま）と解かるところから推しても、廃城当時の松代城もかなり写実的に描かれている

のではなかろうか。』

昌龍寺鐘楼現況

外観は方形造・二重・トタン葺・トタン張、内部四階、トタン張部の法高は約九・三m、一軒疎垂木、下層底辺部面規模は、約五・九m×五・九mで、高さ約二〇cmのコンクリート製基壇に、高さ約一六cmの礎石を九箇所置き、入口は建物北側にあり、高さ二・一m、幅〇・九mのトタン張片引戸である。

内部一階の高さは、地面から天井まで四・六五m、隅柱は二五cm×三〇cmで、横板張の内壁には筋交いが使用されている。左側手摺附階段で二階への昇降とする。

二階は、床から天井までの高さが三・四七m、平面内法は三・九二m×三・九二m、内壁は横板張、隅柱は二八cm角、内壁傾斜面の高さは、三・六五mある。

三階は、床から天井までの高さが一・五六m、平面内法は、約一・七m×一・七m、四隅の柱は一六cm角で、この柱は通柱でなく、柱の中心から内壁までは、床面上において四八cmある。

最上階は、平面内法約一・五m×一・五m、高さ〇・七mの横板張部と、細みの鉄格子窓があり、方形造内部頂点までの高さは、床から約二・三mで、

「信州更級郡　稲里村　光陽山昌龍寺…」と、陽刻された高岡市製の梵鐘を吊る。各階の高さだけの合計は、約一二mあるので、建物自体の総高は、一五m近い。火の見櫓風、高櫓形式で、最上階からはかなり眺望がきく。

伝承松代城移建櫓についての私考

昌龍寺の鐘楼について私見を述べたい。この建物は松代城の櫓ではないかといわれているが、現時点で断定することはできない。しかし、いくつかの根拠はある。

第一に、移築ではないかという伝承が遺ることである。

第二に、この建物は、寺院建築のものではないということである。

第三に、松代から近距離にあること、この三点に着目したい。

寺側にも檀家にも記録は無いが、古くから松代からの移建建造物ではないかといわれていること、これは現時点で確認する術はないがあながち無視できない。寺院建築の鐘楼（しょうろう・しゅろう）は、吹き放し鐘楼（四本柱だけで壁のない鐘楼）と袴腰鐘楼（上階に鐘を吊り、下階を四方に反りをつけ裾を広げた台形の板で張った二階建の鐘楼）が一般的で、昌龍寺のような高櫓形式の鐘楼の存在は知られていないし、寺院建築としては全く不必要である。松代から近距離に位置することも念頭に置かなければならない。

仮に松代城からの移建であったのなら、城郭のどの建物であったかということであるが、松代城の櫓についての詳細は、古写真等も存在せず不明である。しかし、幕末世情混沌とした時、各地の城郭に天守代用として、井楼（せいろう）と称された高櫓が築かれた。上田城・二条城・五稜郭等に例があった。このような櫓が松代城にも存在していたのかもしれない。

城郭の櫓でなく、町中の櫓であったとしたら、松代藩の鐘楼と並立して存在した火の見櫓が考えられる。松代町片羽町の長野電話局松代分室に隣接する電信発祥遺跡公園に、旧松代藩の鐘楼がある。鐘楼は町の

ほぼ中心にあって、高さは約一三mある。旧藩政時代には時の鐘として、一時（二時間）毎に時を告げた。鐘楼の鐘は、第二次世界大戦の折、供出された。江戸時代には時の鐘以外に、城下に出火の際は非常を知らせる鐘だった。戦争中、鐘の取りはずされた鐘楼にサイレンが付けられ、対空監視哨になった時期もあって、鐘楼の使用方法は幾変遷したが、建物はよく風雪と災害に耐えてきた。

鐘楼のある場所一帯は、旧藩時代松代藩一〇〇〇人に及ぶ足軽の支配と勤務割をした足軽割番役所があった所で、昭和初期まで時の鐘そのものをワリバンと呼んでいた。真田信之が上田より移封直後の寛永初年（一六二四～）より、この構内に火の見櫓と鐘楼があった。その頃、火の見櫓と鐘楼は一棟建であったが、その後三回の火災に類焼し、四度目の建物が享和元年（一八〇一）に再建され、火の見櫓と鐘楼は別棟に建てられそのうち鐘楼のみが現存している。

現存する鐘楼は、井楼式高櫓形の、木割の太い雄大な建物で、太い柱を各辺三本礎石の上に立て、三段に貫（ぬき）を通して柱間をつなぎ、本柱の外側に各辺四本の支柱を途中まで寄せて立て、全高の約三分の二を下見坂張にしている。建物底辺規模は、約九m×九m、地表から高さ約一・六mは板張とせず、柱のみで空間を持たせている。直高約七・四mが下見板張部である。袴腰鐘楼で、切妻造・桟瓦葺・懸魚は梅鉢である。この鐘楼は、佐久間象山が洋書を頼りに電信機を製作し、御使者屋と西隣の鐘楼を使ってその実験に成功した日本電信発祥遺蹟として貴重な遺構とされている。

幕末、松代藩絵師青木雪卿が製作した川中島四郡一望の図の一部分に鐘楼と火の見櫓が描かれている。右側は切妻造の鐘楼、左が火の見櫓でその形状は、昌龍寺鐘楼に酷似している。この火の見櫓が昌龍寺に移建されたことも考えられる。

堀で囲繞された城郭があり、それを取り囲むような形で城下町が形成され、町中に火の見櫓が建てられていたのなら、それは直接的に城とは関係ない。ここで問題になるのは外構（惣構・外郭・大構）の存在の有無である。城を取り巻く家臣団屋敷や集落を取り囲んで堀や土塁を廻らせた区画を、外構（そとがまえ）・惣構（そうがまえ）・外郭（そとくるわ）・大構（おおがまえ）などと称する。小田原城惣構は特に有名で堀幅一六～二〇m、土塁を伴い延長一二km以上にわたり、小田原城と城下町はもとより周囲の山々までも取り囲んで存在した。豊臣秀吉は小田原城攻めでこれを実見して帰京し、京洛中を取り囲んだ御土居を構築している。

城郭に総構が存在すれば、町中の高櫓も広義的意味で城郭建造物の一部と考えられなくもない。実は前述したように松代城には総構が存在したのである。城の東と南の地区で千曲川・関屋川に囲まれた上級武士の屋敷町、町の中央を南から北に流れる関屋川とそれに沿う町屋を境として、その東側に下級武士の屋敷や寺社を配置した地区、城下町の南から雁行形に北流して千曲川に注ぐ神田川の南東の中級武士の屋敷町、これらの三地区を取り巻いて、高さ約四mの土塁が二一七七mにわたって存在していた。

推論の域を出ないが、昌龍寺の鐘楼は、幕末松代城内に臨時的に建てられた櫓か、町中の火の見櫓的な高櫓であった可能性がある。またその存在が、岩槻城の時の鐘櫓に共通するものもある。

松代城址整備事業計画

松代城は築城以来、常に北信濃の歴史の舞台に登場し、戦国時代から幕末まで続いた城として貴重であるとして、昭和五六年（一九八一）に国の指定史蹟となった。長野市は、松代城址を将来に遺す歴史遺産として保存・活用するため、昭和六〇年（一九八五）から発掘調査・保存修理工事などの整備事業を実施している。事業計画では、古文書や絵地図の分析、発掘調査等で判明した内容をもとに、保護を図りながら可能な限り松代城を再現する予定である。これまでの発掘調査では、史蹟指定地内の縄張をほぼ確認するとともに本丸や二ノ丸の御殿、本丸太鼓門・本丸北不明門、さらに本丸南東・南西の隅櫓・東不明門、二ノ丸南門等建物の礎石の検出や、石で組まれた井戸や溝などの跡が発見された。本丸では、壊れて消滅したり、改修されてしまった部分の石垣も、もとの石垣が土中や石垣の中に遺っていることが判明した。また、当時の生活用品である土器・陶磁器・貨幣・煙管、建物の瓦・土壁・釘等も発見された。

整備事業計画として、本丸内堀の再現・本丸太鼓門の復元・本丸北不明門の復元・本丸を中心に内堀・外堀の石塁の修理・復元、土塁の再現等があり、近い将来、往時の面影の一端が偲べる城址が現出する予定で、それらの過程において、昌龍寺鐘楼の来歴が判明するかもしれないし、その期待も大なるものがある。

昌龍寺鐘楼南西面

松代藩鐘楼南東面

松代城要図

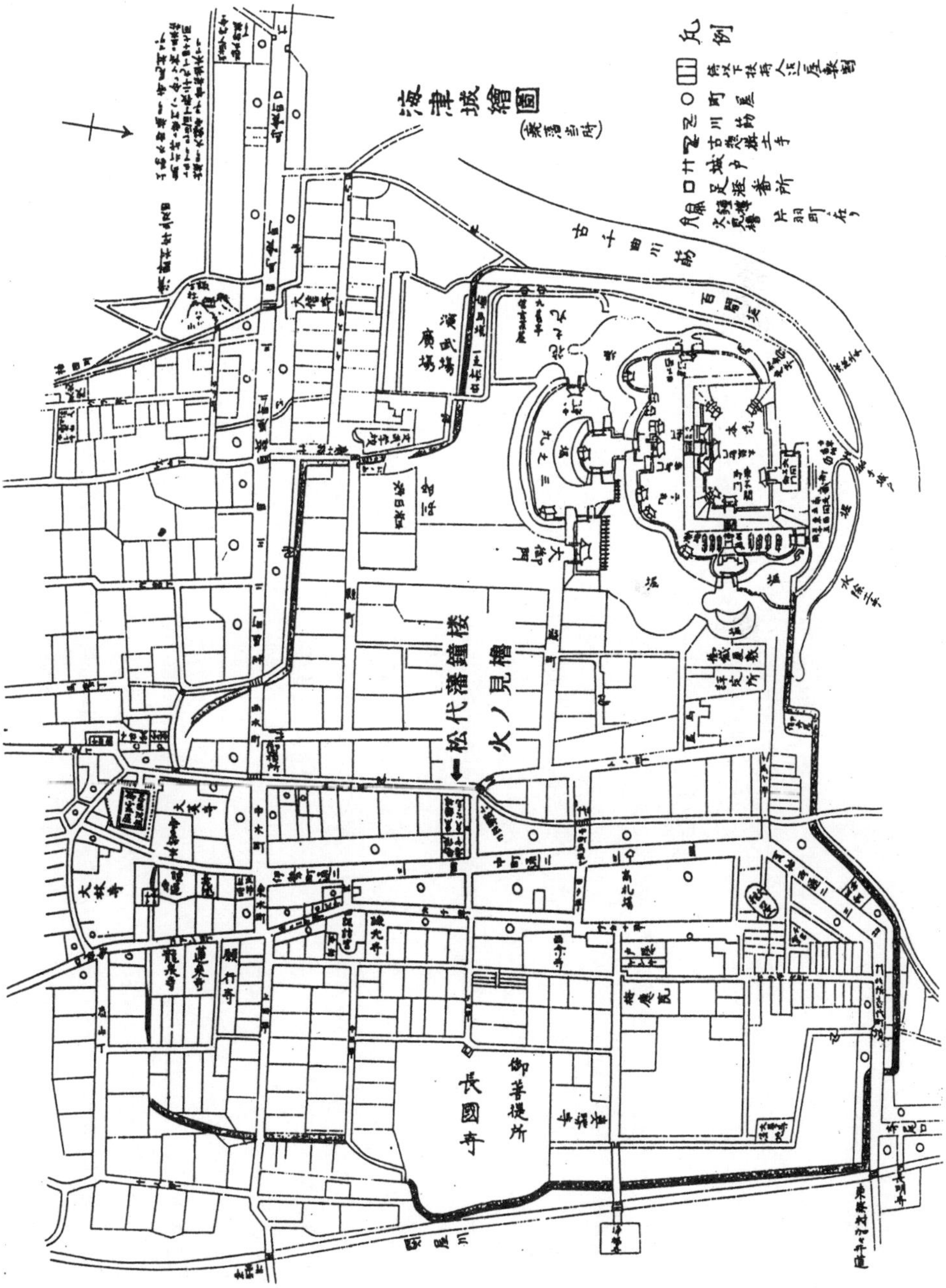

第二章　探訪

龍岡城台所櫓

はじめに

俺は歩いていた。確かに歩いていた。突き刺さるような日差しの中、信濃のある小道を…。左右はりんご畑だろうか、また正面の入道雲を被った山は古城址だろうか、朦朧（もうろう）とした脳裏の片隅に、島崎藤村の初恋の詩が、浮かび、そして消える…「まだあげ初めし　前髪の　林檎のもとに　見えしとき　前にさしたる　花櫛の花ある君と思いけり　やさしく白き　手をのべて　林檎をわれにあたえしは　薄紅の秋の実に　人恋そめし　はじめなり…」…着いたところはもう一つの五稜郭だった。

佐久市内でタクシーに乗り、運転手に行き先を龍岡城と告げたのに、なぜか当時の国鉄龍岡城駅と、龍岡城址の中間辺りで降ろされてしまって、真夏のめまいがするような昼下がり、かなりの距離を歩いた。城址の中に小学校があり、夏休みだったが、陽炎燃え立つ中、数人の子供が草野球をしていた。かなたの台所櫓には工事用の足場が組んであった。

薄煙を吐く雄大な浅間山を臨む野辺山高原への上り口、佐久平野の南端に位置する長野県下の城下町臼田は、大気が澄んでいるため宇宙観測に適し、日本最大規模のパラボラアンテナを持つ臼田宇宙空間観測所がある。また、ここには古くからの文化と美しい自然が調和した名所・旧蹟が多く存在する。

「星の町うすだ」の方が有名になってしまったが、城下町であった証が、千曲川の支流・雨川のほとりに遺る龍岡城址である。大給（おぎゅう）松平氏最後の藩主乗謨（のりかた）が築いた城で、北海道函館の五稜郭と共に、日本に二つしかない星形の洋式城郭で、もう一つの五稜郭といわれる由縁である。

概説

龍岡城は星形稜堡の洋式城郭で貴重な史蹟である。築城者松平乗謨（のりかた）は幼時より英明の素質を持ち、一七歳にして和漢の学問のすべてを修得し、当時の徳川幕府の対外政策であった鎖国令による海外諸国との著しい軍備の立ち遅れを、国家存亡の危機と憂い、洋学を志して、蘭学や仏語、特に火砲・築城技術を熱心に学び積極的に家臣達にも洋学の勉強を奨励してきた。

松平乗謨は早くから洋式築城に憧れ、当時四辺の状勢より海防政策を重要視した徳川幕府は江戸・大坂湾の御台場・箱館五稜郭等、続々と西欧式築城技術を導入した近代城郭を築いていて、乗謨もこれに刺激されたものと考えられる。

文久三年（一八六三）一月、松平乗謨は大番頭に登用された。前年の参勤交代制緩和により家臣の在国期間が長期化するために、従来の本領三河国額田郡四〇〇〇石を支配する奥殿陣屋の機構を、飛地信濃国佐久郡田野口一万二〇〇〇石の地に本拠移転を願い、また併せて新陣屋建設の許可も申請し、六月に陣屋絵図の公儀提出により許可が下り、七月には家老出井勘之進を普請奉行に任じ、領下村々へ新陣屋建設を触れている。乗謨自身も九月に模型を完成させている。

元治元年（一八六四）三月、田野口村が献上した同村龍岡の地に、領下各村より献金・献木と割り当てた人足、それに近隣他領の村々からも労力奉仕や、献金もあって着工している。一番の難工事は石垣の築造でこれは当時、伊那高遠藩が洋式築城石工を積極的に養成し、方々へ派遣していたのでこれを招き、棟梁二人が石工六〇人と共に来て、三箇年で築造している。石は千曲川東一帯に産出する佐久石を広範囲にわたって切り出し使用している。

石垣はまず根石の上を厚さ一mぐらい粘土で叩き固めて基礎とし、砲撃・地震等で狂わないよう緩衝作用を持たせ、さらに地下水による基礎の土砂浸蝕での陥没を防ぎ、石積の裏詰めに使用した栗石も充分粘土を使用したはがね巻き工法が採られた。

採石した石は形に応じ巧みに組み合わせて積まれ、一つ一つの角を丁寧に摩り合わせて積む切込ハギで、隙間をなくし、特に砲台下の石の配列を菱形にした亀甲積は極めて美しく、大手橋付近の布積と共に優れた造形美を見せている。堀外側の石垣は東南から南に廻るに従って粗雑になり、打込ハギから野面積へと変わっている。

石垣の高さは、堀底から三・六四m、その勾配は頂上と底で二九cmと垂直に近く頂上には板石をわずかに堀方向に突出させ、石垣をよじ登る敵兵の侵入を防ぐ武者返しが設けられている。石垣上の土塁はその敷が七・三七m、高さは二・二七mあり、頂上の武者走は二・二m幅で、土手は堅固な芝土手である。

堀の幅は大手橋付近が最も広く九・一mあり、他はやや狭くなって平均七・三mとなるが、北・北東・東南の三稜堡を防禦するだけしかなく、南西・西側二稜堡を囲む約二〇〇mは未完成のままになっている。

大給松平氏は代々、陣屋格大名で、城を持つ資格がないため、陣屋内部には天守その他、各種の防備施設等が造れないので、一般政務と藩主の居住を兼ねた御殿、陣屋内居住を義務付けられていた藩士達の小屋・番屋・太鼓楼・火薬庫の他に、先賢の三藩主を祀った三社神社・稲荷社などがあった。門は大手門と東側通用門が出来上がっていた。

慶応三年（一八六七）四月、城も完成し竣工祝まで行っているが、内部建物は、瓦は全部準備しながら、一割にも満たない使用で、建物の殆どは板葺きと、明治六年（一八七三）の取り壊し目録に記されている。未完成のまま中止せざるを得なかったのは、崩壊寸前の幕閣にあって、老中格・陸軍総裁などの要職にあった松平乗謨には、もはや関わっている暇もなく、完成のために注ぎ込む費用なども全く許されなかったからである。

この星形稜堡を有する五稜郭は、フランスのボーバン元帥が一七世紀に考案したものであり、山から遠く離れた平野の中にあってこそ、その機能を充分に発揮できる平城である。当時各藩が競ってオランダ・フランス等から購入した大砲は、その射程距離も長く、一旦砲撃を受ければ一km余の射程距離内は命中率一〇〇%のため、徹底的な破壊をまぬがれることはできない。そのくらいのことは、松平乗謨の洋学知識で充分認識されていたので、生涯に一度の夢を託したものと考えられる。

　実戦上では五稜郭は極めて優れた城であり、各稜堡に回転自在の砲を設置するか、大規模のものであれば何門も配置することにより、敵兵に対して死角をなくして十字砲火を浴びせられる長所がある。守るに易く攻めるに難しい構造であり、従来防衛の面ばかりが見られてきたが、出撃するにも各稜堡からの援護射撃の下、各門から四方八方何れへも迅速に出て、且つ展開臨戦態勢を可能とし、撤収の際にもやはり稜堡による援護射撃で、何れの方向からも安全に城内に引くことの出来る点は、従来の日本の城郭のように大手・搦手以外、出撃・撤収の出来ない構造と違い非常に合理的な設計といえる。

　明治四年（一八七一）、廃藩とともに兵部省は全国の城郭の存廃を布告した。龍岡城は、地所・石塁はそのままとされ建物は入札払い下げとなり、その他は取り壊されてしまったが、御殿の一部の御台所だけは翌五年の学制発布により学校としての使用申請が認められたため遺された。敷地は民有に帰し、その大半が小学校用地となり、御台所は長らく校舎として使用されてきたが、昭和四年（一九二九）に現在地に移され、昭和三五年（一九六〇）から翌年にかけて半解体修理工事が行われた。

築城

　江戸末期、防衛問題に関心が高まるとともに、蘭学者の間では洋式築城学の研究が盛んになった。一五世紀中頃のヨーロッパでは、火砲はそれまでの石弾に替わって破壊力の大きな鉄弾が登場した。これが城攻めに用いられると、築城の規模・構造を根本的に変換せざるを得なくなった。火砲の無い時代に難攻不落だった高い櫓や厚い城壁を持った城郭も無用の存在となってしまった。城壁は、その抵抗力を増大させるためにさらに厚さが増したが、高さは制限され、敵の攻撃目標となる高い櫓は次第に姿を消して行った。そして、城内には城壁から突出した砲台が出現した。この砲台には、さらに威力を発揮させるために十字砲火が重視された。それに応じて城壁の形状も「鋸歯型」・「凹堡型」・「稜堡型」といったものが登場した。「稜堡型」というのは簡潔に表現すると、城壁から突出した隣同士の砲台が相互に攻撃し敵兵に十字砲火を浴びせるというものである。十字砲火の意味は銃砲火が交叉して飛ぶことである。

　この築城法を完成させたのが一七世紀、フランスのルイ一四世当時の陸軍元帥ボーバンである。これが我国に入って先ず応用されたのが箱館の五稜郭で、これに次いで松平乗謨が自ら図面に線を引いて設計・完成させたのが龍岡城である。

　全国の諸藩は、徳川幕府の「一国一城令」を永く遵守させられてきた。松平乗謨は文久三年（一八六三）に、二五歳の若さで幕府の大番頭（おおばんがしら）に抜擢された。大番というのは、当時の幕府の軍事組織のことで、戦時では将軍の親衛隊、平時は江戸城の警備に当っていた。

　松平乗謨は幕府に洋式築城の必要性を力説し、海辺防備のため江戸湾等には台場の増設を強調した。軍事学に造詣の深い乗謨の進言に老中達も心を動かした。そして、乗謨は洋式築城の模範の城として龍岡城の築城計画に熱弁を振るった。それは、「一国一城令」の厚い壁も破り、龍岡城の築城は幕閣で認められた。

蘭学を学び、フランス語にも堪能で、自ら洋式築城法の書籍を翻訳した松平乗謨が選んだ築城地田野口の地勢は、北東部に高く南西部が低い。しかも南から西にかけて川を有する。さらに土地は大きく西に開いて背面には山を持ち、居館を目的とした城を建てるとはいえ、軍事的にみても理想的な要害の地であった。自ら図面に線を引いて設計した乗謨は、星形の図面をこの地に置き換えてみた。そして先ず決めたのが五つの角のうち、先端の角に備える砲台の位置であった。この城を攻撃する敵は、その主力を大きく開いた西側に展開すると考えた。城内に大砲を備える場所は西側の角以外は考えられなかった。こうして元治元年(一八六四)、龍岡城の築城工事は開始され、慶応二年(一八六六)に星形の城郭は竣工した。そして乗謨は一藩の士民に縦覧させている。多くの参観者はこの奇妙な城に、驚異の目を見張ったものと考えられる。総工費は四万両余で、築城総奉行は藩の家老出井勘之進、普請奉行には中老衣川幾之が当った。城内の御殿も慶応三年には完工した。

規模・構造

龍岡城の総面積は六万五二四八㎡で、一辺の長さが約一四七mの五稜星形をした内郭は、箱館五稜郭の約半分の規模で、千曲川を防衛線と見立て、約一万八六一二㎡の規模であった。堀幅は七・三mで、大手門前だけは九・一m、深さは三・五m、堀の延長は約六七八mあり、大手門から反対側の、西側の角の先端まで約一六八mあった。御殿は内郭中央に位置し、大手門に面した玄関から奥へ、使者ノ間・大広間・表御殿・納戸・書院・居間と並び、居間と台所の中間には詰所・勘定所があり、台所は東角に位置していた。御殿の広さは内郭の四分の一程で、約四五〇〇㎡あった。御殿の西側には錬兵場があり、西側の角の先端には砲台、その東南に火薬庫、御殿北側に黒門、北東側に大手門、大手門北西に面掛所と称された番所、隣接して太鼓楼、東側の通用門には番所と詰所、南隅には馬屋、南側には穴門を設け、各門には橋が架けられていた。御殿南西側に稲荷社、大手門北西に三社神社がそれぞれ鎮座していた。

龍岡城の砲台は一箇所だけで、本来の稜堡型という城郭の最大の利点と特徴に反するが、乗謨は軍事拠点の城よりも居館としての城を築くことに主眼を置いたものと考えられている。

龍岡城は未完成の城といわれている。星形に囲んだ堀の西側だけが切れている。現在も残されている設計図によると堀は囲繞されることになっていた。石塁も堀の内側は、現在も造形美を見せてくれる切込ハギの工法を採っている。ところが外側の石塁は大手門等の表口はまだよいが、表口から遠くなるに従って粗雑な積み方に変わり、裏の雨川に面した箇所は自然石のまま積んだ野面積となっている。これは費用不足のためともいわれている。また、江戸屋敷において机上で城郭を設計した乗謨は、工事途中に雨川の存在に着目し、泥田堀に活用すべく、雨川に臨む西側の堀には石塁を築かなかったという説もある。泥田堀は渡渉が極めて困難で水堀よりも有効な防禦方法であった。

石塁も同じ切込ハギでも場所によって積み方の様式が異なっている。砲台下付近は、約五二mにわたって六角形や菱形に削り取った形のよい石で積む亀甲積である。この工法は松前城など、江戸時代末期の城に使用例がみられる。この時代は火器が発達し籠城戦となった場合、石塁に攻城軍の弾丸が入る余地を防ぐための積み方であった。

この城の石塁の特徴として頂上部に設けられた跳ね出しがある。これは石塁を上って敵兵が城内に侵入するのを防ぐ目的で設けられたもので、洋式城郭の特徴の一つであった。幕末にこれが我国に導入されると、幕府は品川台場や相模・安房等の各台場にこの様式を採用した。箱館五稜郭も同様であった。乗謨も龍岡城の築城に際し、星形の五つの稜角を持つ堀の石塁には、この跳ね出しを設けた。この石塁の跳ね出しは、洋式築城法が我国に紹介される遙か以前の、寛永一六年（一六三九）に完成した人吉城の一角にもある。これは、文久二年（一八六二）に品川台場等の様式にならって改修されたものである。

龍岡城の黒門の橋には、重量に耐えられるように石橋が採用された。現在では丸亀城大手・石田城搦手・浦賀陣屋表門前などと共に、貴重な遺構例となっている。

堀側を石塁とし、上部を土塁とする形を、腰巻土居と呼称した。龍岡城の場合もこの範疇に入る。江戸時代前期に築かれ、土塁の高さの標準を、三間（約五・四m）とした城郭は、小銃と大砲の発達した時代の幕末には不要で、龍岡城の土塁には遮蔽物として、また日光や雨露をしのぐ目的や、燃料・食料確保のため、柏・栗等の樹木が植えられた。

設計による龍岡城の外郭の規模は、四万七九六六㎡であった。内郭である五稜郭の周囲には、約五〇戸の家中屋敷が散在し、大手門北には藩校尚友館があり、それらを囲むように板塀があった。ほぼ南の雨川を外堀とし、北には村道路があった。大手門前の板塀は桝形に区切られ表門が設けられていた。冠木門と推定され、門の脇には番所があった。村道路と城を結ぶ区間に幅広い大手道路が設けられた。道路の両側には土手が築かれ、桜の木も植えられて、土手を固めた。大手道路入口には見附と称された番兵の見張小屋があり、城下の北端には桝形の石塁が築かれた。この桝形が最前線基地で、ここが突破されたら次は大手道路、その次は表門の桝形と、三段構えの防衛体制の上に龍岡城は成り立っていた。

フランス・リール市にある城郭を模した龍岡城は、慶応三年（一八六七）に完成し、翌年に龍岡城と命名され、藩名も田野口藩から龍岡藩になったが、幕府はこれを城と認めず、龍岡城は陣屋のまま廃藩となった。以前は陣屋であったが、松平乗謨の代になってようやく城を構えた。洋式築城を取り入れたこの城は、一般的な城の概念に該当せず、城とは認定されなかった。幕府の直轄事業で築かれた箱館五稜郭も城ではなく要塞であった。

その後の龍岡城

大給松平氏は、三河国額田郡四〇〇〇石を本領として奥殿に陣屋を置き、信濃国佐久郡に一万二〇〇〇石を領し、宝永六年

（一七〇九）以降田野口村にも陣屋を置いていた。そして龍岡築城となったが、幕末・明治の動乱期、実に短命の城であった。龍岡藩は、明治四年（一八七一）廃藩を願い出て聴許され、旧藩領は中野・伊那両県に分属し、同七年に城地が払い下げられた。建物は領内の資産家に引き取られ、土地は元の所有者に返された。売り払われた建物は、現在も佐久市内の各地に遺されている。表御殿は佐久市落合の時宗寺本堂に、書院は佐久市野沢町原の小池氏宅に、東通用門は、同じく野沢町原の薬師寺山門としてそれぞれ移建された。また、大手門は取り壊され、用材の欅材は城近くの農家に分散されたと伝えられている。

所望者が現れなかったのが台所で、一般家庭に使用するには規模が大きく、また住宅にするには構造が不都合であった。この建物は旧家臣が管理していたが、廃藩で職を失い、これを持てあまし、明治八年（一八七五）村に寄付した。尚友学校（現町立田口小学校）の校舎の必要問題で苦しんでいた村では、早速台所を校舎とした。尚友学校は城址に移転し、台所は校舎として活用されることになったが、暗くて天井が高いので、二階建とし、壁にはガラス窓を開き、学校建築に改造された。

学校となった台所は一階に教室と用務員室、二階は職員室と宿直室にあてられた。建物は城内の中央部に置かれたままとなっていたが、昭和四年（一九二九）ここから西隅の現在地に移された。戦後も中学校の開校で校舎不足のため続いて使用されたが、臼田町の統合中学が設置されたのを機会に、文化財として保存されることになった。

台所に隣接して校舎が建てられ、城址は学校となった。堀は元の所有者に返されたが、活用方法が見いだされないまま、いつしかゴミ捨て場と化し、土が入れられ桑畑となり、昭和五年頃（一九三〇頃）には、堀の石塁は上部の〇・八mほど、見える程度であった。

荒廃した城の状況を苦悩の思いで見ていた村人の一人が佐々木鉄之助であった。佐々木は大正九年（一九二〇）から一期代議士を勤めた佐藤寅太郎の実弟で、旧田口村の佐々木家へ養子に入った人物であった。学生時代から龍岡城に関心を持っていたが、村に居住するようになってから、あまりにも城が荒れ果てているので、兄の佐藤を通じて陸軍の築城本部にその保存を訴えた。日露戦争の旅順要塞攻略に大きな犠牲を強いられた苦汁から、築城本部では総力で要塞の研究に当っていた。そうした時だけに、洋式城郭の龍岡城に注目し、若い将校達が度々訪れた。

昭和七年（一九三二）、村の在郷軍人会が城内にあった招魂社を整備しようとした際、城の堀の復元の方が先決である、と力説した佐々木に、在郷軍人会の人達も今まで気が付かなかった文化遺産が地中に埋まっていることを知って、招魂社の整備作業は、龍岡城の復元作業へと大きく発展していった。ツルハシとクワ・モッコだけが、道具だった。ショベルカーもダンプカーも無い時代、全く人力だけの作業であった。村の主婦たちも、午後の三時になると交替で握り飯や、サツマイモをふかして持参し、励ました。約五〇〇〇人の村の人の心が一つになっての作業だった。二年がかりで昔日の姿を取り戻した龍岡城は、昭和九年（一九三四）に国指定史蹟となった。

しかし、戦後の食糧難時代、堀は総て水

田に変わってしまった。それが去った昭和三〇年代は、堀は雑草の生い茂る荒れ地に変わった。荒廃化してしまう龍岡城を憂いた住民達は、再びスコップやカマを持って集まった。堀の清掃は、雑草を切り取り、土や石を取り除く作業だった。ゴミは連日トラックで何台となく運ばれた。昭和四八年（一九七三）秋のことだった。空堀だった南側の堀には耕耘機も入れて土をすっかり耕し、漏水を防ぐ手立ても講じられた。堀に満々と水がたたえられたのは、昭和四九年の夏だった。その年の一月には臼田町に龍岡城五稜郭保存会が結成された。

昭和三五年（一九六〇）から同六年にかけて、台所の半解体修理工事が実施された。城址は国指定史蹟で田口小学校と一部は招魂社の敷地となり、台所・石塁・土塁・堀が現存している。以前に小学校の移転計画もあったが、現状のままとされ、将来的には小学校を他所へ移し、移建建造物の城内への再移築、城址の史蹟公園化が望まれている。

その後の松平乗謨

松平乗謨は江戸末期の幕閣内で順調に昇進し、陸軍奉行を経て、慶応二年（一八六六）には二八歳で老中格陸軍総裁となった。しかし明治維新の際の進退は、推し測ることができないものがあった。幕府陸軍の総帥として普通なら新政府軍と一戦交えるところであったが、幕府の前途に見切りをつけ、大政奉還後間もなく前将軍徳川慶喜の下を離れて京都から江戸へ帰り、以後病気と称して出仕しなかった。慶応四年（明治元年）二月に辞職して田野口に帰り、松平姓を捨てて大給に改称し、名も恒（ゆずる）とした。三月京に上り参内した。新政府から旧幕老中であったことについて詰問を受け謹慎させられたりしたが、無事切り抜け、藩兵を新政府軍に従軍させている。維新後は田野口を龍岡と改め、廃藩置県に先立って藩を廃している。後に元老院議官に任じられ、西南戦争の時は佐野常民と赤十字社の前身である博愛社を設立し、副社長となった。さらに賞勲局に永く勤務して総裁に進んだ。その功により特に伯爵の爵位を授けられた。

慶応三年（一八六七）のパリ万国博覧会の際、幕府が他藩にも出品を奨めたところ、薩摩藩は、幕府とは別に代表を派遣するとともに出品し、独自に、欧米の勲章制度の効能を知り、幕府代表より先にパリに到着して、早速現地パリの勲章メーカーに発注して、星形の焼物の功牌を作らせ「薩摩琉球国」の五文字を入れ、時のフランス皇帝ナポレオン三世以下、政府要人に贈った。これは、日本に幕府の他に別の独立国が存在するような印象を諸外国に与え、その効果は絶大であった。後からパリに着いた幕府代表は、これを打ち消そうと懸命になったが、無駄であった。一地方藩が作ったものが外国の元首に贈られるという結果となり、これが我国の勲章の第一号となった。こうした経緯もあって幕府も本格的に勲章制度をとりあげることとなり乗謨に命じてその案を練らせたが、幕府の勲章は、まぼろしの勲章として終わった。

明治新政府は、大給恒に世界各国の勲章制度を研究させた。大給は外国の勲章にない日本独特の図案の考案に苦心し、人に一言の助言も請わず、一点の考案も求めず、各意匠を異にして、あらゆる勲章・記章・功牌を考案した。現在の日本の勲章は、昭和一二年（一九三七）に制定された文化勲章を除いて、総て大給恒の手によって考案された。

大給恒は、ほぼ明治一代を生き抜き、明治四三年（一九一〇）一月、七二歳で永眠した。旧幕府の要人でありながら維新後も活躍した異色の人物であった。

龍岡城台所櫓

一、概説

籠城戦に備えて、岡山・姫路・江戸・熊本・福山・大洲等の城郭には、日常の殿舎台所とは別に、非常時用の台所櫓を構築し、兵糧を蓄え、そして調理供給施設とした。現在、姫路城天守丸内・大洲城・龍岡城に遺存する。姫路城天守丸内の台所櫓は、大天守の西北隅北方に位置し、外観一重・内部二階・入母屋造で、北面でロの渡櫓に接続している。大洲城の台所櫓は、高欄櫓と共に四層四階の天守と渡櫓で連結され複連結式城郭を構成していた。天守は現存せず、台所櫓と高欄櫓等が遺存している。大洲城台所櫓は小天守に準じる大型の櫓で、内部一階の三分の二を土間と板敷の広い一室として、籠城時の台所としての機能を持たせてある。

龍岡城の台所櫓は、かつては御殿東北隅に位置し、あくまでも御殿の一施設ではあるが、籠城時には台所櫓としての機能を有しその表現方法は至当といえる。御殿平面図によると、内部は東北側四分の一程が土間、北側に詰所、南側は上台所・土間・詰所がL字形に配されていた。

二、現況把握

龍岡城台所櫓は、桟瓦葺で両端四条を本瓦葺とする切妻造の一重櫓である。大棟両端には蔦の葉紋の鬼瓦を据え、鐙瓦は三ツ巴紋である。建物下部高さ二・五六mを下見板張とし、上部は白漆喰塗真壁造である。塗籠造は、木地に縄巻、下げ縄をして荒打ち、むら直し、砂ずり、中塗り、上塗り等、土四回、漆喰七回を塗り重ねた左官工法で、防火と銃弾に対する構えを厳重にした。

素木の一軒疎垂木で、懸魚も同様に素木の曲線をおびた梅鉢、六葉樽ノ口附である。六葉とは、六枚の花弁の模様からなる座と、その中央にある菊座及び、菊座から突出している樽ノ口からなる装飾金物で、懸魚の中央や、柱の釘隠しに用いられた。樽ノ口は、門扉の肘壷の端を隠したり、懸魚の取り付けに用いられた金具のことである。建物外法は一四・六五m×一九・二五mで、建物自体の棟高は大略一三・六m、懸魚付近までの高さは地表から約一一・二mである。軒の出（この場合建物壁面と軒先までの水平距離）は約一・六五m、四隅の柱の軒に接する真壁のひときわ太い横木で、現代の建築用語で腰物といわれる部分の中間部までの高さが、地表から約五・八mある。櫓東北側を観ると、地表から下辺までの高さが約四・三mの位置で、真壁の中央に縦約一m・横約二mの無双窓、同じく櫓東北隅から約二mの位置で、地表から一・五五mの高さに、縦約〇・八六m、横約三・八mの無双窓を開いている。櫓東北面外観の柱間は約二mである。

櫓南東面は、南東面角から約一・九mの位置に、縦約二・二五m、幅約三・七五mの二枚板戸引違の入口を開く。桟瓦葺の庇附で、庇の出幅は約二・一五m、同庇の軒高は地表から約三・五m、外観壁に接する箇所までの高さは約四・二七m、同じく庇内側の建物の壁に沿った高さは約四・一四mである。南端より縦約一・七八m、横約六・六mの開口部を設け、二面ずつ計六面の板戸引違とする。また南東面真壁中央左手の地表からの下辺約四・三mの位置に、縦約一m、幅約二mの無双窓を二箇所開いている。六面の引戸の開口部と右手の庇附入口の中間左寄りにも、縦約一・八五m、幅約一・七mの板戸の開口部を設けている。

櫓南西隅には出格子が施され、地表からの高さは約二・六m、南側は幅約六・四二m、西側は幅約二・五二mある。また、櫓西面南寄りに庇附の縦約二m、幅約三・八mの板戸引違の入口がある。同西面には、真壁の北寄りに他面と同規模で、同じ高さと思われる位置に無双窓二箇所、また、そのそれぞれの窓の下方降下線上に下見板張壁面に同様の窓二箇所、真壁南寄りに無双窓が一箇所ある。

三、図面による把握

龍岡城台所櫓の内部は非公開であるので、臼田町立図書館より送って頂いた数種類の図面により内部状況及び、規模等を把握したい。

先ず、規模であるが昭和三四年頃（一九五九年頃）作製された図面なので、数値は尺で表示してある。一階平面は、規模は桁行の隅柱から隅柱の間が六三尺、梁行は四七・二五尺ある。この数値をメートルに換算してみると、一八・九m×一四・二mである。これを前述の略測値から引いてみると、おおよその壁の厚みが解る。壁は一七cmから二三cmの厚みがある。

柱は隅柱を加えて桁行に一一本あり、以下北東方向から西南方向へ尺をメートル数値に換算した桁行柱間は、一・八九m（六・三尺）、三・七八m（一二・六尺）、なおここは入口部でその上部にも柱がある。さらに一・八九m（六・三尺）、一・八九m（六・三尺）、一・八九m（六・三尺）、〇・九五m（三・一五尺）、一・八九m（六・三尺）、一・八九m（六・三尺）、二・八四m（九・四五尺）、これを合計すると一八・九一mである。梁行は、隅柱を加え九本あり、南東隅から北西へ一・八九m（六・三尺）、一・八九m（六・三尺）、一・八九m（六・三尺）、〇・九五m（三・一五尺）、一・八九m（六・三尺）、一・八九m（六・三尺）、これを合計すると一四・一八mである。櫓南東面の入口規模・六枚の板引戸部等の略測数値もほぼ図面の数値に合致する。

櫓東南面の建物の約四分の一に当る南東部の九・四五mと、北西面の七・五六mの約七一・四㎡の区画は土間として使用され、二階まで吹き抜けである。吹き抜けとは、二階以上の建築物の内部において、二階またはそれ以上にわたって床を張らない部分のことである。

一階内部北部角には、小使詰所と小役人詰所が併設している。平面規模は、共に二・八四m×三・七八mで、それぞれ畳六畳敷と思われる。南部角は、一・八九m×六・六mの三区画の土間、さらに北西方向へ二・八五m×一・八九mの一区画、隣接して同規模の三畳敷と思われる区画、そして隣の御料理詰所は、平面規模二・八四m×二・八四mの畳四畳半敷と思われる。

その他、床は板張で二階への昇降は、建物のほぼ中央の手摺附階段による。この階段は、半解体修理工事前の旧図面によると、折り返し階段で一一級で折り返し、さらに四級上って二階に至る。

二階平面規模は、一階と同一数値である。前述の建物ほぼ四分の一規模の部分と、南角の平面規模二・八四m×五・七mの部分は、吹き抜けである。また床板の張られている方向は、一階が桁方向に張られているのに比べ、二階は梁方向に張られている。

立面図で、櫓の棟高の数値を推測したい。持参した計尺竿は一二・三mまでしか計測できないので、図面の湿気等による伸縮を考慮すると危険な方法ではあるが、おおよその数値を把握することができる。図面での桁行は、一九七㎜で、実際の数値は一九・二五mである。図面での地表から大棟までの数値は一四〇㎜である。簡単な数式で、一九・二五と一四〇をかけて一九七で割れば一三・六八となり、この数値がおおよその地表からの棟高となる。同様に略測を失念した地表からの軒高は、約七・三mとなる。

龍岡城台所櫓内部は、本来は一階だけであった。学舎にするために二階建に改築したが、旧状の場合、台所櫓の性格上、煙り出し用のもの真壁部分の無双窓は、高位置の真壁部分の無双窓は、ので、それは不可欠でありその開閉には、梯子を使用したものと考えられる。

四、半解体修理工事概要

龍岡城台所櫓入口右手壁面に、半解体修理工事の要項が記された銘板が掲げられている。

『史跡　竜岡城御台所修理記
　事業の概要
　災害復旧に伴う半解体復元工事
　着工　昭和三十五年七月一日
　竣工　昭和三十六年五月三十一日
　総工費　参百八拾万円
　　内
　　国庫補助金　弐百四拾六万円
　　県費補助金　五拾七万円
　　町費負担金　七拾七万円』

城の創立

龍岡城は文久三年より慶応三年にわたり、龍岡藩主大給乗謨の居城として築かれたものである。

大給氏は、新田義重を始祖とする徳川氏の一族で、第十三代親忠の第二子乗元が大給氏を名乗り、愛知県東加茂郡松平郷大給（原文のまま）にて本領四千石を領した他、摂・河・丹の支領一万二千石をあわせ領したが、元禄十六年四月（一七〇三）に至り、これらの支領を一括して南佐久郡に与えられ、陣屋を置いて管理せしめた。その後文久二年に至り参勤交代制度の廃止により、一族臣隷を収攬するため一城を経営する必要に迫られ、本城を愛知県奥殿より佐久郡田の口に移したのが龍岡城の始めである。

御台所の建築

台所は、文久三年（一八六三）より慶応三年（一八六七）まで続いた築城工事の内、最後の頃に建てられたもので、桁行京間一〇間・梁間同七間半、切妻造り真壁平瓦葺の装飾性に乏しい建築であるが、平面計画その他は、よく台所建築の規範を踏襲したものである。

その後の修理

明治四年龍岡藩廃止に伴い建物の大半は取毀しを受け、城址もまた民有に帰したが、明治六年の学校開設に伴い旧五稜郭址が校地となり、台所もまた校舎とすべく改造され、現在に至るまで子弟の教育施設に当てられてきた。このため建物は内外共にその用途に応じて改造を施されてきたが、旧態を知る痕跡資料は残されていた。台所が城址北方の旧地から現在の場所に移されたのは、昭和四年八月である。

修理の大要

修理は、柱・小屋組等の純構造材を残し、他は一旦分解し組み直したが、後世改変の部分については、資料に基づき可及的当初の形に復旧整備した。修理大要は左の通りである。

（一）柱・二階床梁・小屋組を残し、他は一旦解体した。

（二）旧部材は原則として旧位置に再用した。

（三）近世補足の土台・貫・床板及び造作材の内、寸法の異なるもの、形状・仕口の相違するものは総て取替えた。

（四）基礎の、外廻り布コンクリート及び、柱下基礎は脆弱の部分を掻き取り不陸調整の上、根巻きコンクリートで補強し、他は据え直した。

現状変更

（一）北側西より第四柱間に設けられていた玄関を撤去した。

（二）一階床を一尺二寸高め、東北隅に大土間を、南東隅に小土間を復した。

（三）二階床の内、東北隅大土間の部分を撤去吹放しとし、階段位置を旧に復し手摺を整備した。

（四）二階各室の間仕切と天井の全部を撤去して小屋組の現れた一部屋に復した。

（五）一階北西隅に小役人詰所・小使詰所を復した。

（六）一階東南隅に上台所・料理方詰所を復した。

（七）西側南より第三・第四間窓装置を撤去し、旧表玄関に通ずる出入口に改め、舞良戸を建てた。

（八）南側西より第七・第八柱間窓及び、壁を撤去し旧勘定方詰所に接続する間仕切を復し、仮設的に腰付明障子を建てた。

（九）柱間装置を旧に復し、一・二階窓装置及び、建具を総て整備した。

（十）一階平面の復元に伴い、大土間出入口の雨引板戸及び、破風土庇装置を復した。

（十一）南西隅旧勘定方詰所に接する間仕切外側へ仮設的出格子囲いを設けた。

（十二）西側旧玄関通路間仕切上外側に、仮設的庇屋根を付けた。

工事監督　広瀬沸
現場主任　藤澤源

施工者　　佐藤春之助

以上、工事の概要を記し後資とする。

昭和三十六年五月三十一日

臼田町

臼田町教育委員会』

龍岡城五稜郭は、若き日の築城者松平乗謨の気組に男の浪漫を感じさせてくれる、そんな城址である。

龍岡城台所櫓東面

龍岡城台所櫓詳細

龍岡城御殿平面図台所部分

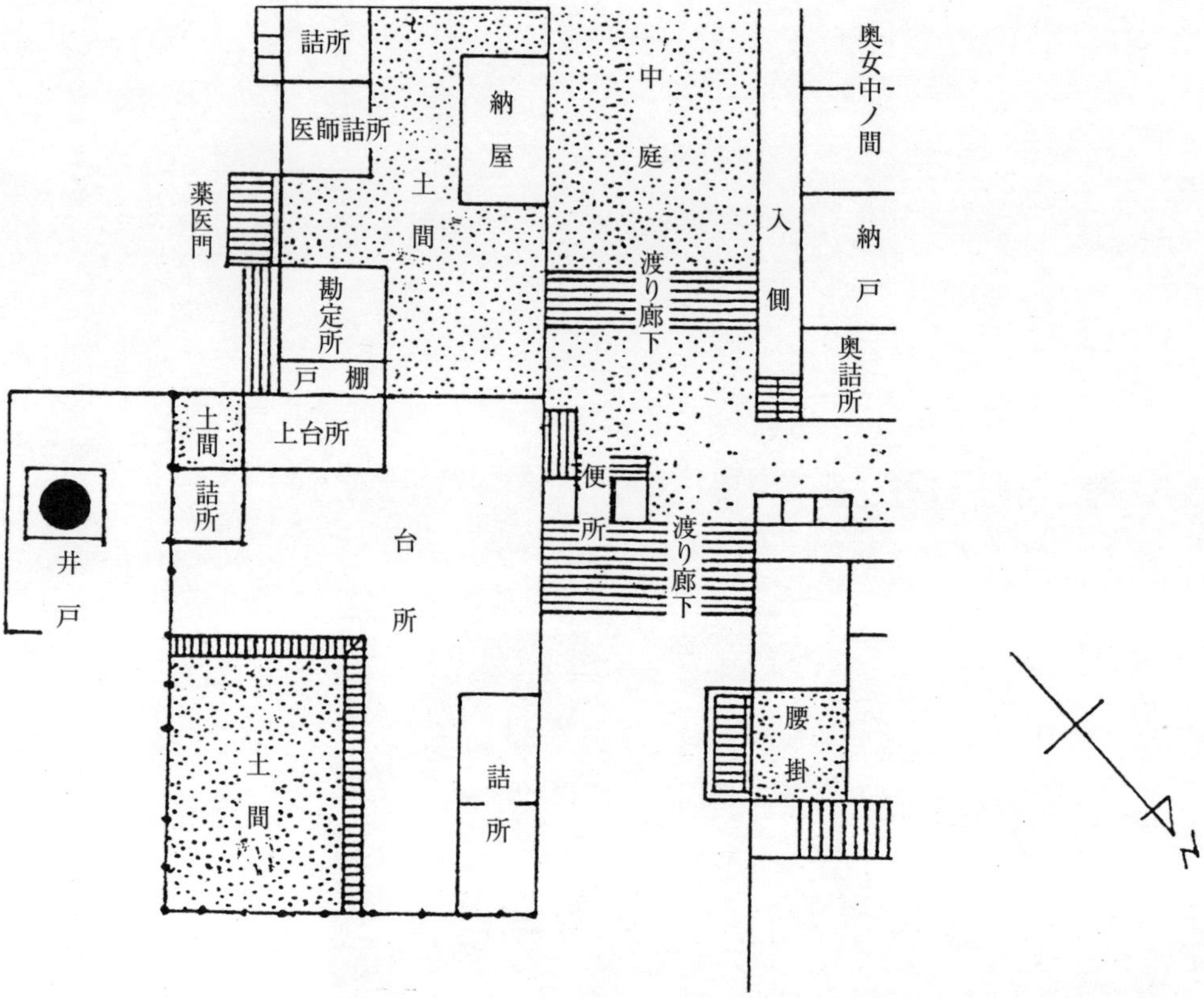

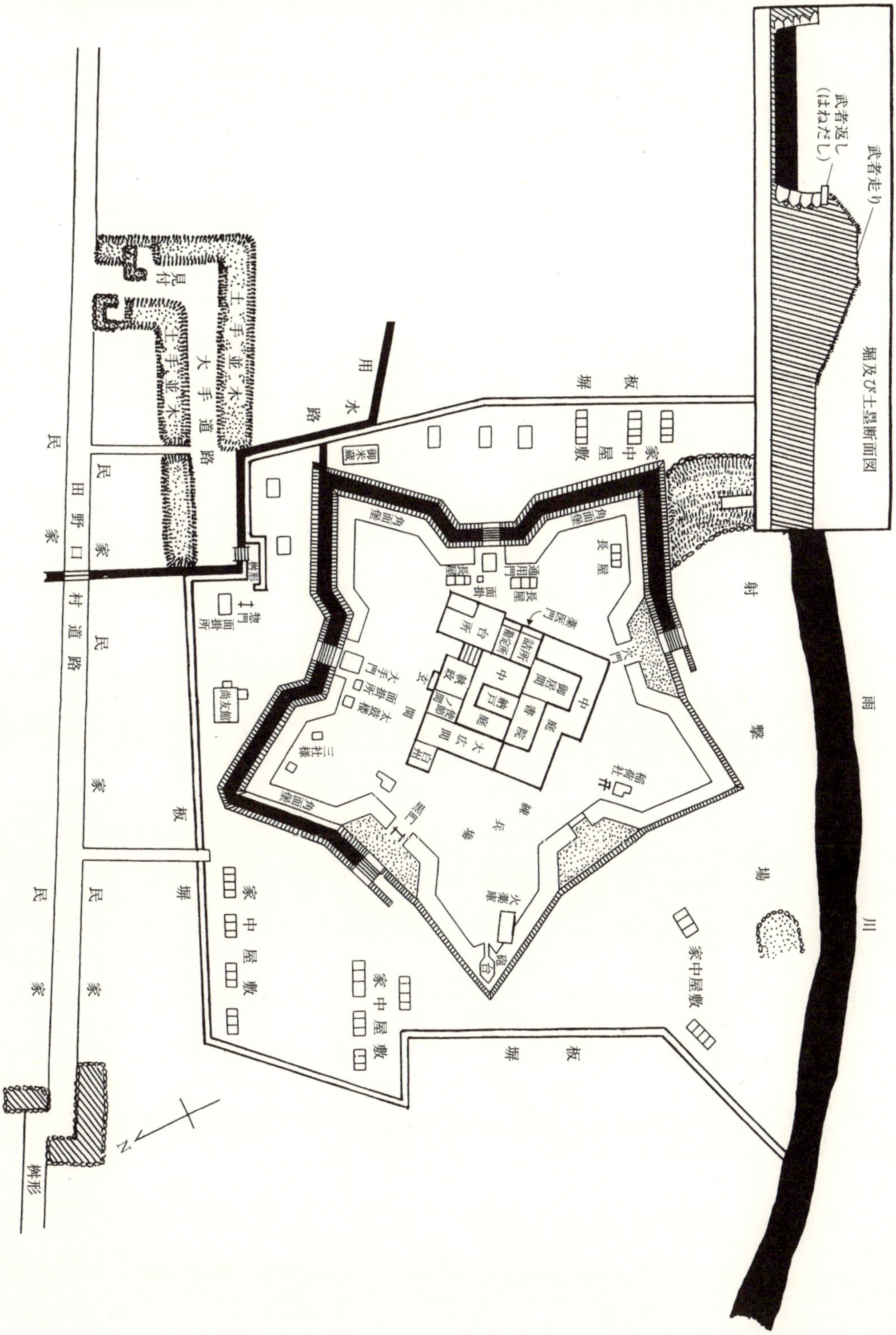

堀及び土塁断面図
武者走り
武者返し
(はねだし)
射撃場
雨川
用水路
家中屋敷
板塀
大手道路
土手並木
見付
民家
田野口村道路
桝形
練兵場
火薬庫
砲台
稲荷社

龍岡城要図

第二章　探訪

上田城の櫓遺構

はじめに

男ごころを駆り立てる熱き想いを城址探訪に向けて幾年月、「…夢まぼろし、下天のうちの五〇年…」と古人が謡ったように、人生の齢（よわい）半ばを過ぎて、己の無力さと残された時の少なさを知る。

姉が嫁ぎ父が死に、一度は愛した人が去り、優しかった母も逝って、ひとりのこされた部屋の、さして高くはない天井を見つめ、物思いに耽る。過ぎ去りし日々、いつしか憂きことは忘却の彼方に去り、少ないながら、楽しき思い出が脳裏をよぎる。そこには気難しかった父も、別れた人も満面に笑みを浮かべている。

時々、母の遺影に語りかける。旅に出るというと、行く前は何かと口うるさかったが、当日は必ず余分の金を持たせてくれた。そして旅立ちの朝は、裏の畑へ出て、俺の姿が床屋の角に見えなくなるまで手を振ってくれた。そんな旅を幾度してきたことだろう。すべては夢まぼろしである。

上田は六文銭の旗印のもと、限りない青春の夢を抱いて奮戦した真田十勇士の故郷である。猿飛佐助・霧隠才蔵・三好清海入道等、立川文庫が生み出したこれらのヒーローは、子供心に憧れの的だった。

上田市は、ＪＲ信越本線の小諸と篠ノ井のほぼ中間に位置し江戸時代を通じて北国街道の要衝であった。古くは信濃国国分寺創建に遡り、かつては地方政治の中心地として、千曲川の清流に沿って発展した由緒ある都市である。

上田城は、街のほぼ中心地にあり、ＪＲ上田駅から西へ徒歩約一五分の距離にある。城址は本丸・二ノ丸の地域一帯が国の史蹟に指定され、本丸の土塁と、その外周の有水堀、それを囲む二ノ丸一帯は上田城跡公園として市民の憩いの場となっている。平成六年（一九九四）には、本丸東虎口櫓門と袖塀が復元された。そしてこの城には、数奇な運命をたどったこともある櫓が三基現存している。

城史

真田幸隆は、昌幸の父であり、天文一三年頃（一五四四頃）信濃へ侵攻してきた武田信玄の家臣となり、次第に信玄に重用され、武田軍の第一線にたって活躍した。さらに信玄の命を受けた幸隆は、鳥居峠を越えて北上州の吾妻郡（あがつまぐん）へと転戦し、その中心拠点岩櫃城（いわびつじょう）を攻め落とし、吾妻の経営を任された。この地での真田幸隆の活躍は、やがて子の昌幸に受け継がれ、北上州が真田氏の一大拠点となって行くのである。真田幸隆と武田信玄は前後して没し、真田家は幸隆の嗣子信綱が相続したが、天正三年（一五七五）の長篠合戦で弟の昌輝と共に戦死してしまう。

真田昌幸は幸隆の三男で、幼少時より武田信玄の側近として仕えていた。昌幸は、父や兄の勤めを継承して、主に上州吾妻郡の経営・防備を担当した。そして天正八年（一五八〇）には沼田城を攻略し、北上州一帯をその勢力下におくことに成功している。

武田氏滅亡の危機に、昌幸はかえってこれを好機として独立の大名へとなっていく。武田氏の旧領地は織田信長に占拠されたため、昌幸も信長に従い、その信長も天正一〇年（一五八二）、本能寺の変で落命してしまい、信濃・上野・甲斐等の武田氏の旧領地は、徳川・北条・上杉等有力諸大名の草刈り場と化した。この情勢の中で真田昌幸はまず北条氏に従い、その後徳川家康に就いた。この動乱の中で、昌幸はその保身をはかるだけでなく、周辺諸強豪の対立を利用しつつ、独自勢力拡張のため、本拠小県郡（ちいさがたぐん＝現在の上田市と小県郡一帯）の統一に乗り出す。天正一〇年一〇月には禰津氏（ねずし）を攻め、また同一一年には丸子において依田窪地方の諸豪族を攻めている。このような状況下の中、小県郡一円支配を展望する昌幸により、上田築城が開始されたのである。

真田昌幸による上田築城の起工は、天正一一年（一五八三）であった。上田盆地のほぼ中央の地に築かれた上田城は、当地方における従来の真田氏関係の諸城である山城の松尾城や戸石城等に比べ、はるかに交通便利な要衝の地に位置していた。上田城は天然の要害である山城から、領国統治に便利な平城、または平山城へ移行、という全国的な傾向の中で築かれた平城の一つであった。

平野に築かれた近世城郭にとって防衛上最重視されたものは、自然もしくは人工の水系であった。上田城の場合も、千曲川が深い淵をつくる断崖上の要害地で本丸・二ノ丸・三ノ丸に水堀を廻らせ、南は千曲川及び、その分流を引いた尼ヶ淵に臨み、北と西は矢出沢川の流路を変えて城下町を囲み、外堀の役目を果たさせている。

真田昌幸による上田築城を物語る具体的な史料は、ごくわずかしか知られていない。天正一三年、上田城が徳川軍の攻撃を受けた時の、真田家所蔵のある古文書の項に、「本城」・「二之丸」・「捨曲輪」・「総構」・「大手の門」・「二ノ丸門櫓」・「櫓」・「塀狭間」などが見え、この頃には一応城郭として整っていたものと考えられている。城地は約三〇〇ｍ四方の梯郭式縄張と推定されている。

真田昌幸によって築造された上田城の建造物について詳しいことは解っていないが、「百間堀」と呼ばれた二ノ丸北西隅櫓台下の水堀址から、昭和の初めに発見された金箔押し鬼瓦片と、同じ頃出土したと伝えられる金箔押し鳥衾瓦片、真田氏も普請に動員された豊臣秀吉の伏見築城、その伏見城址から出土した瓦と酷似した菊花紋軒丸瓦二点が、上田城小泉曲輪及び、本丸堀南西端より出土し、これら計四点の安土・桃山期の遺物により、二ノ丸北西土居上の櫓台には、金箔瓦を棟に上げたようなかなり大規模な隅櫓が存在していたものと考えられている。天守の存在の有無についての史料は無いが、発掘瓦片の状態、松本・諏訪高島・小諸等信濃の他城郭の天守存在、属領沼田城の五層天守の存在などから推定すると、上田城に天守に相当する建物が築かれたことは充分に考えられる。

真田氏は上田城に籠城して、二度にわたって徳川軍の攻撃を撃退した。第一次上田合戦は、天正一三年（一五八五）閏《うるう》八月の神川合戦である。

徳川家康は、豊臣秀吉との不和が表面化する中で、背後を固めるため小田原の北条氏直と盟約を結ぼうとしていた。この折、氏直は以前からの懸案でもあった真田昌幸の上州沼田領の引き渡しを要求、これを受けた家康は、当時はその配下であった昌幸に、沼田領を北条氏に譲渡するように命じた。しかし、沼田領は真田氏が武田氏家臣時代以来、幸隆・昌幸の父子二代にわたって独力で獲得した領地でもあり、昌幸はその命令を拒絶し、徳川軍の攻撃を受けることになった。


真田氏の出自については、古代に上田付近に置かれた国府の国牧の牧人であったのではないか、とする説が有力である。上田の東に聳える秀麗な烏帽子岳を中心に、海野系・滋野系の土豪がまとまりを持って勢力を伸張して行き、真田氏もその土豪の一つであった。真田氏については不明なことが多く、その実像が浮かび上がってくるのは、幸隆の代からである。

真田昌幸は、上田築城と並行して小県郡の統一を進行し、第一次上田合戦前後には、小県郡一円支配はほぼ完了していたものと考えられている。


沼田領譲渡要求を拒絶し、徳川氏と断交した真田昌幸は、徳川軍の来攻に備え、越後の上杉景勝に忠誠を誓うとともに、次男信繁（幸村）を人質として送っている。真田幸村の名は江戸期の講釈師等が作り上げたもので、信繁が実名である。

天正一三年（一五八五）八月下旬、徳川家康は譜代の家臣を中心に、信濃の諸将も動員して真田氏討伐に向せた。徳川軍は七〇〇〇人余、これを迎え撃つ真田軍は二〇〇〇人余であったと伝わる。真田方は敵兵を城際までおびき寄せ反撃に出る策をとった。少し攻めては退く城兵を侮った徳川軍は、城近くまで攻め寄せたが、城内からの一斉射撃により大混乱に陥り、退くところを城下各地に配されていた伏兵により横合いから衝かれ、多数の死者を出した。退却する徳川軍への真田軍の追撃は激しく、野山に伏せていた土民兵も各地で徳川兵を討った。そして、城の東方約三㎞の神川まで敗走した徳川軍は、折から増水していた川を争って渡ったため、溺死する者が夥しかった。徳川軍の戦死者数一三〇〇人余、城方のそれは四〇人程であったといわれる。

このような輝かしい戦果により、真田氏と上田城の名は天下に鳴り響いた。真田氏は当時上田に三万八〇〇〇石、上州沼田に二万七〇〇〇石を領していた。

沼田領問題は豊臣秀吉の斡旋で、真田氏と北条氏で分割された。ところが北条氏配下の兵が、真田氏にゆかりの深い名胡桃城を襲って城代を殺害し、これを占拠するという事件が起き、豊臣秀吉の小田原征伐の誘因となった。

その後、上田城は関ヶ原合戦の頃までには、本丸・二ノ丸・三ノ丸に堀を廻らせ、櫓・塀を構え、三ノ丸には大手門を開くといったような、広大な城郭となって行った。


関ヶ原合戦の際は、家名存続という思慮や互いの縁戚により、真田昌幸・幸村は西軍に、信之は東軍に就くことになった。

慶長五年（一六〇〇）九月、真田昌幸と幸村は上田に籠城し、東山道を西上する徳川秀忠軍三万八〇〇〇を、わずか二五〇〇の兵で迎撃することになった。第二次上田合戦である。両軍対峙の中、小規模な軍事衝突はあったが、大戦には至らなかった。記録によるとやはり徳川軍が真田軍に翻弄されている。徳川秀忠軍にとって急を要する西上の途で、数日間も釘付けにされた痛手は大きかった。孤立無援という状況下の上田城に総攻撃を仕掛けなかった徳川秀忠の思慮は、第一次上田合戦敗戦の教訓ととともに、真田昌幸により近世城郭としてかなりな規模に完成された堅固な構えの上田城の姿を眼にしたからであった。

関ヶ原合戦後、上田城は建物・塀はもとより、土居も崩され堀は埋められ、廃城となった。そして徳川方に味方した真田昌幸の長男信之が、父昌幸の旧領地上田を拝領した。信之は破却された本丸・二ノ丸を避け三ノ丸の家臣屋敷地の一角に堀を廻らせた藩主邸「御屋形」を構え、藩政に当った。この地は明治維新まで変わらず、現上田高等学校の敷地である。元和年間（一六一五～二四）の上田城絵図には、小さく描かれた本丸・二ノ丸は、堀が「ウメホリ」としてある。後々まで、本丸御殿・二ノ丸御殿という近世城郭の一般的構成をもたない上田城の特徴はこのような事情によるものである。

元和八年（一六二二）幕命により真田信之は松代へ移封となり、上田へは小諸から仙石忠政が入部した。真田氏の新領地は松代一〇万石で、上田六万五〇〇〇石より三万五〇〇〇石加増されての転封である。これ以外に、元和二年頃から長男信吉を置いていた上野沼田領三万石はそのままだったので、信之は形式上は一三万石の大身の大名となっての、いわば栄転であった。

寛永三年（一六二六）六万石で上田に入封した仙石忠政は、幕府からの許可と借財を得て上田城の復興に着手した。城の縄張は忠政が自ら行ったと伝えられ、前年から用意していた木材や石材を用い工区を八区に分けて工事を急がせた。この縄張において、本丸はおよそ真田昌幸時代の本丸に二ノ丸を合し、二ノ丸を旧三ノ丸の地まで広げ、三ノ丸は昌幸時代の外郭をとり入れ、総じて中世的平城を近世的平城に改めるべく計画された。

二ノ丸土塁・堀・虎口石塁、三ノ丸の大手堀と虎口・桝形・石畳等の修築をほぼ完了した寛永五年（一六二八）、仙石忠政は江戸にて病没し、城普請は中断した。その後、武家諸法度制の徹底により、城郭の修築などはさらに縮小・限定された。仙石忠政によって現在見ることのできる上田城が復興されたのである。今に遺る石塁や堀、三基の櫓も、真田氏による築城構想を仙石氏が再興したものといえる。

幼少の藩主・藩財政の逼迫等の理由により、上田城の復興がほぼ完了したのは寛永一八年（一六四一）であったといわれる。しかし、二ノ丸も櫓台だけで櫓は造られなかったし、三ノ丸も大手の石垣はできたが門は建てられず、建造物も、藩主屋敷と中屋敷が壮大なほかは、簡素な建物が散在しているといった状態であった。

上田城の石塁は、真田氏時代尼ヶ淵断崖の補強に野面積石積を用いたのが主で、構えは大旨土塁を廻らせ、石塁は櫓台等に用いられているに過ぎなかった。仙石氏の上田城再興に当ってもそれに準じ、本丸の構えも土塁が主体であった。

このようにして上田城は一応の完成をみたのであるが、本丸以外は整備されず、水堀・空堀が散在していて戦国色濃厚で、近世城郭としては未完成であった。仙石氏は忠政の後、政俊・政明と続き、政明の代の宝永三年（一七〇六）但馬出石に転封を命じられ、仙石氏三代の上田治世は八四年間で終了した。

仙石氏に代って上田に入封したのは、但馬出石に在った藤井松平忠栄（ただよし）で、後に忠周（ただちか）と改名している。松平氏時代は城郭に対しては殆ど手を加えず、洪水のために崩れかけた石垣を修理することは度々あったが、それ以外のことは成されなかった。幕末の嘉永元年（一八四八）松平忠優が城主の時、五層の櫓を築いたといわれるが、火の見櫓であった。松平氏は五万三〇〇〇石を領し、忠周・忠愛（ただざね）・忠順（ただより）・忠済（ただまさ）・忠学（ただざと）・忠優（ただます）・忠礼（ただなり）と七代にわたって襲封され、明治四年（一八七一）に廃藩となった。

規模・構造

上田城は梯郭式縄張の城郭で、その郭の配置は慶長期の破却をはさみながらも、真田昌幸の築城期以降、江戸時代を通じて変化はなかった。本丸は、南北約一〇〇m・東西八四mで、南側は比高約一二mの千曲川の支流尼ヶ淵の断崖に接し、南側を除いた三面を二ノ丸が取り囲み、そのほぼ東方に館のあった三ノ丸があり、本丸西方は小泉曲輪があった。城の塁壁は、土塁を主体としているが、本丸・二ノ丸の虎口等、主要部は石塁を用いている。

本丸の門は東側の大手口と、西側の搦手口の二箇所にあって共に櫓門であった。本丸を囲む土塁もしくは石塁上に、七基の隅櫓が配されていた。仙石氏による寛永三年（一六二六）からの復興工事で築造されたものである。櫓と櫓の間は、土塀が廻らされていた。櫓や土塀は、上部が漆喰塗で下部は下見板張であった。天守は無かったものの、厳重な構えの本丸であった。

しかし、建物らしき建物は無く、本丸の警備をしていたわずかな家臣の、侍番所が設けられていただけであった。本丸は非常時に立て籠る際の場所であった。これは二ノ丸についても同様で、通常の近世城郭では、本丸・二ノ丸といった城の中心部に、本丸御殿・二ノ丸御殿等の藩の中枢施設が配置されるはずのところ、その種の建物は全く設けられなかったのである。

上田城の場合、この種の施設は藩主邸をはじめとして、三ノ丸を中心とした家臣屋敷街の中に配されていた。真田昌幸の城主時代には、その屋敷等の主要な建物は、当然ながら、本丸もしくは二ノ丸に設けられていたはずである。

しかし上田城は関ケ原合戦後、徳川氏によって破却されたため、その後上田に入部した真田信之は幕府に対する遠慮から、廃城となった中心部を避けて、現在の上田高等学校の地に堀と土塁を廻らせた居館を構えて藩政に当った。次の城主の仙石忠政の時代に本丸・二ノ丸とも一応の体裁が整えられたが、藩主邸は移築されなかった。

本丸の三方は水堀で、東西の出入口と二ノ丸は土橋で連結していた。上田城では各郭を繋ぐ橋に普通の木製の木橋は全く使用されず、総て土橋となっていた。籠城戦の場合、木橋のように破壊されて城内に封じ込められる心配はない反面、緊急時に橋を落とすというわけにもいかないものであった。東西櫓門の南は空堀で千曲川氾濫原の尼ヶ淵に接していた。本丸東北隅の土塁は鬼門除のための入隅となっていて、全国に現存する城址の中でも顕著な遺構として有名である。櫓は、大手と搦手の虎口の両側に一基ずつ、東北隅に二基、西北隅に一基と、配置されていた。櫓には、武具類の他、様々な調度品類・消耗品類、さらには天皇家や将軍家よりの下賜品といった重宝類も保管されていた。絵図・古文書等によっても、七櫓とも個々の名称は全く伝えられていない。

二ノ丸は東西約四〇〇m・南北約三五〇mの規模で東・北・西の三方から本丸を取り囲み、その周囲は土塁と水堀であった。それぞれ三方向に虎口があり、石垣積の桝形と土橋で三ノ丸に通じていた。二ノ丸の虎口には簡単な木戸が造られただけで、櫓門は建てられなかった。周囲の土塁上には、櫓も塀も無かった。これといった建物も無く、西南隅に煙硝蔵があり、江戸後期には籾蔵が六棟建てられた。東虎口より二ノ丸に入り本丸に進むには、まず右に折れ左に折れて、三十間堀という堀を左に見ながら、それを回り込む形で、また左折した上で、さらに右左折して複雑な経路を経なければ本丸にはたどり着けない構造となっていた。三十間堀南部は、同堀と石垣で囲まれた一つの郭となっていて武者溜と称された一郭であった。二ノ丸東北隅は鬼門除入隅となっていて、堀の対岸は三ノ丸の樹木屋敷と称された所であった。北側は百間堀と呼ばれた水堀で、その西の堀は広堀と称された。

小泉曲輪は本丸の西方向にあり、小泉の名称は中世の土豪小泉氏の拠った城館址からきたものと考えられている。小泉曲輪は、城下町上田の原点ともいうべき重要な地点で、真田昌幸がこの地に築城し、城郭は拡張されていった。江戸期には、その周囲に石塁や塀はもとより土塁も無い郭で、いわゆる捨郭（すてくるわ）であった。捨郭とは何の防御施設も設けず、敵兵を誘い入れて討つための空郭をいう。北側は広堀、通路を隔てた西側は、蓮沼とも捨堀とも称された広大な堀で、溜池と呼ばれた。郭内には百間馬場があり、江戸中期の一時期藩主遊興の地として、御茶屋が設けられ幕末期には軍事調練場が設置されたりした。

三ノ丸は二ノ丸東方に位置し、約五〇〇m四方の規模であった。真田信之以降、仙石氏・松平氏と続いた上田藩主の居館があり、御屋形と称された。周囲に堀と土塁を廻らせた陣屋形式のものであった。屋形は二度焼失していて、二度目の火災の翌年、寛政二年（一七九〇）に再建された建物が、明治にまで至ったもので、現存する表門もこの時の築造によるものである。堀を含めた敷地の広さは、約一四〇m四方であった。

御屋形は、御表・勝手・御奥の三つの殿舎群に分けられていた。御表は藩主の公的な生活の場で、大書院・大広間・御用部屋等があった。勝手は藩主の居間である小書院・表居間等と、勝手方諸役人の各詰所、中間部屋等で構成されていた。また、御奥には藩主の寝所・側室の部屋等があった。この中で、大広間が最も大きな部屋で一一二畳敷であった。

御作事の地は御屋形の北方に位置し、御屋形と同じように堀で囲まれていた。真田信之以来の屋敷地であるが仙石氏時代は、古屋敷と称され格別の利用もされなくなり、これはその後、中屋敷と呼ばれた。しかし中屋敷とは名ばかりで、藩に召えられた職人達の作事場に過ぎなかった。堀に囲まれた立派な構えの広い屋敷地であったにもかかわらず、それにふさわしい使われ方をしたのは、具体的な用途は不明ながら、真田信之の城主時代だけであったらしい。その他、三ノ丸には家臣団の武家屋敷があった。三ノ丸大手口は石垣が築かれたのみで大手門は建てられなかった。

その後の上田城

明治四年（一八七一）、上田県庁が藩主居館であった御屋形に置かれたが、後に長野県に合併された。さらに東京鎮台第二分営が城内に置かれ、旧藩主居館が庁舎になった。明治六年、上田城は存城となり第三軍管に属し営所となるが、上田営所の廃止により廃城となった。明治七年（一八七四）城地・建物を払い下げ同一〇年頃にかけて、本丸西櫓・藩主居館を除く建物が取り壊された。その後、居館の建物は逐次撤去された。

大正一二年（一九二三）上田公会堂が二ノ丸に開設された。昭和二年（一九二七）二ノ丸北側の堀を利用して市営運動場・野球場を開設、その際、金箔瓦三点が出土した。同年上田電軌北東線が二ノ丸の堀底に開通し、その際、二ノ丸東虎口の土橋を破壊して二ノ丸橋を架設、同三年、本丸・二ノ丸のほぼ全域が市民公園となった。同四年、本丸西櫓を徴古館として公開、昭和九年（一九三四）城址は国指定史蹟となった。同年城下の時鐘櫓を二ノ丸東虎口石塁上に移建、昭和一七年（一九四二）上田城跡保存会が結成され、廃城後上田遊郭金州楼・万豊楼として移築されていた本丸隅櫓二棟を買い戻し、同一九年から同二四年にかけて本丸に再移築復元、昭和四〇年（一九六五）二ノ丸に上田市立博物館を新築移転、同五六年から同六二年にかけて、西・北・南の各隅櫓の修理工事を実施、平成二年（一九九〇）上田高等学校の体育館解体新築工事に伴い、藩主屋敷址の発掘調査を実施、同二年、本丸東虎口・同西虎口・二ノ丸北虎口の各発掘調査を実施し、同三年、二ノ丸北虎口北側石塁を復元、同五年、二ノ丸北虎口南側石塁を復元、平成五年（一九九三）本丸東虎口櫓門前面の土橋石垣を修復し武者立石を復元、同六年には、本丸東虎口櫓門と袖塀が復元された。

城址は国指定史蹟で、本丸・二ノ丸は上田城跡公園となり、本丸西櫓・北櫓・南櫓が現存、南・北櫓間の東虎口櫓門と袖塀が復元され、本丸の石塁・堀・真田井戸が現存、二ノ丸には虎口の石塁・土塁、空堀の一部が現存している。三ノ丸は破壊され、官公庁敷地や市街地となっているが、藩主居館は上田高等学校敷地となり、表門・土塀・土塁・堀の一部が現存し、旧状をとどめている。

上田城の櫓遺構

一、沿革

上田城は廃藩後、明治新政府に没収され、兵部省の所管となっていた。そして東京鎮台第二分営の廃止に伴い、明治七年（一八七四）には、本丸・二ノ丸の土地・建物・樹木まで一切が払い下げとなった。

本丸隅櫓の払い下げ予定価格は、一基一二円五〇銭であった。しかし、入札価格はこれに達せず、一基六円で分売されたと伝えられている。こうして、西南隅の現在の西櫓一基を残して、ほかの櫓は取り壊されてしまった。

本丸に七基存在した二重櫓の中で、二基については明治一一年（一八七八）、市街の北郊太郎山麓に設置された上田遊郭に移建され、連結して金州楼と万豊楼という遊女屋（貸座敷）として使用された。まさに、上田士魂地に落ちたり、の有為転変ぶりであった。封建支配体制の権威の象徴変じて、極端なまでの零落であった。しかし、もの珍しさも加わって酔客が押し寄せ、かなり繁盛した。大正末年から昭和初年（一九二〇頃～一九二九頃）のその様子は、両楼合わせて部屋数一四ぐらいで、多い時で娼妓が一四、五人、芸者や仲居を含めると総勢二二、三人が働いていたといわれる。

二基の櫓は、昭和五年頃（一九三〇頃）まで妓楼としての営業を続けた後、廃業している。その後、一般民家に転用され、持ち主より上田市に寄贈の申し出もあったが、城址への移築には多額の費用を要するということで、そのままになっていた。ところが昭和一六年（一九四一）、伊豆湯河原温泉へ再び転売されるという話が持ち上がったため、上田市民有志は上田城跡保存会を組織して買い戻し運動を展開した。この運動は奏功し、上田市が建物を買収した。

国指定史蹟内への移築工事となるため、国や県との調整も進められ、そして文部省の技官が現地調査に訪れた。その調査では、建物はほぼ原型のままで、それに驚かれ、地元で作成されていた復元計画図は誠にずさんなため、設計も文部省の指示を受け、無断で移築を取り運ぶことのないように願いたい、とのことだった。

昭和一九年（一九四四）に移転を開始したが、太平洋戦争下のため工事ははかどらず、終戦前後の約四年間工事は中断し、ようやく完工したのは昭和二四年（一九四九）であった。この二基の櫓は、旧来の位置とは異なるが、城址本丸入口の両側に復元され、南櫓・北櫓と名付けられた。そして昭和二八年には、戦前から徴古館として藩政資料を展示していた西櫓と共に、博物館法により上田市立博物館として開館されることになった。

その後、昭和三四年（一九五九）には三基の櫓とも県宝に指定されている。この県宝というのは国の宝の国宝に準じ、県の宝の県宝とするが、他府県の重要文化財に該当するものなのか、長野県独特の表現方法と考えられ、他府県で使用されている例を存知しない。

昭和四〇年（一九六五）には二ノ丸に博物館の新館が建設され、その後も博物館の分館として、南櫓だけが内部公開されていたが、同四七年以降はこれも非公開となった。

昭和五六年（一九八一）より六カ年にわたった上田城櫓改修工事が終了したこともあり、同六二年から冬期を除き、南櫓の内部も公開されるようになり、東虎口櫓門が復元された現在では、毎年四月から一一月まで南櫓・櫓門多聞櫓部・北櫓の内部が一連して見学できるようになっている。

二、修理工事概要

六カ年にわたった修理工事は、西櫓を第一期・南櫓を第二期・北櫓を第三期として、順次二年ごとの継続事業とされた。三基の櫓とも屋根の全面葺替えと、内外の壁の塗り替えを主として行ったほか、腐朽した木部の部分修理に合わせて、後世改造または増設された箇所等、旧規の明らかなものは、撤去もしくは、復旧整備された。そのうち、西櫓に当っては、後設の東面出入口の庇を撤去し、出入口廻りと大戸を復旧して、各窓廻りを整備した。南櫓及び、北櫓については失われていた二重屋根の破風内側に木連格子を復したほか、鉄砲狭間・矢狭間を推定復元した。内部の昇り階段については、三櫓ともに旧来の位置と形式が不明で、やむなく現状のままとした。その他、南櫓では南面土堤の崩壊部分に石組を施して補強した。また、北櫓では西側の石階段の積み直しと、北面土堤の土砂流出箇所を合わせて補修した。

修理内容として、屋根の全面葺替えは、特に屋根・軒廻りにおいて隅木・出桁・垂木等腐朽材の取替え、または繕いを施し、野地板は各櫓とも張り直して、新たに土居葺を施した。内外の柱壁は表面のみを塗直し、軒廻りは壁下地の木舞から掻き直し、荒壁付けから表面の漆喰仕上塗りまで行った。その他各櫓とも、出入口及び窓廻り等、後世に改変された箇所等は、できるだけ旧規に復旧整備した。南櫓・北櫓の二基については形式がかなり損なわれていたため、現状を西櫓の旧規に倣い復旧整備した。

当初材は将来の保存に支障のない限り努めて再用した。取替材は原則として当初材と同種材を用いた。

不足の各種屋根瓦は、それぞれ旧屋根瓦に倣って焼成され補足した。

西櫓に出入口大戸を新規に作製して建込んだ。同櫓の各窓の突上板戸は緩みを直し板を張り替えた。南北両櫓とも出入口に大戸を新調したほか、各窓には突上板を付け、その他一・二階の狭間を整備した。

三、構造・形式概要

上田城の三基の櫓は、仙石氏による寛永三年（一六二六）からの復興工事に際して建てられている。真田氏創建の上田城は関ヶ原合戦後、徳川氏により破壊され、その後仙石忠政により寛永期に再建されてからは櫓の建て直しの記録が無いこと、また、柱が丸刃の手斧（ちょうな）によって仕上げられていることからも、三基の櫓ともに寛永期の建築に間違いないとされてきた。そして、昭和五六年（一九八一）から同六二年にかけての修理工事でも、部材の加工法や、楔・継手の面から、三櫓とも寛永期築造が再確認された。この工事の際には、西櫓の中心の丸柱に、「仙」の字の刻印が幾つも押されているという注目すべき発見があった。これは仙石氏の「仙」の字を刻したもので、仙石氏から松平氏に城主は代わっても、西櫓は、寛永期築造のまま現在に至っているという貴重な証拠ともいえる。

三櫓とも同規模の建物である。現状を殆どそのままに遺す西櫓についての概要は、二重櫓で、一階の桁行九・八五m、梁行七・八八m、二階は桁行八・六四m、梁行六・六七mで、二階は一階より二尺（六〇・六cm）ずつ内側に入れ、梁上に置かれた土台に柱を立てている。したがって、柱は全て通柱になっていない。主要材は松と栂（つが）である。

外壁は一・二階とも下の三分の二程を下見板張としその上から軒の部分は塗込としている。また、棟と直角の側面である妻に入口を設けていて、屋根は入母屋造、本瓦葺である。

窓は一・二階ともに内側（東・北の両面）が小さく外側（西・南の両面）が大きく造られている。その他狭間もあるが石落はない。窓は武者窓で、格子窓に突上戸が取り付けられていて、鉄の棒（支柱）で突き上げて開けるようになっている。

狭間は北面では左より、縦長の矢狭間が一つと、正方形に近い鉄砲狭間（銃眼）が、三つ並んでいる。この配列は反対側の南面も同様である。西面では左側に矢狭間が一つあり、その右に鉄砲狭間が二つ並んで開口している。

　南面軒裏を観ると、屋根の張り出しを支える垂木も漆喰で波形に塗り込められている。また、横に渡した材である出桁が、その垂木を下から支える出桁造となっている。

　西面入母屋破風の装飾は、漆喰で塗り込められた破風板・蕪懸魚・木連格子である。修理工事の際に、この懸魚に幕末の安政六年（一八五九）作の刻銘が発見されている。

　屋根は、平瓦と丸瓦による本瓦葺で、平瓦は六・七割方も重ねてある。現在の櫓の瓦には、軒丸瓦は三ツ巴紋、鬼瓦は松平家表紋の五三の桐紋が付されているが、これは松平氏が上田城主となってからのもので、それ以前の仙石氏在城時代は、鬼瓦・軒丸瓦ともに同氏の表紋である永楽銭の紋様であった。

　内部内壁は現在は白漆喰が塗られているが、当時は荒壁で、徴古館時代から備え付けの展示ケースを撤去した際、ケースの陰は全くの荒壁で、漆喰の痕跡もなく、ケースを備え付けたまま白漆喰が塗られたことが判明した。上田城の櫓は実際には倉庫として使用されて居住的機能はなく、白漆喰塗りはむしろ不自然といえる。内部の矢狭間・鉄砲狭間はかなり低い位置にあるが、これは膝撃ちの姿勢で下方の敵を狙うのによい高さであった。

上田城各櫓の規模概要

西櫓

桁行—桁行両端柱真々
　一階　九・八五〇m
　二階　八・六四〇m
梁行—梁行両端柱真々
　一階　七・八八〇m
　二階　六・六六八m
軒の出—側柱真より裏甲外角まで
　一階　一・五〇〇m
　二階　一・一五〇m
軒高—石垣上端より裏甲外下角まで
　一階　三・七〇〇m
　二階　七・五〇〇m
棟高—石垣上端より大棟頂上まで
　一〇・七五〇m

南櫓

桁行—桁行両端柱真々
　一階　九・八五〇m
　二階　八・六四〇m
梁行—梁行両端柱真々
　一階　七・八八〇m
　二階　六・六六八m
軒の出—側柱真より裏甲外角まで
　一階　一・一五〇m
　二階　一・一五〇m
軒高—石垣上端より裏甲外下角まで
　一階　三・四〇〇m
　二階　七・一五〇m
棟高—石垣上端より大棟頂上まで
　一〇・七四五m

北櫓

桁行—桁行両端柱真々
　一階　九・八五〇m
　二階　八・六四〇m

梁行―梁行両端柱真々

一階　七・八八〇m

二階　六・六六八m

軒の出―側柱真より裏甲外角まで

一階　一・一五〇m

二階　一・一五〇m

軒高―石垣上端より裏甲外下角まで

一階　三・四五〇m

二階　七・二〇〇m

棟高―石垣上端より大棟頂上まで

一〇・七七〇m

上田城西櫓

構造形式

概要　一階桁行九・八五m、梁行七・八八m。二階桁行八・六四m、梁行六・六六八m、二重、入母屋造、本瓦葺、妻入、東面面建。

基礎　西・北・南三面自然石打込積、各隅石角仕立て算木積、上端水平積。東面出入口全面台地、本丸敷地より石階段据付。内部間柱礎石自然石据、大引下一間毎自然石据付。

軸部　周囲土台据、一階周囲角柱一間毎立（桁行両面各中央柱立）、内部中央丸柱立。上部桁行に丑梁架構、二階床梁一間毎架構、各隅部桁行に平及び隅行梁差。以上各二階梁は桁外跳出し出桁受。周囲柱上部軒桁組、柱貫差通。

二階周囲柱立土居桁置、二階角柱一間毎立（桁行両面中央柱立）、内部中央丸柱立、上部桁行に丑梁架構、小屋梁一間毎架構、各隅部桁行に平及び隅行梁差。

以上各小屋梁は桁外跳出し出桁受。周囲柱上部軒桁組、柱貫差通。

小屋　和小屋組。両妻小屋束立土居桁組。小屋束梁行半間毎立、上部棟木・母屋差、下部寄蟻柄立。棟通小屋束貫二通差、棟脇小屋束貫一通差、梁行小屋束貫二通差。

破風　棟木・母屋に平柄差割楔締、拝部裏面千切板留、破風板眉決り、登布裏甲附。

床組　一階大引各柱筋梁行据、根太一・五尺間入。床板突付張。二階根太各二階梁上渡掛据、床板合決張。

内部　一・二階共長方形一室、中央部真柱立。周囲見え掛り筋違入、真壁白漆喰塗。一階北面東寄二階昇階段据。

外部　周囲一・二階共下見板囲、上部軒廻共白漆喰塗込大壁。東面一階出入口漆喰塗大戸建。一・二階共漆喰塗格子窓・突上板戸吊。破風板漆喰塗込、蕪懸魚附。木連格子破風内側立・裏板漆喰塗。

軒廻　一・二重共茅負、布裏甲、瓦座附。出桁跳出梁に平柄差、軒口波形塗込壁、布裏甲、瓦座共木地見え掛り。

屋根　一・二重共本瓦葺、一重各隅棟鬼瓦据。雨落部捨瓦三通置、二重入母屋造、大棟熨斗瓦積両端鬼瓦及び鯱瓦据。降棟・隅棟共熨斗瓦積鬼瓦据。（各鬼瓦上鳥衾瓦を用いず）。

柱間装置

一階東面北より第二間出入口大戸建。南端間鉄砲狭間、北面東端間矢狭間、東より第二・三間鉄砲狭間、東より第四間格子子建塗込窓突上板戸吊、西端間鉄砲狭間。

南面東より第一間鉄砲狭間、東より第二間西寄半間、第三・第四間東寄半間共に格子子建塗込窓突上板戸吊、同東より第三・第四間各鉄砲狭間、西端間矢狭間。

西面北端間矢狭間、第二・三間格子子建塗込窓突上板戸吊、北より第三・四間各鉄砲狭間。その他間下見囲大壁、内部真壁。

二階東面北より第三間格子子建塗込窓突上板戸吊、南端間鉄砲狭間。北面西より第二間格子子建塗込窓突上板戸吊、西端間各鉄砲狭間。

南面東端間、西端間各鉄砲狭間、東より方二間北寄半間・第三間・第四間東寄半間各格子子建塗込窓突上板戸吊。

西面北端間、南端間各鉄砲狭間。北より第二・三間格子子建塗込窓突上板戸吊。

上田城南櫓

構造形式

概要　一階桁行九・八五m、梁行七・八八m。
二階桁行八・六四m、梁行六・六六八m、二重、入母屋造、本瓦葺、妻入、北面建。

基礎　東・西・南三面自然石打込積、各隅石角仕立て算木積、上端水平積、北面出入口全面台地・旧多聞櫓石垣に接続。内部真柱礎石円形自然石据、大引下一間毎自然石据。

軸部　周囲土台据、一階周囲角柱一間毎立（桁行両面各中央柱立）、内部中央に角柱立。上部桁行に丑梁架構、二階床梁一間毎架構、各隅部桁行に平及び隅行梁差、以上二階梁は桁外跳出し出桁受。周囲柱上部軒桁組、柱貫差通。

二階周囲柱立土居桁組、二階角柱一間毎立（桁行両面各中央柱立）、内部中央に角柱立。上部桁行に丑梁架構、小屋梁一間毎架構、各隅部桁行に平及び隅行梁差、以上各小屋梁は桁外跳出し出桁受。周囲柱上部軒桁組、柱貫差通。

小屋　和小屋組。両妻小屋束立土居桁組。小屋束梁行半間毎立、上部棟木・母屋差、下部寄蟻柄立棟通小屋束貫二通差、棟脇小屋束貫一通差、梁行小屋束貫二通差。

破風　棟木・母屋に平柄差割楔締、拝部裏面千切板留、破風板眉決り、登布裏甲附。

床組　一階大引各柱筋梁間据、根太一・五尺間入、床板合決張。二階根太各二階上渡掛据、床板合決張。

内部　一・二階共長方形一室、中央部真柱立。周囲見え掛り筋違入、真壁白漆喰塗。一階東面北端二階昇階段据。

外部　周囲一・二階共下見板囲、上部軒廻共白漆喰塗込大壁。一階北面出入口漆喰塗大戸建。一・二階共漆喰塗格子窓・突上板戸吊。破風板漆喰塗込、蕪懸魚附。木連格子破風内側立・裏板漆喰塗。

軒廻　一・二重共茅負、布裏甲、瓦座附。出桁跳出梁に平柄差。軒口波形塗込壁。布裏甲・瓦座共木地見え掛り。

屋根　一・二重共本瓦葺、一重各隅棟熨斗瓦積鬼瓦据。雨落部捨瓦三通置。二重入母屋造、大棟熨斗瓦積両端鬼瓦及び鯱瓦据。隅棟熨斗瓦積鬼瓦据。（各鬼瓦上鳥衾瓦を用いず）。

柱間装置

一階北面西より第二間出入口大戸建。東面北より第一間・南端間各矢狭間、第二間南半間・第三間・第四間北半間各格子子建塗込窓突上板戸吊。

北より第三・第四間各鉄砲狭間、南面東より第一間矢狭間、東より第三間・西端間各鉄砲狭間、東より第二・第三間格子子建塗込窓突上板戸吊。

西面北より第一・四・南端間各鉄砲狭間、北より第二間矢狭間、北より第三・第四間北半間格子子建塗込窓突上板戸吊。

二階北面東より第一間鉄砲狭間、北より第二間格子子建塗込窓突上板戸吊。東面北より第一間矢狭間、南端間鉄砲狭間、北より第二間南半間・第三・第四間北半間各格子子建塗込窓突上板戸吊。

南面東半間鉄砲狭間、西端間矢狭間、中央二間各格子子建塗込窓突上板戸吊。

西面北端間矢狭間、北より第二間、南半間各鉄砲狭間、北より第三間・第四間北半間格子子建塗込窓突上板戸吊。その他間内部真壁、外部下見板囲及び白漆喰大壁。

上田城北櫓

構造形式

概要　一階桁行九・八五m、梁行七・八八m。

二階桁行八・六四m、梁行六・六六八m、二重、入母屋造、本瓦葺、妻入、南面建。

基礎　東・西・北三面自然石打込積、各隅石角仕立て加工石積、上端水平積、南面出入口全面台地・旧多聞櫓石垣に接続。内部真柱礎石自然石据、大引下一間毎自然石据。

軸部　周囲土台据、一階周囲角柱一間毎立（桁行両面各中央柱立）、内部中央に角柱立。上部桁行に丑梁架構、二階床梁一間毎架構、各隅部一間に平及び隅行梁差、以上二階梁は桁外跳出し出桁受。周囲柱上部軒桁組、柱貫差通。

二階周囲柱立土居桁組、二階角柱一間毎立（桁行両面各中央柱立）、内部中央に角柱立。上部桁行に丑梁架構、小屋梁一間毎架構、各隅部桁行に平及び隅行梁差、以上小屋梁は桁外跳出し出桁受。周囲柱上部軒桁組、柱貫差通。

小屋　和小屋組。両妻小屋束立土居桁組。小屋束梁行半間毎立、上部棟木・母屋差、下部寄蟻枘立。棟通小屋束貫二通差、棟脇小屋束貫一通差、梁行小屋束貫二通差。

破風　棟木・母屋に平枘差割楔締、拝部裏面千切板留、破風板眉決り、登布裏甲附。

床組　一階大引各柱筋梁行据、根太一・五尺間入、床板突付張。二階根太各二階梁上渡掛据、床板合決張。

内部　一・二階共長方形一室、中央部真柱立。周囲見え掛り筋違入、真壁白漆喰塗。一階東面南寄二階昇階段据。

外部　周囲一・二階共下見板囲、上部軒廻共白漆喰塗込大壁。一階南面出入口漆喰塗大戸建。一・二階共漆喰塗格子窓・突上板戸吊。破風板漆喰塗込、蕪懸魚附。木連格子破風内側立・裏板漆喰塗。

軒廻　一・二重共茅負、布裏甲、瓦座附。出桁跳出梁に平枘差。軒口波形塗込壁。布裏甲・瓦座共木地見え掛り。

屋根　一・二重共本瓦葺、一重各隅棟熨斗瓦積鬼瓦据。雨落部捨瓦三通置。二重入母屋造、大棟熨斗瓦積両端鬼瓦及び鯱瓦据、降棟・隅棟共熨斗瓦積鬼瓦据。(各鬼瓦上鳥衾瓦を用いず)。

柱間装置　一階南面西より第二間出入口大戸建。東面南より第一・二・三間鉄砲狭間、北端間矢狭間、南より第二間北半間・第三間・第四間南半間格子子建塗込窓突上板戸吊。西面南より第二間北半間及び第三間格子子建塗込窓突上板戸吊。北面東より第一・二間鉄砲狭間、東より第二間格子子建塗込窓突上板戸吊。

二階南面東端間鉄砲狭間、東より第二間格子子建塗込窓突上板戸吊。東面南端間及び北端間・北端間鉄砲狭間、南より第二間北半間・第三間・第四間南半間格子子建塗込窓突上板戸吊。西面南より第三間格子子建塗込窓突上板戸吊。北面東端間矢狭間、東より第二間格子子建塗込窓突上板戸吊。

土塁　北面西端土堤接続。

石階段　西面東向石階段五級、南北幅三m、石材花崗岩見え掛り荒叩仕上。南面石階段二一級、東西幅耳石外面四m、耳石下部親柱立、同上部西面親柱立。耳石外側斜面各芝張。

上田城本丸東虎口櫓門

一、沿革

上田城の本丸東虎口櫓門の創建年代については、仙石忠政による寛永三年（一六二六）から同五年の上田城復興の際に建造されたものと推定されている。これ以後、上田城の主要建造物が新たに建てられた記録はなく、寛永期に建てられた建造物が、部分的な補修を受けながら明治の廃城まで存続していたものと考えられている。

　上田城は一般の近世城郭とは異なり、藩主の居館は真田信之城主時代以来、一貫して三ノ丸に置かれていた。したがって特別の行事がない限り藩主はもとより一般の家臣達も、本丸・二ノ丸には立ち入ることはなかったと推測されている。城内には鬱蒼たる大木が生い茂り、わずかな番人が警護しているのみであった。このような事情から、櫓門や隅櫓についての文献史料は極めて少なく、各櫓の名称すら伝えられていない。宝永三年（一七〇六）の、仙石氏から松平氏への城地引き渡しの際に作成された『上田城残置候武具帳』と題された古記録には、「本丸東之門、三道具、小頭壱人、足軽弐人、中間参人」とあり、仙石氏時代には小頭以下六人で警備していたことが窺える。なお、本丸東虎口櫓門の名称については、松平氏在城時代の絵図や文献の一部に「多門」・「渡櫓」等の記載がある。

　明治時代に至り、本丸東虎口櫓門は、同一〇年（一八七七）頃解体されたものと推定されるが、不詳である。

二、櫓門復元

平成二年（一九九〇）に策定された「史跡・上田城跡整備基本計画」に基づいて城址の整備事業が進められ、その一環として本丸東虎口櫓門と左右の袖塀が復元された。

　櫓門の基礎遺構を確認する発掘調査・石垣の精査・古写真及び絵図の確認調査・伝世資料としての瓦類、懸魚の調査等が行れた。

　そして文化庁の許可を得て平成三年（一九九一）から同六年に掛けての事業であった。

三、構造・規模

櫓門　木造、本瓦葺、入母屋造
　上層部、桁行—約一一・九m
　　梁行—約五・九m
　　棟高—約六・九五m
　　軒高—約三・五m
　　軒の出—約一・二m
　腰下見板張
　外廻り白漆喰塗込大壁
下層部東側、鏡柱・脇柱・寄掛柱
間横板嵌込
西側、吹抜
櫓門棟高—地表から大棟
頂上まで
　　約一一・五m
袖塀　木芯土壁、本瓦葺、外廻り白漆喰塗込大壁、腰下見板張
総延長—約二四・二m
高さ—約二・三m

城址逍遥

　JR上田駅前広場には、馬上で采配を振るう甲冑姿の真田幸村の銅像があり、傍に六文銭・雁金の旗が、晩夏の涼風になたなびいている。智将真田幸村は、関ヶ原合戦で勇名を馳せた闘将大谷吉継の女（むすめ）を妻とし、子宝に恵まれ、娘だけでも早世した子も含め六人ほどいたようである。幸村は大坂落城のみぎり、一七歳になる長女阿梅（おうめ）に、面識はないが敵ながら優れた働きをする奥州伊達家の重鎮片倉重綱の陣営を頼るように指図した。名のある武将ならば、敵将の娘を決して粗略にはしないと思ったからである。聡明で利発な阿

梅は、白稜の鉢巻きをし、白柄の長刀（なぎなた）を手に侍女一人を従え重綱の陣営を探し当てる。片倉重綱は、この容顔美麗な娘が幸村の子女とわかると手厚く保護し、奥州白石城へ連れ帰った。

〝真田日本一の兵〟と大坂落城の中、幸村の評判が高まり、この勇将の娘を妻にすることは、武人の誉れであった。重綱は先妻が病没すると、この阿梅を後妻とした。彼女には子供はできず、先妻の娘が嫁いで産んだ子供で重綱の孫に当たる子を、わが子同然に育てて、片倉家を継がせた。片倉家では阿梅の他に、妹の阿菖蒲（おしょうぶ）や次男大八等、幸村の遺児数人を引き取って白石城二ノ丸で養育した。阿菖蒲も良縁を得て名家に嫁ぎ、真田幸村の娘たちは片倉家で幸せを得た。

真田家の六文銭紋は有名で、三途の川を渡る時の通用銭として、戦陣の旗等で決死を表明した。紋章学上は銭紋（ぜにもん）の真田六文銭紋で、六連銭紋とも称された。これは文字等のない無文銭紋で、有紋銭紋には、永楽銭紋・寛永銭紋・天保銭紋等があり、吉祥文字が喜ばれた。雁金紋は真田家の裏紋である。

上田高等学校へ向う。現在の上田高等学校の敷地は上田城主の居館跡地で、城主御屋形表門と前面の水堀・土塀・土塁等が遺っている。同校の校門となっている現在の表門は、寛政元年（一七八九）に焼失した後、同二年に再建されたものである。門の形式は薬医門で門柱の背後の押柱にも屋根の荷重を負わせるようになっていて、進歩した形式の大規模な門である。

前面を写真撮影して、潜戸から中に入って門の背面を撮る。夏休みなので生徒の姿はあまり見かけない。土塁上の土塀は藩主邸時代以来のものであるが、築造されたのは幕末の文久三年（一八六三）である。それまでの藩主邸の土塁の上には、矢来（やらい）が廻らされていただけであった。矢来とは、竹や丸太を縦・横に粗く組んで造った囲いのことである。幕末にこの矢来を取り払って土塀が築かれたが、四囲全部を囲んだものではなく、東と北の、いわば表側だけの、約二六九mにわたって築かれた。東北隅は鬼門除けのため二m程、角を切った形で折り回して築かれている。

松平氏の上田入封後、御作事と称された旧中屋敷の門が、房山の松野氏宅に移建されているので、汗を拭いつつ訪ね歩いた。規模を縮小され左右の建物に挟まれ窮屈そうに建っていた。桟瓦葺の切妻造の薬医門である。写真撮影をしたが、後に出来上がった写真は逆光で、光の線が入ってしまっていた。

旧鍛冶街の本陽寺には、旧藩主御殿の表玄関が移築されている。大きな唐破風屋根を飾る鬼瓦は五三の桐紋である。

上田城址に着き、最初に時鐘櫓を撮る。そして計尺竿で規模を測る。寄棟造・桟瓦葺の鐘楼で、基壇の高さは約〇・四m、地表から大棟までの高さは約七・七m、縦のトタン張り部分の高さは約三m、建物底辺平面規模は、約四・四m×四・四mである。

藩政時代、上田城下の人々に時を知らせた時鐘櫓は丸堀通りの西側にあり、仙石氏在城時代以来のものであったが、その始まりは延宝五年（一六七七）のことと伝わり、それは『原町問屋日記』という文献にある。大手門の木戸も、この鐘が明け六ツ、暮れ六ツを打つのに合わせて開閉された。大正一四年（一九二五）にサイレン時報になるまでの長い間、時刻を知らせ続け「時の鐘」と呼ばれ市民に親しまれてきた。その後は、城跡公園の入口右手の石垣の上に移され、現在に至っている。

鐘は元禄一五年（一七〇二）に鋳造されたものが長らく使われてきたが、これは太平洋戦争中に供出されてしまった。現在の鐘は、昭和四八年（一九七三）に新たに造られたもので「平和の鐘」と名付けられている。

復元された本丸東虎口櫓門を眺める。若い時ほどの気持ちの昂りはないが、嬉しいものはやはり嬉しい。全国の城でも左右に櫓を配置した城門は珍しいといわれる。平成の築城ブームの良き時代に生きていられる幸せと、この門も二〇〇年位たったら文化財に指定されるかもしれないなどと取り止めもないことを考えてみる。

真田石は、櫓門の右手の石垣に積まれている城内一の大石で、上田城の北に聳える太郎山から切り出されたものといわれ、縦二・三m、横幅は三mもあり、真田昌幸が築城の際、石運びに農民と共に綱を曳いたと伝えられている。真田信之が松代に移封を命じられて上田を去る時に、この石だけは父の形見として持ち去ろうとしたが、幾千人の人夫を使っても石は全く根が生えたように動かなかった。信之は、今更のように父の知略に驚きながらも、松代へ赴いたと伝わる。真田と名付けられたものにもう一つ、井戸がある。本丸西南の西櫓の手前にある大井戸で、直径は二mあり、深さは一六・五mに達する。城内唯一の井戸で、長野県下随一の規模ともいわれる。この井戸からは抜穴があって、城北の太郎山麓の砦に通じており、敵に包囲されても、その抜穴より兵糧を運び入れるにも、城兵の出入りにも不自由しなかったという。これが現在よく知られている真田井戸伝説であるが、この話の古い形式は、『日本伝説信濃の巻』によると、次の通りである。「信之の前、父の居城であった時には、この城は上田の北方太郎山の麓にある虚空蔵・牛伏・矢島・花古屋・荒城等の砦と、地下の抜穴で通じ、敵が上田城を囲んでも、自由に他と交通していたということである。」

このように元々の伝承は、現存する井戸とは関係なく、真田昌幸時代の上田城には、城外の砦と結ぶ抜穴があった、とするだけのものであった。二度にわたって徳川の大軍の攻撃を、真田氏は上田城に籠城して退けた。その知謀から生まれた伝説と考えられている。真田井戸は、西櫓の東方にあって六角形枠石組で、外径一・八二m、地上高は〇・八mである。

西櫓下の城内側石垣法高は、約四・五mである。上田城の塁壁は土塁を主体としているが、本丸・二ノ丸の虎口、櫓台等主要部は石塁である。その石積の大部分は、打込ハギで、石材は殆どが上田市街地の北方太郎山から切り出された緑色凝灰岩である。また、石塁では五輪塔の転用材が確認された箇所もある。尼ヶ淵側から西櫓を仰視して、写真撮影する。上田城の三基の櫓は同じ寸法で、柱間で五間に四間という長方形である。一層に比べて二層が少し小さくなっていて、安定感がある。外壁に石落や破風はなく、構成美に欠けるが、軒裏の波形漆喰塗や、入母屋破風の装飾に木連格子使用等、意匠上注意を払っている。櫓外壁の下見板張は、松本城・諏訪高島城等、寒冷地の城郭に多用され、初期の城郭建築様式で、上田城の櫓も同様である。大棟や隅棟の鬼板の上に突出する瓦である鳥衾が使用されていないことも、この城の櫓の特徴の一つである。かつては千曲川の分流が深い淵を形成していた尼ヶ淵は、現在では広大な駐車場となっている。

南櫓まで戻って、登閣する。一階内部床面から天井部までの高さは三・七二m、二階床面から棟木付近までの高さは約六・二m、二階内法平面規模は、八・四九m×六・四九mである。居住的機能が必要とされなかった櫓の多くは、天井板が張られることはなく、そのために、屋根を構成する骨組みである小屋組を、よく観察することができる。壁は当時は荒壁であったが、現在ではきれいに白漆喰塗となっている。櫓内壁の、風圧・地震力による軸組の変形を防止する役目の筋違い（すじかい）が目につく。窓から西櫓方面を眺めたりしてみる。一階内部には、上田城の城郭模型等が展示され、二階には年表パネルのほか、真田昌幸・信繁（幸村）・幸昌（大助）の大振りの人形が飾られている。

新装なった櫓門多聞櫓部へ入る。思わず足が滑りそうになる。内部には、復元工事工法のパネルや、大阪城天守閣に所蔵されている重要文化財の『大坂夏の陣図屏風』のレプリカが展示してある。数人の中年男性が本物を見たように興奮して大声を出しているので、思わず、「複製品ですよ」、と言ったらシーンとなった。本丸東虎口櫓門は、大棟に鯱瓦を置き、鬼瓦紋様は五三の桐の本瓦葺櫓門で、軒裏は波形漆喰塗、外壁は三分の二程を下見板張とする。入母屋破風の装飾は蕪懸魚・木連格子である。下層部中央に大戸を開き、横に潜戸を設けている。櫓門城内北櫓側石垣法高は、約四・六五mである。木材には、檜・松・杉が使用されている。

北櫓は下見板張部の高さ約二・六m、初層の軒高（この場合、地表から鐙瓦付近まで）約三・六m、同二層は約七・六mである。北櫓内部へ入る。管理係のオジさんがいるが、写真撮影は自由にできる。一階には城の瓦類・松平家伝来の甲冑・駕籠等が展示してある。駕籠は旅の途中、鴻巣宿（埼玉県鴻巣市）で死去した真田信之夫人大蓮院の遺骸を上田まで運んだと伝えられるものである。大蓮院は小松姫と呼ばれ、徳川家康の重臣本多忠勝の娘で、賢婦人として女丈夫の聞こえが高かった。長男信之と決別した真田昌幸が、孫の顔見たさに、沼田城へ立ち寄ろうとしたところ、長刀姿で断固拒絶した話は有名である。

北櫓一・二階の床、階段は造り替えられたようである。二階には、各城主のパネル・真田氏が発給した朱印状や安堵状・懸魚等が展示してある。この懸魚は、西櫓の西側破風に付いていた飾りで、裏に刻銘があり安政六年（一八五九）製作のものである。

もとの行程を戻って外に出る。本丸の周囲を廻る形で、東北隅の鬼門除けを見学する。多くの城郭関係の書籍に紹介されている有名な箇所で、土塁の隅部が内側に欠かれている。最近では、江戸城に鬼門除けの欠込みがあることを知った。江戸城の石垣の、平川門と現在の気象庁の間で、一辺が約八〇mはある大規模なものである。

堀の水が蒼い。上田城の本丸水堀は、幅約三〇m、深さ約八・二m、水深は約三・六mであった。同二ノ丸東の水堀は、幅約二七・三m、深さ約五・五m、水深は約一・八ｍで、これは全国的にみても標準的な広さであった。

上田市立博物館へ立ち寄る。ここには、上田・小県地方の歴史を通観できる歴史資料・民俗資料・自然資料が展示してある。

特に歴代上田城主の美麗な甲冑類が目を引く。日本の甲冑は、西欧の鉛色一色のそれと比べて色彩的に華麗なのが大きな特徴の一つである。戦国期の兜は、戦場においての士気高揚・自己顕示から、変わり形兜、と称された多彩で奇抜なデザインの多種類のものが登場した。現在も各地の博物館等に展示してある。そのほかの展示品には、隅櫓の鯱瓦・永楽銭紋や五三の桐紋の鬼瓦等がある。上田市立博物館には、郷土誌シリーズとして幾冊かの歴史関係の書籍が廉価で販売されていて、教育県長野の一端を垣間見る思いがする。私は、三冊買い求めたが、特に『郷土の歴史　上田城』は実に有用であった。同時に購入した古建築の書籍に、藩主邸の表門について詳述してあるし、カメラのフィルムも残っているので、帰路に再度立ち寄ることとする。

藩主邸の表門・土塁・土塀・水堀は、上田市指定の文化財である。表門は薬医門形式で、中の間の親柱間の真々三・八六五ｍ、柱の太さは、向って左五〇㎝×三四・五㎝、右四八・三㎝×三三・〇㎝である。材質は欅で頑丈な根太天井を張り、妻飾は虹梁大瓶束式で控柱との間は太い貫でかため下二段を除き、真壁で埋められている。軒裏は、前面・背面共出梁になっていて小天井が張られている。古建築の書籍にはこのように記されている。もうここにも来ることはないだろうと思って駅に向う。

ＪＲ上田駅から長野駅までは、普通列車でわずかな時間である。通路を隔てた向い側の席に、可憐な女子高生の二人組が座っておしゃべりをしている。こぼれるようなほほえみが、誰かの笑顔と重なる。目を閉じて一日の行動を振り返ってみる。…うす水色の上田盆地の空、輝く城櫓、以前母と小諸を訪れた時にここを通ったこと…。寂寥と孤影を身にまとい、素知らぬ顔で生きている自分…。風蕭蕭（かぜしょうしょう）と吹く季節は、そこまで来ている。

上田城西櫓北面

上田城西櫓南面

上田城南櫓西面

上田城復元本丸虎口櫓門内部

上田城復元本丸東虎口櫓門

上田城北櫓西面

上田城北櫓一階内部

上田城南櫓一階内部

上田城南櫓二階内部

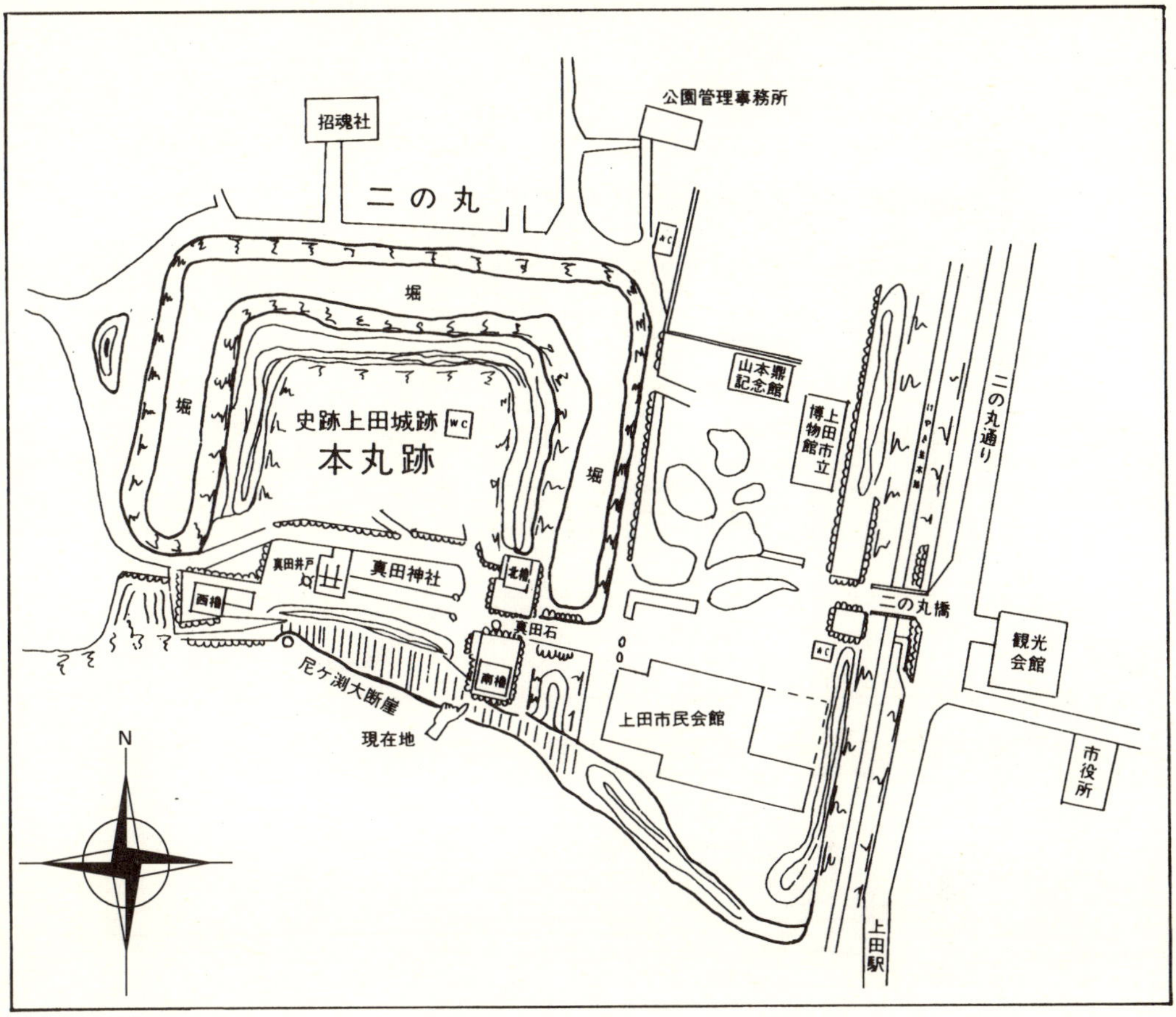
招魂社
公園管理事務所
二の丸
堀
堀
堀
史跡上田城跡
WC
本丸跡
山本鼎記念館
上田市立博物館
二の丸通り
真田井戸
真田神社
北櫓
西櫓
真田石
南櫓
尼ケ渕大断崖
現在地
二の丸橋
観光会館
上田市民会館
市役所
上田駅
N

上田城案内図

上田城西櫓南立面図

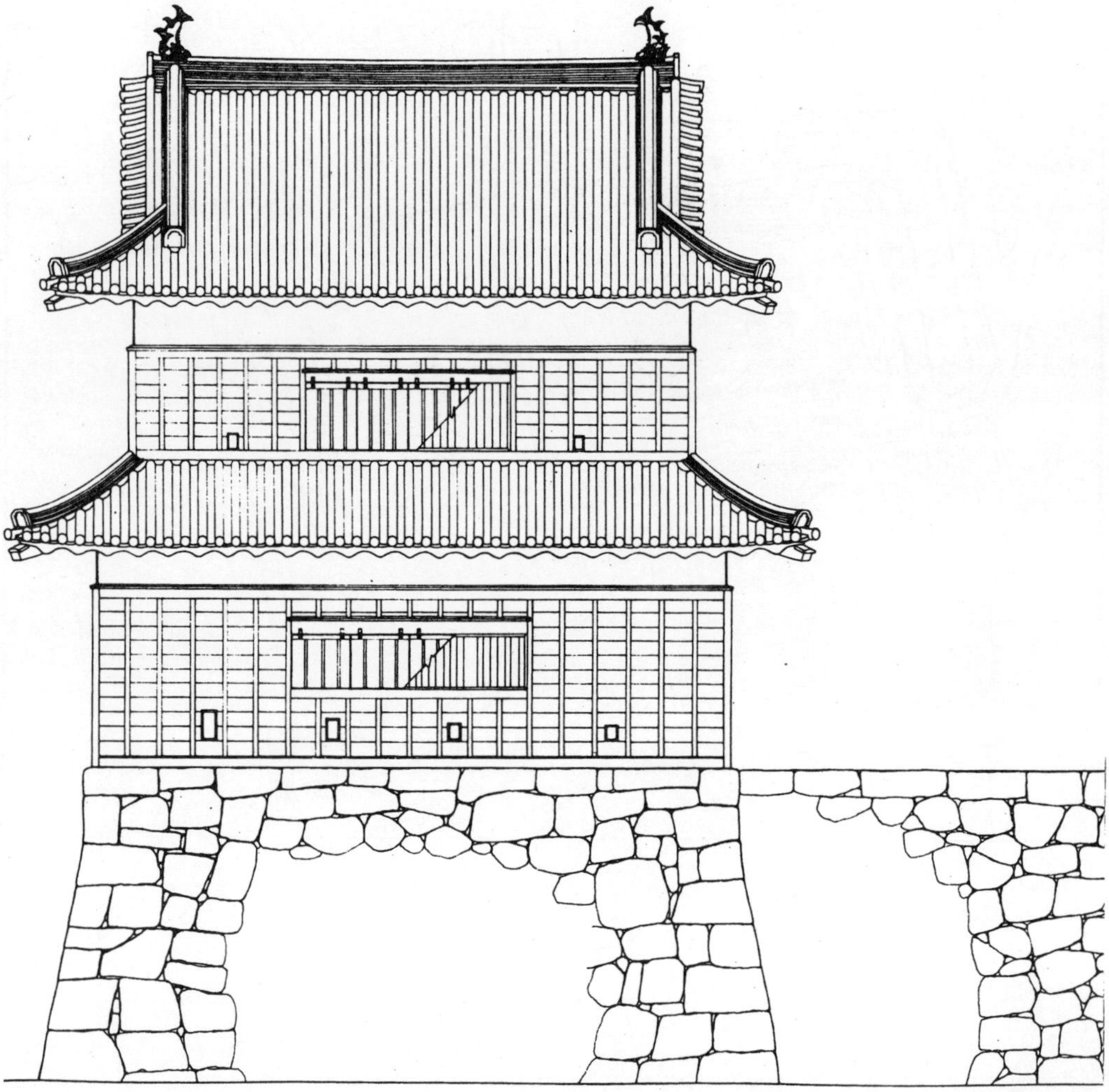

史跡　上田城跡
西櫓　南櫓　北櫓
修理工事報告書より

第二章　探訪

松本城の建造物遺構

はじめに

今考えると、若い頃はずいぶん無茶な旅をしたものである。ゴールデンウィークや盆休暇の混雑時に、宿も予約しないで出かけたことは度々であった。

昭和五〇年（一九七五）五月、北陸の諸城址見学の旅に出た。大まかな旅行計画を立て、夜の一〇時頃に岐阜駅を通過する鈍行があったので、それで富山まで行くことにした。

鈍行だからゆっくり座って眠って行けると考えたのが間違いだった。そんな考えは誰でも持つもので、乗車する前から押し合いへし合いであった。

乗るには乗れたが、立ったまま身動きひとつとれない。若かったからトイレの心配はなかったが、そんな状態で、翌朝死ぬような思いで富山に着いた。

それから、富山城址・高岡城址・金沢城址を見学した。金沢では雨が降ってきた。そして夕方、松任に着いた。

駅近くの松任城址を見学して、宿を探したがある訳がなかった。しかたがないから駅に戻って夜を明かすことにした。若い男がいてどちらからともなく話し掛けた。男の話では、自分は旅行会社に勤務していて、別の駅に荷物を預け、恋人に逢いに来たが親が家に入れてくれなかった、などと言った。

五月とはいえ、雨の北陸の夜は寒い。俺はブレザーを着ていたからよかったものの、男はサマーセーター一枚きりであった。よほど寒かったのだろう。夜中に「背中を合わせて横になりませんか?」と言ってきた。野郎同士駅のベンチで背中を合わせて寝ても、色気も何もあったものではないので、断って朝まで話し込んだ。そして別れ際、読み終えた週刊プレイボーイを渡した。

それより前の昭和四八年（一九七三）、信州の諸城址を見学した。この時も宿は予約せず、夕方名古屋を出たら九時半頃松本に着いてしまった。

それから宿を探したが見つからなかったので、松本城の公園のベンチで野宿をした。夏だったが空気はひんやりして心地よかった。蚊にもくわれなかったが、あまり眠れなかった。

ようやく東の空が白みはじめてきた。そういった連中がかなりいて、中には寝袋を持参した者の姿もみえ、公園の噴水で洗顔などをしていた。俺はベンチに腰掛けぼんやり城を眺めた。明るくなってから入城時間の九時までのおよそ五時間が、いかにも長く感じられた。

昭和五八年（一九八三）四月、親孝行のまねごとのつもりで母を連れて、松本城址・善光寺・小諸城址を訪れたことがあった。

松本城の天守から出たところで雨が降り出した。「親不孝者が、たまに旅にでも連れて来るで、雨が降るわ」と母はいった。遙かなる明治生まれだった母の辛辣な言葉が、今でも懐かしく思い出される。

百花ひとときに咲く季節の北国の城は、

ことのほか美しい。松本市は長野県の中央、松本平の高原盆地の中央部に位置し、古くは松本城の城下町として栄え、清澄な環境の中で息づいている山紫水明の街である。

白と黒のコントラストの美しい松本城天守は、我国に現存する五層天守では最古で、天守・乾小天守・渡櫓・辰巳附櫓・月見櫓が国宝に指定され、白銀の北アルプスと競い合うように建ち、仰ぎ見る者に泡沫の歴史を語りかけてくれる。

城史

松本城の存在する場所には、古代末期頃から、国衙在庁官人の犬甘氏（いぬかいし）が館を構えていたものと推定されるが、城館らしいものが構築されたのは室町時代初期のことである。

足利尊氏の下で勲功をたてた小笠原貞宗が信濃国守護職として入部し、現在の松本城の南方二㎞の地点に井川館を構築して居住した。そして松本城の地には、井川館の支城が置かれた。

そして戦国期には坂西氏が領知していた。松本の旧市内一帯は古来から深志と呼ばれ、後には井川館から林城に移った守護小笠原氏の支城である深志城が置かれたが、その城将が坂西氏であった。

天文一七年（一五四八）、塩尻峠の合戦で小笠原長時を敗った甲斐の武田晴信は、深志城の大規模な改修工事に取り掛り、その後約三〇年間にわたり東信濃・北信濃への進出の拠点としてこの城を利用した。

晴信は深志城の城地の拡大や、城下町の経営にも力を入れたが、その普請の規模を知る明確な史料は無い。

天正一〇年（一五八二）、織田信長の信濃・甲斐侵攻の際には、武田方の城代馬場信春の退いた深志城を木曾義昌等が占拠した。

武田氏滅亡後、深志城は木曾義昌の領知するところとなったが、本能寺の変後、織田勢の支配の確立していなかった信濃地方は混乱に陥り、それにつけ込んで上杉景勝・北条氏政・徳川家康等が信濃支配を目指し、国内の小豪族も失地回復の好機とみて動き始めた。

まず、上杉景勝が深志城を攻め木曾義昌を追い、上杉氏の庇護の下にいた小笠原長時の弟貞種を城主とした。しかし後に、徳川家康の後援を受けた長時の長男小笠原貞慶が旧臣を糾合して深志城の叔父貞種を攻撃し貞種は越後に退いた。

弱小勢力であった小笠原氏は、日岐氏・会田氏等と戦い、或は屈服させ、さらには家康の支援を受け筑摩北部では上杉景勝と戦い、ようやく筑摩・安曇両郡を平定した。天正一三年（一五八五）、小笠原貞慶は領国経営の基盤を確立するために、城と城下町の建設に力を入れ、深志の地名を松本と改称した。天正一八年（一五九〇）、徳川家康は関東移封となり小笠原貞慶の子秀政も下総国古河三万石へ所替になった。そして松本城には石川数正が八万石で入部し、現在の松本城の原形が創建されたのは石川氏時代で、数正の子康長が普請したものである。

石川数正は天正一三年（一五八五）、いわゆる岡崎出奔事件で徳川家康の下を離れ豊臣方へ走ったが、その動機は不明であり、表面上は秀吉の家康に対する立場もあり、冷遇されていたようである。

松本に入部すると上方流・近江流の手法による天守等の建造を企画したが、志半ばにして死去し、実際に天守以下の建造物を造営したのは長男玄蕃頭康長であった。

慶長一八年（一六一三）、石川氏は大久保長安断罪事件に連座し改易され、以後明治維新までの二五〇余年間、松本は徳川氏の近縁大名が城主となり、目まぐるしく交替した。

小笠原秀政・忠真・二代・八万石、戸田松平康長・康直・二代・七万石、越前松平直政一代・七万石で、この松平直政が城主の時、松本城の最終的な建設工事が行われた。これは大天守に附属する辰巳附櫓と月見櫓の建設で、この増築工事により大天守・乾小天守・渡櫓・辰巳附櫓・月見櫓からなる松本城が完成し、現在に至っている。

この増築は寛永一一年（一六三四）に将軍徳川家光が上洛の帰路善光寺参詣のために、松本城に泊る、と内意を伝えたことによる急普請で、結局善光寺への参詣は行われなかったが、松本城の昭和の大修理の際に、天守の主材は手斧（ちょうな）削りの栂であるのに対し、辰巳附櫓・月見櫓の主材は鉋削りの檜であることが判明し、辰巳附櫓と月見櫓は直政の増築であるとされている。

松平直政の後は、堀田正盛・一代・一〇万石、水野忠清・忠職（ただもと）・忠直・忠周（ただちか）・忠幹（ただもと）・忠恒（ただつね）・六代・七万石、

この水野氏三代忠直治世の貞享三年（一六八六）、松本藩の農民が、過酷な年貢に反対して強訴したいわゆる加助騒動が起こり、磔刑にされる際の加助の大音声で、天守が傾いたという巷説がある。低湿地に建てられた天守の損傷と、義民加助への哀れさを結びつけた伝説である。

水野氏六代忠恒は、享保一〇年（一七二五）江戸城松の廊下で、長府毛利家の世子主水師就（もろなり）に対して狂乱刃傷事件を起こし、水野家は改易となった。この事件は民間では加助の祟りと噂された。水野氏の後は、戸田松平氏が光慈（みつちか）・光雄（みつお）・光徳（みつやす）・光和（みつまさ）・光悌（みつよし）・光行・光年（みつつら）・光庸（みつつね）・光則（みつひさ）と六万石で九代続いて明治の廃藩を迎えた。

規模・構造

小笠原氏時代における深志城は周囲に堀を穿ち、土塁を築き上げた館城で、武田氏時代に近世松本城の縄張の原形が造られた。

松本城の規模は、ほぼ東西約六〇〇m・南北六〇〇mの区域にあり、南面を大手とし梯郭式と輪郭式を併せた平城で、約三九万m^2に及ぶ広大な土地を城地として周囲の豊富な水系を活用し、天守を中心に内堀・外堀・総堀と三重に水堀を巡らし、本丸は石塁・二ノ丸は一部石塁の他、土塁・三ノ丸はすべて土塁造であった。

城地の中心である本丸には、西南隅に天守、中央に本丸御殿が置かれ、南東隅に黒門とその南に二ノ門、本丸北東隅に北裏門、その東に一重櫓の本丸隅櫓、ここから南の黒門まで多聞櫓、本丸西には埋門が設けられ周囲には内堀が巡らされていた。

二ノ丸は本丸の東方から南方、さらに西方にかけて縄張され外堀で囲まれ、東部に二ノ丸御殿（大書院）、東南に古山寺御殿、西方に八千俵蔵、二ノ丸東北隅に東北櫓、

同じく東南隅に巽櫓、南に南櫓、西南隅に西南櫓、西北隅に西北櫓が置かれた。西南櫓は一重櫓で他は二重櫓であった。その他、二ノ丸には調度蔵・煙硝蔵・花畑等があった。二ノ丸東に、桝形構の太鼓門があり太鼓楼が置かれた。

三ノ丸は二ノ丸の外周に縄張され、総堀で囲まれて侍屋敷が置かれた。一重櫓は一四基あり、南面中央に桝形構の大手門、北東に北門、北に北不明門、北西に西門、東南に東門と、五箇所に城門があった。大手門以外は、いずれも馬出が構えられていた。そして、城地の周囲を取り巻くように城下町が配置されていた。

その後の松本城

明治六年（一八七三）松本城は存城とされた。天守は寛文三年（一六六三）以降、明治維新に至るまで九回修理がなされたものの荒廃は酷く、筑摩県では明治新政府に取壊しを願い出て聴許された。

そして競売に付され、笹部六左衛門が落札し、売却が決定的となった。笹部は門や周辺の小櫓等を撤去したが、この時、天守破壊を知り保存運動を進めたのが、市川量造である。

市川は松本下横田の名主の子であり、信飛新聞を窪田畔夫らと発刊した民権論者の一人であった。市川は笹部に対して破却を待ってもらう一方、筑摩県参事永山盛輝に要請し城郭残存部分破却一〇年延期と、旧本丸での博覧会開催の許可を得た。これは城郭買戻しの資金調達のためであった。

市川は東奔西走して資金を募り松本博覧会社を設立し、明治六年に博覧会が開催され大盛況で、その後も松本城天守及び、本丸広場を会場とする博覧会は五回開催され、それらの資金で旧本丸の天守一帯が買戻された。

市川量造等が売却・破壊から救った天守も明治三〇年頃（一八九七頃）になると荒廃が甚しく、その窮状を歎《なげ》いて修理・保存運動を進めたのが大阪府出身で松本中学校校長であった小林有也（うなり）である。

小林は、初代松本町長小里頼永等と松本城保存会を設立し、寄附金集めを開始して、明治三六年（一九〇三）に修理工事に着工し、大正二年（一九一三）に完成させた。

このように先賢の尽力により次世代に受け継がれた松本城は、昭和二五年（一九五〇）から同三〇年までの五年間にわたった昭和の大修理により現在に至っている。

明治以降の松本城の歴史は、明治九年（一八七六）二ノ丸御殿焼失、同一四年二ノ丸西南隅櫓と、同二一年二ノ丸南櫓が取り壊された。

昭和五年（一九三〇）城址は国史蹟に指定され、昭和二七年（一九五二）天守以下国宝に指定された。同三五年に本丸黒門が復元され、昭和五四年（一九七九）から同五九年にかけて二ノ丸御殿址の発掘調査が実施された。

平成元年（一九八九）には黒門桝形の二ノ門と土塀が復元され、同七年から太鼓門の復元工事が開始された。

城址は国指定史蹟で中央公園となり、天守・乾小天守・渡櫓・辰巳附櫓・月見櫓は国宝に指定され、二ノ丸土蔵、本丸・二ノ丸の石垣、土塁、内堀が現存する。三ノ丸は破壊され市街地となり、総堀の一部が遺存する。

松本城の建造物遺構

概説

松本城の建造物は、本丸西角隅の野面積石塁上に五重六階の大天守と、三重四階の乾小天守を、二重二階の渡櫓で連結している。

この大天守に続いて、二重二階の辰巳（巽）附櫓と、一重一階・地下一階の月見櫓が複合している。天守・乾小天守・渡櫓・辰巳附櫓・月見櫓の呼称は、現在文化庁が呼んでいる標準的な通称で、この五棟をまとめて単に天守と呼んだり、天守を特に大天守と呼んだりすることもある。

また江戸時代には、乾小天守を三重櫓・渡櫓を附天守といったりしたこともあった。松本城天守には、乾小天守が渡櫓で連結され、辰巳附櫓が直接天守に取り付けられるという二つの形式を合わせ持つ複合連結式天守の遺構である。

築造時期は文禄三年頃（一五九四頃）から慶長二年頃（一五九七頃）までの間と考えられている。その後、寛永一〇年（一六三三）に辰巳附櫓と月見櫓が増築され、ほぼ今日見られるような複合連結式の天守が成立した。

大天守・乾小天守・渡櫓・辰巳附櫓は、入母屋造の本瓦葺、月見櫓のみ寄棟式本瓦葺である。これらの建物は月見櫓を除いて、いずれも上半分を白漆喰塗籠込とし、下半分は下見板張で黒の漆塗である。

棟の方向は天守が南北に、乾小天守と辰巳附櫓及び、月見櫓とが東西に走っている。天守には千鳥破風と唐破風を設けて単純な屋根の重層に変化を与えている。石塁上に築かれた大天守の四隅と中央に石落が設けられ、下見板張の黒漆の壁に鉄砲狭間や矢狭間が備えられている。乾小天守に華燈窓が付いているが、実戦を主目的とした天守である。

これとは対照的に、四方が開放され、三方が舞良戸（まいらど）で開かれて、廻縁と朱塗の手摺を持った月見櫓の存在が、太平の世の所産を物語る。

大天守

一、規模

桁行――東側＝一階　五〇・二六尺、
二階　五〇・二六尺、
三階　三九・三六尺、
四階　三九・三六尺、
五階　二六・二四尺、
六階　二六・二四尺。
西側＝同

梁行――南側＝一階　五七・二五尺、
二階　五七・二五尺、
三階　四五・九二尺、
四階　四五・九二尺、
五階　三二・八〇尺、
六階　二六・二四尺。
北側＝同

軒高――石垣上端より塗上茅負外下角まで
初層　九・六四尺、
二層　二〇・九一尺、
三層　三五・九六尺、

四層　五〇・九六尺、
五層　六六・四六尺。
軒の出―柱真より茅負外下角まで
初層　五・二〇尺、
二層　五・二〇尺、
三層　五・二五尺、
四層　六・五〇尺、
五層　三・七〇尺。
棟高――石垣上端より
八三・〇九尺。

二、構造

ⓐ総括

天守。五層天守、内部六階、屋根入母屋造、本瓦葺。石垣。野面石乱積。北面東半本丸広場、西端渡櫓石に接続。東面本丸広場、南端辰巳附櫓石垣に接続、南面堀、東端辰巳附櫓石垣に接続。西端堀。

屋根。入母屋造、母屋南北、初層出桁庇、二層以上四層まで庇、五層共本瓦葺。大棟熨斗《ひのし》四段、飾巴一通り、熨斗一段、輪違四段、唐草瓦、巴瓦、熨斗二段、衾瓦、両端鬼瓦、鯱据え。

平降棟熨斗二段、輪違二段、熨斗二段、衾瓦、鬼瓦、鳥衾附。各層隅降棟熨斗一段、輪違二段、鼻輪違二段増附、熨斗二段、衾瓦、鬼瓦、鳥衾附。

各妻飾木連格子黒漆塗、裏板白漆喰塗り前包、水切附破風板眉決り無し、裏甲一重、蕪懸魚鰭若葉附白漆喰塗、六葉樽ノ口附。

唐破風妻、武者窓、破風板眉決り無し、裏甲一重、兎毛通し附、白漆塗。

軒。各層一軒疎垂木。

外部。各層大壁白漆喰仕上、各層垂木、軒裏、軒附、塗込白漆喰仕上。腰下見板張、黒漆塗。

内部。各階真壁中塗仕上。柱総角材。一・二・三階柱、床梁釿仕上。四・五・六階柱、鉋仕上、素木造。

ⓑ初層一階。桁行（東西面）八間、梁行（南北面）九間、西北隅北へ一間張出。

東面八間（外部柱型塗出）

北端より第一・二間石落張出、矢狭間附・第三・四間大壁塗、矢狭間附。第五間石落張出、矢狭間附。第六・七間大壁塗、矢狭間附。第八間内法吹抜き辰巳附櫓との接続通路。

北端第一間より第七間まで上部明り中窓。

北面九間（外部東端より五間柱型塗出）

西端一間張出、境、内法吹抜き。第二・三・四間渡櫓に接続し、第二間内法吹抜き、渡櫓地階より南向に昇り階段七級を設け、折返し渡櫓二階へ北向に昇り階段六級手摺附。第三間中窓敷居・鴨居附。第四間大壁塗。第五間大壁塗。第六間石落張出。第七間大壁塗、矢狭間附。第八間石落張出、鉄砲狭間附。

西面九間（張出一間接続）

南端より第一・二間石落張出、矢狭間附。第三間大壁塗、矢狭間附。第四間武者窓格子六本建、格子三方白漆喰塗、矢狭間附。

第五・六間石落張出、矢狭間附。第七間武者窓。第八間大壁、矢狭間附。第九間石落張出、矢狭間附。

南面九間

東端辰巳附櫓に接続。東端より第一・二間石落張出、矢狭間附。第一間上部中窓外部鉄ボールト附。第三間武者窓、第四間壁、鉄砲狭間附。第五・六間石落張出、矢狭間附。第七間武者窓。鉄砲狭間附。第八間壁、鉄砲狭間附。第九間石落張出、矢狭間附。

内部。床拭板敷。入側通り（周囲一間通

り武者走）内室より一段低く、一尺六寸五分下り地長押附。石落の間西側・南側共足固貫以下内側に横厚嵌《かん》板嵌込、東側・北側共嵌板無し、各石落内法無目鴨居附。

入側通り柱間東西七間、南北六間。

東北隅の間より隅行次の間に、方一間床切穴がある。深さ床無目上端より二尺八寸、周囲壁塗。

西北隅、北へ方一間の張出小室。

階段。西北隅寄りの間の隅行次の間より、二階へ昇り階段七級、南向昇りに設け、昇り口手摺附。東南隅寄りの間の北次の間より二階へ昇り階段一〇級、北向昇りに設け、昇り口手摺附。

各柱二階梁等鉋仕上。

ⓒ二層二階。東西九間、南北八間。

外部軒裏、軒附白漆喰塗。腰下見板張、黒漆塗。

東西八間（外部柱型塗出）

北端間より第七間まで大壁塗、腰下見板張、各柱間矢狭間附。上部明窓鉄ボールト入り。南端間内法吹抜き辰巳附櫓接続通路。

北面九間

西側間大壁塗。西より第二・三・四間渡櫓二階接続、真壁塗。第五間大壁塗、腰下見板張、第六間半間中窓敷居・鴨居附、板戸一本建西方片引。第七・八・九間大壁塗、腰下見板張。第八間矢狭間、第九間鉄砲狭間附。

西面八間

南端より第一・二・三間大壁塗。第一・三間鉄砲狭間、第二間矢狭間附。第四・三間各半間中窓、敷居・鴨居附、中央柱より板戸二本建左右片引。第六・七・八間大壁塗。第六間鉄砲狭間、第七・八間矢狭間附。

南面九間

東端辰巳附櫓接続。東より第一間大壁塗、矢狭間附、上部明り窓鉄ボールト入れ。第二・三・四間大壁塗、第二間鉄砲狭間、第三・四間矢狭間附。第五間武者窓、敷居・鴨居附、格子六本建、無双附。第六・七・八・九間大壁塗、第六・八間鉄砲狭間、第七・九間矢狭間附。

内部

床拭板敷。入側周囲一間通り武者走。側真壁塗、地長押附。天井化粧屋根裏。

入側通り柱間、東西七間、南北六間。

階段。南側東より第四間、西向に昇り階段を設け、階段一一級、中央に手摺附。

各柱梁等鉋仕上。

ⓓ三階（内部）。東西七間、南北六間。

東・西・北窓無く真壁塗、地長押附。床拭板敷。

南側中央三間、千鳥破風入込の間、床腰高造。

階段。東北隅の間より階段五級、西向に昇り、昇り口手摺附。西南隅より隅行次の間に階段七級、北向に昇り、昇り口手摺附。

各柱三階梁等鉋仕上。

ⓔ三層四階、東西七間、南北六間。

外部軒裏、軒附白漆喰塗、腰下見板張、黒漆塗。

東西六間

北側第一間より第六間まで大壁塗、各間矢狭間附。

西面六間。中央間二間各半間窓。他は東面同断。

北面七間

西端第一間より第四間まで大壁塗、各柱間毎に矢狭間附。第五間半・中窓、敷居・鴨居附、板戸一本建、西方に片引。第六・七間大壁塗、各矢狭間附。

南面七間

東端より第一・二・三間大壁塗、第一・二間各矢狭間附。第三・四・五間、三間に千鳥破風据え、第四間内法吹抜き。破風板眉決り一段附、布裏、蕪懸魚、鰭若葉彫刻、六葉樽ノ口附、妻飾木連格子、内側板戸二本建両引。前包漆喰塗、水切附。木部黒漆塗。第五・六・七間大壁塗、第六・七間各矢狭間附。

内部（四階）

東西七間、南北六間、床拭板敷、周囲一間通り入側天井化粧屋根裏、側通り真壁塗、地長押附。

広間室割、北東の室東西三間、南北一間、東端より第二の間、床吹抜、周囲手摺附、上部昇り階段踊場。次西端間は五段昇口。階段六級。東向に昇り。踊場、その北寄りに階段三級、東向に昇り、次南向七級の階段を設け手摺附。東の室は東西三間、南北三間（一八帖の間）。西の室は東西二間、南北四間（一六帖の間）。各室共内法無目、鴨居、長押附、内法上真壁塗。

南側中央一間、千鳥破風入込の間、化粧屋根裏、床拭板張。各柱及び造作材は鉋仕上、梁鉋仕上。

ⓕ四層五階。東西五間、南北四間。

外部軒裏、軒附白漆喰塗、腰下見板張、黒漆塗。

東面四間

北側より第一間大壁塗、鉄砲狭間附。第二・三間中央に千鳥破風据え、破風板眉無く、布裏切裏甲附。蕪懸魚、鰭若葉彫刻附、妻飾木連格子、内側板戸二本建引分、前包漆喰塗、水切附。木部黒漆塗。第四間大壁塗、鉄砲狭間附。

北面五間

西端より第一間大壁塗、鉄砲狭間附。第二間より第四間まで中央唐破風に据え、唐破風板眉無く、布裏甲、兎毛通附。妻中央半間二箇の武者窓附、白漆喰塗、腰下見板張。第五間大壁塗、矢狭間附。

西面四間

南端より第一間中窓、板戸一枚内側開きに建込。第二・三間中央千鳥破風据え、破風板眉無く、布裏甲切裏甲附、蕪懸魚、鰭若葉彫刻附、六葉樽ノ口附、妻飾木連格子、内側板戸二本建引分、前包白漆喰塗、水切附。木部黒漆塗。第四間中窓、敷居・鴨居附、板戸南方片引建。

南面五間

東端より第一間大壁塗、矢狭間附。第二間より第四間まで中央に唐破風据え、唐破風板眉無く布裏甲、兎毛通附、妻中央半間二箇の武者窓附、白漆喰塗、腰下見板張。第五間大壁塗、矢狭間附。

内部（五階）

東西五間、南北五間、床拭板張。周囲一間通り入側、天井化粧屋根裏。側通り真壁塗、地長押附。広間室割は東西三間、南北三間（一八帖の広間）。六階昇り階段口は広間北端中央より東向五級、踊場より東向七級、昇り釣踊場より西向四級を設け、手摺附。釣踊場東及び南側は腰堅板張。

入側室境内法無目鴨居附、内法上真壁塗。東及び西側千鳥破風入込の間床拭板敷、天井化粧屋根裏、木連格子内側板戸二本建引分。南及び北側唐破風入込の間床拭板張、天井化粧屋根裏、武者窓附。各柱及び造作材鉋仕上、梁鉋仕上。

ⓖ五層六階。東西四間、南北四間。外部軒裏、軒附、裏甲白漆喰塗。腰下見板張、黒漆塗。

東西四間

北端より第一間及び第四間大壁塗、鉄砲

狭間附。第二・三間中窓各半間、外部ボールト植、敷居・鴨居附、板戸各一本建、中央柱より左右に片引、各半間壁に矢狭間附。

北面四間、西面四間、南面四間。前記同様。

内部（六階）

東西四間、南北四間、床拭板敷、周囲一間通り入側、天井化粧屋根裏、側通り真壁塗、寄木附。広間は東西三間、南北三間（一二帖の室）。内法無目、敷居・鴨居・長押附。内法上真壁塗。

天井野小屋組。各柱造作材鉋削り仕上、小屋材鉋仕上。

乾小天守

一、規模

桁行――北側＝一階　三〇・二〇尺、
二階　三〇・二〇尺、
三階　一八・〇六尺、
四階　一八・〇六尺。
南側＝同

梁行――東側＝一階　二七・〇〇尺、
二階　二七・〇〇尺、
三階　一五・〇三尺、
四階　一五・〇三尺。
西側＝同

軒高――石垣上端より塗上茅負外下角まで
初層　七・六五尺、
二層　一八・四六尺、
三層　三三・八一尺。

軒の出――柱真より木地茅負外角まで
初層　五・〇〇尺、
二層　五・三〇尺、
三層　五・〇〇尺。

棟高――石垣上端より
四五・八五尺。

二、構造

ⓐ総括

三層櫓。内部四階、屋根入母屋造、本瓦葺。

石垣。野面石乱積。北側西端堀、東半本丸広場、東面本丸広場。南面東端本丸広場、中央渡櫓入口地盤。西端渡櫓石垣面一（つらいち）。西面堀。

屋根。入母屋造、初層出桁庇、二層庇共本瓦葺。大棟熨斗二段、輪違二段、熨斗三段積、両端鬼瓦、鯱飾。降棟熨斗四段、鬼瓦鳥衾附。各層隅棟熨斗一段、輪違一段、熨斗一段積、反り増輪違二段、鬼瓦鳥衾附。破風妻飾木連格子黒漆塗、前包、水切附。破風板眉決り二段、裏甲一重、蕪懸魚、鰭若葉共白漆喰塗、六葉樽ノ口附。

軒。各層一軒疎垂木塗込。

外部。各層大壁白漆喰仕上、初層及び二層外部柱型塗、各層軒裏、茅負、裏甲塗込白漆喰仕上、腰下見板張、黒漆塗。

内部。各層真壁中塗仕上。

ⓑ一階。桁行（南北面）五間、梁行（東西面）四間。

東面四間。西隅角柱面無し、一・二階側柱中央三本丸太柱。内法無目、腰貫。北側一間石落張出。

北面五間。総角柱面取り。内法無目、腰貫。両端間石落張出。中央三間、中窓、敷居・鴨居、硝子戸二本建引違、外部鉄ボールト附。

西面四間。総角柱面取り。内法無目、腰

貫。北端一間石落張出。他中窓、敷居・鴨居、硝子戸二本建引違。外部鉄ボールト附、真壁中塗仕上。

南面五間。総角柱面取り。西寄三間、渡櫓に接続、東端及び次の間、腰貫、真壁中塗仕上、次二間中窓、硝子戸二本建引違、両端間内法吹抜、渡櫓通路。

床拭板敷、地長押附、東南寄第二間、一階へ階段一一級、手摺附。

ⓒ二階。桁行五間、梁行四間。

東面。総角柱面無し。両端間各内部真壁塗。中二間各中窓、敷居・鴨居附。硝子戸二本建引違。

北面。総角柱面取り。両端間各内部真壁塗、中央三間各中窓、敷居・鴨居附、硝子戸二本建引違。

西面。総角柱、北端間内部真壁塗、他各中窓、敷居・鴨居附、硝子戸二本建引違。

南面。両端より三間渡櫓境。各敷居・鴨居附、内法下吹抜、次一間中窓、敷居・鴨居附、硝子戸二本建引違、東端間内部真壁塗。

床拭板敷、地長押附。周囲一間通り化粧屋根裏。東南隅より北に向い三階へ階段一一級手摺附。

ⓓ三階。桁行（南・北面）三間、梁行（東・西面）三間。

総丸太柱。各面各間共内部真壁塗、床拭板敷、地長押附。東南隅より南及び西に向い、踊場附折曲階段、下段三級、上段四級、手摺附。

ⓔ四階。桁行三間、梁行三間。

総丸太柱。各面共中央間中窓、敷居・鴨居、外部鉄ボールト附、硝子戸二本建引違。南面、東端間腰窓、敷居・鴨居附、硝子戸二本建引違。半間真壁塗、南面西端間及び、東・西・北各面両端間、各内部真壁塗。床拭板敷、地長押附。天井小屋裏天井。

渡櫓

一、規模

桁行――東側＝一階　二三・九六五尺、
二階　同。
西側＝一階　二三・二五〇尺、
二階　二三・九六五尺。

梁行――北側＝一階　一八尺、
二階　同。
南側＝一・二階共北側に同。

軒高――石垣上端より塗上茅負外下角まで
初層　七・六五尺、
二層　一八・四六尺。

軒の出――柱真より木地茅負外角まで
初層　五・〇〇尺、
二層　五・三〇尺。

棟高――西側石垣上端より
二九・一六尺。
東側鏡柱礎石上端より
三五・三一尺。

二、構造

ⓐ総括

二層渡櫓。内部二階、地下一階、屋根両下造、本瓦葺。

石垣。北面、乾小天守石垣に接し同高、東面、野面石段五級、南面、天守石垣に接

す。西面、北端乾小天守石垣に接続、南端天守石垣に接す。

屋根。両下造、各層共本瓦葺、大棟熨斗八段積、北端乾小天守に接し、南端鬼瓦鳥衾附。

軒。各層一軒疎垂木。

外部。各層大壁、白漆喰仕上、柱型塗出、軒裏、軒付塗込白漆喰仕上。腰下見板張、黒漆塗。

内部。各階真壁中塗仕上。

ⓑ地階。桁行三間（東面）、梁行二間（北面）。

北面。乾小天守石垣。

東面。外部石段七級。桁行三間。中央一間出入口、冠木構、板扉両内開き、肘壺金物釣り。両端間板嵌。冠木上四間大壁柱型塗出。

南面。天守石垣。

西面。一階へ昇り石階段五級、野面石積。

床土間。

ⓒ一階。桁行四間（南北）、梁行三間（東西）、東西両面出桁庇、本瓦葺。

北面。三間乾小天守と境。

東面。冠木下三間。中央一間、出入口の上部、両端間板嵌の上部。冠木上四間。庇軒北端乾小天守初層軒に接続。

南面。三間天守と境。

西面。四間、北端間石落張出、第二間中窓、他壁。

ⓓ二階。桁行（東・西面）四間、梁行（南・北面）三間。

北面。三間、乾小天守二階境。各間内法下解放。鴨居・敷居附。

東面。南端間一間真壁塗、他三間各中窓、鴨居・敷居附。

南面。三間、天守境。西端間一間、天守一階通口、昇り階段五級、手摺附。中央一間中窓、敷居・鴨居附。東端間一間真壁中塗仕上。

西面。四間、北端間及び次間、各中窓、敷居・鴨居附、次間真壁中塗仕上、南端間一部敷目板張。

地長押附、床拭板敷、天井化粧屋根裏。

辰巳附櫓

一、規模

桁行――北側＝一階　一六・一一尺、
　　　　　　二階　同。
　　　南側＝同。
梁行――東側＝一階　一九・五三尺、
　　　　　　二階　同。
　　　西側＝同。
軒高――石垣上端より塗上茅負外下角まで
　　　初層　八・七七尺、
　　　二層　二〇・〇七尺。
軒の出――柱真より木地茅負外下角まで
　　　初層　五・三〇尺、
　　　二層　四・九〇尺。
棟高――石垣上端より
　　　三三・一三尺。

二、構造

ⓐ総括

二層櫓。内部二階、屋根入母屋造、本瓦葺。

石垣。野面石乱積、北面、本丸広場、東面、北端本丸広場、南端月見櫓石垣、南面、東端月見櫓石垣に接続、堀に面す。西面、北端天守石垣に接続、南部堀に面す。西南北端一間天守に接続、東面月見櫓に接続す。

屋根。入母屋造、初層出桁庇、各本瓦葺。大棟熨斗三段、輪違二段、熨斗三段積、両端鬼瓦附。

隅棟及び降棟各熨斗一段、輪違一段、熨斗一段積、反り増輪違二段積、鬼瓦附。

軒。初層腕木出桁、一軒疎垂木、二層一軒疎垂木。入母屋妻飾、木連格子、黒漆塗、裏板白漆喰塗、前包、水切附、破風板眉欠二段、蕪懸魚、鰭若葉附、白漆喰塗、六葉樽ノ口附。

外壁。各層大壁白漆喰仕上、初層外部柱型塗、二層隅柱柱型塗出、各層軒裏垂木、軒附、白漆喰仕上、腰下見板張、黒漆塗、内部各階真壁中塗仕上。

ⓑ一階内部。桁行（南、北面）三間、梁行（東、西面）四間。

北面。東端間真壁、二段昇り口階段踊場附、中央間武者窓敷居・鴨居、外部格子附、西端間真壁中央矢狭間一個附。

東面。北端より二間各真壁。次一間月見櫓出入口。南端真壁。

南面。東端間真壁。中央間武者窓敷居・鴨居、外部格子附、西端間真壁。

西面。北端間天守一階出入口。次一間真壁。次一間武者窓敷居・鴨居、外部格子附。南端間真壁。

床拭板敷、地長押附、東北隅二段昇り階段、北向より西へ矩折踊場附、下六級、上三級、手摺附。

ⓒ二階内部。桁行（南、北面）三間、梁行東面五間。西面四間。

北面。東端間壁。中央間武者窓敷居・鴨居附、西端間真壁。

東面。五間各真壁。

南面。東端間真壁。中央矢狭間一個附。中央間華燈窓附。西端間真壁、中央矢狭間一個附。

西面。北端間天守二階出入口。次一間真壁。次一間武者窓敷居・鴨居附、南端間真壁。

床拭板敷、地長押附。天井、側一間通り化粧屋根裏、中央竿縁天井。

月見櫓

一、規模

桁行——北側＝地階　二三尺、
　　　　　一階　同。
　　　　南側＝同。

梁行——東側＝地階　一六・八三尺、
　　　　　一階　同。
　　　　西側＝同。

軒高——南側石垣上部より塗上茅負外下角まで
一五・〇六尺。

軒の出——柱真より木地茅負外下角まで
五・三〇尺。

棟高——南側石垣上端より
二六・八三尺。
出入口冠木下鏡柱礎石より

三四・三五尺。

二、構造

ⓐ総括

単層櫓。内部一階、地下一階。屋根東面寄棟造、西面辰巳附櫓に接続。本瓦葺。石垣。野面石乱積、北面及び東面本丸広場、南面堀、西面辰巳附櫓の石垣に接続。

屋根。東部寄棟、西部辰巳附櫓二階に接続。大棟熨斗二段、輪違二段、熨斗二段積。隅棟熨斗五段積。

軒。一軒疎垂木。軒附、垂木、軒裏塗込白漆喰仕上。

壁。内法長押上小壁、大壁白漆喰仕上、地階石垣上白漆喰塗。

ⓑ地階内部

北面。五間。中央一間出入口、冠木溝、潜戸附板扉両内開き、藁《わら》座附。左右一間真壁白漆喰塗、他真壁同断。

東面。三間、真壁白漆喰塗仕上。

南面。四間、東端より第二間高窓、格子附、他真壁白漆喰塗仕上。

西面。一間、真壁白漆喰塗仕上。

内部。北側一間通りの中央一間土間。東側一間通り石垣。南側一間通りの東方二間石垣、西方二間石垣、中央方一間石階段五級。

ⓒ一階内部。桁行（北面・南面）四間、梁行（東面・西面）三間。

周囲三方（北・東・南面）廻り縁、高欄附。南面西端より第二柱通り脇障子附。

北面及び南面内法長押、内部南側一間通り、西より第二間地階への階段。

北面。西端より第一間真壁中塗仕上、他三間舞良戸引違二本建。

東面。三間各舞良戸引違二本建。

南面。西端間真壁中塗仕上。他三間各舞良戸引違二本建。

西面。中央間、内法下吹抜、辰巳附櫓通路。両端間真壁、中塗仕上、小壁各面共大壁白漆喰仕上、天井化粧裏。縁腕木、縁板、縁高欄に紅柄と漆喰の痕跡あり。

建造物の旧規に復された箇所

松本城は、築城以来数度の改修を経て、特に近世になってからは、明治三〇年頃（一八九七頃）大修理が行れた。昭和の解体修理工事では、旧規に復すべき痕跡の箇所は、現状変更の手続きがとられ、それぞれ復元された。

天守の部

一、二階の中窓を整備した。

ⓐ南面中央一間の窓を五間として、竪格子突上板戸附の窓に復元した。

ⓑ東面北より第三・四・五の各間の窓を竪格子突上板戸附の窓に復元した。

二、四階の中窓を整備した。

ⓐ西面中央半間二箇所の窓を各一間ずつの窓に復元した。

ⓑ東面には窓がなかったが、解体の結果残存していた痕跡により、東面中央二間の窓に復元した。

三、一階及び、二階の明り取り窓を撤去し、壁に復元した。

明治の修理の際、採光のため設けられた不適切な鉄ボールト格子窓等を撤去し、旧来のごとき壁に復元した。

四、二階西面中央半間二箇所の窓を、各一間の窓に復元した。

五、狭間を整備した。明治の修理の際、その形状を変えたり、撤去・附加されたものは、痕跡・古写真等により旧規に復元した。
六、一階東南方より二階への階段を、旧規に復元した。
七、一階の渡櫓への出入口に板戸を設けた。痕跡により管理上の目的もあり、引違二本建の板戸である。
八、一階ならびの二階の辰巳附櫓出入口に、片開の板戸を設けた。
九、二重南面の千鳥破風の妻飾等を整備した。
一〇、四階より五階への階段を旧規に復元した。
一一、四階北面で東より二間の高窓は、明治の修理の際に設けられた鉄ボールトを嵌込《はめこ》んだ高窓であったが、痕跡により窓を壁に復元した。
一二、六階入側通りに梁を設けた。
一三、六階の狭間を整備した。明治の修理の際に変形された狭間を旧規に復元した。

乾小天守の部

一、一階の西面中央三本及び、南北面各二本の角柱を丸太柱に復元した。
二、四階の床を下げ旧位置に復した。
三、一階及び、二階の内部の角柱を丸柱に復した。
四、一階・二階・四階の各窓をそれぞれ整備した。明治の修理の際に設けられたものは撤去し、発見された痕跡等によりそれぞれ適切に整備・復元した。
五、一階・二階・四階の狭間を整備した。明治の修理時、窓を新たに設ける等により撤去・変形された狭間は古写真等を精査し、それぞれ整備した。
六、一階南面及び、二階南面の渡櫓との境に、それぞれ板戸を設けた。一階のは二本建引違の板戸、二階のは間仕切りとして二本建引違板戸である。
七、三階より四階への階段を旧規に復元した。

渡櫓の部

一、角柱を丸太柱に復元した。
二、地階石垣及び、乾小天守脇の石段を旧規に復元した。
三、一階西面北より二間目の中窓を撤去して壁に復元した。
四、二階の窓を整備した。
五、狭間を整備した。
六、一階より天守一階へ、渡櫓二階より天守一階への階段を旧規に復元した。

辰巳附櫓の部

一、南面持出し土台下の壁を撤去した。
二、一階西側の窓を壁に改め、南面東より一間目と三間目に方形狭間を設けた。
三、二階西面の窓を壁に改め、南面東より一間目の矩形狭間を方形狭間に復し、北面にある武者窓を華燈窓に復元した。

月見櫓の部

一、一階内部長押上げの大壁を真壁に改め、西北両面の東より各々一間目の楣（まぐさ）を整えた。楣とは窓・入口等の開口部の上部に渡す横木の称である。
二、廻縁高欄を旧規に復し、脇障子の高窓を撤去し一面の壁に復元した。月見櫓の北・東・南の三方を廻らす廻縁の高欄は、隅を柱立としてあり、材料・工法とも粗雑で、また丈も高く、明治修理の際に改造されたものであったが、南西隅の脇障子柱には、旧高欄の架木・平桁の口穴が遺っていて、低めの高欄であったことが判明した。

また、脇障子も古写真に窓が無いので、もとは壁であったことが解る。
三、地階より一階への階段を旧規に復元した。
四、側廻りの舞良戸を旧規に復した。
なお、痕跡に基づいて旧規を推定し、復元すべきものは総て復元されたが、資料不足のため復元するに至らなかった箇所もある。

城址逍遙

松本は日帰り可能ということもあって、泊まり掛けの旅を含め、過去度々訪れている。それには、輝くような青春の日もあったし、人の世の流れの底辺にさまよう寂風吹き抜ける時もあった。うつろいやすき人の心に比べ、生きとし生けるものに暖かく陽を降り注ぐ日輪の如く、その度に城は温かく迎えてくれた。

JR松本駅で下車し、旅行ガイドブック片手に、公園通りを東に向い、さらに本町通りから北に折れ、女鳥羽川に架かる千歳橋を渡る。そして大名通りのつきあたりが、松本城のある中央公園である。駅からは徒歩約二〇分の距離である。城址の東方には、松本城の外堀の一部が遺存する。その北に武家屋敷棚橋家の長屋門があったが、訪れた時には存在しなかった。

中央公園南の入口には、真新しい巨大な松本城の城址碑が建てられいる。その北に銅板屋根の松本城の由来が書かれた看板がある。これは旧藩政時代の高札場で、藩からの布令を木札に墨書して掲げたところである。制札とも高札とも呼ばれた。今の町内会の掲示板的な役割をしたもので、この高札場は、再三移転した末に、現在の場所に落ち着いている。銅板葺に改められているが、かつては柿葺であり、そして周囲の柵は昔のままである。

松本城二ノ丸にあった建坪一六三の古山寺御殿の正確な建造年代は不明であるが、石川数正が松本に入部した直後の天正一九年頃（一五九一頃）と考えられている。石川氏はこれを建てた後、本丸の御殿や天守の築造に取り掛かったとされている。

古山寺御殿址旧地には、現在は日本民俗資料館があり、松本城天守観覧券との共通券で入館できる。内部展示品には、城郭や考古資料・美術工芸品・農耕用具の他に、重要民俗資料の七夕人形がある。

松本には、旧暦の七夕、即ち八月六日から七日にかけて、七夕の笹飾りや七夕人形が軒に吊り下げられる風習がある。私が後に買い求めたものは、高さが約七五cmの男女一対の紙雛形式の七夕人形であった。

昭和五四年（一九七九）から二ノ丸御殿史蹟公園整備計画に基づき、発掘調査が行われた。調査の結果、江戸時代の遺構が比較的良好に埋没されていることが判明し、様々な生活関連用品の出土もあった。かつては建坪六一一の大書院や、二重の隅櫓であった東北櫓などがあったが、現在は土蔵造の御金蔵のみ遺存する。この蔵の入口は本丸の堀に面していて、ここから本丸に廊下橋が掛け渡されていて、本丸と結ばれていた。

松本城二ノ丸の東入口は、九間×五間の櫓門である太鼓門があり、現在は復元工事中で、完成が楽しみである。この太鼓門前の桝形の一角に山石そのままの玄蕃石がある。高さ約四・五m、裾張りの径約三m、重量約一〇トンと推定される。築城者の威厳を示すために、城の石垣に巨石を使用した事例は幾つかあるが、松本城の玄蕃石は、天守築造者の石川玄蕃頭康長の名が冠せられたことは間違いなく、康長がこの石の石曳きに際して、苦情を言った人足の首をはね、槍の先に刺して督励《とくれい》したという伝説がある。

本丸へ向う。本丸の正面大手筋にあたる黒門桝形は、昭和三五年（一九六〇）に黒門が復元されて以来久しくそのままであったが、二ノ門と土塀が平成元年（一九八九）に復元され、一段と風格が備わって来ている。

二ノ門の復元には、古図の形式を参考としながらも、発掘調査の結果が最優先された。黒門の復元は比較的早い時期であったので、内部空間まで忠実な復元に至っていないが、二ノ門と土塀は内部構造に至るまで時代性が踏襲された。

黒門は多聞櫓に続櫓が接続する矩折れ（かねおれ）の櫓門で、復元された松本城黒門の他に、彦根城太鼓門続櫓・佐賀城鯱の門続櫓・伊予松山城隠門続櫓が現存し、それぞれ国の重要文化財に指定されている。

高麗門の二ノ門を潜る。復元とはいえ重厚な黒門から入城する。そこには、松本城を倒壊の危機から救った先賢の小林有也等の、胸像・解説板が設置されている。傍に、「天守閣入城待ち時間云々…」の案内板がある。

城郭の天守は、籠城戦の場合最終の拠点とされ、それがために階段も狭く急傾斜である。平和な時代の老若男女が登閣すれば、もの珍しさもあり、当然混雑する。売店がある。私はここで、竹内力先生編の『国宝松本城　解体と復元』という良書を買い求めることができて、大変嬉しかった。

広大な芝生の場所には、かつては壮大な本丸御殿が営まれた。築造年代は石川康長が城主の時代で、建坪は五五六あった。この御殿は、戸田光慈（みつちか）が松本に入部した翌年の享保一二年（一七二七）閏正月一日、賄所の合い部屋と台所の境から出火し、全殿舎が灰燼に帰してしまった。藩士達の懸命な防火活動により天守一帯は難をまぬがれた。以後、財政難のため再建されることなく、本丸御殿の機能は二ノ丸御殿に移され、明治維新に至った。

眼前は松本城の雄姿である。左から朱塗の高欄の月見櫓・その奥に辰巳附櫓・大天守・渡櫓、右手が乾小天守である。初期の城郭建造物は、雨滴等の浸食を防ぐため、建物の壁の下半分以上を板張として防腐用に漆・柿渋等を塗った。これが下見板張と称されるもので、松本城や岡山城はその外観から、烏城の別称を持つ。天守を仰視する。銃眼・突上窓・石落等、正に実戦向きの構えである。

城郭建築で、外壁からわずかに突出して底部が開閉できる構えを石落と称する。石垣をよじ登ってくる敵兵に対して、石を落してこれを撃退するのである。特に建物の隅に石落が多いのは、石垣の中央部より隅部の方が傾斜が緩く、攻め易いからである。しかし石の投下による効果は全くといっていいほど無く、石落の主目的は、下方の偵察と、弓矢・鉄砲の側射による敵兵駆逐である。松本城の石落は、上部は外壁の面と同一であるが、下方だけが土台から突出している。このような構造の石落は初期のもので、もっと発達してくると出窓のように上部も突出し、側面には銃眼も装備されて、側射が容易にできるようになり、死角が少なくなってくる。

日本建築の構成美の大きな要素に、屋根の形・軒先の曲線等がある。松本城の美麗さも、屋根の美しさが大きな要因をなしている。一番高い大天守の大棟は南北に走り、それより低い乾小天守・辰巳附櫓は大天守の左右にあって東西に向い、月見櫓の棟は辰巳附櫓と同じ方向である。屋根の形は、大天守・乾小天守・辰巳附櫓は入母屋造で、月見櫓は寄棟造である。

このように、屋根の構造や形式に及した種々の変化が、松本城の美しさを創る一因となっている。大天守南面の屋根を観てみると、上から入母屋破風・唐破風・千鳥破風と配されている。破風とは元来、屋根の傍の部分にある合掌形の板のことである。入母屋は、屋根の構造及び形式上からできるが、唐破風・千鳥破風は、構造上よりも、意匠的・装飾的な要素が強い。

大天守の二重目の屋根の南側にある大千鳥破風は、長く大きい屋根の単調さを破って、意匠的に変化を与えている。構造上から観ると、内部の三階から四階に達していて妻の格子の内側には両階とも、物見と採光のため開閉できる引分戸がある。この三階は周囲が二重目の屋根になっているので、採光口はこの千鳥破風の窓以外に無い。

唐破風は反転曲線で形造られ、軒先に変化を与える手法である。大天守の五階平面は、各辺の中央部が突出していて、南と北のものには、ここに唐破風の屋根を載せ、東と北のものには千鳥破風を架ける。このように用途と意匠が合致して松本城の美しさを創り出している。

松本城大天守の軒の構造形式は一軒疎垂木である。一重目の屋根は二重目以上の屋根と違って、その軒は出桁（でげた）で支えられている。これは構造上、垂木が外壁から内に延びていなくて、庇として取り付けたので、補強のためのものである。

大天守の屋根は五重で、一重目と二重目の軒の出は同じであるが、三重目・四重目・五重目は、それぞれ異なった軒の出をもっている。四重目の軒の出は特に大きい。どうしてこのように軒の出を変えているのか、工作する方からみれば、非常に煩雑なことで、なぜこのようなことをしたのか、構造上の根拠は考えられない。

これは、各重ごとの高さに大きな関係があるものと思われる。軒の高さと軒の出との関係を観ると、軒高の高い方の軒の出が大である。これはつり合いのとれた安定感を出すために、意匠上からこのようにデザインされたものと考えられている。ただ一つ不可解なことは、五重目は軒高が一番高いのに、軒の出は一番短くなっていることである。解体修理の際、最上階の側回りがもっと内側にあったのではないかと、充分調査・研究されたが確実な資料や痕跡は発見されなかった。

現在では当初の大天守は、六階の周囲が入側ではなく廻縁だった可能性が指摘されている。

双眼鏡で瓦の紋を観察する。「三ツ巴紋」の他、戸田氏の「離れ六ツ星」・水野氏の「丸に花沢瀉」・小笠原氏の「三階菱」・「五七の桐」等である。江戸時代、七度も城主交替があったことが窺える。

外壁には狭間（さま）が穿たれている。狭間（さま）とは元来、すきまの意から生じたのぞき穴である。近世の城郭建築では、櫓だけではなく、塀にも矢弾を射るために小さな開口部を設けて、これを狭間と呼んでいる。形状は、長方形・方形・円形・三角形である。形はいろいろ変わっても、その開口は、敵に向う外側は小さく内側は大きくなっている。

松本城の狭間は長方形と方形で、長方形のものを矢狭間・方形のものを鉄砲狭間と称している。狭間には、室内側に内開きの蓋を取り付けて、風雨の吹き込むのを防ぐ装置のあるものもあるが、松本城のように蓋を取り付けないものもある。

天守の石垣の勾配がゆるい。松本城天守石垣の特徴は、非常に勾配がゆるく、反りもほとんどなく、高さも低く、外観は粗雑に見えることである。いわゆる野面積であ る。山から取り出した石を、あまり加工しないで積み上げたものである。隙間が多くなるのでその隙間に小石を詰め込む。

このような石積は一見、崩れやすいように見えるが、実は大変強固なもので、隣合った石の接するところは点や平面ではなく、互いの凹凸が噛み合って、上下左右の石同士の大きな摩擦が生じ、安定感を保っている。石垣が崩壊するのは内部の水圧が最大の原因である。古来、堅固な石垣は裏込め石といって、栗石を厚さ約一mから二m程に積石の裏に詰め込んで、石垣の裏に水が溜らないようにしてある。

松本城では、裏込め石より奥の方は、厚さ〇・四mから〇・六m程の粘土層と砂利層を交互に搗固めている。また、堀側の石垣は、水のため地盤が弱いので、石垣最下部の根石の下には胴木を置き、これを杭で止めている。

渡櫓より登閣する。この渡櫓は、大天守と乾小天守とへの出入口となっている。正面の戸口を入ると、石畳になっている。その正面は全面が五段の石段になっていて、蹴上（けあげ＝階段の一段の高さ）は三七cm内外もあるもので、一階に上る。一階の床は土間で、右は乾小天守の一階に続き、その境には板戸を建て込んで戸締りとしている。

渡櫓から乾小天守には五五cm段を上る。一階入口付近土間から天井までの高さは四・九五mである。左は天守に通じるが、渡櫓の一階と天守の一階とは、階高に非常に差があって、これが一・五m程あるから、階段で上る。

大天守への通路は、月見櫓から辰巳附櫓の一階または二階に通じる経路と渡櫓一階から入る経路とがある。

渡櫓から入る通路は階段で、渡櫓の二階に上る階段を兼ねていて、その踊り場から天守一階の武者走と板戸を隔てて通じている。

この階段も勾配が急で、蹴上が高い。踊り場から逆に上ると渡櫓の二階に出る。この踊り場は非常に狭い。

渡櫓一階の階段の上の床面から天井部までの高さは三・一七mである。同二階床面から天井部まで三・五mである。

渡櫓の堀に面する南側は、一階に狭間を、二階に半間の武者窓と狭間を設け、北側には狭間だけがある。二階の西側は乾小天守の二階に続き、その境は全て板戸の引違としている。

松本城の平面構成が複合連結式と呼ばれるのは、乾小天守が渡櫓で大天守に連結し、さらに大天守と辰巳附櫓・月見櫓とが複合しているからである。この場合渡櫓二階の床面と乾小天守の床面には高底差がなく平らであるが、大天守床面とは大きな段差があって大変接続が悪い。南へ向って三段の一mの階段を下りた所が大天守一階の武者走（入側）で、大天守一階の床面はそれより五〇cm高く、渡櫓一階は逆に一・八m低い。不思議な連結である。

渡櫓から乾小天守一階へ入る。乾小天守は大天守の北西にあるのでこの名称となった。三重四階の櫓である。乾小天守は一・二階と三・四階の外側の柱は通し柱で、平面は三階で逓減している。そのため二重の屋根が大きくなり、三階はこの屋根の中に完全に入っているので、窓が全然ない。採光は上下の階段口からだけである。

乾小天守の軸組の構造は、大天守と大同小異で類似しているが、その用材の点では他の建物と大いに趣を異にしている。一・二階の柱などは、断面が方形のいわゆる角柱であるのに、約半数に近い柱は、表面を仕上げない原木の丸太柱なのである。三・四階の柱は側柱だけで全部通し柱であるが、いずれも丸太柱である。

寺社建築等にみる円柱（えんちゅう）は、断面が正しい円であるが、乾小天守の丸太柱は原木で正しい円ではない。乾小天守は近在の寺院の用材を使用したという説もあったが、これはこのように外見上、円柱と見紛う柱が使用されていたからである。しかし原木をそのまま使用したことは、火急の築城に際し、手間と時間の節約になった。

丸太柱は、一・二階で一〇本と、三・四階の通し柱一二本である。用材は栂・樅・翌檜（あすなろ）で、表面仕上げは手斧はつり（ちょうなはつり＝湾曲した柄の付いた刃幅二寸程の刃物で、木材の荒削りに用いる工具で少しずつ削ること。）である。

乾小天守の四階の北側と西側にある窓枠の曲線形をした窓を華燈窓（火灯窓・火燈窓・瓦燈窓・架燈窓・火頭窓・花頭窓等）という。この様式は中国の宋の時代に禅宗の伽藍建築に用いられたのに始まる。我国には、鎌倉時代に伝来したものといわれている。

後には寺院建築だけでなく、住宅建築や、数寄屋建築にも用いられ、城郭建築にまで及んだのである。華燈窓（火燈窓）はその形式によって、狭間火燈・隅切火燈・洞火燈・蕨火燈・富士火燈・山道火燈・琴柱火燈等の名称がある。これらのうち狭間火燈が一番純粋な形で寺院や書院の多く用いられる最も一般的なものである。乾小天守の他、辰巳附櫓の二階の南側と北側に同形の華燈窓がある。

乾小天守一階の床面から天井部までの高さは二・六七m、同二階は二・八九mである。現在は、三・四階へは上れないようになっている。

乾小天守一階には松本城の模型が展示されている。松本城の大天守を構造上から観ると、五重六階となっている。屋根は五重であるが、内部の床の階数は六階になっている。それは二重目の屋根の部分に三階が入ってしまうからである。

この城の構造上の特徴は、一階から二階、三階から四階と、二つの階にわたってそれらの階の一番外側の周囲の柱が、二階ずつの通し柱とする基本的な方針のもとに構築されていることと、したがって平面の逓減も三階と五階で行われていることである。

そのために二重目の屋根が大きくなり、ここに天井の低い三階を造っている。なお、大天守の五階と六階は南側と北側の柱筋が通っているが、側柱は五階の桁で切断され通し柱でなく、東側・西側も通し柱ではない。

日本の木造高層建築は縄文時代の昔から建てられていて、後の塔婆建築に観るように、その建築技術は古くから発達していたのである。この木造層塔では、平面も高さも各重ごとに逓減しているので、柱も各層ごとの長さである。

塔婆建築では、本来の意義から利用できる空間は一階のみという構造になっている。これが城郭建築となると各階に空間を造って、それを戦闘上の各種の目的に使用できるように造らなければならない。松本城では二階ずつを一つのブロックと考えて、それを積み重ねて高層建築を造ることを案出した。

大天守一階は柱が林立している。一階内部は桁行・梁行共に一間ごとに柱が建っている。上の階の加重がすべて一階にかかってくるからでもあるが、その他に一階の使用目的が広間としてではなく、倉庫として考えられたからでもある。

一階の周囲一間通りは武者走となっていて、それより内部は五〇㎝高い板敷になっている。この板敷の柱間は、いずれも京間寸法（六尺五寸＝一・九七ｍ）で東西七間・南北六間あって、この入側から内の柱を調べると、小穴の遺る壁の痕跡があり、このように柱に遺る壁の痕跡で柱と柱で結ぶと一つ一つの部屋が出来る。

この調査で大天守一階は、非常に整然とした区画であることが判明した。東西・南北に十字型の通路で区切って、四つの等しい型の部屋が田の字型に配置されていたものと考えられる。

南北の通路は、東西の柱間が七間であるから中央に一間幅であるが、東西の通路は南北の柱間が六間であるから一間幅の通路をとると、左右は二間か四間になるのでこれを等しくするために、中央の二間を通路に当て二間幅の通路としていたものと推定されている。この間取りから観て大天守一階は、食料や弾薬等を保管する倉庫であったものと思われている。

大天守の一階周囲一間通りは、内部の床より一段低くなっている。これを武者走と称する。ここは戦闘の際に、外の敵兵を攻撃するために城兵が矢弾を持って走りまわる場所ということでこの名称がついた。大天守一階の西側と南側の武者走は、北側と東側のものより幅が広い。これは、西側と南側は本丸の外側に面しているので、内側の北側や東側よりも敵に対することが多く、それだけ城兵達の通行量が多くなるので、それに適応するように造られたものと考えられている。

大天守土台支持柱の標木・大棟を飾った鯱瓦等が展示してあり、解説板が掲げられている。ゆっくり読んでいる時間はないので、写真撮影して後日に備える。

大天守の土台は、石垣中に埋め建てられた一六本の柱によって支えられていたことが解体修理工事の際に判明した。東西・南北ともその入側通りに一二本と、中央部に四本が碁盤の目のように整然と配置されていた。すべて栂材で、三六・三㎝～三九・三㎝角、長さは約五ｍあり、下部は地山に達し、上部は土台に枘差しになっていた。

昭和の大修理工事で、大天守大棟の鯱は新たに作り替えられたので、それまで大天守大棟を飾っていた鯱が降ろされ展示されていて、鯱の高さは、雌が一・二m、雄が一・二七mあり江戸の瓦師の作である。

大天守二階の母屋の中の柱間は、京間寸法で東西七間・南北六間で、柱の遺る小舞穴の痕跡から、この階は八室に部屋割りされていたことが解る。小舞とは、塗壁の下地を構成する材料のうち、柱間に横に渡した間渡し竹と、貫に打ちつけた縦間渡し竹によって粗く組まれた骨組みの間に、密に配する細割りの女竹のことである。二階は武者窓からの採光も良く有事には兵士達の営所に当てることができた。

大天守二階の東・南・西側と、四階の東・西側の窓は、いずれも一間に五本ずつの連子からなる連子窓である。連子窓は、連子を縦または横に一定の間隔に並べた窓で、格子のように縦横に組まない窓である。松本城の連子は非常に太く、見付けは約一三・五cm、見込みは約一二cmの角材で、豪壮である。

大天守二階は、松本城鉄砲蔵として松本市出身の赤羽通重氏・か代子夫人寄贈の、多数の銃砲・装備品・文書等が展示してある。

城は攻めにくく、守り易いという根本的な考えは、城郭建築の階段にまで徹底している。松本城大天守の階段をみると、一階から二階へ上る階段は、一階の西北隅近くと東南隅寄りの二箇所で、二階から三階に上るのは二階の南面から少し入って、東西のほぼ中央に一箇所ある。

三階から四階へは西南の隅寄りと東北隅の二箇所で、四階から上は各一箇所だけである。五階へ上るのは東北隅寄りにあって、五階から六階へは、五階の北側東西のほぼ中央から上って、六階の東北隅の近くに出る。

現代のビル建築では、階段はその機能性から使用上の便を考えて、上下垂直線上に位置している。これに反して城郭建築の階段は、一階から最上階まで垂直線上に位置しない。これらの階段は、下の階とその上の階段それぞれ二つずつの関係しかない。

松本城大天守の階段の位置は、極端なものは対角線上の両隅に、あるいは相当離れた所にある。これらの階段は勾配が非常に急で、一段の高さが四一cm近いものもある。階段をこのように造るのは、兵法によるものと解釈すべきで、敵兵が侵入したり間諜が忍び込んだ場合、階段を上るのに困難なように蹴上げを高くし、そして、次の階段を捜すのを困難にさせるように、その位置は非常に不規則に計画されている。

大天守三階は、大天守二重の屋根裏に設けられ窓が全く無い。明りは南側千鳥破風の木連格子の間からわずかに入るだけである。そのため当時は「暗闇重＝くらやみじゅう」と呼ばれていた。外部からの遮蔽が強いので有事には武者溜に当てるとの説もあるが、現在は倉庫として考えられている。

大天守四階は、柱が少なく天井が高い上に四方から光が入るので明るく広々とした感じを受ける。柱・鴨居・長押等は総て鉋仕上げで、鴨居の上には小壁もある。その平面は周囲一間（約一・八m）通りが入側となっていて、内部は南北四間・東西五間の矩形になっている。さらに、これを西に南北四間・東西二間の長方形の室をとり、その東に、南に寄って東西三間・南北三間の方形の室と、この室の北側に東西三間・南北一間の鞘（さや）の間とに区分している。鞘の間とは住居建築における畳敷の細長い部屋の称である。大天守四階のこれらの間仕切りは、部屋割りがあったものと推定される。内部の仕上は、一階から三階までは部材の仕上が手斧（ちょうな）はつりであるのに対し、四階から上の階は全て鉋仕上げとなっている。その上、内法には六階とともに長押を使用している。このような構造・意匠・仕上げ等を観ると、四階は居室としての要素を多分に持っている。四階が六階とともに最も立派な造りであることは、籠城戦に際し、四階を城主の座所に当てるためのものと考えられる。

私が計尺竿で、床から天井部までの高さを計測していたら、床に座り込んだ感じのいい若いカップルの女の子の方が、ポカンと口を開けて私の方を見ていた。

大天守五階は、中央に三間×三間の大室を置き、周囲は入側と、四つの破風入込間という構成である。有事には、重臣の居所に当てられたものと推定されている。四方に窓が開いていて六階とともに戦況観望に便利である。

なお、この階の柱は全部で三〇本あり、全て創建当時のものである。その中で、入側隅柱四本は六階との通し柱である。また、北側東寄りの柱には明治修理の際、天守を引き起こした縄跡が遺っている。

大天守六階内部の上部を仰視すると、垂木上に扇の骨状に架けられた巨木の桔木（はねぎ）が八方へ伸びていて壮観である。桔木とは軒先を長く出すために用いる材のことである。六階は周囲に三尺（〇・九m）通りの入側をもつ方三間の一部屋となっている。框（かまち＝床の端にわたす横木）が廻っているので、畳を敷くことも可能である。畳を敷けば階段を除き京間一六帖となる。有事には最高指令所となる所である。

六階の床面は、地上二二・一m、堀水面上二三・九mあり、東は山辺谷から美ヶ原高原、松本市街の中央部を越えて塩尻・木曾方面、西は安曇平の向うに北アルプスの山脈、北は重要文化財の開智学校から方光寺・城山が一望のうちに大観できる。

大天守六階の小屋梁の上に、城の守護神として二六夜社が勧請されている。二六夜神が美しい女人となり、二六日の夜に、米三石三斗三升三合を炊いて祝えば、城は必ず栄えるといい、宿直の侍に綿の袋を授けて忽然と消えた。報告を受けた藩主は綿の袋を御神体に祀った。このような伝説がある。

大天守各階の一箇所の、床面から天井部までの高さを計測すると、各々一階は三・五m、同二階三・〇六m、同三階二・一一m、同四階御座所四・〇六m、同五階四・五三m、六階は計測不可である。

辰巳附櫓は大天守に接続して建てられている。柱の用材・接続部等から大天守建造後、接続造営されたことが判明している。一階床面から天井部までの高さは、三・〇一m、同二階三・五七mで、彩色された松本城の模型等が展示してある。

松本城の月見櫓は、辰巳附櫓に接する西側を除き、北・東・南の三方には持ち出しの縁を廻らし、これに高欄を設け、縁・高欄とも朱漆に塗って、形状のデザインとともに色彩の上からも風雅な趣を添えている。屋根は他の建物と異なり寄棟造としているので、柔和な感じを与える。

縁から下の腰と、小壁から上、軒先までは塗込の白漆喰仕上げであるが、内法長押から下、敷居までは素木造（しらきづくり＝木地のままの材料を用い、全く塗装や色付けをしない造り）で、三方に入る建具も素木の舞良戸（まいらど＝戸の框の間に板を入れ、両面または片面に桟を幾本か横に打った戸）を引き違いに建て込んでいる。

舞良戸は古くから書院などに多く用いられた戸で、このような戸を防備第一義に考えた城郭建築の外側に用いたことは、この櫓の使用目的が戦闘用でないことを示している。

外部からは、戸口を入り正面の蹴上げの高い石段を上ると、石垣の間の土間に出る。土間から右に木段を上ると一階に出るが、一階の床の出口には、床と平行に動く引戸があって戸締りとなっている。一階の西側は辰巳附櫓に通じる。天井は化粧裏板で、船底形をしている。このように内・外ともその構造や意匠が、観月のためにふさわしい建物といえる。

月見櫓内部床面から棟木付近までの高さは、三・四八m、入り口付近の土間から天井部までの高さ、四・四三m、階段上の土間から天井部までの高さ、二・〇五m、高欄の高さは、四八cm、幅は九〇cm、舞良戸部分は、高さ、一・六四m、幅一・八mで、九〇cm幅の板戸引違である。

月見櫓は往時は畳敷と考えられる。以前、時の市長が女子職員を侍女に見立て、月見櫓で観月の宴を催し、物議を醸したことがあった。どことなくユーモアのある話のような気がする。

月見櫓下から内堀に出る水門址がある。松本城は山間地の平城としては珍しく、水門が設けられていた。この水門は埋門形式で内堀対岸には船止りがあった。

天守を振り向きつつ、退城して黒門を潜って城外へ出る。黒門の名称は公式の用に供する門、正門などの意である。儀式とかその他、公式の用に使用する書院を黒書院と呼び、平常の私用起居に使用する書院を、白書院と呼ぶのと同じ意味である。

松本城の本丸に入る門は、黒門の他に本丸東北部に裏門と、西北に埋門があった。

城の南側にまわってみる。広大な水堀のかなたの天守等の建造物を観て、しばし物思いに耽《ふけ》る。日本に現存する一二天守の中で、天守台が堀に接しているのは弘前城と松本城である。松本城の天守台は比較的低くその前面の堀の幅が広いので、天守の勇姿はよく水に写る。

松本城には足駄塀（あしだべい）と屏風塀という特徴のある建造物があった。足駄塀とは、水堀の中に建てられた塀で、水堀を仕切っていた。本丸と二ノ丸の間に二箇所存在した。堀中に木杭を連続して打ち込み水面約一mの位置に土台を杭天に敷き板塀を建てた。屋根は板葺であったらしい。

本丸西側の足駄塀は、乾小天守から北側に屈曲して延びる塀の途中に設けられた埋門に近接して建っていた。埋門は現存しないが、その跡が石垣を欠き取った形に遺り、現在はその外側に赤い木橋を渡し、入城口となっている。旧来の埋門は直接水堀に面して開かれ、橋はなかった。

屏風塀（びょうぶべい）は、屏風を建てたように塀を巡らす形式で、現存しないが松本城の古図を観ると本丸・二ノ丸・三ノ丸の全ての郭に多用されていたことが解る。近世城郭では数少ない形式で、死角をなくすための有効な建造物である。二ノ丸の屏風塀は、政庁の御殿の東面土塁が直線のためか、この部分には厳重に置いている。

二ノ丸址へのかたわらで、幼子を遊ばせている若夫婦の隣のベンチで、息を整え、建物の計測値のメモを清書する。

二ノ丸正門の太鼓門は、現在復元工事中で、発掘調査や、諸資料の精査から本丸黒門とは異なり、櫓門の続櫓は南方にのみ延びる片櫓で北方には無く、古式な形状であったことが明らかにされている。

太鼓はこの櫓内には置かれず、石垣台の上に小形の鼓楼が門から離れて独立して建っていた。独立した太鼓楼は極めて異例である。二ノ門と塀で桝形を造り、石垣の間の櫓門の間口は約一〇m、石垣高は約四・五m、桁行九間乃至一〇間、梁行五間の大形櫓門であった。

秋の陽も西に傾いてきた。太鼓門が復元されたらまた訪れることを心に約し、古書店をのぞいたりしながら、枯れ葉舞う街を駅に向う。

松本駅から名古屋に向う特急列車に乗り込み、席に着く。動き出した列車の車窓風景は薄暗い。通り過ぎる光りを眺め、買い求めた書籍の頁を、パラパラと繰ってみる。

前の席に、若い娘を連れた親子連れがいる。父親が盛んに娘の機嫌を取って話しかけている。そして、松本の名物駅弁の月見五目飯を食べ始めた。

相変らずカメラなんかで娘が食べているところを撮っている。自分と同年代と思われるこの父親は、この家族のために、一生を終えるのであろうか、羨ましくもあり、何と無駄なことをと思えなくもない。

母が死して三歳（みとせ）、私には温かく迎えてくれる家族もなければ、安否を気遣ってくれる人もいない。

秋風が心に染みても、ひたすら独行道を歩むのみである。

松本城月見櫓仰視

松本城月見櫓内部

松本城

松本城復元太鼓門

松本城復元太鼓門多聞櫓内部

松本城乾小天守北西面

松本城渡櫓東面

松本城辰巳附櫓一階内部

松本城乾小天守一階内部

松本城天守南立面図

松本城天守北立面図

修理工事報告書より

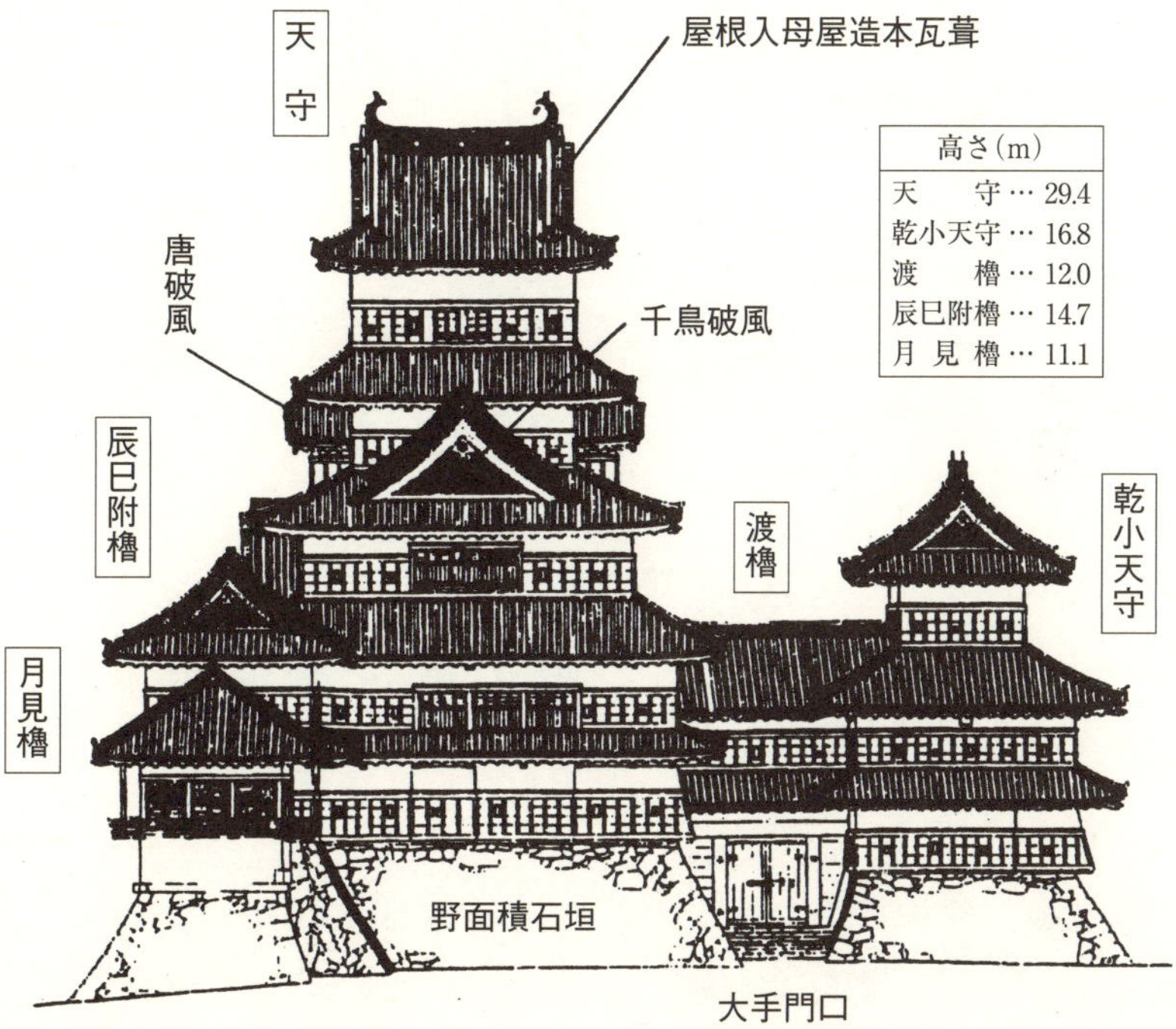
天守
屋根入母屋造本瓦葺
唐破風
千鳥破風
辰巳附櫓
月見櫓
渡櫓
乾小天守
野面積石垣
大手門口
高さ(m)
天　守… 29.4
乾小天守… 16.8
渡　櫓… 12.0
辰巳附櫓… 14.7
月見櫓… 11.1

第二章　探訪

田中城本丸櫓

はじめに

晩夏の涼風（すずかぜ）が頬をなでる。志太平野から見渡すと山並みに入道雲がわきだしている。櫓内部に入って座る。畳がひんやりとして心地よい。ようやく復元された櫓である。その存在を知ってから、どれくらいになるだろうか、遠い昔のことのように思えてつい最近のような気もする。想えば人生は一期一会、人の世は儚《はかな》き夢の如きものである。

城史

一六世紀中頃、この付近に居館を構えていた一色信茂は、今川氏の命により遠州国人衆に対する備えとして、居館の北隣に徳一色城（とくのいっしきじょう）を築いたが、その年代については明らかでない。その後、城は今川氏の家臣由井正信・長谷川正長と受け継がれた。

永禄一三年（一五七〇）武田信玄は、今川氏の小原鎮実（しずざね）城将の花沢城と、同じく長谷川正長の徳一色城を攻略して、徳一色城を田中城と改名し、馬場美濃守信房に命じて甲州流縄張の特徴である丸馬出曲輪を構えた城郭を築かせた。信玄は同年二月中旬まで田中に逗留している。当地の重要性を考えた信玄は元亀元年（一五七〇）九月初めに完成した田中城に城将として山県昌景を置き、駿河国山西地区の支配を任せた。

田中城の縄張は方形の本丸を中心として、その周囲に二ノ曲輪・三ノ曲輪を巡らす同心円形で、特に外周の三ノ曲輪は亀甲状であったために、亀井城または亀甲城とも呼ばれた。築城に当り低丘陵地であるため北方の村岡山を崩して大量の土砂を運搬したといわれている。また武田氏の城造りの特色でもある丸馬出曲輪が、二ノ曲輪・三ノ曲輪虎口の外にあるところから、第二期の工事が考えられ、初めに山県昌景が在城中に二ノ曲輪まで完成し、元亀三年（一五七二）に板垣信安と交替後、三ノ曲輪工事が続行されたものと考えられている。武田信玄は、掛川城の徳川勢に対抗するため大井川筋に支城を築き、その中心的な存在が田中城であった。

天正三年（一五七五）武田氏は三河国長篠にて大敗し、これを機会に徳川家康は諏訪原城を落して駿河への関門を開き田中城へ向って波状攻撃を仕掛けた。家康は天正六年より田中城を激しく攻め立て、各城との連繋を断ち孤立させた。天正一〇年（一五八二）徳川軍は、武田方の依田信蕃（のぶしげ）・三枝虎吉が主将となって守備する田中城を包囲し、城内外において両軍の激戦が繰り返されたが、武田氏一門の江尻城主穴山梅雪（信君）の徳川方への寝返りにより、城は完全に孤立した。依田信蕃は徳川氏の勧めで同年三月に開城した。戦国時代の田中城の歴史の中で落城の記録はなく、家康も説得して開城させるしかなかったほど堅固な城であった。

武田氏時代の城地範囲は、東西約三〇〇

m・南北約三四〇mであり、虎口は西に藤枝口・東に新宿口・北に大手であった平島口等があった。

天正一〇年、武田氏を滅した織田信長は駿河一国を家康に与えた。信長は甲州から東海道に入り、帰路途中の四月一四日に、田中城で一泊している。家康は田中城主として高力清長を入れた。天正一八年（一五九〇）豊臣秀吉は小田原の北条氏討伐の軍を起し、三月八日に田中城に一泊している。このように田中城は戦国三英傑にゆかりのあった城といえる。徳川家康の関東移封後、田中城には中村一氏が八万石を与えられて、城番が入城した。

慶長五年（一六〇〇）の関ケ原合戦で勝利をおさめた家康は、天下の実権を掌中にすると東海・関東の諸国には譜代大名を配して江戸の護りを固めた。翌年三月には田中城の初代城主として酒井忠利が一万石で入部している。

忠利は田中城に総曲輪を増築して木戸を四方に構え、それまで大手口であった平島口を藤枝口に替え、それは後に松原木戸と呼ばれた。城は大改修され藤枝宿は城下町に取り込まれて、北側の松原木戸は城の正門とされた。また南に清水口が設けられて、二ノ曲輪には清水御殿が築造された。

慶長一〇年（一六〇五）将軍職を秀忠に譲った家康は、駿府を隠居城と定めて大御所政治を行った。元和二年（一六一六）まで家康は、鷹狩りと称して度々田中城に滞在した。同年一月にも一二日と二一日に田中で狩りをしている。

この頃、堺の商人茶屋四郎次郎が駿府で家康に謁見した際に、近頃は鯛を唐揚げにして食べることがはやっている、などと話した。その後鯛を手に入れた時にこの話を思い出して早速料理させて食した。大変美味であったのでいつもより多く食べ、その後田中に赴いて鷹狩りをした。その夜城内で腹痛を起こし数日間は田中に留り、一月二四日には駿府に帰ることができた。しかし、症状は一進一退を繰り返し、元和二年四月一七日に徳川家康は、駿府城において七五歳の生涯を閉じた。

田中は駿府藩の手による番城支配とされ藩は置かれていなかった。元和五年（一六一九）駿府藩主で家康の第一〇子の徳川頼宣（よりのぶ）が紀伊国和歌山に移った後、田中は幕府領となった。

田中藩が復活するのは寛永一〇年（一六三三）で、松平（桜井）忠重が上総国佐貫から三万石で入封してからである。それ以来譜代小藩として幕末まで存続することになるが、城主の交替は目まぐるしく、早くも寛永一二年には水野忠善に替り、それ以後は、松平（藤井）・北条・西尾・酒井・土屋・太田・内藤・土岐といった各大名が、二万五〇〇〇石から五万石で短くて二年、長くても二代三〇年で入封・転封を繰り返した。

しかし田中城主を経て大坂城代に抜擢された例が多く、また初代藩主の酒井氏のように忠利の子忠勝は江戸初期幕政の老中・大老として知られ、田中城主は幕閣への登龍門の一つとして意識されていたことは明らかである。初代酒井忠利始め、一二氏二一人の城主が在城し、徳川幕府の基盤が強固になると入・転封に終止符が打たれた。

それは享保一五年（一七三〇）のことであった。本多正矩（まさのり）が上野国沼田より入封して、それ以後は本多氏四万石の藩として幕末まで七代一三八年間存続した。明治元年（一八六八）徳川宗家の駿河・遠江両国への移封に伴い、最後の藩主本多正訥（まさもり）は安房国長尾に移り、ここに田中藩は廃藩となった。

規模・構造

一、総説

築城の際には、地選（ちせん）・経始（けいし）・普請（ふしん）・作事（さくじ）の四つの工程を経ることになるが、地選は築城地の選定・経始は縄張・普請は土木工事・作事は建築物の建立である。どれもが城造りには大切であるが、中でも縄張は最も重視された。

戦国大名の多くは、城造りにおいて縄張の得意な技術集団を抱えていた。戦国大名による築城法の特徴が最もよく表れているのが、武田氏である。城の縄張の形態として軍学者の表現で、「円形の得（とく）、角形の損（そん）」というのがある。曲輪の外周を丸くすることで内部の空間の面積を最大に生かせることから、城は出来るだけ円く造った方が守りやすいということである。武田氏はそれを忠実に実践した城を幾つも築いている。最大の特徴は、城の出入口である虎口を守るための工夫としての丸馬出がそれである。馬出というのは城の虎口部分に設けられたもので、敵兵が虎口に直進してこれないようにした施設である。馬出には角馬出と丸馬出の二つが基本形となっていて、丸馬出の堀そのものを丸く造って三日月堀と呼ばれた馬出曲輪が、武田氏の場合重臣馬場信房を指導・管理者として築かれている。

二、縄張

円形の縄張で典型的な城郭が田中城である。江戸時代に軍学が盛んに講ぜられ、兵学者等も大いに田中城に対して関心を持ち、同城の絵図は日本各地に遺されている。

田中城は本丸が中心にあり、その廻りを二ノ曲輪、二ノ曲輪の周囲を三ノ曲輪が囲む、というように同心円状をしていて、輪郭式という縄張である。駿府城のように四角形の輪郭式縄張の例は多いが、円形のものは少ない。

田中城最古の絵図として国立国会図書館に所蔵されている田中城絵図には、三重の堀を廻らし、三ノ曲輪までが描かれている。堀は総て掻き上げ堀でこの掻き上げた土で土塁を構築した。本丸は方形で東西約四七m・南北約五六m、面積は約二八七〇㎡であった。周囲は土塁を築き、外側の堀は幅が一一mから一三mあり、東と南に門がある。二ノ曲輪は本丸を円形の堀で囲み、西側だけが三ノ曲輪にまで達している。二ノ堀が西側で一部欠けるため、二ノ堀と三ノ堀との間を空堀で繋ぎ、さらに土塁を設けて守っている。三ノ曲輪は堀を円形に造り東・南・北の三面から、二ノ曲輪を抱き込むようにして築かれている。

田中城の馬出曲輪（三日月堀）は、二ノ曲輪の三箇所の新宿二ノ門外（新宿口）・大手二ノ門外・（清水口）、三ノ曲輪の大手一ノ門外・平島一ノ門外・新宿一ノ門外にあり、この中で大手一ノ門外の三日月堀が一番大きくて、長さが九一・八m、深さは約六mあった。

現在遺っている三日月堀は、新宿二ノ門外の一箇所の一部分だけで他は総て埋められている。三日月堀が六箇所もあったのは田中城だけで、いかに武田信玄が田中城を重要視していたかが窺える。

現在、田中市指定文化財となっている絵

図が二枚あり、これには総曲輪が書き込まれている。

慶長六年（一六〇一）に田中城主となった酒井忠利は、同年東海道宿駅の整備により、藤枝宿が東海道五十三次のうち品川から数えて二二番目の宿駅になったため、それまで田中城の正門であった東の平島口を閉じて、北に新たに大手口である藤枝口を造り正門とした。これにより総曲輪の平島口は城主に不幸があった時のみ橋が架けられ、不浄口と呼ばれた。

忠利は、城郭の拡張にも着手し総曲輪を増築した。城の外側に四ノ堀を同心円形に掘り、掘った土で土塁を築き総曲輪として侍屋敷に当てた。総曲輪に設けられた三箇所の木戸口である松原木戸・平島木戸・新宿木戸は、総て木戸という粗末な造りであった。

三、規模

田中城は輪郭式平城で、城址は現在の志太平野の北寄りで、藤枝市街地の東の焼津市保福島との市境近くに位置している。城は中世においては志太平野のほぼ真ん中にあり、郡（こおり）から平島にかけて東西方向に延びるほぼ中間に当り、海抜は約一五mである。

城郭は本多忠利の増築工事で、東西約一四〇〇m・南北約一四八〇m・総面積一四万九〇〇㎡の規模となった。その後の城主水野忠善は村岡山の土を搬入して土塁を高くし、土岐頼稔（よりとし）の代には四ノ堀を深く掘り下げ城の守りを堅固にしている。

四、建造物

藤枝市郷土博物館所蔵の『田中城図』は、幕末に近い時期の作品と考えられ、本丸の規模・堀幅・土塁の高さ・門の数や、追手一ノ門・同二ノ門・平島一ノ門渡櫓・同二ノ門渡櫓・新宿一ノ門・同二ノ門・御館等について主にその寸法が詳細に記されていて、田中城の規模や建造物を知る上で一級の歴史資料となっている。

『御城内所々間数』は藤井誠氏所蔵の文書で、万延元年（一八六〇）正月の年号が入っていて、幕末田中城の特に建造物を知る上で好史料となっている。文書には、同城の曲輪の広さ・各門の寸法・石垣の高さ・土塁の高さ・堀の深さ・櫓の数や寸法及び窓の数・堀の長さや狭間の数等が詳細に記されているので、主要なところだけ観ると、追手一ノ門（梁間三間四尺）・御櫓（高・二間三寸、桁行一二間）とあり、御櫓は渡櫓である。追手二ノ門の渡櫓は桁行七間・梁行三間、平島一ノ門の渡櫓は桁行九間・梁行三間四尺五寸、平島二ノ門は同様に桁行七間・梁行三間、新宿一ノ門は同じく桁行八間・梁行三間三尺、新宿二ノ門の渡櫓は桁行七間・梁行三間、清水門は瓦葺屋根で、御館門は柿葺である。本丸南御門も柿葺で、同様に本丸東御門も柿葺の冠木門である。

慶長六年以前の田中城の建造物は、本丸には本丸御殿・東と南に門二棟・長屋等があった。その他の曲輪に武家屋敷・長屋・番所等があり、清水御殿には中門廊を備えた主殿や楼閣風の建造物があった。

田中城の天守代用は本丸東南隅の御亭（おちん）と呼ばれた二階櫓であった。田中城図には「二階附・亭・高三間五尺・桁三間・梁二間余」とあり、この建物が現在では、「史蹟田中城下屋敷」に再移築復元されている。その他、三ノ曲輪の大手一ノ門東に二層の太鼓櫓、清水門を除いた各城門が櫓門であった。石垣は城門周囲と本丸堀のみであった。土塁上には瓦塀や板塀が巡らされていて塀の総延長は約二三〇〇mあり、鉄砲狭間や矢狭間が九五〇程穿たれていた。

五、絵図

田中城の最大の特徴は同心円形に曲輪を配備した輪郭式構造の縄張にある。城の縄張としては四重の堀と土塁で囲まれた比較的単純な円形構造を持つが、実際には本丸部分が方形を成していたり、三ノ曲輪の形態が亀城や亀甲城の別称があるように四隅に突出部を持つ大きな亀甲様の扁円形をしていたり、外部を成す総曲輪が円形に配置されていてそれぞれに異なる部分から構成されていることがとらえられる。こうした姿は特色ある縄張図として古くから軍学書などでも描かれていて、城絵図として多くの写絵が伝えられている。

城絵図の描かれるケースには幾つかの種類がある。兵学者によって諸国の城郭縄張図を集成した軍学の教典として編纂されたものが数多く刊行されている。『主図合結記』のように武士にとって必須の書となっているものなどがあげられるが、城郭構造図は比較的簡潔にして特長を描き出してるものが多い。本来、築城の技術は最高の軍事機密であり専門家集団によって代々極秘に受け継がれてきたものである。わずかな書写本を頼りに独自の城郭研究が成され、甲斐武田流の「円馬出」や後北条氏の「畝堀・障子堀」のようにそれぞれの理念に基づいた独特の築城術が生み出されたものと考えられる。

江戸時代になると幕府は諸大名の軍事力を削減する政策を進めた。元和元年（一六一五）の一国一城令などがそれに当たるもので、武家諸法度を公布し諸大名が居城以外の城を新しく築くことを禁止するとともに無断で城に修築を加えることも固く禁じていた。したがって国替えによって転封されると城内施設を細部にわたるまで描き幕府に差し出していたり、幕末期ではあるが嘉永七年（一八五四）の大地震（安政の大地震）によって崩壊した石垣修理の図が作成されているように、幕府の政策として貫徹されていたことが窺える。また公的に城絵図の描かれたものとして、正保国絵図（正保元年・一六四四）・元禄国絵図（元禄九年・一六九六）・天保国絵図（天保六年・一八三五）等の作製に伴って諸国の城郭とその周辺地域を詳しく描いたものがあげられる。代表的なものが「正保城絵図」であり、幕府で保管していたこれらの原本を見ることのできた諸大名や兵学者によって書き写す作業が行われたものとみられ、系譜を同じくする城絵図が多く遺されている。いずれにしても江戸時代にあっては城絵図の作製は、諸藩の軍事的な機密事項に関る重大な要素を含んだものであって簡単には行えなかったが、城主のことや村・道・城の寸法などの記載事項や城郭形態などが記録された絵図は歴史的な資料としての側面も多く持っているものといえる。

藤枝市指定有形文化財の「駿河国田中城絵図」は、田中城とその周辺地域が描かれた大判の彩色城絵図で、一八枚の良質な料紙を貼り合わせて用い、描写や画質もかなり優れたものである。円形の縄張を持つ城を中心にして家中屋敷・宿場・方位・地形・道路・川などが的確に表現され、それぞれの要所には距離が明示されていて田中城の様子や規模を把握することができる貴重な資料となっている。本図は、かつて田中城内の作事役所にあったものといわれていて、その後、本丸址に建てられた西益津小学校に受け継がれ、表具仕立てされて保存されてきた。昭和三五年（一九六〇）に市指定文化財となり、昭和五六年（一九八一）には、巻き皺の修理・太巻き芯・桐箱の保存修理が行われ、現在では藤枝市郷土博物館に保管されている。

絵図の構成は、中央やや下側に本丸を主軸にした田中城の縄張を置き、これを囲むように城域となった範囲を周辺地形として描いている。下方には新宿の家中屋敷、上方に東海道藤枝宿の町屋及び家中屋敷、左方に瀬戸川、右方に東海道と八幡川（葉梨川）に架かる八幡橋が配置され、城の周囲には青池や深田と浅田に区別された水田も描かれていて、文字通り平地に築かれた田中城の特色がよく表現されたものとなっている。

城内は四重の堀と土塁に囲まれた掻上城としての曲輪配置が正確に表現され、同心円状に城域を拡大してきた様子や青池から流れ出した河川（六間川）を利用するように築かれた惣堀（四ノ堀）の状況をよくとらえることができる。

曲輪の各要所には、城門・櫓・土塀・柵・木戸口が配備され、道路・橋・城米蔵・侍屋敷・馬屋の区割りも記入されて城郭構造を正確に表している。なかでも藤枝口・平嶋口・新宿口と表記された六箇所の城門は、石垣による桝形の形態と櫓門の様子が姿図として描かれていて、甲州流の丸馬出（三日月堀）を取り込む形態でより堅固なものに修築整備の進んだ様子を観ることができる。

さらに、図には曲輪の大きさや各土塁の長さと高さ、各堀の幅と深さ、道路の寸法まで事細かに書き記されていて、精度の高い城絵図に仕立てられていることが解る。

この絵図の製作年代は明確ではないが、天保八年（一八三七）に創設された藩校日知館や上水の水源地となった姥ケ池が描かれていないなどの理由から、それらの整備以前のものとされ、享保一六年（一七三一）に入封した本多氏との関りの中でとらえられることが多かった。

しかし、江戸時代後期から幕末期にかけて写された多くの田中城絵図と比較して、新宿木戸口、城外に置かれた馬場、新宿侍屋敷の区割りなどに古式の様相が観られ、城内外に及んで克明に寸法が記載されていること、さらに、侍屋敷や町屋、田畑の描写法が、正保年間（一六四四〜一六四八）に幕命によって居城の絵図を作製し提出した正保城絵図（田中城図は未見）に類似点を持っていることが認められるなど、それらの下絵図のような公的な正格を持って描かれた可能性も指摘される。

また、絵図を細かく観察すると、田畑の一部に未着色の部分があり「釈文」で示すように木戸の名称が当初白子口であったものが藤枝口に書替えのあることなどが認められる。

釈文、「藤枝口」（白子を抹消）

此「藤枝口」ヨリ東ノ木戸口迄ノ道
筋五町十六間四尺　（白子を抹消）

さらに、平嶋木戸が最初は記されていなかったり、書き込みの寸法に削除や訂正による修正も各所に観られる。そして、町屋の区割りや家中屋敷、道路にも書替えや削除が認められ、二次的に手が加えられていることが窺える。こうしたことから田中藩において基本となる下書き城絵図として保管され、補正を加えながら扱われてきたものであると考えられている。

絵図は紙本彩色、縦二四七cm、横一九七cm、軸装である。

その後の田中城

嘉永七年（一八五四）の大地震により城内の建物の総てが崩壊し、後に再建されたが、御殿は清水御殿のみが再建されたといわれる。明治元年（一八六八）五月、徳川家達（いえさと）が一大名として駿・遠・三にて七〇万石を領することになった。徳川家の駿河への来住に伴い多くの家臣団が移住してきたので、各地に分散して住まわせた。田中でも本多氏の転封で空いた武家屋敷等に六五二二人の移住者が来た。翌二年一月高橋泥舟が田中奉行として赴任してきた。

高橋泥舟（でいしゅう）は、江戸末期の幕臣で、名は政晃、泥舟は号である。槍術の名人で講武所教授を勤めた。文久三年（一八六三）浪士取扱いに任じられたが、浪士が尊攘派志士と通じたことで免職された。鳥羽・伏見の戦後は恭順を主張し徳川慶喜の身辺警護に当った。勝海舟・山岡鉄舟とともに幕末三舟と称された。

明治三年（一八七〇）に本丸櫓が払下げられ静岡藩士村山氏の住宅として移築、他の建物も同五年頃払下げられた。明治六年（一八七三）本丸に養正舎（現市立西益津小学校）が移転された。清水御殿は田中高等小学校の校舎として使用された後に、明治三六年（一九〇三）志太郡立農学校（現藤枝北高等学校）が開校されると同校の校舎となったが、同校は明治四一年城外に移転したために取り壊された。御殿玄関は、新校舎玄関として移築されたが、昭和二年（一九二七）火災により焼失した。

昭和二二年（一九四七）西益津村立西益津中学校（現市立西益津中学校）が旧城郭の二ノ曲輪・三ノ曲輪址に開校された。

昭和五二年（一九七七）平島一ノ門の外桝形の基底部に石積が確認されている。昭和五四年六月から八月にかけて藤枝市教育委員会により、西益津中学校屋内運動場建設のため発掘調査が実施された。それは清水御殿の北側で、二ノ堀と三ノ堀を結ぶ空堀部分から南側の土塁部分がその対象となった。その結果、田中城は過去四回にわたって増築工事が行われたことが確認された。

昭和六三年（一九八八）には二ノ堀の整備工事が行われ、平成元年（一九八九）三月大手二ノ橋が復元された。

平成二年下屋敷址の発掘調査が実施され平成四年から同八年にかけて下屋敷址が整備され庭園を復元、園内に村山家に移築されていた本丸櫓・大塚家に移築されていた茶仲間部屋・厩、奥野家に移築されていた茶室・長楽寺村郷倉が各移築復元され、平成八年（一九九六）八月、史跡田中城下屋敷、として開園された。

田中城址は市の史蹟に指定され、本丸址と二ノ曲輪址・三ノ曲輪址の一部は西益津小学校、二ノ曲輪址・三ノ曲輪址の一部が、西益津中学校の敷地である。他は住宅地や耕地となり遺構は殆ど失われたが現地で詳細に観ると円形の土塁の一部が遺存することが解る。

中学校校門前には二ノ堀の一部が比較的良好な状態で保存され、大手二ノ橋が象徴的に復元されているほか三ノ堀の一部が遺存し、解説板等も各所に立てられている。

小学校の一角には城の模型と大手二ノ門

桝形の基礎石の一部、中学校の一角にも旧田中藩領の傍示石が保存されている。不開門といわれるが、城内の屋敷の門と推定されている建物が焼津市の旭伝院山門として移建されている。

　本城は武田氏による同心円形式の築城遺構として著名であり、昭和三〇年代までは旧状を止めていたが、その後の圃場《はたば》整備や宅地化により土塁や堀の大半が失われたのは遺憾である。

　しかし、藤枝市は昭和六〇年（一九八五）に田中城整備基本構想を策定し、同六二年から環境整備工事に着手し、発掘調査も昭和五四年以降逐次行われている。

　近年に城の東側にあった藩主の別邸下屋敷の庭園等が復元され、維新後城外に移築されていた本丸櫓・仲間部屋・厩等が同所に再移築復元された。これは、全国の移建櫓で朽ち果てようとしている建物もある中で、市当局の執った極めて適切な判断といえる。

田中城本丸櫓

一、総説

天守建築は日本の城を代表する建物である。定説では織田信長が築いた安土城天守をその嚆矢《こうし》とするが、忽然と天守が安土山に聳《そび》える訳がない。日本の文化は模倣文化であるので、安土城に天守が構えられるまでにはそのプロセスがあった。

　永禄一二年（一五六九）足利第一五代将軍義昭が、織田信長の助力によって築いた旧二条城である室町第に、天主、と名付けられた天守建築が、古記録から確認されている。

　そのルーツをたどると、足利三代将軍義満の築いた鹿苑寺金閣、同じく八代将軍義政の慈照寺銀閣の楼閣建築である亭(ちん)建築に行き当る。この楼閣建築が天守建築に発達して行ったのである。

　織田信長は、天、の一文字にこだわり、室町第の天主の、天の文字と造形は、どうしても入手しなければならなかった。

　元亀四年（一五七三）足利義昭を降した信長は、室町第を破却し、名称と造形を安土に移した。城郭の亭建築は、主に風雅を楽しむための建築で、景色を眺め歌を詠み、詩を詠じて、しばし世情での雑事を忘れさせてくれる長閑な建物であった。屋根は方形造等で、室内には障子を入れ、襖には雅な絵を描かせたりしている。これが櫓としての機能をも有し、やがて天守建築に昇華する。

　田中城本丸東南隅に存在した二階櫓である御亭は、戦闘面を全く意識しない建築で、江戸時代初期の徳川家康滞在時には、すでに機能的に存在していた可能性がある。現在復元されている建物を観ても、戦時を想定した機能はなく眺望や観月が目的のための建物であることが解る。

　本丸櫓を所有した藤枝市本町の村山家は清和源氏の流れをくみ、関ケ原合戦で活躍した後に徳川幕府に仕え、御幕（おまく）奉行を勤めたという古い家柄である。大政奉還による徳川幕府崩壊後、江戸を離れ下藪田に移り住み、幕末三舟の一人高橋泥舟（精一）の支配する田中勤番組に入った。

　言い伝えでは、明治三年（一八七〇）高橋泥舟の四男が村山家に養子として入り、泥舟は村山家のために田中城本丸にあった櫓を払い下げた。村山家では住宅として現在の地に移築した。住宅として使用されていた頃に探訪した記録には、次のように記されている。

この建物の外観を正面から観ると、まず二階の屋根の重厚さに気がつく。寄棟造・日本瓦葺の屋根は、軒の出が深いので太い垂木に支えられていて、一般住宅と異なることが解る。

垂木は六〜七・五cm以上もある。軒裏は太い化粧小舞野地板張で、九〇cmは出ている。その垂木鼻小口は、長年風雨にさらされ、風化して切り口が自然に腐朽しているものもあり建物の古さが窺《うかが》える。

新しく改造された玄関を入ると、まず面幅の広い一六〜一七cm角以上もあろうかと思われる柱が目に入る。室側の間仕切の柱は古いままである。六畳居室の天井は化粧床板を張った根太天井が黒光りして時代の古さを表している。二階へ上る階段は下から三分の一ぐらいのところに狭い踊場があるが、もとはこの踊場は幅が広く城主が二階にいる時に警護の武士が待機していたのだそうである。

二階は一一畳の畳が敷かれ、残る一畳分の広さが、階段下り口である。二階の南側は三間全部、西側が一間、北側が一間と計五箇所に肘掛引違紙貼障子を入れているが鴨居の溝が三条遺っているところをみると、もとは外側の二条が引違板戸用で、内側の一条に紙貼障子を入れていたのであろう。二階の天井は太い竿縁を使用した竿縁天井である。

村山晴美（はるよし）氏は住宅改造に伴って、解体された建築材と、家に代々伝わる歴史資料を市に寄贈された。資料は、高橋泥舟筆「光風霽月楼・こうふうせいげつろう」扁額《へんがく》・麻半裃・小袖・烏帽子・扇子・笠印・采配・布編草履・旗・幟などである。

その後、藤枝市当局は櫓の解体部材を保管して、下屋敷庭園址発掘調査整備後、現在地に再移築復元して一般に公開している。

二、規模・構造

外観——切石積基壇（通称よもぎ石、法高二・七六m、直高約二・七m、基壇底辺平面規模八・五三m×六・五八m）・寄棟造・銅板葺屋根・二重二階・重箱造・外部壁体土塗真壁漆喰塗仕上・腰板は下見板張で高さ一・二九m・軒は一軒疎垂木・大棟両端に本多立葵紋を銅板にて造型・下層—引違板戸内明障子計五面・上層—引違板戸内明障子計九面・障子の高さは一階〇・九一m・二階同じく一・二二五m、入口は一階西南部にあり、縦約一・八m、横一・四七mの片引板戸、一階内部天井は竿縁天井。

外法——桁行　六・一一m
　　　梁行　四・一四m

軒高——下層　三・一五二m
（基壇上端より軒先まで）
　　　上層　五・六六二m　（同）

軒の出—下層　約〇・七五m
（水平距離）
　　　上層　約一・一m　（同）

棟高——七・八七五m
（基壇上端より大棟先端まで）

内部——壁体漆喰塗真壁造・畳一・二階共一一畳敷・一階明障子計五面・二階同九面・一階から二階への階段は内寸〇・七四

m、外寸〇・八三mで三段上り、左手に縦一・六四m、横一・三二mの衝立状の板を立てる。踊場から二階への階段は内寸〇・八八五m、外寸〇・九九mで右に直角に折れ七段上り二階に至る。二階天井は竿縁天井。階段二階の手摺は高さ四八cm、手摺の長さ約一・六m、奥行一・〇五mである。

規模――桁行　五・八二m
　　　梁行　三・八七m（実測）
　　　桁行　五・九一m
　　　　　　　　　（両端柱真々）
梁行　三・九四m（同）
柱間　一・九七m（柱真々）
畳寸法　一・九m×〇・九五m
縁（へり）無
柱　平均一八・五cm角、入口部
柱一七cm角
規模　一・二階同大

城址逍遙

史跡・田中城下屋敷は六間川を挟んで城址の南東端に接した位置にある。ここは古くは一色氏やその後裔の古沢氏の居館址ともいわれているが、江戸時代後期には城主の別荘であった下屋敷が置かれて、築山・泉水・茶室・稲荷社などが設けられ、泉水には多くのカキツバタが生えていたといわれる。歴代城主達は四季折々の草花を眺めて風情を楽しんだ。しかし、明治・大正・昭和と時代が移るにつれて下屋敷の姿も変って行った。南側にあった築山は削られて平らにされ、泉水も埋められ畑となった。さらに、六間川の改修工事によって下屋敷址は昔の半分ほどになった。

藤枝市は平成四年度（一九九二）から、同八年にかけて、下屋敷の庭園を復元するとともに田中城にゆかりのあった建築物をここに再移築復元し一般に公開している。

下屋敷入口の冠木門は、二〇分の一の縮尺で描かれた当時の図面をもとに、復元されたものである。

田中城本丸櫓は、平成五年（一九九三）四月に市指定の有形文化財となった。構造は木造二階建・銅板葺で規模は桁行三間・梁行二間（京間、四六・五七㎡）である。往時は柿葺（こけらぶき）屋根であった。建物の高さは昔と同様で、ただ位置が変ったと考えればよい。

入り口は西南部にある。二階から周囲を眺望すると北側遠くに山並みが見え、周辺は住宅地である。田中城は平城でこの建物が天守代用となったことは上ってみてよく解る。一階内部には、田中城の縄張図・歴史等の紹介パネル・五大力船（ごだいりきせん）の縮尺一〇分の一の模型・櫓の文化財認定証等がある。五大力船は、江戸湾を中心とした小廻しの海運用の船で薪・炭・米穀を始め日常生活の必需物資の運送に使われていた。湾内を運行した「海船」であり、江戸の町中にも入っていた「川船」でもあったので、船体は細長く喫水も浅かった。海上では帆走し、川では棹で漕いで進んだ。そのため「棹走り」という構造があるのが特徴である。五大力船の名のいわれは、重い荷物を運ぶことから「五大力菩薩」に因んで呼称となったとも、書状を相手に間違いなく届けるまじないを「五大力」というところから船の名になったともいわれている。駿河湾などでも湾内運送の船として活躍し、商品の流通に大きな役割を果した。

六間川を利用して荷船が運航していたことを描いた「駿河国田中亀城図」も遺され

ていて、焼津湊から田中城の近くまで川をさかのぼり、城内や藤枝宿へ鮮魚などを運搬していたことが充分考えられる。江戸時代、藤枝や岡部宿で商われていた鮮魚や甘鯛の干物、鮫皮などは街道名物として旅人に人気のある商品であった。こうした大きな消費地をひかえて、六間川を利用した海産物の流通はこの地域の経済発展に大きな役割を果たしていたことが窺える。

建物内部に入ると巨木を使用し黒光りした柱・梁や階段等が眼に入る。障子からの採光で明るい。左手に二階への折れ曲り階段がある。一階内部の高さを略測してみると、畳から〇・八四mは壁で、明障子は縦〇・九一五m×横約〇・九m、障子上の壁は高さが、〇・六四mでこれに、障子上下の窓枠材の下方五・五cmと上方一三cmを合計すると二・五八mとなり、一階内部の天井高となる。天井は根太天井で、根太までの高さが二・五m、床梁（ゆかばり・二階の床下にある根太を受ける梁）までの高さが二・二八mである。床梁は二本、直交する根太は七本である。障子一面に対し、外部は二面の板戸引違である。

二階への階段は折れ曲り階段で、踊場はかつては幅が広く警護の武士が待機していた所である。この建物で唯一武骨な箇所で、これは会津若松城の移建された御三階櫓にも共通し、特に会津若松城の場合、外観は三層であるが内部は四階で、二階天井と三階との間に武者隠しの間と称された階があった。双方とも上の階に城主がいる時、万が一の事変に対しての備えであった。

二階も明るく眺めがいい。扁額が二幅掲げられていて左の方は高橋泥舟書、右は沖六鵬（おきりくほう）書で村山家の近くに住んでいた六鵬が同家の依頼を受けて書いたものである。六鵬の本名は和一、明治二八年（一八九五）に焼津に生れ、各地を巡りながら勉学し、後に藤枝に戻って白子町に書塾「六鳳書院」を開いた。その後静岡に転居し、楷書の六鵬として名を成した。ここに掲げられている扁額は二幅ともレプリカで、文字はともに「光風霽月楼・こうふうせいげつろう」である。

二階の天井は竿縁天井で、畳から天井板までの高さが二・三五m、竿縁までの高さは二・三mである。一階同様に畳から〇・四九mが壁で、一・二八五mは明障子の高さ、下方五・五cmと上方一二cmは障子が入っている上下の窓枠の材の幅、障子の上の壁の高さは〇・四mで、合計すると二・三五mとなる。

かつて田中城下屋敷は六間川と旧六間川に囲まれ土塁を築き川の水を取り入れた泉水が造られていて、築山もあった。屋敷内には鶴石と亀石があり、鶴石の所在は不明であるが、亀石は偶然掘り出されそれが屋敷内に置かれている。泉水に囲まれた中島の位置は現在の屋敷内のほぼ中心部に当り、大松の根元付近が小高くなっている。史跡田中城下屋敷、になっている範囲は旧下屋敷中央部で、規模は旧来の三分の一よりやや広く、面積は四五五二㎡である。

茶室は、木造平屋瓦葺・規模は二三・一㎡である。明治三八年頃（一九〇五頃）千歳（ちとせ）という所の村松家にあったものを上伝馬町の奥野氏が譲り受け屋敷内に移築した。もとは田中藩家老邸の茶室であったと伝えられているが、下屋敷の庭内にあった茶室とみられている。建物は華奢な造りの数寄屋建築で、西側の四畳半が茶室、東側には給仕口のついた六畳の待合が接続している。

仲間（ちゅうげん）部屋・厩（うまや）は、木造平屋瓦葺・規模は間口四間五尺で奥行は二間七尺あり、四〇・五二㎡である。古くから、大洲村の大塚家にある長屋門は田中城内から移されたと伝えられてきたが調査の結果、長屋門に付設された納屋がそれに該当することが解った。仲間部屋と厩とを一棟に仕立てた建物で、手前右側の鬼瓦には、城主本多氏の家紋立葵紋が刻まれていた。また、解体に当って「安政六年」（一八五九）と書かれた板材が確認され、建築年代もその頃と推定されている。

長楽寺村郷蔵（ごうぐら）は、木造真壁造・平屋瓦葺・規模は間口四間三尺で奥行は三間四尺あり、四二・九六㎡である。郷蔵とは、年貢米や飢饉に備えた非常米（救済貸付米）を保存した蔵で、江戸時代には村ごとに置かれていた。村役人が管理し夜間は畳敷の小部屋に二人一組で泊まりこみ夜番をした。長楽寺村の郷蔵は明治一〇年頃（一八七七頃）中西家に払い下げられた。その際、郷蔵の半分を移築したといわれ、本来は現状の倍の大きさであったとみられている。長楽寺村郷蔵は市内に現存する唯一の郷蔵であり貴重な建築物である。また、天保一四年（一八四三）九月に建替えをして、その際に年月と村役人（庄屋）であった恵助と八郎右衛門の名が柱に墨書されている。

その他、田中城の建造物として焼津市保福島の寺院旭伝院に不開門を移築したといわれる山門がある。江戸時代後期に田中城平島口の一ノ門・二ノ門は橋が架けられず「アカズ御門」と絵図にも書かれているように使用されていなかった。桝形には渡櫓門とその前に小さな門が設けられていたがこの城門と考えられる。桟瓦葺・切妻造の薬医門で幅は一間あり小規模な建物で老朽化が甚だしい。

田中城清水御殿の通用門と伝えられる建物が藤枝市天王町の了善寺に移築されていたが、現在では改築され鉄筋コンクリート製でその形をまねている。

下屋敷から六間川を渡って、城址中枢部に向う。途中注意して観ると田圃の中にカーブした土塁の一部が遺っている。三日月堀址は付近に住宅建設中で、かろうじて遺っているといった感じである。標柱が立てられている。本丸址に西益津（ましず）小学校があり、その庭に「田中城本丸跡」・「田中城址」の碑が立っている。

城郭の模型が作られ象徴的に三重の天守がある。大手二ノ門址付近より出土した石垣の石が一個屋外展示されていて解説碑がある。昭和六三年（一九八八）田中城大手二ノ門址付近の堀底から発見され、堀に面した石積最下段の基礎に使われていたものの一つで、石材は濃い緑色の焼津市当目産蛇紋岩系の当目石といわれている。二ノ堀に接した大手二ノ門は田中城の本丸に入る重要な通路で土塁の多い田中城では稀な石積であった。

二ノ堀は本丸から二重目の堀で、幅は一二・七～二一・八m、深さは二・一～二・九mあった、大手二ノ門の入口に当り、長さ五・四m、幅三・六mの大手二ノ橋が架けられていて、その北西側にかつては三日月堀があった。現在、二ノ堀は西益津中学校にかけての一部分が遺っていてこれもカーブしている。

三ノ堀は本丸から三重目の堀でこれも一部分遺り、土塁はきれいに整備され堀の幅も広い。往時は堀の幅は一八m～二七mあり、土塁の高さは水面からおよそ五mあった。堀の北側からは今でもきれいな清水が湧き出ている。市指定史蹟のこの付近は、御館のほぼ西側に当り、この堀に面した総曲輪(四ノ曲輪)には藩士達の屋敷が建ち並んでいた。

三ノ曲輪址に建つ西益津中学校の校門を入ると右手の体育館の前に「従是西田中領・これよりにしたなかりょう」と刻まれた榜示(ぼうじ・くい、または石などによって領地・領田の境界の標示としたもの)の石柱がある。近世の田中城には志太地方の政治・経済の中心である田中藩庁が置かれた。

城址の北西方約二〇〇mの地点にある姥ケ池(うばがいけ)は、池の形から、別名ひょうたん池とも呼ばれている。鯉が泳いでいて、現在でもきれいな水が湧き出ているが、江戸時代には田中城の水源となっていて、直径三〇cm程の木管をここから城内まで引き込み、城内や新宿の侍屋敷の上水として利用された。近年の土木工事でこの木管が発見されている。このように重要な池であったので、池の周辺には石垣を積み柵を廻らせ、見張番を置き厳重に守らせた。

田中城は江戸時代に入ると、駿府へ通じる交通の要衝であったために重要視され増築・整備された。城南を流れる六間川を水路または運河として活用し、四ノ堀がこの川に通じていたため、一旦川を堰き止めると四ノ堀・三ノ堀・二ノ堀にまで水が進み、文字通り浮城に出来るようになっていた。

田中城の大手口であった松原木戸址は、現在は道路の交差点になっていて解説板等は設置されていなかった。この木戸を入ると左手に藩校日知館があった。

江戸時代の中頃から諸藩において藩校が設立され、有能な人材を登用して富国強兵策がはかられた。田中藩でも文武を興隆させようという気運が高まり、仙田政芳・小野成誠を召抱え武術の師範とし、また石井縄斎・芳野金陵等の文学者も登用され、さらに天保八年(一八三七)藩主本多正寛は水戸藩の弘道館にならって藩校日知館(にっちかん)を創設し、文勤公と称された藩主正訥(まさもり)の時に隆盛を極めた。日知館は、創設初期は文学より武術の師範の方が多かったが、後に漢学・史学・国学・数学・蘭学・習字など様々な分野の学者が輩出した。

田中城址を初めて訪れたのは、昭和五四年(一九七九)二月、発掘された平島口の石垣基底部の写真を撮った。その頃は、城址の土塁はよく遺っていた。

それから幾年月を経て、開発が進み城址も大きく変貌したが、藤枝市当局の英断によって、下屋敷址を整備し移建された建造物を復元して公開したことは、全国でも長野・福井と並んで教育県静岡の面目躍如たるものがあり他府県も見習わなければならないように思える。

田中城本丸櫓古写真

田中城本丸櫓南面

田中城本丸櫓二階内部

田中城本丸櫓一階内部

田中城本丸櫓復元図

田中城本丸櫓一・二階平面図

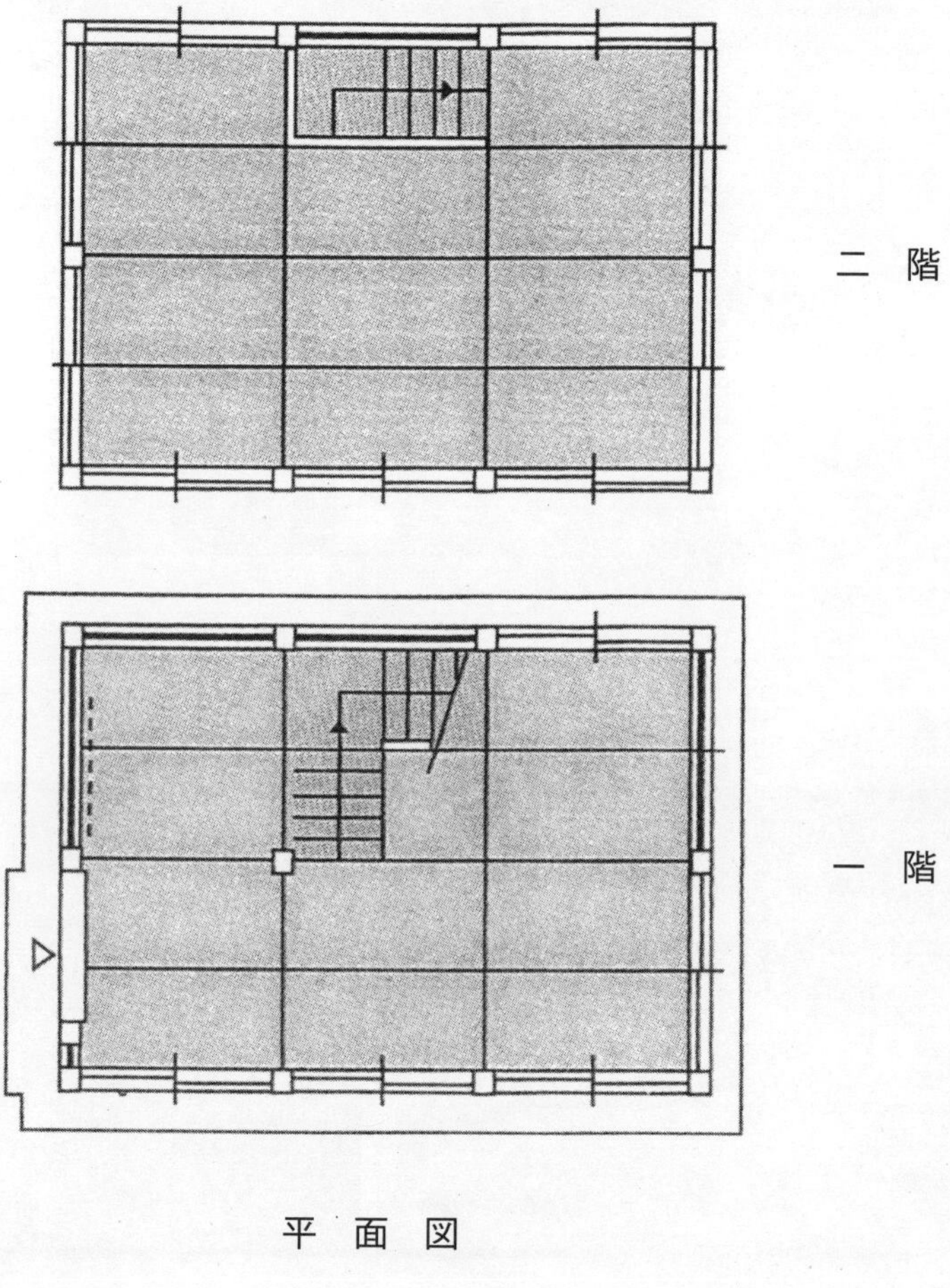

平　面　図

田中城復元図（江戸時代末期の様子）

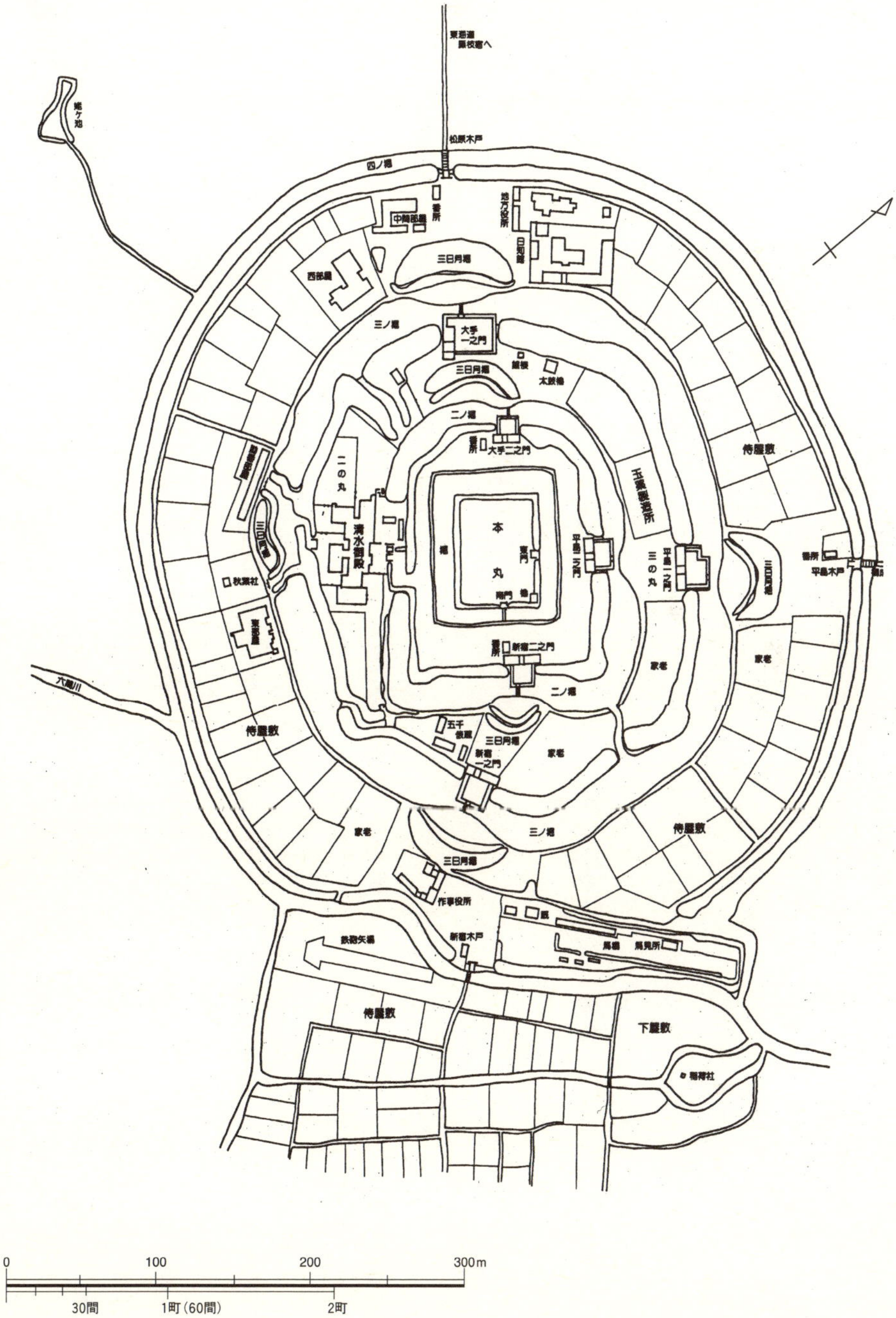

藤枝市郷土博物館作成

第二章　探訪

犬山城宗門櫓

はじめに

日本最古といわれる国宝天守を有する犬山城は、明治維新時、本丸に千貫櫓・弓矢櫓・小銃櫓・大砲櫓、二ノ丸（杉・桐・樅《もみ》・松の各丸）に御成櫓、器械櫓・道具櫓・宗門櫓・屏風櫓・坤櫓・巽櫓、北面川岸に川端丑寅櫓・井戸櫓等があった。また、城門も主なものだけで二二門を数えた。

明治四年（一八七一）廃藩置県により犬山城の諸建造物は競売に附され、城門は寺の門として人気があったが、天守や櫓は大きすぎて人気がなく、なかなか買手が決まらなかった。宗門櫓は二層二階建で桐の丸東南隅にあり天保一三年（一八四二）に焼失し、その直後に再建された。同櫓は明治一三年（一八八〇）、堀尾宗六なる人物に売却されたが、愛知県江南市飛保の森清左衛門に転売され、間口三〇尺（約九m）・奥行二〇尺（約六m）の総二階造倉庫として多少改造されてはいるが現存している。

幕末の犬山城の古写真を見ると下層寄棟、上層は切妻形式で上・下層とも中央部に二箇所連格子窓があり、白壁造で犬山城諸櫓で現存唯一のものである。なお、堀尾宗六は小川市佐衛門より一一二円二〇銭で転売されている。堀尾氏は犬山の素封家とも思える。

宗門櫓探訪

平成元年（一九八九）春、江南市教育委員会に宗門櫓の所在地を尋ねたところ、江南市前飛保町西町の森清士（きよし）氏宅と解ったので、休日を利用して出かけてみた。森清士氏の祖父が森清左衛門である。名鉄犬山線江南駅からタクシーで北西へ数分で前飛保町西町があり、白山神社で下車する。森氏宅はこの付近にあり、広い敷地の一角に宗門櫓があって土蔵として使用されている。森氏御夫妻は温厚な人柄であり、櫓の外観や内部の写真撮影をさせて頂いた。森氏からの書簡や御話によれば同氏の亡くなられた母堂の話によると、「購入後分解して木曾川を流して宮田（前飛保の北・現在の木曾川支流南派川沿い）で、陸揚げされて同地に運ばれ建てられた」とのことで、それに関した書面もなく、以来土蔵として使用され、前と横に増築されている。

数年前、屋根瓦の悪いもののみ捨て、従来の瓦を大部分使用して葺替えをし、壁も白壁が崩れ出したのでトタン板を張り防護した。その際に鬼瓦も下ろしたが銘などは入っていなかったとのことである。この様に現在は外観の面影はあまりないが、それでも北東面から観ると幕末の古写真によく似ている。内部は非常に頑丈な造りで柱・梁等には巨木が使用されている。森氏は塗込の扉や二階に上る階段を、これも当時のものでしょうかね、と言っておられたが、無用な労力を省くため、当時のものがそのまま運ばれたことは充分考えられる。以前、犬山市教育委員会の方が来られ、櫓内部の壁の間柱の間隔が比較的広いと言われたそうである。

宗門櫓の意義

宗門櫓の意義は、宗門改における宗門人別帳の保管のための名称である。確認のために犬山城及び、犬山の歴史研究家として知られる横山住男先生に御教示を仰いだところ、快く御承諾下さり書簡を賜った。同氏の書面によると、犬山城下はキリシタンが多く、多数の捕縛者を出したので宗門改は寛文元年（一六六一）以来大変厳しくなったが、そうした吟味は城内で行われたとしても三ノ丸（福祉会館～犬山北小～体育館一帯）にあった奉行所であり、二ノ丸の宗門櫓で行われたとはとうてい考えられない。近世の犬山関係の文献にも記載されておらず宗門人別帳が多数保管してあった倉庫であることが考えられる、という内容であった。

犬山市外町の近江屋という家に犬山藩御用瓦師高山市郎兵衛作の屏風櫓の鯱瓦が保存されている。宗門櫓の遺構例は全国でも大分城と犬山城だけで貴重な文化財遺産といえる。同様の櫓には伊賀上野城に宗旨櫓があった。

ところで大垣城宗門多聞櫓は二層の艮櫓の続櫓で、天守手前右手にあり南に宗門多聞櫓、西に先手武具多聞櫓が延びている。昭和六三年（一九八八）に再建された鉄筋コンクリート造で、鬼瓦は九曜紋、鐙瓦・鳥衾は三ツ巴紋・懸魚は梅鉢である。宗門多聞櫓を略測すると、地表より大棟までの高さが七・八三ｍで城内側の石垣の高さが一・七三ｍあり、棟高は約六・一ｍとなる。建物自体の軒高は三・五二ｍで、軒の出（建物壁面と軒先鐙瓦までの水平距離）は約〇・九ｍ、軒裏は波状に塗り込めてある。宗門多聞櫓の平面規模は、七・一六ｍ×五・一八ｍである。

犬山城主要部実測図

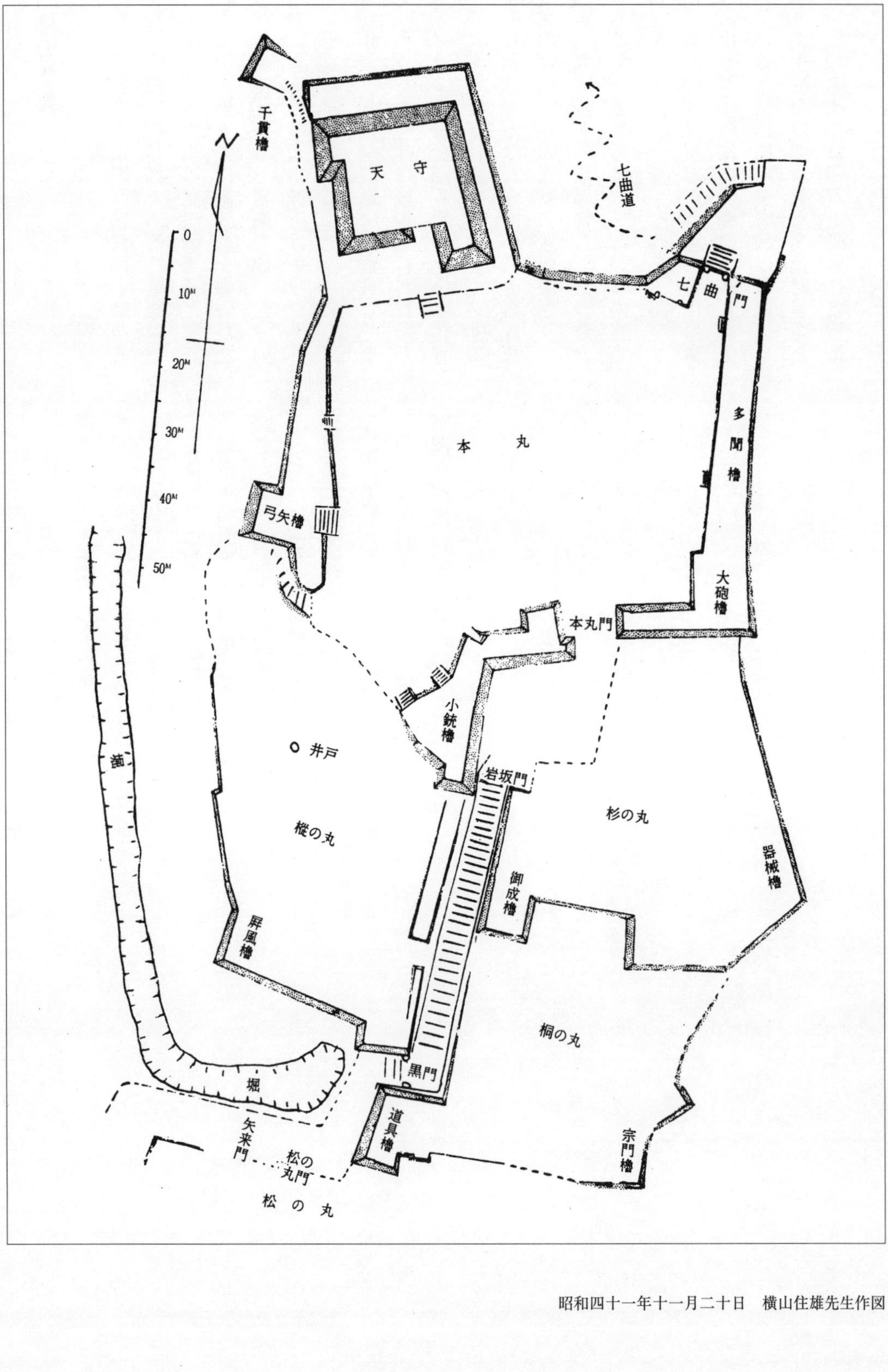

昭和四十一年十一月二十日　横山住雄先生作図

第二章　探訪

犬山城宗門櫓・屏風櫓（遺材）

はじめに

木曾の川風が冷たい。遠くに雪を冠った山並みが見える。ここまで登るのに息切れする齢になってしまった。当時は権力の象徴・領民にとっては怨嗟の的であったかもしれない天守も、平和な時代には、古きよすがを偲び、往古への思いを馳せ、心和ぐ場所である。

日本ではこういった天守は数少ない。犬山城天守はその一つである。早春の古城に登閣して佇立すれば、城の歴史よりも、幼い日、親戚の子供達と麓にあった遊園地に来て仰ぎ見た天守、高校時代、厳しかった柔道部の練習をエスケイプして春の一日、部友の藤川や写真部の安田達と関から自転車で来て登った城…。安田にカメラにフィルムをセットしてもらって、後に出来上がってきた写真に白い光線が入っていたので文句を言ったら、カメラ屋が悪い、といって叱られたことなど…。思い巡らすと人間というものは孤独である。

孤影蕭々《しょうしょう》四〇余年己が趣味一筋に生きる自分は、孤高なる城が好きである。

城史

応永六年（一三九九）越前守護斯波義重は、戦功により尾張・遠江の守護職も与えられ、家臣織田氏を尾張の守護代として入国させた。

以後、織田氏は尾張にあって勢力を拡大するが織田広近の時、美濃に対しての備えとして犬山郷木下村に木ノ下城を築いた。

文明元年（一四六九）のことと伝えられる。織田氏は後に木下から北の三光寺山に城を築き、さらに天文六年頃（一五三七頃）、織田信康が現在地に築城したと伝えられている。永禄三年（一五六〇）の桶狭間合戦後、版図を拡張し犬山城を入手した織田信長は、丹羽長秀を城番とした。その後、織田長定・池田恒興・織田信房等が在城した。天正一〇年（一五八二）の本能寺の変後の清洲会議の結果、尾張の領主となった織田信雄は家臣中川定成を犬山に入城させた。

天正一二年（一五八四）、織田信雄は徳川家康と結んで豊臣秀吉と争い、元の犬山城主池田恒興は秀吉方に与し、中川氏が伊勢峯城に赴いている隙《すき》に犬山城を攻めた。中川の叔父清蔵主が城を防備していたが、内外に裏切りがあって落城し、清蔵主は討ち死にした。池田恒興は犬山へ入城し、小牧・長久手合戦へと展開する。恒興が戦死して犬山城は加藤貞泰が在番した。

その後、武田清利・土方雄久・長尾吉房・羽柴秀勝・三輪吉高・石川光吉・北条氏勝・松平忠頼・小笠原吉次・平岩親吉・平岩吉軌（よしのり）等、多数の武将が犬山に在城・在番した。徳川家康が名古屋城を築くまで、犬山城の占める軍事的要素が多大だったことを物語る。

元和三年（一六一七）、徳川義直の付家老であった成瀬正成が犬山城主となり、後には三万五〇〇〇石を領した。以後、正虎・正親・正幸・正泰（正太・まさもと）・正典・正寿（まさなが）・正住・正肥（まさみつ）と襲封され、明治維新に至った。

成瀬氏は尾張徳川家の家臣であって大名とはいえず、独立の藩とは認められなかった。七代正寿・八代正住父子は尾張藩から離脱して、将軍家直属の譜代大名になろうと運動したが、江戸時代には、それはついに実現しなかった。しかし、慶応四年（一八六八）成瀬家は朝命により藩屏に列せられ、ようやく犬山藩が成立した。

規模・構造

三光寺山時代は山頂に臨時的な防衛施設を設け、麓に空堀を廻らせた居館を構えた程度であったものと考えられる。犬山城の築かれた文明元年（一四六九）、美濃金山の木曾川沿岸に、斉藤道三の養子正義が、三重の天守・二重の高櫓を有した烏峰城を築いている。

文禄四年（一五九五）、犬山城は石川光吉の居城となった。烏峰城も金山城と改称され、森忠政七万石の居城となっていたが、慶長四年（一五九九）信濃川中島への転封で光吉に与えられた。そこで翌五年にかけて金山城の天守・櫓門・御殿・侍屋敷のすべてを解体して、木曾川を筏に組んで犬山に流し、再建が行われることになった。これを金山越（かなやまごえ）と称している。石川光吉は木曾谷代官をも兼務し、領地も一二万石を有した。光吉は、関ケ原の役により退城するまでの七箇月余という短期間に移築を完了させた。その後の小笠原忠次の時代にかけて、犬山城は近世城郭としてほぼ完成した。

城郭は木曾川を大きく蛇行させた犬山の丘を城域とする連郭式平山城で、規模は南北約四〇〇m、東西約三〇〇m、標高八〇mの犬山台地の北寄りに本丸を置き、それより南に延びる東西二つの台地のうち、東側の台地に杉ノ丸・桐ノ丸の二つの郭を南北に連郭式に連ね、西側の台地は樅ノ丸と している。桐ノ丸の南に松ノ丸があり、東西二つの台地の間は通路になっていた。

本丸は南北約五〇m、東西約五八m、約三三〇〇㎡の規模で、西北と西南が突き出した凸字形になっていた。天守は石蔵を有する複合式天守である。本丸の北隅に一層一階の千貫櫓、同西面に二層二階の弓矢櫓があり、これは金山城からの移築と伝えられ、平面規模は約六・六m×約八・一mであった。本丸の南端には小銃櫓があった。現在ここには、茶室用の模擬櫓が建てられている。本丸の東南隅には、二層二階で平面規模約一一・四m×約八・一mの大砲櫓があり、この櫓から北へ、七曲櫓門までの間は多聞櫓があった。

杉ノ丸西南隅に二層二階の御成櫓、同東南隅に二層二階の器械櫓があった。

桐ノ丸西南隅に道具櫓があり、これも金山城からの移築と伝えられている。宗門櫓は二層二階櫓で、桐ノ丸東南隅にあった。

樅ノ丸西南隅には、やはり金山城からの移築と伝えられる二層二階の屏風櫓があり、これは樅ノ丸櫓とも称された。

松ノ丸には、西南隅に二層二階の坤櫓があり、松ノ丸未申櫓あるいは、賄（まかない）櫓とも称された。櫓は巽櫓または、松ノ丸辰巳櫓とも称された二層二階櫓で、松ノ丸西南隅にあった。道具櫓・宗門櫓・屏風櫓・坤櫓・巽櫓の各櫓は、天保一三年（一八四二）に焼失し、その後再建された。

川端丑寅櫓は二層二階櫓で、城郭の鬼門に当たる東北山下の木曾川端東谷の東端に位置していた。古写真によると、櫓の東北隅には石落が設けられ、一層は南へ多聞のような形状で数間延びており、一階には矢狭間がみられ、二階は北面に二つ・東面に一つ華燈窓がある。井戸櫓は一層一階で、天守北方崖下にあった。

　松ノ丸の外側が三ノ丸で、寛文九年（一六六九）に整備され、城代屋敷・蔵・三光寺御殿等があった。城門は主なものだけで二二門あった。大手門・大手一ノ門・三ノ丸屋敷門・中御門・西谷門・西谷御門・西谷埋門・清水門・榊門・内田門・水ノ手門・東谷埋門・矢来門・黒門・岩坂門・松ノ丸門・松ノ丸裏門・樅ノ丸門・本丸門・七曲門・天守西ノ門・天守東ノ門等である。御殿は以前は本丸にあったが、寛文九年頃松ノ丸に移され、天保一三年の火災で焼失した後は再建されなかったようである。

その後の犬山城

　明治の廃城令で犬山城は廃城とされたが、城全体が県立公園となった。建物は取壊すことに決定したが、犬山区長堀野良平等の尽力により、天守以下ほとんどの櫓が遺された。しかし、明治二四年（一八九一）の濃尾大震災で天守を遺し、すべての櫓や塀が倒壊してしまった。天守も西側武者走と南西の附櫓が崩れ、石塁や瓦の被害も甚大であった。

　このため破却の論議も再燃したが、県会議員加藤喜左衛門の働きで県から臨時費を出させることに成功した。それでも費用不足のため、城の修理を条件として旧城主成瀬正肥に譲渡された。以後、全国唯一の個人所有の城となった。

　昭和一〇年（一九三五）犬山城天守は国宝に指定され、戦後の昭和二七年（一九五二）国宝に再指定された。同三六年から四〇年にかけて大修理がなされ、現在天守と城址の所有者は成瀬正俊氏で、犬山市が管理保存にあたっている。昭和四〇年（一九六五）に本丸門・小銃櫓が復興された。城址は天守のほか、本丸・杉ノ丸・桐ノ丸・樅ノ丸等の石塁や、空堀が現存している。桐ノ丸は針綱神社・松ノ丸は三光稲荷神社境内となる。外郭は破壊され市街地になっている。寺院や民家に移建された城門は、七棟を数える。

犬山城天守

一、解体修理概要

　昭和三六年（一九六一）から同四〇年にかけて解体修理された犬山城天守について、その完了時の新聞記事があるので要約して記載したい。

「犬山城天守は長い風雪でひどく破損し、伊勢湾台風の時には瓦が吹き飛び、壁も落ちて無残な姿になった。この頃から大がかりな解体修理計画が具体化し、三六年春には犬山市に、天守修理委員会が結成され、同年末から素屋根（すやね）がおおわれ、慎重に解体が始まった。

　この解体工事では、今まで古文献などで伝えられていた岐阜県可児郡兼山町の烏峰城（別名・金山城）の移築説は完全にくつがえされ、初めから犬山の地に築かれていたことがはっきりしたほか、創建当初は、天守の原始型といわれる二重二階造の規模で、この上に小さな望楼が築かれていた構えだったことなどが明らかにされた。

　理由としては、兼山から烏峰城を犬山に移したならば、柱や貫（ぬき）に書かれる番付（一、二、三…、い、ろ、は…）が少なくとも二種類以上はあるはずだが、梯子式の番付（一、二、三…）しかなかった。

また二重二階の規模だったことは、三階の床梁を取り外したところ、二重目の屋根をささえていた小屋束（柱）が差し込まれていた寄蟻枘穴（よせありほぞあな）がみつかったことによるもので、二階の屋根には周囲を見渡すための望楼がついていた跡がはっきり遺っていた。

この小規模な天守が、室町時代末期の構えなのは、柱の面が鎗鉋（やりかんな）で削られ、ほぼ八角形に近く（注・丸柱に近いほど古いといわれ、犬山城の場合は室町期の削り方である）、仕口穴が長方形である。

ではいつ三重四階に増築されたかについては、犬山市図書館所蔵の古文書『視聴随筆』に〈天守上一重（四階）は宗心公（注・成瀬家初代城主正成を指す。正成の時代は元和四年＝一六一八年から寛永二年＝一六二五年まで続いた）御再興欄干を御好にて成就す…〉と書かれている点からである。また、この一・二階が現在地に新築されたのは古文書『犬山里語記』に〈御城山は往古より産社之御神御鎮座まします所也…中古に木之下村よりこの三光寺御山へ御城を移させ給ふは天文六年織田白岩様也〉、また『満蔵院由緒』に〈天文四年織田遠江守信康白帝城建築ノ際、替地四町七段三畝ノ土地ヲ賜リ、御城堅固ノ武運長久ノ祈祷所トセラル〉などから、天文六年（一五三七）織田与次郎信康が築いたとみてよいと、旧城天守修理事務所は断定している。

昭和三八年（一九六三）夏から始まった復元工事もこうした解体資料に基づき、つとめて往時の姿に戻した。その一つとしては東南隅の附櫓と、西北隅の突出部があげられる。いずれも明治二四年（一八九一）の濃尾地震で壊れた際、取り除かれていたもので解体の状況から、天文期に天守が築かれた頃に築造されたことが解った。内・外装共、攻撃・守備用に造られたというだけによく似ている。同事務所の話では、古い図面に頼って復元しただけに最も苦心した、といっている。この復旧で、外観はいっそう荘厳さを加えた感じになった。

三重四階の各階もきれいに復元され、壊れかかった解体前の面影は全くない。四階高欄の間は床板が三分の二、天井が六分の一ぐらいに新しく取り替えられ、東西側の南北端にあった四つの窓は白壁で塗りつぶされた。解体で後世に取り付けられた窓であることが判明したためである。

しかし、南北側の東西端には昔どおり華燈窓が復元されている。手摺付回り縁も土台が腐っていたので特殊金具で支えた。三階破風の間も床板はほとんど新しく、東西破風の間と南北唐破風の間の連子窓は印象的である。これら四つの小間は元和時代の頃、新しく唐破風の破風をつけた頃に取り付けられたものだといわれる。

二階武具の間と一階上段の間は、床板が三分の二ぐらい取り替えられ、二階の東と北側の二つの突上窓は、高欄の間の四つの窓と同じく後世に造られたことが判明したので施されなかった。一階は天守の原始型といわれる武家邸宅主殿の間取りが再現されて、二つの出張り部分の復旧でやや広くなった。

瓦も鯱を始め、鬼・巴・平・唐草など三万を数えたが、この半分近くを新しく替えた。壁も昔の面影を再現するため、内外側共に塗る二重塗りにされた。さらに高さ五

mの天守台も積み直され、絶壁際の東側は基礎造りとして鉄筋コンクリートが打ち込まれた。犬山城管理権は、城所有者成瀬正勝氏（東京大学教授・旧犬山藩主の子孫）から正式に犬山市に譲渡された…」。

二、天守の規模・構造

〔一階＝石蔵〕外観三層、内部四階地下二階を有し高さ約五mの天守台上に二層二階の東西大入母屋を置き、その上に望楼を載せた形式を持ち、望楼式天守と呼称される。大入母屋の屋根裏が三階となっていて、その南北に唐破風を付し、小さな望楼と大きな主屋の調和を図っている。天守台から最上層棟までの高さは約一八mである。用材は檜・松・桂・栂（つが）・欅（けやき・杉・栗などが使われている。

南側東隅に長さ二間、幅二間程の出張倉庫（附櫓）を付し、西側北隅にも奥行一間、幅二間の出張がありこの出張部と北東隅の二箇所に石落の設備がある。

一階が石塁上にあるため、南側に石塁のくぼみを設け、ここから階段を経て一階へ上がる形式を採っている。穴蔵と呼ばれるこの窪みは、地下二階が本丸の水準で、そこから地下一階のいわば踊り場を経て一階へ通じるようになっている。したがって穴蔵といっても通路の用しかなさない。また穴蔵入口の部分は昭和の解体修理でどこかの門を転用したものと判明した。

一階平面は東面のみやや不整形で、北側東西一六・二五三m、南側東西一八・一四七m、南北一五・一二六mを有し、北側に比し南側が一・八九四m東へ長く東側は南に行くにつれて外に開き、その東側の延長線に沿って前述の出張が付属する。

一階主屋は二間通りの入側が中心部四室を取り巻き、四室のうち西南隅の一室が城主の間、あるいは上段の間と呼び、この室のみ猿頰天井（さるぼうてんじょう）が張られ、長押をまわし、柱等の使用材も檜の上質材で、天守中最良の部屋となっている。

また床が高くなっているので上段の間の呼称があるが、昭和の解体修理の結果、当初は他室と同じ高さで天井も張られていなかったことが判明した。現在は上段の間の背面に武者隠しが復元されている。

〔二階〕一階の真上に載り、大きさは東面が整形となる以外は一階と同じで、東西一六・二五三m、南北一五・一二六mとなっている。屋内周囲二間通りに入側を廻らし、中央は武具の間と呼ばれている。武具の間の周りに武具棚を設けているが、これは修理の際に発見された墨書から延宝三年（一六七五）に付加されたものとわかった。天井は無く、三階の床を直接見せている。

さらに現在三階へ通ずる階段は武具の間の南面東隅に付けられているが、解体の結果、当初は南面西隅に設けられていたらしく、柱のかき込みなどからその幅も今より狭かったことがわかった。この階までの柱などの用材で当初のものとみられるものはチョウナ仕上げとなっており、要所は鎗鉋仕上げが施されている。これに反し望楼部分は台鉋（だいかんな）仕上げで用材も新しいので、上層と下層の成立年代がよく解る。

〔三階〕東西六・六〇八m、南北七・五五二mを有し、唐破風の間、あるいは破風の間などと呼称している。下層の屋根裏部分が、望楼増築に伴って三階となったものなので、下層から望楼部への通柱は無く、その構架法は、三階の南及び北側の柱が二階内陣の南及び北側の柱通りと一致し、それらの桁上に三階柱が載っている。東西柱列は、二階内陣東西側柱列よりも内側になるので、二階小梁の上に立てられていて、甚だ不安定である。

本来ならば二階梁上に直交して横架材を載せ、その上に柱を立てるべきであって、このことからも二層の上に後世増築されたことが知られる。東西には一段低く破風の間が設けられ、各々東西内法二・五九〇m、南北同三・七五三mを有する。さらに南北には東西内法四・二八四m、奥行同一・〇六〇mの唐破風の間がある。

この南北唐破風は当初は無かったらしく、旧露出部の風化の状態から見て少なくとも一〇数年間ぐらいは普通の窓のみという簡素な姿だったことが解ったので元和六年頃（一六二〇頃）に成瀬正成によって付加されたものとみられている。東西破風の窓も増築当初は無かったことが判明したので、三階は全く屋根裏で四階へ通ずる用のみに使われていたようである。

〔四階〕三階の真上に載り、三階と同じ規模を有する。高欄の間と呼ばれ、外周に幅三尺の廻り縁を設け、高欄を廻らせ南北二箇所に縁への出入口がある。その両出入口の左右には合計四個の華燈窓を付しているが、これは全く装飾化している。元来、華燈窓は寺院建築に限られていたもので、城郭建築が寺院建築から発達したことを示す好例といえる。

昭和の修理前の床は板張であったが、解体の時、敷物を止めていたらしい釘穴が発見されたことから、成瀬氏時代は絨緞などを敷いていたことが判明した。これをもとに現在では絨緞敷に復元されている。また、解体の結果、当初は大入母屋棟が現在より八七cm程高く、したがって増築当初は廻り縁とはならず、東西側の中央二間程が切れて南北に二分されていたことがわかった。成瀬正成が元和六年頃唐破風を付加した時に大入母屋の棟を下げて廻遊式に改良されたものとみられる。

三、金山城天守移築説

前述したように解体修理工事の結果、天守の移築は否定され、天文六年頃（一五三七頃）現在地に造営されたとの説が打ち出され、これが現在定説となっている。しかし、移築説にも首肯できる根拠がいくつかある。

第一に、不等辺四角形の天守の底面積が、金山城址のそれとほぼ一致することである。

第二に、豊臣秀吉から五三の桐の紋章を拝領した金山城主森忠政が使用したと思われるこの紋章の入った瓦が、犬山城天守に使用されていたことである。当時の犬山城主達が同紋章入の瓦を使用した可能性は無い。また、別の同紋章入の瓦が天守直下から発見され、それが金山城址から出土した他の瓦と材質・焼成状況などが一致したこと。

第三に、犬山近辺には繁茂しない檜・杉・栂・欅・桂などの用材が天守に使用されていることである。これは木曾材であることを示し、当時の状況から移築以外に考えられないこと。

第四に、移築であるならば柱等の番付が必ずしも二種類以上あるとは限らないこと、釘穴なども疑問が多いこと、等が挙げられる。

現存最古の天守

全国の現存一二天守のうち初期に属する丸岡城・松本城・犬山城の各天守は、正確な築造年度が不明で論争の的となっている。

丸岡城天守は、城の創建が天正四年（一五七六）という古文書から、天守の築造もこの年である、とする説が強い。また、天守築造は同時期ではない、として慶長一八年（一六一三）までの間に建てられたとする説もある。しかし、柱が掘立柱となっていたらしいことや、上重と下重の柱位置がずれていることなどは、古式の証左である、として天正四年説は有力である。

松本城の場合は、築城者の石川康長が文禄三年（一五九四）に天守の用材を集めたとされているところから、これを着工年とし、慶長二年頃（一五九七頃）の完成とする説が有力である。これに対して、天正一九年頃（一五九一頃）の築造であるとか、文禄二年（一五九三）着工、同四年完成などという説がある。しかし、建築様式的には四重までの納まりがすべて寄棟形式となっている観点から、慶長の初期とする説が有力とみられる。

昭和の解体修理以前には、犬山城天守は天文六年（一五三七）に創築の金山城天守を移築したものと考えられていた。しかし、解体修理の結果この説は一応否定された。そして、初重・二重が建てられた後、三重目が増築されたことも判明した。初重・二重の創建を天文六年、三重目の増築を慶長五年（一六〇〇）とする説があり、これに対して創建が慶長五年で、増築が元和六年頃（一六二〇頃）である、という説も有力になってきている。しかし、犬山城天守は様式的には如何にも古い形式である。

犬山城宗門櫓

犬山城の宗門櫓は、現在愛知県江南市前飛保西町の森清士（きよし）氏宅に移建され、土蔵として遺存する。

建物の規模概要は、棟高（地表より大棟まで）七・九四m、軒高（地表より鐙瓦中央付近まで）五・〇七m、軒の出（この場合壁面と軒先鐙瓦付近までの水平距離）〇・九m、内部一階床から天井までの高さ二・七四m、二階床から棟木下辺までの高さ約四m、同じく梁下辺まで二・一三m、梁上辺まで二・五四mの高さがある。

増築された西北部内に、高さ一・八m、幅一・四mの片引土戸があり、これは建物の西北隅にあたる。二階真壁造壁面の柱は隅柱を除き五本あり、幅は二〇cm、その間隔は一・三五mである。

建物外観は、桟瓦葺・一部本瓦葺、鐙瓦は三ツ巴紋で、一つの鐙瓦の連珠を数えると一六ある。建物外法は八・三八m×六・三五mである。

宗門櫓旧来の位置は現在の針綱神社の一角である。

ところで明治初年、城郭を南方から撮影した古写真が遺っている。撮影されているのは、桐ノ丸と樅ノ丸の旧観で、右手から、宗門櫓・道具櫓・天守・屏風櫓の存在が確認できる。そのなかで、宗門櫓は重箱造・上層切妻・下層寄棟形式で漆喰塗込、下層は一部下見板張、格子窓が上・下層共中央に二箇所あり、格子は各五本ずつで、下層北西側には入口があることが確認できる。

城戸久氏著「名古屋城と天守建築」の文中に成瀬家蔵の宗門櫓図が掲載されてい

る。この図は幕末に再建された時の設計図で、下層に格子窓が一箇所しかないことから、古写真とは反対側の北面の図と考えられる。この図では建物は本瓦葺で、大棟に鯱は無く懸魚は蕪懸魚であることが解る。古写真・図とも梁方向のものである。犬山城の諸櫓の特徴は多くは重箱造で一部が切妻造であったことである。屏風櫓は古写真では、入母屋形式・重箱造で、上下層共二箇所ずつ窓があったことが解る。

犬山城諸櫓が払い下げられた時の文献が、「犬山市資料・第三集」に掲載されている。

建物売渡証券
金百十二円廿銭　第四号宗門櫓
金百三拾円八拾銭　第五号屏風櫓
金八拾五円七拾銭　第七号本丸多門
右何れも土台石残シノ筈
合金三百弐拾八円七拾銭
内金拾円也、十二年一月入
残金三百拾八円七拾銭也
右ハ昨年一月、当村共有建物売却之節、小川市左衛門落札候処、貴殿引請ニ付代金正に請取候、然る上は右建物都合次第毀取可被成候、依テ為後日売却証券如件
稲置村戸長
北尾信彦　印
明治十三年三月廿三日
当村
堀尾宗六殿

この文献によると、小川市左衛門が落札した宗門櫓が、堀尾宗六に転売されたことが解る。堀尾氏はそれをさらに森清士氏の祖父清左衛門に転売している。犬山城宗門櫓は巨木を使用した部材等、ほぼ当初の形状を保って大切に保存されている。

犬山城屏風櫓（遺材）

一方、屏風櫓は堀尾氏から、呉服商ねざめ屋太田某に転売され、その遺材が犬山市余坂町の郷土民俗歴史館である奥村邸の土蔵に使用されている。奥村氏の先祖が太田氏から購入したものである。奥村邸は織田信長ゆかりの銀銘水古井・復元水琴窟等で有名で、土蔵は郷土歴史館になっている。

土蔵内部を観察すると梁などの部材は、宗門櫓と比べても丸みが無く、比較的新しいことが解る。しかし至る所に柄穴・継手があることから新旧両部材が使用されていることも解る。どの程度、屏風櫓の遺材が使用されているかでその評価も異なってくると思われるが、おそらく二度の転売で遺材の中でも良質のものだけが、使用されたものと考えたほうが妥当であるように思える。

屏風櫓の規模は成瀬家に幕末の設計図が所蔵されているが、公表されておらず、もしこれが公になれば奥村邸の土蔵の規模と照らし合わせて勘案し、ある程度の結論が出るかもしれない。

ちなみに土蔵は、外観切妻造・漆喰塗込・本瓦葺、内部二階、建物外法約六m×六m、内法五・五六m×五・五六m、棟高（地表より大棟まで）約八m、一階床から天井まで二・五三m、二階床から棟木下部まで三・六六m、二階の壁の柱の間隔は、〇・九mから一m、柱の幅は一八cmから二三cmである。入口部は、幅一・一m、高さ一・八mである。

犬山城の櫓移建について深い関わりを持

った堀尾宗六の子孫の方は現在、犬山市出来町で事務用品機器等の販売関連会社である近江屋を経営しておられる。当主堀尾昌子氏の談によると、堀尾氏は代々宗六を名乗り、雑貨商らしかったとのことである。

また同家の敷地一角には、犬山藩御用瓦師高山市郎兵衛作の鯱瓦が雌雄一対飾ってある。これは、宗門櫓もしくは、屏風櫓の鯱瓦であるといわれてきたが、前記のように入母屋造の大棟を飾った屏風櫓のものと考えられる。高さは共に一・〇四m、右側の鯱瓦には、市郎兵衛の陰刻があり、横から見た幅は約六〇cm、頭部を手前にした方向から見た幅は約三〇cm、眼の間隔は一七cmである。左側の鯱瓦には、瓦師市郎兵衛の陰刻があり、横から見た幅は約七〇cm、頭部を手前にした方向から見た幅は約三二cm、眼の間隔は一八cmである。堀尾宗六が屏風櫓を購入した記念に、鯱瓦だけは手元に置いたものと考えられる。

犬山城天守

犬山城宗門櫓東面

奥村邸土蔵二階内部

犬山城屏風櫓鯱
犬山市出来町近江屋所蔵

第二章　探訪

三重の城郭櫓遺構

はじめに

三重県における近世的な城郭としては伊勢国では、桑名城・長島城・神戸城・津城・伊勢亀山城・松坂城・田丸城、伊賀国では上野城、志摩国では鳥羽城等があった。その他、一万石またはそれに近い小大名で陣屋と呼ばれる居館をもったものに、伊勢国では久居藩・菰野藩があった。その中で櫓遺構は、共に移建された菰野陣屋隅櫓と神戸城太鼓櫓、城址に現存する伊勢亀山城多門櫓が知られているので、それぞれについて城史・藩史なども踏まえて概説したい。

菰野(こもの)陣屋隅櫓

一、藩史

土方雄氏（ひじかたかつうじ）は、文禄五年（一五九六）伊勢国菰野一万石を領したが、後に父雄久と共に徳川家康暗殺の謀計容疑で、常陸国（茨城県）太田に追放された。しかし関ケ原の戦で加賀の前田利長を家康側につけた功により、慶長五年（一六〇〇）、伊勢・近江二国の内の一万二〇〇〇石を与えられ菰野に陣屋を構え、以後土方氏は廃藩まで、一三代二七〇年在封した。陣屋は菰野陣屋と称され、現在の三重県三重郡菰野町菰野に置かれた。

もっとも雄氏の時代は滝川一益の代官所跡地に、簡素な居館を設けた程度で、主に京都武者小路の屋敷に居住した。雄氏の妻は織田信雄の娘で、この八重姫を妻に迎えようとした時、堀もないような城の主には娘はやれないといわれ、使者が到着するまで昼夜兼行二日がかりで幅六mの堀を廻らし、ようやく間にあいめでたく八重姫を迎えたという有名な逸話が残っている。八重姫（玉雄院）は夫雄氏を助けて菰野藩草創期の基礎づくりに尽力、九二歳の天寿を全うしている。

本格的に陣屋創築に着手するのは、二代藩主雄高の代で寛永年間（一六二四～四三）に入ってから藩邸を建てはじめ、順次家臣団の屋敷や城下町も整備されていった。藩邸が完成したのは三代雄豊の万治三年（一六六〇）であったが、元禄二年（一六八九）と同九年の大火で藩邸は焼亡している。

大名は家格によって国持大名・城主大名・城主格大名・無城大名等の階級にわけられ、無城大名の居所を陣屋と称した。厳然たる徳川幕府の体制下、勝手に城を築いたり修理することは許されず、必ず幕府の許可が必要だった。一部の例外を除いてこの制度は幕末まで存続したが、幕府の権力が弱体化すると無城大名の中には無断で持ち城に手を加えるものがあった。

土方氏は明治元年（一八六八）に堀を整備し、翌二年には隅櫓が完成している。明治新政府に対する格付けの必要性から、一二代藩主雄永婚儀の直前に、急遽行なわれた工事であった。同櫓をはじめ、菰野陣屋は明治初期の古写真によってもその存在がよく知られている。

二、隅櫓探訪

近鉄四日市駅から湯の山線でほぼ西へ十数分、中菰野駅に着く。駅から少し戻った菰野小学校が陣屋址で、「薦野城址」の碑と解説板があり、同校西裏には土塁と空堀の一部が遺存する。湯の山線の線路反対側には二重櫓の櫓台と、堀に利用された小川が流れている。

駅近くには〝菰野ふるさと館〟があり一階は菰野町及び近郊の物産品を展示販売し、二階は小規模な資料館になっている。土方家へ養子に入った田沼意次の三男雄貞の甲冑や、屏風・鉄砲・鐙・兜等のほか陣屋の門に掲げられた掟書状のものが展示してあり、菰野藩の面影が偲ばれる。遺品の多くは土方氏菩提寺見性寺の寺宝である。見性寺や隅櫓探訪は一駅戻った菰野駅下車が便利で、寺は駅から見え、徒歩五分程である。二代藩主雄高の創建で大小二六基に及ぶ土方氏墓碑群や、土方雄氏遙拝所址碑があり、雄氏夫人八重姫の墓もここにある。

隅櫓探訪には菰野駅に常駐しているタクシーを利用するとよい。隅櫓は菰野町池底の小森泉氏宅に移建されている。駅からタクシーでほぼ北へ数分で三重交通バスの池底バス停がありここで降りればよい。このあたりは小森姓の家が多い。

小森泉氏の先祖の順蔵という人が、明治一三年頃（一八八〇頃）菰野陣屋の隅櫓を貰い受け移築し、以後納屋として使用し、屋根瓦などは葺き替えられたとのことである。下層平面は凸状で、上層は古写真で見ると入母屋形式であるが、現状は切妻である。当時は本瓦葺であったと思われるが現在は桟瓦葺である。下層には三箇所戸が設けられている。壁は粗壁状で上層は縦板張で妻部分も一部粗壁状である。上層東南側に小窓、北東側に連子窓を開いていて連子子（れんじご）は九本である。当時、壁は白漆喰塗りであった。鳥衾・鬼瓦には土方氏家紋三頭左巴紋が見受けられる。なお、巴とは弓を射る時に左手首内側につける革製の具の鞆（とも）の側面を図案化した模様で家紋として、数により一ッ巴・二ツ巴・三ツ巴があり巻き方の向きにより左右の別がある。櫓内部の柱・梁・主要骨組みはよく観察できる。しかし保存状態はあまり良くない。その他、菰野陣屋関係の建造物遺構として殿舎の一部・馬小屋・門などがそれぞれ移建されているとのことである。帰路は小森氏宅より東へ数分歩いて池底バス停より四日市方面へ戻ればよい。

神戸城太鼓櫓

一、城史

神戸城址は北伊勢の中央平野部の鈴鹿市神戸本多町にあり、本多氏一万五〇〇〇石の城であった。城址は昭和一二年（一九三七）三重県指定史蹟となり、現在も野面積の天守台や本丸の堀の一部、藩校教倫堂（こうりんどう）碑等があり、本丸付近は神戸公園、他は神戸高等学校の敷地になっている。

南北朝争乱期に関氏一族の神戸盛澄は、神戸の西に沢城を築いた。その後、神戸氏は隆盛となり、戦国期には伊勢国を代表する勢力となり、神戸に移城した。具盛（ともも り）の代の天文年間（一五三二〜五五）とも、利盛の代の弘治年間（一五五五〜五八）ともいわれる。織田信長と対決するまでの勢力となった神戸氏は、信長の部将滝川一益により永禄一〇年（一五六七）と同一一年、支城高岡城などを攻撃され、神戸友盛の隠退と信長の三男三七郎信孝を養子とする条件でやむなく信長の軍門に降った。

天正八年（一五八〇）信孝は神戸城を拡張し、五層の天守・二ノ丸御殿・二重櫓等を構築、城は南北約六〇〇m、東西約九〇〇mであった。その後、神戸城は幾度か城主の交替、変遷をみたが、享保一七年（一七三二）近江国膳所藩の分家の出である本多忠統（ただむね）が入部してから明治維新まで続いた。忠統は徳川吉宗より若年寄としての業績が認められ、城主大名の資格を与えられ城郭改築の許可が下りた。前藩主石川氏の時代は陣屋住いで、城は荒廃していたからである。

延享三年（一七四六）一〇月に着工、寛延元年（一七四八）九月に完成している。本丸に天守は建てられなかったが、二ノ丸には二重櫓・太鼓櫓のほか藩庁や藩主の屋敷が建てられ、三ノ丸には大手門、隅櫓があった。

以後本多氏は、七代一四〇年間にわたり在封した。

二、太鼓櫓その他

明治八年（一八七五）から翌九年にかけて神戸城の建造物は解体され、二ノ丸の太鼓櫓は、現在鈴鹿市東玉垣町の浄土真宗高田派の蓮花寺の鐘楼となっている。寛延元年（一七四八）に本多忠統が建てたといわれ、創建当時は南大手門の石垣上に建っていたといわれている。明治八年に蓮花寺へ移築され、以後鐘楼として使用されてきた。間口約三・九m、奥行約四・八m、棟までの高さは約四・九mの入母屋造である。

昭和四九年（一九七四）に訪れた時は廂（ひさし）が付けてあり、外見はあたかも二重櫓の観があったが、昭和二八年頃（一九五三頃）の写真は現在と同じであるので旧態に復されたと思われる。近年修理も行われている。軒丸瓦には本多氏家紋の立葵（たちあおい）があり、軒下の白漆喰の垂れ下り、音を伝える連子に太鼓櫓の特徴を良く残している。内部には現在大鐘が吊ってある。昭和五七年（一九八二）鈴鹿市の文化財に指定されている。なお、太鼓櫓創建年代は江戸時代後期ともいわれ正確にはわからない。

探訪には近鉄鈴鹿市駅よりタクシーで数分で行ける。

その他の神戸城の建造物として大手門が四日市市西日野町の顕正寺の山門として移建されている。大手門は延享年間（一七四四~四七）に建てられたもので形式は高麗門と呼ばれ、後方に扉を収める屋根が付いている。扉には鉄鋲が打ち込まれ、屋根には本多氏の定紋立葵の瓦が使用されている。

神戸城ゆかりの文化財として二重櫓の鯱がある。本多忠統は若年寄として功労があったので将軍吉宗から五〇〇〇石加増の思召があったが辞退し、かわりに二重櫓に鯱をあげることが許された。この鯱をあげることは高い格式を与えられたものであったといわれる。二重櫓は天守に代わるものでこの上に一対の青銅製の鯱が置かれ、威容を誇ったといわれている。

一基は市指定文化財で、現在鈴鹿市文化会館に展示されている。高さは一・三〇mで、頭部には「勢州神戸城主本多伊豫守忠統延享四年丁卯六月築之」とあり、側面には「武州江戸神田御鋳物大工田村庄右衛門尉藤原安通作」の銘がある。

また隅櫓の鯱一基は、久しく山口市の県立山口博物館に所蔵されていたが、鈴鹿市が山口県ゆかりの書状（軸一幅）と交換し平成元年（一九八九）秋、一一〇余年ぶりに戻ってきた。鯱がどのようにして山口市へ渡ったか経過はわからないが、交換された書状は室町後期の武将大内義隆が、片山六郎という人物にあてた直筆で鈴鹿市が京都で入手した。戻ってきた鯱は青銅製で、いずれも高さ一・三〇m、重さ約一〇一kgである。

また享保年間（一七一六～三五）の藩校三教堂の額が市文化財に指定されている。文化一〇年（一八一三）に成立した藩校教倫堂は二ノ丸門前御用屋敷にあり、跡地の大部分は神戸高等学校の運動場となっているが県指定史蹟で石碑がある。

伊勢亀山城多聞櫓

一、城史

伊勢亀山は伊勢国と近江国の通路を扼《やく》する要衝で近世の亀山城は、旧亀山城の東南、海抜八〇mの丘陵に、天正一八年（一五九〇）岡本宗憲によって築かれたもので、本丸の東に二ノ丸と東三ノ丸、西に出丸の各曲輪からなり、本丸には三層の天守が建造された。三宅康盛が城主の時、徳川幕府は堀尾忠晴に亀山城修築を命じた。寛永九年（一六三二）忠晴が天守を解体したところ、修築を命じられたのは丹波亀山城（亀岡城・京都府）のまちがいとわかったが、取壊した天守は復旧に及ばずとの命令があって再建されなかった。

寛永一三年（一六三六）本多俊次が入部し亀山城を大修築した。諸櫓の修理をはじめ本丸北にあった三重櫓を天守代用とした。同櫓は明治まで存在し、古写真も遺る。また三重櫓は新たに俊次が構築したともいわれる。初層は東西約七・二七m、南北約一〇m、二層目は東西約五・四五m、南北約八・一八m、三層目は東西約四・五五m、南北約七・二七mの規模で、本柱は梅の二〇cmの角材を用い、入母屋造で棟に鯱を上げ各層に破風を設けた優美な建物だったと伝わる。この大修築の際、約二六〇〇mに及ぶ土塀が造られ粉蝶が舞うような感じの城という意味から、亀山城の雅称は粉蝶城となった。

城主交替は頻繁であったが延享元年（一七四四）に石川総慶（ふさよし）が、六万石を領して入部してから一一代続いて明治維新に至っている。現在城の遺構としては、旧天守台と北・南の堀の一部があり、天守台上には多門櫓が遺存する。

二、多門櫓

多門櫓は、多聞長屋ともいわれ、石垣上に造られ石垣と壁面をそろえ城壁となる。塀の発達したものと考えられ普通は平屋である。伊勢亀山城には多聞櫓八基、二重櫓が七基あった。遺存する多聞櫓は、三重県では城址に現存する唯一の櫓遺構である。

天守台上の多門櫓は、寛永一八年（一六四一）とも正保年間（一六四四～四七）ともいわれるが、当時の亀山城主だった本多俊次が旧天守台東南に建造したもので、平時は武器庫として使用された。

東西八間（約一四・四m）、南北六間（約一〇・八m）、建坪三二坪半（約一〇七・二五㎡）の鉤状の単層櫓で下見板張、上部は白壁の塗込で屋根は入母屋、東・西・北の三方に破風が付けられている。連子窓を配し、妻に石川氏家紋丸に笹竜胆（りんどう）が見られる。竜胆はリンドウ科の多年草で、山野に自生し、その葉を笹の葉のように五葉ならべ、その上に三つ花を描いた図案で、村上・宇多源氏系の家紋であった。

多門櫓は廃城後、士族救済のため木綿綛通（木綿のじゅうたん）の授産場に使用された。昭和二八年（一九五三）に三重県の文化財に指定され、昭和四五年（一九七〇）と昭和六二年（一九八七）に修理されているが、前者の修理はベニヤ板の使用、窓枠の改変など旧態と一変し、改悪例として識者を嘆かせた。現在、内部は近代的な和室と洋室になっていて亀山藩の資料展示会などに活用されている。

亀山城址周辺には、石井源蔵・半蔵兄弟仇討の遺蹟碑、家老加藤家の長屋門や土蔵、藩校明倫館址、亀山古城址、多聞櫓下に再建された藩の演武場など、そこここに城下町らしい雰囲気を漂わせている。亀山城址を訪れるにはJR亀山駅から北へ歩けばよい。

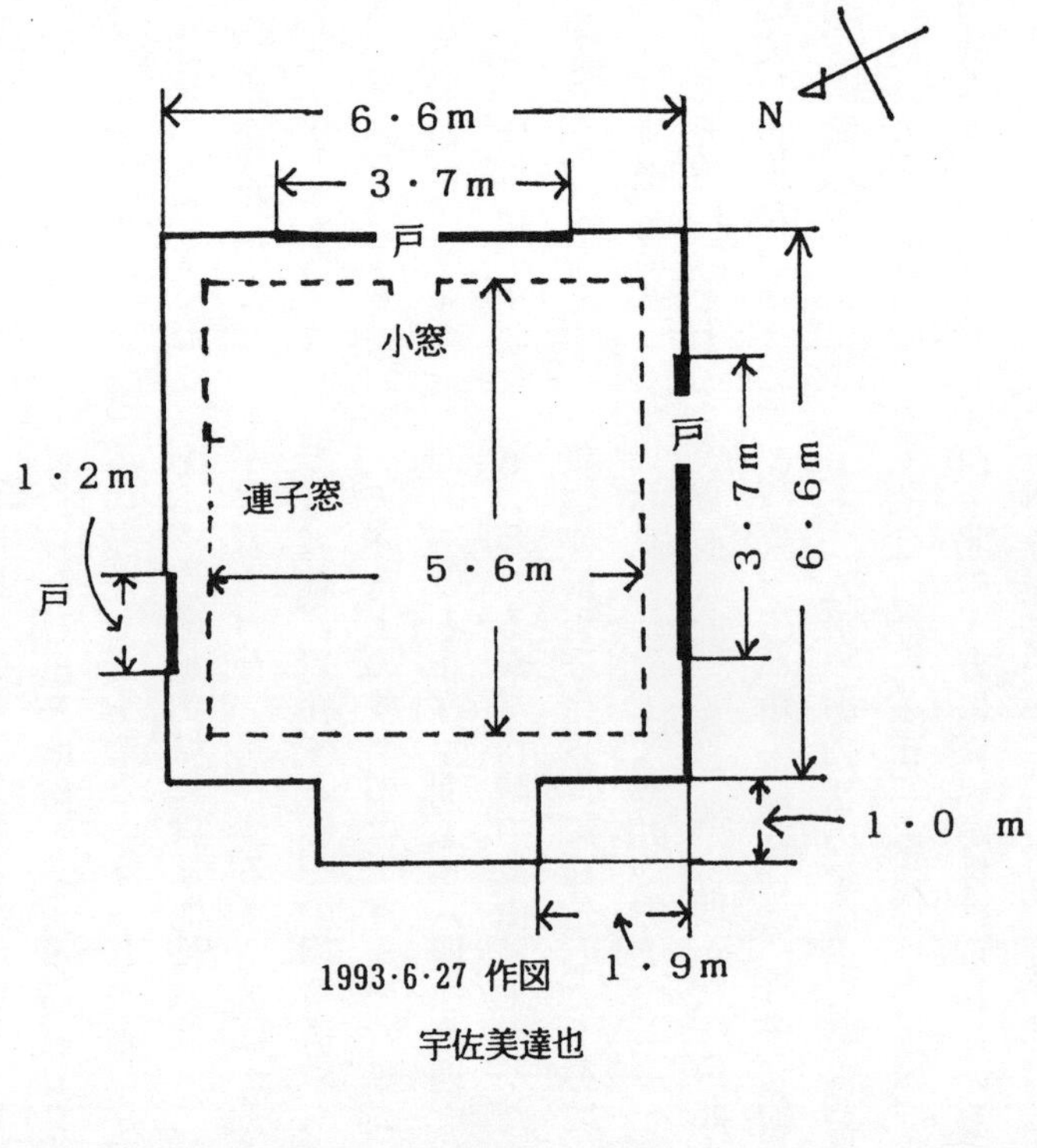

菰野陣屋隅櫓略平面図（外法）

第二章　探訪

三重の城郭櫓遺構詳細

はじめに

伊勢亀山城の大手門多門櫓部が民家に移築されていた、との情報を得たので現地へ数回訪れ調査を行った。また同城本丸多門櫓及び、神戸城太鼓櫓・菰野陣屋隅櫓についても探訪を繰り返し、より詳細に把握することに努めた。

伊勢亀山城大手門多門櫓

一、城史

天正一八年（一五九〇）の小田原征伐後、亀山城には岡本良勝（宗憲）が二万二〇〇〇石で入城した。岡本氏は尾張国出身と伝えられ、天正二年（一五七四）峯氏滅亡後に峯城城主となっている。当時の亀山城は関氏歴代の居城として、長く北勢の枢要地ではあったが、中世的な城館の域を出ないものであった。そのため良勝は直ちに新城の築造を開始したとされる。岡本氏が織田・豊臣麾下であることから、その城は織田・豊臣系譜を踏襲したものであり、その名残が現在遺された天守台に見受けられる。

岡本氏がどの程度の規模の築造を行ったかは不明であるが、本丸には広間・玄関共に四間×九間の御殿と思われる建物が存在したらしい。その他、寛永年間に解体された天守も建てられ、入城後一〇年の間に城下を含む整備が進行したものと考えられている。

この時期に築造された天守の詳細は不明であるが、平面から初層は六間×一〇間半で一定の比率をもって縮小する各層を持つ三層の天守に、附櫓と渡櫓が付いたものであったと推定されている。その外観は寛永年間に築造された三重櫓に酷似したものであった可能性が高いとされている。岡本氏時代の亀山城については不詳ではあるが、本丸・二ノ丸・三ノ丸と天守・大手門・青木門・黒門の存在が確認されている

岡本良勝は関ケ原合戦で西軍に加担したため、桑名で自刃して岡本家は改易となり、替って元の亀山城主関一政が三万石で入部した。関氏時代には主に城下の整備が進められた。慶長一五年（一六一〇）、関氏は伯耆へ移封され、かわりに徳川家康の外孫松平忠明が五万石で入封した。亀山城は大坂城に対する重要な軍事拠点として幕府もかなり重要視していたといわれている。松平忠明は豊臣氏滅亡後、元和元年（一六一五）に大坂城に入城し、亀山城は大坂に対しての軍事拠点としての機能を終えた。

四日市代官統治時代の後、元和五年（一六一九）三宅康信が一万石で入部するが、寛永九年（一六三二）幕命により出雲国松江城主堀尾忠晴が亀山城の天守を解体している。当時の伝承では堀尾忠晴が幕命を取り違え、丹波亀山城（亀岡城）の天守を破却すべきところを、伊勢亀山城の天守を解体したために、後日再建を願ったが許可されなかったとされている。しかし本来破却を命じられた丹波亀山城の天守は明治初年まで存続している。幕府が丹波亀山城天守の破却を命じたとは考えられないし、堀尾

氏が幕命の取り違えを行うとは思えない。寛永の天守解体は、加増されたとはいえ一万二〇〇〇石であった三宅氏の大名としての格に合わせての措置と考えられている。

亀山城の整備がほぼ完成したのは、本多俊次が寛永一三年（一六三六）に入城してからで、この時期に石高五万石に合わせて大規模に改修された。三重櫓・天守台多門櫓（現存）の築造、池の側（外堀）・西出丸の整備が行われた。この時に多くの櫓も築造されている。本丸二重櫓・西出丸南腰郭二重櫓・三ノ丸東北隅櫓等である。本多氏の改修によって亀山城の整備は完了した。

城郭の規模は、東西三五〇間、南北一七〇間、総坪数二万四八一七、櫓数一五、門数九、本丸の東に二ノ丸と東三ノ丸、西に出丸の各郭を連ねた連郭式平山城であった。櫓は本丸に三重櫓・多門櫓三・二ノ丸に神戸櫓・太鼓櫓・二重櫓二・多門櫓一・平櫓一、三ノ丸に二重櫓一・平櫓一・西ノ丸に平櫓二、西出丸に関見櫓があった。門は本丸に楠門・本丸西門、二ノ丸に石坂門・太鼓門・江ケ室門・三ノ丸に大手門、西ノ丸に青木門・黒門、西出丸に西出丸門があった。土塀は一四五〇間（二六一〇m）、その内九〇八間（一六三四m）は外側に、五四二間（九七六m）は内部にあって、それが延々と連なっている様は実に壮観であったので、粉蝶が舞うが如き城という意味から、亀山城の雅称は粉蝶城とされた。本多俊次は山城淀に移封され、その後城主の交替はあったが、延享元年（一七四四）に石川総慶（ふさよし）が六万石で入封して、明治維新まで石川氏一一代の居城として存続した。

天保年間（一八三〇〜四三）以降は度重なる災害により西ノ丸東南隅櫓が倒壊し、特に安政元年（一八五四）にこの地方を襲った大地震による被害は甚大で、楠門・太鼓門が倒壊したとされ、大手門も倒壊若しくは大被害を受けたものと思われる。この地震は亀山以外の東海各地にも大被害をもたらしており、城郭の建造物だけでなく、石塁など大部分の構造物も被害を受けたものと考えられている。明治維新後、城は荒れるに任せて建物は破壊、移築された。本丸三重櫓は布気町打田家を経て部材が市ケ坂町本宗寺に、二ノ丸御殿の玄関部分は西町遍照寺本堂に、米蔵部材が関警察署庁舎として利用された。また市内各所の旧家に城の瓦と伝えられる笹竜胆紋の鬼瓦等が保存され、城郭破却の際大量の部材が払い下げられたものと考えられている。城址の一部は明治一九年（一八八六）に公園化され、さらに多門櫓を含めた本丸天守台石垣が、昭和二八年（一九五三）三重県史蹟に指定されている。

二、確認された亀山城大手門多門櫓

平成二年（一九九〇）十二月八日付の毎日新聞に次のような記載がある。

『亀山城の大手門多門櫓が亀山市西町、元醸造業鈴木清氏方に遺っていることが、同市教育委員会の調査で判明した。亀山城大手門は鈴木氏方から北東約三〇〇mの同市東丸町の旧東海道沿いにあった。一七世紀中頃に築造され安政の大地震（一八五四）で倒壊、八年後に再建されたが明治四年（一八七一）の廃藩置県で取り壊されたと伝えられていた。ところが市教育委員会が築城四〇〇年にちなんで全戸に配布した大手多門櫓の古写真の絵葉書を見た鈴木氏が家の蔵に酷似している、と市教育委員会に連絡したところから同櫓の存在が判明した。市教育委員会の調査では天井柱に棟札があり、明治九年（一八七六）に鈴木氏方に移建されたことが示されていた。屋根に鯱瓦を置き、格子窓を設け、鬼瓦に石川氏家紋も刻まれている。市教育委員会は一部改修されているが柱の骨格は原形のままである。』としている。

中日新聞にはその他、『鈴木家は江戸末期から味噌・醤油醸造業を営み、自宅のうち醸造蔵は亀山城の外門を移築したものと語り継がれてきた。同櫓の規模は南北一七m、幅八mである。』と掲載された。

三、現況調査

JR亀山駅から北へ徒歩で一〇分程の西町の鈴木清氏方を訪れ、建物の略測や聞き取り調査を行った。鈴木家先祖は近江国日野の出身で、嘉永元年（一八四八）創業の味噌・醤油醸造業を営み日野屋と称した。現在でも山星印の入った煙突は遠くからでも眺められる。清氏が五代目であるが、移建したのは清氏の祖父重平という人物で、移築の際の費用等は不明であった。以後醸造蔵として使用されてきたが、現在は操業していない。

建物は同家裏手にあり、平面規模内法は南北約一六・五五m､その幅約五・一七m、南東部は幅約五・三〇m、東西約八・一〇mの折曲りである。棟高約五・六五m、軒高約三・九〇m、外部西面には、地表から約二・五〇mの位置に大略､縦〇・七五m､幅一mの四本の格子窓が四箇所確認でき、間隔は約二・四〇mである。内部棟木下部までの高さは約四・九三m、二本の梁の上の梁下辺までの高さは約三・四三m、同じく下の梁は約二・九六mである。矩折れ部分の棟木下部までの高さは約五mである。

建物は本瓦葺きで大棟北端に鯱が載り、鐙瓦は巴紋で、一部蛇の目紋の物もある。鬼瓦の丸に笹竜胆紋は石川氏家紋で清和源氏義家流、石川氏はその他蛇の目紋も使用した。蛇（じゃ）の目はへびの目に似ている造形なので蛇の目とよんでいるが、実際は武士が出陣する時、腰につける弓の弦を巻きつける道具をデザインした紋章である。

この建物の北東部に附属する建物も、同時に移建されたものと伝えられ、平面規模は約四・八〇m×四・八〇m、内部棟木下部までの高さは約四・二三m、壁づたいに上部までは約三・六〇mある。この建物の鬼瓦側面には「文化二乙丑壬戌月吉日」とある。そして市教育委員会が解読し鈴木家保管の控えには、前記の文字の横に（文久）としてある。

主屋に保管されている矩折れの櫓の片方の瓦製鯱は尾の部分が欠落しているが、現況で高さ六七cm、幅三九cm、眼の間隔二〇cm、側面から見て計測した幅は四四cmである。また同家には安政二年（一八五五）乙卯作図、明治八年（一八七五）一月訂正の詳細な屋敷平面図があり、折曲りの櫓と附属建物が確認できる。同櫓の棟札は縦九〇cm、上部の幅二六cm、下部の幅二一cm、厚さ一・三cmである。

鈴木氏の話では、大手門か、青木門の物かは解らないが、亀山城城門渡櫓部を地上に降し移築して、折曲げたような状態で建てたものである、と言われる。

従来亀山城大手門として流布している古写真は、桝形を外側から望見したもので、左手に単層の櫓がありL字に曲がる形となって渡櫓門がある。しかし大手門はこの形状ではなく、単層櫓と渡櫓がコの字形であるので、古写真は青木門に擬すべきものであると考えられる。亀山城大手門は文久二年（一八六二）八月に再建されている。鈴木家の櫓の附属建物は、単層着到櫓が縮小され、同時に移建された可能性がある。

四、亀山市教育委員会の見解

亀山市教育委員会は多門櫓が確認された当初から、この建物の重要性を充分認識して、その保存をどのように行うかを検討してきた。大手門多門櫓は本来三間×一二間の直線的な建築であるが、現況は三間×七間で直角に折れた建築になっている。このため大手門以外の建築も考えられるなど、詳細な調査が必要となったので、建物そのものに対する専門的な調査を行う事とし、亀山市文化財専門委員会を始め、近世建築の専門の学識経験者を調査員として現況調査を実施した。

その調査によると、現況で折れた部分の接続にかなり無理が見られ、当初直線的な建築を移築時に切断し、別の部材を利用して矩折れにしたものと考えられる。また、壁・窓は移築時若しくは、移築後に設けられたもので、柱は大半が差し替えられたものである。屋根の小屋組も、当初の形態からはかなり変化したものとなっており、垂木も当初のものではなかった。

このように明治の移築時に醸造蔵としての改造が著しいことが判明した。調査員の先生達はこの建物は移築されたというよりも、多門櫓の部材の一部を使用して建てられたという感がある、との結果が伝えられた。同時に再移築復元の可能性も調査してもらったが、長期にわたり醸造蔵として使用されていたために、部材の腐食が甚しく大半が使用不可能な上に、窓・入口・床の状況は全く把握できないものと思われる。このような状況で再移築復元を行うことは非常に困難であろうとの判断があった。また、大部分の部材を取り替えた上にかなりの推定復元を行って当初と違う場所に移築したとしても、文化財としての意義について問題があると思われる。亀山市としても再移築復元が可能であれば城下町の象徴として街造りの一環になるのではないかと期待していたが、このような状況では再移築の必要性を見いだせないので、瓦・棟札などと、記録による保存を実施する方向である。

鈴木氏は建物の老朽化が甚しいためと、その跡地を駐車場にしたい意向で再移築復元を願っておられるが如何ともしがたい状況である。しかし、亀山市の対処は他の市町が模範とすべきものである。

本丸多聞櫓詳細

現存する亀山城址の天守台上の多門櫓は、矩折平面の白壁塗込の建物で、三重県下の城址で現存する唯一の櫓遺構である。正保年間（一六四四~四七）に当時の亀山城主だった本多俊次が、直高約一四・五mの野面積み天守台上に築造したもので、一名武庫ともいい多門殿主殿とよばれていた時期もあった。東西約一四・四m（八間）、南北約一〇・八m（六間）、建坪一〇七・二五㎡（三二坪半）の規模で、入母屋造、北東・東南・北西の三方に破風を設けている。懸魚は無く、妻の塗籠の壁から石川氏家紋笹竜胆紋を浮き出さしている。棟高約六・四五m、軒高約三・九七m、軒の出（この場合、壁面と軒先鐙瓦付近までの水平距離）約〇・七五mである。北東の入口は縦一・九五m、幅一・七一m、北西の入口は縦一・七三m、幅〇・七m、現在地表から約二・五mは下見板張である。大棟に鯱を載せ、降棟・隅棟には鳥衾を配している。現況は桟瓦葺・一軒疎垂木で連子子三本ずつ、六本の連子窓を外面六箇所に設けている。うち西南の窓一箇所は連子子一二本で特に大きい。連子子一二本の一箇所の窓を計測すると縦〇・九五m、幅三・八〇mある。各鬼瓦には笹竜胆紋・三ツ巴紋・蛇の目紋・波状の紋、その他各所に防火意識の表れとみられる波や、水の文字を図案化した旧状の紋様の瓦が使用されている。

亀山城多門櫓は、失業士族救済のため木綿段通（木綿のじゅうたん）授産場として利用されたために破壊を免れ、その後公会堂・女学校校舎・公民館・会議場として使用され、その都度、天井・床板・外壁を張られたりする等の改変を受けて今日に至っている。建物外法は南東面約一一・二m、西南面約一六・一mである。北東部梁行の外法約六・二m、同じく北西部は約五・八〇mである。瓦等にはかなりの改変が見られ、当時は本瓦葺であったものと考えられる。改変が惜しまれるが、城郭の面影を今に伝える貴重な遺構である。

神戸城太鼓櫓

一、城史

正平二二年（一三六七）に亀山城主関盛政の長男盛澄は、伊勢神戸の西に沢城を築いて神戸氏を称した。戦国期に入ると北勢では豪族が割拠し四八家に分かれた。神戸氏は、盛澄・実重・為盛・具盛（北畠氏の子息）・長盛・利盛と続き、利盛は弘治年間（一五五五～五七）に神戸に築城して沢城より移ったとされるが、確実な築城年代は不明である。そして、北に高岡城・南に岸岡城等の支城を築いて防備を固めた。幾多の動乱の後、神戸氏は利盛の弟友盛が継いだ。織田信長の伊勢侵攻を受け神戸氏は信長と和睦して、元亀二年（一五七一）に友盛は沢城に隠退させられ、信長の三男信孝が神戸城主となった。神戸氏旧臣の神戸城奪還の企ても失敗し、反対勢力が一掃された天正八年（一五八〇）、信孝は神戸城の拡張工事を起した。城郭は南北約六〇〇m、東西約九〇〇mで本丸・二ノ丸等の郭を設け五重の天守・二ノ丸御殿・二重櫓等が構えられた。天守は三重の小天守を伴い、偉容を誇ったと伝えられる。今に遺る天守台がその址である。

信孝は天正一〇年（一五八二）に父信長が本能寺で討たれたため岐阜に入城し、神戸には信孝の異母兄弟の高岡城主小島兵部が入城した。その後の戦乱を経て生駒親正が四万一〇〇〇石で神戸城主となる。そして天正一三年（一五八五）には、滝川雄利が二万石で入部した。天正一五年（一五八七）から六年間、水野忠重が城主となった。その後滝川雄利が再び城主となり、文禄四年（一五九五）に神戸城の五重天守は桑名城に移されたと伝えられる。関ケ原合戦で雄利は没落し、一柳直盛時代・幕府直轄地時代を経たが、寛永一三年（一六三六）に神戸城は破却され、櫓等は桑名・亀山各城に移された。

慶安三年（一六五〇）に石川総長（ふさなが）が一万石で入封した。石川氏時代は八三年間続き善政がしかれ領民から慕われた。石川氏時代には神戸城は荒廃して陣屋であった。

享保一七年（一七三二）、本多忠統（ただむね）が一万六〇〇〇石で神戸城主となった。本多家は近江膳所藩の分家筋であった。本多氏は延享三年（一七四六）に譜代大名であったので、特別に城主大名の資格を与えられ城郭改築の許可が下った。幕府から二〇〇〇両の拝借金が許され、ほぼ二年間で築造された。天守は建てられなかったが、二重櫓・単層櫓・太鼓櫓・大手門・大手橋が完成し、藩庁や藩主の屋敷が築造された。本多忠統は若年寄として功績があったので、将軍徳川吉宗から五〇〇〇石加増の思召があったが辞退し、かわりに二重櫓に鯱を載せることが許された。これは高い格式を与えられたものであったといわれ、伊勢街道を通る大名達もこの鯱には敬意を表して駕籠より降りなければならなかったと伝えられている。以後本多氏は七代一四〇年間在封して明治維新に至った。

神戸城は、現在天守台と外堀の一部を遺すのみであり、一部は神戸公園となっている。同城はかつては、本丸・二ノ丸・三ノ丸などから成り二重の堀によって囲まれていた。本丸北西部には河原石積の天守台があり転用石材も確認されている。本丸は堀で囲まれ、東に虎口を開きこの部分のみ石垣として、他は土居を巡らしていた。二ノ丸は本丸の北東部に築かれており、藩邸や藩主の屋敷があったところであり、現在は大半が県立神戸高等学校敷地となっている。古絵図によれば東の土居には石垣を多く用い、虎口近くの南西隅には太鼓櫓、北東隅には二重櫓があったことが知られている。本丸・二ノ丸の外側には、堀を介して東に三ノ丸、西に西郭を配置する。三ノ丸の北は石垣とし、ここに大手門を置き、南に南大手門を配している。三ノ丸の南部には藩校教倫堂（こうりんどう）が建てられ、その南の郭には厩・馬場が設けられていた。西郭には西大手が開く。これらの郭は外堀で囲まれ、その外縁は米蔵・御霊屋・会所のほか侍屋敷が囲繞していた。

二、太鼓櫓詳細

明治初年の神戸城古写真によると、二重櫓は一重屋根に千鳥破風・唐破風、二重軒は唐破風となっている。この櫓も一重櫓も、共に明治八年頃（一八七五頃）取壊された。大手門は四日市市西日野町顕正寺の山門として移築され現存している。太鼓櫓はかつては神戸高校校舎南東部の位置にあったらしいが、これは東玉垣町蓮花寺の鐘楼となっている。旧本多町畠山家に遺る明治五年頃の神戸城図によれば、太鼓櫓は二重櫓の南方の地面上に直接建っているように描かれている。しかし他の絵図には、さらに南方の南大手門脇の石垣上にある。維新後直接地面に置かれたのかもしれない。

神戸城の太鼓には次のような挿話がある。従来時報の鐘は、本多氏が神戸へ所替えの翌年、西条村の妙祝寺に命じて、その料として毎年米一五俵がこの寺にあてがわれることになった。しかし延享五年（寛延元年・一七四八）に葉屋又兵衛という者がこの櫓へ太鼓を献上した。城中の櫓で時の太鼓を鳴らすのはこれが最初であった。葉屋は神戸の有力な町人であったと考えられている。神戸城の太鼓櫓は、昭和五七年（一九八二）に鈴鹿市指定文化財となっている。

太鼓櫓は玉石積高さ約一・一五mの基壇上にある。現況は入母屋造・桟瓦葺の単層櫓で、棟高（建物自体）約六・八五m、軒高約四・三四m、軒の出約一・〇m、建物外法三・九七m×四・八七m、同内法三・六八m×四・五五mで壁の厚さは約一五cmある。軒の下部は太鼓の音をよく伝えるために連子になっていて、軒下の漆喰は波状である。建物のほぼ北側に縦一・八二m、幅一・一二mの片引板戸を付ける。内部天井までの高さは約三・九三mで、内部には現在梵鐘が吊ってある。連子窓の幅は〇・九二m、連子子は桁方向に九本ずつ計二七本、梁方向に七本ずつ計二二本を設ける。外観下見板張は高さ約二・七五mある。大棟に鯱を据え、棟の両端には獅子口を載せる。獅子口とは鬼板（鬼瓦の代りに用いる木製の棟飾り）と同じ目的で棟の両端に用いる瓦で、丸い部分を経の巻、角をなす線を綾筋という。獅子口や隅棟・降棟の鬼瓦・鳥衾・宇瓦等は全て本多氏家紋立葵で統一されている。破風の拝みに蕪懸魚を吊る。葵は元来ウマノスズクサ科に属する植物であり、葵紋は賀茂明神の神草が紋章となったものである。戦国時代の三河地方では本多・松平氏等が葵紋を用いた。過日、蓮花寺を訪れ伊藤康生住職に御会いして、神戸四丁目畠山きみ氏所蔵の、明治四・五年頃の神戸城図部分のコピーを見せて頂いた。図の左手に太鼓櫓平面について二・一間×二・六間、五・四六坪と記入してある。

三、神戸城の鯱

◎二重櫓の鯱

廃藩後神戸城の建造物は破却、売却され移建されたりしたが、二重櫓の鯱一対の一基は各地を転々とした後、東京で東京美術倶楽部の売品として陳列されていたのを昭和一一年（一九三六）、旧士族会である素誠会が金二三〇円で購入し、本多神社の宝物として奉納したものである。その後市の所有物となり、昭和四九年（一九七四）市指定文化財となった。高さ一・三〇m、重さ一五〇kgの青銅製で頭部に「勢州神戸城主本多伊豫守忠統延享四年丁卯六月築之」、えらの部分に「武州江戸神田住鋳物大工田村庄右衛門尉藤原安通作」の銘文がある。他の一基はアメリカに売却されたといわれるが不明である。

◎一重櫓の鯱

神戸城の三ノ丸大手門東脇にあった一重櫓の鯱は、城郭の破却後行方不明であったが、一対とも山口県立博物館に保管されていることが判明した。昭和六二年（一九八七）から返還交渉が持たれた結果、大内氏関係の史料と交換ということで、博物館の好意で平成元年（一九八九）に返還された。二重櫓の鯱と鋳型が同じで高さ・銘文も全く同じであるが、重さが両鯱共一〇一kgとやや軽い。平成二年（一九九〇）、一対とも市指定文化財となった。現在は鈴鹿市文化会館ロビー左手奥に三基ともガラスケースに入れられて展示されている。神戸城ゆかりの遺物として一見の価値がある。

菰野陣屋隅櫓

一、菰野藩主土方氏

菰野藩主土方氏は清和源氏の流れをくみ、遠祖が大和国土方村に居を構えたことにより、土方姓を名乗った。そして土方信治は尾張国に移り、天文二三年（一五五四）に織田信長に仕えた。土方雄久は、信長による南伊勢平定によって元亀元年（一五七〇）には、後の信雄である茶筅丸（ちゃせんまる）の近侍となっている。天正一一年（一五八三）には滝川一益の旧領北勢五郡が信雄に与えられ、雄久には菰野城が与えられた。禄高は約七〇〇〇石であった。

天正一二年（一五八四）の小牧・長久手の役で織田信雄は、秀吉軍の主力が伊勢より尾張へ侵入する恐れがあると考え、土方雄久に菰野城防備を命じている。この時の菰野城は山城である力尾城、今の見性寺山の頂辺りであるとされている。後に秀吉と信雄との間に和議が成立するが、その仲介者の一人が雄久であったといわれ、雄久にはその尽力に対して犬山城四万五〇〇〇石が与えられた。雄久は信雄が零落しても傍を離れず、そのために信雄の息女である八重姫と、雄久の嫡子聟千代（雄氏）との婚約が成ったのである。このような信雄への変らぬ忠節に対し秀吉はかえってそれを褒め、天正一九年（一五九一）に加賀国で一万石を与えた。

文禄元年（一五九二）の朝鮮征伐には、秀吉に許され出家入道して常真と号する信雄に従って雄久は、肥前名護屋に出陣している。この時の土方氏の所領は、能登石崎一万石・伊勢三重郡菰野七〇〇〇石・員弁郡石榑三〇〇〇石の知行で、父子合わせて二万石であった。続いて文禄五年（一五九六・慶長元年）には近江国栗太郡に二〇〇〇石が加増され合計二万二〇〇〇石となり、内三重郡菰野七〇〇〇石が雄氏に分知され、雄氏の所領は先の石榑三〇〇〇石と合わせて一万石となった。

関ケ原合戦前、徳川家康を暗殺する計画がある、との流言が放たれ、その一味とされた土方父子は常陸国太田に追放された。慶長五年（一六〇〇）に家康は上杉景勝討伐の軍を起して下野国小山に至り、石田三成挙兵の第一報に接した。そこで、急遽軍を立て直し、家康は常陸太田にいた土方雄久・雄氏父子を小山に呼び寄せその罪を許し、雄氏は人質として自らの元に置き、雄久には加賀の前田利長の説得という大任を与えた。雄久と利長は従兄弟の関係であったので、時勢の推移と利害を説かれた利長は東軍に加わることになった。雄久の働きを大いに喜んだ家康は、能登石崎の旧領に下総の田子五〇〇〇石を加え一万五〇〇〇石を、また、子の雄氏へも伊勢の一万石と近江二〇〇〇石の旧領合計一万二〇〇〇石を与えている。これが、明治に至るまで二六〇余年の長期に及ぶ菰野藩の起りであった。

その後雄久は徳川秀忠の近侍となり、慶長七年（一六〇二）に従五位下に叙せられ河内守を任じられて、慶長一三年（一六〇八）江戸桜田の館で、織田信長・豊臣秀吉・徳川家康の三英傑に仕えた波乱に満ちた五六年の生涯を終えた。貞享元年（一六八四）に雄久の遺領を継いだ次男雄重の子孫土方本家は、家督相続による御家騒動のため断絶となった。

二、歴代藩主

◎初代雄氏

土方雄久の長男として天正一一年（一五八三）美濃国で生まれた。関ケ原合戦の功により慶長六年（一六〇一）、初めて采地の菰野に入り陣屋を構えた。大坂の陣にも参陣し寛永一五年（一六三八）、京都において病没した。雄氏の正室は織田信長の次男信雄の子女で八重姫と称し、後に奈於（なお）と改めた。天正一九年（一五九一）、四歳の時に父信雄と、その重臣であった土方雄久との間で将来雄氏と妻《めあわ》せる約束が成り、姫は土方家で預かり養われた。成人して雄氏の室となり嫡子雄高をもうけた。八重姫が菰野に居た時の逸話に、城外の田で農作業に従事する農婦が、畦の上で幼児に授乳する様を見て、日陰の休息に適当な場を設けることを考え、家臣に命じて金渓川畔に桜・楓の樹木を植えさせたといわれている。当時としては稀にみる長寿を保ち、九二歳で没するまで、雄氏・雄高・雄豊三代の菰野藩草創期の基礎づくりに大いに貢献した。

◎二代雄高

二四歳で藩主の座を継ぎ菰野藩邸の建物を補修し、菰野の城下町としての形体を整えていった。さらに藩の職制を定め、士民統治の職責を明確にし、軍事の鍛錬と武備の充実及び、民政に関しても諸般の規定を定めるなど整備した。そして菰野の地に菩提寺が無かったため見性寺を創建した。雄高は藩主在任中に勅使・院使の饗応役を命じられること四度に及び、また朝鮮修好使の来日の際にも饗応役を務めている。

◎三代雄豊

雄豊は明暦三年（一六五七）に、家中武士が守るべきことを一三箇条の条文で示した「家中法度」を制定した。翌四年には領内全域の検地を行い、年貢及び土地面積の不公平を正した。これが江戸末期まで「明暦の内検」と称され、長く徴租の基準となった。そして貞享四年（一六八七）には、慶長の頃から廃泉となっていた湯の山温泉の復興を計画して成功させた。

◎四代豊義

父豊高が壮年で没したので祖父雄豊の後嗣となり、宝永二年（一七〇五）に藩主となった。

◎五代雄房

従来の菰野藩の傾向は武を重んじ、文を軽んずる方であったが、文学を重んじたのが雄房であった。武士と庶民の子弟教育の推奨、また、饗応・神事・仏事・贈答・家事等に関する諸礼式を定めた。

◎六代雄端（かつまさ）

兄雄房の後を継承して宝暦二年（一七五二）に、時世に適さなくなった「家中法度」を改定している。

◎七代雄年（かつなが）

この頃、幕府及び、諸大名の財政はますます逼迫してきた。菰野藩でもその例外ではなく、雄年は第二夫人早世後、安永二年（一七七三）に老中田沼意次の養女を第三夫人として迎え、さらに安永八年（一七七九）意次の第三子直吉（後の雄貞）を養嗣子に迎えた。当時幕府から命じられた課役を免れるためであったが、それにより田沼家との交際が頻繁になり、田沼家の豪奢な家風が入ってかえって財政を傾けていった。

◎八代雄貞

安永八年（一七七九）雄年の養嗣子として迎えられ雄年の妹政子と結婚したが、二〇歳で没した。

◎九代義苗（よしたね）

義苗は逼迫した藩財政を整理するため自ら極度の倹約を守り、「御倹約触（ぶれ）」と称する勤倹質素を奨励する教令を合計九回に及んで出した。そして六〇年の長きに及んで教化と産業の開発に力を尽くした。

◎一〇代雄興

雄興は先代義苗の意思を継承して藩校修

文館を興して文教の振興を図り、武術の指導鍛錬を厳正化して文武両道を盛んにした。

◎一一代雄嘉（かつよし）

雄嘉の代は幕末騒然たる時期で、幕命による海防武備操練のため軍制を見直して錬兵を開始した。

◎一二代雄永（かつなが）

当時は江戸幕府末期に当たり、国内外騒然としていた。菰野藩では慶応四年（一八六八）、東征軍が東海道を通過した際、二小隊を石薬師・四日市の両宿に分遣している。明治元年（一八六八）、雄永は公卿竹屋光有の娘益子を正室として迎え、この時、陣屋の堀と隅櫓が設けられた。明治四年（一八七一）廃藩置県により菰野藩は廃され菰野県となった。

三、菰野陣屋

慶長五年（一六〇〇）、土方雄氏は滝川一益家臣の旧代官所址を修復拡張して菰野陣屋とした。寛永一二年（一六三五）、雄高は藩邸を修補して家臣の屋敷割りを行い、領内各地に散在居住していた藩士を藩邸の周囲に集めて住まわした。また城下町造りも行った。陣屋の北西、松尾に馬場を設け、陣屋の南、見性寺西の南山に煙硝蔵を建てた。万治三年（一六六〇）、雄豊は藩邸の全面改修を行い、藩邸と侍町を含めた地域を城内としてその周辺に柵を廻らし、陣屋の東・北・南に木戸を設けた。元禄二年（一六八九）と同九年の二回の火災により藩邸等は焼失している。享保の頃（一七一六〜三五）の史料によると、御屋敷と呼ばれた藩主の居住する館の周囲は土塀を廻らし、南側に表門、東側に江戸先門がある。西側は竹薮を隔てて蔵屋敷が続く。御屋敷の西南と西北側は、周りに土塁が築かれ樹木が植えられている。この享保の頃には堀は無く、土塁の外側は道路となっている。ただし南西側は振子川の流れが淵となって堀の役目を果たしている。藩内には表御番所のほか、南・北・東木戸番所が置かれ、表門前には東西に細長い竪馬場があり、東木戸近くに御会所が建てられている。

現在、一部遺構が見られる堀は、明治元年（一八六八）一一月に掘削されたもので、堀は東西九二間・南北七三間・幅四間あった。堀と振子川の合う地点の西南の隅櫓は、この翌年の三月に完成している。陣屋址は現在「菰野城址」の石碑が建てられ、菰野小学校となっている。学校の西裏には土塁と空堀の一部が遺り、近鉄湯の山線横には二重櫓址の石垣と堀に利用された小川が流れている。菰野陣屋の建造物、もしくはその一部が菰野町の禅林寺。金蔵寺、四日市市赤水町の木村保氏宅にそれぞれ移築され、現存している。また、隅櫓は菰野町池底の小森泉氏宅に移築され、土蔵として現存している。

四、隅櫓詳細

小森氏宅の移建隅櫓の現況は、上層切妻・下層寄棟型式・桟瓦葺・二重二階の建物で、下層外法は約六・六m×六・六mである。西北部の出張りは後補のものである。地表から大棟鳥衾付近までの高さが約七・六m上層軒高約五・四m、下層軒高二・九二m（共に地表より軒先まで）、下層軒の出（この場合壁面と軒先までの水平距離）〇・八七mである。内部一階床から天井までの高さは約二・八m、二階床から棟木付近までの高さ約三・五m、梁の下部までの高さは約二・一mである。四隅の幅二二cmの柱を通柱として、上層は下層に較べて約一m小さい。柱・梁等の主要骨組は頑丈である。上層北東の連子窓は縦八八cm・横一六三cmで連子子は九本である。南西面にもあったが、後に閉ざされたとのことである。上層東南の小窓は明り採りのため後で補ったものである。鳥衾・鬼瓦は当時からのもので、土方氏家紋三頭左巴紋が見られる。下層東北の引戸も当時のものと伝えられている。

小森氏先祖の久右衛門や順蔵という人物は鳶職人で家屋の解体業に従事し、この建物は小森順蔵が明治一三年頃(一八八〇頃)移建したとのことである。解体時には、付近の住人がどのように取り壊すのだろうかと見物に来たが、建物一階の天井を打ち抜いて瓦類を中に落とし入れ、またたく間に解体してしまったとのことである。移建した時に上層は入母屋造にしようという話も出たが切妻造とされた。また、かつては内部上層には天井が張られていて、その桟が遺っているとのことである。小森二郎氏は移建時に、建物の基本構造の変更(拡大や縮小)は、なされなかっただろうと言われる。毎年二・三人見学に訪れるとのことである。また、藩主土方氏が池底にある神社参拝の折、一般庶民の家の屋根は板葺であるのに、小森家だけは瓦葺であったので、目立たないように屋根に菰(こも・あらく織ったむしろ)をかぶせたというような話も遺っている。三重県下の移建櫓では神戸城の太鼓櫓が市の文化財に指定され保存されているのに較べ、菰野陣屋隅櫓は顧みられぬまま、幾星霜を経つつある。

消滅した桑名城の移建櫓

かつては桑名城にも移建櫓が存在した。

一、城史

近世桑名城は、慶長六年（一六〇一）徳川四天王の一人本多忠勝が一〇万石の太守として桑名に移封されただちに大規模な築城工事を起し、一〇年近くを要して慶長一五年（一六一〇）に完成したものである。城は揖斐川に接した南岸に築かれ、一名〝旭城〟とも、その形状から〝扇城〟の雅称を持つ。河岸城で天守をはじめ、三重櫓三箇所、二重櫓二〇箇所、いろは櫓四八箇所、城内本門三九箇所等、壮大な城郭であった。忠勝はさらに城下町の整備・七里の渡の築港工事を行った。

本多忠勝の跡を継いだ忠政移封後、松平（久松）定勝が元和三年（一六一七）、一四万石で入封した。翌四年に城を拡張し、搦手約八〇〇間の石垣を水中に築いた。寛永一二年（一六三五）、定勝の長男定行は一五万石で伊予松山へ移封、かわって美濃大垣城主となっていた三男定綱が、一一万石で桑名に入部した。この定綱の時にも城は大修築されたが、元禄一四年（一七〇一）城下より出火し、天守をはじめ、多くの櫓が焼失してしまった。そこで幕府に願い出て一万両を借用して復興したが、四重ともいわれる天守は再建されず、城郭も旧観を復しえなかった。

宝永七年（一七一〇）桑名城主だった松平定重は越後高田に転封となり備後福山から松平（奥平）忠雅が一〇万石で入封した。この奥平氏は長篠合戦での勇将奥平信昌の子孫で、文政六年（一八二三）忠堯の時、武蔵国忍に転封された。その後、陸奥白河より松平（久松）定永が一一万石で入部し、再び松平氏（久松氏）が旧領桑名にもどって明治維新まで存続した。

明治元年（一八六八）、京都所司代だった桑名城主松平定敬（さだあき）は、美濃高須藩主松平義建（よしたつ）の第七子で、尾張名古屋城主徳川慶勝・会津若松城主松平容保（かたもり）の弟にあたり戊辰戦争で官軍に背き、箱館に向った。そのため、桑名城は有栖川宮軍の猛攻を受けて建造物はほとんど破壊され、さらに開城の時城内の者が巽櫓に火を放ったため、城は灰燼に帰してしまった。

二、規模・構造

桑名城は、変形の輪郭式水際城郭で、中央に本丸を置き、その周辺に水堀を廻らし、この水堀は北方に延びて三ノ丸と内朝日丸とを分離していた。本丸の外周には内朝日丸・二ノ丸・三ノ丸が存在したが、これらはほぼ互いに連結していた。そして二ノ丸・内朝日丸は外朝日丸と吉ノ丸で囲まれて、西側は外郭で防御されていた。

慶応三年（一八六七）に作成された桑名城絵図によると、本丸は東西約五八m・南北約一〇八mの長方形で、天守・三重櫓三基・二重櫓二基・本丸門・埋門等があった。本丸の三重櫓には、乾・坤・巽の各名称が付いていたものと考えられている。二ノ丸は本丸の南に位置し、二重櫓二基・二ノ丸門・廊下橋門等があった。三ノ丸（新城）は本丸の北にあり、物見櫓・太鼓櫓等の櫓八基・御殿・鐘門・新門・太鼓門・桜門・南門等があった。三ノ丸には二重櫓一基・一重櫓一五基・北大手門・南大手門・舟入門等があった。内朝日丸・外朝日丸には二重櫓二基・一重櫓四基・新御殿・朝日門・原田門等があった。吉ノ丸には一重櫓三基・鍛冶蔵門・灯門・鶏門等があった。

記録によると、城内には塀重門並びに路地門は二四箇所、附櫓も二四箇所程、天守は四重作二階三重とある。天守は外観が三階建で、一階目に一重・二重があり、二階が三重で、三階が四重になっていたのではないか、と考えられている。桑名城の櫓には、神戸城から移されたと伝えられる神戸櫓の他に、太鼓櫓・物見櫓・望櫓・月見櫓・水の手櫓等の名称がみえる。一重櫓は姫路城と同様に、い・ろ・はという名が冠せられていた。現在、桑名城址の本丸・三ノ丸・朝日丸址は、三重県指定史蹟で、本丸堀の石塁の一部、三ノ丸堀、同石塁等が遺存し、特に三ノ丸の石塁約五〇〇mは、市の文化財に指定されている。

移築建造物では、桑名城の対面所が三重郡朝日町の浄泉坊に現存している。その他、市内の了順寺山門が桑名城城門・員弁郡北勢町の安行寺鐘楼が、桑名城北の門であると伝えられている。

三、消滅した移建櫓

桑名市北寺町の桑名別院本統寺は、織田信長の大坂石山本願寺攻めに対し、本願寺支援のために美濃・尾張・伊勢の浄土真宗の評議所として設けられた。慶安二年（一六四九）に本統寺の寺号を許された。寛文五年（一六六五）に焼失し貞享三年（一六八六）、再建された。そして、宝暦一二年（一七六二）に本堂を改築し八棟造とし、建坪は二一九坪あった。他に書院・広間・茶所・会所・鐘楼・鼓楼・経蔵等があり、文久三年（一八六三）には将軍徳川家茂が宿泊している。明治初年には桑名城の櫓を移した聚星閣（しゅうせいかく）が建てられた。明治一三年（一八八〇）には明治天皇が駐泊して、同一七年別格別院となった。しかし戦災のため全建物が焼失してしまった。

聚星閣は外観二層、下層寄棟・上層入母屋造で、今では古写真でしか面影を偲ぶことができなくなってしまった。

『桑名市史補編』（昭和三五年・一九六〇年初版）に桑名城旧多聞櫓が紹介されている。

その項を掲載すると「この建物は、現在市内大字播磨農業鷲野ちよ氏が納屋として使用している。長さ九間・奥行二間、明治初年に桑名城が撤廃された際、新政府がこれを分解して民間に払い下げたのを、同家の先祖が買って移築したもので、昔から武家屋敷といわれていた。

城郭研究家名古屋工業大学教授城戸博士の調査によれば、当建築物は桑名城多聞櫓の一部、元禄一五年（一七〇二）のもので、県下ではこのほか亀山城の一部に残っているだけというものだけに、市が購入して旧城址に移築し文化財として保存することになった」とある。

しかし、この建物は後の台風で倒壊し、直後当時の市教育委員会が、後に復元するために部材を倉庫に保管していたが、不手際により腐らせてしまい、再移築復元計画は頓挫してしまった。戦災などと違って人為的な失敗が痛恨の極みである。

神戸城太鼓櫓西北面

菰野陣屋隅櫓北東面

旧桑名城多聞櫓

伊勢亀山城石坂門多門櫓部

伊勢亀山城三重櫓遺材　亀山市市ケ坂町本宗寺

聚星閣古写真（左端）　三重県桑名市北寺町

伊勢亀山城多門櫓

神戸城図部分（明治四・五年頃）

伊勢亀山城図

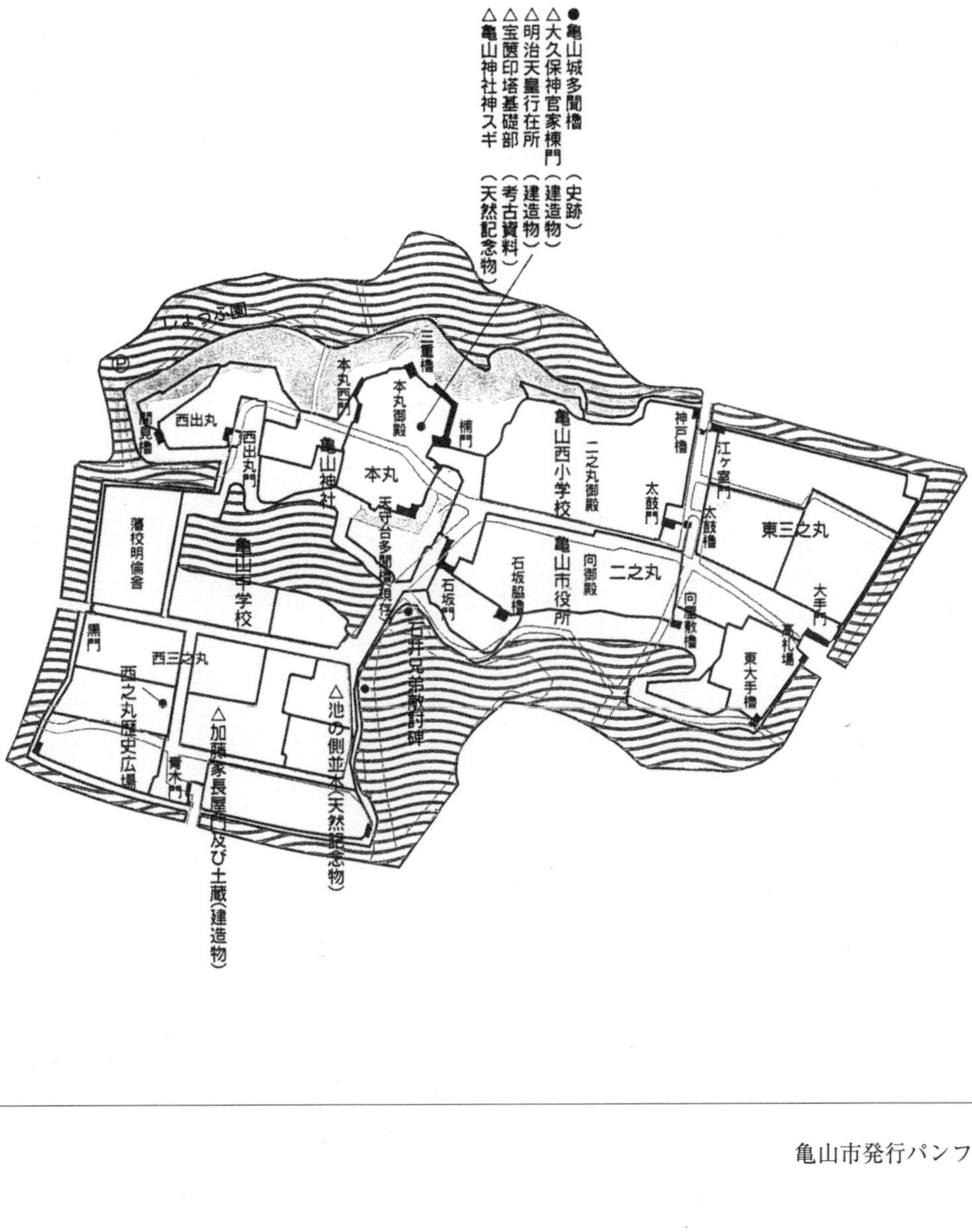

亀山市発行パンフレット

第二章　探訪

伊勢亀山城石坂門多門櫓部

はじめに

かつて伊勢亀山城の大手門多門櫓部が民家に移築されていたと新聞等で報じられたが、これは誤報で平成二年（一九九〇）に大手門多門櫓のものと思われる棟札が発見され、多聞櫓部は石坂門多門櫓部であると判明した。

石坂門多門櫓

一、沿革

石坂門多聞櫓は、嘉永七年（一八五四）にこの地方を襲った大地震で倒壊し、文久三年（一八六三）に再建された櫓門である。明治九年（一八七六）に西町の鈴木家の醤油醸造蔵として移築された。この建物は移築されたというよりも、多門櫓の部材を使用して建てられた感がある、というような結論が出て、移築の際に当初の構造が無視された建築となった。

石坂門は江戸時代、亀山城の本丸と二ノ丸の間の南側斜面に西向きに建てられていた。この門は坂口門とも呼ばれていた。つまり、坂（斜面）に建っていたことに名前の由来が読み取れる。

石坂門は東三ノ丸から二ノ丸・本丸に通じる桝形門で、規模的には大手門を上回る城内随一の櫓門であった。また元禄一四年（一七〇一）にこの門外で、石井源蔵・半蔵兄弟が父の敵の赤堀水之助を討ち取った「石井兄弟敵討ち」が行われたことでも知られている。

二、規模

石坂門は高さ四間（約七・二m）の石垣の上に長さ一二間（約二一・六m）、幅三間（約五・四m）の多門櫓が建てられていた。

三、経緯

石坂門多門櫓は所有者から平成五年（一九九三）に瓦などの寄贈を受け、亀山市歴史博物館常設展示室に全体の一〇分の一が原寸大に復元されている。

四、発掘調査

亀山城二ノ丸址発掘調査では、石坂門石垣の正面（西面）から南隅の基礎部分が発見された。これが石坂門石垣の遺っている全てと考えられ、これまでに確認されていた亀山城の石垣は、自然石の一部を加工して積上げたものであるが、石坂門石垣は石の表面や形を加工して隙間がないように積上げている。この違いは石垣を築いた年代の違いによるものと考えられる。石垣の前には切石と平石で排水溝が造られていた。

積石の内側に厚さ約二mの裏込石(栗石)と自然の地形を垂直に削り出した土台が良好な状態で遺っていた。発見された表側の石の全長は平面で最大約七・五m、側溝を併せた全長は最大約七・六mである。発見された表側の石は全部で二二個で、この内刻印は八種類合計一〇個施されていた。この遺構は現在は亀山市歴史博物館左手に移設されている。

第二章　探訪

高取城火薬櫓

はじめに

「高取城址はやわらかい春陽に包まれている。雪かと見紛う城櫓は崩れ去り、苔むした石垣だけが来し方行末を語りかけてくれる。本丸址の一角で紫煙をくゆらす。遠くは薄衣をひいたような春霞である。ハイカー達が時折登って来る。急に喉の渇きと空腹感を覚える。時計を見ると、もう一時近い。昼飯は柿ノ葉寿司でも喰おうと思う……。」

奈良飛鳥の南、高市郡高取町は〝大和売薬〟の中心地で、江戸時代は植村氏二万五〇〇〇石の城下町であった。城址は町の東南に聳える海抜五八三ｍの高取山山頂にあり、城の南は吉野川を隔てて吉野山に至る。北は大和平野を一望に収める要害地、交通の要衝であった。

高取城は備中松山城・石州津和野城などと共に近世山城の典型として人口に膾炙されている。山麓から山頂まで見事な石垣が遺る。盛時の高取城は城内と郭内に分けられ、城内は約一万㎡・周囲約三㎞で大小天守をはじめ二七基の櫓（うち多聞櫓五基）、三三の城門があり塀の総延長は約二九〇〇ｍに及んだ。郭内は約六万㎡・周囲約三〇㎞という広大なもので、山城としては日本屈指の規模を誇った。現在、城址は国指定史蹟で規模雄大な石塁・多数の郭址・櫓台・門址・水堀等があり、城下には二ノ門・武家屋敷長屋門・火薬櫓等が遺存している。

城史

高取城は南北朝時代、吉野に通ずる拠点として南朝に属した越智氏の支城の一つとして築かれたが、後に重要な詰城となり、幾つかの戦乱にも巻き込まれた。戦国期に入って本格的な中世城郭として改築された。天正八年（一五八〇）、織田信長の一国破城令によって一旦破却されたが、後に筒井順慶が大和郡山城の詰城として、すでに越智氏なき後の高取城の復興を開始した。

筒井氏移封後、大和に入国した豊臣秀長も高取城を重要視し、重臣本多利久を一万五〇〇〇石の城主にして、近世城郭としてさらに工事を進めさせた。

利久の子、俊政は、慶長五年（一六〇〇）に一万石加増されて高取城主として独立したが、次の政武には嗣子もなく本多氏は三代で断絶した。

しばらく桑山氏・小出氏の城番時代を経て、寛永一七年（一六四〇）に幕府の大番頭であった植村家政が二万五〇〇〇石で入封し、以後明治維新まで一四代にわたって在城した。

幕末の文久三年（一八六三）、公卿中山忠光を総帥に土佐の吉村寅太郎・三河の松本圭堂・備前の藤本鉄石等の〝天誅組〟が大和五条代官所を襲撃した後、十津川郷士らと共に高取城攻撃に向った。小戦闘はあったものの、鳥ヶ峰を守る高取藩兵の大坂の陣で使用された大砲が火を噴いた。オランダ製であったが、旧式のうえ長期間格納したままであったため錆びついてまともに照準もできなかった。砲六門（一説によると四門）のうち発弾可能はただ一門で、それさえ砲弾は寄せ手の頭上を飛びこえていくだけだった。しかしその音響の大きさに驚いて天誅組は四散した。大砲の使用方法は代々口伝であった。司馬遼太郎の小説『おお、大砲』に詳しく描かれている。

高取藩家臣団は、初め山頂や山腹に郭を設けて居住したが、山城では日常生活も不便であったから、寛永末期から正保期（一六四二～四七）頃にかけて藩主・重臣等は約四㎞山麓の上子島・下子島村に屋敷を移転し、城には城番を置いた。城が山上にあって老朽化が激しいために、軍事的要衛として植村氏時代には常普請が認められていた。高取城は明治新政府によって廃城とされ、明治六年（一八七三）に建物を払い下げ、明治二四年（一八九一頃）までに、壺坂口の隅櫓・半左衛門櫓・本丸遠望等（いずれも明治初年撮影）、幾枚かの古写真を遺して美しい城櫓は消え去った。

規模概略

高取城は本丸・二ノ丸・三ノ丸を含む部分を城内とし、他の諸郭は郭内と称した。縄張は山城に比較的多い連郭式になっている。山上の本丸は、不正四角形の内郭と、その周囲を取り囲む外郭とが二重になっている。本丸のほぼ西に二ノ丸、二ノ丸の北に三ノ丸、二ノ丸の西北に壺坂口郭、二ノ丸西南下に古川屋敷、本丸北東方に吉野口郭、さらに二ノ丸から北へ、段々と郭が存在する。郭内各所に郭が点在していることがこの城の縄張上の特徴で、中世的な名残も留めている。

本丸の大天守・小天守は共に三重であった。慶長以後の築造と見做され、天守には唐破風・千鳥破風があった。本丸内郭は大小天守・煙硝櫓・鉛櫓・鎧櫓・具足櫓が多聞櫓によって連結されていた。本丸外郭石塁上には石火矢櫓・十方櫓・宝蔵・油蔵・辰巳櫓・未申櫓・十五間多聞・太鼓櫓・新櫓が並び、主要な建物はほぼ本丸に集中していた。『高取御城規』には大天守について、

「御天守　三重
上ノ重　五間梁行四間弐尺
中ノ重　七間右同断六間弐尺
下ノ重　八間右同断七間弐尺」等
と記述されている。

二ノ丸には藩邸が置かれ、それを取り巻く石塁上に角櫓・客人櫓（まろうどやぐら）・搦手櫓及び、諸書には二ノ丸内となっている火之見櫓があった。二ノ丸には中ノ井（なかのい）と呼ばれる良水の湧く井戸があって、これを防備する要（かなめ）ノ櫓として上に十方櫓、下に半左衛門櫓があった。高取城は山城にかかわらず山上に多くの井戸があり、水の豊かさがこの城の価値を高めている。

高取城での狭義の三ノ丸は大手門前にある一郭で、城代屋敷と称される。屋敷の他に角櫓もあった。

壺坂口は壺坂口門と同櫓が断崖上に屹立した堅固な守りであった。

本丸北西の大手郭は二ノ門・三ノ門・矢馬門・松ノ門の入口までで、二ノ門・三ノ門は三ノ門櫓が防御する。矢馬門のほぼ西側、侍屋敷一角の兀山（ゴッサン、あるいはゴツヤマか？　ゴツは高くて上が平らな

さまの意）と称する峰に国見櫓（遠見櫓）があった。遠望のきく景勝地で、大和平野・山城・河内方面までも望見できるので国見櫓の名称がある。別所郭櫓台から発する合図を岡口櫓台で受継ぎ、さらにこの国見櫓を通して二ノ丸火之見櫓へ送ることになっていた。城下から本丸への連絡中継所の役目を持っていたのである。矢馬門から城代屋敷まで武器櫓・松ノ門・宇陀（うだ）櫓・到着櫓・宇陀門・千早門があった。宇陀櫓は、宇陀郡の秋山城から移築されたものであったと伝わる。大手門前の竹櫓は、籠城の際の食糧として筍を塩漬けにして保存したために櫓名となった。

吉野口郭には鬼門除けのための鬼門櫓があった。また、二ノ丸西南下古川屋敷先端に多聞櫓、一段下の郭先端に火薬櫓があった。一重櫓として主な櫓は小姓櫓・鬼門櫓・辰巳櫓・石火矢櫓・未申櫓・火薬櫓・搦手櫓・角櫓・竹櫓、同じく二重櫓として十方櫓・新櫓・半左衛門櫓・国見櫓・具足櫓、また三重櫓として煙硝櫓・鉛櫓・客人櫓・火之見櫓があった。就中、火薬櫓は移築され、高取町上子島の星野永治氏宅の納屋として老朽化しているが現存している。

火薬櫓探訪と城址散策

近鉄吉野線壺阪山駅からタクシーに乗車して子嶋寺へ行く。高取町では壺阪寺に次ぐ古寺で、山門は高取城二ノ門を移築したものである。本瓦葺・切妻型式・脇戸付薬医門で鬼瓦には植村氏家紋一文字三ツ剣が見られる。扉は板をはずせば格子状で弓・銃の発射のための工夫がみられる。土佐町の石川医院の表門本柱のみ、藩邸下屋敷表門のものと伝わる。

そして武家屋敷長屋門を一棟見て、家老中谷氏（なかねやし）の千石取りの長屋門を見学する。壁の白漆喰を盛り上げた格子の造形が美しい。奈良県指定重要文化財で、現在この奥に旧藩主植村氏子孫の住宅がある。

上子島の星野氏宅付近で下車する。壺阪山駅から東南の方角にあり、この先をさらに登って行くと高取城址に至る。農道を登って行き星野氏宅前へ出る。火薬櫓は屋敷の東側にあり、納屋として使用されている。棚田の各方面から写真撮影をする。早春の凛とした空気の中、鴬が鳴いて実にいい雰囲気である。

火薬櫓は極めて老朽化しているが、入母屋造・本瓦葺・一軒疎垂木の一重櫓で、鬼瓦は一文字三ツ剣紋、鳥衾・鐙瓦は三ツ巴紋である。剣の紋章は両刃で直刀の武器をデザインしたもので、植村氏のものは一文字の下に、ほぼ山の文字状に直刀三本を配したものである。

建物外法は約七・八m×五・三m、棟高六・〇五m、軒高三・八五m、地表から壁面、さらに軒までの高さは四・〇二m、軒の出（この場合、壁面と軒先の鐙瓦付近までの水平距離）〇・七五mである。東面の南より二・一〇mの位置に高さ一・九m、幅一・六mの両開戸があり、右側に高さ一・一m、幅〇・五七mの潜戸が付いている。また西面の入口は後補のものといわれる。高さ二m、幅一・八mの両開土戸で、軒高二・三m、幅三・三mの本瓦葺庇が付く。内部棟木付近までの高さは五・二五mである。

星野永治氏と御母堂スイノ氏に話を聞く。先祖は高取藩疋田流槍術指南役で、明治二二年頃（一八八九頃）没した星野伴左衛門が移建したとのことである。移建時には多数の人々が瓦三枚を当時の金額で五厘で運んだといわれる。当時建物軒下は、煙抜き用に連子窓になっていた。現在壁は土壁であるが、当初からのものかどうかは不明である。移建当時は現在の位置ではなく、背後の小高い斜面に置かれていたが、豪雨で他に移されていた城門とともに被害を受けたので、現在の場所に再び移建された。その時、建物全体をいくぶん高くしたとのことである。

東面北側の平降棟の鬼瓦は桃の実に見える。仮に桃の実で当初からのものだとしたら、それは水分が多く、水流を意味する巴紋とともに防火意識の表れと考えられる。

東京芸術大学中村精二教授率いる建築科教室の学生達が、調査して作成した主屋・納屋（火薬櫓）の詳細な平面図・立面図が同家に保管されている。高取城の往時を偲ばせる貴重な遺構である。

再びタクシーにて壺阪寺方面から城址へ向う。解説板のある所で下車して城址に登る。壺阪口門址を通って中枢部へ入る訳だが、簡単な城址図持参では位置が解らない。塁々と石塁が続き、新しく積み直された箇所もある。左手に城代屋敷の石垣を見て、幾つかの屈曲を経て二ノ丸址へ出て、さらに複雑な城道を登ってようやく本丸址に達する。かなり広く風光絶佳である。本丸東南隅の煙硝櫓址平面は約九・二〇m×六・四五mである。古川屋敷先の火薬櫓址へ行く。二ノ丸西南下方向に位置し、植村氏家老中谷氏の後、ここに入った古川九郎兵衛の名に因む。櫓台平面は約八・二六m×四・五・四五m、穴蔵平面は三・四六m×四・九五m、内側の石垣の高さは最も深い所で一・五五mある。外側西南隅は高さ二・二m、同じく東南隅は三・六m石垣が露呈している。外側西南方向の石垣の厚みは五〇cmで、仮に櫓が爆発した場合、爆風が城外に抜けるようになっていた。星野氏宅の建物について煙硝櫓と紹介した書籍が多いが、本丸煙硝櫓は三重櫓で平面規模も異なる。火薬櫓は古図にも単層に描かれ平面規模もほぼ合致する。星野氏宅の建物は火薬櫓と考えて間違いないように思われる。『高取御城規』に「古川屋敷御櫓、南北桁行四間ニ弐間半、同穴蔵弐間ニ弐間半…」とあるのが火薬櫓だと考えられる。

城代屋敷付近まで戻り城を下る。ハイカー達が笑顔で挨拶の声をかけてくれる。宇陀門址を通り松ノ門・矢馬門さらに、三ノ門まで一部谷川の痕跡のような城道の左右はすべて侍屋敷の郭址である。二ノ門址の先に、山城では珍しい当城唯一の水堀がある。用水池でこの城山の水の豊かさを物語っている。そのすぐ先の猿石は飛鳥時代の石造物で築城の時、明日香から運び上げたものと伝わる。解説板の所まで戻り、予約したタクシーにて城を後にした。

取り壊された高取城隅櫓

平成元年（一九八九）六月一九日付の奈良新聞に、老朽化に伴い近く取り壊されることになった。奈良県磯城郡田原本町多（おお）の多地区公民館が、もとは高取城の隅櫓だったことが一八日までに県の教育委員会などの調査で判明した、として掲載された。

「高取城の一部ではないか」とする地元住民の話を聞きつけた高取町が確認を急いでいたもので、形態や家紋入り瓦などから明らかになった。しかし、以前は高市郡明日香村で青年道場として使われるなど用途を変えながら転々としたこの建物は、全体的にみると櫓としての形態を遺すのは屋根部分だけである、と判断され瓦だけが高取町に引き取られることになった。高取城隅櫓と確認された多公民館は入母屋造・本瓦葺の立派な建物で棟の上に鴟尾（しび）を置く。建坪は約七〇㎡で漆喰壁である。かなり改造されていたが、江戸時代の寛永一七年（一六四〇）頃から代々高取城主だった植村家の剣菱紋があった。外見調査した県教育委員会文化財保護課では、鴟尾や鬼瓦は江戸時代末期のものと思われるが、軒丸瓦の巴紋の紋様形態からみて創建は一七世紀中頃まで遡る可能性がある、としている。

南北朝頃から築城が始まったとされる高取城は越智氏の詰城として重要視され、天正八年（一五八〇）の織田信長の畿内城郭破却令で一旦破城になったといわれるが、その後、筒井順慶・豊臣秀長などの郡山城の詰城として中世的な城から、大規模な石塁を持つ近世的な城郭へと発展していった。

しかし、明治四年（一八七一）の廃藩置県で全国二〇二城のうち大坂城・姫路城など五八城が遺されただけで、高取城も郡山城などとともに廃城となった。隅（角）櫓は、敵状視察などのために城郭の隅に建てられた高楼である。この隅櫓は高取城のどこにあった櫓かは明らかではないが、明治一〇年（一八七七）前後に明日村川原に移築され、天理教の高市青年道場として使用されていたものを、昭和二七年（一九五二）に多地区の青年団によって買い取られ現在地に移されたものと思われる。当時の多地区の青年団長の話によると、その頃、村に公民館が無く、青年団で建てようと話が持ち上がった。農家の脱穀を引き受けたり、村内の二つの池で養魚した売上金等で資金を作り、当時の金額にして三万円ぐらいで買い取った。村民総出で半月ぐらいかけて解体し、木炭車で運んで組み直した。瓦についてはもっと新しいものを、との意見もあったが高取城の由緒あるものらしいから、とそのまま使用したといわれる。

この建物はその後取り壊され、瓦類だけ平成四年（一九九二）四月に完成した高取町田井庄（たいのしょう）の高取町歴史研修センターに保管されているとのことである。文中の剣菱紋とは、一文字三ツ剣紋のことである。また写真で見る限り、鴟尾ではなく鯱瓦である。

高取城火薬櫓台北面

高取城火薬櫓東北面

高取城火薬櫓址略平面図

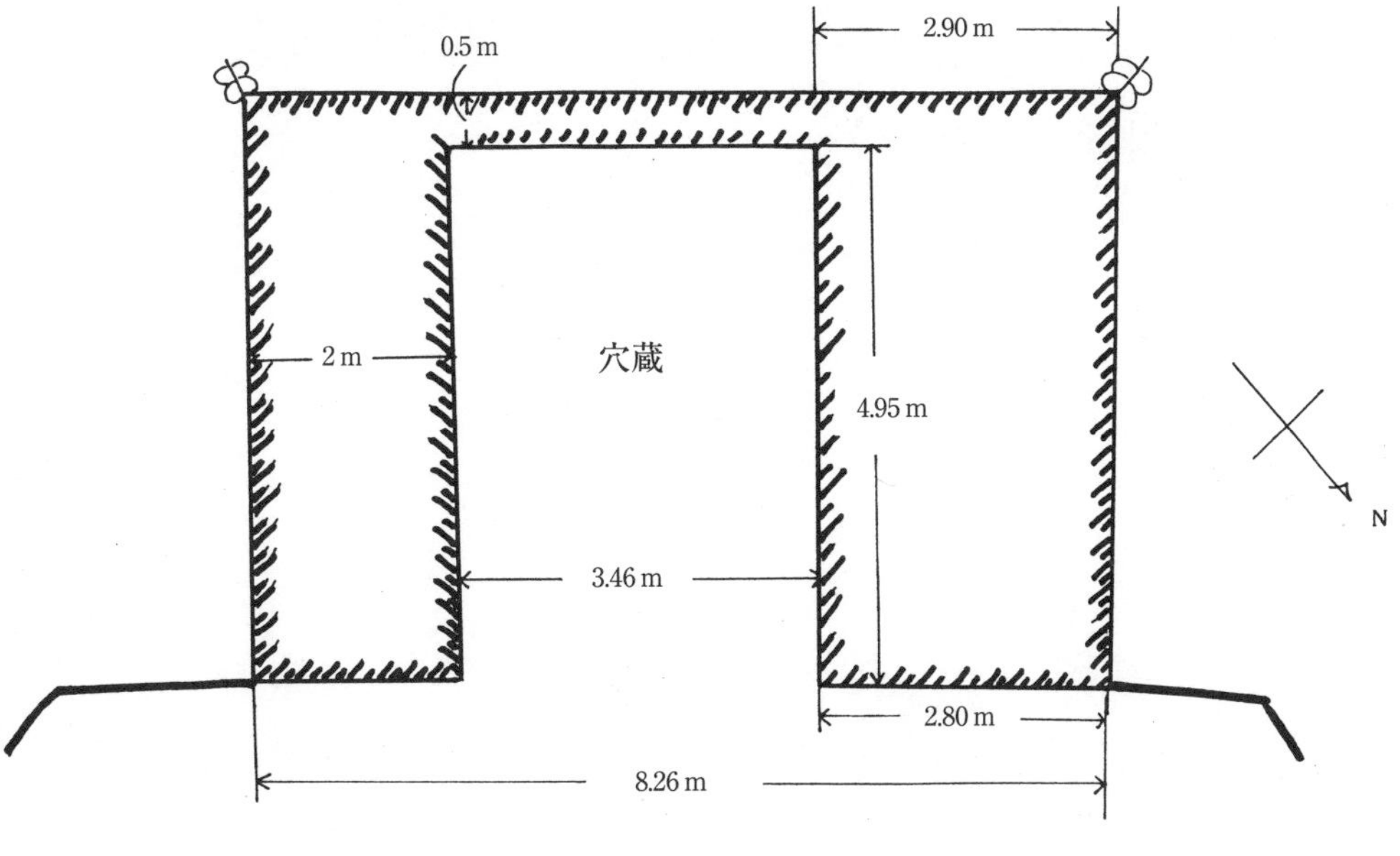

1992・3・8　　調査　宇佐美達也

高取城要図

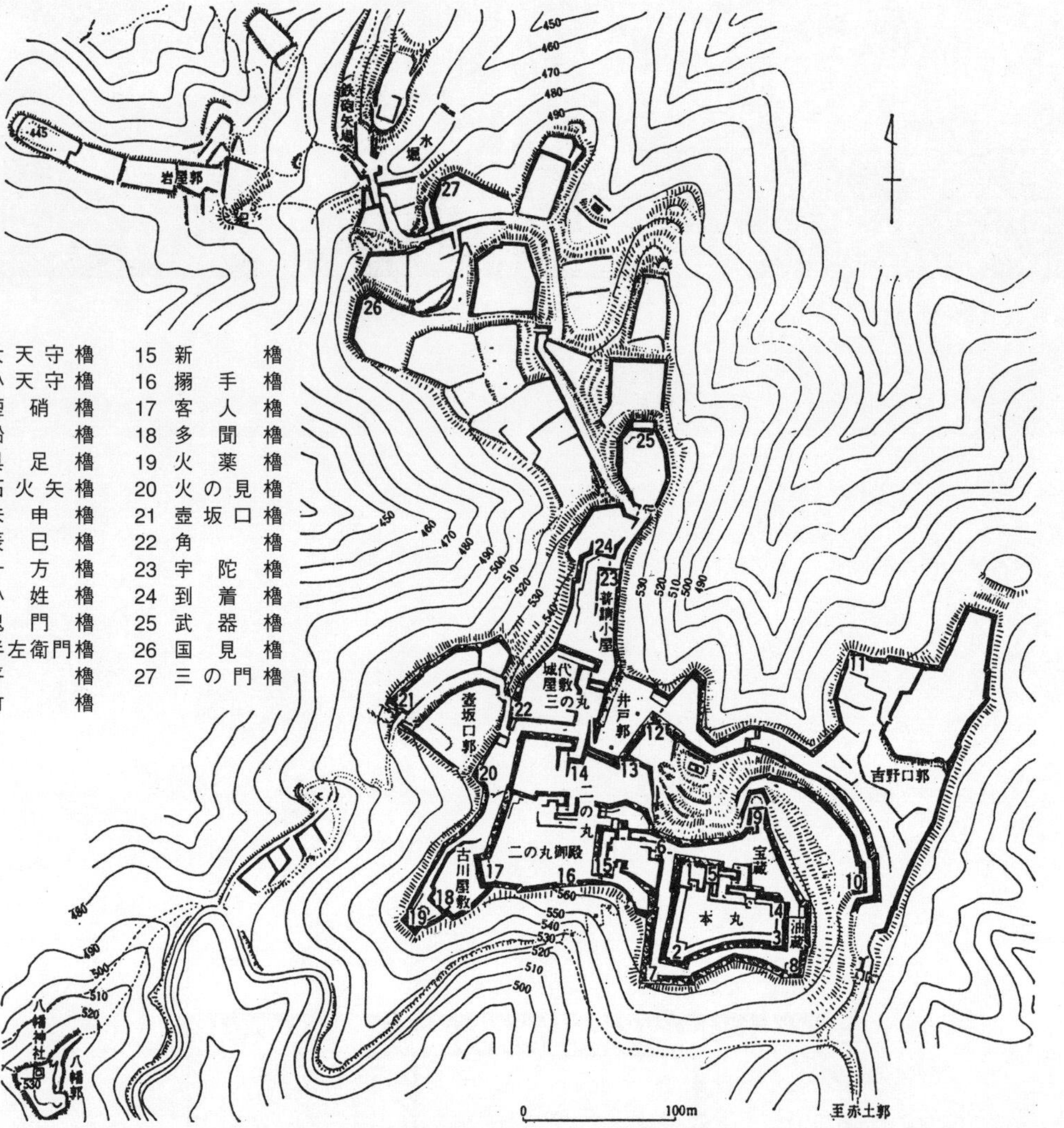

1 大天守櫓	15 新　櫓
2 小天守櫓	16 搦手櫓
3 煙硝櫓	17 客人櫓
4 鉛　櫓	18 多聞櫓
5 具足櫓	19 火薬櫓
6 石火矢櫓	20 火の見櫓
7 未申櫓	21 壺坂口櫓
8 辰巳櫓	22 角　櫓
9 十方櫓	23 宇陀櫓
10 小姓櫓	24 到着櫓
11 鬼門櫓	25 武器櫓
12 半左衛門櫓	26 国見櫓
13 平　櫓	27 三の門櫓
14 竹　櫓	

新人物往来社
「日本城郭大系10」より

第二章　探訪

高槻城と移建櫓

はじめに

キリシタン大名、高山右近の居城地として知られる高槻は、大阪平野の北東部に位置し、北は北摂山地に連なる山並と丘陵で占められ、南は山間から流れ出る桧尾川・芥川などが形成した平野が広がり、西南部は淀川が市域を画している。京都と大坂の中間に位置し、西日本への交通の要地として、江戸時代の慶安二年（一六四九）以降は、永井氏三万六〇〇〇石の城下町として繁栄した。高槻城は、明治七年（一八七四）から破却され、現在は城址碑・残石・大手址碑・唐門（野見神社内に移建）・本行寺の移建城門等に有りし日の名城への思いを馳せるしかない。

ところで、高槻城の移建櫓の存在を知ったのは昭和四〇年（一九六五）、現在の新人物往来社の社名が、まだ人物往来社であった頃、発刊された『名城名鑑・上』の誌上においてであった。

高槻城の項の一文を抜粋すると「…城址はあとかたもなく消え去ってしまった。ただ二ノ丸にあった隅櫓が城の取りこわしのとき六十円で身売りされて倉庫となり、市内下田部に移築されて残っている。…」

それ以来、甚だ気になる存在であった。昭和五二年（一九七七）北部九州の古城址を探訪した時は、夕刻大阪南港をフェリーで出発したので、昼間に高槻城址だけは見学した。元来、隅櫓には興味があったが、本格的に各地の城址の櫓や移建櫓の探訪をはじめて、高槻城の移建櫓についても市の教育委員会に照会してみた。そして、今なお存在していることを知った。また、城門研究家の近藤薫氏には同櫓をはじめ、幾つかの移建櫓の写真のコピーを送って頂いた。平成三年（一九九一）、年頭の休暇を利用して高槻城址及び、移建櫓、その他を訪れてみた。

城史

高槻城の創始は正暦年間（しょうりゃく・九九〇～九九四）、近藤忠範が久米路山と呼ばれた小丘に館を設けたものといわれるが、詳細は不明である。南北朝時代になると入江氏が代々高槻の領主であったが、後に永禄一二年（一五六九）、三好氏と共に織田信長に抗して敗亡した。名族入江氏を滅亡させたのは、近江国甲賀出身の武将和田惟政で、流浪の足利義昭を助けた功績で永禄一一年（一五六八）には、伊丹氏、池田氏と共に摂津国守護に任ぜられ茨川城（高槻市原）に居城した。惟政はキリスト教の保護者として知られ、入江氏滅亡後に高槻城に入った。

高山氏は摂津国高山荘（現大阪府東能勢村高山）の出身で、室町期に勃興し、高山右近が生れた天文二一・二二年頃（一五五二・三）には、摂津高山付近を領する在地領主となっていた。なお、右近の出身地については諸説がある。そして右近の父飛騨守（図書・名は不詳）は、松永久秀に仕えることになり久秀が大和国に勢力を持つに至って、宇陀郡沢城主となり、ここで高山一族はキリスト教に改宗した。

右近は、永禄七年（一五六四）日本人修道士ロレンソが沢城を訪れた時に、洗礼を受けたものと考えられ、一二歳ぐらいであったといわれている。後に高山氏は沢城から摂津へ移り和田惟政に仕えた。飛騨守と惟政とは義理の兄弟であったとも伝わる。これより以前、和田氏は北隣の池田氏との領地の境界争いが続いていて、元亀二年（一五七一）、白井河原（茨木市）の合戦で惟政は中川清秀により討ち取られた。後に惟政の子、惟長は高山父子により高槻城を追放されている。織田信長と足利義昭の対立が最終の段階まできており、有力な幕臣である和田氏の存在は、信長にとって目障りであったので、荒木村重が高山父子に働きかけ、和田惟長を追放させたのであった。実際に城を攻め惟長と斬り結んだのは右近で、惟長はこの傷がもとで数日後落命し、右近も負傷したと伝えられている。

飛騨守は隠退して、右近が高槻城主となった。以上の事柄については諸説がある。そして、右近が明石へ移封される間の約一三年間、高槻は畿内のキリスト教布教の一拠点となった。

天正六年（一五七八）摂津国守護荒木村重が、石山本願寺・毛利氏と結んで織田信長に反旗を翻した時、右近は村重の麾下であったので村重方についたが、信長に高槻城を包囲され開城した。右近はキリシタン大名として知られ、洗礼名をジュストといい義人という意味であった。どこまでキリスト教を理解していたかは不明であるが、朝夕のミサを怠らず、一夫一婦制を守るなど敬虔な信者であったことは確実なようで、高槻領では天正九年（一五八一）には二万五〇〇〇の人口の内、一万八〇〇〇人がキリシタンであったといわれる。右近は城内に教会を建てたり、宣教師や巡察使を迎え、彼等をして「ローマにいるが如し」と言わしめた復活祭などを催している。なお、城址の北に天主堂の跡があり右近記念碑やイタリアから贈られた大理石の像などがある。

天正一三年（一五八五）右近が明石へ移封され、以後高槻は豊臣秀吉の直轄地となった。江戸時代に入っても暫くは幕府の直轄地とされたが、大坂の陣（一六一四・一五）に際して、徳川方の補給基地として重要な役割を果たした。大坂の陣後、内藤信正・土岐定義・松平（形原）家信・岡部宣勝・松平（形原）康信等の四家五代の譜代大名が高槻城に入り、城の修築、城地の拡大を行っているのは、京都と大坂の中間にあり平野部に位置し、水運が便利でその戦略的価値が極めて高く、西国に対する要地の一つとして幕府から非常に重要視されたからである。

永井氏は直清以降、一三代約二二〇年間在封した。明治七年（一八七四）石垣の石を京都・大阪間の鉄道敷設工事に使用するため高槻城は破却され、明治四二年（一九〇九）の工兵隊移駐以後、城址は破壊され尽したが、昭和五〇年（一九七五）に本丸石垣の基礎部分が発掘され、それに関する詳細な「摂津高槻城・本丸跡発掘調査報告書」が、昭和五九年（一九八四）に高槻市教育委員会より発行されている。また、昭和六三年（一九八八）には高山右近時代の内堀が確認された。

現在の高槻城址は、ＪＲ高槻駅の南南東約一㎞にあり、城の中枢部は府立島上高等学校・市立第一中学校・市民会館・城址公園等の公共施設が立ち並んでいて、石碑及び残石があるだけだが、城址公園には模擬石垣があり、園内の市立歴史民俗資料館には、高槻城や天守の模型が展示してある。

規模・構造

中世の高槻城の規模については不詳である。しかし名築城家の高山右近の築いた城は、堀と城壁に囲まれた広大で堅固なものであったといわれている。

近世の高槻城は、平面はほぼ凸形を呈しており、南北約六三〇m×東西約六〇〇mの規模であった。内郭として、城の中心部に本丸・二ノ丸が堀を介して南北に配置され、その東側に南北に細長い厩郭（うまやくるわ）が、南側に東西方向の弁財天郭が設けられている。外郭として考えられるのが、凸形の突出部と厩郭の東側の地域を占める三ノ丸、本丸・二ノ丸の西側にある帯郭、弁財天郭南の蔵屋敷である。さらに帯郭の西側には出丸が南北に細長く築かれていた。そして外堀・中堀・内堀を廻らしている。各郭の周囲はほとんどが高土居を巡すだけで、石垣を用いているのは、天守台・櫓台・各桝形門に関連する施設、及び本丸の西辺と南辺の一部に限られている。

本丸は、東西五三間、南北三〇間半（ここでの一間は約一・九七m）のほぼ方形で、門は北方の二ノ丸に向って一ヶ所桝形門があり、本丸門と呼ばれ本丸の正門であった。二ノ丸との間は木橋で結ばれていた。本丸の西南（坤・ひつじさる）には、二層櫓、もしくは附櫓をともなう三層の天守が聳えていた。東南（巽）との西北（乾）には、それぞれ二層の隅櫓があった。本丸の西側中央部より北寄りには、長さ一七間、幅二間の多聞櫓が置かれていた。巽の隅櫓は桁行四間に梁行三間、これに同じく三間に二間半の附櫓が付属し、乾の櫓は五間に三間、これに二間に二間半の附櫓があった。

二ノ丸は本丸の北にあり、東西六三間、南北五〇間であった。西北隅には二層の隅櫓が置かれ、これには附櫓が二棟左右に接続していた。東南部に桝形門、東の厩郭に向って御厩門、二ノ丸の北側に不開門等があり、郭内には藩主の居館があった。元和五年（一六一九）伏見城の破却に際し、内藤信正が伏見城代として在任中、同城の御殿吉野ノ間を賜わり高槻城に移したことがあった。高槻城での名称や移築された場所については不明であるが、城内の二ノ丸に移されたものと考えられている。

厩郭は、ここに馬屋が設けられたことから名付けられた。東西二〇間、南北一〇四間の細長い郭で、北端に桝形門があり、その東方隅に太鼓番屋があった。太鼓櫓に相当するものである。東辺中央にも桝形門があった。『摂津高槻城の研究』（北本好武著）によると、この桝形より東北方隅に隅櫓があった、としている。

弁財天郭は、東西七六間、南北二二間の狭長な一郭で、当郭の名称は、後にこの郭の東端北側の内堀中に祀られた弁財天小島との関わりから、呼称されたものである。南辺中央に不開門があった。

帯郭は、本丸・二ノ丸の西方にあって、南北に横たわる狭長な一郭である。戦時に備え、竹・松・枳殻（きこく・からたちの別称）などが多く植えられていた。西辺部中央よりやや北寄りに、不開門があった。

蔵屋敷は、城米用、その他多くの倉庫が置かれ、二万石御蔵と称せられる蔵が設けられたことにより名付けられ、城の南面を守る一郭であった。梅や竹も多く植えられて馬場もあった。

出丸は、城の西方を防備する狭長な一郭で、東西三〇間、南北は三町四〇間もあった。北端に門があり、侍屋敷が多く置かれ矢場もあった。

三ノ丸は、凸字形の城地の北部、及び東部を占めていた。郭中最も広く、北ノ大手・東ノ大手・南ノ大手の各大手門があった。東大手門は最も重要な門で、大手御門と称され、伏見城より移築されたものであったと伝えられる。南大手の東方に、四間に四間半の二重の巽櫓があった。東大手と北大手の屈折した地に、艮（うしとら）櫓があり、東櫓、長田（おさだ）櫓とも称された。この付近に長田氏の屋敷があったことに因む名称である。四間に四間半の二重櫓であった。

三ノ丸の西北端には、平櫓で四間と四間半の乾櫓があり、西櫓とも呼ばれていた。郭内に三ノ丸御殿・藩校菁莪堂・侍屋敷・長屋・作事場・桜ノ馬場等があった。時代により多少郭に変化があったが、以上が近世城郭の高槻城盛時の規模概要である。

移建櫓探訪

高槻城の隅櫓のある下田部町（しもたなべちょう）一丁目の川畑俊一氏宅へは、JR高槻駅よりほぼ南へ二kmである。タクシーを利用して付近で下車する。隅櫓は狭隘な四辻の一角にあり、隅に高槻市の史蹟に指定されている下田部高札場址があり、解説板が設置されている。

隅櫓の外見は入母屋造、本瓦葺の一重櫓で鳥衾を配し、各鬼瓦には永井氏家紋一文字三星紋が、削り取られたような状態で見受けられる。曜星紋といわれるものの一つで、曜は輝く日月星紋の総称で、永井氏の家紋は長州の毛利氏と同類の、長門三ツ星と考えられる。軒丸瓦は巴紋である。軒下を除いて板壁で、西側に小窓が上下二箇所ずつあり、現在はガラスが張られ金網で覆われているが、昭和一〇年（一九三五）の写真を見ると、大小上下二段の窓は武者窓であることがわかる。上方の窓二箇所は庇があり、三本の格子から成る。

そして、軒下の漆喰は現在は直線的であるが、以前は波状になっていて壁も白壁であったと言われる。現在は西北部から写真撮影が可能で、北側からは妻部分が観察できる。他は建物が連なっている。外法（そとのり・建物などの外側の寸法）は、南北六・四五m、東西六・一〇mであった。高さは七mぐらいあるように見える。川畑氏の談話や書簡によると、この建物は高槻城の衣装蔵であったものを、明治四年（一八七一）の廃藩置県の際、三代前の下田部村伍長（戸長）平右衛門という人が、当時の金額で五〇円から六〇円で購入し移築したもので、建物全体についてはほとんど変化がなく、壁や床板については、大正六・七年（一九一七・一八）の淀川の大洪水で天井まで浸水したり、昭和九年（一九三四）の室戸台風などによる被害でその都度修理され､内部の天井や壁にはベニヤ板を張り、梁などは観察できないとのことであるが、建物の瓦や柱に変化はなく、頑丈な造りであると言われる。現在も下田部町には川畑姓の家が多く、豪農の一族で川畑俊一氏宅では、この建物を昭和一七年頃（一九四二頃）まで米蔵として使用していたが、現在は倉庫としているとのことであった。

この建物は古くから高槻城の隅櫓といわれているものである。外観一重、内部は二階になっていて、すこぶる異風である。武者窓が設けられていたので櫓としての機能をもっていたものと考えられる。

近世城郭の櫓は、徳川政権が確固たるものになると、櫓本来の物見、防備機能が薄れ、内部は藩用並びに家臣団の生活用具や武器の保管倉庫と化した。この建物が、藩の高貴な身分の人々の衣装蔵に使用されたのなら御殿のあった二ノ丸にあったものと思われる。

『摂津高槻城・本丸跡発掘調査報告書』では、同城の一間を約一・九七mとしているから、櫓の桁行・梁行もほぼ同じ数値と考えられる。この櫓の内法（うちのり）は、大略的に三間×三間と見なす事ができる。しかし前述したように、高槻城の各櫓にはこの寸法に合うものがない。二ノ丸西北の二層の隅櫓及び附櫓と、厩郭の太鼓番屋と同郭内の隅櫓等は寸法が不明である。移建の際、ある程度、建物の拡大、縮小や変更などもできると思われる。附櫓の可能性も考えられる。

以上のように、この隅櫓には不明な点が多いが、城郭の建造物が極端に稀な現在、民間にあって、あたかも保存修理が施された文化財のような状態で遺存していることは、喜悦の限りである。高槻城隅櫓を探訪し、積年の思いが果たせた充足感で高槻城址へ向った。

高槻城隅櫓西北面

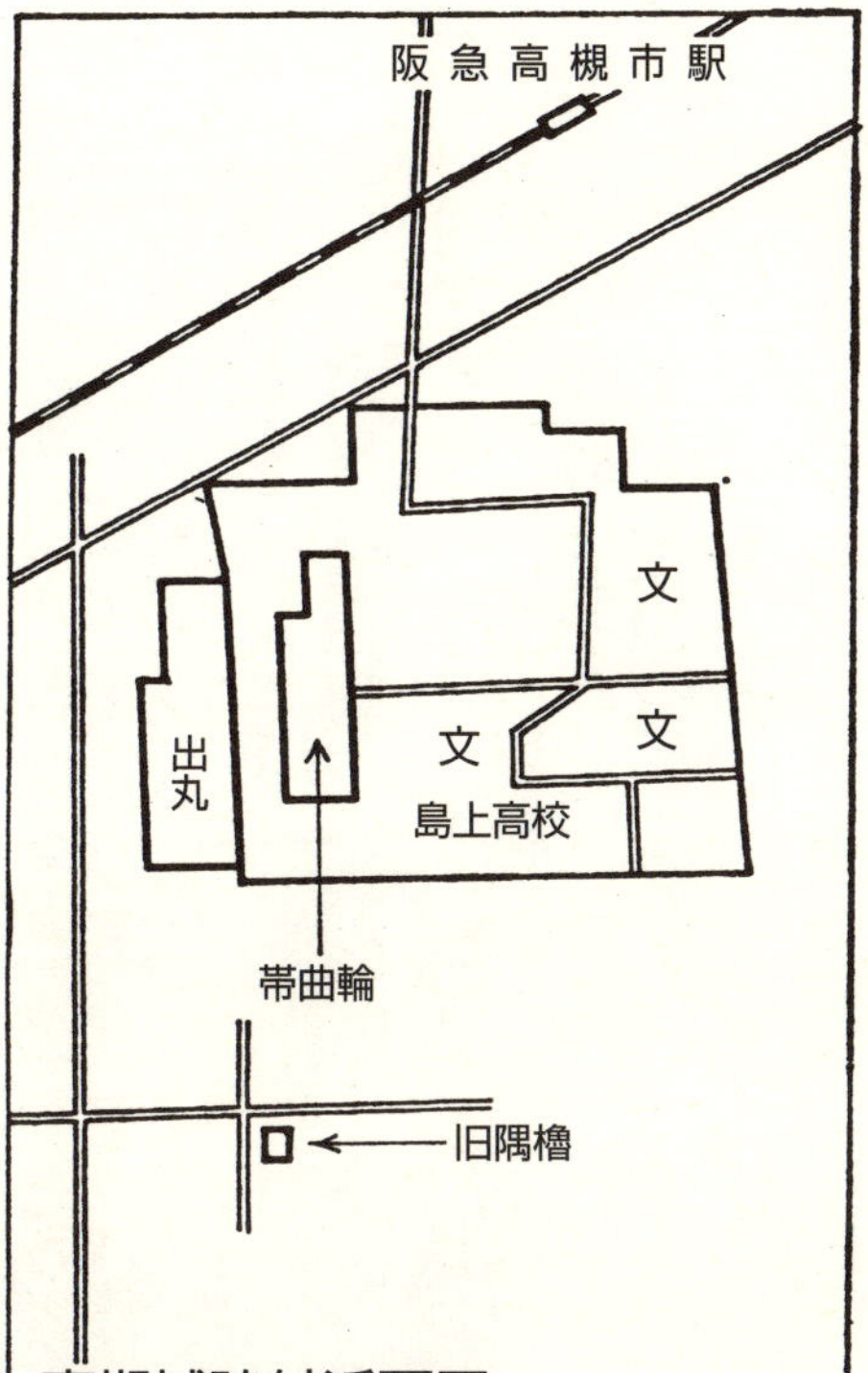
阪急高槻市駅
文
文
文
出丸
島上高校
帯曲輪
旧隅櫓
高槻城跡付近要図

高槻城と城下

『摂津高槻城本丸跡発掘調査報告書』より

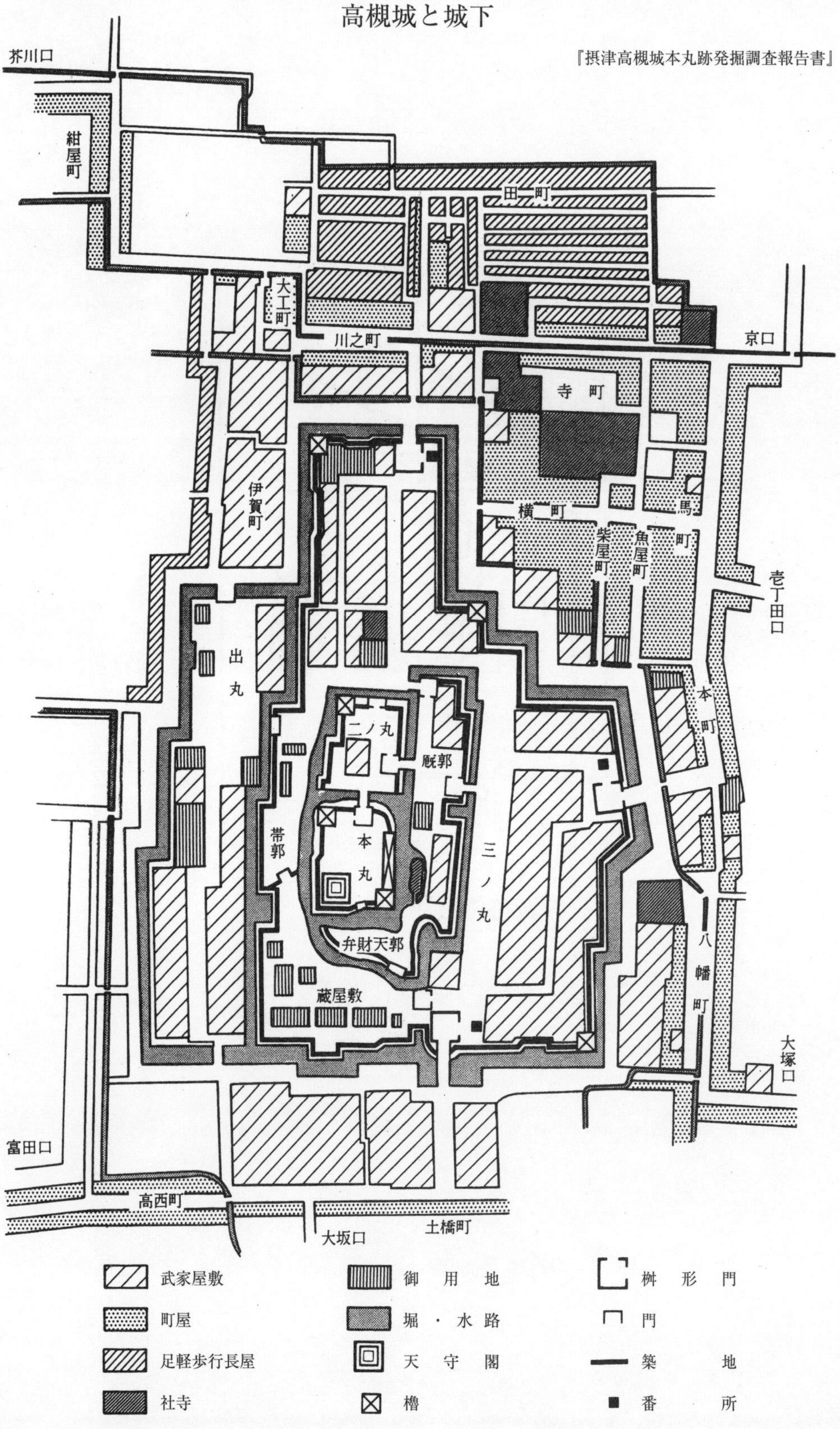

第二章　探訪

水口城櫓随想

はじめに

滋賀県の水口城址をはじめて訪れたのは、確か昭和五〇年代の初め、もう一昔も二昔も前のことである。季節は初夏だったように記憶している。城址に行って出丸の石垣・乾櫓台の石垣・水堀等を写真撮影した。

何か城に関する書籍がないかと思って書店をさがして聞いてみたら、町役場にあるかもしれない、と言ってくれた。役場が開いていたから平日だったのだろう。そこで、昭和四七年（一九七二）発行の『城下町の水口』という良書を求めることができた。帰りは近江鉄道で米原まで戻った。客もまばらな車内の向う側の席に、若い母親に連れられた幼い女の子が、長い時間ぐずりもせずおとなしく座っていた。俺は車窓から流れ込む心地よい風を受け、例の本を夢中で読んだ。

時は流れ、城址も整備され、平成元年（一九八九）には乾櫓が再建された。道路からの景観を考慮して旧来の位置とは異なる場所に建てられ、内部は水口城資料館となっている。乾櫓は明治の廃城令で民間に払い下げられたものである。そして、巽櫓の遺材は寺院の本堂に使用されている。

水口城

水口は滋賀県の南部、甲賀郡の中央北寄りに位置する町である。往古は、都から伊勢国へ通じる街道である伊勢大路の要所に当り、中世後期には町場ができ将軍足利氏の宿泊もあったが、発展の基盤が整えられたのは、天正一三年（一五八五）、羽柴秀吉がその家臣中村一氏に命じて大岡山に本格的な水口岡山城を築かせてからのことである。一氏は郡内一円を支配するとともに城下を整備し、近隣地域から商人や職人を集めて住まわせ城下町とした。一氏が築いた城は当時岡山城と呼ばれた。町の東方に聳える標高二八一ｍの大岡山にあり、京の入口と、北陸・美濃・伊賀の押さえとして一氏の後は、増田長盛・長束正家等、豊臣政権下の重臣達が相次いで城主になった。岡山城は、山頂に東西六〇間・南北一四間の本丸があり、その東端高さ九間の石垣上に、東西六間・南北八間の三層天守が存在したと伝えられている。慶長五年（一六〇〇）の関ケ原合戦は西軍の敗北となり、岡山城主長束正家は日野中之郷で自刃して、城も落城した。

野洲川の流れが水口の東南に来て、切り立った断崖にあたって渦を巻き、深淵を造る所が牛が淵である。ここで慶長五年六月、徳川家康を暗殺する企てがあった。関ケ原合戦の三カ月前の慶長五年六月一六日、大坂城西ノ丸を出発した徳川家康は一七日に伏見城に滞在、一八日は大津城に京極高次を訪ね、同夜は石部に宿泊した。その時、岡山城主長束正家は家康に鉄砲一〇〇挺を献上し、城外の牛が淵に茶室を新築したので明日の昼食をここで差し上げたいと進言した。ところが正家辞去後、助七という甲賀者が、茶室の新築に雇われた大工又市によると、部屋に入った者は床がはずれて岸壁に落ちるような仕掛けがある、との言を伝えた。それを聞いた家康はその夜女駕籠に乗り、石部を発った。そのことを知った正家は驚愕して後を追い鈴鹿峠で家康に追いついたが、その時の家康の態度は頗る冷酷であった。家康暗殺計画は全く正家の存知せぬことで、弟の伊賀守が企てたものであった。結局正家は反徳川派とされてしまい、岡山城の運命はこの時決した。

関ケ原合戦後、徳川氏はこの地を直轄地とし、旧城下の西端に代官所を置き、周辺直轄地の支配を行わせた。大坂の陣で豊臣氏が滅亡するまでは、軍事的要素が大であった。水口は慶長六年に東海道の宿駅とされ、岡山城時代の城下町は宿場町として存続発展する基盤ができた。宿駅になってからは将軍家の通行が度々あり、この水口にも宿泊した。家康は水口に五度宿泊している。当時は特別の宿泊施設もなく、大きな寺や民家を利用した。その後、元和六年（一六二〇）将軍徳川秀忠の娘和子が後水尾天皇に入内する時には、宿場の南側に御茶屋御殿を築いて宿所とした。

三代将軍家光は、寛永一一年（一六三四）に上洛しているが、これに先立ち水口に新しく御茶屋を築き、その宿所に当てることになった。これが水口城で、築城には建築・造園で知られ水口代官も勤めた小堀遠江守政一（遠州）が命じられ、島四郎左衛門光安が作事奉行とされた。小堀遠州は二条城や伊庭御茶屋（神崎郡能登川町）の作事を兼ねての仕事であった。工事は寛永一〇年から同一一にかけ、延べ一〇万人の人夫を動員して行われ、寛永一一年八月には上洛帰途の家光が宿泊した。

水口城は京都の二条城を縮小したような居館式城郭で、城郭学上は家城と称される。城郭は東海道の南に位置し、南側に野洲川が西流する微高地に展開し、本丸と二ノ丸の二郭から構成されていた。本丸には将軍宿館としての御殿が、二ノ丸にはこれを維持・管理するための賄所が設けられた。

本丸は東西七三間・南北七五間の方形部と、東側に後世出丸と称された東西二〇間・南北一六間の張出部分を持つ凸字型で、周囲には土居及び、高石垣が築かれていた。堀の幅は一〇間、水底で八・五間あり薬研堀であった。堀の中央に溝を設けて珍しい構造で注水坑はなく湧水で、今も涸れることはないといわれ、碧水城（へきすいじょう）の雅称を持つ。碧水というのは青色に深く澄んだ水という意味である。石垣は高さ五間五尺、四隅の櫓台の高さは六間三尺あった。本丸四隅に艮・巽・坤・乾の各隅櫓、北に鉄門、鉄門から艮櫓さらに出丸の櫓門までは多聞櫓が築かれていた。本丸御殿は質的に表向と奥向に分けられ、奥向は将軍の私的空間として、御座ノ間などが設けられた。またこれに接して建てられた亭（ちん）は二階建の望楼風建築で、屋根は木賊（とくさ・トクサ科の多年生常緑シダ類、木賊板は寺社の屋根を葺くのに用いられる板で、コケラより厚くトチより薄いもの）で葺かれるなど数寄を凝らしたものであった。御殿は玄関・御遠侍・御広間・御小姓部屋・大番部屋・御料理所・奏者所・御台所・御上台所・御風呂屋・御座ノ間・御休息所等から成っていた。その他、厩・物置・番所や井戸が五箇所あった。殿舎の大半は柿葺であったが、各櫓や塀は瓦葺・塗込であった。出丸部に番所があり、そこからの本丸入口部には東大手門があった。二ノ丸は本丸の北方にあり、郭内は藪で北郭と南郭に二分されていて、厩・長屋・米蔵・与力同心屋敷・賄屋敷等があった。

徳川家光上洛の後は、城代を置きその管理を行わせた。城代は五〇〇〇石から二万石の旗本・大名で、概ね一年交替で二九代にわたって管理された。

天和二年（一六八二）、城代に替って外様大名の加藤明友が石見国吉永（現島根県大田市）から二万石で入り、水口藩が成立した。明友は賤ヶ岳七本槍の猛将加藤嘉明の孫である。明友は本丸殿舎の管理を担当していたが、本丸内部は使用せず、屋敷と藩庁を旧二ノ丸西方に構え、城地を拡張して家臣の居住地とした。本丸内部の殿舎は元禄八年（一六九五）までは存在していたことが知られているが、その後正徳年間（一七一一〜一七一五）、櫓や門・塀などを残して撤去された。そしてその跡地は空地のままとされた。明友の遺領を継いで寺社奉行から若年寄に昇進した明英は元禄八年に下野国へ移封され、その跡へ能登国下村より鳥居忠英（ただてる）が入封した。忠英は正徳二年（一七一二）下野国壬生の加藤嘉矩（よしのり）と入れ替った。嘉矩は明英の嗣子で二万五〇〇〇石の藩主となった。加藤氏は当初外様大名であったが、明英の代から譜代の格式が与えられた。嘉矩の後、明経・明熙（あきひろ）・明尭（あきたか）・明陳（あきのぶ）・明允（あきまさ）・明邦・明軌（あきのり）・明実（あきざね）と襲封された。

安政二年（一八五五）加藤明軌の代に、郭内の一画に藩士の子弟に武道と学問を教える藩校翼輪堂が創設され、本丸内や周辺の空地を利用して藩兵の訓練が行れるようになった。幕末の激動期、水口藩は勤王派に属して各地に出動した。明治二年（一八六九）版籍奉還により藩主加藤明実は水口藩知事となり、藩領は水口県・大津県を経て滋賀県に編入された。明治二年水口藩は城門・櫓・塀等の撤毀を新政府に願い出て聴許された。同七年建物は払い下げ取り壊し、石垣の大半も後の近江鉄道敷設の用材に転用された。明治四一年（一九〇八）、旧藩邸跡地に水口農林高等学校が開校され、城内が運動場となった。大正八年（一九一九）、同所に水口中学校（現水口高等学校）が開校された。大正一三年に水口農林高校は廃校となった。

水口城址は滋賀県指定史蹟で水口高等学校の運動場となり、本丸・出丸の石塁の一部、土塁・堀が現存している。現在は乾櫓が再建されるなど整備保存事業が完了している。

水口城櫓随想

水口城の本丸には、艮・巽・坤・乾の四基の隅櫓があった。乾櫓は解体されて明治八年（一八七五）に現在の水口城東五―二一番地の中村氏宅に移建された。乾櫓が再建された時にこの建物は解体調査された。その概要は以下である。

一、構造形式

桁行五間（三二・五尺）、梁間四間（二六尺）

二重二階、入母屋造、本瓦葺

二、規模

主要な寸法は次のとおりである。

桁行（桁行両端柱間真々）九・八五m

梁間（梁間両端柱間真々）七・八八m

軒の出（側柱真より広小舞外下角）
〇・九八m
軒高（柱礎石上端より広小舞外下角）
四・七一m
軒面積（広小舞外下角内側面積）
一〇四・七八㎡
屋根面積（平葺面積）一二二・一七㎡

この建物は、移建当初は碧水楼と名付けられ、旅館や住居として使用された。また、昭和三四年（一九五九）の伊勢湾台風の時は、揺るぎもしなかったとのことである。

水口城の隅櫓の平面規模は、艮・巽・坤の各櫓が五間×四間（この場合一間は約二m）で、乾櫓だけが七間×六間であった。これだけを考えると中村氏宅に移建された櫓は乾櫓の七間×六間の部分ではない。

そこで水口城の櫓について私見を述べたい。水口城資料館には、水口城本丸の創建当時の推定復元模型が展示してある。この模型によると櫓は全て単層である。水口城の場合、寛文一〇年（一六七〇）三月の年記をもつ「水口御城御指図」の内の「水口城本丸指図」により創建当初の殿舎・櫓の規模、平面間取が判明する。この図によると艮櫓部は多聞櫓が連結するので判然としないが、同規模の巽櫓の平面規模は五間×四間で、縦六つ、横五つの黒点が明記されていて、中央に縦に四箇所黒点が記入されている。これは柱割を示すものと考えられる。つまり、五間×四間の建物の内側内部の柱は四箇所である、このように解釈できる。坤櫓も建物を東西方向にしただけで巽櫓と同様である。ところが乾櫓だけは他の櫓よりひとまわり大きく、七間×六間で柱割と推定される黒点も縦八つ、横七つである。さらに図にはその内側に五間×四間の黒点がある。これは乾櫓だけは二重構造になっていたのではないかと推論する。仮に二重構造だとしたら、中村氏宅へはこの二階部分を移建したのではないかと考える。

水口城乾櫓が二重だった可能性はまだある。それは櫓を二重に描いた絵図が現存することである。江戸末期の「水口城郭内絵図」等は櫓を四基とも全て二重に描いている。もちろん古来より合戦絵巻・風景画等、事蹟を誇張して描くのはよくあることではあるが、水口城の場合、一つの櫓が二重であったがために、他の三つの櫓も二重に描かれたと考えられなくもない。仮に乾櫓だけが二重櫓であったとしたら、その理由の一つとして考えられることは、二ノ丸から望見した本丸の景観であったのかもしれない。後の城主達は二ノ丸に居住し、本丸の乾櫓に徳川将軍家に対しての畏敬の念を持ち続けたのかもしれない。

水口城の櫓を模した水口城資料館には、中村家にあった乾櫓の棟札・遺材・釘・鎹（かすがい）等も展示してある。遺材は長さ約二・八m、一一㎝角である。学会員の方の話によると、資料館には旧乾櫓の遺材の約一割が使用されているとのことである。この乾櫓を模した建物を表現するのに修景矢倉などと明記している書籍がある。修景という語句は新造語で、景観を整えるという意味である。

水口城のその他の隅櫓については、艮櫓は北脇村役場・巽櫓は宝木村の寺院の本堂に各々移築されたといわれ、坤櫓だけは腐朽が甚だしく明治七年（一八七四）に取り壊されたとされる。艮櫓の遺材を使用したとされる北脇村役場は戦後暫く存在していたようであるが現在は無い。巽櫓の遺材は現在の水口町南隣の甲南町宝木（ほうのき）集落の巌浄寺本堂に使用されている。巌浄寺の創建は室町時代まで遡る。明治の初期に台風により本堂が倒壊、その後一〇年間ぐらい放置されていた。当時取壊されつつあった水口城巽櫓の部材や瓦を譲り受け本堂が建てられた。平成六年（一九九四）四月に訪れた時は本堂の瓦の葺替え中であった。作業現場の人にいろいろ話を聞くと、内部の柱等には至る所に継ぎ手・枘穴があるという。また、以前は本瓦葺で三葉葵の紋章入の鬼瓦も屋根を飾っていたとのことである。その瓦が地上に降ろされていて、見ると「瓦屋　善兵衛」・「文政二年　瓦辰〇〇」等の陰刻があった。水口城は本丸殿舎が取り壊された後も、櫓や城門等は度々補修されているので、巽櫓も文政二年（一八一九）に屋根瓦が葺替えられたことが解る。寛永の銘のある鬼瓦は別に保管してあるとのことで、加藤家の下り藤紋の鬼瓦もあった。ちなみに本堂の規模は、棟高（建物下辺より大棟まで）約七・八m、軒高（建物下辺より軒先まで）約四m、軒の出（この場合建物壁面と軒先鐙瓦付近までの水平距離）約一・一mである。柱の一つを計測すると二六㎝角であった。建物の平面外法は、約九・八m×九・八mの正方形であった。この建物も、犬山の奥村邸の土蔵と同様に、旧建物の使用可能なものだけ譲り受け、建立されたものと考えられる。

水口城復興乾櫓
水口城資料館

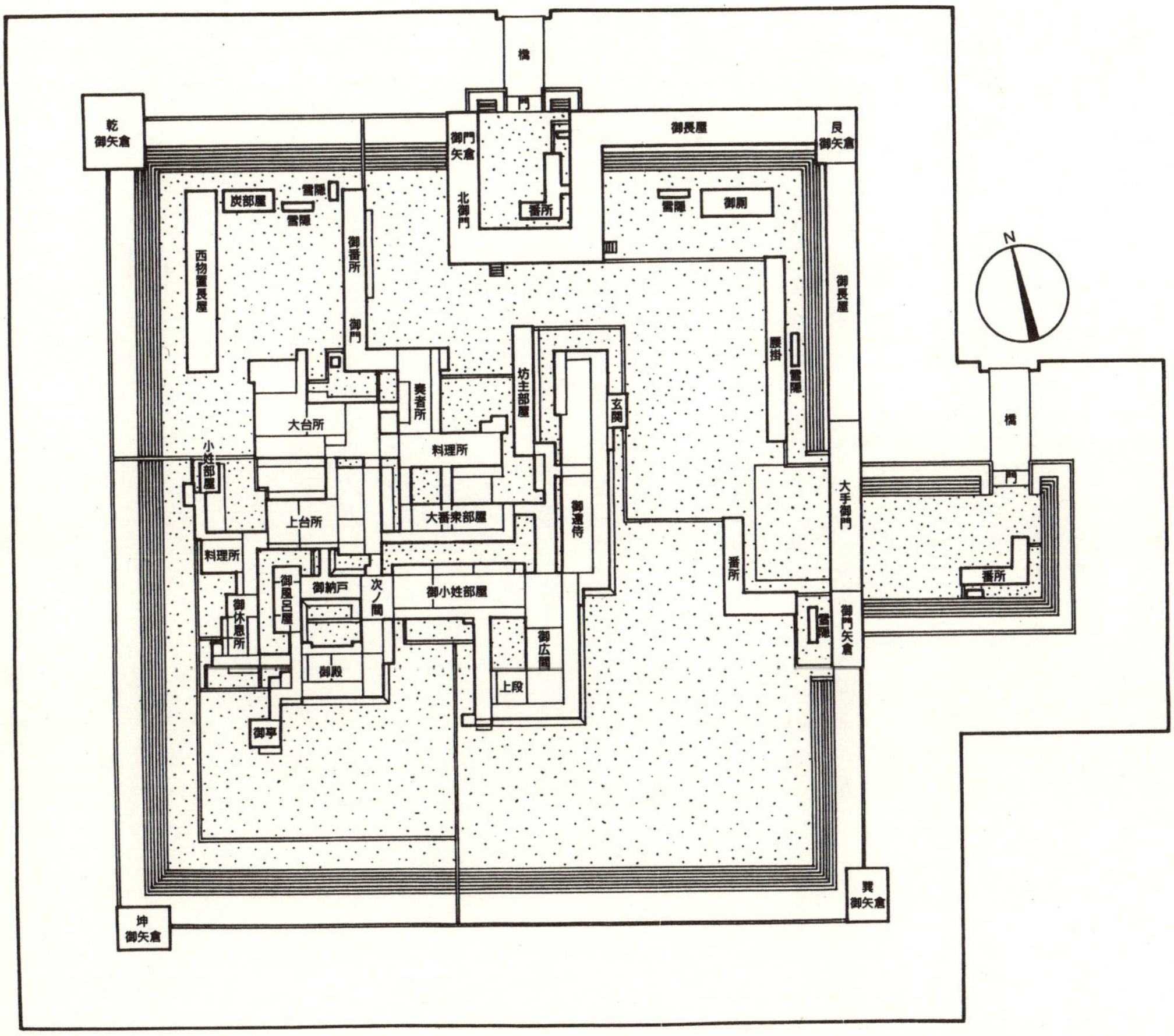

（旧幕府京都御大工頭中井家文書）より

水口城本丸平面図　－寛永十一年築城当時のすがた－

第二章　探訪

城郭櫓（園部・福知山）

はじめに

計尺竿で櫓を略測する。少し離れた校舎の二階の職員室から先生達が、かわるがわる俺の方を見下ろしている。土曜日の昼下がり、数人の女子高生が、俺の手作りのバンダナ姿を見て「昔の、ハニワみたい…」と言って通り過ぎて行く。透き通った声に、まぶしいような若さを感じ、俺はついにその子達の顔を見ることができなかった。

京都府船井郡の園部城址は、城址の主要部に府立園部高等学校が立地していて、本丸櫓門・番所・巽櫓・塀の一部及び、石垣・土塁・内堀外堀の一部が遺存する。また太鼓櫓は、園部町の東の八木町北屋賀安楽寺に移建され、町指定文化財として現存している。

園部城の櫓遺構

一、城史

近世園部築城以前には、その位置に丹波国八上城主波多野氏の〝七頭家〟の一人荒木山城守氏綱が拠った中世薗部城があったことが推定されている。天正六年（一五七八）、明智光秀は滝川一益・丹羽長秀等と共に丹波に侵攻し、荒木氏綱の居城、薗部城を囲み、水の手を切ってこれを下し、自分の兵を入れ置いて帰陣したと伝えられている。

中世薗部城が何処にあったかは数説あるが、近世園部城の筆頭家老小出氏の屋敷址一帯と考えられている。水の手を切ったがために落城とあるが、水の手は後に近世園部城の三層櫓が設けられた小向山（小麦山）と現在の園部中学校の間の堀割を水路が通っていて、この水路は筆頭家老の館を広く取り巻いていた。中世薗部城は現在の園部城址の北側に居館的色彩の強い平山城として築かれたものと考えられている。

近隣の中世諸城崩壊の後、それらが有していた経済的・軍事的基盤の上に近世園部城が出現したのであるが、それは近世に入って世情が次第に落ち着きつつあった元和年間（一六一五～二三）のことであった。

元和五年（一六一九）、二万七〇〇〇余石を領して但馬国出石城に在った小出吉親は、園部に移封されて立藩した。石高は二万九七〇〇余石であった。吉親は園部川の中流河岸に園部城を築き、城下に街区を建設して領内の治水事業に努めた。

小出氏歴代は幕職を歴任した。二代英知（ふさとも）、三代英利（ふさとし）の後、四代の英貞（ふささだ）は奏者番・寺社奉行・若年寄に、五代英持（ふさよし）も四代英貞同様の職を勤め、六代英常（ふさつね）は奏者番と、幕府の要職を勤めた。その後、英筠（ふさたけ）・英発（ふさおき）・英教（ふさのり）・英尚（ふさなみ）へと継承され、小出氏の歴代は一〇代二五〇余年にわたって在封し、一度の国替もなく版籍奉還に至った。

二、規模・構造

園部藩祖小出吉親は、元和五年（一六一九）園部入部の時、小麦山の近世園部城が完成するまで宍人（ししうど）城主小畠太郎兵衛の宍人城（小畠屋敷）に同七年一一月まで逗留して二年余を過ごし、城の完成を待って、新城に初入城したと伝えられている。

近世城へ移行していた宍人城の存在は、園部築城の雛形となり、影響を与えた。園部城は小出吉親自らの手による縄張りが実施され、城郭は三年の歳月をかけて完成した。城普請に吉親は、天守も構えさせて欲しいと幕閣に要請したが、許可されずそのため園部陣屋とも称された。

園部城は、園部盆地の中央を占める標高一七三・八mの小麦山を背に、北側に園部川・西側に半田川を取り入れ、南側と東側には中堀を設け、最も外側の低地には外堀を構えていた。外堀内の規模は、東西約五〇〇m・南北約六六〇mで、外周延長は、およそ二・三㎞あった。江戸末期の平面図によると、本丸西方の小麦山には三層の小麦山櫓があり、本丸には巽櫓・太鼓櫓・巣鴨櫓・乾櫓があった。同じく本丸内の御殿施設には、玄関・大書院・大広間等があった。その他本丸内には、武器庫・宝蔵・納土倉・馬場・弓場等があり、本丸西方は、算盤橋・二重橋を経て小麦山に至った。

本丸は内堀で囲まれ、内堀と中堀の間の二ノ丸（仮称）には、それぞれ内堀を隔てて本丸南方向に仲間部屋・下台所・士屋敷等、本丸北東方向に家老屋敷、太鼓櫓東方向に勘定所、巽櫓東方向には槍術場・剣術場・厩等があった。外堀と中堀の間の外郭には主に家中屋敷があり、学問所・米蔵・普請小屋・番所などもあった。

大手門は本丸北方向の外郭にあり、同じく北東方向に釘貫門、釘貫門内側には町奉行所があった。南門は外郭の南にあり番所も併設していて不開門は外郭東にあった。算盤橋・二重橋北側には牢屋敷・牢獄があった。

本丸の西北に乾櫓・北東に巣鴨櫓（洲濱櫓・外浜櫓）・東南に巽櫓があり、本丸櫓門は、本丸東西のやや南の巽櫓に近い方向に現存し、同じくその中間には番所があり櫓門北側には太鼓櫓があった。

江戸時代後期の城下は、侍屋敷七七軒・城下町は、上本町・下本町・宮町・裏町・新町・大村町の六箇町であった。

幕末の変動期に際して、諸藩とも廃城へ動いていたのに対し、園部城のみは時代の動きに逆行するかのように改築を急いだ。慶応三年（一八六七）最後の園部藩主小出英尚（ふさなみ）は上洛して、孝明天皇の皇后九条夙子の御殿である准后殿・清和院を守護し、勤王方に帰順し、京中見廻役として京都の守護に当っていた。

緊急時に帝を御迎えすべく、慶応三年一二月から城地を改修し、翌明治元年（一八六八）藩から明治新政府に帝都守護を理由に築城を願い出て聴許された。宮城の守衛と山陰地方の押さえとして、櫓・塀などが修築され、明治二年八月には上棟式が挙行された。新政府軍は、幕府軍との戦闘の際に、戦局が不利ならば明治天皇の行幸を仰ぐ計画であったと伝えられている。改築工事は四年余りの歳月を経て、小麦山櫓と外堀の東側部分が完成した。

元和の築城に匹敵する最後の大工事であった。元和築城の際には、江戸初期の大老・老中であった酒井忠勝が、小麦山に三層の小麦山櫓を建てることによって天守の代用とさせたと伝えられて来たが、この櫓は慶応四年（一八六八）建造との説もある。

　最近の研究では、現地より採取した瓦類によってこの櫓の建造が、慶応四年から明治二年の間とする説が有力視されている。元和の築城は、石塁も山石積の簡素な規模であったし、城郭形式も陣屋建であって天守も有していなかった。幕末の動乱を迎える時期に、小麦山上に三層の小麦山櫓が建てられ、新外堀の拡幅工事を行い、園部城は完成されたといえるが、明治五年までのわずかな期間しか存在しなかった。

三、その後の園部城

　園部城には、明治四年（一八七一）七月園部県庁が置かれたが、同年一一月京都府に合併し、廃城後建物の多くは取り壊された。明治二〇年（一八八七）城址に船井郡高等小学校が開校された。

　その後高等小学校は廃校となり、明治四〇年（一九〇七）同所に園部高等女学校が開校された。大正一五年（一九二六）三月同校は廃校となり、同年四月同所に府立園部中学校が開校され、これが現在の府立園部高等学校の前身である。明治三六年（一九〇三）、城址の背後の小麦山一帯は園部公園となった。

四、現況

　園部城址には、幕末に改修された本丸櫓門・番所・巽櫓・塀の一部や、堀の一部が遺存する。

　本丸櫓門は園部高等学校の校門となり、本瓦葺・入母屋造・脇戸附櫓門である。扉上には竪格子連続窓が銅板で窓枠・格子を包み込み、格子連続窓の脇には内法長押ラインに挟まれた二つの格子窓が、土戸をもって並ぶ。この渡櫓門の原型は、江戸城や徳川氏再築の大坂城、二条城の各櫓門で、徳川氏築城の各城の城郭窓形式が、全国諸大名の城郭の城門に多大な影響を及ぼした。櫓門入口左には、塀が一部遺存する。これは元は堀に架けられた橋の目隠し用の廊下塀である。

　番所は櫓門に附属せず独立していて、全国的に観ても稀有な遺構例である。桟瓦葺・入母屋の平屋造で壁は真壁造である。下方を板張として一部に与力窓や板戸を設けている。屋根は、起り屋根（むくりやね）である。起り屋根とは、軒の先端と棟とを結ぶ直線よりも上に向って凸になる屋根で、反義語は反り屋根である。訪れた時は、同番所は櫓庵と名付けられ、園部高等学校の茶道部が使用していた。

　巽櫓は本瓦葺・二重二階櫓で、創建年代は元和七年（一六二一）一一月であるが、幕末に改修された。この建物も以前は園部高等学校の郷土館として使用されていたが、ガラス窓越しに内部を覗くと、机等の備品が雑然と置かれ、現在では使われていないようであった。

　ところで意外にも、園部城は著名な城郭であるにもかかわらず、京都府文化財にも、園部町文化財にも指定されていない。『日本城郭体系』（新人物往来社刊）などでは、園部城の城門と巽櫓を京都府指定文化財として記載しているが、現時点では遺憾ではあるがそうではない。所有は京都府教育委員会である。城門・番所・巽櫓共々、壁の剥落等の老朽化が目立ってきている。

　太鼓櫓は八木町の安楽寺に移建され、喜ばしいことに、現在では八木町指定文化財として大切に保存されている。城址の巽櫓等の文化財指定・修理工事は急務である。

園部城には、算盤橋・二重橋があった。算盤橋は、橋桁材に橋全体が並行移動できるように多数の車を取り付けておき、敵兵が来襲した時や、夜間などには橋を城内側に曳き、通行できないようにした橋のことである。

二重橋は、二重に架橋した橋のことである。堀や河川が幅広く深い場合、桁材が渡せないので、中間部分に、橋脚と桁材からなる加重に耐え得る仮橋を架橋する。この仮橋桁材上に橋脚を据え、往来できる実際の橋を建造したものである。

この二重橋の城門が、明治の初めに移建され、京都府亀岡市千代川町の永田策司氏宅に遺存する。桟瓦葺・入母屋造の脇戸附長屋門である。

同じ千代川町内の千代川小学校には、丹波亀山城（亀岡城）の新御殿門が移建されているので、園部城の二重橋門と併せて見学したが、園部城の門の方は老朽化が進み、近く取り壊されるとのことであった。これは探訪できなかったが、八木町広垣内の松本愛之助氏宅に、園部城の不開門の扉二枚と、潜戸の戸板が一枚保管されているとのことである。

小麦山三層櫓台址には、日清・日露戦役等の戦没者の慰霊を祀る忠魂碑が建つ。また付近一帯は様々な石碑の林立する園部公園となっていて、とりわけオベリスク状の異形の城址碑が目を引く。

明治維新の際、藩主以下、藩関係者の殆どが東京へ移住し、藩関係の資料一切を持って行き、園部城・園部藩の詳細については不明な部分が多い。

五、園部城巽櫓

元和七年（一六二一）一一月創建の本瓦葺・漆喰塗込・一軒疎垂木・二重二階櫓で、幕末に改修された。大棟に鯱瓦を置き、鬼瓦・鳥衾・鐙瓦には小出氏家紋の亀甲状の枠内に、小の文字を刻んだ亀甲に小文字紋を使用している。鳥衾・鐙瓦には三ツ巴紋も使用され、一つの瓦の連珠を数えると一六あった。上層は入母屋造でほぼ南北方向に棟を置き、妻の飾りは蕪懸魚である。上層平側の東西二面の千鳥破風を装飾として、やはり蕪懸魚で飾る。

城内側石垣高は〇・六六mで、接続する土塀の厚さは、約六〇cmである。建物自体の棟高は、大略九・五m、下層軒高（この場合建物下辺から軒先鐙瓦中央付近まで）三・二八m、上層軒高同じく七・六四m、軒の出（この場合建物壁面と軒先鐙瓦付近までの水平距離）上・下層共約一・六mである。下層外法は、約七m×七・七六m、上層外法は、約四・六m×約五・四mである。下層北東面には、建物下辺より一・七三mの位置に高さ約一m、幅〇・八mの窓を二箇所開口する。現在窓は、総て格子入りのガラス窓である。下層北西面には、高さ約一・八m、幅約一・二mの片引土戸を二箇所設け、その間には窓が二箇所ある。下層南西面中央は、幅約五mにわたり張出していて、張出しは約六〇cmである。この部分にも窓を二箇所設けている。下層南東面は、接近不可能であるが、中央部にガラス戸を設けて入口としている。入口下辺左右それぞれに、三角形の銃眼が一箇所ある。上層の窓は八箇所あり、妻側は中央部に二箇所ずつ、平側は入母屋破風の左右に配されている。軒は、漆喰塗込の一軒疎垂木で、出し桁で支えている。出し桁とは腕木（うでき＝一端が柱や壁に取りつき、他端が持ち放しの横木）、出し梁（だしばり＝側柱より先まで突き出した梁）、片持ち梁（かたもちばり＝跳ね出しの梁で、一端のみが固定されているもの・二階の一部を跳ね出したり、軒を深く出したりする時に用いられる）等の先端に渡す桁のことである。

園部城巽櫓は、他城の隅櫓と比べて軒の出が深い。これは、上層が下層に比べかなり規模が小さいために生じた結果である。小振りではあるが、逓減率の高さを軒の出の深さでカバーして安定感を出し、窓も比較的大きく開き、妻の拝みには繊細な懸魚を飾り、白亜漆喰塗込の非常に洒脱的な建物で、江戸末期の櫓建築の完成された作品といえる。切望されるのは、一刻も早い文化財指定と修理工事である。

園部城巽櫓は、重要文化財クラスの櫓である。他城郭の櫓のように文化財に指定されていないため、修理工事報告書等の、櫓についての詳細な資料は無い。略測ではあるが、おおよその櫓の規模・概観を把握できたと思う。

六、園部城太鼓櫓

八木町北屋賀の浄土真宗本願寺派安楽寺境内の一角に建つ太鼓櫓の傍の解説板には、次のように記されている。

「八木町指定文化財　昭和六〇年三月
宝樹山　安楽寺
太鼓櫓　二重二階櫓・本瓦葺
当太鼓櫓は、明治四年（一八七一）園部城にあったものを当寺に移築されたもので、軒瓦には藩主小出氏の銘が残っている。下層は二間半角一室で階段が設けられ、上層は一間半角で、四方とも板戸引違の開放的な造りとなっている。外観は、下層が軒先まで塗込白漆喰仕上げで、腰板張り、上層は素木のままにて長押を廻らせており、太鼓櫓の機能をよく示していて興味深い。
昭和六二年三月
八木町教育委員会」

また、八木町役場教育委員会より送って頂いた太鼓櫓の資料には次のように記されている。

「安楽寺太鼓櫓　一棟
所在地　船井郡八木町大字北屋賀小字国府二六
規模形式　二重二階櫓　本瓦葺
当寺は浄土真宗本願寺派に属す。境内は集落の中程にあり、門の正面に本堂・右手に庫裏・左に鐘楼が配される。櫓は門の左側にあり、ひときわ目立つ存在となっている。真宗寺院において太鼓櫓を表側に配する例は京都西本願寺にもあるが、その景観は深い堀や高い土塀とあいまって城郭を思わせるものがある。中世の本願寺は、山科本願寺の例もあるように、他宗や武家攻撃に備えて城塞化し、一朝有事の際には太鼓や鐘を打ち鳴らして、寺内町の人々と共に戦闘の用意をした、とされる。
当寺の櫓の場合は、明治四年頃（一八七一頃）に園部城の櫓を移したと伝えられており、解体移送の上、元通りの姿に復元したものと思われる。下層は二間半角の規模で内部は一室となり、入口の他には小さな窓が二箇所あり、上層への階段が設けられている。上層は一間半角の大きさで、四方とも板戸引違の開放的な造りとなる。外観は、下層が軒先まで塗込白漆喰仕上げで腰板張りなのに対し、上層は素木のままにして長押を廻らせており、太鼓櫓の機能を示すものといえる。園部藩は慶応頃（一八六〇年代）に城郭を整備しており、その時の建立になるものであろう。なお昭和五四年に境内での移建修理が行われている」

安楽寺先代住職の語るところによると、明治四年（一八七一）廃藩置県後まもなく、安楽寺壇徒約五〇戸全員によって移築されたとのことで、価格は五〇銭から一円以内であったらしい。明治四年の米一俵の価格は一円一二銭で、ちなみに昭和五六年の同価格は一万七六八九円であった。また、建物には釘は使用されていないとのことである。

時間もないことなので、ＪＲ八木駅からタクシーで東へ保津川の源流大堰川（おおいがわ）を越え、安楽寺へ向う。園部城の移建太鼓櫓は、山門西にあり周囲は土塀で囲まれている。南西方面からの写真撮影がよい。一見すると、建物の軒の出が極めて深く、深編笠を被った武人のような印象を与える。

園部城太鼓櫓は、本瓦葺・二重二階櫓で、花崗岩切石コンクリート固めの、高さ一五cmの基壇上に建っている。建物自体の棟高は大略九・三m、上層軒高（この場合建物下辺から軒先鐙瓦中央付近まで）約七m、下層軒高同約三・二m、軒の出（この場合建物壁面と軒先鐙瓦付近までの水平距離）は、上・下層共約一・六mである。下層外法は、約五・一m×五・一m、同内法は、約四・八m×四・八m、上層外法は、約三・一m×三・一m、同内法は、二・八六m×二・八六mである。建物最下部の材は、幅二四cm、高さは二〇cmあり、内部は一・二階共真壁造で、一階内部真壁造の柱の幅は一五cmで、間隔は九八cmである。一階床面から二階床下までの高さは、四・〇五m、二階床面からの天井高は、二・四八mである。通柱は無く、中程で直角に方向転換する梯子段で二階への昇降とする。内部の梁の一本には、約三〇cm×三七cmの巨木が使用されている。二階内部の床面から九一cmの位置に、高さ一・一〇m、幅七一cmの四枚の板戸を四面に入れ、引違とする。また二階には、丹波亀山城の太鼓が吊るされていて張皮直径九二cm、胴回り約三・三m、長さは一・〇三mある。また、東北隅部に半鐘も吊るされている。

大棟両端や隅降棟には、鯱状の瓦と亀甲に小文字紋の鬼瓦が飾られている。下層の鳥衾・鐙瓦紋様も亀甲に小文字紋で、一部三ツ巴紋の使用も観られる。上層の妻は木連格子で蕪懸魚を飾り、六葉共々素木である。上層は素木の一軒疎垂木、下層は白漆喰塗込の一軒疎垂木で、出桁造でもある。下層上辺は白漆喰塗込で、下辺は二六cm角の材の上の、高さ一・六五mの部分を押し縁縦板張としている。下層東西両面の中間の、漆喰部と板張部の中間辺りに幅八〇cm、高さ五六cmの片引土戸の小窓をそれぞれ設けている。下層北西部の高さ一・七m、全幅二・八mの三枚の板戸を入口としている。

園部城太鼓櫓は、上層の逓減率が極めて高く一見奇異に映るが、それを、城址巽櫓同規模の軒の出の深さや、同じく軒の反りをやや強くすることと、上層の入母屋造の屋根を大きくすることによって、小気味よくおさめた建築といえる。

園部城址は一部本丸内の発掘調査も行われた。かつては、櫓門・廊下塀・番所・巽櫓を背景に時代劇映画のロケ地になったこともあった。その典雅な佇いは私の大好きな城址の一つである。

福知山城銅門続櫓

京都府福知山市は、山陰地方の玄関口に当る。JR京都駅から約一時間三〇分、特急列車が日本海に向って流れる由良川を渡ると、右手の緑まぶしき丘の上に再建された福知山城の天守が見え、そしてJR福知山駅に着く。駅前通りの先の榎の木々に囲まれた社が、明智光秀を祀る御霊（ごりょう）神社である。天正一〇年（一五八二）の本能寺の変で、主君織田信長を討った明智光秀は、信長の家臣で豊臣秀吉と肩を並べる働きをしながら逆臣の汚名を一身に受ける。福知山市を含む丹波地方は光秀が治めた地域である。地元では光秀は、その功績から〝商売の神様〟に祀られ親しまれている。

一、城史

当城は江戸初期の古文書によれば、清和源氏の後裔といわれる小笠原長清の子孫塩見大膳頼勝が、現在の福知山盆地中央の、南から細長く突き出た朝暉（あさひ）ケ丘丘陵に掻上城を築き、長男頼氏が城砦の在った横山にちなんで横山姓を名乗り、城砦も横山城としたのが嚆矢である、とする。その後、天正七年（一五七九）頼氏の子信房の代に、丹波の大部分を攻略していた明智光秀軍に攻められ、信房は自刃して果てた。

勲功により丹波一国を賜った明智光秀は、甥の秀満に命じて横山城を大改修することにした。この地が、丹波・丹後・但馬のいわゆる三丹をおさえる要衝だと考えたからであった。福知山入りした光秀は、早速、天然の要害であった横山城址に近世城郭を築く構想を練った。そして縄張を行うとともに石塁用の石集めに取りかかった。築城にかけては全国に名を馳せた光秀ではあったが、石集めには苦労し、領内各地に石の搬出を命じて運ばせたり、寺院から墓石や供養塔を運び出すなどかなり強引な方法をとった。現在の城址の石垣の中にもかなり目立つ存在で、宝篋《きょう》印塔や五輪塔の基礎石などがある。城は光秀存命中に天守を含めて、本丸部分や館などは完成していたものと考えられている。

明智光秀は城を福知山城と命名し、由良川の流路を変え城下町を守る堤防を築き、町民に対しては地子銭免除の特権を与え、三丹地方随一の商都として発展する基礎を創った。後に、その功績が讃えられ、非業の最後を慰めるため御霊神社が建てられ、元文二年（一七三七）から現在の御霊祭りの前身である御霊会が行われ始めた。光秀が商売の神様とよばれる由縁である。

天正一〇年（一五八二）に明智氏が滅びた後、福知山城主は杉原家次、小野木重勝（重次）と続いた。重勝は四万石を領したが、慶長五年（一六〇〇）の関ケ原合戦で大坂方に属し、その地方戦で細川忠興の父幽斎の防備する丹後国田辺城を攻めた。幽斎はよく防戦して屈せず、勅使の斡旋により和睦した。しかし、関ケ原合戦で勝利を得た忠興はこれを許さず福知山城を攻め、重勝を自刃に追い込んだ。

慶長五年（一六〇〇）有馬豊氏が六万石で福知山に入封し、城郭・城下町の整備を行い、領民の税負担を重くして後々まで怨嗟の的となったいわゆる有馬検地を実施した。後に豊氏は二一万石で筑後国久留米へ転封するが、福知山の領民は大喜びしたと伝えられている。小野木重勝時代にも福知山城は年々強化されたであろうが、二ノ丸・伯耆丸・内記丸・一部の総堀まで完成させたのは、約二〇年間在任した有馬豊氏時代であった。元和六年（一六二〇）、久留米へ入部した豊氏は前任地福知山での経験を活用し、地形を選定して名城久留米城とその城下町を経営した。その後、福知山は小堀政一が元和七年に半年程支配した。

元和七年（一六二一）岡部長盛が五万石で福知山に入部し、寛永元年（一六二四）には美濃国大垣に転封した。

寛永元年、四万五七〇〇石で福知山城主になった稲葉紀通は、妻は徳川家康の曾孫、義兄の阿部忠秋は幕閣老中職を三三年の長きにわたって勤め、徳川将軍家光の乳母・春日の局は義理の叔母に当たる名門の生まれであった。その華麗なる閨閥に囲まれてか、性格は傲慢・非道で、それが悪政・謀反心と受け取られ、ついに乱心して城中において鉄砲自殺した。稲葉騒動といわれたものである。

『徳川実紀《じっき》』によると、紀通が罪を犯した家臣二人のうち一人を殺し、一人を追放した。彼らの一族が恨みに思い、紀通は謀反を企てているとの噂を吹聴した。この頃紀通は、隣国の宮津藩主京極高広に使いを出し、鰤（ぶり）を送って欲しいと頼んだ。これを聞いた高広が我が藩の名産品で幕府への進物にするのではないかと疑い、鰤の首を全部落として一〇〇匹を贈った。紀通は怒って宮津藩の家臣が領内を通行した時にこの恨みを晴らすと待っていたところへ、宮津藩の飛脚が通りかかった。鉄砲を撃ったら他国の飛脚にあたり死亡した。その他紀通は些細なことで、ある寺の一家や庄屋一家を極刑に処し、これも乱心と受け止められた。幕府はやむなく近隣諸藩に出兵を命じ福知山を包囲し、紀通自殺のきっかけとなった。稲葉家は断絶となり、その後半年程幕府代官が支配した。

慶安二年（一六四九）深溝松平忠房が四万五九〇〇石で入封し、神社・仏閣を崇敬し、孝子顕彰や、明治の地租改正まで土地制度の基本となった松平検地等の治績を残して肥前国島原へ転じた。

寛文九年（一六六九）三万二〇〇〇石で、朽木稙昌（たねまさ）が福知山に入部し、朽木氏は一三代一七〇年余にわたって明治四年（一八七一）まで在封した。

稙昌の父朽木稙綱は、三代将軍徳川家光が新規に取り立てた譜代大名で、御小姓組番頭・奏者番を勤め、常陸国土浦城三万石、江戸城雁ノ間詰大名となった。

稙昌は奏者番を勤め、二代稙元も同職、三代稙綱の後の四代稙治は御小姓組番頭、五代玄綱（とうつな）は奏者番・寺社奉行、六代綱貞、七代鋪綱（のぶつな）、八代昌綱と襲封され、九代倫綱（ともつな）は奏者番を勤め、一〇代綱方、一一代綱條（つなえだ）の後の一二代綱張（つなはる）も奏者番を勤めて、一三代為綱（もりつな）の時に廃藩となった。

歴代朽木氏には文人大名が多く、茶人として初代稙昌・八代昌綱、画人として六代綱貞（星橋）・八代昌綱（竜橋）・一〇代綱方（和竜）が有名であった。

中でも八代昌綱は、蘭学・地理学・古銭学者として世に知られ、オランダ東印度会社の商館長チチングルと交流し、オランダ語の学習入門書の『蘭学階梯（らんがくかいてい）』の巻頭序文を書き、地理学の『泰西輿地図説（たいせいよちずせつ）』、古銭学の『古今泉貨鑑』等多くの研究著作があり、〝蘭癖大名〟の異名をとった。また、それまで使用されていた福智山の智の字を、知に改め、福知山としたのが四代植治で、享保一三年（一七二八）のことであった。

二、規模・構造

福知山城は元来、福知山盆地の中央、南西から長く突き出したひと続きの丘陵の末端に位置し、このために別名を龍（たつ）ケ城とも称された。丘陵上の末端は展望がよくきくところで、東方は由良川と土師川（はじがわ）の合流点で自然の外堀となり、さらに丘陵直下には南方から法川が土師川口へ注ぎ込み、西方を除く三方は断崖で攻めにくく、まさに戦略上、要害の城といえる。丘陵の先端部は一段高く、標高約三五m・比高約二〇mでここに本丸が置かれた。本丸は約三八三〇㎡あった。本丸の西側に一段低く約八九〇〇㎡の二ノ丸があり、そのまた西に伯耆丸と続いて、さらに内記丸に区分されていた。その他、左門丸、大膳丸・御泉水などがあり、東西約四〇〇m・南北約五〇〇mの連郭式平山城であった。城郭及び、城下町には周囲を堀と土塁で囲繞した総構があった。

本丸は天守台を中心に東西に二分して、東部分を高めにとり、周囲に帯郭が廻らされた。福知山城で特徴のあるのが天守で、三重四階建・一部地階附の大天守を中心に、北側に二重二階建の小天守、南側に櫓門を介して二重二階建の菱櫓と連結した建物であった。

大天守一階は、桁行九間余×梁行四間を主体に、西側北寄りに四間×一間半、東側にも七間×二間余の張出し部を付属させた形状をなす。二階は一階と同規模で、その中心三間四方が入母屋屋根の上に立ち上がり三階が小屋裏、南側の中段を経て最上階へ上る。四階は三間×二間半、北側片方のみ物見のための手摺縁を付ける。

小天守は、二階が四間×四間二尺の重箱造であるが一階は北辺が二尺短くされて西辺が石垣沿いに斜めとなり、大天守と食い違いに接続する。内部は総て畳敷であり、高さは入口土間より上桁まで五一尺二寸であった。

大天守一階には、床と棚をしつらえた八畳の上段の間・水流し・厠等があり、小天守一階共々、居住施設も備えられていた。

本丸東部分東南に多聞櫓など、西部分正面に櫓門であった六角門、その南に南櫓、その他釣鐘門等があり、多聞櫓・土塀で囲繞されていた。本丸御殿は、御広間が南向きに建ち、料理之間・台所・風呂屋・矢倉・玄関等を配していたが、貞享四年（一六八七）に取り壊された。二ノ丸には二ノ丸御殿があり、南西部に内清水門、北西部に太鼓門・銅門があった。伯耆丸は二ノ丸の西方にあり、江戸初期の城主有馬豊氏の弟伯耆守重頼の邸宅があったところで、二ノ丸と伯耆丸との間の切通しには、刎橋（はねはし）が架けられていた。伯耆丸南西部には、後に西ノ丸と称された内記丸があった。重頼の弟内記某の邸宅があったところで、内記丸には侍屋敷、その東方の御泉水には蔵屋敷・厩などがあり、御泉水東には欄干門、内記丸・御泉水南部に清水門があった。

本丸と二ノ丸の北麓に一郭があって、北側は二重、西側は一重の堀に囲まれていて、その内部を丸ノ内と称していた。北方が大手門、西方には榎原門があり、丸ノ内には中門・対面所・御搗屋（おつきや）・牢屋等の他に、家老邸もあった。この郭の西北隅が北方に突き出していて、そこを大膳丸といい、有馬氏家老吉田大膳の邸宅があったことによる名称であった。古文書によると主な櫓は天守・小天守・菱櫓・裏ノ門脇櫓・本丸玄関前櫓、同じく南櫓・左門丸櫓・内記丸櫓・伯耆丸櫓等のあったことが解る。いずれも二重櫓で、他に平櫓や多聞櫓も幾つかあった。

三、その後の福知山城

明治四年（一八七一）福知山藩は、明治新政府に城を破壊するに任せ、以後修理を加えないことを願い出て聴許された。翌五年の廃城令で福知山は廃城となった。同八年頃天守以下の建物が払下げられ取り壊された。城地の多くは民有地となったが、明治一四年（一八八一）藩祖朽木稙綱を祀る朝暉神社を天守台に遷祀し、本丸付近の地が同神社に寄付された。明治三一年（一八九八）には福知山衛戍病院が伯耆丸址に移転された。二ノ丸の地は次第に切り崩され、特に同三五年頃阪鶴鉄道の開通工事に際し、本丸と二ノ丸間に新切通しを開削し、その土で堀や低地を埋めたため、旧状が失われた。同三七年山陰線の開通に際し、内記丸の一部が掘削された。

大正二年（一九一三）有志が遺存していた旧二ノ丸銅門続櫓を本丸天守台上に移建した。昭和二六年（一九五一）本丸一帯が朝暉公園となり、後に福知山城公園と改称された。昭和四五年（一九七〇）国立福知山病院が伯耆丸から移転し、同五一年には伯耆丸公園となった。昭和六〇年（一九八五）小天守・続櫓が、同六年には大天守が再建され、福知山市郷土資料館・産業館として開館された。

城址の本丸址付近は福知山城公園となり、本丸の石塁の一部・堀址の一部・銅門続櫓・豊盤の井戸が現存し、二ノ丸は破壊されて市街地となっている。伯耆丸は伯耆丸公園として台地の形状を遺し、内記丸・左門丸・丸ノ内・大膳丸・御泉水・蔵屋敷等の地は、市街地となり、官公庁施設や住宅が立ち並んでいる。銅門等、市内や近郊の寺院に移建された城門は八棟を数え能舞台も移建されている。

四、天守再建

戦後、福知山城天守再建が何回か計画されたが、昭和六〇年（一九八五）三月に小天守・続櫓、翌年三月には大天守が近世初頭の様式で再建された。

再建福知山城は、わずかに史料として遺る国立国会図書館所有の「丹波国福知山城図」、稲葉氏時代・松平氏時代の「福知山城郭図」、市内小林氏所蔵の「丹波国天田郡福知山城本丸天守図」等を参考に、日本城郭研究の第一人者で、東京工業大学名誉教授の藤岡通夫工学博士が、天正年間の建築様式に準拠した設計をされ、多額の建築事業費が、市内各界・各層、全国の福知山市ゆかりの人達から寄せられて、完工したものである。

大天守内部は郷土資料館として、二五四・二㎡の一階は、光秀と福知山城・城下町の形成・朽木氏の時代の三コーナーからなる。明智光秀の画像や関係文書・天守懸魚等の福知山城の遺物・福知山城平面図・朽木氏遺品や甲冑等の武具類や各パネル、上段の間も天守平面古図により復元され、銅門続櫓の模型もある。二六三・五㎡の二階には、市内の古墳等からの発掘出土品・仏像・神像など、また石落や狭間も復元されている。九二㎡の三階、三〇㎡の四階は、写真や展望案内図が掲げられ、小天守・続櫓は産業館となっている。

五、福知山城銅門（あかがねもん）続櫓

ⓐ沿革

江戸期の朽木氏城主時代の建築で、福知山城二ノ丸入口であった太鼓門桝形の下方、銅門の出入りを見張る場所に位置していた。銅門は本瓦葺の高麗門で、扉の金具などが銅（あかがね）造になっているため銅門と称された。市内寺町の正眼寺に現存する。太鼓門と銅門とで桝形を形成していた。銅門続櫓は現存する彦根城太鼓門続櫓・佐賀城鯱の門続櫓のように、櫓門多聞櫓部に接続する櫓ではない。独立した単層の櫓で、続櫓という表現は必ずしも適切とはいえない。銅門の番所（遠侍・とおざむらい＝警護の武士の詰所）として使用された。

明治末期になって、現在の京都地方裁判所福知山支部南側に遺っていた同建物を、天守台に移建する計画が浮上し、実行された。銅門続櫓の移建によって城址としての風格を天守再建まで保ち続けた。天守が再建された現在では、本丸西面に再度移建されている。

福知山城址は、福知山市指定文化財の史蹟であり、銅門続櫓は史蹟の一部として取り扱われている。

ⓑ外観把握

入母屋造の建物二棟を連結して凹状の形態をなし、本瓦葺・単層櫓である。外壁・内壁共々、真壁造である。鬼瓦は朽木氏家紋、隅立四ツ目結紋で飾る。鐙瓦・鳥衾は三ツ巴紋で、連珠の一つを数えると一四ある。

大棟・隅降棟共々、鬼瓦は隅立四ツ目結紋、入母屋の妻は四箇所、懸魚は梅鉢で素木の八葉で飾る。八葉は八枚の葉が集まった形の飾り金具の名称であるが、この建物では素木を使用している。

銃眼は建物西面に七箇所、北面に二箇所ある。西面中央部に三本の白漆喰塗の格子窓、西南面に三本の格子窓を二箇所連双として、西北面に三本の格子窓、北面中央にも三本の格子窓を二箇所連双とする。連双とは連双窓のことで、複数の窓を横につないだもののことである。建物南面にも、七本の格子窓を開口する。建物東面の入母屋部妻側それぞれに、黒塗の格子を密に並べている。軒裏は垂木を白漆喰で塗り包み、波状としている。

ⓒ略測による把握

建物は、高さ一・一〇mの打込ハギ状の石積上に立地し、建物自体の軒高は、入母屋部で大略五・三mあり、連結部はそれよりやや低い。建物自体の軒高（この場合建物下辺より軒先鐙瓦付近まで）約二・六m、軒の出（この場合建物壁面と軒先鐙瓦付近までの水平距離）約〇・八mである。櫓は三室からなり、中央室の入口の床の高さは土間から、約〇・四五mある。

櫓の三室内部を個々に観察すると、中央室の西側の床から二〇cmの位置に、高さ二七cm、幅二五cmの銃眼を三箇所設けている。また、床面から〇・七三mの位置に、幅七

六㎝、高さ六二㎝の格子窓を開口し、格子子は三本である。室名はあくまでも仮称ではあるが、中央室と南室の境の、西面壁から一m、床面からの高さ一・四八mの位置に、高さ二四㎝、幅三〇㎝の小窓を設け南室との連繋箇所としている。北室へは、中央室中央部北の、幅約一・九m、高さ一・五一mの、敷居・鴨居付きの出入口を設けている。南室への出入りは、中央室中央部南の、高さ約二・四m、幅〇・八四mの箇所を当てる。中央室内法は、東西約三m、南北四・四八m、棟木下辺までの高さは、床面から三・五一m、同梁下辺まで二・三五mで、天井板は張られていない。中央室東は、約五・九m×二mの土間である。

南室の西側に、高さ約〇・六五m、幅一・八mの二連の格子窓を開口し、格子子は三本ずつである。南室南西面に、段下がりの約〇・八七m×一・三mの床敷箇所があり、高さ約一・六m、幅一・三mの吹き抜けの片開き格子戸を設ける。南室南東面の床から高さ〇・七mの位置に、高さ約〇・八m、幅一・七五mの七本の格子子の格子窓を開口している。南室東面には床から高さ〇・四mの位置に、高さ約〇・九m、幅一・八mの一〇本の、黒塗りの格子部分がある。中央室との境の土間部分は、約一・九m×〇・八四mで、東には高さ約二・二m、幅〇・七五mの黒塗りの格子戸を設けている。土間部分北側には、高さ約二m、幅一・一三mの、吹き抜けの格子部分を設けていて、そのうちの幅〇・七五mを入口としている。南室内法は、東西四・九一m、南北四・八一mで、北東部の平面約二・九m×二・九m部分は、かつては畳敷と思われ、天井高は二・二五m、敷居・鴨居間は、約一・七mある。

北室平面は台形状で、内法は中央室に接する部分が四・七九m､南北に四・八五m､北面内法は四・五五mである。北室西側に、中央室と同規模の銃眼三箇所格子窓一箇所を設け、北面中央部には、床面から〇・六五mの位置に、高さ〇・六五m、幅約二mの二連の格子窓を開口し、格子子は三本ずつである。その左右下に、高さ四五㎝、幅二五㎝の銃眼をそれぞれ設けている。北室の土間に接する部分から北側には、床から直接、高さ一・二五m、幅約三・四mの、一八本の黒塗りの吹き抜け格子部分がある。北室の棟木下辺までの高さは、床面から四・〇九m､同梁下辺まで二・三三mで、天井板は張られていない。

櫓の桁行（両端柱真々）一四・八八m、梁行（両端柱真々）南面五・一m、同じく北面四・六mである。

福知山城銅門続櫓は、かつては畳敷部分や戸障子があったものと思われ、平時には警護の武士の詰所として、また戦時には櫓としての機能を兼有した全国的に観ても稀少な遺構例といえる。

六、城址逍遙

福知山城の移建城門のうち、城址から比較的近距離にあり探訪し易いのが、下紺屋町法鷲寺・呉服町明覚寺・寺町正眼寺の各門である。法鷲寺の門は大棟に鯱瓦を置く立派なもので、移建城門の中でも最も大きいといわれ、明治四年（一八七一）に五円で購入したとのことである。

伯耆丸址は模擬石垣が積まれ、広大な伯耆丸公園として昭和五一年（一九七六）から公開されている。

城址の北東部には、模擬櫓風・二階建の福知山市美術館が建てられ、巨大な城址碑も建っている。野面積の石塁を観ながら坂を登ると、眼前には再建天守の雄姿がある。鉄筋コンクリート造・三重四階建で、延床面積は一〇六三㎡、総高は二〇・二mである。鉄砲狭間や、弓狭間は一階八箇所、二階に一五箇所ある。連子窓は突上戸となっていて、大天守や小天守の角、二階の角に石落が設置されている。二階に設けてある城は珍しく、一階の庇で隠れ、真下からでないと解らないことから、隠し石落、とも称された。当城の場合一階に一箇所、二階に七箇所設置してある。

福知山城内には数多くの井戸があったといわれるが現存する井戸が天守東に遺っている。「豊磐井」（とよいわのい）と刻まれた石柱があり、井戸の深さは五〇mもあり、城郭内湛水井戸としては日本一の深さがある、と解説板に書かれている。ここの地表が海抜約四三mで、井戸の深さは由良川の河床より三〇mも深く海面下七mに達していて、昔、城中からの抜け穴となっていたという説もあった。

福知山城の石垣には二〇〇近い転用石が観られる。五輪塔や宝篋印塔を始め、石仏・石臼・灯籠等が石垣に組み込まれている。これほど大量の使用例は大和郡山城とこの福知山城にしか観られない。再建工事の際にも、三〇〇位の転用石が出土・発見され、一部が屋外展示されている。中には転用石では最古の延文四年（一三五九）銘の五輪塔地輪がある。

銅門続櫓は、天守が再建された現在では、天守西方に再度移建されている。同櫓の石段を上ると、土間部分は取り外し可能な格子状の柵となっていて、櫓略測の主目的で二度探訪したが、二回とも柵が外されていて、充分に内部の写真撮影・略測をすることができて幸運だった。

全国各地で、以前訪れた時には夢想だにしなかった城址に、続々と天守・櫓・城門等が建てられている。

昭和後期の福知山城天守再建は、後に続く平成の築城ブームの魁（さきがけ）となり、誠に意義深いものがある。

園部城巽櫓北面

福知山城銅門続櫓東面

園部城太鼓櫓南西面

福知山城再建天守

福知山城要図

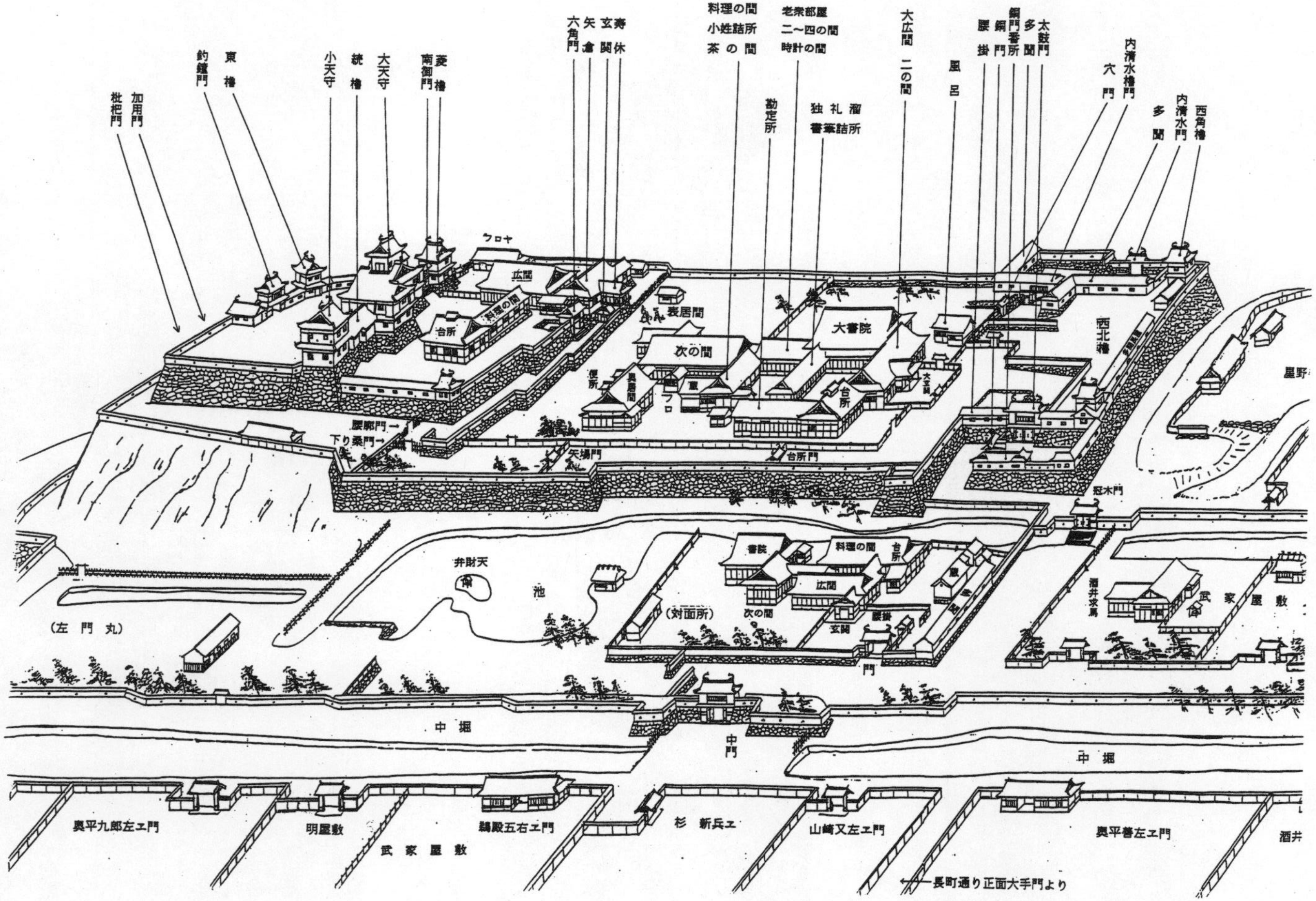

批杷門
加用門
釣鐘門
東櫓
小天守
続櫓
大天守
南御門
菱櫓
六角門
矢倉
玄関
寿休
料理の間
小姓詰所
茶の間
老衆部屋
二〜四の間
時計の間
勘定所
独礼溜
書筆詰所
大広間
二の間
風呂
腰掛
銅門
銅門番所
多聞
太鼓門
内清水櫓門
六門
内清水門
多聞
西角櫓
ウロヤ
広間
台所
表居間
次の間
大書院
西北櫓
腰郭門
下り乗門
矢場門
台所門
冠木門
星野
弁財天
池
(左門丸)
(対面所)
書院
料理の間
台所
広間
玄関
門
酒井求馬
武家屋敷
中堀
中門
奥平九郎左エ門
明屋敷
武家屋敷
鵜殿五右エ門
杉 新兵エ
山崎又左エ門
奥平善左エ門
酒井
←長町通り正面大手門より

園部城発掘調査地図

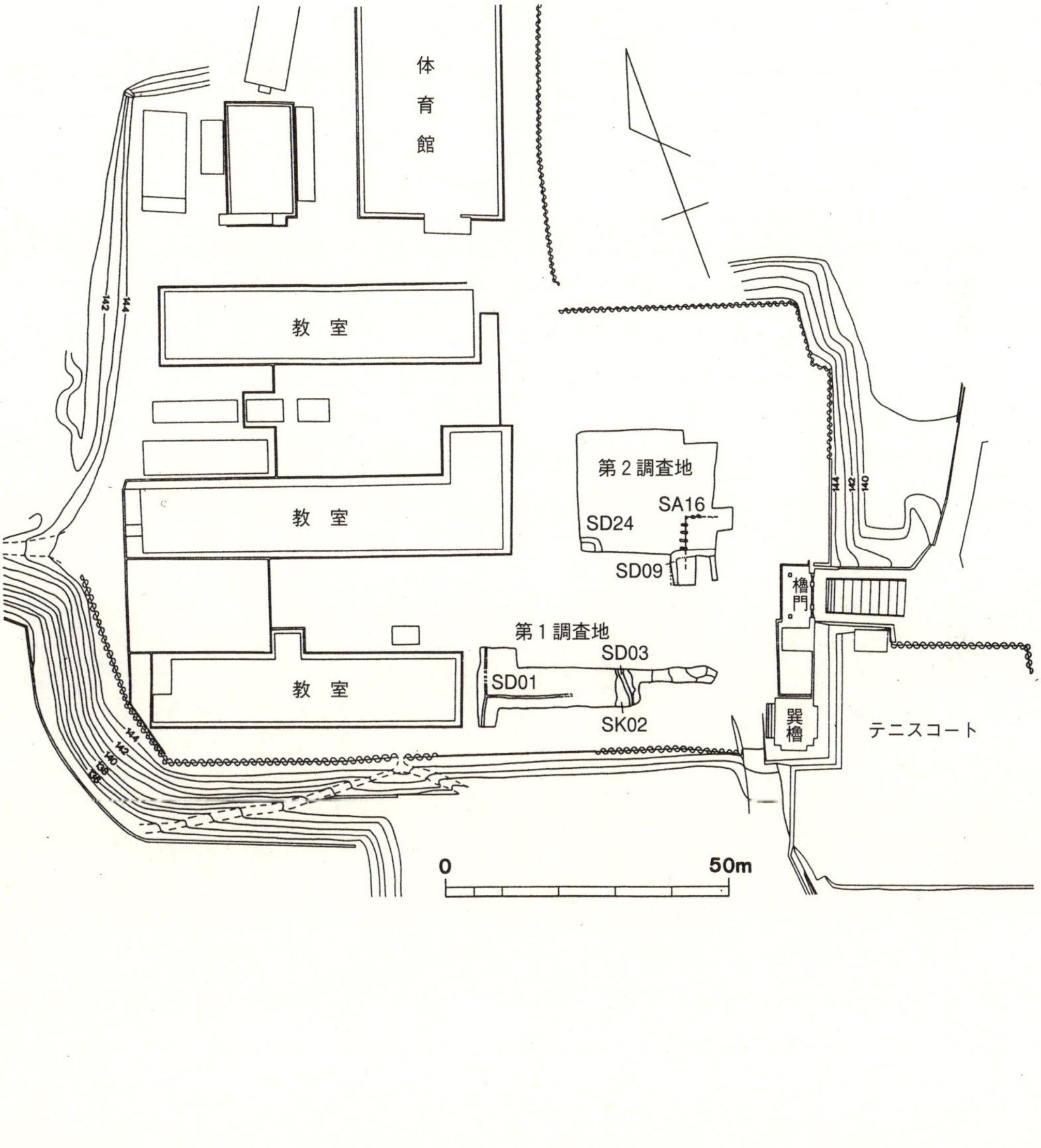
体
育
館
教 室
教 室
教 室
142
144
第２調査地
SA16
SD24
SD09
第１調査地
SD03
SD01
SK02
櫓
門
巽
櫓
テニスコート
144
142
140
138
0
50m

第二章　探訪

下津井城の櫓遺構

はじめに

岡山県倉敷市に藤戸というところがある。藤戸・天城の山や丘はかつては海に浮かんでいた島で、古来源平合戦の一つの藤戸合戦のほか、幾つかの合戦があった。謡曲「藤戸」は、源平藤戸合戦の際に敵陣に一番乗りを果たした源氏の武将佐々木盛綱に罪科のないのに命を奪われた一庶民の恨みの執念が題材として取り上げられている。寿永三年（一一八四）一二月六日合戦の前日の午後、平家の陣営から一艘の小舟が漕ぎ出して来て、赤い扇を上下に打ち振って源氏方を挑発した。しかし船を持たない源氏軍は渡る手立てもなく、白扇で相手のまねをするしかなかった。

源氏の武将佐々木三郎盛綱は、何とかして海を渡る方法がないものかと考えを巡らせながら夜の海岸を一人で偵察していると、漁をしている若者に出会った。盛綱は自分が腰に差していた白鞘巻きの短刀を男に与えて歓心を買って馬でも渡れるような浅瀬はないのかと尋ねた。すると若者はこの海峡には川の瀬のような所があって、月初めには東にあり、月の末には西にあって、このことを知っているのはこの辺りでは私しかいないと詳しく教えてくれた。盛綱は若者と一緒に海に入って位置を確かめ、その浅瀬に目印の小竹を水面より少し下になるように立てさせ、褒美に直垂（ひたたれ）を与えた。ところが盛綱は口封じのために若者を刺殺してしまった。その後、佐々木盛綱を先頭に源氏軍は海を渡り平家軍を敗り平家軍は屋島に退去した。

天城の片原にある遍照院は薬師如来を本尊としている。ここの庫裏が常山城から下津井城へと受け継がれた櫓遺構である。

常山城史

常山城は岡山県玉野市宇藤木（うとうぎ）と児島郡灘崎町迫川（はざかわ）にまたがる標高三〇七ｍの常山山頂に本丸を置き、本丸から段丘状に二ノ丸・三ノ丸と続き、南に兵庫丸、北に栂尾丸（とがのおまる）を設営していた。城の大手は常山の東北方にあり、大手門を入ると三ノ丸で、兵庫丸と栂尾丸は搦手から侵入する敵兵に対する砦であった。三ノ丸は牛臥丸（うしふせまる）とも呼ばれ、大手門を破って侵入する敵兵を北方の栂尾丸との間にある池沼の中に追い込んで城兵がこれを討ち取るという仕組みとなっていた。

鶴姫は常山城主上野肥前守隆徳の妻である。麗美聡明にして内助の功厚く、また武術の嗜みも深く、いざとなれば、男に劣らぬ勇猛な気性を有していた。

常山合戦の遠因は永禄九年（一五六六）に発生した備前国の戦国大名宇喜多直家による三村家親の暗殺に遡る。跡を継いだ三村元親は翌年、父の仇を討つべく二万二〇〇〇の大軍で宇喜多を攻めたが逆に大敗を喫してしまった。これが「明禅寺崩れ」である。

その後も宇喜多への怨念を募らせていたが、元亀三年頃（一五七二頃）から情勢が一変した。織田信長の勢力浸透で危機を感じた宇喜多氏は毛利氏と提携するようになった。父以来毛利氏に属していた元親はこれに反発しながらも自重していたが、天正二年（一五四七）に織田信長の勧誘の書状が来るに及んで一族を備中松山城に召集して評議の結果、毛利氏から離反することに決定した。この時にこれを積極的に支持したのが上野隆徳であった。妻鶴姫の実家三村氏に従って毛利氏に服属していたとはいえ、内心は強く反発していた。

「天正備中兵乱」の最後には悲惨な「常山合戦」があった。情勢不利の中で始め二〇〇〇人余といわれた常山方も四散し、最後まで常山城に留った兵は一〇〇人程であった。天正三年（一五七五）に備中を平定した毛利勢は、六月四日に常山城の山麓一帯を完全に包囲した。六日辰刻に山頂の城に攻撃がかけられた。本丸直下に迫った敵兵に、隆徳と嫡子高秀は鉄砲で反撃し、弟の高重は三人張りの弓で応戦した。翌七日朝城内から酒宴の声が聞こえた。一族自決の宴であり、悽惨極まりない滅亡であった。これを見届けた鶴姫は鎧を着て父から賜った太刀を帯び長い髪を解いて兜をかぶり、紅の薄衣を打ち掛けて裾を腰で結びさらに白い柄の長刀を小脇に抱えて、広縁におどりでた。女人達は止めようとしたが、逆に励まされ三〇余人一団となって、二ノ丸の敵陣へ向って打って出た。家臣達も後に続きそして鶴姫の振る銀の采配とともに大乱戦が始まった。

敵兵は女人軍に切り掛れず混乱したが、多勢に無勢城方は次第に討ち取られていった。鶴姫は敵将浦宗勝（うらのむねかつ）に勝負を挑んだが相手にされず、国平の太刀を投げ出して死後を弔って欲しいと叫び城中に消えて行った。その最後は、念仏を唱え口に刀をくわえて臥して死んだといわれている。これは世に「常山女軍の戦」と称された。

下津井城史

下津井城は児島半島南西端の要港である下津井港の背後に位置した連郭式山城で、東西約五六〇ｍにわたって城郭施設が構築されていた。下津井港は中世以後の瀬戸内海航路の中継港であると共に、内海の要所である備讃瀬戸及び塩飽（しわく）諸島を眼前に控えた内海北岸の要衝でもあった。

城郭の経歴は、築城期は明らかでないが、備前国を統一した戦国大名宇喜多直家の子秀家が内海の要衝として文禄年間（一五九二～九五）に既存の小城を大改築して出城にしたと伝えられ、宇喜多氏時代の後期に近世的城郭化が図られたものと考えられている。宇喜多氏滅亡後に小早川秀秋が備前国主になると、重臣の平岡重定が居城したが、慶長七年（一六〇二）秀秋が病死して断絶し、替って池田忠雄が備前国領主になると池田一族で家老職を勤めた池田長政が下津井城の城主となった。備前国領主の池田氏は、徳川家康から下津井城を西国大名に対する瀬戸内海沿岸の戦略拠点にすべき内命を受け、城主池田長政に命じ下津井城を近世城郭に大改修させた。長政は慶長八年（一六〇三）から同一一年（一六〇六）にかけて工事を行い三万五〇〇〇石を領して城主となるが、同年に廃城された近くの常山城の城郭移築を活用したと伝えられている。その後は池田氏の重臣達が居城した。寛永九年（一六三二）岡山城主池田光仲と、因幡・伯耆の鳥取城主池田光政が国替えとなり、光政が備前藩主となると一族で家老であった池田由成が三万二〇〇〇石で下津井城主となったが、寛永一六年（一六三九）に徳川幕府の安定化に伴い幕府の命で廃城となった。池田由成は近くの天城に陣屋を構えて移転するが下津井城の建造物の遺材を利用して天城に寺院等を建てている。

下津井城の縄張は、東西に延びる丘陵の頂上に天守を有する本丸を構え、本丸の西側に腰郭・二ノ丸・空堀・西ノ丸等を配し、本丸の東側に出郭・三ノ丸・空堀と二つの東出郭を備えている。大手筋は本丸の南側に桝形虎口を設けた大手郭を備え、搦手筋は空堀で備えている。水の手は、搦手側に井戸を設けた井戸櫓台が構えてある。城郭構造は本丸を中心に城域が左右に拡がる典型的な近世初頭の連郭式山城で空堀を除く全郭が石垣構築である。

下津井城は、天守台・櫓台・石垣など、小型ながら堂々たる構えを誇っていたものと推定されている。

天城陣屋

寛永九年（一六三二）池田由成は、光政の備前国移封に従って米子から下津井城に移り三万二〇〇〇石を領したが、同一六年に下津井城の廃城が確定したため由成はその所領支配のために天城の地を選び、その居館として、お茶屋を広田山の西北端の台地に築き、これに移ることになった。お茶屋を中心として家中屋敷が設営され、寺院等も取り込まれた。天城池田氏は、由成・由高・由勝・保教・政純・政喬・政孝・政徳・政昭・政和と継承され明治維新を迎えた。

下津井城の櫓遺構

遍照院の創建は永久年間（一一一三〜一一八）と伝えられているが、誰の開基になるか詳らかでない。その後二〇年余を経て、天承元年（一一三一）に堂宇が完成したといわれている。約五〇〇年後の寛永一六年（一六三九）池田由成が下津井城を引き払い天城に移ってから当寺の薬師如来を尊信し、広田神社を祈願所と定めた時、当寺をその別当寺に当てた。その後まもなく承応三年（一六五四）の火災で一山悉く烏有に帰したが寛文二年（一六六二）に再興された。それが現在の建物である。

本堂は三間四方で栂・栗・檜などを代えて用い、その構造様式から観て江戸初期の建築と考えられている。客殿は草葺で外観は粗末であるが、内部の構造から観て元禄年間（一六八八〜一七〇三）の建築と思われ、上段・下段の間がある。庫裏は入母屋重層で妻入となっていて、下津井城取り壊しの際に単層櫓を移して造られたもので柱は鉋（かんな）を使用せず面をとり、棟瓦には五三の桐紋があり桃山期の様式が遺されている。

遍照院庫裏の由来

元来は常山城の兵糧蔵（単層櫓）であったが下津井城へ移築され、寛永の一国一城令の廃城に際し、池田由成の寄進で当寺に移築された。まだ鉋の無い桃山時代の手斧（ちょうな）で面取りした柱などが特徴である。肥えた松の太い柱は真っ黒で天井を張るまでは屋根裏に組み上げた太い梁が見えていた。江戸時代に鉋ができて柱の面取り幅が狭くなった。

下津井からの参拝者が、返してもらおうか、といったら、返しますよ、替りの建物がどのくらいかかりますかな、と話したらそれきり何もいってこない。高橋天瑞住職の話である。

棟高は約七・四m、二階は二間で中二階（ちゅうにかい・普通の二階よりは低く、平屋よりはやや高く構えた二階）、鬼瓦は五三の桐紋である。元はもっと規模が大きく本瓦葺であったが、現在は桟瓦葺である。平面規模は桁行一五・八m、梁行七・九三m、真壁造で前面（南面）には建物と軒先までの水平距離が一・八mの庇を付ける。軒高は地表より隅棟鬼瓦中央付近まで四・一m、付庇の軒高は地表より軒先まで二・五六m、軒の出は〇・五五m、内部には三五cm角の巨木を使用した桁材もあり壮観である。

後世の改築で、本来の姿がどの様に再現されたかは解らないが、戦国期の建築が今に伝えられ、それも庫裏に使用されているという全国でも稀にみる建築である。

下津井城跡石碑

下津井城単層櫓内部の巨木

下津井城単層櫓南西面

第二章　探訪

備中松山城の建造物遺構

はじめに

「ええい、うっとうしい!!」、思わず声が出そうになる。ここは、蝉しぐれの備中松山城天守、城郭の建造物内部を写真撮影すると、後から位置・方向など、整理に困惑するので、無理して高いビデオ・カメラを買って、写真撮影と並行して行うようにしている。

しかし、見学者にきれいな姉さんがいると、どうしてもカメラがそちらへ向いてしまう。備中松山城天守内部で引き立て役の女の子を連れたきれいな姉さんがいたので、ビデオ・カメラを向けた。その前をハゲ頭のオッさんが行ったり来たり、画面を覗き込んだりして、やっとオッさんは行った。一方、姉さんの方は、決して嫌がる様子でもなく、カメラを意識しつつも平常であったので、調子に乗って二階までついて行った。姉さんが水色のノースリーブのシャツの上に、カーディガンを羽織ったところで撮影は止めた。見学後、家に帰ってビデオを再生してみたら、姉さんもよく写っていたが、ハゲ頭もしっかり入っていた。

岡山から山陰に向うJR伯備線の特急列車やくも号でおよそ四〇分足らず、山間（やまあい）の城下町備中高梁に着く。駅に降り立つと、北の方角の山頂に白い天守がポツンと見える。市街地の北端に聳え「おしろやま」の愛称で市民に親しまれている。現在、一般に備中松山城と呼ばれているのは、標高約四三〇mの小松山の山頂を中心として築かれた近世城郭を指している。標高約四八〇mの臥牛山（がぎゅうざん）は、北から大松山・天神の丸・小松山・前山の四つの峰から成り、南から見た山容が、草の上に伏した老牛の姿に似ているとして「老牛伏草山」とか「臥牛山」などと呼ばれていて、中世から近世にかけて備中松山城はその頂を中心に全域に及んでいる。

美しく澄んだ高梁川の流れに沿って高梁の街は、細長い帯のように開けている。備中国のほぼ中心にあって、かつては松山と呼ばれ板倉氏五万石の城下町として栄えてきた。

備中松山城は、天守の現存する山城としては全国一の高さを誇っている。城址には天守・二重櫓・土塀の一部が現存していて、国の重要文化財に指定されている。また、平成六年度（一九九四）からは、これらの重要文化財の建物を中心に、本丸の復元整備が行われていて、本丸正面玄関ともいえる本丸南御門を始め、東御門・腕木御門・路地門・五の平櫓・六の平櫓・土塀が史実に基づいて忠実に復元されている。

城史

臥牛山に初めて城を築いたのは、仁治元年（一二四〇）相模国の豪族であった三浦氏の一族秋葉三郎重信であると伝えられている。承久三年（一二二一）の、承久の変の戦功によって、秋葉氏は有漢（うかん）郷の地頭に補せられ、その地に平常住む館と台ケ城を築いたが、備中国一円を臨む立地条件のよい要害堅固な大松山の地を選んで出城として初めて城を築いた。当時の城は戦乱に備えるための簡単な砦であった。

元弘元年（一三三一）勢力の衰えた秋葉氏は、備後国三好氏の一族であった高橋九郎左衛門宗康に服従して城地を開け渡したが、その頃には城地も小松山まで拡張されていて軍事上重要な拠点となっていた。またこれまでの地名を高橋と呼んでいたのを、松山と改めたのもこの頃である。

正平一〇年（一三五五）高橋氏に替って、高越後守師秀（こうのえちごのかみもろひで）が、備中国守護職として入国したのは管領細川頼之の計らいであった。そして補佐役として、当時再び備中国第一の実力者となっていた秋葉備中守重明を執事とした。しかし師秀は若年で将としての器量がなく、我がままで事々に重明を疎み、ついには殺害しようと謀ったので、重明は先手をとり師秀を城から放逐した。正平一一年のことで、重明が替って城主となった。

それからしばらくは秋葉氏の時代が続き、正長元年（一四二八）には秋葉元明が城主となった。元明は管領細川勝元の信頼を得て奏者となり中央で名を知られたが、文明五年（一四七三）細川勝元の死を機会に子の元重に家督を譲った。恰も応仁の乱の最中であったので、なお京に在った。しかし永正六年（一五〇九）元明が死去したのを最後に秋葉氏は松山城を去って、有漢に引きこもってしまった。

そこで上野兵部少輔頼久が守護代として城主となった。頼久は永正年間（一五〇四～一五二〇）に頼久寺を再興していて、現在の寺の名は上野頼久に由来しているものと伝えられている。上野氏は、元文二年（一五三三）出雲国に勢力を張っていた尼子氏の援助を受けて松山に攻め入ってきた猿掛城主庄備中守為資のために滅ぼされた。

こうして備中松山城は、備中国制覇のための第一拠点として重要視され、北からは山陰の雄尼子氏の南下、西からは上洛を目論む毛利元就の東進、東からは織田信長の勢力に圧されて、東に伸び悩む備前国の新興勢力宇喜多直家の西進のそれぞれの衝突地点となり、戦国乱世、この地方最大の悲劇の主人公、三村家親・元親が登場する。

三村氏は信濃国より移住し、家親の代には小田・川上の二郡を領有し、成羽鶴首城主となっていて、毛利氏東進の尖兵として松山城を狙い備中一国を掌中に収め、さらに美作、あるいは備前へ兵を進めようと虎視眈々とその機会を窺い、戦に明け暮れる日々を送っていた。そして、永禄四年（一五六一）庄氏の監視役として尼子氏が松山城に詰めさせていた吉田左京亮を討ち取ってからは、事実上備中国の実力者となり、国内に勢力を誇っていた。これまで尼子氏の勢力範囲であった備中国一帯を、毛利氏が抑えることができたのも、実は三村氏の力によるものであった。しかし、三村家親は美作国に攻め入った永禄九年（一五六六）、宇喜多氏の放った刺客の手によって暗殺されたのでその子の元親が後を継いだ。

元亀二年（一五七一）備中松山城主庄高資は、尼子晴久の軍を迎えるため子の勝資に軍の主力をつけて竹庄方面へ出陣させた留守を、三村・毛利の連合軍に急襲され滅ぼされてしまった。そして三村元親が松山城主となった。

毛利元就は、織田信長に追われた足利義昭が、備後の鞆に落ち延び、毛利氏を頼ってきたのを機として、天下統一の夢を果たすべく、義昭を助けて信長と正面から対抗することになった。

そこで京に上る第一歩としてその道筋に当る備前国の宇喜多氏と、かねてからの敵対関係を捨てて手を握ったのである。このことは父家親の仇であり、その仇である宇喜多氏と戦って散々負けたことのある三村元親にとっては、腹に据えかねる出来事であった。明敏な織田信長は、この感情のもつれをすかさず見抜いて、早速元親に密使を送り、もし織田方に就いて毛利氏の上洛を遮ってくれるのであれば、備前・備中二国を与えるという約束を伝えたのである。

三村元親は織田信長に忠義を尽くしその援助によって長年の宿敵であった宇喜多氏を討とうと考え、長い間保護を受けていた毛利氏に背いて、信長方になることを承知したのであった。このことを知った毛利氏は松山城を攻めることとなる。

天正二年（一五七四）の暮れ、小早川隆景を大将とする八万の毛利軍は備中松山城攻めを開始した。三村方はこれに対し、臥牛山の四つの峰に四二箇所の砦を築き、山城を固めると共に勢力範囲の鶴首（成羽）・大渡（美袋）・常山（有漢）・杠（ゆずりは・新見）など一四の城を前線基地として毛利の大軍を迎えた。備中兵乱（ひょうらん）の幕開けである。

半年にわたった激戦で周囲の出城はことごとく陥落し、要塞堅固、守るには勇猛な三村勢ではあったが、頼りにしていた織田の援軍がないままに、築城半年端城はことごとく落ち、本城のみとなっての兵糧攻めや内部の離反によって、翌天正三年五月二二日に落城した。

六月二日、三村元親は一人の従者もなく菩提寺の松蓮寺で自刃し、さらに七月七日女人軍で有名な元親の姉を妻としていた備前国常山城主上野月肥前守隆徳一族の自刃と落城で、さしも備中一円に勢力を誇った三村氏も滅んでしまった。

三村元親は城主となって五年ばかりの間に、大松山・天神の丸・相畑・小松山・馬酔木（あせび）の丸など、臥牛山全体にわたって要所要所に砦を築き、さらに高小下と佐与谷とを分けていた東北の連山にも多くの出丸や砦を造ったばかりでなく、愛宕山・鳥足山・高倉山に至るまで兵を配置して、毛利の軍勢を迎え撃ったといわれていて、松山城の規模が最も拡張された時代であった。

備中松山城は三村氏の滅んだ後は毛利氏の所有となって、天野五郎右衛門と桂民部大輔とが城代となっていたが、天正五年（一五七七）毛利氏の宿敵であった尼子氏の忠臣山中鹿之介幸盛が尼子勝久を奉じて播磨国上月城で尼子氏再興の旗を挙げたので、毛利輝元は上月城攻撃の総大将として松山城に本陣を進めた。翌六年尼子勝久は自刃し、山中鹿之介は降伏して松山へ護送されたのであるが、輝元の命令を受けた天野五郎右衛門の手の者によって阿井の渡（高梁市落合町）で終に殺害されてしまった。御家再興のために戦い続けた悲運の名将は三三歳で逝った。

天正一〇年（一五八二）羽柴秀吉の備中高松城水攻めの際に講和を結んだ結果によって、備中国は今の高梁川をもって毛利と織田の境界とすることになっていたのであるが、同年秋に信長に替った秀吉に対し、毛利氏は、この境界線は毛利・織田の協定であって、毛利と羽柴の協定ではないと主張し、川東に当る松山城返還を強く訴えた。

そして蜂須賀小六正勝の仲立で天正一二年の冬に毛利氏のものとなった。しかし、豊臣氏時代には城主もなく、大松山は荒廃し、小松山も廃城同然の状態になっていたことが「諸国廃城考」によって窺われる。

慶長五年（一六〇〇）関ケ原の戦いで毛利輝元が、西軍の総帥に担ぎ上げられ敗れたために、備中国は没収され、同年一二月小堀新助政次が御料代官として来た。しかし、城地は荒れるに任せてあったので、政次はやむなく城下の頼久寺を仮の住いとした。慶長九年に小堀政次は急死し子息新介政一が後を継いだ。有名な小堀遠州である。晩年に将軍家光の茶道の師となったが、若年から建築や造庭の技に長じて、宮中や社寺の造庭・御所の普請などの奉行を数多く命ぜられ、その遺作も今日まで残っている。この政一が松山に滞在していた実際の期間は極めて短かったようであるが、その持っている天与の才能を充分に発揮している。現在の城下町高梁は政一の都市計画によるものであり、後に天和年間（一六八一～八三）、水谷氏が改築した松山城もその原型は遠州の作である。

慶長一九年（一六一四）大坂夏の陣が起きたが、その年に松山城は西国大名の抑えとして、遠州の手によって修築というよりも大改築が行われ、一二月に完成している。このことは遠州より幕府へ提出された古図二枚によって明らかである。その他、大坂夏の陣の結果如何を見越して、備中国大坂方諸士の没収知行所と代官領の蔵入米を兵糧として、倉敷から船積みし関東方へ送っている。また大高檀紙（おおたかだんし）の生産増強と品質の改善、あるいは法曽焼などの焼物の生産も開始した。居館としていた頼久寺の庭園は大坂夏の陣も終り、平和が訪れようとしていた元和二年（一六一六）頃の作と思われる。こうして、その治世わずかの滞在期間にもかかわらず大きな業績を残して、元和五年（一六一九）に備中国の領地を、近江国浅井郡のうちの小室に移封されてこの松山を去った。

その後、鳥取から移封された池田備中守長幸は六万五〇〇〇石を領し、元和五年の広島城主福島正則改易によって、幕府の命令を受け備後国三原城を請取りこれを守ったことがある。元和年間（一六一五～二三）に倉敷方面に大規模な新田を開発したり、松山城下の下町・鍛冶町の取り立てを完成させたが、池田氏は、二代で後嗣なく断絶となった。

寛永一八年（一六四一）常陸国下館から備中国成羽へ、翌年には早くも松山に移封されて五万石を与えられて城主となった水谷（みずのや）伊勢守勝隆は、専ら水利・土木工事に力を入れ城下の繁栄に大きな治績をあげた。なかでも高梁川の水路を開いて水運の便を計り、玉島に新田を開発し玉島港を開き、塩田を造るなどの多大な業績を遺した。続く二代勝宗もまた父の遺業を継いで、道路を整備し溜池を増設して、東町・南町を取り立てて城下の町割りを整え、また天和元年（一六八一）から同三年にかけて小松山の城を修築、臥牛山の南山麓（現県立高梁高等学校敷地）に城主の居館と政庁を兼ねた御根小屋を造るなど、三代勝美（かつよし）に至るまで水谷氏五二年間の治世は、目覚しい領内開発及び、城下町整備の善政であった。

備中松山城は、水谷氏城主時代に近世城郭として完成し、また御根小屋が築造されてからは、小松山の城は御山城と呼んで区別され、通常御城といえば御根小屋のことをいい、登城とはここへ出仕することであった。しかし水谷氏も三代で後嗣なく、元禄七年（一六九四）絶家となり領地は没収され、播磨国赤穂城主浅野内匠頭長矩の在番となり、浅野内匠頭に従って家老の大石内蔵助良雄（よしたか）や、神崎与五郎・萱野三平・武林唯七・不破数右衛門など多くの家臣が城請取りに松山に来ている。赤穂藩兵は大石内蔵助を先鋒に、浅野長矩を総大将に甲冑で武装した軍勢で松山城下へ乗り込んだ。水谷氏の城方は、家老鶴見内蔵助以下約一〇〇〇名が城内にあり、殺気立った雰囲気であった。強引に城内に入れば武力衝突の恐れもあった。そこで大石は平服で、供の者も連れず鶴見と会見、二人内蔵助の息詰まるような会見の結果、鶴見は終に開城に応じたといわれる。

大石内蔵助は、元禄八年（一六九五）安藤重博が新藩主として入部するまでのおよそ一年間、在番として松山に留まった。松山城への登城坂には大石が腰をかけて休んだといわれる〝腰掛け石〟が遺っている。

元禄七年、徳川幕府は姫路城主本多中務忠国に命じて水谷氏遺領全部の検地を行ったところ、一一万石にも及んだ。水谷氏三代の営々と築いた新田開発などの結果であった。この検地が終ると、その中から随所に幕府の直轄地を取った。残りの六万五〇〇〇石を与えられて上野国高崎より安藤対馬守重博が移封され、城主となった。二代で美濃国加納へ移り、正徳元年（一七一一）石川主殿頭総慶（ふさよし）が山城国淀より入部して六万石を領し、約三四年間在封して伊勢国亀山に転封された。

最後の備中松山城主は、伊勢国亀山から入部して五万石を領した板倉氏である。板倉氏は、延享元年（一七四四）から明治に至るまで、初代勝澄から七代一二五年間続いたが、特に七代目で伊勢国桑名の松平定永の八男で板倉家の養子となった板倉勝静（かつきよ）は、幕末の内外とも多事多難な時、幕閣老中主座として、一五代将軍徳川慶喜を援け、また松山藩にあっては、山田方谷を登用して政治を改革させ、学問や武芸を奨励して風教を正し、経済を整えるなど多大な治績をあげて名君として称揚された。

慶応四年（一八六八）鳥羽・伏見の戦の後、勝静が徳川慶喜に従って江戸に下ってからは、松山藩は朝敵と見做され、朝廷は備前藩に松山藩の追討を命じた。この重大事に、最後まで戦い抜こうとした血気の若者達をしずめ、時勢を説き、多くの犠牲者を出さないように尽力した山田方谷はじめ良識のあった人々の手で、領内は戦禍の危機から免れた。

松山藩は、城郭と領地を明治新政府に没収され、明治五年（一八七二）陸軍省が置かれると同時にその所管となり、翌六年一月一四日太政官公達によって廃城とされた。後には大蔵省に移され、続いて明治一四年（一八八一）には農商務省（後の農林省）の所管となった。

明治六年（一八七三）の廃城令で、旧備

中松山藩の山城・御根小屋・各番所のすべては新政府の命令で、取り壊されることになった。当時の備中一国と備後六郡を管轄していた小田県では、これらの建物を競売に付すことにした。しかし見当もつかない価格で、一回・二回と競売の公告が出されたが、誰も応じようとはしなかった。新政府からは矢の催促で、頭を痛めた県ではあったが、ついに五回目の競売公告が出された時に地元高梁・本町のある呉服商が七円の値を付けた。七円の入札で旧備中松山藩の城が一商人の物となった。平地にあった御根小屋や番所等は、ただちに取り壊され建材や燃料用として叩き売られた。しかし、山上の松山城だけは簡単に取り壊せなかった。取り壊しても持って下りるだけで大変な経費で採算がとれない。やむなく政府には撤去した旨の届を出し、山城は放置されたままになった。

廃城後、農林省は天守や諸櫓を単なる山小屋として荒れるに任せていたので、建物は朽ち倒れ、かろうじて天守と二重櫓が、背丈に余る雑木や草におおわれて痛ましい姿を留めるのみであった。

昭和四年（一九二九）、栄枯の歴史を秘めた由緒ある山城の面影を遺そうとした松山城保存会の人達の手により、第六平櫓の古材を使用して特に老朽化の激しかった二重櫓と土塀の一部に応急の修理が行われた。

昭和一四年（一九三九）一一月、時の高梁町長永井恒三郎は、町議会に諮って天守の解体修理と二重櫓・土塀の補修に着手し、翌年一二月昔通りの姿を取り戻した。町当局の英断と町民の協力はいうに及ばず、町内各中学校生徒達の労力奉仕もまた並々ならぬものがあった。

昭和一六年五月八日、近世城郭の中でもその構成に中世の名残を多くとどめている典型的な山城として国宝に指定された。昭和二五年（一九五〇）五月三〇日文化財保護法が制定され、同年八月二九日付けで新たに同法によって重要文化財となった。その後、二重櫓は破損が激しく、到底このままでは維持することが困難な状態になったため、市制発足当初の高梁市長柏木貞一は、市議会に諮って文部省へ修理の要望を重ねた。その結果、昭和三二年（一九五七）九月文化財保護委員会が国の直営事業として国費にて二重櫓・土塀の解体修理並びに天守の補修を行い、昭和三五年に完了した。なお、昭和三一年には城址は国指定史蹟となっている。

昭和三八年（一九六三）、天守・二重櫓・土塀・城地のうち、九二九三㎡が農林省から文部省へ所管が変えられた。同三九年、城郭の保存と管理とを完全に行うために、備中松山城管理条例が制定され、市教育委員会事務局の中に管理事務所が設置された。

昭和四一年（一九六六）には、高梁市長鈴木雄祥の強力な中央折衝によって松山城防災事業二カ年計画（消防道路八九二ｍ・有線電話・消火栓施設・火災警報装置）が、文化財保護委員会において承認され、保護と管理の体制が整備された。

平成四年（一九九二）、高梁市は文化庁による地域中核史蹟等特別事業として、備中松山城復元整備事業を計画し、平成六年度（一九九五）から本丸の復元整備が行われ、同七年一一月には、五の平櫓・六の平櫓の上棟式が執り行われ、翌年九月に竣工した。同時進行で、本丸南御門・本丸東御門・腕木御門・路地門・土塀が復元され、平成九年（一九九七）四月に備中松山城本丸復元落成式が執り行われた。

今後は大手門を始め、城郭全建築復元の意見もあり、それを踏まえてそれらがもたらす様々な問題について高梁市では模索中であり、将来の探訪が楽しみな城である。

山田方谷と河井継之助

JR伯備線の「方谷駅」・高梁川にかかる「方谷橋」このほか「方谷園」や「方谷林」と、高梁には山田方谷（ほうこく）の名を付けた施設があちこちにある。人物の名が駅名になっているのは全国でもここだけである。

山田方谷は農家に生れながら、多くの人材を育てた教育家であり、幕末の松山藩に起用され、窮乏した藩財政を建て直した開明的な財政家であり、老中政治顧問として維新動乱の国事にも参画した政治家でもあった。明治維新の際、朝敵となった松山藩を恭順でまとめ兵火から高梁を守ったことは方谷の大きな功績である。方谷は、本名は球・通称安五郎で、方谷は号である。四歳で読み書きを覚えたほどの神童で、二一歳の時、藩主板倉勝職（かつつね）に認められ藩校有終館に入学を許された。ここで学識を得た後、京都・江戸で、当時一流の学者達の教えを受けた。

天保七年（一八三六）に帰藩し、三一歳の若さで有終館学頭となり、私塾も開いて多くの人材を育てている。方谷の門下から後に学習院教授・宮中顧問官となった三島中洲、川田甕江、他藩からは越後国長岡藩の河井継之助等も方谷の門をたたいた。

嘉永二年（一八四九）板倉勝静が松山藩最後の藩主となると、方谷は藩の財政を司る元締役と収支を監査する吟味役に起用される。その頃の藩財政は借金による元利が累積し、利子だけでも年一万両近く、借財は一〇万両にのぼるという窮乏ぶりであった。これを現在の貨幣価値に換算すると、一両は約一二万円・一石は約五万二〇〇〇円である。方谷はその年から七カ年計画による財政再建策に着手し、厳しい状況の中で、八年後の安政四年（一八五七）には、一〇万両の借財を全額返済したばかりか、一〇万両以上の余剰財源を抱える黒字藩にしてしまったという驚異の人物であった。方谷の波乱の人生はさらに続き、幕閣老中筆頭となった勝静の政治顧問として幕末の難局に当った。

慶応三年（一八六七）将軍徳川慶喜は朝廷に大政を奉還したが、幕府軍と薩長を中心とした官軍との間で鳥羽・伏見の戦、さらに戊辰戦争へと動乱は続いた。板倉勝静は将軍と共に江戸に帰ったが、松山藩兵は箱館の五稜郭に籠城し、備中松山藩は朝敵として官軍の追及を受けることになった。しかし、方谷等が藩をまとめ、全員城外に出て恭順の意を表したことから、松山城下に入った官軍側の岡山藩兵との衝突はなく、街は戦禍から免れた。

方谷は晩年も私塾を開き教育に専念したが、明治六年（一八七三）旧岡山藩士の求めで、備前市の閑谷学校を再興し、「閑谷黌」と名付けて、ここでも多くの人材を育てた。まさに波乱に富んだ生涯であったが、本来は教育家であり、その学徳は今でも語り継がれている。

幕末維新の動乱期には、立場や思想は異なっていても実に多くの英傑が輩出した。

北の国越後長岡藩にも薩長を中心とした西軍に敢然と戦いを挑んだ一人の男がいた。北の「蒼龍・そうりゅう」の異名を持った河井継之助（かわいつぎのすけ）、その人である。

長岡藩は、越後平野のほぼ中央に位置し、城下を日本最長の川である信濃川が流れている。藩主は牧野氏で石高は七万四〇〇〇石余、第一〇代藩主牧野忠雅の時、継之助を登用し、財政難に陥っていた長岡藩を建て直すために画期的な藩政改革を断行した。

慶応四年（一八六八）京都鳥羽伏見の戦以後、戦線は北上を続け、スイス国のように武装永世中立を目指す長岡藩に迫った。小千谷の慈眼寺における東山道軍の軍監・岩村精一郎と継之助との会談は決裂した。継之助は、西軍からは山県狂介（後の山県有朋）位の話の解る人物が来たかと思っていたが、血気盛んなだけで、事情の解らない若者相手では話にならなかった。

かくして戊辰戦役における最大の激戦、北越戦争は始まった。長岡藩は緒戦は勝利したが、西軍は長岡城下に迫りつつあった。最新鋭兵器、ガトリング砲を駆使しての奮戦にもかかわらず、慶応四年五月一九日、長岡城は落城した。しかし藩兵は離散することなく結束を固め、七月二四日八丁沖渉を敢行した。決死の長岡藩兵は、ついに長岡城奪還に成功した。

しかし河井継之助は、長岡城下新町口の激戦で、左膝下を撃ち抜かれ、手当てもままならず、継之助の指揮がないまま西軍の反撃は勢いを増し、長岡城は再び陥落した。長岡藩兵と負傷した継之助は、森立峠から長岡を脱出し、八十里越を只見（ただみ）に逃げのびた。継之助は塩沢村矢沢氏宅で歿した。享年四二歳であった。

死を覚った継之助は、偶々居合わせた松屋吉兵衛という商人を呼んで、師の山田方谷に言付けを頼んでいる。松屋は備中松山藩にも長岡藩にも出入りしていた人夫請負業者で、会津の只見に来ていた。「山田先生に伝えて下さい。継之助はいまのいままで先生の教えを守ってきましたと」、後にそれを聞いた方谷は一言も発せず、しばらく黙ったままでいたという。

方谷は継之助に王陽明（おうようめい）の真の精神を教えた。人間社会の道理を基本に、事業を興す方法を教えたといわれる。その教えを最後まで守って継之助は逝った。方谷は誠実な継之助を真の門弟として追念した。その後、方谷が河井継之助の碑文を依頼された時には、「碑文に書くのもはずかし死に遅れ」と固辞した。このように師の方谷が感嘆するほど、見事な生きざまであった。

安政六年（一八五九）六月七日、江戸を出立した継之助は長岡藩政改革の模索と各地の民情視察とを兼ねておよそ一ケ月をかけ松山に到着した。山田方谷方に入門し教えを受け、大いに談論し、万延元年（一八六〇）三月方谷のもとを去った。その際、王陽明全集を譲り受けた。継之助はこの文集と一瓢酒を肩に振り分けにし川を渡り、対岸に立つ方谷に対し、砂石の上にひざまずいてすわり、幾度も礼をして去って行ったと伝えられている。

備中松山城の規模・構造

松山城は備中の中南部、高梁川の左岸にあった典型的な山城で、一般的に平地に進出した近世城郭史上、稀有な例として知られている。城地は四〇〇m級の山並みが城壁のように取り囲んだ小さな高梁盆地の北端にあって、高梁川が足下を洗う岬のように突き出た臥牛山である。面積約二一〇haの原生林で、北から大松山（標高四三〇m）・天神丸（同四八六m）・相畑（同四六〇m）・小松山（同四二〇m）・前山（同三四〇m）の五峰がある。秋葉重信が有漢郷の地頭として入国し、最初に築城したのはこの中の大松山である。有漢郷の南端で有漢から約二五kmの地点にある。その後、時代が進むにつれて城地は拡張され、三村氏は、大松山・天神丸・相畑・小松山等の城砦強化、さらには御根小屋とそれを中心とした城下町拡張に努めた。

　近世松山城は、山上の城郭と山麓の居館であった御根小屋との二つの部分から成る。この構成は中世の山城と同形態で、このような中世と近世の混在は、現在に見る松山城の姿を現出させた小堀遠州の手による改修の結果である。小堀遠州の改修した松山城は、小松山に限られ、他の中世の広大な城地は荒廃したまま放棄された。現在の松山城は、後世の修復は受けてはいるものの、基本的には小堀遠州が改修した城郭を引き継いだものである。その後の城主水谷勝宗は、幕府の許可を得て三年の歳月をかけ、遠州の改修時の縄張を踏襲して、大手門・二の丸鉄門（くろがねもん）・本丸二重櫓及び二・九・十の平櫓を新築した。

　備中松山城の形式は近世連郭式山城で、規模は、東西約一〇〇m・南北約二五〇m・比高約三五〇mである。

　御根小屋からの登城口が坂口門で、二間半×九尺の棟門で、番所とともに土塀と連なっていた。一間は約一・八m、一尺は約三〇cmである。下太鼓丸は前山の頂上にあって面積約九七〇㎡、郭内は四段に分れ、最上段には三間×五間の平櫓があった。本城防衛の第一線であった。上太鼓丸は面積約五八〇㎡で、南端に三間×五間の平櫓があり、御根小屋から下太鼓丸、さらに上太鼓丸から本城へと、太鼓により連絡できるようになっていたのでこの名称となった。

　本城には細長く険しい尾根上に、階段状の大小八つの郭がある。

　三ノ丸は、面積約七三〇㎡で大手門・三ノ丸敷地・黒門内の三段に分れている。大手門は櫓門形式で、門内は一種の桝形となっていて、石垣上には台所が附属した御番所と、足軽番所とがあって櫓の代用とされていた。大手門脇には二の平櫓（三間×二間）があり、少し戻ると右手には足軽番所があり、さらに上ると左手に三の平櫓（六間×二間）があり、さらに進むと四の平櫓とその横を仕切る黒門があった。黒門を通過すると二つ目の櫓門である鉄門（五間×二間）があり、大手門上の岩盤に内脚を石垣にしていた。その門内が二ノ丸敷地で約四〇〇〇㎡ある。郭の西南隅に雪隠二箇所があり、二ノ丸から石段を上ると、五の平櫓（三間×二間）と六の平櫓（五間×二間）に挟まれた表門である間口一間半の南門があり、本丸に達する。

　六の平櫓からは渡櫓で七の平櫓（三間×三間）に結ばれていた。本丸内最高所には二重二階の天守があり、廊下の屋根が加わって三重にも見えるので三重櫓ともいわれた。天守に上るには手前の八の平櫓（三間×三間）に入り、渡櫓を経て天守に至った。天守の背後には二重櫓があり、さらに後方には九の平櫓（三間×二間）と十の平櫓（三間×二間）とがあって、水の手門を防禦していた。さらに北には空堀を隔てて水の手番所があった。このように備中松山城には、天守・二重櫓一基・平櫓九基・櫓門二棟・棟門二棟・冠木門七棟・番所四棟・雪隠等の建造物と、土塀約三四〇m、掛塀約四五二m、それに矢狭間と鉄砲狭間が、一対二の割りで計三五六箇所あった。

　御根小屋は歴代藩主の居館で、約二万四〇〇〇㎡の広さがあった。上谷川が城山から高梁川に流れ込み町家や武家屋敷を隔てて、御根小屋は城山を背に立地していた。御根小屋の武家屋敷群の上方に、御殿があった。上谷川を通り、惣門を潜り、右手に家老屋敷のある御殿坂を上ると御門があり、御門右手には長屋があった。御門から進み、中御門を潜ると大玄関があり、御殿右手には長屋があった。御殿は、広間・居間・茶の間・書院・長局・奥書院・台所等から成っていた。御殿の御門南方向には南門があった。御殿北方には武具方・米蔵方等の建物があり、高梁川に面して馬場があった。川端方面の川端口門を入り、西門を潜ると御蔵坂があり、さらに門を潜ると、右手に作事方の建物があった。その上方は御殿で、左手には米蔵方があり、その上方には武具方の建物があった。高梁川を利用した水運で、高瀬舟が行き交い、松山藩財政を潤して、城下には豪商達の蔵屋敷が立ち並んでいた。

備中松山城の建造物

一、構造・形式

ⓐ天守

二重二階天守、屋根入母屋造、本瓦葺、本丸上段に西南面する。

石垣、野面石乱積、北東面揚手、東南及び西北面は天然の断崖、西南面本丸広場、西北面に出入口廊下が接続する。

屋根、入母屋造、棟通り西南より東北、大棟熨斗積、菊丸、輪違を置き、鬼瓦、鳥衾瓦、鯱を据える。降棟熨斗積、鬼瓦、鳥衾瓦、鯱を据える。一重西南面唐破風棟熨斗積、東南及び西北、東北千鳥破風、棟熨斗積、降棟熨斗積、鬼瓦、鳥衾瓦、鯱を据える。接続廊下庇隅棟、熨斗積、鬼瓦、鳥衾瓦附。千鳥破風妻板、前包、破風板（眉決り）、裏甲一重、白漆喰塗、鰭附三花懸魚、六葉、樽ノ口附。唐破風妻、破風板（眉決り）、裏甲一重白漆喰塗、兎毛通し附。

軒、各重一軒疎垂木。外部、各重大壁白漆喰仕上、各重疎垂木、軒裏塗込、白漆喰塗仕上、鼻隠板墨渋塗、腰下見板墨渋塗。

　内部、各階真壁白漆喰塗仕上、柱総角柱、各階柱、梁、縦羽目板釿仕上、床板鉋仕上素木造、化粧屋根裏及び化粧天井。

　一階、中央部に角通し柱二本、大広間桁行五間（九・八七九m）、梁行三間（五・九七五m）、四周は入側、東南面一間半（二・八七九m）、幅五間（九・九一四m）の突出部、各間半間中窓、敷居・鴨居附、腰縦羽目板張、上部漆喰塗仕上、西南面中央突出部に唐破風を架し、二間連子格子窓、内側漆喰塗突上戸、両脇半間中窓、腰縦羽目板張、上部漆喰塗仕上、入隅に矢狭間附、西北面七間、北北西隅に連子格子折れ廻り出窓、腰縦羽目板張、上部漆喰塗仕上、接続廊下より出入口に通ず。東北面突出部は装束の間、中央に五段の階段（高さ〇・九〇九m）、北北東隅に連子格子折れ廻り出窓、腰縦羽目板張上部漆喰塗仕上、入隅に矢狭間附。装束の間、間口三間（五・九七五m）、奥行一間半（三・一七二m）。

　一階、北北西・北北東隅に連子格子折れ廻り出窓、半間中窓、敷居・鴨居附、腰縦

羽目板張、上部漆喰塗仕上、矢狭間二箇所。東南側張出し間中央部に板石で長さ一・八一八m、幅〇・九〇九mの炉を設ける。大広間西南隅に二階昇降踊場附折れ曲り階段を設ける。

接続廊下、間口一間半（二・八七九m）、奥行五間（九・一六六m）、西北面第一・三の間に一間連子格子出窓、第五間折れ廻り連子格子出窓、腰縦羽目板張、上部漆喰塗仕上、東南面第四間に天守出入口階段を設け、下部は野面石乱積、腰羽目板張、上部大壁漆喰塗仕上、矢狭間五箇所附。

二階、中央部に角通柱二本、桁行五間（九・九一四m）梁行（五・九七五m）、南・西隅に連子格子折れ廻り出窓、各半間中窓、敷居・鴨居附、東南・北西面第四・五の間半間連子格子中窓、敷居・鴨居附、北東隅部分は三間に一間幅の御社壇を設け、間仕切舞良戸六枚建、西南隅に階段口手摺附、二階、腰縦羽目板張、上部真壁漆喰塗仕上。

ⓑ二重櫓

二重二階櫓、屋根入母屋造、本瓦葺、本丸上段東北の詰にあり櫓は西北に面する。

石垣、野面石乱積。

屋根　入母屋造、棟通り西南より東北、大棟熨斗積、鬼瓦、鯱を据える。隅棟熨斗積、鬼瓦、鳥衾瓦附、入母屋破風妻板、前包、破風板（眉決り）、裏甲一重、梅鉢懸魚、白漆喰塗仕上、六葉、樽ノ口附。

外部　各重大壁白漆喰塗仕上、各重疎垂木、軒裏塗込白漆喰塗仕上、鼻隠板墨渋塗、腰下見板墨渋塗、出入口庇軒持送り等総て白漆喰塗仕上。

内部　各階真壁白漆喰塗仕上、柱総角柱、各階柱、小屋組材、縦羽目板釿仕上、床板鉋仕上素木造、天井化粧屋根裏。

一階　中央部に角通し柱二本、桁行四間（七・九九九m）、梁行三間（五・〇六〇m）、東南面四間第二・第三の間各一間連子格子中窓、敷居・鴨居板戸附、矢狭間四箇所、東北面三間、後曲輪に通ずる出入口あり、扉鉄板張引戸、矢狭間二箇所、西北面第一・四の各間一間連子格子出窓、敷居・鴨居板戸附、出窓下に石落突上戸附、第二間に半間連子格子中窓、敷居・鴨居附、矢狭間三箇所、西南面三間（天守側）に出入口あり、扉は東北面と同様、半間連子格子中窓、敷居・鴨居附面。

二階　西南面二間半連子格子中窓、敷居・鴨居附。東北面二間一間連子中窓、敷居・鴨居附、矢狭間四箇所、東南面四間一間連子格子出窓、敷居・鴨居附、矢狭間五箇所、西北面四間一間半連子格子出窓、敷居・鴨居附、矢狭間五箇所。

ⓒ三の平櫓東土塀

延長九・三九三m、幅〇・六〇六m、狭間五箇所、本瓦葺、大手門址より東南の位置にある。石垣、野面石乱積、粘土固形（団子）積、外部白漆喰塗仕上。

二、規模

ⓐ天守

建物名称松山城（高梁城）

天守

大広間　桁行（柱真々）　九・九一七m
　　　　梁行（同）　五・九四四m
入側　　梁行（同）　一・九八一m
　　　　桁行（同　東南・西北面）　一三・八八〇m
　　　　（同　西南・東北面）

東南張出の間　九・九〇八m
桁行（同）九・九一七m
梁行（同）三・〇四五m
装束の間　桁行（同）五・九四四m
梁行（同）三・一八七m
接続廊下　桁行（同）九・九一七m
梁行（同）二・二八七m
天守　二階
桁行（柱真々）九・九一七m
梁行（同）五・九四四m
同　軒高
（石垣上端より茅負外下角まで）
一階　二・四八四m
二階　七・二七二m
同　軒の出
（柱真より茅負外下角まで）
一階　一・〇三〇m
二階　一・〇九〇m
同　棟高
（石垣上端より棟瓦天端まで）一〇・九二一m

ⓑ二重櫓

桁行（柱真々）
一階　七・九九九m
二階　六・九六九m
梁行（同）
一階　五・〇六〇m
二階　四・〇六〇m
軒高（石垣上端より茅負外下角まで）
一階　三・〇九〇m
二階　五・七五七m
軒の出（柱真より茅負外下角まで）
一階　一・〇一五m
二階　〇・九四五m
棟高（石垣上端より棟瓦天端まで）八・四〇二m

ⓒ三の平櫓東土塀

延長　九・三九三m
幅　〇・六〇六m
棟高　一・三七八m
敷瓦下端　一・〇一五m

ⓓ復元された諸建築

五の平櫓

概要――一重櫓・木造・入母屋造・本瓦葺・桁行三間・梁行二間
桁行（両端柱間真々）五・九〇九m（一九・五〇尺）
梁行（同）三・九三九m（一三・〇〇尺）
軒高（礎石上端より軒丸瓦外角まで）三・五六五m
軒の出（側柱真より軒丸瓦外角まで）一・二七〇m
棟高（礎石上端より棟瓦積上端まで）五・三九〇m

六の平櫓

概要――一重櫓・木造・入母屋造・本瓦葺・桁行五間・梁行二間
桁行（両端柱間真々）九・八四七m（三二・五〇尺）
梁行（同）三・九三九m（一三・〇〇尺）
軒高（礎石上端より軒丸瓦外角まで）三・五六五m
軒の出（側柱真より軒丸瓦外角まで）一・二七〇m
棟高（礎石上端より棟瓦積上端まで）五・三九〇m

本丸南御門

概要――一間棟門・木造・切妻造・本

瓦葺・両開扉構え
桁行（両端柱間真々）　二・八七八m
（九・五〇尺）
軒高（礎石上端より茅負外下角まで）　二・六五六m
軒の出（柱真より茅負外下角まで）　〇・九〇九m
（三・〇〇尺）
棟高（礎石上端より棟瓦積上端まで）　三・六八二m

本丸東御門

概要――一間棟門・木造・切妻造・本
瓦葺・引違戸構え
桁行（両端柱間真々）　二・七五七m
（九・一〇尺）
軒高（礎石上端より茅負外下角まで）　二・六五六m
軒の出（柱真より茅負外下角まで）　〇・九〇九m
（三・〇〇尺）
棟高（礎石上端より棟瓦積上端まで）　三・六八二m

腕木御門

概要――一間棟門・木造・切妻造・本
瓦葺・両開扉構え
桁行（両端柱間真々）　二・七五七m
（九・一〇尺）
軒高（礎石上端より茅負外下角まで）　二・六五六m
軒の出（柱真より茅負外下角まで）　〇・九〇九m
（三・〇〇尺）
棟高（礎石上端より棟瓦積上端まで）　三・六八二m

路地門

概要――一間埋門・木造・本瓦葺・片
引戸構え
桁行（両端柱間真々）　〇・八七八m
（六・一〇尺）
軒高（礎石上端より丸瓦外角まで）　一・二二五m
軒の出（棟真より丸瓦外角まで）　〇・五一五m
棟高（礎石上端より棟瓦積上端まで）　一・六二一m

土塀

概要――築地塀・本瓦葺・銃眼附
延長　本丸　一四三・九一m
厩曲輪　一五・一〇m
大手〜三の平櫓　三八・九九m
総延長　一九八・〇〇m
築地高（石垣上端より軒瓦下端まで）　一・二四二m
（標準　四・一〇尺）
棟高（石垣上端より棟瓦積上端まで）　一・六二一m
（標準　五・三五尺）

城郭復元における計画から竣工までの過程と課題

現在は、特に近世城郭において平成の築城ブームといわれ、全国各地で復元整備事業が盛んに行われている。それは長年にわたる膨大な史料収集と綿密な計画上に立脚した史実に忠実な復元である。復元は、古絵図・文献史料・古写真等の収集や、各種の調査・実測図作成・発掘調査などを踏まえて、いつの時代のどのような建物を、どのような材料を使用して、どのように建てるのかが問題となる。このような段階を経て復元の原案が立案される。

次に法的規制をクリアしなければならない。その際最も重要なことは安全と保護という観点である。これらの安全基準の代表的なものが、昭和二五年（一九五〇）に制定された建築基準法であり、新築復元の場合は総て対象となる。例えば、復元される建造物の大きさや高さについては、主要構造部を木造にできない場合がある。また殆どの近世城郭は、その都市において中心部に位置しているので、都市計画法の適用を受ける。そうした場合は建築確認の申請が必要となる。

一方史蹟保護の観点からは、文化財保護法による史蹟指定地の現状変更の手続きが必要となる。現在、史蹟指定地における建物復元は、一定の基準を満たしたものしか容認されていない。その一定の基準というのは、いかに史実に忠実且つ正確であるか、という点であるが、こうした問題が審議される「復元検討委員会」という諮問機関が設置されている。

復元原案はこれらの機関の審議を経てから、建築計画さらに設計の運びとなる。一連の過程を経た設計も、再度の各種諮問機関の審議の対象とされ、答申を踏まえて、史蹟指定地の現状変更が認められる。

そして施工となるが、そこで問題となるのは資材の確保である。ことほか大型の建物を復元するのであれば、資材調達は容易ではなく、外材を用いることも少なくない。

次に工事の技術集団である職人達の確保と次世代へ繋げる後継者の養成である。出来ればこれらは、今後のことも考えて地元の人達が求められる。

備中松山城本丸復元の場合は、史蹟全域が天然記念物生息地（ニホンザル）にもなっているので、文化財保護法によるところの、天然記念物生息地の現状変更に先駆けて、各分野の研究者による影響調査が実施された。資材については、復元櫓が比較的小規模であることと、当地が現存建物にならって決定していた赤松の産地であることなどが幸いし、比較的容易に調達することができた。しかし、山城であるがためにこれらの資材の搬入には困難を極めた。

復元整備の結果、復元根拠とした史料が、他の実に意外な史料にも裏付けられていたことが実証された。今回の復元整備の場合、その顕著な例が本丸東御門である。本丸内の門のうち、本丸南御門・本丸東御門・腕木御門の三つの門は、規模が同じであったことが、遺構や復元根拠とした史料から判明している。その内本丸南御門と腕木御門は構造も同じ開き戸で、本丸東御門のみ引戸と史料には記されている。同史料の信頼度の高さから疑われることなくこれに沿って構造が決定されたが、計画段階で始めてその必然性が確認された。つまり平時の本丸が無人であったということに依拠しているのである。背面が閂（かんぬき）で施錠される開き戸構造ばかりだと考えると、それならば閉門後も誰かが本丸に残らなければならないが、無人とするためには、閉門と同時に小猿鍵（こざるかぎ）で施錠される引戸でなければならない。

近世まで根小屋式城郭のまま山城として発達した備中松山城は、山麓に設けられた御根小屋が、藩主居館と政庁の機能を有していたが、東御門の引戸構造から警備のための山城番も本丸内には常駐していなくて、閉門後は無人になっていたことが証明される。このような事柄を勘案すると、平時の城郭の本丸は、城としての機能は必要なく、権威の象徴だけの存在として、城下を睥睨《へいげい》していた。

城址逍遙

備中松山城へは、過去四回訪れている。最初は昭和五四年、人生の悲哀を味わった、謂わば傷心の旅であった。赤穂城址を見学し、岡山から備中高梁へ行き、市内の正宗屋という旅館に泊った。翌朝、宿を出てタクシーで城山の駐車場まで行き、山に登った。かなりきつかった。まだ若かったが、今より太っていて体調もすぐれず、大手門址手前の石段で吐瀉《としゃ》してしまった。その時、カメラのふたが開いてしまったので慌てて閉じた。喘ぎながら山に登り、天守や二重櫓を撮った。その時は、天守は閉じられたままで、今のように内部を見学することはできなかった。それから、街に下りて武家屋敷や資料館を見学した。そして、津山まで行って一泊し、津山城址を見学して、姫路を経由して帰った。

二回目は平成六年（一九九四）秋、これも一つの人生の転機ともいえる時の旅で、岡山から特急列車に乗った。隣に若いきれいな姉さんが座った。若い女性同士の二人旅らしく、一人は傍らに立っていたので、早めに高梁で降りることを告げた。私の隣に若いきれいな女性が座ることは希である。身を固くして列車の窓に寄り、服は匂わないだろうか、などとやたらと気をつかう。横顔なんか見つめたら叱られる。姉さんが座った時と、降りる時に見るぐらいである。備中高梁に着き下車した。

この時は、城下の出城構えの寺院群や、市内の史蹟も廻った。城山の駐車場から歩いたが、あまりつらくはなかった。紅葉が美しく、高石垣や土塀、天守の外観や内部・二重櫓等をゆっくり写真撮影した。本丸の石段から下りたところで、グループ連れの若い男の子に、フィルムを売ってくれ、と言われた。一本わたして、金はいい、といったら男の子は戻っていって、また引き返してきて、断ったが、「高いものらしいから」と言って、五〇〇円硬貨を私のポケットに入れて礼を言いながら階段を上り、仲間たちのところへ走って行った。

この頃はそれなりに近世城郭に対する知識もあり、櫓を勉強中であったので、計尺竿を担いで主要な石垣の一地点や、天守・二重櫓の岩盤等の高さを略測した。それから倉敷方面を旅した。

三回目は平成の築城ブームで本丸建築が復元された頃である。平成九年の夏の終りであった。木の香かぐわしき諸建築を見つめ、また内部に入りいささか感無量であった。以前訪れた時には、ここに建物が建つということは思いもしなかった。首に重たいカメラをぶら下げて、計尺竿とビデオ・カメラを持参した重装備の旅で、これは今でも続いていて、他の人が見たら、あいつアホか、といった恰好である。ゆっくりと城を見学し、復元された諸建築や、天守外観・内部等を撮った。帰りのタクシーで運転手さんから、本丸復元についての苦労話を聞いた。文化庁の審査の過程で、石垣の積み直しや瓦の葺き直し等を指示され、かなり厳しかったとのことであった。

四回目は、自分にとってある程度の仕上げの意味での探訪であった。天守内部の展示品を撮りたかったがほとんど無かったので係の人に聞いてみたら、他の展示会に出品中で、将来は博物館の建設計画がある、とのことであった。いささか拍子抜けであったが、内部を撮り、以前見落とした路地門も撮った。六の平櫓内部も前に訪れた時とは様変わりしていて、現代風にテレビ画面で城の歴史や復元の様子を紹介していた。

大手門や城郭全建築の復元計画の声も上がっているとのことで、老醜を晒して、五回目の探訪となるかも知れない。帰りのタクシーは女性ドライバーであった。以前に九州の鹿島と、栃木の宇都宮を訪れた時も、女性の運転手さんで、その頃は女性の社会進出が珍しかった時代である。ここでは方谷林公園へ行ってもらったが、車が曲れず解説板だけ撮って、駅へ送ってもらった。帰りの特急列車で、列車が進む方向の、通路を隔てた左手に、居眠りをしているきれいな姉さんを見かけた。反対側の席に座ってしばらく見つめた。美人の寝顔などというものは、一生見る機会はないだろう、と思って他の人に気付かれないように写真を撮った。名付けて「いねむり姫」である。出来上がった写真は良く撮れていて、カメラ屋のいい子に見せたら笑っていた。

城址のある臥牛山は、古くは松山と呼ばれていたが、江戸時代に入り、山容が牛が草に伏せた姿に似ているところから「老牛伏草山・ろうぎゅうふくそうざん」とか、「臥牛山・がぎゅうざん」と呼ばれて来た。明治維新後、直ちに国有林に編入されたため、殆どが自然林として遺り、多種多様な植物相を呈している。

立地が岡山県の中部地域にあることもあり、南方系と北方系の植物が混在し、シダ植物以上の高等植物は、全部で一三三科・九二七種が確認されている。

動物も多種・多様なものが混棲し、古くからニホンザルの生息が知られている。古い記録には猿谷（ましらや）の地名も遺り、おおむね全山が「臥牛山のサル生息地」として天然記念物生息地の指定を受けている。昆虫類も多い。「二一世紀に残したい日本の自然一〇〇選」の一つとしてもこの地が選ばれている。

駐車場からしばらく登った下太鼓の丸址は、臥牛山の支峰の前山山頂にあり、山麓の御根小屋と天守とのほぼ中間地点に当る。西南に延びる尾根に沿って、四段の曲輪から構成されている。自然の岩盤を巧みに利用して、部分的に石積を施して築かれた強固な出丸である。

北方以外の三方向に視界が開けていて、中でも南方向は市街を一望することができる。中太鼓丸と共に防禦、あるいは城下俯瞰の要衝であったのと同時に太鼓の音などを中継する地点でもあった。

中太鼓の丸址は、古文書や絵図等の記録によっては上太鼓の丸、と記されたものもあり、小松山から南へ延びる緩やかな尾根上に当る。眼下に見える前山山頂の下太鼓の丸址と大手門址とのほぼ中間地点で、戦略上の重要な拠点でもあった。

二段の曲輪から成り、その側面には強固な石積が築かれている。上段の曲輪の南端には中太鼓櫓があり現在もその跡を留めている。

備中松山城は、自然の地形を巧みに利用して築かれているが、典型的なのは大手門である。山麓から続く登城道に対して、大手門が東に向いて構えていたので進入が矩折り（かねおり）となり、内部は踏面（ふみづら）の長い石段と高石垣で廻りが囲まれ、半ば桝形構造となっている。城内へ進入しようとする攻城兵達の勢力をそぐためにとられた工夫で、実戦的に築かれていた。

大手門は、攻撃あるいは防禦に当っての重要な軍事施設であると同時に、城下に威を奮う統治上の象徴的施設でもあった。そのため城内の門のうち最も複雑な進入形態をとると共に、最大の規模を有していた。

犬走り口は、大手門を迂回して裏門に至る横道であった犬走りの虎口に当る。備中松山城の場合は、土塀の痕跡がとぎれる大手門下の地点に該当し、ここから天守裏の搦手門に通じる犬走りが続いている。

大手門は文献・古絵図等から、一〇間×二間の櫓門形式と考えられている。現在はその両脚の石垣と礎石を遺すのみで、発掘調査により櫓の基礎となる石列や根太（ねだ・床を支える横木）を受ける束石（つかいし）等が検出された。その他、出入口の踏石等も出土し櫓の大きさや出入口の位置が確認された。門の部分の礎石は全て切石が使われ、表面に石鑿（いしのみ）や鏨（たがね）による調整があった。表面には、柱の下部を腐食防止等の目的で巻いた鉄板の痕跡である方形の鉄錆が遺り、礎石に据えられていた柱の形と大きさが解った。大手門址付近には、モミ・ケヤキ・アサダ・アラカシ・カヤ・カゴノキなどの大木が繁茂し、自然がよく遺っている。

累累と高石垣が積まれ、見ているだけで昔の人の労苦が偲ばれる。こき使われた人夫・領民や下級武士達はどんな思いでこの石一つ一つを運んだのだろうか、明日に望みはあったのだろうか、そんなことをしみじみと考えてみる。

備中松山城の山上大手虎口横の高石垣は、見る者を圧倒させ、近世山城の石塁美を遺憾なく発揮させている。大手門址櫓台石垣の法高は一箇所を略測すると約三・四mあった。櫓台上には大手櫓跡の石碑がある。大手門跡内に、足軽箱番所跡の碑があり、この付近から三ノ丸址までの石垣法高さは約八mである。大手口左手は二の櫓台である。土塀が三ノ丸平櫓東土塀として、国指定の重要文化財になってきれいに修理されて遺っている。

この付近は来る度に様変わりして、右手には復元土塀が延びている。重要文化財の土塀の高さを略測すると、石垣を含め約二・五mあり、土塀自体の高さは約一・四mあった。土塀は白漆喰塗で、右に四角い矢狭間・そして中央部左手に丸い筒狭間が二箇所、さらにその左手に四角い矢狭間があって、左端は丸い筒狭間である。そこから進むと復元土塀が左手に続き、三の平櫓台があって右手に三ノ丸址が広がる。

三ノ丸址から観る石垣もまた壮観である。一部土塀が復元されていて白く輝いている。その復元された土塀の奥に現存の厩曲輪の土塀の一部があり、長年の風雪に耐えてきたが、今では復元土塀に連なっている。三ノ丸址から厩曲輪址までの石垣法高は、石垣中央部付近で約八mあった。三ノ丸址から登ると黒門址がある。右手には厩曲輪址があり、左手は御膳棚址である。御膳棚の名称の由来は籠城時を想定した食料供給地点によるものである。二ノ丸櫓門（鉄門）址手前の二ノ丸址石垣法高は、約五・五mである。

近代短歌の出発に際して、「自我独創の詩」を提唱したのは与謝野鉄幹である。明治二七年（一八九四）当時の主流をなしていた旧派和歌を否定した論文を発表し、勇壮活発さを実現して行く。鉄幹のこの初期の作風の「ますらを」ぶりは「虎剣調・こけんちょう」と呼ばれた。それは、日清戦争下における時代のナショナリズムと呼応するものであり、一世を風靡した。

虎の叺える異国の韓（から・朝鮮半島）への挑戦と、太刀に寄せる深い愛着によって、国権的な気風を鼓舞した。明治二八年から日本語教師としてソウルに渡った鉄幹は、腸チフスで入院した際も、自分が死ねば男歌が衰えることを憂え、自分がますらをぶりを推進する自負を詠った。こうした発想が、大きな影響力を持ちながらも、当然批判が出てくる。二〇世紀が開幕する直前のまさに疾風怒濤の先駆者であった。

明治三四年頃（一九〇一頃）の短歌からは、虎剣調から恋を詠う転換期に当り、晶子を育てそれに呼応するが、鉄幹にとっては挫折でもあった。与謝野鉄幹が編集した『明星』は、明治三三年の四月に創刊された。晶子はその二号から出詠し八月に二人は逢っている。そして、翌年八月に晶子の『みだれ髪』の出現を迎える。晶子二二歳、鉄幹との恋愛を背景とした奔放極まりなき情熱的な作風によって、旧派和歌の打倒を果すことになる。その作風は大胆な官能表現によって女性の美しさに対する強烈な信頼を打ち出したものであった。そして晶子が奔放に読みにくくなる時代へと進行する。

大正三年（一九一四）の歌集『夏より秋へ』は、鉄幹のあとを追って渡欧した時のものであり異国で行動をともにした美しい作品は、あらためて灼熱の愛を再現する。パリに着いたのは、明治四五年（一九一二）の五月、初夏であった。これは晶子が浪漫派として生きることを、鮮烈に意識した旅でもあった。この歌集『夏より秋へ』は、昨今の海外旅行ブームの、謂わば先駆けとなっている。

備中高梁に遊んだ与謝野鉄幹と晶子は城山へ登り、次のような歌を詠んでいる。

しらじらと　溜れる霧の上走る
　吉備の古城の　山の秋風
　　　　　　　　　　与謝野晶子

松山の　渓を埋むる朝霧に
　わが立つ城の　四方しろくなる
　　　　　　　　　　与謝野鉄幹

その与謝野鉄幹の歌碑が、二ノ丸址一角に建っている。左手には、雪隠（せっちん・トイレ）の跡が二箇所あり、石積みで囲まれた窪みである。北の雪隠址は、L字状で、深さは約一・一mあり、平面全体の長さは約四・五五m、幅は約一・五mで、そのうち北西隅は欠かれていて、幅が約〇・九五m、それに直角に約一・九五m、さらに直角に約〇・五五mで、平面の長さは約二・六mとなる。南の雪隠址は矩形である。当時の雪隠の建物は、切妻造の簡素な長屋風の建物と考えられる。雪隠の跡が遺る城址も稀である。

前方には復元成った六の平櫓や五の平櫓・土塀等の白壁や屋根瓦が輝き、右手に寄ると土塀越しに懐しい天守が見える。五の平櫓付近の石垣直高は約五・九mである。石落の開口した五の平櫓を見上げて石段を登り、辺りを見回しながら南御門を潜ると本丸に出る。

　本丸側から観ると、右手には土塀が連なり、そしてほぼ正面に六の平櫓・中央部に南御門・左手は六の平櫓より小ぶりの五の平櫓があり、五の平櫓左側からも土塀が本丸を取り囲んでいる。五の平櫓は現在では管理棟となっている。六の平櫓内部には、本丸復元に際しての、過程・工法等が、副題復元されるまでの道のり、として紹介されたパネルが掲示してある。

　第一段階は、文献調査である。国立公文書館・内閣文庫蔵の「正保城絵図」等の絵図や普請の際の資料、移封や転封に伴い幕府に提出した絵図、災害等による修理許可を幕府に求めた際の提出資料、その他、古写真収集や城に関する文献調査等によって外観や構造を把握する。

　第二段階は発掘調査で、建物を復元する場所を事前に発掘し、地下に遺る痕跡を調べる。礎石や土台を載せる石列等は勿論のこと、発掘調査により出土する瓦や釘、漆喰や壁土等の種類や材質を調べる。あわせてそれら遺物の出土状況や出土位置・出土層位等から、建築年代や修理状況、建替え状況等を把握する。また復元建物の土台となる石垣は、現状での歪みや強度を記録する。

　第三段階は復元の設計である。発掘と文献調査による建物が一致した場合、復元設計へと移る。まず復元の年代設定をし、いつの時代の姿に再現するのかを決定する。次に現存している天守や二重櫓の共通していることや、柱の配置等の比較を行ったり、同じ時期の他の城郭の設計図等との比較検討も実施し、設計のあらましを決定する。建物の構造や規模の決定、あわせて現代工法をどこまで擦りあわせるかを決め、実施して行く。また、木材の調達や瓦・鯱・釘・金物類の規格もこの時に決定する。

　第四段階は土台造である。現在遺っている石垣や礎石等を壊さないことを前提に、基礎工事が行われる。石垣等は、風化や損傷によって再使用が不可能なもののみを取り替える。その際、現在遺っている石の産地や材質・加工方法・寸法等を細部に至るまで記録にとり、それに基づいて復元することが基本となる。

　第五段階は、木材の加工・組立である。調査によって決定された木材の材質・仕上げ方法等から原寸図を作成し、加工・組立に入る。六の平櫓の復元工事過程における木部軸組の一例では、側柱の外面に刻まれた段を基に、秋伐の丸竹が組まれ小舞が掻かれた。同じく六の平櫓の場合、屋根は木組みの後、板張（野地板張・のじいたばり）され、全面に椹（さわら・ヒノキ科の常緑喬木でヒノキに酷似していて幹高約三〇ｍに達する）の薄板が葺かれ（柿葺・こけらぶき）、瓦座が取り付けられた。

　第六段階では瓦が葺かれる。発掘で出土した瓦を分類して、復元する年代の瓦を決定する。軒丸瓦・軒平瓦・鬼瓦・飾り瓦等の紋様を決定し、現代工法で当時の瓦の紋様や寸法にあわせて焼成する。五の平櫓の瓦座組状況は、平瓦は瓦座の土に平葺きされ、その後に丸瓦は移動を防ぐ程度に葺土を筋置きして葺かれた。瓦は発掘調査で出土したものから型を取り新しく焼き上げられた。葺足も出土瓦や現存建造物を参考に施工された。

　最終段階が左官工事で、漆喰・軒裏・壁・土間等の仕上げを行う。調査で漆喰等が出土していれば、分析結果から、より当時のものに近づけることができる。耐久性や亀裂防止等の現代工法の取り入れは必要にあわせて決定される。門や櫓の破風板・軒裏等は、漆喰の、のりをよくするために藁縄等が巻かれ鉄製の鏝（こて）でむらなく塗り上げられる。

六の平櫓内部には展示品として、鬼瓦（海津型・江戸期・大手門址調査時に出土・水谷氏家紋三頭左巴紋入り）や、城址から出土した陶磁器類、今回の櫓の復元工事に使用されたものと同型の手斧（ちょうな・ここの展示品は幕末～明治の頃のもの）、屋根組となった垂木材の一部分の見本（松材）、椹材とそれを留める竹釘、瓦の下に葺かれている割り材、発掘調査で出土した瓦・釘、今回焼成された鐙瓦と同型の古瓦が並べてある。内部の梁等は手斧で削られ荒々しく、江戸初期の工法をよく再現している。木の香りがいい。

路地門は木造・埋門片引戸、六の平櫓の脇から城外に抜ける虎口にあり、土塀に塗り込められた小規模な門である。

南御門は復元された五の平櫓と六の平櫓との間にあり、木造・本瓦葺の棟門で、本丸の正面玄関に当り、大手門に次いで格式が高かったといわれる。

本丸東御門は木造・本瓦葺の棟門で、天守の東脇にあり本丸の勝手口に当る。本丸内で唯一の引戸で、常時本丸内に人がいなかったことが窺える。

腕木御門は木造・本瓦葺の棟門で開き戸、二重櫓の正面脇にあり本丸の裏門に当る。下りていくと搦手門址に至る。

備中松山城は、大和国高取城・美濃国岩村城と並んで日本三大山城といわれている。臥牛山の周囲は五二三六ｍあり、日本で唯一山城に天守建築が遺存する。天守は頑強な天然の岩盤上に野面積の天守台を築き、その上に建てられている。天守南面中央部の岩盤の法高は約五・三ｍである。天守入口付近の石垣の高さは約三・四ｍ、同様に立地する二重櫓の岩盤は、番所址付近からの直高が約六・三ｍある。また二重櫓の一部の石垣の高さは約三・五ｍである。

天守台の周辺を中心に群生し、毎年秋になると花が咲き乱れる。ここは赤の花しか咲かない。備中兵乱を始めとした幾多の戦乱で散った歴代城主の怨念という伝説がある。花の名は秋冥菊（しゅうめいぎく）という。

天守は一方正面で、西南方向に向けられている。天守は二層二階ではあるが、絵図や記録によっては、「三重櫓」と表現されたものも少なくない。天守を西側面からみると八の平櫓から続く渡り廊下の屋根が重なって三重にみえる。天守の大きな特徴は、中央の唐破風出格子窓である。唐破風には、併わせて出格子窓が設けられていて、石落の機能も有している。天守の外装を白と黒とのコントラストで彩る漆喰と腰板、腰板は竪板張と呼ばれ、竪方向に板が張られている。これは現存する天守の中では、備中松山城と高知城とが知られている。通常の城郭建築の腰板は横方向に張られた下見板張である。

天守大棟には鯱が置かれ、鬼瓦は水谷氏の家紋三頭左巴紋が見受けられる。また降棟の鬼瓦は蛇の目紋でこれは水谷氏の後の城主石川氏の家紋である。連子窓は太い縦格子により、外から中が見えにくく、中からは外が広角に見えやすいように工夫されている。特に上層西南面の連子窓は、人の顔で表現すると、庇が眉のようで、連子窓は眼のようにも見え、他城郭の天守には観られない独特の外観である。

天守に入城すると、左手に入場券を売るオジさんがいて、右手は天守台の石積で、右手中ほどに一階に上がる階段がある。ここは接続廊下（つなぎろうか）で、八の櫓と天守を繋ぐ廊下である。蓋附銃眼や石落等が設けられて、ここでの石落は、外観が魚の鰓（えら）に似ているところから鰓形窓ともいうと書いてある。階段左手には、天守の構造を詳解したパネルがある。階段を上がると一階で、右手に二階に上がる階段、左手は装束の間（しょうぞくのま）、ほぼ正面奥に囲炉裡（いろり）がある。右手の唐破風の連子窓は、二つの大きな突上げ戸で内側に吊られていて、連子窓（武者窓）は、正方形の角材の角を外側に向けて並べていて、広角的に攻城兵の動きを見ることができる。格子の間から五の平櫓や六の平櫓方面を観てみる。格子窓の一つを略測してみると、床面から〇・八ｍの位置に、内径約〇・七五ｍ×約〇・七五ｍの三本の格子子の連子窓であった。

囲炉裡は一階の正面奥にあり、板石造・長さ一間・幅三尺で、内径は長さ一・七六ｍ・幅〇・八三ｍ・板石の厚みは七・五㎝・灰までの深さは平均〇・四ｍである。籠城の際、城主の食事や暖房に用いられたといわれている。天守内部に切込の囲炉裡があるのは、全国の天守でもここだけである。これは戦国時代中国地方の首都として激しい争奪戦が幾度か繰り返された経験から生れたものである。

装束の間は、籠城時における城主一家の居室で、床下に石を入れ、隙間のないように造られていて、忍者でも侵入できないように工夫されている。落城時には城主一家の死に場所である。一階から階段を四段上った所にあり、窓からは二重櫓が見える。装束の間内部上方には、高松・岡山・新発田・名古屋・大坂・熊本・明石・大洲等各城の櫓の写真が掲げられている。格子から二重櫓を観てみると、妻の懸魚は素木の梅鉢で、上下層共左手寄りに格子窓がある。上層は漆喰部分が多く、板張部分は少ない。下層中央部には庇附きの出入口がある。下層西北方向に、出格子窓二箇所・石落二箇所が設けられていて、建物の腰は竪板張である。

明治維新後、廃城令が出されて各地の城郭が取壊されていく中で、備中松山城は天守を始めとした諸建築が標高四〇〇ｍを越える山頂にあったために、そのまま遺されていた。その後城内は荒れるに任せて、大正末期には、建物は数棟を遺すのみとなっていた。

昭和二年（一九二七）県立高梁中学校に赴任していた信濃友春は、城と城下に興味を持ち、その研究に取組み「備中松山城及其城下」と題して発表した。これが当時大きな反響を呼び、高梁町が松山城の保存に取組む契機となった。翌三年には新見営林署から二重櫓を「火の見台兼造林人夫収容小屋」という名目で払い下げを受け、有志の拠金で解体修理が行われた。

さらに昭和八年には保存を支援するため「高梁保勝会」も結成された。昭和四年に修理された二重櫓も三〇余年経過して傷みが進んだので、文部省により三の平櫓東土塀と共に解体修理が行われ、同時に天守も部分的に修理された。

二重櫓は、当時文部省から派遣された技師西條孝之等による綿密な調査をもとに、修理が行われた。二重櫓は組み上げられた木材や瓦等が大幅に緩み、雨漏りによって部材が腐朽し倒壊寸前であった。昭和三三年（一九五八）二月末に解体を終え、引き続いて基礎工事が始り、四月から組立作業が開始され、翌三四年五月末に完了した。解説板を撮って一階の高さを測る。

一階主室の床面からの天井板までの高さは四・〇九m、根太までの高さが三・九七m、本梁までの高さが一箇所を略測すると三・四一m、敷居・鴨居間は二・三九mあった。展示品として鯱瓦がある。現在の天守や二重櫓の鯱瓦は、昭和一五年（一九四〇）や昭和三五年（一九六〇）に行われた修理によってその当時の既製品に据え替えられているので昔のオリジナルではない。

鯱瓦に限らず瓦は紋様や痕跡に、その時代の特徴を秘めていて、中でも鯱瓦はその姿形に時代の特徴が最も現れている。今回の本丸復元工事では発掘調査の過程で鯱瓦は出土しなかったので、備中松山城の築城年代である天和三年（一六八三）に最も近い大坂城乾櫓（元和六年・一六二〇）のものを参考に新たに作られた。展示品には以前は、藩主水谷氏の画像や刀剣類・書状・槍穂類・旗指物・烏帽子等があったが、最後に訪れた時には無かった。水谷氏の馬標・板倉勝静や山田方谷の紹介パネル・八重籬大明神の掛軸と同神社の鉦鼓（しょうこ・雅楽の楽器の一つ）等が展示されている。二階への階段は踊場（おどりば）が付いて折れ曲り敵兵がすぐに上れないようになっている。曲げ幅も狭く階段も急勾配で総て防禦第一に考えられている。勾配が急であるがために階段各段の滑り止めも工夫されている。

二階の床面から棟木側面までの高さは約五・五mあり、本梁までの高さが二・八七m、敷梁までは二・四八mあった。展示品には古瓦類があり、二階上方には日本の城郭で国宝・重要文化財に指定されている天守の写真が掲げられている。城の守護神を祀った御社壇（ごしゃだん）は、階段を上った正面にあり舞良戸が建てられ、奥の段には、木野山神社城地安泰守護の御札や八重籬神社御玉串・古瓦類等が並べられている。

天和三年（一六八三）藩主水谷勝宗は天守の修築完成に際して、二階北隅を杉板戸で仕切り御社壇を造り、家の安泰と領内の繁栄を祈願して、三振の宝剣に天照皇太神を始め水谷氏の守護神羽黒大権現等の神々を勧請し、この御社壇に安置した。そして事あるごとに盛大な祭典を行い安康を祈った。

天守を出て二重櫓の方へ行く。二重櫓の鬼瓦・鳥衾瓦・鐙瓦の紋様は細みの三ツ巴紋で、連珠を数えると一一～一二ある。岩盤上に屹立する姿は古城の持っている栄枯盛衰だとか、哀感とか、あるいは風格など様々なことを想わせてくれて、思わず少年の日に流行した古城の歌を口ずさむ。

二重櫓の後方に、後曲輪址があり、さらに北に進むと、小松山と大松山を結ぶ土橋がある。石塁上に架けられ、戦いの際には橋を落して攻城兵を防ぐという具合であった。付近には井戸や水の手番所址があり松山城の飲料水の供給源で、井戸は今でも使用されている。橋はそれほど長くはなく、堀切も枯れ葉に埋もれて深いとは感じられない。

ここからさらに北に登ると大松山に至る。駐車場に戻って帰りのタクシーを待ちながら、売店をのぞいてテレフォンカードを買う。

城下散策

城下の麓に、「山田方谷先生家塾・牛麓舎跡」の石碑があったので車を止めてもらって撮る。高梁川に架かる方谷橋を渡った城山西に位置する方谷林公園は、山田方谷の業績を永久に顕彰するために明治末期に開園され、大正中期より桜の名所として県下にその名が知られるようになった。現在の日新高等学校から高梁高等学校にかけての敷地一帯が、御根小屋址で小堀遠州の時代には下屋敷、水谷氏以降は御根小屋と呼ばれた。高梁高等学校の校門が御根小屋中門址に位置する。石垣が完存し土塀が廻らされている。

御根小屋跡・作事門跡の碑を撮る。城下町高梁の佇まいを色濃く遺す石火矢町の武家屋敷通りは、およそ二五〇m程の短い通りの両側に白壁の土塀・長屋門等が遺っていて岡山県指定町並保存地域の「石火矢町ふるさと村」である。

武家屋敷の中でただ一軒公開されているのが、旧折井家で、高梁市武家屋敷館として市が管理している。折井家屋敷は天保年間（一八三〇〜四三）に建てられた一六〇石取りの物頭格の屋敷で、板倉氏に仕え軍役を勤めた。母屋と長屋門や庭が遺り、母屋は書院造で、長屋門内に馬屋・仲間部屋・物置があった。広い庭があるが、主人の居室以外は、むしろ敷きの板の間といった簡素なものである。母屋の部屋割りは、八畳・六畳各二間・四畳半一部屋・女中部屋・台所・土間である。中庭の池や庭石・踏み石等は、ほぼ昔のままで、その庭に面して資料館がある。資料館には、甲冑・火縄銃・陣笠・十手・馬具・刀・鑓・掛軸等が展示されている。

中之町の山田方谷が学頭を勤めた藩校有終館址の敷地は、現在は高梁幼稚園になっていて、方谷が植えた松は市の史蹟に指定されている。石碑があるだけで解説板はなかった。明治初期の様式建築を見せる柿木町の高梁基督教会堂は、旧松山藩が庶民教育のために設けられた教諭所で明治二二年（一八八九）に建てられた県下最古の教会である。

頼久寺町の順正寮は、典型的な和洋折衷建築であり県指定史蹟である。順正女子校は熱心なキリスト教徒の福西志計子が明治一四年（一八八一）に創立したものである。当時は西洋崇拝の余り、我国古来の美風をも捨て去ろうとする世情が危ぶまれていた。志計子は女性の手で大学校を設立したメリー・ライオン伝に感激して、女性の解放と地位向上のために私財を投じ、生涯を女子教育に捧げた。この建物は明治二九年（一八九六）に校舎として建てられたが、その後寮に転用された。正面玄関は日本風であるが、二階の一部をベランダにした和洋折衷の趣を持っている。

ＪＲ備中高梁駅東の山手は寺町通りで、城下町の防衛線として高石垣で築かれた寺院群が続く。松連寺本堂の格天井と船戸は、いずれも県指定重要文化財で、豊臣秀吉の朝鮮出兵の際に、宇喜多秀家が建造した御座船に使用していたものを、この寺の有海和尚を座船に招き十一面観音の秘法を修めさせた縁で、凱旋後寄進された格天井には、金箔の上に五七の桐紋が描かれ船戸の作りも繊細であるとのことだが、一般公開はされていない。

松連寺北隣の薬師院泰立寺本堂は桃山様

式を持つ江戸初期の建物で県指定重要文化財である。さらに北に定林寺・道源寺と続き、巨福寺（こうふくじ）がある。巨福寺は正平一〇年（一三五五）開基の寺院で、山門は松山藩家老宅にあったものを明治八年（一八七五）に移築したものである。その他、松山藩ゆかりの、安正禅寺、寿覚院、頼久寺がある。

内山下の八重籬（やえがき）神社は、板倉家の祭神で、始祖板倉勝重・二代重宗が祀られている。

頼久寺は足利尊氏が安国寺として建立した禅寺で、松山在番となった小堀遠州が仮の館とし、慶長九年（一六〇四）に枯山水の蓬莱庭園を造った。備中兵乱で滅んだ三村家親や元親父子の墓、そして元親の子の勝法師丸の墓もある。松山城落城の際、八歳の勝法師丸は捕えられ、あまりにも利発であったがために幼い命を絶たれた。

げに儚きは今も昔も人の世の定めであろうか…。

備中松山城復元五の平櫓

備中松山城復元六の平櫓

備中松山城二重櫓北西面詳細

備中松山城二重櫓東面

備中松山城天守

備中松山城天守一階内部囲炉裡

備中松山城址

備中松山城天守二階内部

備中松山城天守一階内部

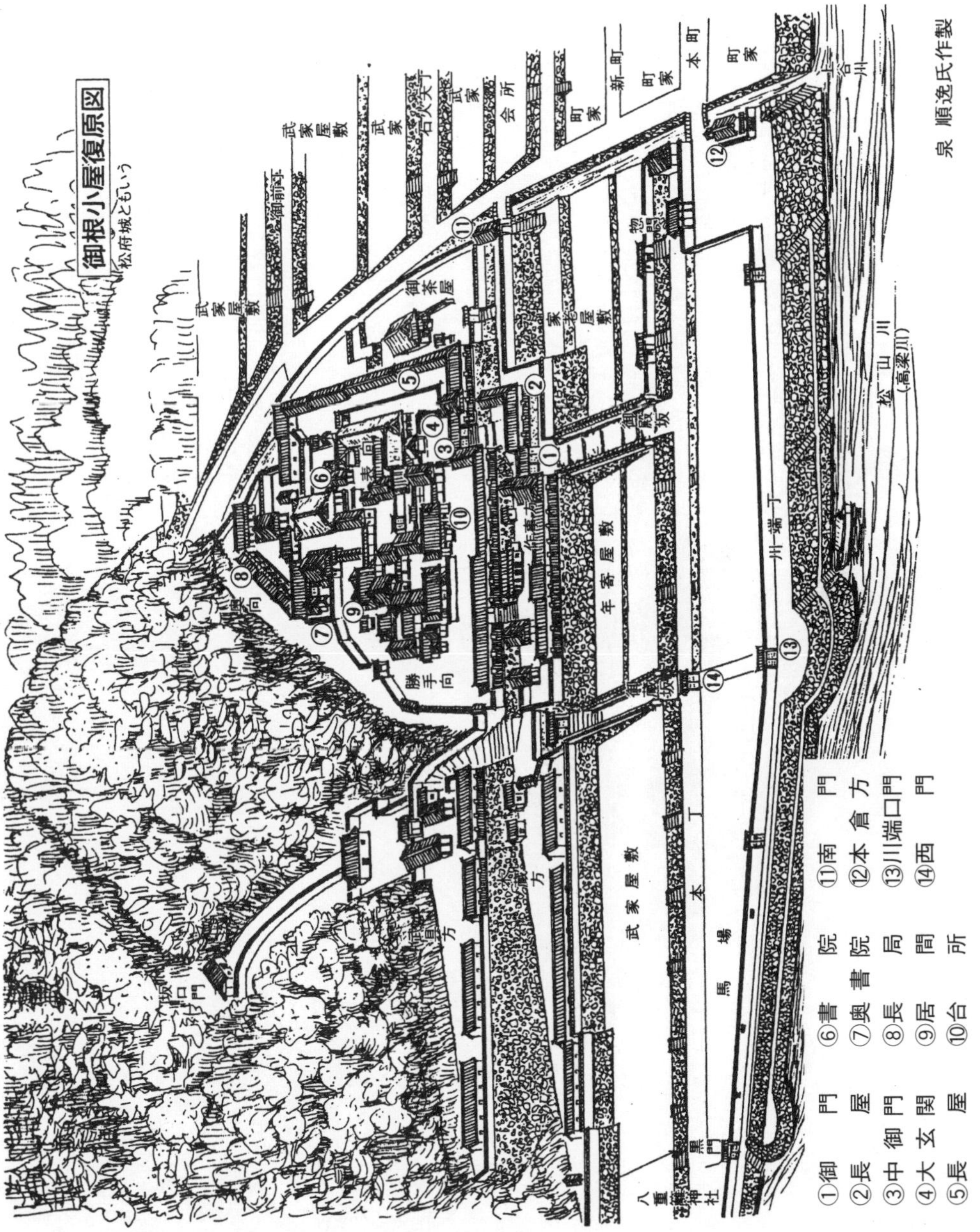

泉　順逸氏作製

山陽新聞「サンブックス・備中高梁」より

松山城復元図（近世式）

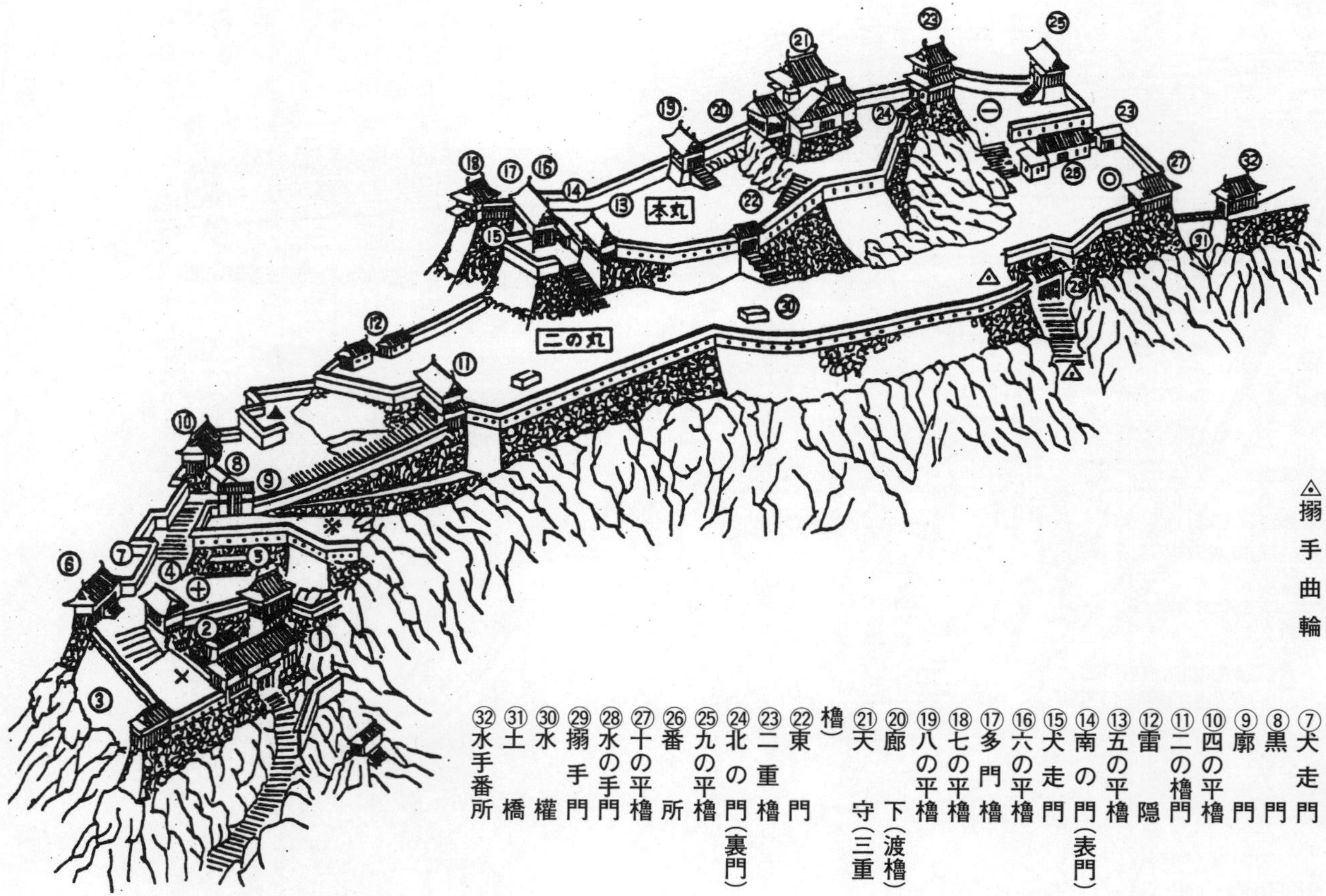

①大手櫓門
②箱番所
③二の平櫓
④足軽番所
⑤上番所
⑥三の平櫓
⑦犬走門
⑧黒門
⑨廓門
⑩四の平櫓
⑪二の櫓門
⑫雷隠
⑬五の平櫓
⑭南の門（表門）
⑮犬走門
⑯六の平櫓
⑰多門櫓
⑱七の平櫓
⑲八の平櫓
⑳廊下（渡櫓）
㉑天守（三重櫓）
㉒東門
㉓二重櫓
㉔北の門（裏門）
㉕九の平櫓
㉖番所
㉗十の平櫓
㉘水の手門
㉙搦手門
㉚水権
㉛土橋
㉜水手番所

×ますがた
㊉三の丸
▲ごぜんだな
※うまやぐるわ
㊀うしろぐるわ
◎水手門脇曲輪
△搦手曲輪

人物往来社「日本の名城」より

備中松山城　天守西南立面図

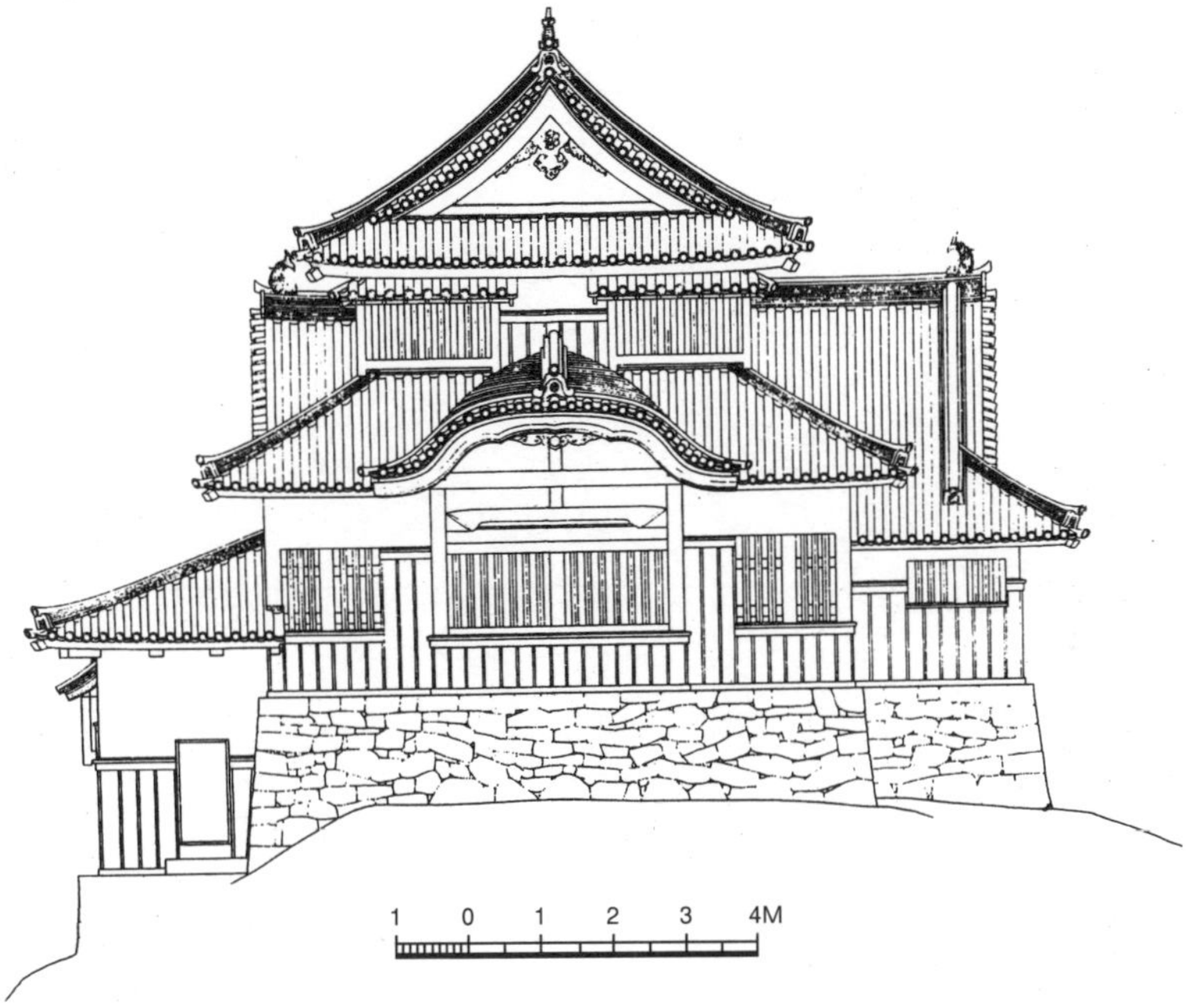

天守西南立面図

同二重櫓西北立面図

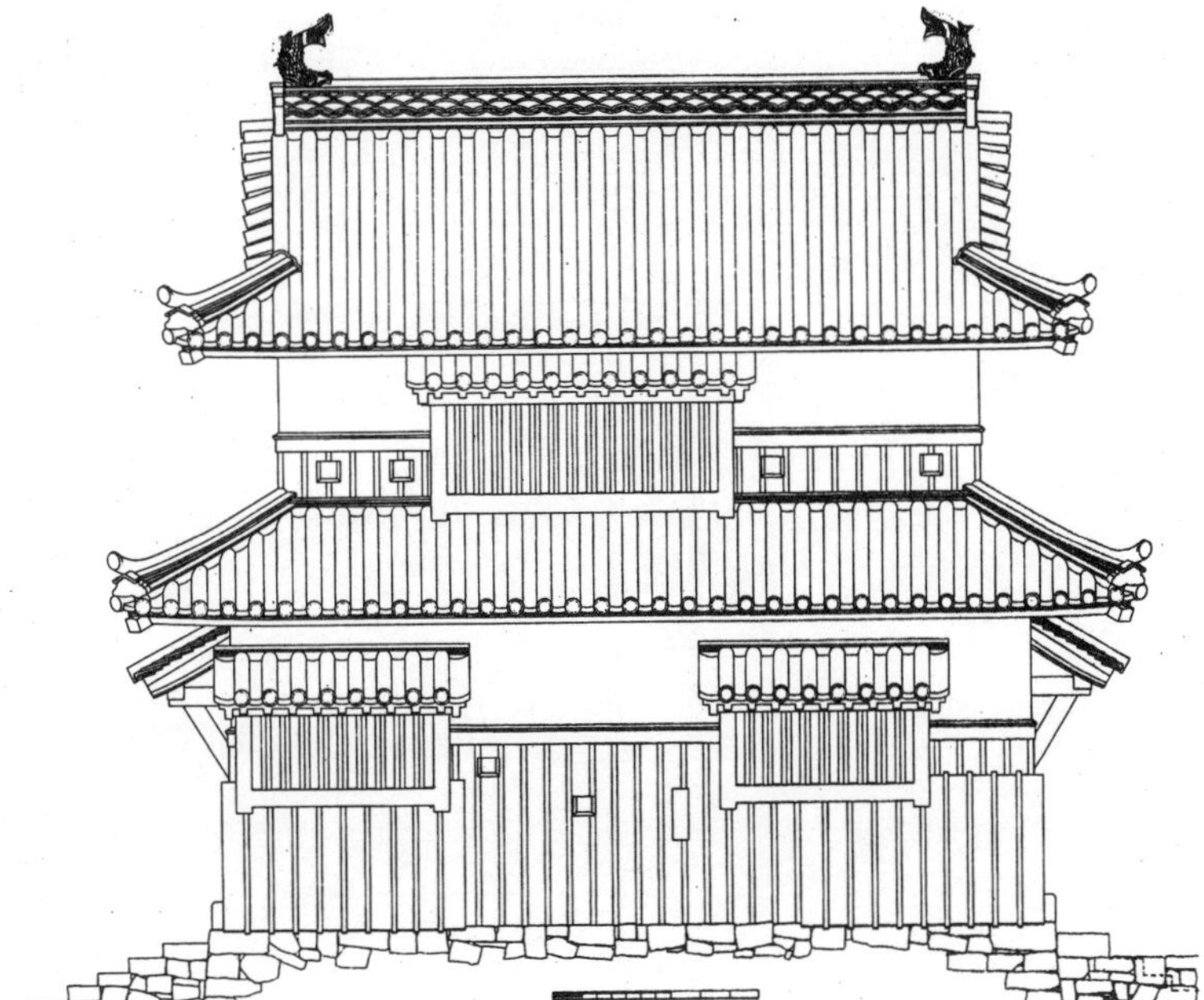

二重櫓竣工西北立面図

備中松山城天守平面図

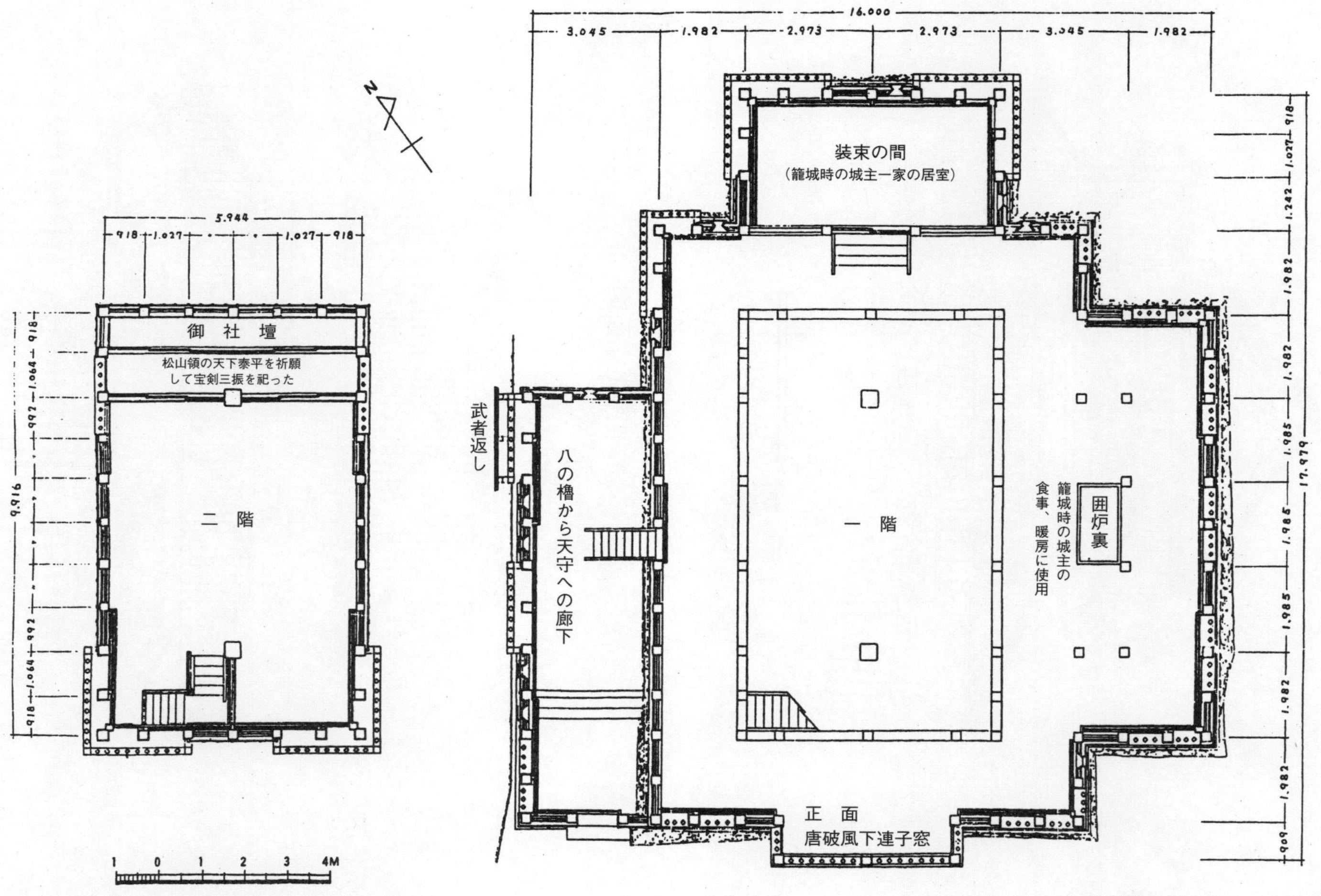

16.000
3.045
1.982
2.973
2.973
3.045
1.982
装束の間
（籠城時の城主一家の居室）
918
1.027
1.242
1.982
1.982
1.985
1.985
1.985
1.982
1.982
909
17.979
一　階
囲炉裏
籠城時の城主の
食事、暖房に使用
正　面
唐破風下連子窓
八の櫓から天守への廊下
武者返し
5.944
918
1.027
1.027
918
御　社　壇
松山領の天下泰平を祈願
して宝剣三振を祀った
二　階
9.916
918
1.064
992
992
1.064
918
N
1
0
1
2
3
4M

第二章　探訪

福山城の櫓遺構

はじめに

福山城の伏見櫓を初めて見たのは、高校の修学旅行の時であった。列車が国鉄福山駅にさしかかる頃、その雄姿が見えてきた。駅に着き、下から見上げるように櫓を凝視した。その時、前の席にいた同学年の女生徒の顔を、下から見つめるような格好になってしまった。女生徒は自分の顔を見つめられたように勘違いしたらしい。さして美人ではなかったが、嫌な顔はしなかった。列車が駅を通り過ぎ、俺がしきりに城を振り返るので、自分を見たのではなかったと納得したようであった。

社会に出てから、福山城址へは幾度も行っている。それは新幹線を利用しての日帰りの旅であったり、他の城址を探訪してついでに福山城も訪れる、というものであった。福山城伏見櫓の二階の梁の一つには、「松ノ丸ノ東やぐら」の明記があり、徳川家康が再興した伏見城の櫓の移建を明確に示す全国で唯一の遺構例である。いつかは内部を見学したいと思っていて、その方法がないか福山市役所の教育委員会に電話したところ職員立ち会いのもとで、内部見学は可能である、とのことであったので、ある年の盆休暇を一日利用して福山に向う。一〇時半頃JR福山駅に着き、帰りの切符を確保して、急いで城址の坂を上る。

伏見櫓の前で、市役所文化財課のHさんが待っていてくれた。挨拶して名刺を交換し、胸をときめかせて、内部を見学させてもらう。そして、写真撮影・ビデオ撮影・建物内部の略測をする。Hさんに礼を言って辞去し、天守の入口で腰を下ろして一服し、建物の略測数値のメモを整理し終えたのは昼頃であった。曇り空、少し雨が降ってきた。

思えば、大類伸先生監修の『日本の名城—昭和三四年・人物往来社刊』で、初めて伏見櫓内部の写真を見てからおよそ三〇年にして、自分の眼で見ることができたのであった。歳を取り、すべてのことに感動の気持ちが薄くなってきていても、この時の感銘は、今でも鮮やかに脳裏に蘇る。

城史

元和五年（一六一九）、安芸・備後二国五〇万石の太守、広島城主福島正則の改易は、徳川幕府が譜代大名を配置しえていなかった中国の地に、楔を打ち込む絶好の機会となった。そこで幕府は、大和郡山六万石の勇将水野勝成（かつなり）を、四万石加増して備後一〇万石の領主として入封させた。

水野勝成は、海路鞆津（とものつ）に到着し、前領主福島正則時代の支城であった鞆城・神辺城（かんなべじょう）と居城を移しながら築城の候補地を探して領内を巡視した。神辺城は、手狭な城で過去度々落城した経歴を持つ城であった。従来、備後国一〇万石領内の主城は、神辺平野を一望できる山陽道の道の上に聳える神辺城と、瀬戸内海の守りの城として鞆港に鞆城があった。幕府としても当初水野氏の居城として神辺城を考えていたようであるが、勝成は新城構築を願い出て、神辺城・鞆城双方の機能を併せ持つ新城候補地として、深津郡常興寺山を選んだ。当時の常興寺山は、芦田川の河口に形成された数個の三角州の一つの上に盛り上がる小高い山であった。周囲を川や瀬戸内海に守られた天然の要害地で、水陸両面に至便の地であった。

徳川幕府が水野勝成を福島正則に替えて備後の地に入れたのは、幕府の政策上の深謀遠慮で、外様大名の多い西国・九州に備えて、徳川氏の外戚でもあり歴戦の勇将として、武略にすぐれ、政治的にも手腕を持った勝成に西国鎮護の役目を期待したからであった。

元和六年（一六二〇）、水野勝成は家老中山重政を惣奉行に任じ、築城工事が始まった。勝成自身も天神山に仮家を建てて、日夜工事を指揮監督した。

幕府は西日本で最初の譜代大名水野氏の福山築城に当って、ことのほか配慮した。伏見城の遺構であった伏見御殿・松之丸御櫓（伏見三階櫓）・火打櫓・月見櫓・鉄御門（くろがねごもん・筋鉄御門）・追手御門・能舞台・御湯殿・多聞・橋三基等を下賜し移建させ、多額の援助金を貸与した。また、絵図面割師として、小幡勘兵衛を、城石垣奉行に宇喜多氏の旧臣であった花房志摩守・戸川土佐守を派遣して築城を助成させるとともに監視役とした。

こうして常興寺山改め、福山の地に新城が築かれ、新しい城下町造りが行われたのである。徳川幕府が一国一城令で破城を進めていたにも関わらず築城させたのは、福山が山陽道の要衝の地であったからである。それは、近世初頭最後の城造りとして最も完成した城と城下町の形成であった。工事の途中、洪水に襲われたがおよそ二年間の突貫工事で福山城は完成した。

福山城の縄張は、本丸を福山の台地の上に設け、その下を二ノ丸・三ノ丸が囲む輪郭式の平山城である。城郭は内外二重の堀で囲まれていた。城郭の最上段が本丸で、北隅に五層五階地下一階の天守が築かれ、本丸の外周は櫓と練塀で仕切られ、天守郭が構成されていた。天守南側の平坦地に、伏見御殿・西南隅に伏見櫓・本丸入口に筋鉄門をそれぞれ配した。本丸を取り巻く一段低い郭が二ノ丸で、内堀と外堀で囲まれた東・西・南の平地が三ノ丸であり侍屋敷が置かれた。

こうして福山城は、明治六年（一八七三）に廃城となるまで、水野氏五代・幕領時代・松平氏一代・阿部氏一〇代の城として山陽道にその雄姿を誇った。

藩史

水野勝成

水野氏は徳川譜代の重臣で、先祖は三河国刈谷城主であり、徳川氏とは非常に縁が深く、家康の生母は勝成の父であった水野忠重の姉に当り、秀忠と勝成とは乳兄弟であった。水野忠重の長子勝成は生まれつき剛直で、早くから家康について出陣し一六歳の時、高天神城の戦で一番首の戦功をたてるなど、幾多の合戦を生き抜いてきた歴戦の勇将であった。二〇歳の時、父の寵臣を斬って勘気に触れ、およそ一五年間各地を漂泊した。その間に勝成は豊臣秀吉を始め、佐々成政・小西行長・加藤清正・黒田如水等当代一流の武将達に仕え、成政のもとでは秀吉の島津征伐の軍に従い、後の国衆一揆の際には隈本城攻略に軍功を挙げている。如水のもとを去ってからは仕官せず、備後・備中を転々として、浪々の暮しが一〇余年続いた。徳川家康の仲介で父忠重に勘当を許されたのは、慶長三年（一五九八）三五歳の時であった。翌々年父の死により刈谷城主となった勝成は、家康の重臣として関ケ原合戦には大垣城を攻め軍功を挙げ、日向守に任じられた。大坂冬の陣・夏の陣では大坂城一番乗りの功をたてたがそれが、たとえ嗣子勝俊ではあっても、一軍の大将たるべき者の下知ではないと家康に批判され、陣の後大和郡山六万石に留め置かれた。

元和五年（一六一九）を迎え、水野勝成は五六歳で備後一〇万石の城主として入封した。福山城主となってから勝成は名君として、よく領内の治世に当っている。城下町経営・水道工事・干拓・開墾事業・治水工事と、領内の整備・開拓に力を尽くし、荒廃していた神社仏閣の再建にも尽力した。

水野勝成は生来の戦さ好きで、寛永一四年（一六三七）島原の乱が起ると、七三歳の老軀ながら、大喜びで、戦さの経験のない老中松平信綱の相談役となり、原城総攻撃の際、一揆の軍師でその首領ともいえる駒木根八兵衛の首を討ち取って槍先に突き刺して、一曲舞をまった。寛永一六年、藩主の座を子息勝俊に譲り、悠々自適の生活を過し、慶安四年（一六五一）八八歳で、人生の大半を戦さに明け暮れた生涯を終えた。

水野氏は代々名君ぞろいで、二代勝俊・三代勝貞・四代勝種・五代勝岑(かつみね)と続くが、勝岑が夭折したため、水野家は断絶となった。この時、藩士達は番頭水野平内を大将に籠城討ち死にせん、などと評議したが、家老水野玄蕃や目附などの必死の説得で事なきを得て藩士は退散し福山城も無事明け渡された。

幕府は、先祖の勲功によって二代勝俊の弟勝忠の孫勝長に水野の名跡を継がせ、子孫は下総国結城で一万八〇〇〇石を領して版籍奉還まで継承した。

幕府領時代

水野氏断絶により、旧水野領は幕府領となり、代官支配が行われた。山木与惣左衛門・宍倉与兵衛・曲淵市良右衛門等の三代官時代で、水野氏が善政をしいていたので領民は、三代官の厳しい年貢の取り立てに水野氏時代を懐かしんだ。

元禄一二年（一六九九）、幕府は岡山藩主池田綱宗に命じて、福山領内を検地させ、その結果福山領は一〇万石から五万石増加して一五万石となった。

松平氏時代

元禄一三年（一七〇〇）、出羽国山形城主一三万石の松平忠雅が一〇万石で福山に入部し、他の福山領五万石は幕府領のままとされた。松平氏の本姓は奥平氏で、三河に住していた頃徳川家康に仕え、その後、勲功によって封土を増し、忠明の代に徳川家の養子となって松平姓を賜った。忠雅は忠明の孫で、福山に一〇年余り在城して、宝永七年（一七一〇）伊勢国桑名に転封となった。

阿部氏時代

宝永七年（一七一〇）、下野国一〇万石宇都宮城主阿部正邦は福山一〇万石の領主

となった。阿部氏の祖は阿部比羅夫と伝えられている。三河以来徳川氏譜代の家柄で、福山入部後は、民衆をいたわり西国鎮護に任じた。正徳四年（一七一四）に五八歳で没した。

二代正福（まさよし）は、正邦の四男で、日光代参や、関東諸川の管理を司り、大坂城代・寺社奉行を歴任し、明和六年（一七六九）に七〇歳で没した。

三代正右（まさすけ）は正福の嫡男で、寛延元年（一七四八）に藩主となり、その後奏者番・寺社奉行・京都所司代・西ノ丸老中・老中を歴任した。明和二年（一七六五）には、福山で大火があり吉津本町・胡町・東町・三吉が焼失した。これは世に半六火事といわれている。正右は明和六年に四六歳で没した。

四代正倫（まさとも）の時代は旱魃《かんばつ》が多く、藩主となった明和七年（一七七〇）には領内に百姓一揆が起って、六郡の村々から領民が城下に押し寄せた。晩年の天明六年（一七八六）にも有名な天明の百姓一揆が起きて日本で最も激しく組織的に半カ年という長い年月にわたる争乱となり、奸臣遠藤弁蔵を退け、私欲な庄屋を免じ、百姓の願意を聞き届けておさまった。

幕政にあっては、奏者番・寺社奉行・老中を歴任した。天明六年、正倫は藩校弘道館を創設して藩士の教育に乗り出した。天明七年には老中となり、文化二年（一八〇五）六一歳で江戸にて没した。

五代正精（まさきよ）は正倫の三男で、長ずるにしたがって詩文画を愛し、文学を好み、江戸駒込の邸内に学問所をつくり、自ら文武に励んでいる。父の後をうけて家督を継ぎ、奏者番・寺社奉行・老中を勤め幕閣で重きをなした。藩政にも心を配り、菅茶山を登用して「福山志料」を編纂せしめるなど文教政策を進めた。文政九年（一八二六）五二歳で死去した。

六代正寧（まさやす）は正精の庶子で、文筆に長じ不争斉と号した。幕閣では奏者番を任じた。温厚な人柄で早くから正精の六男正弘を養子として引退し、専ら文筆を楽しんで余生を送り、明治三年（一八七〇）六二歳で死去した。

阿部正弘

七代正弘は正精の六男で幼名を主計と称し、幼少時より俊才の誉れが高く、兄正寧の養子となり封を継いで藩主となった。天保一一年（一八四〇）には寺社奉行となり幕閣に列し、天保一四年には二五歳の若さで水野忠邦の後を受けて老中となり、その後老中筆頭となって国政を総攬している。

大政奉還前に、すでに徳川幕府の内部崩壊が始っていた。その内部崩壊の実態を考える上で一番参考になるのが、嘉永六年（一八五三）東インド艦隊司令長官ペリー提督率いるアメリカ艦隊の浦賀来航に際して、老中首座であった阿部正弘の執った政策である。

まず、ペリーが持ってきたアメリカ大統領の国書を日本文に訳させ、大名や幕府役人達に示した。さらに、このことを京の朝廷に報告した。意見を出すのは譜代大名や直参だけなく、外様大名や全大名家の家臣でもよい、とした。また同時に町の浪人や一般庶民にもこれを求めた。幕府の内部態勢を固めるために抜本的な人材登用を行った。その前提として、幕府の組織を改善した。今まで幕政の枠外にいて疎外されていた感のあった御三家のうち、最も口うるさい水戸老公徳川斉昭（なりあき）を海防参与の名目で採用した。また、徳川幕府の頂点に立つ将軍の後継者問題について真剣に考え始めた。これまで外国の学問を独占していたオランダだけでなく、世界の他の国々の書物も取り寄せて、それぞれの国の政治制度を研究させた。人材登用については、直参だけでなく、大名家の家来でも優秀な者はこれを幕府が採用しようと考えた。以上のような政策方針は徳川幕府開闢《びゃく》以来、初めてのことであった。

　しかし、人々の現状認識は乏しく、理想は良かったが、現実の日本人の力がこれに伴わなかった。そして結果的には、徳川氏最大の宿敵薩摩藩主島津氏を幕府に近づけることになり島津斉彬は阿部正弘の最大の協力者になった。結果からみれば薩摩藩主を幕府に接近させたため幕府は倒れたのであった。

　阿部正弘は、国内の開国、攘夷の論、盛んに論ぜられてとどまるところを知らない騒乱時にあって、世界の大勢を察して、ついに日米和親条約を締結した。そして、国防の重要性を痛感して大砲を製造させ、大船製造の禁を解き海防をも厳にさせている。藩の治世では、内憂外患の危機的状況に対処することのできる人材養成の必要性を考えて、藩校誠之館（せいしかん）を建設した。国政の難局を乗り切る最高責任者としての心労から、神経を痛め、内臓を患い、三九歳の若さで逝った。

　八代正教（まさのり）は正弘の遺志を継いで、藩士に文武の道を奨励し、また海防のために西洋式二〇七屯三本マストの藩船順風丸の建造を発意するなど、藩政改革に着手したが三三歳で没した。

　九代正方（まさかた）の代には、尊王攘夷論が国内に沸騰して、全国各藩内でもほぼ同様であった。譜代大名阿部家においても、藩内諸士の尊王攘夷論が厳しく、正弘以来の開国論者も押えられる有様であった。元治元年（一八六四）第一次長州征伐が起ると、阿部氏は譜代大名のため征長の軍に従った。慶応元年（一八六五）から福山沖の干拓を行い富国の策と成した。慶応二年、第二次長州征伐が起ると、正方は藩兵を率いて三次から石州に入り浜田で長州軍と戦っている。

　幕末長州の生んだ天才児高杉晋作は、文久三年（一八六三）五月の長州藩の攘夷決行を機に、身分を問わず、志ある者だけを募った全く新しい組織の奇兵隊を創った。翌年の四カ国連合艦隊の砲撃を受けた馬関戦争では奇兵隊も防戦するが惨敗し、これ以後、洋式の軍備の増強を進め、奇兵隊は精強な戦闘集団に脱皮して行く。

　この間に、長州藩は禁門の変の敗退後、第一次長州征伐を受けた。当時藩内は保守的な俗論党が主導権を握っていた。晋作は俗論党を倒し藩論を統一するため、クーデターを決行する。功山寺での挙兵である。大田・絵堂の戦を経て、クーデターは成功し、奇兵隊は藩内抗争に勝利をおさめた。

　奇兵隊結成から三年後、長州藩は第二次長州征伐の危機に立つ。いわゆる四境戦争とよばれた戦いで、大島口・小倉口・芸州口・石州口で戦闘が展開された。

　高杉晋作率いる奇兵隊は小倉口の備えにつく。小倉口の幕府軍は二万余、長州諸隊は奇兵隊を始め、一〇〇〇余の劣勢であった。このため晋作は馬関海峡を越えて先制攻撃を仕掛け、後に小倉城を落城に追い込んだ。四境戦争の中でも、小倉口の戦は最も熾烈を極めた。

大島口では幕府軍の上陸・進行を許した長州藩であったが、晋作の夜襲等によって敵の追い落としに成功している。大島は、現山口県大島郡で全長四〇km近い大きな島で、慶応二年（一八六六）六月、第二次長州征伐で最初に幕府軍と長州軍が衝突した島である。

四境戦争の際、芸州藩の立場は微妙であった。幕府軍は広島に総督府を置いた。芸州藩は長州藩に対し同情的で、裏工作をして先鋒から外してもらうことに成功した。芸州口では、小瀬川・大野口・浅原口と、戦闘が繰り返された。幕府軍主力は彦根藩兵・高田藩兵で、戦国時代さながらの赤備えの装備をした彦根藩兵と、新装備の長州軍との戦闘は、時代の移り変わりを象徴した戦いであった。

石州口の長州軍筆頭参謀大村益次郎は、後の日本陸軍生みの親になった当代一流の傑物であった。幕府軍は、福山藩・浜田藩・松江藩・鳥取藩の各藩兵で、長州軍は、津和野藩領を通過し、益田の攻防戦・大麻山の戦と、大村益次郎の戦術はことごとく的中し、民心をも捉えて、浜田城を焚棄に追い込んだ。浜田城主松平武聡（たけさと）は水戸の徳川斉昭の一〇男で、浜田藩松平氏に入って嗣子となり、この戦いの時は二五歳であった。生来病弱で、病褥の日々を送っていた。浜田藩兵は、よく戦ったものの、自ら浜田城に火を放ち退去した。慶応二年（一八六六）七月、征長軍総督徳川家茂が大坂城で他界して、幕府の長州征伐は失敗に終った。福山藩主阿部正方は、浜田出兵の心労から慶応三年（一八六七）一一月福山で死去した。

慶応三年一〇月に徳川氏は大政を奉還した。長州藩は討幕の軍備を整え、東上の気配を示した。慌しい時局の中で、福山藩では藩主の喪を秘して葬儀も行わなかった。この間福山藩にとっては最も多難な時期で、明治元年（一八六八）一月長州軍は、討幕の軍を進めて、福山藩の動向を窺うべく福山城を包囲した。城内に正方の柩を安置し、重臣達が評議したが決せず銃弾が城中に落下し、天守にも砲弾が命中するなど、まさに戦端が開かれようとしたが、藩論を勤王にまとめ使者を長州軍に送り講和して、討幕の軍に加わることとなった。福山藩兵は戊辰戦争で各地に転戦し、箱館まで軍を進めた。

一〇代正桓（まさたけ）の代に版籍奉還となり、福山藩政の幕は閉じた。

規模・構造

福山城は近世輪郭平山城で、規模は東西約六三〇m・南北約六〇〇mで、標高は二三mである。城郭は、本丸・二ノ丸・三ノ丸・内外二重の堀より成る。

本丸
天守が聳える天守台から一段下がって、本丸があり伏見城から移建された伏見御殿・御湯殿等があり、周囲は方形をなし、高い石塁が築かれ、櫓・多聞櫓・塀等が廻らされていた。本丸入口は、南正面に正門の筋鉄御門を置き、西面に台所御門、西北に棗木（なつめき）御門の三門があった。

本丸南面
伏見櫓（八間×四間半—京間六尺五寸で以下同じ）

伏見城より移建し、城附武具が納められていた。足軽具足一五〇領・鉄砲一〇〇挺・玉箱一〇荷・火縄箱一〇荷・弓一〇〇張・空穂一〇〇腰・火矢二挺等で、各々水野氏家紋、丸に沢瀉（おもだか）紋がつけられていた。

渡櫓—伏見櫓より筋鉄御門まで折廻し、三室、東へ九間半×三間、北へ八間×二間、武者走幅一間半。

筋鉄御門（一〇間半×三間）—左に渡櫓、右に多聞櫓を接続していても桝形は形成されていなかった。樫木番所より坂道を上ってこの門を潜り、本丸に入る。

二枚の大扉及び扉附の柱と梁は欅材を用い、筋鉄を幾筋も縦に打ち付けてあったので、この名称となった。大扉は常には開かれず、柱脇の潜戸を用いた。屋根瓦は沢瀉紋入りである。

御番所（七間×三間）—多聞長屋とも呼ばれた。伏見城から移建されたものである。筋鉄御門番人の居所であった。

塀（長さは一二間あり湯殿まで）—幅一間半の武者走を伴う。

御湯殿（七間×四間半）—御物見の段（三間半×四間半）と御風呂（三間半×三間半）から成る。伏見城からの移建で、床・書院・天井等、伏見桃山時代の建築を伝える貴重な建物であった。御物見の段は南面し座敷が上・中・下の三段に分けられていた。上段の間は城主が湯上がりに涼をとり城下を眺めた所である。高欄を廻らし石塁上に突き出していた。中段は近臣の伺候する所で、下段は扈《こ》従者の控える所であった。風呂は蒸風呂であったらしい。もとは湯殿より御殿皇帝の間へ廊下続きであった。

塀（長さ一六間一尺で月見櫓まで）—武者走を伴う。

月見櫓（六間×五間）—二重三階櫓で伏見城からの移建である。本丸の南東角に位置し、二重目に高欄附廻縁があり、軍事上重要な建物である。月見櫓は観月のための櫓という意味ではなく、むしろ着見櫓で、戦時は将士の着到を監視し、参勤交代等の帰城の際にはその状況を望見する目的の建物であった。

本丸東面

渡櫓（五間×三間）—多聞櫓で伏見城からの移建である。月見櫓の附属櫓で、東面していた。

塀（長さは一〇間半で鏡櫓まで）—武者走はない。

鏡櫓（六間×四間）—二重櫓、伏見御殿との間に中仕切塀を建て潜門が構えられていた。

渡櫓（一五間×二間）—二室、武者走幅一間。

亭櫓（二間×二間一尺六寸）—物見櫓または化粧櫓と呼ばれた。渡櫓上に小展望楼を設けていた。

渡櫓（長さは二二間一尺×二間二尺六寸）—天守閣まで一棟、五室、武者走幅一間。

塀（長さは二四間一尺五寸、玉櫓まで屈曲）—天守左側、武者走幅一間。

本丸北方面

玉櫓（三間二尺×四間五尺）—二重櫓、神辺城よりの移建、東北角。

塀（長さは一六間で塩櫓まで）—天守背後、武者走幅四尺。

塩櫓（五間半×三間半）—二重櫓、神辺城よりの移建、西北角。

渡櫓（五間×二間）—南へ延びる。

渡櫓（七間半×三間）—西へ折れる。

本丸西面

内六番櫓（三間×三間）―二重櫓。

塀―西へ四間半、折廻し一間半、棗木御門桝形の北側の塁上、武者走幅一間半。

棗木御門（六間×三間）―東上り楯御門を潜り、天守裏塁上の道を迂曲してこの門より本丸に入る。門は南面、扉三間棗（なつめ）の木で造ったといわれた。

渡櫓（長さは一一間一尺×二間）―三棟三室。

渡櫓（五間半×二間）―本丸の庭に突出し、棗木御門の見透かしを遮蔽《へい》した。

荒布櫓（五間×四間）―二重櫓、神辺城よりの移建で、黄金水の裏に位置していた。

渡櫓（長さは一三間五尺×二間半）―一棟四室、武者走幅二間。

渡櫓（長さは一一間四尺×二間半）―一棟三室、武者走幅一間半。

人質櫓（六間×三間）―二重櫓、神辺城よりの移建で、人質を監禁した櫓であったとの伝承がある。

渡櫓（七間×二間）

御台所御門（八間×三間）―一名ジャコノ門、または馬出門といわれた。南面し、本丸より二ノ丸に下りる。

渡櫓（二間）―武者走は狭い。

鐘櫓―二重櫓、時鐘櫓、鐘楼ともいわれ、築城当時の建築を時々修理したもので、現在も使用されている。初めは鐘を吊り、太鼓を懸け、時の鐘と半時の太鼓で時を知らせた。

渡櫓（三間×二間）

火打櫓（四間半×二間半）―二重櫓、伏見城よりの移建で、鐘櫓の背後にあった。

渡櫓（長さは一三間×二間）―南へ延び、四室、武者走幅二間。

渡櫓（三間×三間）―伏見櫓に接続する。

福山城本丸は、城郭中心部の最高所に位置し、南北約一六〇m・東西八〇～一二〇m、面積約八六〇〇㎡の不整方形を成す郭で、外側には一段下がって帯郭を廻らしていたため、部分的には二重の高石垣で囲まれていたことになる。北側には一段高く天守台があり、二層三階の附櫓を付設した五層五階地下一階の天守があり、第二次大戦の空襲で焼失するまで存在していた。

福山城天守

天守は、一・二階が同一規模で初層を形作り、南面に二階造りの付庇が突き出し、東南隅には小天守である二層三階の附櫓が附属した複合式天守形式である。

屋根が一階部分にない形で、三階以上は層・重が同じで各屋根を持ち、各層ごとに上に一間ずつ逓減する形で、後期層塔式天守である。再建天守と戦前天守とを比べ、最も景観が異なっている点は、最上階である望楼部分である。再建天守は廻縁高欄部が廻らされているが、戦前天守最上階は、廻縁高欄部が江戸中期に風雨による腐食を防ぐため覆材が廻らされていた。その覆材は古色を呈していた。

焼失前の天守と現在の天守の大きく異なる点はもう一つあり、それは北面の壁の違いである。福山城は北方の搦手方向の防御が劣るため、天守北面は火攻めを警戒し、一階から五階までの壁面を全て鉄板張とし、他城の天守では類例のない独特の工事が施されていた。

現在の天守は白壁である。戦前天守は北面が鉄板張仕上げで、窓も東・西・南の三面とも、窓に銅板を巻いた仕上げで黒色であった。この二つが、戦前天守と再建天守外観の大きな相違点であり、その他、細部まで観れば現在の天守は復元天守とはいえない。

天守は築城以来殆ど変化がなく、空襲焼失時まで保たれた。一階内部は半地下階であり、九間×八間（六五・六尺×五九・三尺）、二階は八間×七間（五六尺×四九・七尺）、三階は七間×六間（四八・八尺×四二・五尺）、四階は六間×五間（四三・六尺×三七・三尺）、五階は五間×四間（三九・八尺×三三・五尺）という一貫性をもった逓減で、天守建築が最も完成された時期の元和一国一城令発令後の最後の作品であった。

内部の架構法も天守建築の完成期の手法が用いられていた。支柱は二階分ずつの通柱を重ね、中央部には二本の心柱を最上階までの通柱としていた。用材は東北産出の翌檜（あすなろ）の巨材を用い、壁面には強度のある楠材が張られていた。また各階身舎（母屋・もや＝この場合は主要構造部の意）の内は、天井が張られ、入側の母屋廻りは長押打ちで仕上げるなど入念な造作であった。

最上階西北には御調台（みちょうだい）と呼ばれた「上段の間」があった。御調台は、最初はその正面に八枚の障子を入れて、その中に延広八幡宮の神霊が奉安されていた。いわゆる天守の守護神としていたようであった。上段の間中央で、心柱は角柱に加工されていた。この角柱に加工された心柱は四・五階にもみられ、これは床の間が仕切られ、居住面を重視したためとみられる。四階以上の入側柱内は畳敷を想定した造作であったといわれる。

屋根はすこぶる変化に富んだ外容であった。一層目は、前面に付庇と小天守を繋ぐ屋根がせり出し、南・北面には比翼千鳥破風を配していた。東西二面は、頂が二層屋根を切るほど大きな千鳥破風を据えていた。二層屋根も一層屋根同様に葺き卸し〔本屋（おもや）の屋根を段差を設けずに下屋まで葺き下げること〕で一層とは逆に東・西面に比翼千鳥破風、南・北面両面に一つの千鳥破風が据えられていた。三層屋根は東・西面に一つの千鳥破風、南・北面には唐破風が付けられていた。四層屋根は東西両面に、軒唐破風、南北両面に小型の千鳥破風が据えられていた。この四層屋根の軒唐破風と小型の千鳥破風は、「正保城絵図（しょうほうしろえず）」には描かれておらず、同絵図では四層屋根部分だけは他の屋根と異なり、茶色に彩色してある。創築時から江戸中期まで、この四層屋根は、檜皮葺（ひわだぶき）もしくは、柿葺（こけらぶき）であったことになる。この四層屋根は、天守の廻縁と望楼部分を覆うようになった江戸中期に、他層同様に粘土瓦に改められて、破風が付けられたものと考えられている。五層屋根は、東西棟の入母屋造であった。

福山城の天守は五層五階地下一階である。地階は純然たる穴蔵ではなくて、その半ばを石垣によって囲まれ、室の上方には窓の設けのある特種な構造で、平時での使用を重視したものであった。各層には、扉もしくは引戸付の格子窓があり、破風の中には一個ずつの銃眼を設けていた。破風やその他の屋根瓦は、銅瓦で葺いてあって、窓枠も全て銅板を張って摩滅を防いでいた。瓦釘も銅釘を使用していたが、修理の時、殆ど鉄釘にされた。瓦当（がとう＝装飾模様のある巴瓦）には当初水野氏家紋の沢瀉紋がついていたが、修理の時に阿部氏の右重鷹羽紋（みぎかさねたかのはもん）等になっていた。

最上階は「物見之段」と呼ばれたように、他の階と趣を異にし、柱・長押・桁は塗り出しの真壁造で、中敷居が入れられ開口部となっていた。南面の東寄り二間と東面の南寄り二間は壁で、南面中央にと、東面やや北寄りに華燈窓が開かれていた。廻縁は、再建天守は朱塗りであるが、江戸中期以前の色彩については不明である。現在では黒鉄を巻いた欄干であったと考えられている。

附櫓は小天守ともいわれ、二層三層建で入母屋造となっていて、破風は伴っていなかった。初重は天守と分かれて庇の間から石段で上るようになっていた。室内には全て何の設備もなかった。

付庇は、天守と附櫓の両方の入口を覆う建物で、破風が一箇所あり、天守初層の庇と連なっていた。この付庇が天守への城門となり、石段で上るようになっていた。扉は鉄の延板張両開戸で、閂（かんぬき・両開き扉の締りのために扉の裏から差し通す横木）で締めるようになっていた。

福山城天守の寸法は左記である。

穴蔵―高さ　九・五〇尺
　平面　六五・八〇尺　六〇・〇〇尺
初層―高さ　一三・七五尺
　平面　桁行　六五・六〇尺
　　梁行　五九・三〇尺
　　柱割―九間×八間
二重―高さ　一三・七三尺
　平面　桁行　五六・〇〇尺
　　梁行　四九・七〇尺
　　柱割―八間×七間
三重―高さ　一三・七三尺
　平面　桁行　四八・八〇尺
　　梁行　四二・五〇尺
　　柱割―七間×六間
四重―高さ　一七・二〇尺
　平面　桁行　四三・六〇尺
　　梁行　三七・三〇尺
　　柱割―六間×五間
五重―高さ　不詳
　平面　桁行　三九・八〇尺
　　梁行　三三・五〇尺
　　柱割―五間×四間

天守のみの高さは、一四間三尺―約二六・三六m、石塁を含めての総高は、一八間三尺―約三三・六四mである。天守台の石垣はその下部で、東西約二四・五四m・南北約二三・〇三m、附櫓台が東西約六・三六m・南北約一三・三三mで、これをつないで付庇の間の石垣が、東西約二〇・三〇m・南北約六・一八mである。

福山城の戦前天守は、大坂城に復興天守を造る時に多くの点が参考にされたといわれる。福山城の正式名称は、「鉄覆山朱雀院久松城」といわれる。鉄覆は、天守の背面を鉄板で覆っていたのでこの名を付けたともいわれているが、「敵覆山」で、敵を覆滅する意味とされたもの、「敵追山」で、敵を追撃する意など種々にいわれている。朱雀は、四神で南方を表し、備後の南で、城は南面しているのでこの院号を付けたものであるとされ、久松は「松寿長久」の意味を込めて、城の武運長久を祈って名付けられたとされている。

福山城の雅称を葦陽城というが、これは

葦田川（芦田川）の北に聳える城の意味で、水の北を陽としていることから、詩人等が呼び慣らしたものであるといわれる。福山の地名の由来については諸説あるが、城完成の頃から城下町をも含めて、福山と呼ばれていたものと伝えられている。

福山城伏見御殿

伏見御殿も伏見城から移建されたもので、水野勝成が拝領した伏見城の中の諸建築の一部で主として住居にあてられ、伏見城より移建の建物を中心に増補され、勝成自身は隠居して三ノ丸西御門に居を移すまで、この御殿で起居していた。二代勝俊も最初はここを使用していたが、この由緒ある建築を惜しんで、別に三ノ丸東部に館を築いて移り、伏見御殿は平素は戸を閉じ、正月や幕府の使者の来訪等、国の大礼、拝謁の場にのみ開けていた。御殿も阿部氏時代になると相当に荒廃していたようである。

伏見御殿の各間の様子を古図でみると、筋鉄門を入ってやや東北に一〇数歩で玄関に達し、二間に一間半の式台があり、鴨居には牡丹に唐獅子の極彩色の彫物がほどこされて、その背後に四〇畳敷の「虎の御間」があり、廻縁が付けられ、縁も畳敷で、室の周囲の金襖には竹に虎の絵があり、床が設けられていた。この間のうしろに一九畳敷の「獅子の御間」があって、金襖に、牡丹に唐獅子が描かれ床付の間となっていた。さらに一五畳敷の「獅子の間奥座敷」があり、廻縁は南・東に折れ曲がっていた。

内玄関は、玄関の間の北側にあって本座敷二一畳敷で、虎の間の奥座敷ともいって、うしろ座敷一五畳がありその隣に取次の間九畳があった。廻縁は北に折れて一四間あった。この一群の玄関間の九間半・一〇間半の建物を書院に通ずる廊下が取次の溜となって、襖に仙人を描いて「仙人の間」と呼ばれていた。

書院は「皇帝の間」と呼ばれ、狩野永徳により、中国賢帝の描かれた襖が廻っていた。内部に中の間二四畳・上の間一六畳・御帳内があり、後座敷・下の間二一畳、廻縁が廻らされた八間半と一一間の建物があった。これをさらに廊下で繋いで、伏見御殿の本殿に連なり、八間に八間半の伏見移築の殿舎があり、上段の間二〇畳・次の間二四畳・奥座敷（納戸の間）一八畳、格天井で秋の七草が、狩野永徳や山楽の筆で描かれ、屋根は檜皮葺で棟は箱棟になっていて、徳川氏の葵紋が刻まれていたところからみて、徳川氏再興伏見城のものであると考えられる。その他、御居間・表居間・上段の間・三の間・鶉（うずら）の間等の多数の部屋があり、さらに御奥御殿や御居長局（おすえのながつぼね）・御台所・中台所等、伏見桃山文化を象徴した華麗な極彩色で彩られた建築であったと伝わる。

二ノ丸

福山城二ノ丸は、本丸の周囲を廻り、約三万㎡の面積があった。石垣を高く積んで、正面・南・東からの威容はこの二ノ丸を含めて、遺憾なく平山城の雄姿を福山平野に誇っていた。

二ノ丸南面

神辺一番櫓（七間×四間半）—伏見櫓の下西南角に位置していた三層櫓で、神辺城より移建されたもので寺社方の帳簿が納められていた。ここから斜め南に、塀が坂上御番所に連なっていた。

坂上御番所（四間半×二間）―樫木番所ともいわれ築城前に樫木谷があったのでこの別称となった。大手の鉄御門より筋鉄御門に上る中腹にあり、仕切塀を廻らしていた。

櫛形櫓（八間四尺×四間）―二層の横に長い建物で具足櫓ともいわれ、城附の弓・鉄砲等の武具が納められていた。神辺城の遺構と伝えられている。

鑓櫓（四間×二間半）―平屋造で櫛形櫓の附櫓であり鑓が納められていた。

鉄砲櫓（六間半×三間）―平屋造で鉄砲が納められていた。以上の三棟は石段に沿って階段的に重なって存在していて、山麓平地に向って塀を折り曲げて正面の鉄御門に連なっていた。現在は鉄道敷地となっている。

鉄御門（くろがねごもん・一二間×三間）―伏見城から移建された楼門で、二階に武具が納められていた。柱・扉・鴨居とも鉄板で覆われていたのでこの名称となった。内部に七間半×三間の御番所があった。ここから渡櫓が北に延び門内を仕切っていた。門内は約二六九坪あった。

外桝形―鉄御門外にあり、塀で桝形が形成され、約一三〇坪あった。桝形入口には門はなかった。

四ツ足門―桝形から内堀内側の武者走に出る門であった。

橋（五間半×三間五尺）―伏見城から移された擬宝珠勾欄附の橋が内堀に架けられていた。

二帯御曲輪―本丸から山麓にかけて段をなし、東側と南側を廻る帯状の郭で、塀を廻らしていて、南部の幅七間二尺・東部幅六間で、約一四六九坪あった。

二ノ丸東面

二ノ丸東側は細長い二帯御曲輪の下に二ノ御郭があって老松が林立していた。

鹿角菜櫓（ひじきやぐら・四間半×三間）―帯郭の北の端にあった二層の櫓で、神辺城より移建したものと伝えられる。この東から北を通って天守の裏を廻って棗木御門より本丸に上る通路に当っていた。

東上り楯御門（八間×二間）―下側に三間の突出石塁があり桝形を形成していた。

東坂三階櫓（五間半×五間）―三層櫓でかつては優美な姿をみせていた。

二階渡櫓（長さは二二間半×四間）―東坂三階櫓北に連なる渡櫓で、一棟四室であった。

鬼門櫓（五間×四間）―二階渡櫓の北端に位置した三層櫓で、一名を神辺櫓と呼ばれ、この櫓も神辺城からの移建と伝えられ、城地東北方向のいわゆる鬼門に当り、鬼門除のための櫓であった。

二ノ丸北面

鬼門櫓と乾櫓の間は渡櫓で繋ぎ、中央に五千石蔵に通じた御蔵口御門があった。

渡櫓（長さ―三三間半×三間）―一棟五間、武者走幅一間。

御蔵口御門（長さ―五間半×三間）―五千石蔵に通じる門であった。

渡櫓（長さ―二六間×三間）―一棟五間、武者走幅一間。

乾櫓（五間半×三間半）―三層櫓。

五千石蔵―御用米蔵ともいわれ数棟あり、幕府より預かった米を貯蔵していた。

二ノ丸西面

乾櫓から南へ渡櫓を経て神辺四番櫓があり、さらに渡櫓と塀を経て水の手御門があった。この門を通り堀の水を使用した。さらに塀で三層の神辺三番櫓に達する。この辺りは西に突き出し、そして塀で神辺二番櫓に達し、渡櫓が東に延びて西坂口御門に至る。ここが西側の通路で、本丸には南に廻って筋鉄門から入るようになっていた。

西坂口御門の東は渡櫓によって伏見櫓の北に達していたが、この櫓の中間に小門があって出入りできるようになっていた。西坂口御門の北側は、石垣と塀で桝形が形成されていた。

渡櫓―南へ九間半・西へ六間半・幅二間。

神辺四番櫓（四間×二間）―二層櫓で神辺城からの移建といわれた。

渡櫓（七間一尺×三間）

塀（長さ―二六間）―武者走幅一間乃至二間。

水の手御門―小門で西堀の水を汲みに出るところで片桝形があった。

塀―（折廻し二五間半）―武者走幅二間。

神辺三番櫓（六間×四間）―三層櫓、神辺城からの移建。

塀―（長さ―二八間）―武者走幅一間半。

神辺二番櫓（五間×四間）―二層櫓、神辺城からの移建。

渡櫓―東へ四間半・南へ九間一尺・幅二間。

西坂口御門（八間二尺×三間）―西面の主要門。

三ノ丸

福山城三ノ丸は内外二重の堀に挟まれた区域で、面積は約一〇万㎡あった。堀内の東側には領主の御屋敷であった御屋形・御用屋敷が並び、その他上級家臣団の屋敷があった。

大手口は、城の南方にあり正面に追手御門を持つ外桝形が突き出ていて、大手堀東西に伏見城より移建された擬宝珠勾欄の追手橋（六間×三間）が架かり、塀を廻る外桝形内の北に、これも伏見城移建の豪壮華麗な追手御門（一三間×四間）があり、つきあたりには番所（九間×三間）があって、ここも塀で囲まれ西側から三ノ丸に入るようになっていた。

追手門内右手に御勘定所があり、その東に、二重櫓（五間×五間）が附櫓（三間半×二間）を伴って建ち、北に御水門（二間半）があり、この門も神辺城からの移建と伝えられていた。さらに南東隅には二重櫓（四間半×二間）とその附櫓（二間×二間）があった。

三ノ丸東側は、東御門（一二間×四間）が東面し、外堀中に外桝形が突き出して形成され、東御門橋（六間×三間）が南北に架けられていた。東御門から北御門までの三の丸内は、領主の館であった御屋形があった。そのほぼ中央に、二層の御物見櫓（四間半×二間半）があり、藩主が東堀端に並べられた左義長を鑑賞した建物で、附櫓（二間×二間）を伴っていた。

左義長（さぎちょう）とは、古来宮中で正月一五日に執り行われた悪魔払いの火祭りで、青竹を束ねて毬打三個を結び、これに扇子・短冊・吉書などを添え謡いはやしつつ焼いた。この場合、この櫓で藩主が左義長そのものを観覧したか、焼かれる前の竹束等を鑑賞したものと考えられる。

北御門（九間半×三間）前は土橋となっていた。門内に番所があり、内桝形が形成されていた。この北部の外堀沿いには土塁を廻し、塀は設けられていなかった。この土居の内は、御用屋敷であった。

三ノ丸西側内には重臣の家中屋敷があった。中央に西御門（一一間×三間）があり、枡形が形成されていた。西堀に沿って出枡形があり、堀内は敲土居を廻らしていただけで塀は設けられず、土塁になっていた。

三ノ丸北側は、外堀などの防備が施されていなかった。五千石蔵のあった丘陵、独立小丘天神山などがあり、東まわりの外堀と天神山との間は竹柵を設け、清水口御門があった。天神山の西は沼地となっていて、御池と称された。城山の北西に五千石蔵に対峙して一支丘が出ていて小丸山と称されていた。北を区切る竹柵があり黒御門（二間×二間半）が、ここの出入口となっていた。

この搦手が防備上弱点であったのは築城当初からわかっていたので、幕末に長州軍が攻めてきた時も、この背後の防備をするために天神山の山麓を削って胸壁（きょうへき・味方の射撃を便にし、敵の射弾を防ぐ目的で人の胸の高さほどに築いたうず高く積みかさねられた土）を造り、さらに土居を廻らしたが、長州軍もいち早く背後を衝いて、本庄方面から城北の両社八幡の丘陵を占領して城へ攻撃を仕掛けている。

その後の福山城

明治の新政治が始まり、廃藩置県の処置がとられると全国の城地は国の所管に移され、要塞としての見地から陸軍省の管理するところとなった。明治六年（一八七三）一月、全国に六鎮台が置かれ、東京・仙台・名古屋・大阪・広島・熊本の六城は兵営として利用されたが、福山城は不要となり、一月一四日の太政官公達の趣旨にしたがって当時福山を管轄していた小田県庁で民間に払下げることになった。

福山城本丸・二ノ丸・三ノ丸・練兵場の全建物を六区に大別して、公入札に付したが、なかなか県が評価した値が出ず、二回、三回と重ねられたが落札に到らなかった。大まかな分け方の入札では落ちなかったので、後には建物を一つひとつ小分けに別個入札してようやく小建築物から落札していったとのことである。

この時の落札記録を見ると、大手門が四八円・東御門は三六円等であった。米一表の価格が約一円二〇銭の時代である。

ところが、天守や伏見櫓は取り払うのに費用がかかり、塗込の建物は建築用材が取れるのみとあっては買い手がなく、天守の値段も二〇～三〇円に下がっても落札者がなく保存されることとなり、後に本丸址は公園になった。明治二四年（一八九一）山陽鉄道敷設に際して三ノ丸に福山駅が開設され、内堀・大手門枡形・三ノ丸石垣の大部分が破壊された。

昭和六年（一九三一）一月天守、同八年一月には伏見櫓・御湯殿・筋鉄門が旧国宝に指定された。

昭和二〇年（一九四五）八月八日の空襲に、天守に直撃焼夷弾二発が命中し、五層の床から火を発し、上層より焼け崩れついに灰燼に帰してしまった。さらに月見櫓台に建てられていた葦陽館や御湯殿も焼失してしまった。

昭和二六年（一九五一）一二月から二年四カ月をかけて焼失をまぬがれた伏見櫓と筋鉄門の解体修理工事が国の文化財保護委

員会の手によって行われ往時の姿を取り戻した。

　昭和三九年（一九六四）二月、城址は国指定史蹟となり、同四一年天守・月見櫓・御湯殿、同四八年鏡櫓が再建された。同四二年九月、天守内に福山市立福山城博物館が開設された。その後、土塀が逐次外観復元され、昭和五〇年（一八七五）の山陽新幹線敷設に際して三ノ丸址が発掘調査され、櫓台・西門桝形が復元された。同五四年、鐘櫓の修復工事が実施され、旧状に復元された。現在城址の本丸・二ノ丸は国史蹟で、公園となり伏見櫓・筋鉄門・鐘櫓及び、本丸と二ノ丸東・南部の石垣が現存している。三ノ丸はＪＲ福山駅構内と市街地になり、櫓台と西門桝形がある。

　本城は維新後の鉄道建設により三ノ丸や二ノ丸南部が破壊され、天守も戦災により焼失したのは痛恨の極みではあるが、城郭の主用部分は遺り、現存する伏見櫓は伏見城の遺構として貴重である。東の門と伝承される城門は、福山市鞆町江の浦の、岡本保命酒店の門として移築されている。能舞台は同じく鞆町の沼名前神社（むなくまじんじゃ）に移築され国指定重要文化財となっている。

福山城の櫓遺構

一、総説

　福山城は築城技術が最も発達した江戸初期の城郭として多くの特徴がある。特に櫓は成立過程や命名など全国的にみてもそれが凝縮された城といえる。

　旧権力の象徴打破や人心一新をねらって、旧城郭から建造物を新城に移建することは、全国各地の築城工事で行われ、現存するものもある。

　福山城がわずか二年の築城工事で完成したのは徳川幕府の後援と、旧城郭の建造物を有効に利用することが資材の確保、工事の迅速化となり、これも短期完成の大きな要素となっている。

　伏見櫓・火打櫓・月見櫓・多聞櫓多数が中央政権の象徴であった伏見城から移建されている。

　山名氏・福島氏時代の拠点であった神辺城からは、神辺一番櫓・神辺二番櫓・神辺三番櫓・神辺四番櫓が移建された。これらは、櫓の名称で数詞の代表的な事例で、その他の例は、大坂城の一番櫓から七番櫓があった。神辺城から移建された櫓に便宜上、一番から四番の数を付け名称としたものと考えられる。

　神辺城からはこの他に、玉櫓・塩櫓・荒布櫓・人質櫓・櫛形櫓・鹿角菜櫓・鬼門櫓（神辺櫓）等が移された。これらの櫓名には近世城郭の櫓の用途・形状が集約されている。玉櫓には弾薬類が収納されていたと考えられ、塩櫓には塩、荒布櫓（あらめやぐら）には、荒布（あらめ・褐藻類コンブ科の海草で乾燥させて食用・肥料となる）が保管されていたと考えられる。人質櫓は、人質を監禁した櫓であるが、福山城に戦歴はないので幾多の戦闘のあった神辺城での命名と考えられる。櫛形（くしがた）は櫛の背のように弓なりに丸みを持った形状の意味である。建物が少し湾曲していたか、窓に櫛形の輪郭を持った櫛形窓が採用されていたのかもしれない。福山城櫛形櫓は一名具足櫓といわれ武具が収納されていた。

鹿角菜櫓（ひじきやぐら）には、ひじき（ホンダワラ科の褐藻で乾燥させて食用となる）が収納されていたものと考えられる。

鬼門櫓（神辺櫓）は鬼門除の櫓で東北方向

に位置していた。
その他、用途を表す櫓名として鑓櫓・鉄砲櫓・鐘櫓等があり、番号が付けられた内六番櫓、形状を示す東坂三階櫓・二階渡櫓、形式を示す二重櫓があった。方位を示す櫓として乾櫓があった。乾（いぬい）は北西方向である。

福山城は櫓数の多い城である。時代により多少の変遷はあったが、三重櫓七基・二重櫓が一六基あった。また城郭で最も重要な防御施設である多聞櫓は、本丸と二ノ丸に配されていて、東南部を除いてほぼ四周を囲み、その総延長は約五七〇ｍにも及んでいる。これは全国の城郭でも稀な規模であった。

二、福山城伏見櫓

ⓐ三重櫓考

櫓の中でも大きく目立つのは三重櫓である。特に有名なのは熊本城の宇土櫓で第三の天守と称された。三重櫓は天守にも劣らないくらい大規模な建物もあり天守が失われたり何らかの事情で建てられなかったりした場合、「御三階櫓」と称してその代用とした。いずれにしても三重櫓は天守に準ずるだけあって、建築構成も注目される。福山城伏見櫓は望楼型の古い形式を持つ三重櫓で、二重二階建の上に物見をのせた構造形式の手法である。

三重櫓は最盛期以降では、初重の入側柱が二重目の外壁となり、また二重目の入側柱も三重目の外壁となるように繰り返し組み立てられる構架法か、初重の身舎（もや）廻りの柱をそのまま三重目の外廻りとして立ち上らせ、各重の入側幅を少しずつ逓減させる構架法があり、構造的に発展する過程がわかる。前者の遺構例に高松城艮櫓（うしとらやぐら）があり、後者の例には同城の着見櫓がある。

ⓑ伏見櫓考

慶長六年（一六〇一）徳川氏によって再興された伏見城は、元和九年（一六二三）に廃城となった。そして伏見城の各建築は、諸大名の城郭や神社仏閣に移建された。櫓は伏見櫓の名称が付けられ、尼崎城・福山城・大坂城・淀城・江戸城・岸和田城・膳所城に移された。伏見城櫓移建説が証明されたものや、遺材の使用、確証のないものなど様々である。

城戸久先生は、『城と民家』（昭和四七年・毎日新聞社刊）で、福山城伏見櫓について、伏見城と福山城伏見櫓、と題して論述しておられるので、全文を記載したい。

伏見城の歴史を調べているうちに、その天守や隅櫓は、具体的にどのような形態であったろうかを知らなければならないと思った。ところが、伏見城の建築は、諸所に移建されたと伝わっているが、そのうち隅櫓について知られているものは、江戸城伏見櫓、大坂城伏見櫓、福山城伏見櫓であって、いずれも現存していた。（註―大坂城伏見櫓は戦災にて焼失）しかし、それらをちょっと見ても、同一の城の遺構と考えれる同一の性格を持っているとは認められないから、その間の事情を究明しなければならないことになった。そこで、まず福山城伏見櫓の調査を行ったのである。

広島県福山市に所在する福山城のはじめは、元和五年（一六一九）八月四日、大和郡山の城主、水野日向守勝成が、備後七郡、備中二郡の内を合わせて十万石に移封されたことにある。この地は以前は、福島左衛門正則が領有していたが、正則が封を奪われて、その領有のうち備後の残地に備中の一部を加えて、勝成が新たに封じられたことになる。

したがって勝成が移封のときには、旧城主の居城があったわけではないから幕府は、正則の家老であった福島丹波の居所である神辺城に多少の補修を加えて、居城させる考えであったようである。しかし勝成は、新城を築こうとして、三候補地をあげ、幕府の許可を得て、そのうち常興寺山の地に築城したのが、福山城である。当時はすでに、武家諸法度が発令されており、新城を築くことは禁止されていたが、法度は、幕府の諸大名制禦策であるから、このような幕府の政策による大名の配置換えからくる新城については、問題とされていないことがわかる。

勝成の新城の普請は、『水野系譜』によると、元和六年末には完了しており、同八年には、諸工事も終っており、天守も新しくつくられたことは、元和八年八月の明記のある天守棟札の銘文がのこっているから明らかである。この天守は昭和戦災まで存在していたが、また近年復興されている。

この勝成の築城の時に、たまたま伏見城の取り払いがあって、秀忠の命によって、城内建物の一部が与えられた。このとき伏見城から移建されたものは、『水野系譜』には、

「当此時賜伏見城之三階櫓、櫛形櫓、月見櫓、大手門、鉄門及多門一棟、屏百八十間（櫛形櫓は神辺城の遺構伝承がある）とあってわかるが、『備陽六郡志』によると、三階櫓　伏見より御拝領　筋鉄門之前に有城付武具入（中略）右いづれも戸柱などに松の丸と書付有」

とあって、三階櫓というのが、現存する伏見櫓のことで、それが松之丸にあったことを記している。この松之丸の銘記はこの櫓が昭和二十八年解体修理のとき見出されており、そのうち梁に「松ノ丸ノ東やぐら」とあるから、伏見城松の丸の旧地もはっきりすることになった。したがって、福山城伏見櫓については、それが伏見城の遺物であることになる。ちなみに、湯殿櫓（戦災焼失）も伏見城移建と伝えられており、『西備名区』には記されているが、『水野系譜』など他書では、塀まで書いているのに、湯殿櫓をあげていないので、この移建説は、疑問としなければならないように思われる。

福山城の戦災までの遺構は、天守、伏見櫓、湯殿櫓、筋鉄門の四棟にすぎなくなっていたが、他の隅櫓のうち、神辺城から移建したと伝わる神辺一番櫓、神辺二番櫓については、明治に撮影されて古写真がのこっているからその外容がわかる。また、その他の隅櫓は、古図によって大略の形態がわかる。これらを比較してみると、外容の構成と比例について、天守をはじめ諸櫓は、およそ層塔式の姿体を持っているのに、伏見櫓は、望楼式の構成であるし、また前者では、各層の間が高くて、安定感がとぼしいのにくらべて、後者は、安定感があって、比例のちがいがあることがわかる。その他、用材の材種のちがい（特に天守はアスヒ＝アスナロを用いているので知られていた）、風化度など、天守とくらべてまったく異なっていて、この櫓が伏見城から移建したものであることは、遺構そのものからも認められるのである。

このように、伏見城移建にまちがいない

としても、前項のように、伏見城そのものの、移りかわりが複雑であるから、その造営年代が何時であるかが問題となる。諸書はすべて、秀吉が文禄初年築城した当時のものと書いているのは、正確を期したものとはいえない。伏見城が慶長五年（一六〇〇）関ケ原合戦に際し兵火にかかったことは、すでに前項に書いたとおりであるが、この櫓が所在した松之丸の状況はどうであったろうか、諸書によってもとめてみよう。『左大史孝亮記』慶長五年七月三十日の項には、

「今夜寅刻松丸焼亡」

とあり、この兵火を『鳥居家中興譜』によると、

「松ノ丸ノ塀ヲ引切置キ七月ノ晦日ノ夜深更ニ及ンデ役所々々ニ火ヲ放ツ折節暁風烈シク吹テ余焰十方ニ散乱シテ櫓多門ヲ始陣々ニ燃移リ城中ノ兵途ヲ失フ」

と書いている。とにかくこの記述を文字通り信じるならば、松之丸はことごとく焼亡したと考えなければならないから、その東櫓であったこの櫓だけが焼けのこったという確証のないかぎり、秀吉造営のものはのこることはあり得ないことになる。したがって、福山城に移建された櫓は、この兵火の後で再建されたものとしなければならない。

伏見城へは、前項に書いたように、慶長六年三月十五日に家康がはいり、同六月に普請をはじめ、再興工事を行っているが、同七年五月にも工事をおこしており、『続史愚抄』によると、

内大臣家康命諸士修復伏見城

とあるから、当然さきに兵火にかかった諸建造物も修復されたものと考えられるので、松之丸三階櫓（東櫓）も、まずこの頃に再興されたものとしなければならない。したがって、この櫓の正確な造営年代は、慶長七年（一六〇二）であって、それが家康によって造営されたものとなるのである。

現存の伏見櫓は、福山城の本丸西南隅にあって、高さ五間の石垣の上に乗る三層三階の隅櫓であるが、一階と二階は同大で、東西は約五十二尺、南北は二十八・五尺の細長い矩形の平面形をしている。三階は東西で極端に縮められて、ほぼ正方形に近い矩形となっている。この櫓の平面、構造、外容の特質を、他城のそれと比較してみることによって、それが慶長七年頃の造営と考えて、誤りがなかろうことを述べてみよう。

平面で、特に注意されるのは、初階と二階とが同大で、その比例が細長い点である。一階、二階を同大として、大きな支台をつくり、その上に各階を乗せ上げてゆく構成法は、遺構から見ると犬山城天守にあるし、その後に造られた広島、岡山、松本、姫路、名古屋、松江の各天守にも見られ、慶長元年（一五九六）に創建されて、元和六年（一六二〇）改造の大垣城天守が最終である。

ところで、他方では安土、大坂両城の天守は、二階からすぐ小さくなっていて、遺構としては彦根城天守が、この系統の古いものであるが、前の系統は慶長末年に絶滅しているのに対して、安土、大坂の系統が長く続いて、江戸期建造の天守はすべてこれに属している。したがって一階、二階同大の方法は、発生的に見ると、初期的な方法であって、慶長七年頃造営のものと考えられる伏見櫓が、このような方法をとっているのは妥当である。

次に、この櫓は、細長い平面を持っているのは防備面を大きくするという実用的な平面を形づくっているので、石垣上に長く連続する多聞櫓の用途に近似した性格を持っているといえる。ところで、江戸期になると、隅櫓はすべて、矩形であっても、正方形に近いものに形式化されてしまうのである。また天守においても、岡山、彦根の天守は細長い平面を持っており、いずれも慶長初年で、伏見櫓の造営年代と近接しているが、慶長初年の城櫓建築の一つの性格と考えることが出来るのである。

三階は、まったく二階の柱配置に関りなく、大きさがとられている。これも慶長以前の初期的な方法であって、この櫓の造営年代に相応じるものである。特に注意しなければならないのは、二階ほぼ中央に、一階柱と無関係に中心柱とみられる主柱があって、これが三階に通柱となって、三階梁を支えていることである。三階の大きさから見て、この内部柱は構造的にはなくとも差支えないものである。そして、主柱としては甚だあいまいな存在となっている。また構架材においても、主要構架材のうち南北方向は柱に整然と架けられているが、東西方向のそれは柱配置に、まったく無関係となっている。これらは構造的に整備されていないことを物語っている。移建建造物である以上、移建に際して臨機の方法をとらなければならなかったものであろう。

外容については、特に最上層入母屋破風が、平面で大きな方向に向いていることが、注意できる。入母屋屋根の棟行は、矩形の平面で長い方向に平行であるのが、常識であるのに対して、その方法をとっていないのは、下層の大入母屋破風と直角に、最上層の屋根破風とするためであって、犬山城天守の構成と同じである。この種の望楼風構成のうちにあっても、もっとも古調を示しているといえよう。

次に、この櫓が総塗りごめとなっていることが問題となる。遺構から見て、総塗りごめの姫路城から、さかのぼって数年の慶長七年頃の造営とすると、この方法の最古のものとなる。最もこのような外部仕上げは、移建に際して改変されたことも考えられるのであるが、この城の他櫓が普通の総塗りごめであるのに対して、この櫓の塗りごめは、柱型、長押型を表わしているという違いがあることから、それは移建前の方法をとったものと推察されるのである。この柱型、長押型をあらわす方法は、木部を外に出したもっとも初期のものから、総塗りごめになる過渡期の方法であることはいうまでもない。また、その伏見城の遺構として、華麗な殿舎を中心とした邸館的な城の性格をあらわしているともいえるのである。

外容の細部で、特に目立つのは、各層の軒を支持している方杖である。この種の方杖は構造的には必要のないものであるが、後世の補強として付加されることが、しばしばある。かつての姫路城天守にもあったが解体修理後では、ごく小さなものにあらためられた。しかし、この櫓では、解体修理後もそのままとなっている。おそらく当初からあったものとの推定によるところであるが、移築ということを考えると、古材の使用であるから、補強のために、移築に際して付け加えたと思われ、移築を立証する一つの根拠となるものである。

以上をとりまとめると、福山城伏見櫓は、元和六年（一六二〇）から伏見城松之丸東櫓を移築したものであるが、その造営は、伏見城が慶長五年落城の後で、家康が同七年再興した当時の遺構となる。伏見城の城櫓建築は、移建が信じられるのは、この櫓だけであるから、伏見城のそれら建築の性格を知るための唯一の遺構ということができ、最も貴重な存在であるといわなければならないのである。わたしが、伏見城建築の研究をはじめてから、この櫓に注目することになり、現地調査を行ったのは、昭和一六年夏であった。そして、この論考が、わたしの「伏見城に関する研究」の第一報として、『建築学会論文集』に発表されたのは、昭和一七年三月である。

付記　この項は著者「備後福山城伏見櫓建築考」（建築学会論文集・二四・昭和一七年）を基として、簡単に書き改めたものである。

ⓒ外観把握

福山城伏見櫓は、打込ハギ石垣の櫓台に立地する隅櫓で、総漆喰塗込・三重三階・入母屋造・本瓦葺の建築である。櫓台の石垣法高（のりだか・傾斜した部分の高さを傾斜面にそった長さで表したもの）は、南面中央部、約八・四五m、東面中央部、約六・一八m、西面中央部、約七・八五mである。

建物の桁行は、約一五・七六m、梁行は約八・六四mで、桁行の外法は約一五・九三mである。

大棟南北に鯱《しゃちほこ》を置き、鳥衾《とりぶすま》・鐙《あぶみ》瓦は三ツ巴紋で、鬼瓦には水野氏家紋沢瀉紋が見受けられる。

三層目屋根は、南北を入母屋破風とし、懸魚は蕪懸魚である。建物全体の軒は一軒疎垂木で方杖で支える。三層目南北両面に入母屋破風を置き、同じく左右に窓枠・格子共素木の格子子三本の格子窓を開口し片引板戸で、南面には破風寄りに左・右二箇所の銃眼を設ける。三層目東西面には、南北両面より大きめの入母屋破風を置き、南北両面の窓寄りの、少し高い位置に小ぶりの南北両面と同じ形式の窓を開口する。

二層目南面には、漆喰塗込の格子子三本の連双窓を四箇所開口し、片引土戸である。同北面は中央部に同様の連双窓一箇所を開口する。東西面は中央部に同様の連双窓、南寄りに四本格子の窓北端に、同様の三本格子の窓をそれぞれ一箇所開口し、片引土戸である。

初層南面の窓は二層目と同様である。東西面には二層目と同様の連双窓で西面には北寄りと南寄りに銃眼各一箇所、南寄りに狭間を一箇所設けている。北面は中央東寄りにある。真壁造で、建物初層北面のみ柱は漆喰が施されていなくて露呈している。

当時福山城伏見櫓の解体修理工事報告書は、発行されなかった。

ⓓ内部把握

入口は、縦約一・七五m、横約一・七mの片引板戸である。内部を観て感じるのは、白漆喰真壁造で明るいということと、使用されている部材の不揃いさである。巨木の原木に近いようなあまり加工されていない梁や、林立する異なった寸法のものもある細みの角柱、不規則な部材の繋目等、移築されたことがよくわかるし、極端な表現で、部材を寄せ集めて組み立てた、といった印象を受ける。問題の墨書は二階の南側に七本ある中央の梁にあり、位置は窓寄りで、現在では白く塗られている。高さは床から二・五五m、書いてある範囲は、約七cm×約五五cmで、松ノ丸ノ東やく、とあり、少し離れて右下に、ちょうど兜《かぶと》の鍬形のように文字がある。これを「ら」と読むものであると思え、これらの文字は梁の東方向にある。

一階と二階は同じ平面の柱割で、床板敷である。一階の天井高は一箇所を計測すると、約二・七二ｍありそれを受ける太い材までの高さが、約二・六二ｍある。窓の一つを計測すると、床から約〇・五ｍの位置に、縦約〇・九ｍ、横約〇・八ｍの三本格子窓で片引土戸である。一階から二階へは、入口右手にある急傾斜の手摺附階段九級である。

二階の天井高は一箇所を計測すると、約三・四ｍ、そして一階同様の材までの高さは約三・三三ｍである。窓の一つは床から約〇・八ｍの位置に、縦〇・九ｍ、横約〇・八ｍと、これは一階の窓と同様の規模・構造である。二階の東西方向の外部でいうと入母屋の部分の棟木側面までの高さは、床から約五・六三ｍある。二階の柱間（柱と柱の間、またはその寸法）は、約一・九六ｍである。二階の柱の太さを一部計測すると、三六㎝角、二〇㎝角である。

二階から三階への階段は、一階から二階への階段と同じ方向で位置は右手にあり、両手摺附階段一一級である。三階の床から棟木側面までの高さは、一箇所を計測すると、約五・七五ｍある。窓の一つを計測すると、床から約〇・九ｍの位置に、縦一・〇五ｍ、横約〇・八ｍの素木の三本縦格子窓である。三階の小屋組は壮観である。湾曲した巨木、多数の古材、複雑のようにも見えるように組み合わされていて、日本文化の一つの、木の文化である古建築の持つ風格・奥の深さをしみじみと感じさせてくれる。

ⓔ規模把握

次に、福山市教育委員会から送って頂いた伏見櫓の東西及び南北断面図・平面図により、規模を把握したい。まず立面であるが、棟高（建物下辺より大棟先端まで）は、一三・三二七ｍである。一階床面から二階までの高さが二・七三三ｍ、同じく二階床面から三階までの高さが、三・四一四ｍ、三階の床面から梁付近までの高さが三・〇五〇ｍ、小屋組の高さが二・五三九ｍ、鯱の高さは、〇・六二六ｍである。以上の主な数値が南北断面図から把握でき、さらに、柱間は南から二・五三〇ｍ、同一・九七〇ｍ、同一・九七〇ｍ、同一・九七〇ｍと把握できる。この立面図では軒高と軒の出の数値は記載されていない。図面上計算すると、初層の軒高（この場合建物下辺より軒先鐙瓦中央付近まで）は、約二・五ｍ、二層目は同様に、約四・九六ｍ、三層目は約八・八五ｍである。軒の出（この場合建物壁面から軒先鐙瓦付近までの水平距離）は、初層と二層は約一・三三ｍ、三層は、側柱（がわばしら・建物の外周にある柱）の中心から軒先鐙瓦付近までの水平距離が、約一・三三ｍである。

平面図では次の事柄が把握できる。一階の柱は、側柱が隅柱を加えて桁方向（東西）に九本、梁方向（南北）は同様に六本である。南側に入側柱が六本、同じく北側東寄りに二本、中央部東寄りに二本立てられている。中央部の二本は巨材が使用されていて、柱間は一・九七〇ｍである。二階の柱の配列は一階と同様である。三階は、東西七・八八m（柱間真々）、南北六・八八m(同)で、柱間は東西が一・九七〇m、南北が一・七二〇mである。

三、福山城鐘櫓

福山城の鐘櫓は、伏見櫓北方に位置する市指定の重要文化財建築である。桁行四・二六m、梁行四・二〇九m、二階建、入母屋造であり、渡櫓は文化財指定より除かれている。往時は渡櫓上に載る入母屋造の柿葺（こけらぶき）、もしくは檜皮葺（ひわだぶき）屋根の建物であった。

この鐘櫓は築城当時の福山城絵図面にも描かれている遺構で、上層の鐘は城下や近隣諸村に、〃時の鐘〃を告げ、また緊急時に家臣達を招集する太鼓も合わせ備えていた。明治以降、屋根の葺替えや附属の建物の後補等、変容と荒廃が激しかったが、昭和五四年（一九七九）銅板葺屋根に改められ旧規に復された。

福山城鐘櫓の外観は、L字状の白漆喰塗込の下層に下方白漆喰塗込腰屋根附、上方突上戸三面四方吹放し、型式の入母屋部分を載せているので、外観は三層櫓のように見える。屋根は上層が銅板葺で、鬼瓦部も銅板造と思われ、鬼瓦の紋は抱沢瀉紋である。妻には素木の梅鉢懸魚を飾り、六葉も素木で垂木も同様である。内部には鐘が吊ってある。

下層は本瓦葺・入母屋造で、北側と西側は切妻造である。鬼瓦・鳥衾・鐙瓦は抱沢瀉紋、切妻の懸魚は白漆喰塗込の梅鉢で、六葉・釘隠も漆喰塗である。軒は一軒疎垂木で中間辺りに出し桁を渡し支えとする。

鐘櫓は、城内南側石垣の高さ約二・二三mの櫓台に立地し、棟高（この場合建物下辺より大棟先端までの略測数値）約九・二m、下層軒高は、同じく約二・五六m、腰屋根部分までの軒高は、同じく約四・六二m、上層軒高は、同じく約六・七七mである。上層の外法は、東西約四・四五m、南北約四・六mである。下層の軒の出（この場合建物壁面より軒先鐙瓦付近までの水平距離）は約一・一五mで、腰屋根部分は上層の軒より小さい。L字状の下層を、西面から観て行くと、外法は約四・八九mで、南端から〇・六二mの位置に縦約一・八m、横約一・五三mの片引土戸を設けている。軒の出約〇・九m、地表よりの軒高約二・四五mの庇附である。

南面には三箇所の素木の格子窓がある。窓は地表から一・一六mの位置にあり、西側の窓は縦一・〇六m、横〇・七五mの三本格子子の窓である。東側の窓は、上層中央部の少し東寄り下に位置する。縦一・〇二m、横一・〇六mの素木の格子子三本の格子窓で、連双窓である。

東面の外法は約四・八mである。縦一・〇二m、横約二mの素木の三本格子子の窓があり、連双窓で格子子は計六本である。

東北隅はくぼみ、その東西外法が約一・二m、南北外法が約一・八三mで、この部分に縦約一・八m、横約〇・七八mの片引板戸を設けている。

北面は切妻部分で出張り、外法は約三・七八mで、縦一・〇二m、横〇・九二mの素木の格子窓を西寄りに設けている。北面東寄りには他と同様の窓があるが計測不可能で規模的には、東面の窓と同じ位である。

城址逍遙

JR福山駅の新幹線プラットホームから城址は間近に見える。ここを通る度にいつも探す。早くから城址中枢部南を東西に横切って鉄道が敷設されたためである。福山駅を北に出て、坂を上ると伏見櫓の雄姿が見える。幾度か訪れているが、やはりいつ来ても感慨無量である。

筋鉄門は、伏見櫓等と枡形を形成し、伏見櫓の東側に位置する。本丸に入る正門で、かつては左に渡櫓、右に多聞を接続させたもので、後代の桝形多聞の形をとらない初期様式のもので、入母屋造・本瓦葺の渡櫓門である。楼門になった大扉の上部天井は門楼内から板をずらして鉄砲や矢を射かける装置となっている。この門も伏見櫓同様に、総塗込で柱型・長押型をあらわしている。伏見城から移建されたものといわれているが、元和創建説もあり確証はない。現在は国の重要文化財に指定されている。

眼前に再建天守が聳え、庭園があり、右手に御湯殿がある。本丸南側中央の石塁上に突き出して建てられ、かつては伏見城から移建された伏見御殿の一部で御風呂の間と、御物見の間に分れ、風呂は蒸し風呂で御物見の段は、上・中・下の三段に分れ、上段の間は石垣に突き出て、藩主が湯上がりに涼をとり、城下を眺望した所とされる。昭和二〇年の空襲で焼失し、昭和四一年に復元された。入母屋造・本瓦葺の建物で妻は木連格子、舞良戸形式の板戸を立て、内は明障子を入れ、華燈窓もあり畳が敷かれ、廻縁・高欄附で雅な佇いの建築である。

月見櫓は、本丸東南隅に位置し、二重二階・入母屋造・本瓦葺の建物で、上層には朱塗りの高欄附廻縁を設けている。この櫓も伏見城から移建されたものであったが、明治一二年（一八七九）に取り壊されていたものを、昭和四一年（一九六六）に外観復元された。

鏡櫓は月見櫓の北に位置し、二重二階・本瓦葺・入母屋造の建築で、格子窓が多く設けられている。樹木で遮蔽され、城外側からはよく撮れない。昭和四八年（一九七三）の外観復元建築である。

天守は、昭和三〇年代後半から同四〇年代前半における第一次築城ブームの、もっとも改悪された建築で、復元天守とはいえない存在となっている。

天守の様式は五層五階・地下一階で、附櫓を持つ複合天守である。五層六階と表現される場合があるが、地階は純然たる穴蔵ではなく、半ばを石垣によって囲み、室の上方には窓が設けてあり、これによって六階とも表現されている。逓減率の少ないのが特徴で、屋根に比翼の入母屋を配したり、千鳥破風や唐破風にするなどの変化を付けて、完成された城郭建築の粋を尽くしたものである。惜しむらくは忠実に外観復元が成されなかったことである。

城号は敵追山（鉄覆山）朱雀印久松城（てきおいさんすじゃくいんひさまつじょう）である。各地の城郭で城号というのは寡聞にして存知しない。

天守内部は福山市立福山城博物館として開館されている。

地階展示室には福山城関係資料として甲冑・武具・家紋入瓦・鯱・福山城の模型等が展示してある。瓦には阿部氏家紋、丸に右重鷹羽（みぎかさねたかのは）がある。鯱は修理前伏見櫓の瓦製のものである。

一階展示室には、儒者の書蹟・絵画・備後絣（かすり）・刀剣・陶磁器・灯火具・服飾品・民具・平櫛田中作品・松永塩田・松永下駄資料等が展示してある。

二階展示室は、江戸時代の福山（阿部藩）のテーマで、阿部藩主の書画・愛用品・書状・文書類等が展示してある。

三階展示室は、江戸時代の福山（水野藩）として、古絵図・古寺院資料・家紋入膳椀・姫谷焼陶磁片・伏見御殿板襖絵・文書類・馬印等がある。

四階展示室には、草戸千軒町遺蹟・鞆市街地遺蹟出土の日本や中国の陶磁器・土師質土器・釜・種子類・宋銭・下駄・五輪石塔等がある。

中四階展示室には、原始・古代の福山として、化石、縄文、弥生時代の土器・石器・土製品・貨泉、古墳時代の埴輪・直刀・玉類・須恵器・寺院出土の古瓦・九輪・風鐸等がある。

かつての天守最上西南隅に壁で囲んだ「御調台」と呼ばれた奥深い床の間のような一角があり、床も一段高くなっていた。また、その南・北・東の三方には各々一個ずつの華燈窓があり、周囲に廻縁を廻らせていた。これが復元されている。その他、最上階には全国の名城のパネルが展示されていて、廻縁からの眺望は素晴らしい。

福山城博物館の分館として、明治六年（一八七三）廃城の際に取り壊された鏡櫓が、昭和四八年（一九七三）に外観復元され、文書館として福山を中心とした文書や記録類を収集整理して展示し、学習の場として活用されている。

天守南西方向に黄金水がある。本丸に現存する唯一の井戸で、その他本丸に四箇所、二ノ丸に三箇所、三ノ丸に二箇所あったといわれる。城郭における井戸はその城の良否、あるいは戦闘の際の生命を支えるものとして重要視され、この黄金水は渇水時にも水を湛えていたと伝わる。

天守西北方向に市史蹟小丸山がある。小丸山は、福山城築城の際、搦手の櫓敷地として残された丘であり自然の丘陵を櫓に擬した城郭の一部であった。慶応四年（一八六八）一月、福山藩は城主阿部正方の柩をこの小丸山に仮埋葬し、死守を誓っての長州軍との戦闘は、この小丸山北麓一帯で展開された。この時、天守にも窓枠を壊して砲弾が飛び込んだ痕跡が、戦災焼失まであった。福山藩は和を成立させ、後には官軍として行動した。

小丸山南麓に武家屋敷内藤家長屋門がある。桁行一七・七三m、梁行二・九五五m、平屋建。入母屋造・桟瓦葺の建物で市指定の重要文化財である。この長屋門は福山城の西外堀に面した位置にあった武家屋敷内藤家に所在したもので、昭和五一年（一九七六）に現在地に移築された。

その他、市街地に埋没した福山城の遺蹟は、天守東方住宅地に、福山城三ノ丸北御門外桝形の石塁の一部が住宅に挟まれて遺存する。地元の人に聞いても知らないくらいで、地図を頼りに探し当てると、八杉氏という人の宅地で、門の右手にかなりの巨石を使用した石垣が延びている。標柱には、

「福山市史蹟・三之丸北御門外桝石塁跡」とある。

もう一箇所、新幹線の高架下に三ノ丸西御門櫓台跡がある。JR福山駅を北に出て、左手に徒歩数分の新幹線高架下にある。新幹線工事のため取り払われようとしたが、建設当局の理解と文化財保護の観点から、発掘調査を行い、解体後に高架橋脚下に櫓台石塁が復元された。この西御門は、福山城三ノ丸西御門桝形の南側に存在した櫓台の石塁で、現存するものは櫓の基段の石塁と、東側にのび枡形を構成する城壁の一部である。往時は、櫓は建てられず稲荷社が奉祀されていた。

鞆の浦史蹟探訪

JR福山駅からバスで南へ約三〇分の距離に、風光明媚な景勝地、鞆の浦（とものうら）がある。沼隈半島の先端に位置し、穏やかな瀬戸の海に、弁天・仙酔・皇后などの緑の島々が浮かぶ姿は、しばし雑事を忘れさせてくれ、のどかな気分にひたれる。

鞆の浦は瀬戸内海の中央部に当り潮の流れの変わる所で、古来潮待ちの港として栄えてきた町である。

大可島城址（たいがしまじょうし）には、真言宗円福寺があり、伝桑原一族の室町期の五輪塔がある。

康永元年（一三四二）四国伊予を拠点とした南朝方と、備後一帯に勢力を持っていた北朝足利方が燧灘（ひうちなだ）で合戦となった。大可島城に籠城する南朝方の城将桑原伊賀守始め城兵達は全滅した。

正平四年（一三四九）、足利尊氏の弟直義（ただよし）の養子直冬（ただふゆ）が、中国探題として大可島城に在城したこともあった。その後、戦国時代に村上水軍の一族が大可島城を拠点に海上交通の要衝である鞆の浦一帯の海上権を握っていた。慶長五年（一六〇〇）鞆城が築かれた時、陸続きとなり城址に円福寺が建てられた。

帰り道、歩いていたら放し飼いの犬に吠えられ、突然ズボンの右ポケットのところを咬まれ、怖い思いをした。犬は追ってはこなかった。

鞆城址は福山市指定史蹟で、大可島の対岸本土側で鞆港の上の孤丘上に位置し、町のほぼ中心部である。

天正三年（一五七五）毛利氏が織田信長に追われた足利一五代将軍義昭を迎え入れ、新たに居館が設営された。世にいう鞆幕府の現出で、村上水軍はこの柳営の警固に当っていた。

慶長五年（一六〇〇）福島正則が入国すると、鞆城には重臣大崎玄蕃を城代にして新しく三層の天守を築いて瀬戸内の護りとしている。しかし、元和の一国一城令で廃城となり、天守は三原城に移されたと伝えられている。城郭には、本丸・二ノ丸・三ノ丸（北ノ丸）があった。後に福島氏に替り水野勝成が備後一〇万石の城主となった時には、長子勝俊をこの城址にあった居館に置いて瀬戸内海の抑えとしている。その後、明治維新まで鞆は町奉行支配となった。発掘調査の結果大手門址の堀の石塁・天守台・本丸の遺構が確認された。鞆城は近世初頭に城郭を整えた城であったが早くから取壊されたため、その縄張に不明な点が多い。本丸の東南隅とそれに連なる石垣の一部が復元され、刻印のある石もある。歴史民俗資料館の建設に伴い復元整備された。資料館は休館日であった。

七卿落ち遺蹟を通過し、山中鹿之介首塚・ささやき橋伝説の解説碑を撮る。静観禅寺門前の自然石の墓碑は鹿之介の首塚と伝えられている。鹿之介は山陰の雄尼子氏の復興に努めた十勇士の一人であったが、毛利氏との戦いに敗れて討たれ、その首実検のため静観禅寺滞在していた毛利輝元のもとに送られたものである。毛利輝元や足利義昭が鹿之介の首実検をしたとある。なお、鞆幕府はおよそ六年間続いた。

ささやき橋伝説は応神天皇の頃の悲恋物語である。昔、朝鮮からの使節は鞆の浦を宿泊港としていた。百済からの大使が鞆の浦に泊まった時のことであった。江の浦という美しい官妓（大使の世話をする遊女）と大使接待のため都より派遣されていた役人が相思相愛の仲となり、人目を忍んで橋の上で語り合っていたところ、やがて噂は広まり二人は罪を問われ、鞆の海底深く沈められた。

福山城内長屋門は、現在は岡本保命酒店となっている。店内には古い保命酒の看板や、室町期から伝わる古備前焼の酒甕等が展示されている。保命酒は日本最古の滋養強壮薬味酒で、幕末浦賀に来航したペリー提督をもてなした酒として有名である。店舗はかつて福山城に存在していた番所附長屋門遺構である。当岡本家は明治初年に火災により焼失し、これを復興するため、福山城内の建物の一部を譲り受け、海路より移築したもので、同家ではこの建物を福山城の東の門であったと言い伝えている。現在では店舗として門の左手にだけ番所の建物が遺っているが、福山城に存在していた時は右手にも同様の番所があり、門構えは中央正面に板扉二枚建、両脇に潜戸を設け、城門としての鉄金具を打ち、番所には出窓が設けられ、上方に武者窓二箇所が開口されていた。江戸時代初期建築の福山城関係遺構として貴重な建造物である。

沼名前（ぬなくま）神社は、京都の八坂神社の本社といわれ別名を鞆祇園宮といい、こちらの方が歴史は古い。能舞台は国指定の重要文化財で、一重・切妻造・桁行五・四五m、梁行五・三三m・杮葺屋根である。この能舞台は、京都伏見城内にあったもので、初代福山藩主水野勝成が二代将軍徳川秀忠より譲り受けた。三代水野勝貞がこの社に寄進した。この能舞台は、それぞれの部材に番号や符号が付けられた組立式で、戦場などにも持ち運びができるようになっている。正面の鏡板（かがみいた・能舞台において後座の後ろにある松が描かれている羽目板）には松と竹を描き、伏見・桃山時代の仮設的な能舞台の特徴を持つ貴重なもので、元文三年（一七三八）この地に置かれた。

磯の香がただよう鞆の浦の景色を眺め、帰りのバスを待つ。

福山城再建天守

福山城伏見櫓東北面

福山城伏見櫓南面

福山城伏見櫓内部二階梁の文字

福山城鐘櫓西北面

福山城伏見櫓二階内部

福山城伏見櫓三階内部

福山城伏見櫓一階内部

福山城中枢部図

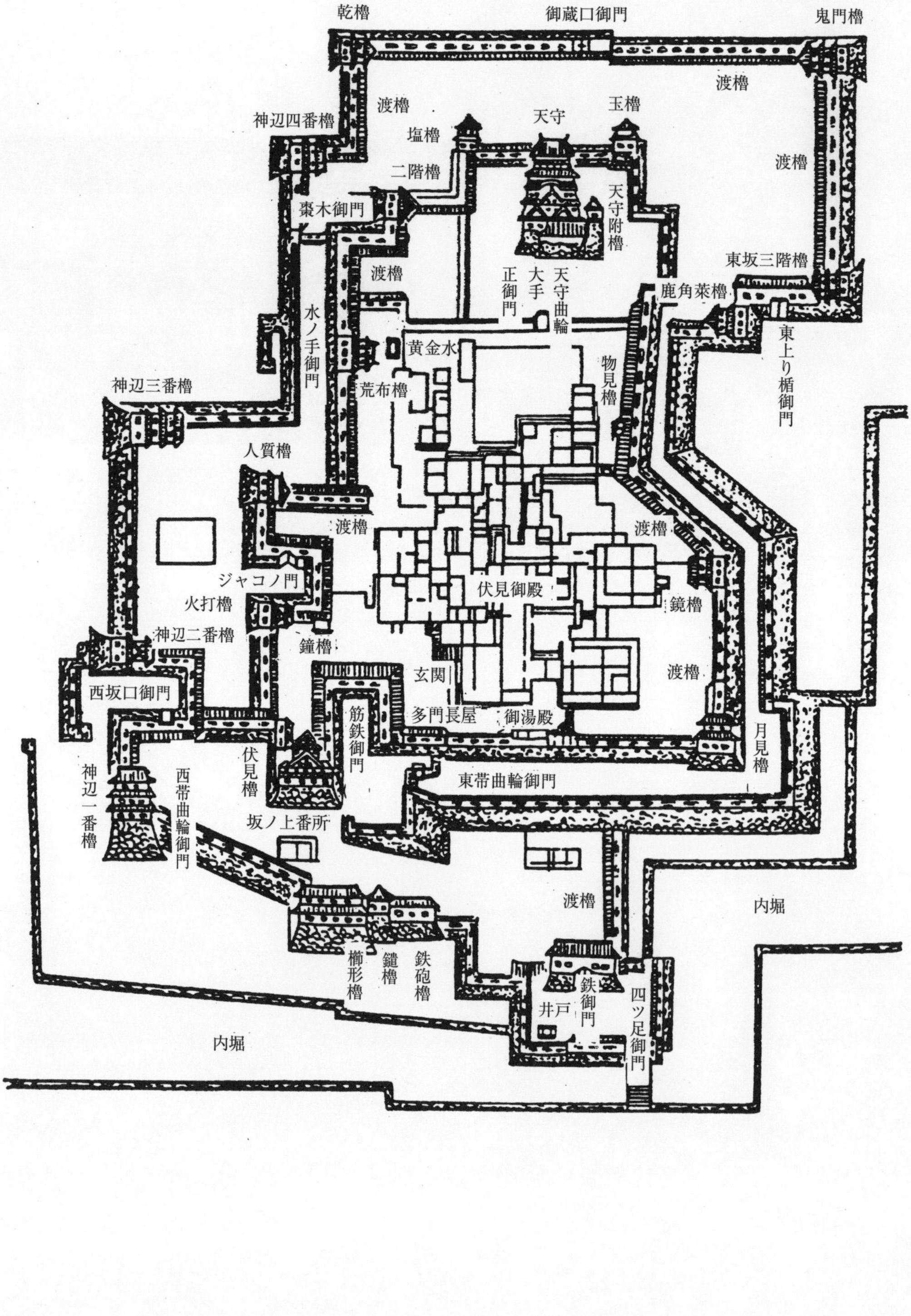

乾櫓
御蔵口御門
鬼門櫓
渡櫓
渡櫓
神辺四番櫓
塩櫓
天守
玉櫓
渡櫓
二階櫓
天守附櫓
棗木御門
渡櫓
正御門
大手
天守曲輪
東坂三階櫓
鹿角菜櫓
東上り楯御門
水ノ手御門
黄金水
物見櫓
神辺三番櫓
荒布櫓
人質櫓
渡櫓
渡櫓
ジャコノ門
伏見御殿
鏡櫓
火打櫓
神辺二番櫓
鐘櫓
渡櫓
玄関
西坂口御門
筋鉄御門
多門長屋
御湯殿
月見櫓
伏見櫓
東帯曲輪御門
神辺一番櫓
西帯曲輪御門
坂ノ上番所
渡櫓
内堀
櫛形櫓
鑓櫓
鉄砲櫓
井戸
鉄御門
四ツ足御門
内堀

第二章　探訪

吉田陣屋物見櫓

はじめに

芸州広島藩は、福島正則除封改易後の元和五年（一六一九）浅野長晟（ながあきら）が紀州和歌山より移封され、安芸国と備後国八郡四二万六〇〇〇石余を領して成立したもので、以後明治維新まで一二代続いた外様の大藩であった。初代長晟没後その子光晟が本藩を継いだ時、庶兄であった長治を分封して三次（みよし）支藩とし五万石を分知した。しかし三次浅野家も五代八八年で絶えてしまった。それで広島藩では本藩に継嗣の絶えた時に備えがないことになったので、享保一五年（一七三〇）本藩五代の吉長から幕府に対し弟宮内少輔長賢に蔵米三万石を分与して内証分家としたいことを申請したところ、幕府の諒承するところとなり浅野家内証分家が成立した。代々江戸青山隠田に居住していたから青山侯と呼ばれた。広島藩では「内証分家青山様」と唱えて内分の扱いとしたが幕府との関係では一応三万石を役高とする奉公が求められた。本藩の表高に関係しない石高分与の一家創立のため、広島新田藩として遇されたものとみられる。

三代長員（ながかず）の時に近江守となり、以後青山浅野家の当主は代々近江守を称した。そして文久二年（一八六二）の七代長厚の時に幕府は機構改革の名のもとに青山浅野氏に江戸を引き払い広島藩内に帰住することを命じた。それで長厚は安芸国高田郡吉田（現広島県高田郡吉田町吉田）に陣屋を構えた。

青山浅野氏歴代

◎初代長賢は本藩六代綱長の四男で元禄六年（一六九三）に生れ、幼名万之助、また万吉、享保一一年（一七二六）宮内少輔となり、同一五年内証分家の初代となる。延享元年（一七四四）逝去。

◎二代長喬（ながたか）は享保一七年（一七三二）に生れ、長賢の嫡子、幼名鍋次郎、従五位下兵部少輔、明和六年（一七六九）逝去。

◎三代長員は本藩六代宗恒の三子、延享二年（一七四五）に生れ、幼名久米之助、後左京、明和六年（一七六九）に長喬の養子となり、翌七年家督を継ぐ。従五位下に叙せられ近江守と改めた。文化五年（一八〇八）逝去。

◎四代長容（ながたか）は明和八年（一七七一）に長員の長子に生れる。幼名徳次郎、ついで久米之助と改める。文政七年（一八二四）逝去。

◎五代長訓（ながみち）は本藩七代重晟の三子右京長懋（ながとし）の第五子で、文化九年（一八一二）に生れる。文政元年（一八一八）近江守長容の養子となり同七年に相続する。同年江戸桜田組火防役を拝命し、その後度々これを勤めて今日の消防総監の役に任じていた。安政五年（一八五八）本藩慶熾（よしてる）の急逝により本藩の主となった。

◎六代長興は長訓の甥で天保一三年（一八四二）に生れ、初め喜代槌、安政三年

（一八五六）一五歳で近江守長訓の養子となる。同五年長訓が本藩を継ぐに及び、内証分家を相続する。文久二年（一八六二）本藩に入り長訓の世子となり紀伊守と改称した。後の浅野長勲（ながこと）である。

◎七代長厚は本藩八代斉賢の弟、長懋の七男懋績（としつぐ・関蔵人忠敬）の四男、天保一四年（一八四三）に生れる。初め万五郎、後為五郎と改めた。六代長興が本藩藩主になったので内証分家を継ぎ従五位下近江守となった。次いで幕府制度の改廃につれ時勢の状況に鑑み青山隠田を引き払って国に帰り、高田郡吉田に移館した。明治維新に際し版籍奉還の結果、内証分家は自然消滅となり、明治二年（一八六九）その請願を入れて華族の列を退かせ家は本藩に合併された。位階も辞退願いを出したが、位階は従来通り従五位たるべしとの沙汰に接した。ここにおいて内証分家青山家は一四二年間七代で廃家となった。長厚は明治六年（一八七三）に歿した。

吉田陣屋の構築

江戸幕府が青山浅野家に本藩移住を命じたのは、当時の状況から長州藩に備えるためと、同藩が藩祖発祥の地、吉田郡山城を占拠するとの風説を恐れて、吉田に陣屋を設けることを命じたものと推察されている。

　吉田郡山城は戦国大名毛利元就が居城した壮大な山城で、陣屋は城山を詰城と見做し、その南麓に築造された。緊急の折から官民挙げての突貫工事で、文久三年（一八六三）の秋から本格的な工事に入り、長厚は一二月一七日に吉田入城を果している。

　館は御本館と称され、現在の吉田高等学校の敷地に当り総坪二九五〇のうち建坪は四四八坪で、本館の他に土蔵・板蔵・物置等が設置され、土塁に囲繞された長方形の敷地内に宏壮な本館が建ち、数十の居室に分割されていた。また東門内には時櫓、西御門近くに御物見等のある陣屋であった。東側の現在の吉田小学校の敷地には講学所・家老屋敷・御厩等があり、それについで家臣の屋敷が並んだ。また西方にも稽古場や家臣の屋敷があった。南方の現在の吉田高等学校グランドのスタンドになっている所に馬場が設けられた。一宿場町にすぎなかった吉田が一躍三万石の城下町に変貌したのであった。

その後の青山浅野氏と陣屋

　御本館は完成したが、家臣達の居宅は未完成のものもあったので町内民家や寺院などに仮居させた。そして郡山並びに吉田・相合・山部三箇村の詳細な測量が実施され、郡山の兵備計画が出来上がった。次いで坂巻河原を調練場として激しい訓練も始った。やがて青山浅野氏も幕末の動乱に巻き込まれ、本藩と共に長州征伐には第一に動員をうけて出征することになったが第一次征長の役では戦わずに終り、第二次征長では本藩と共に先鋒隊を断って引いたため遂に実戦をすることはなかった。このことが後に長州軍の勝利となり、長州藩士達が毛利元就の墓所に続々と訪れた際に、何ら摩擦が起きなかったことになる。

　やがて、明治維新を迎え浅野長厚は本藩に帰り、明治二年（一八六九）華族辞退と宗家への合併を願い出て聴許され広島藩に併合されて吉田陣屋は廃城となった。主だった家臣も長厚と共に広島や東京へと帰ったが、一部の者はそのまま吉田に居所を構えた。

新築幾許もない御本館や家臣の住居も払下げを行った。御本館はどの様に処分されたか詳らかではないが西御門は当時割庄屋を勤めた山県屋日野又次郎に払下げられ現在同家の表門になっているといわれる。吉田町東北の甲田町の日野駒吉氏宅である。

また陣屋西南隅にあった物見櫓は菱形の建物で、吉田町竹原の法圓寺に払下げられて現在は経蔵兼茶室として使用され三菱窟と呼ばれている。陣屋敷地は後に吉田高等小学校が建てられ、今は吉田高等学校の敷地となっている。

丹和山法圓寺の歴史

法圓寺は広島県高田郡吉田町竹原にあり、JR芸備線吉田口駅には広島から約一時間二〇分、三次からだと約三〇分で着く。法圓寺は駅からタクシーで西南へ一〇分程である。同寺は浄土真宗本願寺派に属しているが、昔は禅宗で小山村金山（現吉田町小山の山林）で永い星霜を経たと伝えられているが、詳細は不明である。その後、丹後国の浪士善秀（よしひで）がこの寺に来て薙髪《ちはつ》し、俗名をそのまま法名として善秀（ぜんしゅう）と称した。天文二年（一五三三）春、善秀は改宗して浄土真宗に帰依し、当山の開基となった。またこの年に諸人の参詣の便をはかってこの竹原の地に一宇を建立して楞厳院丹和山霊山寺（りょうごんいんたんわさんりょうせんじ）と号した。時に善秀は四〇歳であった。

この年郡山城主毛利元就は三八歳、そしてその第三子隆景が誕生の年であった。因に、七年後の天文九年（一五四〇）及び、その後になると毛利氏と尼子勢の合戦が相次ぎこの地方は主戦場となり修羅の巷と化した。善秀六歳の時に本願寺では中興の祖第八世蓮如上人が遷化した。

いつの頃か善秀はたまたま上京して本山に詣でた時のことである。時の門主は第一〇世証如上人であった。上人は善秀を一瞥して「そこなる異形の僧は誰ぞ」と訝って問われた。「芸州の僧善秀にござりまする」と答えたという。善秀はその頃長髪にして僧形に似ず文字どおり異形の僧であったと伝えている。善秀は上人への帰依心厚く、上人もまた彼を愛して十字の尊号を賜る栄を得た。

伝説によれば善秀が丹後から芸州へ下国の際に狐を共に連れて来たという。近年まで丹後狐の穴というのが寺の裏の竹薮の中にあって、古老の言葉にもよく「丹後狐、丹後狐」と語り継がれていた。

善秀は元亀二年（一五七一）七八歳で示寂した。第二世教誓、第三世浄心を経て、第七世快円の元禄七年（一六九四）本山の直末寺となった。

第一四世諦念（たいねん）は呉の庄、山田の沢原家から第一三世樹心を養父として入寺し、宗学の研鑽《けんさん》に努め、明治八年（一八七五）学仏場の教師となり同一三年から三一年まで進徳教校（崇徳高校の前身）の総監に推されて、また同年本願寺司教に輔せられ、同三六年本山の安居副講を命ぜられて「往生要集」を講じた。晩年寺に帰って学寮を設けて専ら宗学を講じて後進のため育英のことに尽力した。諦念は霊山寺の寺号を改めて法圓寺と号した。本願寺勧学職を拝命、明治四四年（一九一一）七九歳で示寂した。第一五世俊嶺は明治二二年（一八八九）に住職を拝命、昭和一七年（一九四二）七六歳で示寂した。現住職は第一六世宝海師嫡男勝海師である。

物見櫓探訪

平成元年（一九八九）秋、昨今盛んに運行されるようになった夜行高速バスを利用して早朝三次に着き、JR芸備線（新見・広島間）で約三〇分、吉田口駅で下車しタクシーにて法圓寺に向う。閑静な山里の大寺で御齢九二歳の霊山（よしやま）宝海老師と安芸美人の若御庫裏さんが快く応対して下さり物見櫓を拝見させて頂いた。

これは物見櫓でも藩主が馬の訓練ぶりを見た馬見櫓の一部で木造平屋建、約一三㎡の建物で菱形三間の建物であるところから三菱窗と呼ばれている。部屋の形・畳・炉・調度品など全てが菱形の非常に珍しい造りで六畳敷である。なぜ菱形に建てたかについては敷地に合わせたとか、稲妻模様の旗印を象って建てたとかいわれているが定かではない。陣屋取壊しの際、霊山諦念（よしやまたいねん）師が払い下げを受け寺内に移築したものである。昭和四三年（一九六八）に吉田町の重要文化財に指定されている。

吉田陣屋物見櫓（馬見櫓の一部）

◎**所在地**—広島県高田郡吉田町竹原 浄土真宗法圓寺 茶室 三菱窗

◎**外観**—屋根銅板葺 二軒疎垂木 真壁造 変形菱形平屋建建造物 突上戸明障子八面 千本格子出窓 内部変形畳六畳敷

◎**規模**—棟高 地表から大棟まで 約四・一m

軒高 地表から銅板葺屋根軒先中央部まで 二・三六m

軒出 建物壁面から軒先までの水平距離 約一・二m

一軒目 約一m 二軒目 約〇・七m

◎**構造**—外観 真壁白漆喰仕上 地表から〇・七mの位置に出窓

出窓外部寸法 高さ約 一・七m 幅 二・二二m

突上戸寸法 縦〇・九三m 横一・九m

蕪懸魚二箇所（素木・そぼく）

内部—柱七～八㎝の菱形 畳面から高さ二八㎝の位置に明障子

障子一面〇・九四m×〇・九一m

畳面から天井までの高さ 二m

敷居・鴨居間 一・七四m

押入附

入口部—片引板戸 縦一・七四m 横〇・八五m

三菱窗は小振りで非常に繊細な建物である。屋根は昔は茅葺であったが入手困難で現在は銅板葺である。また同寺の山門の門扉は広島城の東門であった京口門のものを入札で購入し、明治一七年頃（一八八四頃）門扉に合わせて山門が建立された。

吉田高等学校の陣屋址には堀址と覚しき所があるだけで史蹟標柱・解説板も無いが、戦国の雄、毛利元就の吉田郡山城は城郭愛好家なら一度は訪れたい所であるので、その時は是非足を伸ばして竹原の法圓寺の吉田陣屋物見櫓を見学して頂きたい。

吉田陣屋物見櫓西面

吉田陣屋物見櫓内部

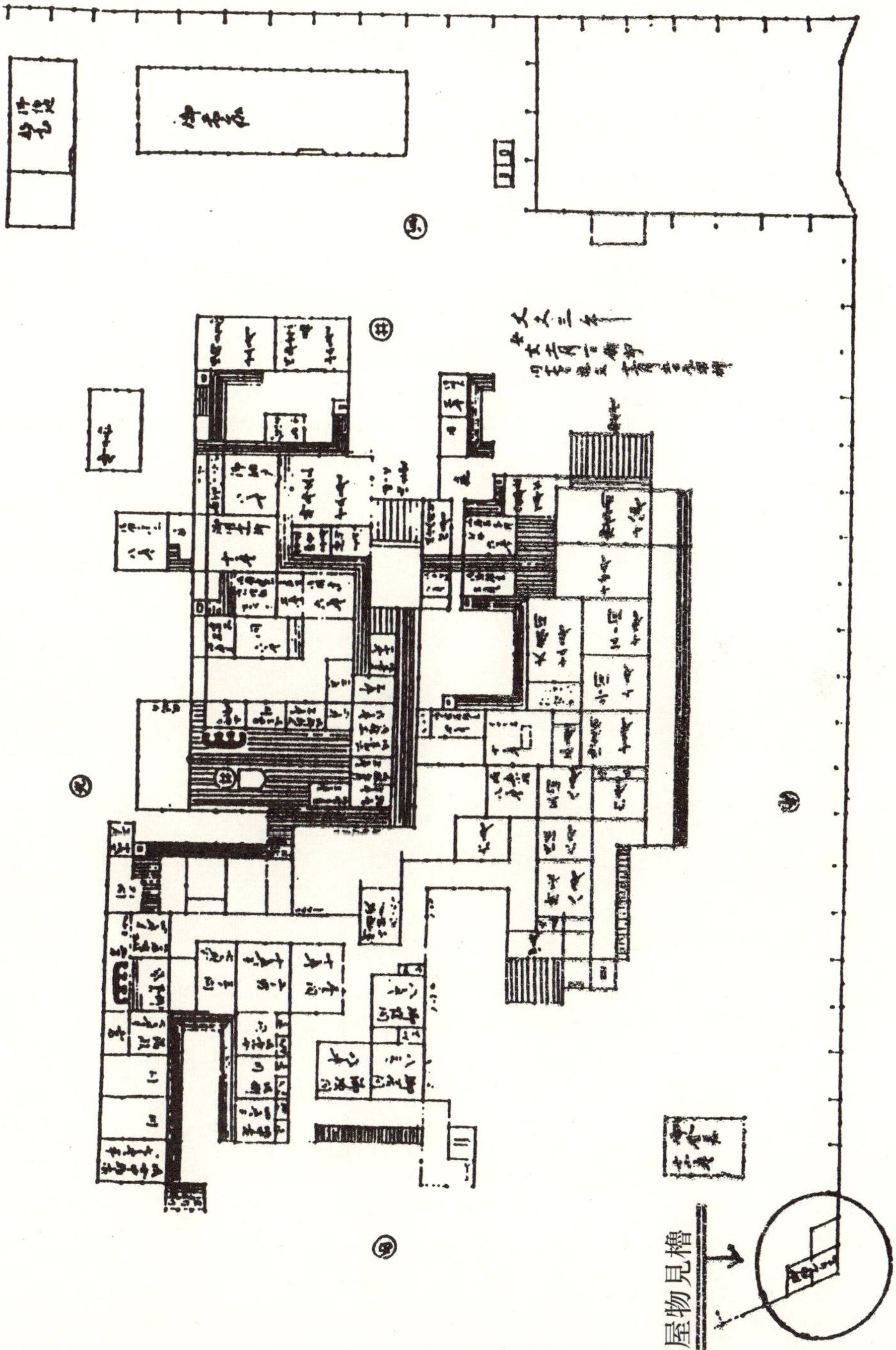

御本館設計図

吉田陣屋物見櫓　内法略平面図

A　畳
B　囲炉裡

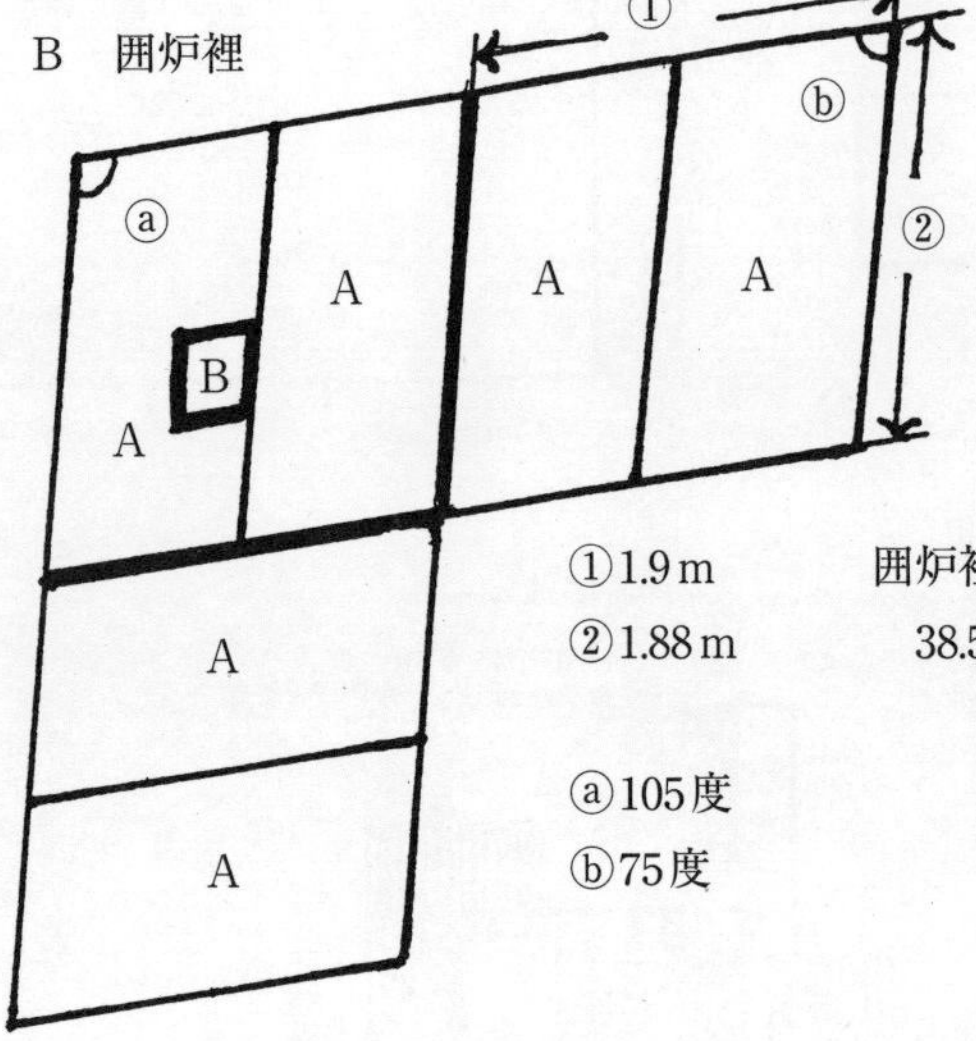

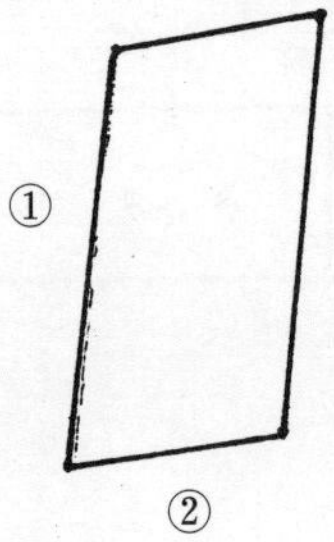

畳寸法
①1.76ｍ
②0.92ｍ

①1.9ｍ
②1.88ｍ

囲炉裡寸法
38.5㎝×36㎝

ⓐ105度
ⓑ75度

H９（1997）６・22
作図　宇佐美達也

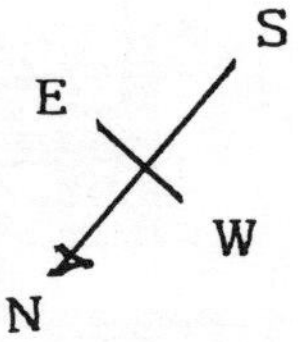

吉田陣屋物見櫓　外法略平面図

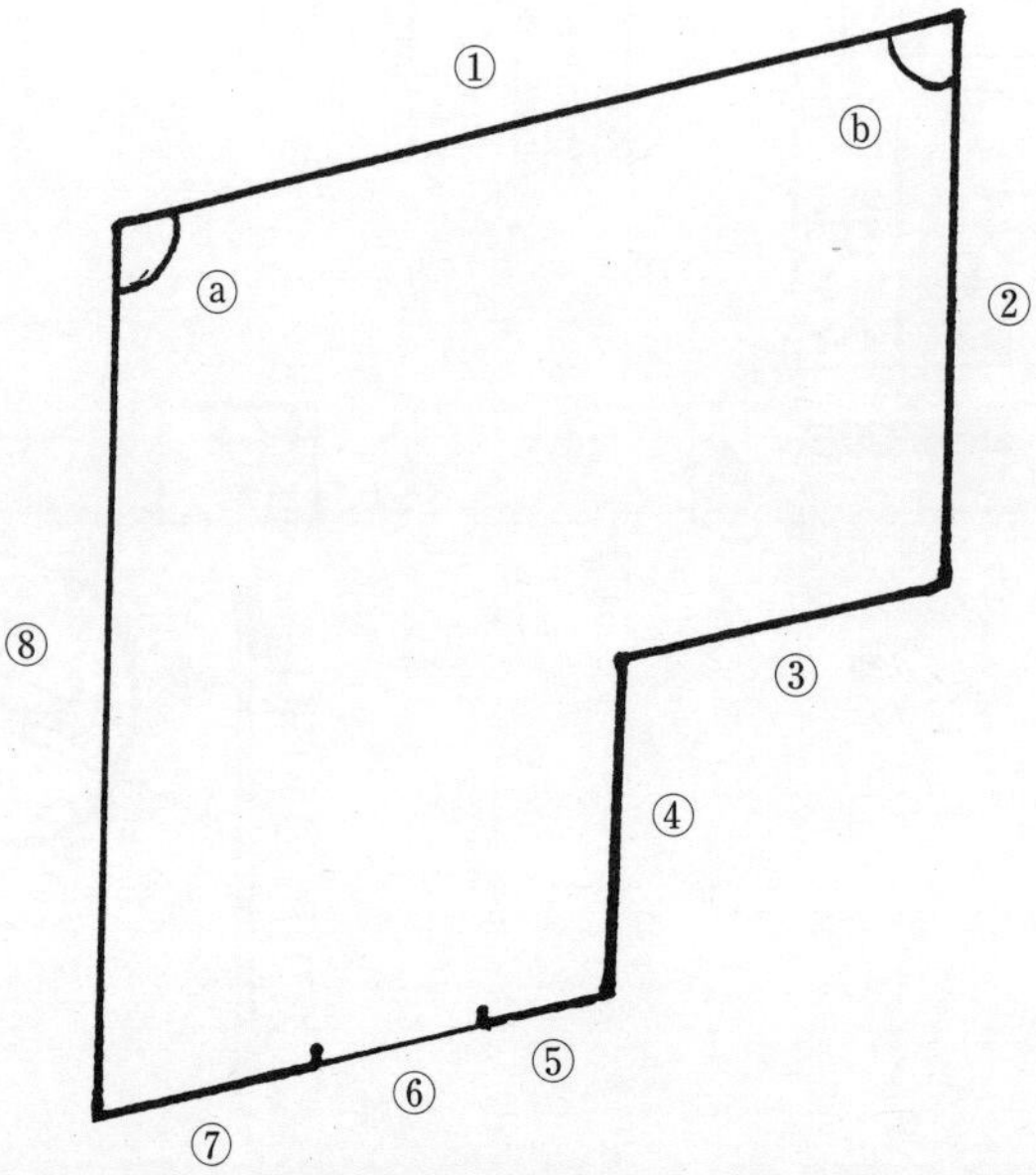

寸法
①3.97ｍ
②2.46ｍ
③1.51ｍ
④1.51ｍ
⑤0.5ｍ
⑥0.85ｍ（入口）
⑦1.09ｍ
⑧3.97ｍ

角度
ⓐ105度
ⓑ75度

第二章　探訪

津和野藩邸の櫓遺構

はじめに

「津和野へ行くんですよ!!」、私はお母さんと娘さんに明るく言った。ある年のゴールデンウイークに念願の津和野紀行が実現した。JR名古屋駅から新幹線に乗ってまどろんでいたら、左席に上品なお母さんが座っていた。後ろの席の娘さんと振り返りながら話をしているので、これではいけないと思い席をチェンジしてお母さんと娘さんが並んで座れるようにした。

小郡で下車する際に、津和野へ行く旨を母子に告げた。山口線で山口に行き市内の山口城址の城門や水堀の一部を撮り、龍福寺の大内館址や築山館の碑と解説板等を撮って駅に戻り山口線に乗り津和野を目指した。

ローカル線の各駅停車の鈍行で二時間弱で津和野に着く。若い可憐な姉さん二人と向い合せの席で、会話内容から女子大生らしかったが、目線を合わすこともできず、横を向いたり目を閉じたり、新緑の山々を眺めたりして目的地に着いた。

ビジネスホテルに荷物を預け、早速馬場先櫓と物見櫓を観に行く。

城史

津和野町は中国山脈の末端島根県の西南に位置し、町を北流する津和野川（錦川）沿いにわずかな平地が開け、西は長州・防州、東は雲州に通ずる交通の要地である。青野山を比叡山に町中を流れる津和野川を鴨川に、城山の紅葉を嵐山のそれに見立てるなど、山陰の小京都と呼ばれている。

津和野城の歴史は古く築城は弘安五年（一二八二）元寇防備のため能登から石見に下ってきた吉見頼行が築城したとする説が長い間定着していたが、しかし津和野町史編纂を機として再調査された結果、弘安五年を遡ること二三年の文応元年（一二六〇）四月、当時すでに佐衛門尉時次なる地頭職がこの地にいて領境を争っていたという古文書があったことで、吉見頼行築城説は否定される結果となったが、佐衛門尉時次が吉見氏一族のものか、或いは吉見氏とどのように関わるかはまだ解明されていない。

いずれにしても吉見氏はすでに鎌倉末期には野々郷（津和野地方）を中心とした西石見の地頭職と共に開発領主としての勢力を占めていた。

城は津和野町の西部に聳える城山山麓の南端を占める標高三六七ｍの山頂に築かれた。築城は永仁三年（一二九五）といわれ、山頂部に削平地を造り、周囲の山の稜線の各所に空堀を二箇所ないし三箇所間隔をおいて設け、さらに少し上ったところには兵士達を待機させる小削平地が造られた。

吉見氏は南北朝動乱期前後には、荘園領主として益田氏と勢力を争う豪族の地位にあった。遵って吉見氏の領主勢力の拠点が津和野城に定着したのはこの時期であったと考えられている。城主としては吉見氏が一四代三二〇年、坂崎氏が一代一六年、亀井氏が一一代二五〇年続いた。吉見氏は一四代広行の時に毛利輝元に従って慶長五年（一六〇〇）の関ケ原合戦に西軍として参加したため当地を追われた。その後には坂崎出羽守直盛が三万石の城主として入部した。

津和野城主坂崎直盛（成正）は備前の宇喜多氏の一族であり、関ケ原合戦後宇喜多の姓を忌んで坂崎とした。宇喜多氏は直家以来、譜代の長船・戸川・岡・花房等の重臣が交代によって国政をみるという支配が続いていた。これが結果的に家中に主導権争いが生じるという事態へ展開していった。その後の朝鮮征伐における軍資金や秀家の豪奢な生活等で財政は破綻の危機に陥った。内訌は宗教問題をも絡み収拾がつかないようにまでなっていってしまいその結果、直盛は宇喜多の宗家を去って行った。

坂崎直盛は津和野城の大改革を敢行した。吉見氏の築いた中世の山城を、石垣によって築き上げた大普請であり、近世に存続した数少ない山城の一つであった。山城の麓に散在していた市場集落を近世の城下町として、従来の東の搦手《からめて》を西の大手（喜汁口）と入れ替えた。城下町の町割が城郭の一部として密接な関係を持った計画であった。

標高三六七mの山城の本丸・二ノ丸・三ノ丸を石垣でもって強化し、さらに新しく中入丸（織部丸とも出丸ともいう）をも増築した。石高わずか三万石の領主が莫大な労力や工費を要する山城を選んだことには、徳川家康が八箇国から二箇国に領地を削封して、防長二箇国に押し込めた毛利氏に対する戦略が考えられる。外様大名であるが、新しく取り立てた坂崎氏を津和野に置き領境の毛利氏を監視させたと考えられている。

元和元年（一六一五）の大坂夏の陣に際し、坂崎直盛が落城のみぎり、徳川家康の孫娘千姫を救出できたのは、ただ運が良かっただけであった。諸説があるが、その功で直盛は一万石加増されて四万石となった。

通説では家康が千姫を無事救出した者に嫁がせると約束し、後にそれを反故にしてしまい、千姫は元和二年（一六一六）本多忠刻のもとに嫁がすことになり坂崎直盛の面目は丸潰れとなってしまった。直盛が千姫の輿《こし》を奪おうとしたのは、同年九年千姫が江戸を出発して桑名に向かう時をねらったものと考えられている。

坂崎直盛は江戸湯島台（一説に柳原）の邸に立て篭り公儀に反抗し自刃して果てた。

直盛は千姫事件の死去に至るまで城郭の大改築・城下町の形成・検地の施行など草創期の藩主として業績をあげている。

亀井氏は新十郎茲矩（これのり）を初代としていて尼子経久に仕えて武功を挙げた。秀綱の代に至り男子がいなかったため、同じ尼子の重臣山中氏より鹿之介を迎えて秀綱の娘とめあわせた。これが亀井鹿之介幸盛である。しかし鹿之介は兄が早世したため、自分は山中姓に復し、湯永綱の男新十郎茲矩に妻の妹（あるいは養女）を配して亀井氏を継がせた。茲矩と鹿之介は義兄弟となる。

元和三年（一六一七）因幡国鹿野から亀

井政矩（まさのり）が四万三〇〇〇石で津和野に入封した。亀井氏は一一代二五〇年余り津和野に在封して明治維新を迎えた。

亀井氏在城時に面白いエピソードがある。亀井茲親（これちか）の代の元禄一一年（一六九八）勅使下向の際に当り馳走役を勤めた時に、高家吉良義央（よしひさ）に苛められ、立腹して屋敷に戻り、重臣に明日は必ず吉良を討つと言うと、心ききたる重臣は、どうぞ殿の御本分にして戴きたい、と言って早速吉良邸に袖の下の小判を届けた。吉良は翌日上機嫌で、茲親は狐につままれたようであった。これは近世演劇史上見逃すことのできない「仮名手本忠臣蔵」のモデルとして後に赤穂藩主浅野長矩のいわゆる元禄赤穂事件と二重写しとなったようである。

八代藩主亀井矩賢（のりかた）は、打ち続く財政逼迫にも負けず、天明六年（一七八六）城下堀内に藩校養老館を創設した。後にこの養老館からは啓蒙学者として知られる西周（にしあまね）・世界的文豪森鷗外・日本の紡績業界の重鎮山辺丈夫・地質学の草分けと評された小藤（ことう）文次郎・初代札幌市長を勤めた高岡直吉等がはばたいて行くことになる。

一一代藩主亀井茲監（これみ）は久留米藩主有馬頼徳の次男で養嗣子として亀井家に入った。その頃津和野藩は連続悪天候による農作物の不作や水害などの天災が続き、藩財政は行き詰まっていた。青年藩主茲監は財政改革に着手する。これは一〇年計画で行われ諸経費の節減に努め、また製紙・製蠟等の事業で増収もはかった。こうした努力の甲斐があって一〇年の計画は五年で達成することができた。財政改革が一段落すると茲監は藩校養老館の教学の改革に乗り出した。江戸時代の藩学というのはどこもが漢学中心であったが茲監は日本のことを学ぶのが第一と考えて国学の振興に力を注いでいくようになる。

岡熊臣に見出され養老館国学部で学んでいた福羽文三郎は江戸に出てさらに学んで万延元年（一八六〇）には帰国して養老館の講師となった。

文久二年（一八六二）茲監は天下の形勢を探知させるべく福羽を京坂方面へ送り込んだ。福羽は長州藩士達と接した。長州藩を主とする尊攘派は将軍家茂を上洛、参内させ文久三年（一八六三）五月一〇日をもって攘夷断行の期限とすると誓わせた。こうして長州藩は馬関に陣を構え、眼前の関門海峡を通航する外国艦に砲撃を開始した。

長州藩が攘夷を断行したという報は津和野藩を奮起させた。津和野藩は軍備の足しにと硝石五〇〇斤を長州藩に贈っている。ところが八月一八日に突如御所内で起こった薩摩藩・会津藩を中心とした公武合体派の政変により状況は一変する。長州藩をはじめとする尊攘派が失脚し、京都から一掃されてしまった。京都にいて政変を目の当りにした福羽文三郎は津和野に帰国し藩主茲監にそのことを報じた。尊王攘夷を藩論とする津和野藩にしても長州藩の失脚は一大痛恨事であった。

茲監は朝廷や幕府に対して書状でもって何とかして長州藩を救おうと力を注いだ。こうした津和野藩の運動に対して、長州藩主毛利敬親（たかちか）は茲監に感謝の意を表する手紙を寄せてきた。

元治元年（一八六四）七月、京都に攻め込んだ長州藩の軍勢は、薩摩藩及び会津藩と御所付近で激戦の末に敗走し、朝敵の汚名を蒙ることになった。これが禁門の変である。勅命を奉じた幕府は第一次長州征伐令を発した。境域を接する津和野藩は長州藩への同情が厚かったが、小藩のため動きが取れず領内を固めるしか方法がなかった。長州藩が謝罪・恭順の意を表して第一次の征伐は終わった。その後藩内の内訌を経て長州藩は息を吹き返したので幕府は慶応二年（一八六六）第二次長州征伐を行うことになったが、薩摩藩が大義名分が立たないと出兵を拒否し、諸藩にも気乗りがしない雰囲気があった。津和野藩では長州藩に敵意のないことを知らせたが、幕府は軍目付長谷川久三郎以下四五名を津和野藩に送り込んできた。幕命に従うか、長州に荷担するか、かつて無い程の苦境にさらされた。

第二次征長幕府軍と長州藩との戦闘が開始された。同じ頃に福羽は密かに長州藩にはしり、大村益次郎や首脳部と談判・交渉し、石州口で幕府軍と長州軍が交戦しても津和野藩領を戦乱に巻き込まないでほしいと頼み込んだ。長州軍は津和野藩領を通過し浜田へと向った。津和野城下では人々は大いに周章狼狽したが、茲監はじめ重臣達は密約があったので平然としていた。軍目付長谷川久三郎の存在を知った長州軍はその引き渡しを要求し、生命の安全を保証するという約束を取り付け、長谷川は長州藩に引き渡された。長州軍は勝利をおさめ、中央ではこれ以上政権を維持することが困難と感じた徳川慶喜は慶応三年（一八六七）朝廷に政権を奉還した。

明治新政府の方針は祭政一致であった。神祇官は太政官の上に置かれ、神祇官副知事に亀井茲監、同判事に福羽文三郎（美静・よししず）が任じられた。幕末の津和野藩が行った神道による宗教行政の実績が評価された結果である。祭政一致の政体復古が、神道国教主義を貫くことは、やがてはキリシタンの弾圧に繋らざるをえなかった。

明治元年（一八六八）新政府は長崎浦上のキリシタン約三四〇〇人に弾圧を加え、流罪処分を決定した。キリシタンの流刑地は、名古屋以西の一〇万石以上の二〇藩が選ばれた。しかし津和野藩も例外として加えられた。

キリシタンの中でも指導者格の高木仙右衛門・守山甚三郎など二八名が割り当てられた。日頃の神道研究の真が問われたのである。はじめ津和野藩は福羽美静の指導で説得によって改宗させようとした。乙女峠の中腹にあった廃寺に閉じ込め神職達が改宗を勧めた。しかしキリシタンの中には信仰心が篤い者も多く途中から方針を変えざるをえなくなり、拷問を加えて棄教させようとした。拷問は残酷を極め、数多くの美しくも悲しい逸話が生れた。明治六年（一八七三）諸外国からのうち続く抗議によって、条約改正を交換条件として明治政府はキリスト教信仰の自由を認めた。仙右衛門達は断固改宗に応じず信仰を貫き通した。

キリシタン迫害事件後幾星霜を経て、ビリヨン神父は初めて津和野へ巡礼の一歩を踏み入れ、往時を偲び殉教者の霊に深い祈りを捧げた。そして「信仰の光」の石碑を建て殉教精神を顕彰した。

昭和二三年（一九四八）ネーベル神父により聖母マリアと三六人の殉教者のために聖堂「マリア堂」が建てられた。そして乙女峠の名はキリシタン殉教地として日本はもとより、外国まで広く知れ渡るようになった。

規模・構造

津和野城は三本松城・蕗城・槖吾（たくご）城とも呼ばれた近世の梯郭式山城である。南北約三〇〇m、東西約一五〇mの規模であり、比高は約二〇〇mである。城址の総面積は七九二〇㎡で山は霊亀山と呼ばれる。山上の城郭は、本丸・二ノ丸・三ノ丸・腰郭を含む本城と、北へ約二〇〇m離れた尾根上の出丸の二箇所から成る。本丸は城内最高所である三十間台、その西方一段下の天守台、南方一段下の人質曲輪の三つの小郭で構成されている。本丸は貞享の雷火で焼失して以後土塀が設けられたが、かつては三重の天守や多聞櫓（三十間長屋）等、多くの櫓や城門が建ち並んでいた。天守が一段低い所に建っていた点は特殊である。本丸北方の帯状の狭い郭が二ノ丸であって、やはり焼失して土塀のみであった。三ノ丸は南方と西方に細長く突き出していてそのため本城全体は三角形を成している。

三ノ丸北面には下段の腰郭からの登り口を仕切る櫓門があり、その特殊な構造から三段櫓と呼ばれた。その櫓台の石垣は上・中・下三段より成り、それぞれに一重二階の櫓を建てて連結したものであった。

城郭の規模についての概略は以下である。

城山―麓より上り二三九間
　高　真金七八間五尺
本丸―一八〇五坪七歩
　本丸　地坪　五四四坪四歩弐厘
　郭廻　一二七間
二ノ丸―地坪　二五一坪五歩五厘
　郭廻　一一一間半
帯　郭―地坪　一九三坪二歩五厘
　郭廻　一四四間
三ノ丸―地坪　八一六坪四歩八厘
　郭廻　二五六間半
出丸（織部丸）―地坪　一七三坪
　郭廻　六三間
天守台（二ノ丸に立地）
　地坪　一三四坪九歩九厘六毛
　東　一三間三・三尺
　西　一〇間四尺
　南　一一間二・五尺
　北　一一間
石垣高　三間二尺
櫓―総坪　九七九坪六歩一厘
　本丸―櫓坪　二五五坪五歩
　二階坪　一二五坪九歩
出丸―櫓坪　二三坪六歩三厘
　二階坪　一六坪九厘
後ニ焼失櫓
　櫓坪　二五七坪三歩四厘
　二階坪　二三一坪九歩二厘
地震破損櫓―御本丸菱櫓　二ノ丸渡櫓　三ノ郭長屋―合計六九坪二歩五厘

津和野藩邸

現津和野高等学校グランドの位置が、寛永年間（一六二四～一六四三）亀井氏によって構築された藩庁の址である。この正面玄関（現グランド入口）には豪華な櫓門が建っていたのであるが明治五年（一八七二）に解体された。嘉楽園はこの藩邸の庭園である。藩邸古図をみると、地泉や築山もあって、さらに釣月亭と呼ばれたあずま屋等、その風趣は二一景を数えたという閑雅、幽玄な大庭園であった。現在の嘉楽園はその一部である。ここに明治二二年（一八八九）亀井家最後の藩主で名君の誉れ高い亀井茲監の高徳を永く後世に伝えるため、家臣達の有志が中心となり頌徳碑建立を計画した。その当時美術研究のためドイツへ留学中の茲監の養子茲明に計画書を送り研究を依頼した。

茲明はこれを承諾し、この際日本の記念碑の面目を一新する意味においても大いに研究しようと、在留大学の教授の指導を受けるなどして研究を重ね当時としては美術的にも優れた斬新な設計書を作成した。この設計により本銅像はドイツにおいて鋳造された。以来約二箇年の歳月を経て明治二四年（一八九一）に完成し盛大な除幕式を挙げられて、ここに茲監の雄姿を再び仰ぎ見ることができるようになった。この銅像は日本における初期の頃のものとして有名である。また亀井茲明は茲監の子で我国初の日清戦争従軍カメラマンであり、命をかけて美術学の研鑽に勤め後に伯爵を授けられている。

その後の津和野城

明治四年（一八七一）に廃藩を願い出て聴許され浜田県に合併された。同五年山下の藩邸の門及び、大広間は浜田に移建され浜田県庁舎となった。同七年建物が払下げられ三上喜左衛門が約二〇円で落札し取り壊された。大正一五年（一九二六）藩邸址に県立津和野中学校（現県立津和野高等学校）が開校された。昭和一七年（一九四二）城址は国指定の史蹟となった。昭和四七年（一九七二）藩邸の馬場先櫓、同五〇年御殿址が県の史蹟に指定された。同五二年に物見櫓が嘉楽園内に移築復元された。

城址は国指定史蹟で山上の城の石垣が完存し、山下の旧藩邸は津和野高等学校の敷地となり物見櫓・馬場先櫓・庭園（嘉楽園）の一部が現存するほかに、北・東・南方に石垣を伴う溝が遺っている。本城は近世城郭として例の少ない山城で遺構の状態も良好で、山下の旧藩邸址にも二棟の櫓が遺存している貴重な城址である。藩邸表門は浜田城址に移建されている。

津和野藩邸の櫓遺構

一、馬場先櫓

嘉楽園の入口に藩政時代遺構の馬場先櫓がある。津和野川に架かる御幸橋を渡ると左手に櫓があり、赤い石州瓦が印象的である。

本瓦葺・二重二階櫓

棟高―敷地内の地表より大棟まで
　約六・七m

軒高―敷地内の地表より鐙瓦中央付近まで
　下層約二・八m
　上層約五・三m

軒の出―建物壁面と鐙瓦付近までの水平距離
　下層約〇・八m
　上層約〇・九m

隅柱は一七cm角で、露呈しているのは下層のみである。下層の西側入口部に総高〇・八mの四段の石段があり、幅は約二mである。入口部は約一・八m×一・八mの両引板戸で中央部の上部左右に格子子九本・内側は板戸の連子窓があり、縦〇・五五m、横約一・九mである。下層の下見板張部の高さは一・三五mである。建物の立地する石積の高さは敷地内側で約〇・八mである。

上層の北面・東面は格子子を密にした独特の窓で、内側は板戸である。鐙瓦は太目と細目の連珠なしの三ツ巴紋である。鳥衾は三ツ巴紋で鬼瓦に亀井氏紋章の四ツ目結が施されている。破風は木連格子、懸魚は蕪で六葉附である。一軒疎垂木で拝みには起り（むくり）状の板がある。この建物の屋根瓦は他城の屋根瓦より大振りである。

藩政時代には、一階には厩番役人の詰所があり、二階は義倉庫として利用されていた。石段を上って連子窓が少し開いていたので覗いて観ると二階は根太天井であった。

津和野町教育委員から送って戴いた平面図・立面図等を観てみると、馬場先櫓の平面規模は、

一階―桁行（柱間真々）一〇・九m、梁行五・一八〇m、床は板敷で梁行方向にあり、柱は一四本が読み取れる。

二階―階段は建物西南にあり、二階も同様に板の間となっている。平面規模は桁行（柱間真々）九・七m、梁行三・九八mである。

二、物見櫓

馬場先櫓から道路を左にカーブして少し行くと物見櫓がある。白亜漆喰塗込の長大な建築で、藩主が祭礼時の催し物などを見物した櫓である。まずこの櫓を観て感じるのは、白漆喰と密に設けられた格子窓・海鼠壁であり、他城郭には類例のない独特の形状をしている。入母屋造・外観一重・内部二階建・赤瓦の桟瓦葺で大棟両端に鯱を置いている。上方は東面・南面及び北面の半分は格子窓で、上方の格子窓は東面の左手で九・八m、南面全面、北面で約二mにわたり張り出している。この数値は水平距離である。棟高は地表より大棟まで約七・四m、軒高は地表より瓦先端中央部付近まで約四・九m、軒の出は建物壁面から軒先までの水平距離が〇・八五mである。下辺の海鼠壁の高さは一・二m、一軒疎垂木で大棟の鬼瓦には亀井氏家紋四ツ目結、懸魚は蕪である。建物礎石は西側では一〇㎝露呈している。建物下部の格子窓の開口部は地表より一・五二m、上方は三・四mの位置にある。北西の隅柱は二二㎝角である。建物西面は東面とは全く異なり、格子窓は無く入口が二箇所ありそれは中央部と建物左手である。庇附入口の庇の軒高は地表より瓦先端中央部まで二・四五mである。左手入口は建物北端より二・三mに位置し、地表より四七㎝の礎石上に縦一・七五m、横一・八mの二枚板戸両開で、庇の軒高は地表より二・四五mあり、ここから水平距離五・九mの位置に同様な入口がある。二つの入口の間の右寄りに連子窓が連双に施されている。連子窓は素木で地表から一・四五mの位置に左七本、右八本の格子窓で縦約〇・七m、横〇・九mである。北面の白漆喰塗込の格子窓は縦約〇・九m、横約一・九mの連双窓で格子子は九本である。柱間は約一・九m、柱は漆喰塗で浮き出させて柱の幅は二一㎝で西面左から八本を数える。

建物内部一階平面は図面で観ると桁行二五・六m、梁行四・九五mである。二階は半分以上吹板と書かれていて、その南方の

部分に一〇畳敷の部屋が二室ある。部屋は同規模で畳の敷かれ方が、梁行方向と桁行方向と違い、中央部の部屋の西に階段がある。この部屋部分の外観が白漆喰塗の出窓となっていて張出し部分の寸法は四六㎝である。

ところで、戦後各地の国宝や重要文化財の城郭建造物の殆どが解体もしくは半解体され、そしてその修理工事報告書が刊行された。これに比べ移建櫓は例え市や町の文化財に指定されていても、工事報告書が発刊されたという事例は関知していない。各市や町の教育委員会に資料を送って戴いても、僅かな資料しかないのが現状である。工事施工者の設計図を送ってもらえればいい方で記録保存がなされていない。長野県の龍岡城台所櫓の資料を観た時に疑問に思ったのは鬼瓦が桐紋となっている点である。大給松平氏が桐紋をつかうはずがないので現地へ行って観てみると、蔦紋である。ということは、先達の見栄や体裁によるいわば小細工で、杜撰といわざるをえない。

城址逍遙

昭和四六年頃（一九七一頃）に歌手小柳ルミ子さんが歌った「私の城下町」が大ヒットした。うろ覚えではあるが、それが火付け役となり、皆は全国の城下町を訪れるようになった。折から高度経済成長の真っ只中、皆は瞳を輝かせ旅をした。しかし昨今のOLの姉さん達は海外へ旅立つ。それもいいが、先ず日本国内の旅の方が大事であるように思える。

津和野は旅行者にとっても非常に人気が高い観光スポットで、以前は一年前に宿の予約をしなければ訪れることができなかった。ところが現地へ行ってタクシーの運転手さんに聞くと若い姉さんたちはあまり見かけないといった。それだけ皆が海外へ飛び立つのである。

津和野藩邸の馬場先櫓や物見櫓の存在を知ったのは新人物往来社の『日本城郭体系』であり、以来訪れるのが夢であった。馬場先櫓へ行って写真やビデオを撮る。屋根瓦の赤さが武骨な建物によくマッチしている。それから物見櫓に行く。物見櫓はすこぶる長大で、また格子窓ばかりといった印象を与えてくれる。糠雨（ぬかさめ）の降る中を濡れた草にズボンを汚しながら略測をした。

なお馬場先櫓は嘉永六年（一八五三）に火事で藩邸が焼け櫓も焼失したので安政三年（一八五六）に再建された。これは解説板から得たことで、物見櫓の解説板は壊されていて世の中の荒みを感じる。それから歩いて城下を散策し津和野銘菓の源氏巻きを食べる。美味い。美味いものは、美味いものである。津和野を象徴する鯉が遊んでいるのは藩校養老館で、花菖蒲も鮮やかに、この流れに面して白壁に格子窓の古い佇いを見せて藩校養老館の武道教場が遺っている。門を入って右側の教場を町立図書館に、左側の教場は民俗資料館として使用されている。その正面奥に森鷗外の遺言碑を前にして養老館の御書物蔵がある。

養老館という名称から養老院を連想するが、それは錯覚である。「我が老を老として以って人の老に及ばず」という中国の孟子の教えで、儒教の人道を説いたところから採られたものである。

道路を隔てて多胡家老門がある。多胡家は代々城代家老職を勤めた家柄で、古色蒼然としたこの門の向って右端に門番の部屋があり、左端に突き出て格子窓のついた部屋は催し物等を見物した物見の部屋である。嘉永六年（一八五三）の津和野大火の後にこの門が建てられた。四万三〇〇〇石の大名の家老門としては、分不相応というので、公儀から咎めがないかと心配した人もいた。この多胡家からは多くの逸材が出ている。そしてビジネスホテルに投宿する。

翌日は快晴で歩いて城山のロマンスリフト発着所に行く。新緑の季節で心身ともに絶好調である。ロマンスリフトは以前は伊予松山城で経験していて、なかなかいいものである。着いて南方に登っていくと出丸址があり、しばらく歩きそして下った地点に解説板や城址碑等がある。この解説板には城郭の絵図が掲げられていて、観ると実に大規模な城郭であったとよくわかる。城山の石垣はまさに壮観で写真撮影をする。

ある地点から写真を撮ろうとしたら、一緒にリフトで登ってきた若いカップルが画面に入ってしまい邪魔なのである。写真撮影の場合に人が入るのは好ましくない。これは城郭愛好家ならば誰でも経験があるはずである。いい天気でカップルが愛を語っている。自分とは無縁の世界である。諦めて三ノ丸址へ行く。ここから観る人質郭の石垣は圧巻である。石垣を積み上げるのにどれだけの人が泣いたことであろうか。

帰りの列車の時間が迫っていたので郷土館へ急ぐ。郷土館の門は草刈代官所の門である。館内で目に付いたのは、津和野城櫓鯱瓦と太鼓である。太鼓は城山の麓にあった時打櫓に備え付けられていたものである。森鷗外や西周（にしあまね）の生家も見学したかったが時間がなく、今度はゆったりとした気分で訪れようと思った。

西周は数年前のNHK大河ドラマ『徳川慶喜』で将軍の相談役として出た。この時に裃の紋が気になった。日本の国旗みたいな感じであった。学問家で二六歳の時にその才能が認められ、蕃書調所の教師となりさらに幕府に抜擢されてオランダ留学を命じられた。二年半余り大いに研鑽を積み帰国した。蕃書調所は開成所となり周はその教師となった。

こうして新緑の津和野紀行が終わった。

津和野藩邸馬場先櫓東面

津和野藩邸馬場先櫓北西面

津和野藩邸物見櫓南東面

津和野藩邸物見櫓西面

津和野城要図

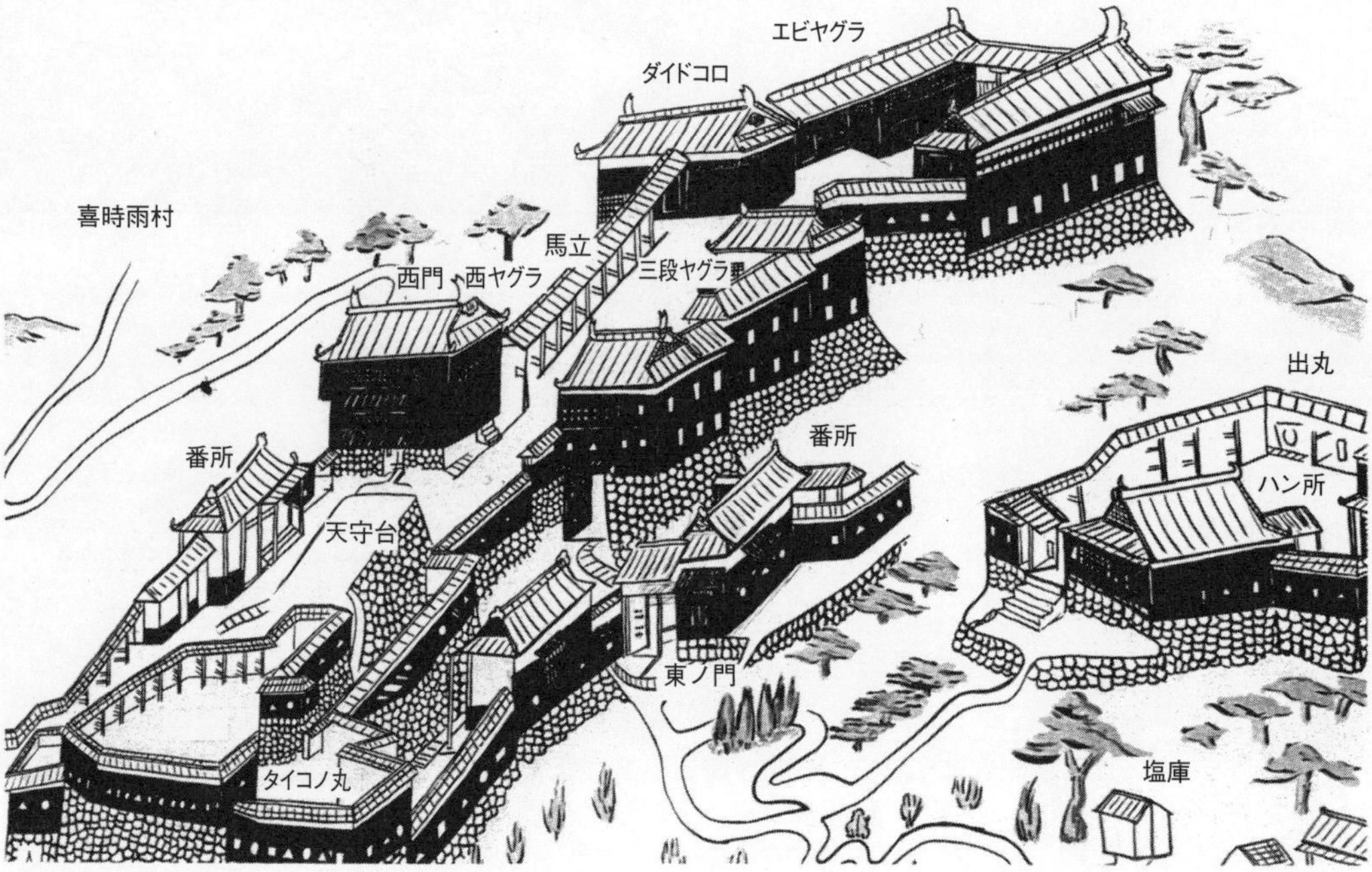

津和野藩邸馬場先櫓

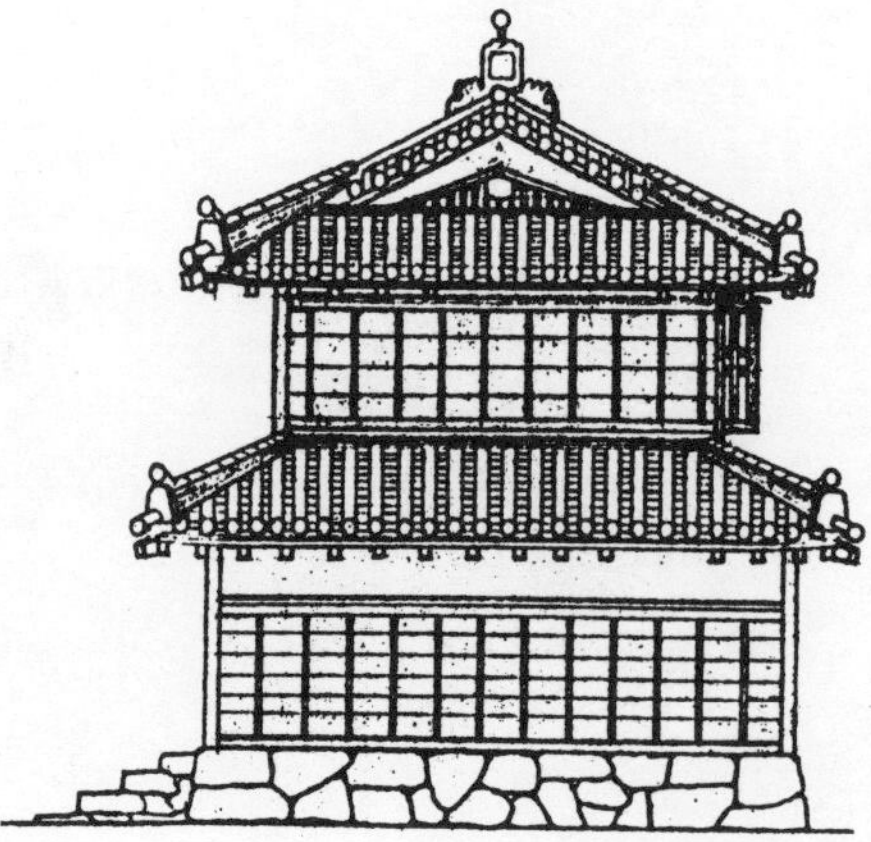

南　面

第二章　探訪

高知城の建造物遺構

はじめに

追手門の後方に天守が聳えるのが、この城の最も有名なカメラ・アングルである。しばらく眺める。門のかたわらで、巨大な土佐犬をひいたオジさんが、得意そうに観光客に説明している。それを横目で見て入城すると、向こうにテントがあり、市の観光課関係の人達がパンフレットを配っている。ゴールデンウイークの真っ只中、かなりの人出である。ピンク色の服に、白い帽子をかぶった可憐なミス高知の姉さん二人を見かけて、おそるおそる声をかけてみる。「すみませんが、写真を撮らせてもらえませんか?」、「いいですよ」。いとも簡単に、さわやかな笑顔で了解してくれた。テントから少し離れたところで、一人ずつ数枚撮らせてもらい、名刺をもらって後で送ることにする。そして、天守を目指す。平成八年五月、喧騒の中に、時は流れて行く。

城史

黒潮踊る南海を遠望する高知城は、高知市街の中央部に立地する典型的な平山城である。慶長六年（一六〇一）、土佐に入国した山内一豊は鏡川と江ノ口川に挟まれた大高坂山（おおたかさやま）に築城工事を始め同八年に本丸・二ノ丸が完成したので、入城式を行った。慶長一六年（一六一一）には三ノ丸が完成し、当初は河中山城（こうちやまじょう）と称されたが、水害を忌んで高智と改称した。これが高知の地名の始まりである。現在、城址は国指定史蹟で主要部は高知公園となり、天守以下、重要文化財に指定された建造物が幾つか遺り、黒潮薫る高知の象徴となっている。

慶長五年（一六〇〇）関ケ原合戦後、徳川家康は豊臣氏についた長宗我部盛親の領国土佐を没収し、替って山内一豊を国主に封じた。

四国の雄、長宗我部氏は秦氏（はたし）の後裔を称した。秦氏は古代の有力な渡来民族で、先祖は中国の秦の始皇帝子孫弓月君と伝わる。

天正三年（一五七五）七月、土佐を平定し、さらに四国の盟主となるべく兵を阿波・讃岐・伊予三国に差し向け、激しく攻め続けた長宗我部元親は、常に中央権力者と対決する運命にあった。天正一〇年（一五八二）、織田信長の四国征伐は、本能寺の変による信長の落命でその難は避けたものの、依然、阿波・讃岐には三好・十河（そごう）の残存勢力があり、伊予には中国毛利氏を後ろ盾とした河野氏が健在で、全く予断を許さない状況であった。

四国平定を急ぐ元親の前に立ちはだかったのが、織田信長亡き後、山崎合戦で明智光秀を屠り、天下にその名を轟かせた羽柴秀吉である。元親の判断は、中央の反秀吉勢力と結託して秀吉に打撃を与え、その間に四国を平定し、やがて派兵される秀吉の四国征伐軍に対して、完全なる迎撃態勢を整えることであった。

天正一一年（一五八三）、賤ケ岳合戦の際に、元親は柴田勝家と盟約を結び策動したが、勝家が敗れたため形態は元親にとって極めて不利となった。

羽柴秀吉は四国征伐を企画したが、その矛先を変えさせる事件が勃発した。天正一二年の小牧・長久手合戦である。この戦でも元親は徳川家康方に与し、紀伊根来・雑賀衆と連繋して背後から秀吉を牽制した。挟み撃ちされることを恐れた秀吉は、主戦場に集中することができず、思わぬ苦杯を嘗めることとなる。秀吉は、織田信雄と単独講和を結んで戦いを終わらせると、一転して背後の敵である根来僧徒・雑賀衆を壊滅させた。この間、まだ四国平定をしていなかった元親は、秀吉の四国征伐を逃れるべく、使者や進物を秀吉に贈ったが度重なる敵対行為が許されるはずもなかった。

天正一三年（一五八五）、大物量作戦による短期決戦を企画していた秀吉は、自らは渡海せず和泉国岸和田に本陣を置いた。

元来、四国の広範な海岸線を土佐兵だけでは守れるはずもなく、この迎撃戦の鍵を握っていたのは、阿波・讃岐・伊予の、元親の同盟軍であった。長宗我部元親は四国統一戦の過程において特に、東伊予・西讃岐及び、阿波の東部海岸に城を持つ中小領主達に対し、無用な力攻めをあまり用いなかった。そして、人質を取り軍役は要求したものの、彼等の伝統的な権益は奪わなかった。

羽柴秀吉の弟秀長は、畿内の兵三万を率いて淡路洲本に上陸し、羽柴秀次も同様に、二万とも三万ともいわれる兵を従え淡路の岩屋に着き、後に秀長軍と合流して、阿波の土佐泊（とさどまり）に上陸、兵を展開させた。一方、宇喜多秀家・蜂須賀正勝・黒田孝高（よしたか）等の諸軍は二万三〇〇〇人の兵で讃岐の屋島に上陸し、土佐方の諸城を降しながら平野部に進出した。中国の毛利軍三万は伊予の新間（新居浜）・今治方面に上陸した。元親はこれほどの大軍の来襲は予想もしていなかった。元親の計略はあくまでも四国の地の利を生かした持久戦であったと考えられる。そして戦いを長引かせ上方軍を疲労させ、有利な条件で講和に持ち込む算段であった。上方軍は大部隊で、その上兵農分離を終え、熟練した各武将のもとに統率された練度の高い戦闘集団であった。長宗我部軍は、一領具足（いちりょうぐそく）と称された農民的武士を主力としていた。阿波国白地城（徳島県池田町）に本陣を置いていた元親は万策尽き、自らは一度も出撃することもなく、秀長を通じて秀吉に降伏した。

四国平定後、秀吉は長宗我部元親の器量を認め、土佐一国を安堵した上で元親の他の占領地を没収した。元親は秀吉を主と仰いだその時から、一途に義を通した。義に対しては義で応えるのが、武将としての元親の生き方であった。命ぜられたまま出陣した九州の陣で、愛する嫡男信親を失った後も、秀吉に対する忠誠心は微動だにしていない。元親は九州征伐の戦功により侍従・土佐守に任官、後に羽柴の姓も与えられた。慶長三年（一五九八）に秀吉が死ぬと、その翌年元親もこの世を去った。享年六一歳であった。

慶長六年（一六〇一）長宗我部元親の居城であった浦戸に入城した山内一豊は、城は三方を海に囲まれた要害の地に築かれてはいるものの、土地は狭隘で城下町建設に不適当なため、人心一新をもねらって大高坂山に築城工事を始めた。

大高坂山は、南北朝時代南朝方の大高坂松王丸が居城したところで、その後、天正一六年（一五八八）長宗我部元親が岡豊城（おこうじょう）からこの地に移り、居城を構えて城下町の建設に努力したが、大高坂山の地周辺は低湿地で洪水に悩まされて思うにまかせず、やがて浦戸の地に再移転することとなる。

山内一豊は、百々(どど)越前守安行を総奉行に任じ、その子息出雲に補佐させた。百々安行は、近江国犬上郡百々村の出身で、織田氏に仕えていたが、織田氏没落後は京都で浪人していたのを一豊に召し抱えられたもので、その優れた築城技術が認められたものといわれ、後の慶長一二年（一六〇七)丹波国篠山城の普請にも従事している。

縄張も済んで着工したのは慶長六年九月であった。石材は浦戸城の不要のものを取り壊して舟で江ノ口へ運び、その他周辺の地から切り出させた。木材は周辺諸村から搬出し、瓦は職人共々大坂に求めた。人夫は一日一二〇〇人から一三〇〇人に及んだ。一豊は、浦戸から隔日に馬で現場を巡視したが、その際同じ出立ちで家臣五人が随従したため人々はこれを六人衆と呼んだ。これは長宗我部遺臣の襲撃に備えてのことであり物情騒然たる中での築城の情景が窺われる。

慶長八年（一六〇三）に本丸・二ノ丸の工事が完成し、八月二一日の吉日を選んで、一豊は浦戸城から新城に移った。新城は河中山（こうちやま）と名付けられた。鏡川（潮江川）と江ノ口川に挟まれていたからである。しかし、その後度々水害に悩まされたため、河中の文字を忌み、慶長一五年（一六一〇）同音の高智山と改められ、それが後に高知となった。同一六年、地形が狭く工事が遅れていた三ノ丸が完成し、ここに高知城は完成した。

享保一二年（一七二七）、城下からの出火で追手門を遺し、天守以下城郭の殆どが焼失した。同一四年深尾帯刀が普請奉行に任命され、城郭再建の工事に着手した。延享三年（一七四六）本丸の再建工事が始まり、寛延二年（一七四九）天守を始め櫓・城門等が完成した。現在、遺る天守はこの時のものである。宝暦三年（一七五三）三ノ丸が完成し、再建以来二五年目にしてほぼ全城郭が整った。享和元年（一八〇一）追手門の改築が行われ、弘化三年（一八四六）には天守の大修理が行われた。明治四年（一八七一）高知城は廃城となった。

藩史

初代山内一豊

高知藩祖山内一豊の父盛豊は丹波国出身で、尾張に来て岩倉城（愛知県岩倉市）の織田信安に仕えてから一豊が生れた。天文一五年（一五四六）の誕生で、生地は盛豊の居城地黒田城（愛知県木曽川町）と伝えられている。しかし、織田信安の跡を受けた信賢が、織田信長に憎まれて殺害された信長の弟信行に荷担したため、家老の父であった山内盛豊も自刃し、子の一豊はたちまち浪人となってしまった。永禄二年（一五五九）一五歳の時であった。これらには諸説があるが、それからの一豊は、母法秀院や弟妹達と、尾張・美濃・近江を転々とする生活を送った。やがて、一豊は美濃の豪族牧村兵部正倫（まさとも）の推挙で、織田信長に仕えることになった。

元亀二年（一五七一）、敗走する朝倉軍の中に三段崎勘左衛門という勇士がいて、織田軍の先頭をきって突進する一豊めがけて矢を放った。矢は一豊の左の頬から右の奥歯まで射通したが、一豊は勘左衛門に躍りかかり、組んだまま谷底に転げ落ち、ついに勘左衛門を討ち取った。しかし一豊も気を失い、折よく味方の大場金右衛門が来て勘左衛門の首級を打ち落とし、首級を置いたまま立ち去った。そこへ家来の五藤吉兵衛が駆けつけたので、一豊は草鞋《わらじ》のまま頭に足をかけさせて矢を引き抜かせた。その鏃（やじり）は実に四寸三分（約一一㎝）もあったといわれる。時に一豊は二五歳で傷のにわか手当てとして柏の葉で傷口を押えたが、この時の柏に因んで、三葉柏を山内家の紋章にしたと伝わる。

　山内一豊の妻についてその前半生は、全く明らかにされていない。一説に近江国浅井氏の家臣若宮喜助友興の女（むすめ）ともいうが定かではない。ところが美濃国郡上八幡城主で、後に近江国三上藩主となり、さらに明治三年（一八七〇）和泉国吉見藩主となった遠藤家の系譜に、一豊の妻についての記載があったのである。その系譜には一四代遠藤六郎左衛門尉盛数・室一三代東左近太夫常慶女とある下に、一五代遠藤左馬助慶隆とあり、その左に弟妹などが並んで記入されている。その中に、女（山内一豊妻）とあり、この系譜によると、山内一豊の妻は遠藤慶隆の妹ということになる。また岐阜県郡上郡八幡町慈恩寺所蔵の、遠藤慶隆書の写しを観ると、書面は傷みがひどく読みにくいが、女山内一豊、の文字が読み取れる。これによると、一豊の妻は慶隆の娘とも思われる。いずれにしても山内一豊の妻が遠藤家から出ていることは、これらの系譜によるかぎり明らかである。遠藤慶隆の妻は、美濃国本巣郡北方城主安東伊賀守郷氏の娘であるが、その母が山内家から安東郷氏の元へ嫁した一豊の姉であったことが、別の遠藤家系譜で解った。系譜を略記すると、次のようになる。

安東伊賀守守重―太郎左衛門郷氏（室・山内氏北方殿・一豊姉）―女（遠藤但馬守慶隆室）―女（あるいは慶隆妹・山内一豊室）

一豊の妻が慶隆の娘であったとすると、一豊は姉の孫すなわち、姪の子を室としたことになる。年齢的な矛盾がない訳ではないが、戦国時代には同族結婚が多かったことを考えれば首肯できる。

また、次のようなことが指摘されている。『小牧山合戦図』によると、遠藤慶隆の陣屋の隣が山内一豊の陣屋で、その小牧山合戦の陣立は次の通りである。

	日根野備中守雄就	千五百
右	佐藤六左衛門	四百
	遠藤大隅守胤基	
左	遠藤左馬助慶隆	六百
	山内伊右衛門一豊	七百

これまで判明してきた通り遠藤氏と山内一豊は同族である。

それでは、日根野氏と佐藤氏はどうかというと実はこれも同じ一族衆なのである。

すなわち佐藤六左衛門の娘が、遠藤慶隆の弟慶胤に嫁していて、日根野家へも、三代前に遠藤家から女が入っていたのである。また一豊の妻が遠藤家より出ていることの証明になると思われる記述が見つかった。一豊の妻が土佐山内家二代藩主忠義に遺した「ゆづりわたし状」が、それである。その目録の中に『古今和歌集』があったのである。

遠藤慶隆の四代前が東常縁（とうのつねより）である。常縁は、東野州と呼ばれた高名な歌人であり、古今和歌集の奥義を究め、文明三年（一四七一）郡上八幡で飯尾宗祇（いいおそうぎ）に、古今和歌集に関する故実の秘事・口伝を師から弟子に授ける古今伝授を行った人物である。一豊の妻が『古今和歌集』を大切に保管し、遺品としてそれを次代に譲り渡したということは、まさに遠藤家出身を証明している。

天正九年（一五八一）織田信長の馬揃えの時、一豊の妻が、鏡箱の裏に秘しておいた黄金一〇両で一豊に馬を買わせたという有名な逸話がある。これも実は、一豊の妻が実家の遠藤家から、夫のために馬を貰い受けたというのが真相のようである。美濃国郡上郡は、寿永三年（一一八四）の宇治川の先陣争いで勇名を馳せた梶原源太景季の愛馬「磨墨・するすみ」の産地である。現在の郡上郡明宝村（めいほうむら）一帯は、かつて気良庄（けらのしょう）と称された荘園で、馬などの放牧が盛んで、駿馬を多く産出した。

一豊の馬が遠藤家から贈られたものであったことを証明する書類が、遠藤家に仕えた書物掛りの子孫の家に伝わっていたというが、火災などで失われてしまった。ただその家の古老が、遠藤家より一豊に馬を贈った、と記した書類があったことを記憶していたということである。

一豊の妻の名は、千代とも、まつともいわれ、一般に千代といわれている。天正元年頃（一五七三頃）山内伊右衛門一豊の妻となった。貧しかったが幸せな日々であった。

通説的になった有名な逸話は、奥州から安土城下に来た駿馬のことを、一豊が溜め息混じりに千代に話したところ、千代は鏡箱の中から一〇両の黄金を出して、一豊に渡した。一豊は喜びあふれ買いに走り、手に入れた。その馬は、素人目の千代にもすばらしい駿馬だと思えた。殆ど純白の毛並みに、ところどころ黄金の毛が混じり、それが黄金色に輝いて見えた。そして四肢は美しく逞しく、そして気品があった。二〇〇石取りの武士には過ぎたる逸物であった。

織田信長の京の馬揃えは、天正九年（一五八一）であった。駿馬に乗った一豊が信長の目に留まり、信長からたいそうな褒め言葉を賜った。それからの一豊の立身出世とともに、千代は貞女の鏡として世に広く知れ渡った。山崎合戦の後、山内一豊は近江国長浜二万石の城主となった。

天正一四年（一五八六）、江北地方を大地震が襲い城中の御殿が倒壊した。夫妻が掌中の珠と愛していた一人娘のよねが、その下で死んだ。妻に一〇両の黄金で馬を買って貰ったことが、朋輩の羨望や嫉みを受け、はじめは意に介さぬ一豊であったが、愛娘の死とともにいつしか、千代と一豊の心には、透き間風が吹くようになっていた。

あの馬の故に信長の目に留まり、出世の

糸口をつかんだことは紛れもない事実であった。その自分の内助に、一豊がはじめは喜び、やがては次第に重荷となっていくのを、千代はただ見守るよりほかはなかった。

誠の賢女というのは、豊臣秀吉の正室於ねのように、決して自分を表には出さず、ひたすら夫を前面に押し出す内助ではなかったのだろうか、と考えるようになっていた。千代はそのことに思い至って、羞恥がこみ上げてくるのを感じた。あの時、夫の喜ぶ顔を見て満足し、人々の噂にも、内心は多少得意がっていた自分の愚かしさが悔やまれてくるのであった。

千代は、京の家の門前に捨てられていた一人の男の子をわが子のように育て始めた。

時代は移り、山内一豊は天正一八年（一五九〇）には、遠州掛川六万石の城主となり、名城掛川城を築いた。慶長三年（一五九八）豊臣秀吉が没し、天下は大きく揺れ動いた。徳川家康の東軍か、石田三成の西軍か、それぞれの思惑を秘めて大名達の動きは激しくなっていった。

慶長五年（一六〇〇）、徳川家康は会津の上杉景勝討伐の軍を起し、諸大名に出征の命を下した。一豊も軍勢を率いてこれに加わり、掛川城から出陣した。千代は大坂で人質同様の身分でいた。東軍に参加と決めた諸将の人質の奥方達は、ひそかに大坂を脱出していた。東軍についた細川忠興の邸が襲われて、夫人のガラシアが自殺したという噂が流れた日、千代は増田長盛・長束正家連署の西軍への勧誘状を受け取った。折しも、一豊から西軍の動向が判明すれば報告するようにとの密使が来たので、千代は早速、増田等の勧誘の写しを細字で認め（したため）、菅笠の紐に、に編み込んで田中孫作を密使として送った。徳川家康は千代の判断と行動を、大いに賞賛した。

慶長六年（一六〇一）山内一豊は東軍に与した功によって土佐一国を与えられ、二一万余石の国持大名となった。千代は暖かい南国で静かに暮したいと願った。土佐はそれまで長宗我部盛親が支配していて、西軍に従って没収された。かつては四国全土に覇を唱えようとした名族長宗我部氏の滅亡を悲しんだ旧臣達は、せめて一郡でも盛親のために残されたい、と願ったが聞き入れられなかった。

旧臣達は憤激し、竹内惣右衛門を首謀者として決起し、浦戸城受け取りの井伊直政の家臣鈴木平兵衛軍に対して激しく抵抗した。ようやく浦戸一揆の首謀者等二七三人を謀略をもって殺害し、土佐は治まるかに見えた。

長宗我部軍は農兵主体で、常に田圃に刀槍・具足を携え、戦いになるとこれを着用し、参陣した。これを一領具足（いちりょうぐそく）と呼ぶ。旧一領具足衆は、新領主山内一豊にゲリラ戦で果敢に抵抗した。一豊は過酷な弾圧を一領具足衆に下した。桂浜にて相撲興行を行い、見物に来た一領具足衆七三人を捕縛し、磔刑に処した。一揆は一豊の弾圧にも関わらず、やむことがなかった。見かねた千代が慰撫政策に転じるよう進言したが、一豊は聞き入れなかった。土佐へ移って五年目、新しく大高坂山に築かれた城が成って二年足らず、慶長一〇年（一六〇五）山内一豊は六一歳で死去した。

千代は即座に落飾（らくしょく・貴人が

出家すること）し、見性院と称した。一豊の弟康豊の長子忠義が跡を継いだ。忠義が家康の養女を正室に迎え入れ、山内家安泰の保証を得た半年後、千代は土佐を後にした。

京にはかつて育てた子で禅僧となった妙心寺塔頭大通院二世湘南宗化（そうか）がいた。京での千代の生活は殆どわからない。屋敷は京にはなく、伏見にあったともいわれる。千代は安らかな余生を送り、元和三年（一六一七）に六一歳で没し、大通院に葬られた。現在、大通院には一豊と千代の二基の無縫塔が並んでいる。一豊は英雄的な行動はなかったが、賢明であり着実に人生を歩んだ。聡明な千代はそんな夫を支え、そして励ました。二人の能力が絶妙にかみ合って、波乱に富んだ戦国時代を見事に乗り越え、土佐山内家の礎を築いた。

二代山内忠義

忠義は元和の藩政改革を行った。寛永八年（一六三一）には野中兼山を登用して、藩政の基礎を強固なものとした。野中兼山は土佐藩家老として約三〇年間土佐藩政を司り、用水路の建設・港湾の整備等、土木工事に努力し、長宗我部旧臣の郷士取立て・新田開発・村役人の制度の強化・産業の振興・専売制の実施等、各方面にわたる政策を展開して、藩財政の基礎を築いた。

しかし、その強硬な施策に反発の声が上がり、これを利用した山内一門や重臣等の政敵の弾劾を受け、寛文三年（一六六三）に失脚した。寛文の改替といわれる政変である。

以降の土佐藩主は、忠豊・豊昌・豊房・豊隆・豊常・豊敷（とよのぶ）・豊雍（とよちか）・豊策（とよかず）・豊興・豊資（とよすけ）・豊煕（とよてる）・豊惇（とよあつ）・豊信（とよしげ）・豊範と一六代約二七〇年間にわたり在封した。歴代藩主は他藩と同様、財政難・天災・飢饉等に苦しんだ。

土佐藩主山内容堂・豊範

土佐藩二四万二〇〇〇石の太守山内家には、本家のほかに南邸山内氏・本町邸山内氏等の分家があった。嘉永元年（一八四八）七月に第一四代当主となった豊惇（とよあつ）が二箇月後に二五歳の若さで急死した時、第一五代藩主に立てられたのは、南邸山内氏の嫡男豊信（とよしげ・容堂）であった。二二歳の若き藩主であった。冷笑する家老たちに片っ端から相撲を挑み、福岡宮内以外はことごとく投げ飛ばすという破天荒な藩主が誕生したのであった。

この豊信が広く世に知られるようになったきっかけは、嘉永六年（一八五三）六月のペリー来航であった。幕府の諮問に応じ、アメリカが武力に訴えるのであれば断固応戦すべし、と強気の策を提出した。

封土にあっても吉田東洋を仕置役に起用して藩政改革に努力し、海防強化のための郡奉行の増設・生活改善・旧格打破等を次々に断行した。能弁家の豊信は、やがて自ら幕府の政争に身を投ずることとなる。安政四年（一八五七）参勤のため江戸へ出府した豊信は越前藩主松平春嶽（慶永）と交流し、その家臣橋本左内の影響を受けたものといわれるが、開国論を是とするに至り、あわせて将軍継嗣問題にも関与するようになった。

時の徳川一三代将軍家定は心身不健全な上、子供にも恵まれていなかった。彦根藩主井伊直弼等が紀州藩の徳川慶福（よしとみ）を推すのに対し、薩摩藩主島津斉彬（なりあきら）・老中阿部正弘等は、春嶽の主張に従い、水戸藩老公徳川斉昭の子息一橋慶喜を次期将軍に想定した。豊信の正室は、内大臣三条実万（さねつむ）の養女正姫であった。一橋派に属した豊信は春嶽と相談して橋本左内を京に派遣し、三条実万を説き伏せ、朝廷全体を一橋派に賛同させようとした。しかし数百年の間、時の流れが滞っているような御所にいた実万は、左内の説く開国策というものが理解できなかった。

その報告を得た豊信は、家臣大脇興之進を指名し、密書で実万に尊王の誓詞を届けさせた。土佐山内氏は、関ヶ原合戦後に初代一豊が遠州掛川から一気にその四倍に加増され、土佐に入部した家柄であった。外様大名ながら、徳川家に対する恩顧の情は、譜代大名並みのものがあった。豊信はその思いを圧し殺してまで尊王の誓いを立てたのに、朝廷工作は遅々として進まなかった。

ところが、安政五年（一八五八）幕府大老に就任した井伊直弼は、勅許を待たずに日米修好通商条約に調印し、徳川幕府の権威を最後に示すようになる。そして次期将軍は慶福と決定され、一橋派の徳川斉昭は隠居、一橋慶喜と徳川慶篤は登城停止、松平春嶽には隠居謹慎を命じた。さらには島津斉彬が病死し、一橋派であった宇和島藩主伊達宗城（むねなり）も隠居させた。失望した豊信は自ら引退を決意した。隠居願いは受理され、その上謹慎処分の通達がもたらされた。万延元年（一八六〇）にこの処分が解かれるまでの約一年間を、豊信は江戸品川鮫洲（さめず）の土佐藩別邸で憂悶のうちに過ごすこととなる。

第一六代土佐藩主となったのは、容堂の従弟の豊範であった。一二代藩主豊資の四男に生まれた豊範は、本来は、兄の一三代豊熈・同一四代豊惇に次いで、一五代藩主になるべき存在であったが、一四代豊惇の死亡時わずか四歳であったので、容堂の養嗣子となって次の藩主の座を、約束されていた。実父豊資がまだ健在で、実父同様に養父容堂にも孝養を尽くした。

若年であったので、引き続き吉田東洋が補佐した。東洋は後藤象二郎や福岡孝弟（たかちか）等の気鋭を登用する一方で、成文法「海南政典」や藩史を編纂し、海防のため幕府の意を汲んで大坂に住吉陣屋を経営した。また藩校文武館を創設して、一六歳から三九歳までの藩士に通学を義務づけ、文芸・武芸の世襲制度を停止して、才能あるものを抜擢するなどして豊範の政治に貢献した。

しかし、万延元年（一八六〇）三月三日の江戸城桜田門外の変以降、世は尊王攘夷派志士たちの台頭するところとなった。土佐にあっては、文久元年（一八六一）八月、土佐勤王党を結成した武市瑞山（たけちずいざん）を急先鋒とし、東洋の公武合体路線を批判する者達が現れた。

これを巷間の浮説として動かなかった吉田東洋は、文久二年四月八日夜、土佐勤王党の手によって暗殺された。これを知った豊範は吉田東洋派の者達を退けて武市瑞山派の者を登用する一方、五月二四・二五日の両日、諸士を召して親書による警告を行う硬軟両様の態度をとった。しかし、隠然と勢力を伸長しつつあった土佐勤王党の動きは、一片の親書で止められるはずもなかった。

この文久二年は山内豊範の江戸参勤の年

であった。ところが、六月一一日には公卿の三条実美（さねとみ）が上京を促してきた。すでに薩長両藩は入京し、禁門警衛の朝命を拝受していたから、土佐藩も旗幟《きし》鮮明にすべし、ということであった。

豊範は関東に下り、父容堂と相談してから返答すると、返事を保留したが、参勤の供侍に指名されていた瑞山にとって、このような優柔不断さは我慢できなかった。

武市瑞山は策動して、八月二五日に豊範を京河原町の土佐藩邸に入れることに成功した。これによって土佐藩は、薩長と並ぶ勤王三藩の一つに数えられるに至った。閏八月二七日に長州藩に攘夷の勅許が下った。朝廷は、攘夷の勅諚を幕府にも下すべく勅使を東下させることにした。一〇月一一日、その先駆けとして京を発った豊範は、五〇〇の藩兵とともに二七日江戸に着いた。

容堂はこの時まで将軍徳川家茂に信頼され幕政参与を依頼されていた。一二月一日、豊範は長州藩主毛利敬親（たかちか）の養女喜久姫（俊子）を江戸で娶った。この頃、開国・公武合体派の容堂は、長州藩への警戒を強めている。桜田の長州藩邸に招かれた時は、求められるままに、長州藩が主に下級武士階級からなる尊王攘夷派に牛耳られている様を皮肉った書と絵を描いた。

そして、文久三年（一八六三）三月二六日、七年ぶりに帰国した容堂は、土佐勤王党に大鉄槌を下した。九月二一日、武市瑞山以下を投獄し、さらに容堂は慶応元年（一八六五）閏五月一一日、瑞山に切腹を命じた。すでに、禁門の変で長州藩が敗れ、長州征伐令が下ると豊範はやむなく夫人俊子と離縁している。瑞山切腹に当り、豊範は土佐勤王党に同情し、釈放を懇願したが、かえって容堂の逆鱗に触れてしまった。

こうして公武合体路線に執着した土佐藩が、薩長同盟による武力討幕が目睫《もくしょう》の間に迫ると、坂本龍馬の発案になる大政奉還建白書を藩論として採用し、徳川一五代将軍慶喜に働きかけて実行させた。

大政奉還が成った後の情勢は、土佐藩の思惑通りには運ばなかった。慶応三年（一八六七）一二月九日、王政復古の大号令渙発と同日に開かれた小御所会議に容堂は新設の議定として参加した。この時、容堂酒気を帯びて参内し、将軍職は降りてもまだ内大臣の地位にあった慶喜が招かれていないのを不服とし、舌鋒《ぜっぽう》鋭く放言した。しかし、参与の岩倉具視が、傍らに人がなきが如き容堂の言動を、激しく叱責した。この思いがけない逆襲に容堂も襟をただし、失言の罪を謝したので、会議の主導権は、岩倉具視と薩・長・芸の討幕派三藩との、思い通りに進展してしまった。能弁家の容堂にとっては一代の不覚であった。

土佐藩は、徳川慶喜が大坂城へ退いた後の一二月二〇日、朝廷から伏見表の巡邏鎮定を命じられた。伏見は大坂と京の中間にある上に、伏見奉行所はこの頃、新選組の最後の屯所となっていた。新政府側の一方的な決定を不服として、旧幕府軍が来襲すれば土佐藩兵は真向からこれと衝突する恐れがあったので、容堂は伏見出張の藩兵に、みだりに動かないように命じた。

慶応四年（一八六八）一月三日、砲筒に草は燃え、三〇〇年の徳川幕府の夢が崩壊していく戊辰戦役初戦の鳥羽伏見の戦が始まった。開戦の日、土佐藩兵は容堂の命令を守って自制したものの、四日未明、眼前に敵兵が迫るのを見てついに砲門を開いた。この時までの来援に二川元助・山地忠七の部隊があった。彼等は土佐討幕論者の首魁《しゅかい》乾退助の同志であったから、脱藩覚悟で官軍として参戦したのである。しかしこれらの藩内討幕論者の暴走が、皮肉なことに明治新政府内での土佐藩の立場を急速に改善したのである。

その後山内豊範は、高松城・伊予松山城の開城を成功させ、乾姓を改めた板垣退助は、総督府参謀としてその手腕を大いに発揮した。版籍奉還とともに豊範は初代高知藩知事となった。

幕末四賢侯と称されたのは、松平春嶽・山内容堂・島津斉彬・伊達宗城である。

山内容堂は美丈夫で文才に優れ、自ら「鯨海酔候・げいかいすいこう」と称するほど酒を愛した。明治維新後、内閣事務総裁・制度取調方総裁の職に就いた。かつて容堂は、江戸桜田の長州藩邸で求められて、書の後にヒョウタンを逆さまに描き、「是れ長藩の現状なれ」と揶揄した。容堂は公武合体路線に執着し、藩内の勤王派に大弾圧を加えた。明治維新前後、土佐藩では実に多くの若き命が失われた。

長州藩の現状をからかった容堂ではあったが、結果的には土佐藩も、討幕派家臣団の主命に逆らう活躍によって新時代に適合することができたのであった。

高知城の規模・構造

鏡川と江ノ口川に挟まれ三角州の中央部に位置する独立丘陵大高坂山は、背後に豊かな生産地帯を控え、国のほぼ中央にも位置する。南は鏡川を隔てて筆山（ひつざん）があり、西は江ノ口川を隔てて小高坂山が横たわり、北には江ノ口川と久万川を隔てて北山が連なる。東南には海洋に通ずる浦戸湾が開け、水陸交通の要衝にも当っている。

高知城は、江ノ口川を背にした典型的な平山城で、中心部は連郭式・周辺部は梯郭式で、規模は南北約九〇〇m・東西約一四〇〇m、標高は約四四mである。築城以前は周辺が低湿地であったし、三ノ丸構築に当っては地形が狭く、これを整えるために大高坂山と西方の小高坂山との間にあった中高坂山を切り崩して盛り土したと伝えられていて、大土木工事であった。東方を追手とし、西方を搦手として山下の東・南・西を堀で囲み、さらにその外側の東と西に南北に堀を構築し、外郭を形成した。

内郭は東西約四八二m・南北約四九一mの規模で、本丸は丘陵の中央部やや南の、標高四四・四mの最高所にある。天守・本丸御殿・納戸蔵・黒鉄門・西多聞櫓・東多聞櫓・廊下門がありいずれも現存している。天守は本丸中央部東寄りに本丸の石垣に接して建ち、天守台はない。天守入口は南と西にあり、南入口は御殿であり高知城の書院正殿である懐徳館（かいとくかん）に通じ、西入口は本丸に露出した形状となっている。

二ノ丸は本丸の北に位置し、標高は三九・八mある。本丸とは詰門で連繫されている。詰門は本丸と二ノ丸を結ぶ廊下橋であり、一階は空堀の仕切門となっている特異な形式の櫓門で、本丸では廊下門とT字状となって接続していて、これも現存している。二ノ丸には二ノ丸御殿があり藩主の居住空間であった。御殿北西に三重櫓であった二ノ丸乾櫓、御殿北方に二重櫓の数奇屋櫓、その中間に多聞櫓の二ノ丸続櫓があり長局と称された。御殿東方には二重の家具櫓があった。その他、多聞櫓二棟、城門は御殿北方に水手門、三ノ丸方面への詰門等があった。

三ノ丸は城内で最も広い場所で標高は三〇・六m、総面積は約四六三三㎡ある。ここに大書院があり、家臣を集めて諸行事を行うなど、大集会所として用いられた。

二ノ丸東下方から北方、さらに二ノ丸西方及び本丸西方と、ほぼ二ノ丸・本丸を取り囲むように三ノ丸・腰郭・獅子の段等が構築されている。鉄門・三ノ丸門があって、三ノ丸東方から丑寅櫓・綿倉門・乾櫓・黒門・西南櫓・鉄砲倉・本丸下門等が、二ノ丸・本丸下方を取り囲むように配置されていて、太鼓櫓は本丸南下に位置していた。

本丸西下方の獅子の段の、さらに西下方に御台所屋敷があり、その北西下方は西ノ丸があった。西ノ門があり、その西ノ丸西南隅に接して搦手門があった。山麓部には西ノ丸の他に南面西の部分に表御殿・中奥御殿・御亭等があり、その東方に柵門を隔てて、厩・馬場等の占める郭があった。馬場の東北方には追手門があり現存している。

また、三ノ丸東方下に南北に狭長な段があり、ここには塗師部屋（ぬりしべや）があり、塗師部屋門があった。この段に続く三ノ丸南下の段を杉の段といい、老杉が生い茂っていたための名称と伝わる。本丸南下には太鼓丸があった。太鼓丸は城山の最南端に当り、南は急な崖で石垣は構築されていない。城郭主要部東北方には江ノ口川に接して米倉・武器庫等があった。これらを囲繞《いじょう》して三方に内堀を巡らし、北は江ノ口川が堀としての役割を果していた。全体的に主要部を観ると、南・東・北の三方を内堀が取り巻き、堡塁《ほうるい》の地形を成している。

城内の二ノ丸以外の主要な櫓や城門は、本丸腰郭に二重櫓・多聞櫓・櫓門が各一棟、三ノ丸には、二重櫓と多聞櫓が各一棟、二ノ丸腰郭には、多聞櫓と櫓門が各一棟、獅子の段には、二重櫓三棟、多聞櫓一棟があった。

高知城は東を追手とし、西を搦手として南北にも門を構え、四方に門が開かれていた。これらの城門は南門を除き、いずれも方形に石垣を巡らし、追手門・北門・搦手門とも入口見附に門がなく、石垣とその右側もしくは左側に門を設けて敵襲に備えている。北門から追手門までと、追手門の南から南門東部までは土塁とし、北部の江ノ口川に接する部分は、東を石垣、西を自然の地形のままとする他は、瓦葺または、柿葺（こけらぶき）の塀を巡らしていた。

土佐は豪雨が多いので、統治者は水対策に心を砕いた。長宗我部元親は度重なる洪水で築城を断念した。山内一豊は築城に当り、豪雨のために石垣の崩壊を避けることを最重要課題とした。排水には細心の注意を払い、完全な装置を施し、その排水路は用意周到で巧妙を尽くしている。排水路も、大体の地盤が螺旋状（らせんじょう）なのに順応し、城郭全体をサザエに似た螺旋状とした。本丸・二ノ丸・三ノ丸・杉の段・獅子の段等から成る城山約八万六〇〇㎡に降る雨水は、一面に落ちる危険を避け、三方向に別れて落ちるように設計されている。本丸の南の雨水は西に廻り、獅子の段に落ち、御台所屋敷の雨水を集めて、桜山の西の堀に落ち、本丸北の雨水は北に流れ東に折れて、藤並神社前の堀に落ち、二ノ丸は東が低く三ノ丸に雨水を運び、三ノ丸は北が低く江ノ口川に落ち、獅子の段は東北と西南へ低い。杉の段は西と北へ低く、雨水はその方向に螺旋状に廻旋するように流れる構造となっている。水害から城を守るため石垣には石樋（いしどい）と呼ばれる水のはけ口等、さまざまな工夫がされている。石樋は、排水が直接石垣に当るのを防ぐ。英知が集約された城なのである。

その後の高知城

明治六年（一八七三）、明治新政府は高知城を公園とし、天守を咸臨閣・本丸御殿を懐徳館と命名した。同年二ノ丸表御殿・奥御殿等が払い下げられ、取り壊された。明治九年（一八七六）には本丸と追手門を除く櫓・門・塀及び、倉庫その他の付属の建物が払い下げられ取り壊された。その後、外堀は埋め立てられ土塁も破壊された。昭和九年（一九三四）、天守・懐徳館・黒鉄門・西多聞櫓・東多聞櫓・詰門・廊下門・追手門及び、本丸の矢狭間と追手門の西南・東北の矢狭間が国宝に指定された。昭和二二年（一九四七）城址は都市公園となった。昭和二三年二月から昭和三四年（一九五九）三月にかけて、天守・追手門等の解体修理工事が実施された。同年、城址は国指定史蹟となった。

現況は、主要部は高知公園となり、昭和二五年（一九五〇）文化財保護法第一一五条第一項の規定により重要文化財に指定された天守・御殿・黒鉄門・詰門・廊下門・西多聞櫓・東多聞櫓・矢挟間塀・追手門が遺存し、主要部の石垣・東側と南側の内堀が現存する。下屋敷址は高知県庁敷地となっている。旧藩校致道館址は武道館敷地となり正門が現存している。高知城は外堀及び、内堀の多くが失われているが、主要部が良く遺り、特に本丸の建物が完存し、天守と御殿の遺る全国唯一の貴重な存在であり、追手門とともに旧状をよくとどめている。高知県は昭和五七年（一九八二）に、史蹟高知城跡保存管理計画を策定し、復元を含む景観の整備や遺構の発掘調査・保存、公共施設の城外移転等を進めている。

総説

南紀・四国地方の城郭建築の特徴の一つは、本丸あるいは天守郭のほぼ全周を、多聞櫓で厳重に取り囲む構えにあり、他地方では例が少ない。この地方では、和歌山城・高松城・丸亀城・今治城・大洲城・伊予松山城・高知城等である。また、かつては当地方の主要城郭九城では八城が天守を有していて、天守を持たない城郭が少なくない他地方と比べると、これも対照的である。全国に現存する一二天守のうちの三分の一を当地方で占めている。本丸の建物がほぼ完存するのは全国の城郭でも高知城だけである。

高知城本丸は、径約六〇ｍの不整形六辺形の企画の郭で、東部に天守、南寄りに本丸御殿、東西両面に多聞櫓、北正面に廊下門・詰門、南に黒鉄門がある。寛延二年（一七四九）再建の現存建造物である。

天守は五層六階入母屋造・大壁塗で、最上層には高欄を廻らす望楼式である。棟上に青銅製の鯱を載せている。初層と二層は、通柱で同一規格であり、平面規模は七間半に六間半である。二層に規模の大きい入母屋を載せている。三層下部（三重）は三間五尺に四間二尺、三層上部（四重）は三間一尺四方、最上層は二間四尺四方で、これに高欄が廻りに張り出している。この建築には、各層企画と逓減《ていげん》の均整に大変な苦心の跡が観られる。これは二層屋根の大入母屋と、そのすぐ上の唐破風《からはふ》との調和と相まってこの天守の勇姿を一層引き立てている。高さは本丸地上一〇間である。メートル数値にすると約一八・五mである。

ところで、昭和二〇年代後半から同三〇年代にかけて、全国各地の国宝・重要文化財指定の城郭建造物において、解体もしくは、半解体の修理工事が実施された。そしてその修理工事報告書が刊行された。これらによると殆どの建造物の規模等の数値は尺貫法で記載してある。ところが、私達にとってはメートル法表記でなければ理解しにくいのである。尺をメートルに換算するには、その数値を三倍して一〇で割ればメートル数値となる。同様に間をメートルに換算するには一割引いて二倍する。坪を平方メートルに換算するには一割加えて三倍する。このようにすればおおよその数値を把握することができる。しかし、一間を一割引いて二倍すれば一・八mとなるが、実際は一間を一・九七mとしなければならないこともあり、必ずしもこのような計算方法でメートル数値が把握できるとは限らない。特に数値が高いとその誤差も大きい。諸城郭関係の書籍に建造物の規模等が尺貫法で記載されているのはそのためであり、また天守等の高さのメートル数値が諸書によって異なるのも同様と考えられる。

高知城天守には天守台がなく、したがって地下蔵もない天守である。初層下部には鉄剣を並べた忍び返しと大きな石落が備えてある。慶長八年築造の天守は、山内氏旧領の掛川城天守の形式を模し、寛延二年完工の天守もこれを踏襲したものといわれ、慶長初期の天守様式を今に伝える貴重な遺構である。

本丸御殿は書院造で、玄関と大小一四の室から構成されている。ここは正殿・藩主正式謁見の場である。上段の間には、傍らに納戸式の武者隠しの部屋がついている。現在、懐徳館として公開されている本丸御殿は、名古屋城本丸御殿が戦災で失われた現在ではこれが日本で唯一完存する貴重なものである。

廊下門と詰門は上下二層一体の建物である。詰門は二ノ丸と本丸を結ぶ廊下になっていて、侍の間・中老の間・家老の間等があり、本丸を警固する武士達の詰所であった。廊下門は本丸入口にあり、東端は東多聞櫓に、北面中央門前は詰門渡櫓と連なる。詰門は、東の三ノ丸と西の獅子の段とを結ぶ空堀道を扼《やく》する城門で、防衛上正面入口と裏の出口の位置を違えた筋違い門である。廊下門・詰門の構成は他に類例のない遺構である。追手門は享和元年（一八〇一）の再築で、追手桝形に南面して建つ入母屋造の渡櫓門である。

高知城天守

一、創建沿革

現在の天守は、享保一二年（一七二七）の罹災後、慶長期創建の位置に、創建当初の規模のまま再建されたもので、発見された棟木の銘文により延享四年（一七四七）四月二六日に棟上されたものと判明した。その後、安永八年（一七七九）と弘化三年（一八四六）にそれぞれ大規模な修理工事が実施された。

二、特徴

高知城天守は五層天守で屋根は四重である。最上層には高欄（勾欄）を廻らしている。この廻縁勾欄式は豊臣系大名の天守建築における手法の特徴であって、初代藩主山内一豊は、江戸幕府の許可を得て旧居城地掛川城の天守通りに高欄を付けさせた。天守台がないのも特徴の一つである。また、戦時を想定した忍び返し・石落など慶長期の古式をとどめる遺構で、掛川城の天守様式の踏襲である。

三、規模・構造形式

名称
高知城天守（咸臨閣）

構造形式
五層天守・屋根四重・本瓦葺

規模
桁行（東西）
初重（一階・二階）四六尺四〇
中重（三階・四階）二六尺三六
上重（五階・六階）一六尺七四
梁行（南北）
初重（同）三九尺五四
中重（同）二三尺二〇
上重（同）一六尺七四
軒高―礎石上端から軒桁峠まで
腰屋根　一一尺一六二
初　重　一七尺四一一
中　重　三四尺八七二
上　重　五一尺五六五
軒の出―柱真から茅負外下角まで
腰屋根　四尺二八
初　重　（一階・二階）　四尺一四
中　重　（三階・四階）　三尺四八
上　重　（五階・六階）　四尺一〇
棟高―礎石上端より大棟頂まで
六一尺七―メートル法概数換算で一八・三二m

構造形式
高知城天守
三重（六階）　三層（腰屋根附）
天守屋根本瓦葺、基礎北側石垣野面石積礎石青石鑿切石据え、西面一間石階二級青石鑿切石、南面一間渡り廊下框受け一段青石鑿切石

壁体　各重大壁、内部各階竪板張り、ただし四階・六階は長押以下羽目板張の上にさらに貼付壁、蟻壁は木擢壁、一階床上高さ約七尺通り玉石を充塡す。

一階　出入口西面北より第二間、南面東より第四間、塗込扉両開き肘壺釣り、内側に外面漆喰塗り板戸引分け、その内側に、腰板附金網戸引分けに建込む。出入口、石落を除く各間柱間土台上に換気孔、北面、西より一間柱間を除く全部、東面北より二間柱間外部漆喰塗り板戸突上げ、北面西より一間柱間土台下までの霧除板戸横釣り、外南面、東面、両面とも同様霧除板戸突上げ釣り、北面、西より第四間及び東端の間石落附、土台及び石落下框に錬鉄武者返し取附き。格子窓、東面、北より第二・第五

柱間、南面、東より第七柱間、西面、南より第二柱間、北面、西より第三・第六柱間計六箇所、いずれも格子塗込、外部漆喰塗り板戸片開き肘壺内釣り、銃眼、北面、第一・第二・第三・第五・第六・第八柱間計六箇所、いずれも外漆喰塗り板蓋片開き肘壺内釣り、登り階段、勾欄附、北より第三柱間、西より第二柱間西より上る。東より第五柱間、南より第二柱間東より上る、二箇所。床板、土台上端揃いに吸い付桟附厚板上げ板環附敷込み、止め金物附。

二階　床、板張、格子窓、東面、北より第二・第五柱間、南面、東より第三・第七柱間、西面、南より第三・第五柱間、北面、西より第二・第五柱間計八箇所、格子塗込、外面漆喰塗り板戸片開き肘壺内釣り、銃眼、東面、北より第二・第四・第六柱間、北面、西より第一・第三・第四・第六・第八柱間計八箇所、外面漆喰塗り板蓋片開き肘壺内釣り、登り階段、勾欄附北より第二柱間、西より第四柱間西より上る、一箇所。

三階　床、板張、東西両面に中央二間、桁行一間踏み込み、床、板張、その外に中段、床、板張、妻、木連格子に開口二箇所、外面漆喰塗り板戸引分け、南面、中二間の内間柱寄開口、中段、床、板張、片戸引分け、妻、木連格子に明り取り二箇所、外面漆喰塗り板戸引分け、登り階段、勾欄附、西より第一柱間北より第三柱間、東より上る、一箇所。

四階　床、板張、窓、東西両面、南より第一柱間柱寄り、第四柱間柱寄り、南北両面、西より第二柱間柱寄り、第三柱間柱寄り、各面二箇所計八箇所、外面漆喰塗り板戸片開き肘壺内釣り、外部板戸突上げ肘壺外釣り、銃眼、東西両面、各南より第一・第四柱間間柱寄り、南北両面、各西より第二・第四柱間間柱寄り、各面二箇所計八箇所、蓋いずれも外面漆喰塗り、片開き、肘壺内釣り、登り階段、勾欄附、西より第一柱間、北より第二柱間、東より上る、一箇所。畳寄せ、長押附。

五階　床、板張、登り階段、勾欄附、西より第一柱間、北より第二柱間、北より上る、一箇所。

六階　床、板張、各面中央柱間開口、外板戸引分け（内部明り障子引分け）、畳寄せ、長押附、天井格天井、外部廻、椽板木口張り、切目長押、蟻壁長押、水切附、切目長押・蟻壁長押は開口の部分の敷居・鴨居となり、生地を表し他は塗込、勾欄、地覆、平桁、架木、親柱（八本）は宝珠、宝珠は造出し、斗束、檽束入り、椽葛下腰壁は木摺壁。

軒廻　腰屋根、西面、南より第四柱間より北へ、北面、東面全部、南面、東より第五柱間まで、腕木は入側筋まで差し通し、出桁架け渡し、軒、一重、疎垂木（柱真は力垂木）、隅木、反り附（隅木蓋附）、茅負、反り増し附、工法は本木投、布裏甲、反り増し附瓦座取附、腕木、出桁、垂木、隅木（隅木蓋は生地）、軒裏板、茅負、裏甲、瓦座共見え掛り塗込。

初層　軒　一重、疎垂木（柱真心力垂木入り）、隅木、反り附（隅木蓋附）、茅負、反り増し附、工法は本木投、布裏甲、瓦座、反り増し附、本木投、軒桁、隅木（隅木蓋は生地）、垂木、軒裏板、茅負、裏甲、瓦座共いずれも見え掛り塗込。

中層　軒　一重、疎垂木（柱真力垂木入り）、東西両面、軒唐破風附、兎の毛通し、鰭若葉附、菖蒲桁、茨垂木入り、隅木反り附、隅木蓋附、茅負、反り増し附、工法本木投、布裏甲、瓦座同様反り増し附、隅木（隅木蓋は生地）、垂木、軒裏板、茅負、裏甲、瓦座、唐破風、破風板、化粧棟木、菖蒲桁、茨垂木、兎の毛通し、裏甲、瓦座共見え掛り塗込。

上層　軒　一重、疎垂木（柱真力垂木入り）、隅木、反り附（隅木蓋附）、茅負、反り増し附、工法は本木投、布裏甲、瓦座共反り増し附、軒桁、隅木（隅木蓋は生地）、垂木、軒裏板、茅負、裏甲、瓦座共見え掛り塗込。

屋根　腰屋根　本瓦葺　隅棟鬼瓦鳥衾附。

初層　入母屋造　南北両面据え千鳥破風附、本瓦葺、壁下水切、水切箱型瓦附、各千鳥破風、破風板反り増し附、眉決り附、布裏甲、瓦座、反り増し附、懸魚蕪、鰭若葉、六葉菊座樽ノ口附、妻飾、前包水切附、木連格子、東西面は開口二箇所、南面は明り取り窓、破風板、懸魚（六葉菊座樽の口は生地）、鰭、裏甲、瓦座、前包、同水切、木連格子、同裏板、いずれも見え掛り塗込、大棟鬼瓦（足若葉）青銅製鯱附、降棟一箇所に二本鬼瓦、鳥衾附、据え千鳥破風大棟、鬼瓦（足若葉）鳥衾附、隅棟、鬼瓦、鳥衾附。

中層　本瓦葺　壁下水切　箱型水切瓦、東西面、軒唐破風、大棟鬼瓦（足若葉）鳥衾附、隅棟鬼瓦、鳥衾附。

上層　入母屋造　本瓦葺　破風板反り増し附眉決り附、布裏甲、瓦座反り増し附、懸魚は蕪、鰭は雲、六葉菊座樽の口附、妻飾りは前包、同水切、木連格子、南妻に格子を切り取り掃除口、肘壺外釣り、破風板、裏甲、瓦座、懸魚（六葉菊座樽の口は生地）、鰭、前包、同水切、木連格子、同裏板いずれも見え掛り塗込、大棟、鬼瓦（足若葉）、青銅製鯱附、降棟一箇所二本鬼瓦、鳥衾附、隅棟、鬼瓦、鳥衾附。

装飾　飾金物　土台東南、西北、西南隅、隅金物、鉄板製（刳り型なし）飾り釘打。一階換気孔、上框、水切共土台同様三隅刳り型附鉄板製隅金物、飾り釘打。四階・六階長押釘隠し金物饅頭型鉄板製漆塗り、六階廻縁勾欄、架木各親柱取合い内外刳り型附鉄板製飾り金物附。

塗装　各階内部素木（補足材古色塗）、六階板戸内外黒漆塗り、廻椽、椽葛外面下端、隅叉首、椽板下端木口、上端、切目長押、蟻壁長押の生地の部分、勾欄、親柱、地覆、平桁、架木、斗束、檽束共黒漆塗り、各懸魚の六葉菊座樽ノ口墨塗り。

四、現状変更

天守は蟻害・雨漏等によって後世修補が加えられ、特徴ある再建当初の形式を失った箇所もあったが、そのうち、重要文化財としての構造形式の整備上特に必要なもの、または保存上復旧を必要としたものについては、文化財保護委員会の許可を得て、現状変更が行われた。

ⓐ一階桁行中通りの受梁及び、受柱・受

梁を支える添柱を撤去した。
ⓑ一階　東・西・南の三面の床上通風窓に突上戸を設置した。

高知城本丸御殿（懐徳館）

一、創建沿革

懐徳館は、高知城の正殿として本丸内の諸建造物と共に享保の大火で焼失し、その後、延享四年（一七四七）から寛延二年（一七四九）の間に再建された。

二、特徴

高知城本丸御殿は小規模で、玄関・式台・廊下など一四部屋から成る。藩政機構は、今はない二ノ丸と三ノ丸の広大な殿舎で行われ、本丸御殿での日常的な使用は少なかったようである。御殿正殿に入ると、床・書院・違い棚・帳台構えのある小ぶりながら八畳敷きの上段の間があり、金具と黒潮の波を象った欄間が格式の高さを表している。西南側には炉を切る喫茶所もある。

三、規模・構造形式

名称
高知城懐徳館
構造形式―正殿・溜間・玄関・納戸蔵より成る。屋根各入母屋造、本瓦葺
規模概略
正殿
桁行（東西）五六尺六七五
梁行（南北）四三尺六〇
式台廻り
東西　一六尺七九五　南北　四八尺八七
玄関
東西　一〇尺〇三　南北　一二尺八六
納戸蔵
桁行　四五尺六四五　梁行　一六尺七八
軒高―礎石より茅負外下角まで
正殿　一一尺七五
式台廻り　一一尺五〇
玄関　九尺九一
納戸蔵　九尺九五
軒の出―柱真より茅負外下角まで
正殿　二尺一七
式台廻り　四尺六〇
玄関　六尺一〇
納戸蔵　二尺〇一
棟高―礎石より棟瓦上端まで
正殿　三二尺三四
式台廻り　二二尺四五
玄関　二一尺〇五
納戸蔵　一八尺五七五

構造形式

総括的及び平面概要

高知城懐徳館は、天守の西南に位置し、矩折り形の平面を有する建物で、正殿・溜間・式台廻り・納戸蔵等より成る。正殿は南面、上段の間、二の間、三の間、四の間、御茶所、西廊下、三帖の間（二間）、雪隠の間（雪隠付き）、納戸、北入側、天守取合の間、東入側及び南入側、東南面外廻縁側より成る。溜の間は天守西出入口に接続して式台の間北面に位置し、畳七・五帖敷、式台廻りは西面、玄関・式台の間・九帖の

間・四帖の間より成る。納戸蔵は正殿西廊下に接続し北に面し、東より西へ八畳の間（三間）続き、西端は四帖の間、北縁側から成る。

柱間装置及び内部装飾、その他

①上段の間（八帖）―面取り角柱、畳敷、格天井、真壁上に貼壁骨を取付け、内法上下とも貼付壁仕上げ、四分一打ち、内法長押面取り、釘隠金具、東面南寄り柱間引違腰板障子、北寄り柱間書院、上部櫛形付、腰板障子四枚建、内法上に稲妻形欄間、北面、東寄りに床（柱真々八尺五寸）、西寄りに違棚（柱真々四尺六寸）西面、北寄り柱間に帳台構え、飾金具房付引手、南寄り柱間、貼付壁、南面（二の間境）両開き襖四枚建、内法上に菱形欄間付。

②二の間（八帖）―面取り角柱、畳敷、竿縁天井（猿頬面）、真壁上に貼壁下地骨を取付け、内法上下とも貼付壁仕上げ、四分一打ち、内法長押面取り、釘隠金具、東面二柱間及び南面二柱間とも各々引違腰付障子建、各柱間内法上に格子欄間を設け、内側に各々片引欄間障子建、西面（三の間境）両開き襖四枚建、内法上に波形刳抜き欄間二箇所。

③三の間（一二帖）―面取り角柱、畳敷、竿縁天井（猿頬面）、真壁上に貼壁骨を付け、内法上下とも貼付壁仕上げ、四分一打ち、内法長押面取り、釘隠金具、南面、二柱間とも引違腰付障子、西面、南寄り柱間、貼付壁、北寄り柱間（御茶所境）引違襖建、北面、東寄り柱（納戸境）襖貼付壁、西寄り柱間、両開襖四枚建、内法上に吹寄せ欄間。

④四の間（一二帖）―面取り角柱、畳敷、竿縁天井（猿頬面）、真壁上に貼壁骨を付け、内法下貼付壁、四分一打ち、内法上真壁白漆喰塗、内法長押面取り、釘隠金具、東面、二柱間及び西面二柱間とも内法下貼付壁、東面（納戸境）内法上格子欄間引違障子建、西面、内法上真壁白漆喰塗、北面、東寄り柱間（三帖出入口）引違襖建、中央柱間、内法下貼付壁、内法上真壁白漆喰壁、西寄り柱間（九帖間境）引違舞良戸建。

⑤御茶所（一帖）―面取り角柱、畳敷、竿縁天井（猿頬面）、真壁上に貼壁骨を付け、内法上下とも襖壁、四分一打ち、内法長押面取り、東南隅に本炉を置く。南面、柱間貼付壁、西面、上に天袋、中棚、下に地袋、北面（四の間境）片引襖建。

⑥西廊下―面取り角柱、拭板張、竿縁天井（猿頬面）真壁白漆喰塗、内法長押面取り、釘隠金具、西面、北寄り二柱間とも格子窓で、内側に建具三枚建（引違板戸の中間に障子一枚建）、南寄り柱間（出入口）外に雨戸三枚嵌殺し、内側に引違腰高障子建、外に箱階段一級付き、南面は納戸蔵に接続する。

⑦三帖の間（二間とも）―面取り角柱、畳敷、竿縁天井（猿頬面）、壁面全般真壁白漆喰塗、内法長押面取り、釘隠金具、各々北面柱間は格子窓、外に突上板戸、内側に引違障子建、東三帖の間、雪隠境柱間引違杉戸建、東及び西、三帖の間とも出入口は各々引違襖建。

⑧雪隠の間―面取り角柱、拭板張、竿縁

天井、雪隠打上げ板張、壁真壁白漆喰塗、東面（北入側境）片引杉戸建、北面（雪隠出入口）二柱間とも片開杉戸建、雪隠内部北面窓は各々格子窓で内側引違障子建。

⑨納戸（四帖）—面取り角柱、畳敷、竿縁天井（猿頬面）、壁面内法下竪板張、内法上真壁白漆喰塗、内法長押面取り、釘隠金具、東面（上段の間）帳台構裏、両開板戸、北面（雪隠の間境）引違杉戸建、南面及び西面は三の間・四の間境。

⑩北入側—上段の間北側は幅半間の入側（縁座敷）になっている。北面各柱間とも格子窓、外に突上板戸、内に引違障子建。

⑪天守取合の間—角柱面取り、拭板張、真壁白漆喰塗、木舞化粧裏板、東面、南寄りに出入口片引舞良戸建、北面、出入口引違舞良戸建。

⑫東入側及び南入側—上段の間及び二の間東側並びに、二の間・三の間南側は各々幅一間通り入側（縁座敷）、外廻り各柱間とも引違腰高障子建、入側間境には各々引違杉戸建、内法上に櫛形竹の節欄間付き、壁はいずれも真壁白漆喰塗、北面は北入側に接続、各天井は竿縁天井（猿頬面）。

⑬東南面外廻り縁側—正殿東南面（入側外廻り）に幅半間の榑縁を廻し外側に雨戸建、内法上欄間突上硝子戸（再建当初は板戸）、東北隅及び南西隅に戸袋各一箇所、雨戸敷鴨居、面取鴨居には釘隠金具附。

⑭溜の間（たまりのま、七・五帖）—面取り角柱、畳敷、竿縁天井（猿頬面）、内法下は真壁上に貼壁骨を取付け、貼付壁、四分一打ち、内法上は真壁白漆喰塗、内法長押面取り、釘隠金具、東面（出入口）柱間両開舞良戸四枚建、内側に両開腰付き障子二枚建、外に木階段三級付、南面（式台の間境）柱間引違舞良戸四枚建、内法上に雲形刳抜き欄間付き、西面、二柱間とも内法下貼付壁、内法上真壁白漆喰塗、北面、柱間外側雨戸建、東寄りに戸袋、内側引違腰高障子四枚建。

⑮玄関—面取り角柱、拭板張、鏡天井、頭貫（木鼻絵様刳形付）、大斗、舟肘木、腕木にて出桁を支える。東面（式台間境）、柱間舞良戸四枚建、内側腰付障子二枚建、外に箱階段一級付き、面取り長押、釘隠金具、内法上真壁白漆喰塗、南面、二柱間、真壁上に嵌板張、西面（玄関正面）、柱間吹抜き、頭貫上に三柏紋三箇所付き、北面、柱間西寄り吹抜き、東寄り柱間、真壁上に竪嵌板張。

⑯式台の間（一三帖）—面取り角柱、畳敷、竿縁天井（猿頬面）、内法下真壁上に貼壁骨を取付け貼付壁、四分一打ち、内法上真壁白漆喰塗、内法長押面取り、釘隠金具、東面、北寄りに床、南寄り柱間、南面、西寄り柱間等は各々前記の通り壁、南面、東寄り（九帖間境）、柱間片引舞良戸三枚建、西面、南寄り（内玄関）柱間、引違舞良戸建、内側に片引腰付き障子一枚建、外に箱階段一級付き、北寄り柱間（玄関境出入口）前述の通り舞良戸、障子建、北面（溜間境）は前述の通りである。

⑰九帖の間—面取り角柱、畳敷、竿縁天井（猿頬面）、内法下真壁上に貼壁骨を取付け貼付壁、四分一打ち、内法上真壁白漆

喰塗、内法長押面取り、釘隠金具、東面、中央二間及び窓下、南面、西寄り柱間その他内法上は前記の壁、東面、北寄り柱間格子窓外に突上板戸、内に引違障子建、南寄り柱間（三帖間境）は前述の通りである。南面、東寄り（四の間境）、柱間引違舞良戸建、西面、南寄り柱間（西廊下境）、引違舞良戸建、北寄り柱間（四帖の間境）、襖四枚建、北面、柱間（式台の間境）は前述の通りである。

⑱四帖の間—面取り角柱、畳敷、竿縁天井（猿頬面）内法下真壁上に貼壁骨を取付け貼付壁、四分一打ち、内法上は真壁白漆喰塗、内法長押面取り、釘隠金具、東面（九帖の間境）、襖建、南面、西寄り柱間及び西面窓下、北面（式台間仕切）壁、南面、東寄り柱間片引杉戸建、西面、二柱間とも格子窓内に建具三枚建（引違板戸の中間に障子一枚入れ）。

⑲納戸蔵—角柱、畳敷、化粧小屋裏、東・西・南とも外大壁白漆喰仕上、内部竪嵌板張、北面及び内部間仕切、真壁白漆喰塗、南面に小窓五箇所、片引土戸建、各室間仕切三箇所とも引違腰付障子建、北面（北縁境）各柱間とも引違板戸の中間に障子一枚建、各室北面に縁を通し、東側は西廊下に接続し拭板張、外に雨戸建、西端に戸袋一箇所附。

註—上段の間、床框、前框等、布着せ黒漆臘色塗り、書院、櫛形及び竹の櫛欄間、襖框、杉戸框、腰高、腰付障子等の框、中桟、舞良戸の一部、四分一等黒漆臘色塗り、その他の舞良戸は春慶漆塗り、帳台構え、書院、御茶所天板並びに式台間床框等拭漆塗り、軒廻り、正殿、溜間、式台廻りは一軒疎垂木、化粧小舞、茅負、布裏甲反り増附、隅木反り附、玄関周囲とも舟肘木、腕木に出桁を置く。出桁内鏡板、外化粧小舞、納戸蔵、一軒疎垂木、茅負、布裏甲、反り増し附、隅木鼻蓋銅板包み、東・西・南面見え掛り塗込仕上、北面、素木、化粧裏板。

屋根及び妻飾—正殿、単層、屋根東西に入母屋造、本瓦葺、妻格子、破風、蕪懸魚等見え掛り塗込仕上、大棟、降棟、隅棟等鬼瓦、鳥衾附、妻格子内側に片引土戸建。式台廻り、単層、屋根南面切妻、北面入母屋造、本瓦葺、妻壁、破風、梅鉢懸魚等見え掛り塗込仕上、大棟、降棟、隅棟等鬼瓦、鳥衾附。玄関、単層、西面入母屋（妻入）、起破風、蕪懸魚（三柏紋様付）妻格子等見え掛り塗込仕上、大棟、降棟、隅棟等鬼瓦、鳥衾附。納戸蔵、単層、屋根東西に入母屋造、本瓦葺、破風、梅鉢懸魚等見え掛り塗込仕上、大棟、降棟、隅棟等鬼瓦、鳥衾附。土居葺、各建物とも杮板葺、葺足二寸。

高知城西多聞櫓

一、創建沿革

西多聞の建立については、記録に乏しく明らかではないが、諸建造物と同時期に再建されたものと考えられている。東面に付加されてる下屋廻りの各部材は総て他建物の転用材を使用していて、本丸主要建築と異なり土台はなく、礎石へ直接柱を建てているところから後世に付加されたものである。

二、規模・構造形式

名称
　高知城西多聞

構造形式
単層櫓、屋根本瓦葺
規模
本屋―桁行　四二尺四五
　梁行　一〇尺
下屋―桁行　二九尺三五
　梁行　三尺三〇
軒高―礎石より茅負外下角まで
　本屋―八尺一八　下屋―六尺一七
軒の出―柱真より茅負外下角まで
　本屋下屋とも二尺二五
棟高―礎石より棟瓦上端まで
一四尺三〇―メートル法概数換算で
四・二九ｍ

総括的概要―西多聞は天守西方に位置し、東面、単層櫓、切妻造、東側半間通り下屋より成る建物である。建物の北・西・南とも大壁塗、西面に格子窓五箇所、盲銃眼三箇所いずれも塗込仕上、屋根本瓦葺。

平面概要―桁行二間、梁行六間半、東側に桁行四間半、梁行半間の下屋附、一重、切妻造、本瓦葺。

柱間装置―北面、三柱間、南面、三柱間とも内側、真壁上に竪嵌板張、外側、腰竪板張り横押縁押え、腰上大壁塗、白漆喰仕上、西面、北より南へ第一柱間、北寄りに盲銃眼、南寄りに窓格子菱形、第二柱間、南寄りに窓格子菱形、第三柱間、北寄りに盲銃眼、第四柱間、南寄りに窓格子菱形、第五柱間、南寄りに窓格子菱形、第六柱間、北寄りに盲銃眼、南寄りに窓格子菱形、第七柱間、壁以上の通り西面の窓及び銃眼箇所以外の内部は真壁塗上に竪嵌板張、外部大壁塗白漆喰仕上、窓、盲銃眼等見え掛り塗込仕上とし、窓内側はいずれも片引土戸建、東面、北より南へ第一柱間、壁、第二柱間、出入口片引板戸建、第三より第六柱間まで（下屋に接続）各々敷居・鴨居を入れ開放、第七柱間壁、東面下屋、北より南へ第一より第三柱間とも壁、第四柱間（出入口）榑縁、外周に雨戸建、北寄りに戸袋、内部各柱間とも真壁白漆喰塗仕上、外側、腰竪板張り横押縁押え、上真壁白漆喰塗仕上。

軒廻り―一軒疎垂木、茅負、布裏甲、切妻破風板反り附、見え掛りは総て塗込仕上。

屋根―南北に切妻造、本瓦葺、大棟鬼瓦鳥衾附。

妻飾―破風板、梅鉢懸魚とも見え掛り塗込仕上。

内部―床拭板張、化粧小屋裏。

装飾―外周腰板張見え掛り墨塗。

高知城東多聞櫓

一、創建沿革

東多聞・詰門・廊下門は、いずれも享保一二年（一七二七）の罹災後、慶長期創建の位置に、当初の規模のままに再建されたものと考えられている。再建の工事は、寛保二年（一七四二）に二ノ丸書院その他附属建物から着手し、それらが延享二年（一七四五）に完成して、その後本丸再建工事に取り掛り、寛延二年（一七四九）に至って天守以下の諸建物が竣工したといわれている。東多聞・詰門・廊下門の再建も天守と同時期、或いはそれ以前に施行されたものと考えてよい。その後、昭和の解体修理工事の過程で、東多聞・詰門・廊下門は、いずれも一回大修理が施されたことが判明した。解体はされず、腐朽部材の取り替え、壁を全体にわたって塗り替える大修理であった。その時期は三つの建物の取り替え材が、いずれも主として栂材《つがざい》を使用していること、これらの建物が互いに接続している点から、同時に行われたものと考えられ、詰門懸魚の六葉の墨書及び、二階梁の墨書の発見により享和三年（一八〇三）と判明した。

二、規模・構造形式

名称
　高知城東多聞
構造形式
　単層櫓、屋根本瓦葺
規模
　桁行―東側　五二・五九尺
　　　　西側　三八・九八尺
　梁行―南側　九・九一尺
　　　　北側　同
軒高―土台下端あるいは柱下端より軒桁峠まで　七・二〇尺
軒の出―柱真より茅負外下角まで
　二尺
棟高―土台下端あるいは柱下端より大棟頂まで
　一一・九一尺―メートル法概数換算で三・五七m

構造形式―単層櫓、屋根南面切妻造、北面は廊下門に連なる。本瓦葺、基礎東面石垣野面石積の上に土台を据え、西面南側は柱下に土台受けの礎石据え、壁体、大壁、外部西面、南側、出入口楣通り以下、竪板張横桟押え縁打ち、内部厚板竪張、間仕切り一箇所（西出入口北柱筋）真中柱建て、西の間、吹放し、東の間真壁、東より第三柱筋真中柱建て、両側一間吹放し、西側廊下門より第一間壁、第二間出入口内部に板戸引込み、残り四間はいずれも壁、南側真中東の間壁、東側廊下門より第一間石落、第二・第三間、間柱脇内部銃眼型に壁板切取り、第四間、間柱北側格子窓、塗込板引戸建込み、第五間、間柱脇銃眼型に壁板切取り、第六間、間柱南寄り格子窓、塗込、板引戸建込み、第七間・第八間壁。

床―柱通り繋土台、間柱通り、大曳入れ、厚板張。

化粧屋根裏―小屋組は柱通り梁、束建て棟木、母屋桁通し、小屋貫入れ。

軒廻り―垂木真打ち一間五支割り、軒桁・軒裏・茅負垂木とも外部塗込。

屋根―南面切妻、北面は廊下門に連なる。本瓦葺、切妻、破風板反り増し附、眉附、懸魚は梅鉢、布裏甲いずれも塗込、六葉菊座樽ノ口生地墨塗り。

高知城詰門

一、規模・構造形式

名称
　高知城詰門
構造形式
　櫓門、屋根右端入母屋造、左端廊下門に接す、本瓦葺。
規模
　桁行―東側　三二・七三五尺
　　　　西側　同

梁行―南側　二二尺六五
　北側　同
軒高―土台下端あるいは柱下端より軒桁峠まで　二六尺・一五五
軒の出―柱真より茅負外下角まで
　二尺七四
棟高―土台下端あるいは柱下端より大棟頂まで
三六尺六三―メートル法概数換算で一〇・九九m

二、構造形式

詰門は本丸石垣と二ノ丸の石垣との間に建ち、三ノ丸と獅子の段の通路を扼する。

屋根―北側入母屋造、南側は廊下門に連なる。本瓦葺、一階、東西両面庇桟瓦葺。

基礎―一階柱下土台受け青石、上端及び見え掛り鑿切り、東西両面本丸・二ノ丸各石垣の法に沿い土台を敷く。北面（二階）は二ノ丸石垣上端に、南面は本丸廊下門の石垣上に土台・床框をそれぞれ置く。

壁体―外大壁、外側は、一階は最上の貫以下、二階は腰以下竪板張押縁打ち、内部一階は通路の部分、二階は内部厚板竪張。

一階は、通路部と塩蔵とに区分される。通路は筋違門、東側は二ノ丸寄り、西側は塩蔵寄りに開口、いずれも板扉両内開き釣込み、柱間装置、桁行東側、側通り二ノ丸側より一間吹放し、半間壁、一間壁、一間格子窓、内塗込板戸、外板戸引分け、一間壁、二ノ丸側本丸側いずれも石垣に沿った壁、半間入って桁行二ノ丸側より一間出入口、半間板張、一間板張、二間吹放し、西側二ノ丸側より一間格子窓内塗込板戸、外板戸いずれも引分け、半間壁、一間吹放し、一間壁、一間格子窓内塗込板戸二枚引込み、外板戸引分け、半間入って桁行二ノ丸側より、一間板戸引違い、半間板嵌め、一間出入口、二間吹放し、梁行、二ノ丸側より二階第二柱筋胴繋ぎ上竪板張下石垣に沿って厚板竪張、東出入口北鏡柱筋、東より半間真壁外高さ一間簓子下見、内厚板張、一間（二間半）吹放し、半間吹放し、同南鏡柱筋北鏡柱筋と同様、西出入口北鏡柱筋西より半間真壁外高さ一間簓子下見、内厚板張、一間（二間半）吹放し、半間吹放し、同南鏡柱筋西より半間真壁外高さ一間簓子下見、内厚板張半間厚板張、一間厚板張、一間真中西寄り厚板張東寄り板戸片引き、半間吹放し、二階にて第六柱筋西より半間吹放し、一間（二間半）吹放し、半間吹放し、同第七柱筋半間吹放し、三間（三間半）吹放し、半間吹放し、塩蔵内部東寄り本丸石垣に沿って木造階段附。

二階―床、板張（二ノ丸側より八間旧畳敷）、階段木造四段附、桁行、一〇間、東側二ノ丸側より一間壁、隠し銃眼一個、五間各間、間柱北寄り壁南寄り格子窓一間、間柱南寄り壁北寄り格子窓いずれも塗込板戸、明障子片引き外板戸片引き、二間各間壁、隠し銃眼各一個、一間壁、西側二ノ丸側より一間壁、隠し銃眼一個、一間間柱南寄り壁北寄り格子窓、一間壁、二間各壁、隠し銃眼各一個、一間壁二間各壁、隠し銃眼各一個、一間間柱南寄り壁北寄り格子窓、一間壁、格子窓はいずれも塗込板戸、明障子片引き、外板戸片引き西側桁行、半間入って一間吹放し、一間襖引違い、一間吹放し、床框、落掛入り、五間各間襖引違い、梁行（三間半）二ノ丸側より第一柱筋東より半間壁、外戸袋附、二間（各一間半）敷居・鴨居入り外雨戸敷居同鴨居取付け雨戸入り、第二柱筋西より半間真壁、一間（三間）吹放し、第三・第五・第七・第八柱筋西より半間真壁一間（三間）吹放し、第四柱筋半間真壁一間（三間）間仕切、敷居・鴨居入り、第六柱筋半間真壁一間（二間）間仕切、敷居・鴨居入り一間真壁、第九柱筋半間真壁一間（二間半）間仕切、半間真壁、本丸側は廊下門に連なる。

軒―柱真力垂木打一間五支割り、軒桁・垂木・茅負・布裏甲・裏板とも外部見え掛り塗込。

屋根―一階東西面庇（二ノ丸石垣と本丸石垣との間に挟まれる）桟瓦葺、二階二ノ丸側入母屋造、破風板反り増し眉決り附、梅鉢懸魚六葉菊座樽ノ口附、布裏甲、妻飾は前包水切付き妻板壁、六葉・菊座・樽ノ口素地、外、見え掛り塗込、大棟鬼瓦足元は若葉、降棟・隅棟鬼瓦いずれも鳥衾附、外部竪板張（押縁附）、六葉・菊座・樽ノ口墨塗り、他は総て素地。

高知城廊下門

一、規模・構造形式

名称
　高知城廊下門
構造形式
　櫓門、屋根入母屋造、本瓦葺
規模
　桁行―南側　二一・六三尺
　　　　北側　同
　梁行―東側　一二・四六尺
　　　　西側　同
　軒高―土台下端あるいは柱下端より軒桁峠まで　二〇・九四五尺
　軒の出―柱真より茅負外下角まで　二・四八尺
　棟高―土台下端あるいは柱下端より大棟頂まで
　　二九尺七〇―メートル法概数換算で八・九一m

二、構造形式

櫓門　詰門二階から入る。屋根入母屋造、本瓦葺、一階、床土間漆喰叩き（通路はコンクリート打モルタル塗仕上）、中央（鏡柱間）出入口門扉板張、両内開き、東側脇柱間、板嵌め、石垣に沿えて柱建て同様板嵌め、西側脇柱間楣下潜戸扉板張内片開き、上板嵌め、石垣に沿えて柱建て板嵌め、脇間筋一間（二間半）控え柱、貫二本楔締め、二階、床板張、大壁、南側、外出入口楣通り竪板張押縁付き内側、四周いずれも厚板竪張、桁行、一〇間南側西より一間板戸引込み、五間、各間壁、一間間柱東寄り低い位置に格子窓、西寄り壁、三間壁、北側西より三間各間壁各銃眼一個、一間壁、一間間柱東寄り高い位置に格子窓、西寄り壁下銃眼、一間壁、一間間柱西寄り高い位置に格子窓東寄り壁下銃眼、一間壁銃眼一個、一間間柱東寄り低い位置に格子窓西寄り壁、一間銃眼一個、梁行、三間、西より第一柱筋、南より一間壁銃眼一個、一間間柱北寄り低い位置に格子窓南寄り壁、一間壁銃眼一個、以上格子窓はいずれも塗込板戸引込み、ただし南側は外に板戸引込み、間仕切は第四柱筋、第八柱筋中央間吹放し、両脇間吹放し貫入り、東側は東多聞に連なる。中央間板戸両外開き、両脇間厚板竪張。

軒—一階南側通路上猿頭押え板庇、北側詰門取付部保護のため葺下し厚板野地本瓦葺、二階、垂木は柱真に力垂木、一間五支割り、軒桁・垂木・茅負・裏甲・野地板とも外部見え掛り塗込。

屋根—入母屋造破風板反り増し眉決り附、懸魚は梅鉢、六葉・菊座・樽ノ口附、布裏甲、妻飾前包同水切妻板壁、六葉菊座樽ノ口を除くいずれも見え掛り塗込大棟・降棟・隅棟いずれも鬼瓦鳥衾附、南側竪板張押縁並びに、庇屋根猿頭、六葉・菊座・樽ノ口等は墨塗り、他は総て素地。

高知城黒鉄門

一、創建沿革

黒鉄門の建立については墨書によると、享保一五年（一七三〇）の再建で、天保一四年（一八四三）四月軸組に至るまで解体され修理がなされたものである。また、昭和年間にも小修理が施された。

二、総括的概要

黒鉄門は懐徳館西方に位置し、南面、二階の櫓門である。一階は床土間、西寄り柱間に門扉附、板庇、二階は床板張、南側寄り石落附、格子窓、本瓦葺。

平面概要—桁行三間、梁行二間、櫓門、屋根東西に入母屋造、本瓦葺、軸部、一階、角柱、土台、足固め貫、腰貫、内法貫、冠木上に桟梁を架け敷桁を置く。二階管柱建、二階、角柱、足固め貫、腰貫、内法貫、軒桁。

柱間装置—一階、南面、西寄り柱間両開扉、外部鉄板張、内側門錠前附、東寄り柱間真壁、外部竪板張横押縁押え、内部竪嵌板張、東及び西面、各柱間とも真壁、外部竪板張横押縁押え、内部竪嵌板張、その他柱間は吹抜き、二階、南面のうち東寄り柱間及び中央柱間（間柱より東側）、西寄り柱間（間柱より西側）箇所、西面のうち南寄り柱間（間柱より南側）、北寄り柱間（間柱より北側）箇所、北面のうち西寄り柱間（間柱より西側）及び中央柱間（間柱より東側）、東寄り柱間、東面、二柱間とも真壁上に内側竪嵌板張、外、高五尺通り竪板張横押縁押え、上大壁塗白漆喰仕上、その他柱間は窓、菱形格子塗込仕上、窓外側に片引板戸建、内側に片引土戸建。

軒廻り—一軒疎垂木、茅負、布裏甲反り増し附、隅木反り付き見え掛り塗込仕上（隅木鼻蓋銅板包み）。

屋根—東西に入母屋造、本瓦葺、大棟・降棟・隅棟等鬼瓦、鳥衾附。

妻飾—前包、破風板、妻壁、梅鉢懸魚等見え掛り塗込仕上。

内部—一階、土間コンクリート叩及び半田叩、化粧床裏、二階、床拭板張化粧小屋裏。

装飾—一階、南面出入口柱間、外部見え掛り全般鉄板張、鋲打、饅頭金物附（出入口扉を含む）、二階、庇板及び外周羽目板等墨塗り仕上。

高知城矢狭間塀

高知城には六箇所矢狭間塀が遺存し、国指定重要文化財である。

城郭の天守を始め、櫓・城門・塀等には、様々な防御と攻撃の工夫が施されている。攻城兵に矢や銃弾を浴びせかける狭間（さま）という小窓や、石垣や土塁に取り付いた敵兵の頭上に石を落としかける石落（いしおとし）という開口部等の攻撃装置が随所に設けられていて、それらが美術的価値を生じさせている。

狭間の形状は、正方形・縦長の長方形・三角形・円形の四種類である。そして、その大きさと床面からの高さによって、弓用と鉄砲用とに区分される。弓用の狭間が矢狭間（弓狭間）、鉄砲用のものが鉄砲狭間（銃眼）である。矢狭間は縦長の長方形が原則で、弓を引く動作に合わせた形状であり、鉄砲狭間より高い位置に造られる。

鉄砲狭間には、円形・三角形・正方形の三種類がある。円形のものを丸狭間、三角形のものを鎬狭間（しのぎざま）、正方形のものを箱狭間と称した。鎬（しのぎ）とは刀のみねの山形をいう語である。

高知城には、天守東南矢狭間塀延長六一・一八m、天守北西矢狭間塀延長五・七九m、黒鉄門西北矢狭間塀延長二三m、黒鉄門東南矢狭間塀延長一四・六四m、追手門西南矢狭間塀延長七一・二一m、追手門東北矢狭間塀延長二七・五五mの各矢狭間塀が現存し、屋根は本瓦葺で、それぞれ矢狭間・鉄砲狭間・石落等が配されている。

高知城追手門

古くは大御門や大手門と呼ばれたが、延享四年（一七四七）に追手門と改称された。享保一二年（一七二七）の大火では焼け残ったが、享和元年（一八〇一）に建て替えられた。下見板張の古式の外観を持つ大型の櫓門である。本瓦葺、入母屋造、両脇戸附櫓門で、桁行一一間、梁行四間、塗込櫓腰羽目板張で、主材に欅を用いている。主材・門扉とも外面銅帯打ち、背面は石垣より掛け出しとし、柱で支える。板庇、窓格子外突上戸である。

現状変更

高知城は昭和三二年（一九五七）の第二期修理工事等により、後世の補修または改変された箇所の明らかな所は現状変更を行い、再建当初の姿に復された。

懐徳館

①天守取合の間を次のように復した。

ⓐ土間を床板張に復した。

ⓑ東側は袖壁付片引舞良戸とした。

ⓒ北側は引違片引舞良戸とした。

②上段の間違棚を旧規に復した。

③帳台構の飾金具を復した。

④三の間西側南寄り柱間を真壁に復した。

⑤四の間西側二柱間を各々真壁に復した。

⑥御茶所の間を旧規に復した。

⑦建具が整備された。

⑧西廊下西側各間の内法上欄間を撤去し真壁に復した。

⑨溜の間東側（天守入口）の木階段を旧規に復した。

⑩西廊下の箱階段を旧規に復した。

⑪納戸蔵縁北側の西端間及び西より「第三間」の寄力窓付板壁、「第二間」の引違板戸を撤去し西端に戸袋を設け、全面雨戸とした。

⑫納戸蔵の室境筋片開板戸構を撤去した。

西多聞

北面東端間の出入口を壁に復した。

東多聞

①東多聞の出入口が整備された。

②同じく床板が張られた。

詰門

一、一階間仕切の整備

ⓐ西出入口に建具を復旧した。

ⓑ西出入口の扉構え通り北側の間に間仕切を復旧した。

ⓒ西出入口の扉構え通り北次の間に建具を復旧した。

ⓓ西側側通り出入口北の間に間仕切を復旧した。

ⓔ西出入口の北鏡柱前方に間仕切を復旧した。

ⓕ西出入口の北鏡柱筋の北側の仮設間仕切を除去した。

ⓖ西出入口の踏み込み北二間に床板を復旧した。

ⓗ東出入口の扉構え通り南方二間に間仕切を復旧した。

ⓘ東出入口の側通り南方二間に間仕切を復旧した。

ⓙ東出入口の南鏡柱前方に間仕切を復旧した。

ⓚ西出入口の南鏡柱筋東端の間の仮設間仕切を除去した。

二、二階の整備

ⓐ西側六間の押入れに各々建具を入れた。

ⓑ北方より第五柱間南柱筋間仕切に柱一本を新たに入れその東一間を真壁とした。

ⓒ各間仕切に敷居・鴨居を復旧した。

ⓓ各格子窓内部に明障子を復旧した。

廊下門

廊下門東出入口に板戸を復旧した。

城址逍遥

追手門前で下車して、人波が途切れるのを待ち、追手門と後方の天守を撮る。豪壮な門を潜る。門内側の地表から天井板までの高さは五・五八mである。追手門は高知城の正門で、扉には立派な大肘壺が付けられている。肘壺（ひじつぼ）は扉の開閉に用いられる金物で、肘金と壺金とから成る。門の両側を大きな石垣で積み上げて、門前が桝形状にしてある。これは籠城戦の場合、攻城兵を阻んで石垣上の狭間塀の三方から攻撃できるようにしたものである。弘前城と同様に、前方に他城郭のような高麗門を有していないのも特徴の一つである。門外の巨石に「エ」「ウ」等の刻印が観られる。この門は内側から観ると城門の一部が櫓台からはみ出している。このような造りは珍しい。

追手門を抜けると、左側の正面に自由民権運動指導者の板垣退助の銅像がある。板垣退助は近代日本の道を開いた自由民権運動の最高指導者で、天保八年（一八三七）高知城下中島町の上士の家に生れた。旧姓は乾、無形と号した。討幕運動に参加して、戊辰戦役の折には、土佐藩兵の総督・官軍の参謀として活躍し、信州に進軍した際には、先祖といわれる武田信玄配下の武将板垣信形の故地ということで、乾姓を板垣に復した。維新後、新政府の参議に列したが、明治六年（一八七三）の征韓論に敗れ下野する。翌年には後藤象二郎らと民選議員設立の建白書を政府に提出した。そして四月に高知に帰り、政治結社である立志社（りっししゃ）を創立して自由民権論を展開していく。自由党、次いで立憲自由党総裁となり、明治三一年（一八九八）には、大隈重信とともに日本で最初の政党内閣を組織した。内務大臣に二回任じられ、晩年は政界を引退し社会改良運動に専念して、大正八年（一九一九）八三歳で没した。

板垣退助像の左手にある石段は、上り口は緩やかではあるが上に行くほど険しくて、上りにくく、下りやすい、防衛上の工夫の一つである。城の石垣の各所には石樋が突出していて、石垣の土台に直接雨水がしみ込まないようになっている。

杉の段はかつては老杉が群生していたのでこの名称となった。北に塗師部屋があり、また往時は長崎より求めてきた舶来品を保管する長崎蔵があった。三ノ丸へ上る道の南側に深さ約一八ｍの井戸があった。城内一四箇所の井戸の中で、最も水質が良かったので、毎日午前一〇時・正午・午後四時の三回、この井戸水を汲み、藩主の起居する二ノ丸御殿へ運んだと伝えられている。この井戸の西南上方に鐘撞堂があった。この段を北へ廻った所は老樹が鬱蒼と茂っていた。杉の段入口右手には、山内一豊の妻と馬の銅像がある。馬の名前は霜月と伝わる。

私事ではあるが、私達が幼少の頃、岐阜県関市の中濃病院の給食の係をしていた父は、ある年の暮れに、米代・みそ代・醤油代など、業者への支払いに困ってしまった。公からの金は、年を越してからしか出ず、行き詰まった父は、岐阜の加納の親戚に泣きついた。加納の親戚の女性は当時の金で、五万円を持って飛んで来てくれた。一五万円必要だったので、郡上郡の白鳥町で祖母の世話をしていた母に電報で、金がないか、と問い合わせてきた。電話などは一般家庭には少なかった時代である。普段から節約家であった母は、金をかき集めて関に出て来て支払いを済ませ、無事その年は越せた。後から、父の手帳を見たら、「一豊の、妻が来にけり、年の暮れ」と書いてあったと、小春日和などの昼下がり、縁側で裁縫をしながら母はなつかしそうに昔語りをしてくれた。

杉の段正面には、「秋風の、福井の里に、いもをおきて、安芸の大山、越えがてぬかも」と刻まれた幕末の国学者鹿持雅澄（かもちまさずみ）の、愛妻之碑が建てられている。

杉の段から石段を上ると、鉄門址に至る。石垣は切込ハギに近い打込ハギである。鉄門（くろがねもん）は、三ノ丸入口に位置し、入母屋造の二階櫓門であった。要地であるので石垣は整然と築かれ、用材も立派なものが使用された。門扉に多数の小鉄板を打ち付けてあったので、それが門の名称となった。門内は小さな桝形になっていて、右と正面の石垣の上に矢狭間塀が廻らされていた。したがって、三ノ丸や二ノ丸へ行く道筋はつかめず、おのずと詰門の方へ導かれるようになっていた。

正面は詰門である。ここから天守を見上げると、狭間が並び、石落や鉄棒が熊手のように突き出した忍び返しが付けられている。東多聞中間辺りの地表からの石垣法高は一箇所を略測すると、一〇・一ｍあった。計尺竿の先端を櫓の中にいた子供が触りそうになったので慌てて移動する。天守北下の石垣法高は七・一五ｍあり、この上に高さ約一八・五ｍの天守が聳える。

ところで高知城の天守は、解体修理工事報告書には五層天守として記載されている。これは最上層高欄下部を一層と見做したためである。最上層全体を一層と観れば四層となる。また建物を全体的に観れば三層となり、現地解説板には三層として説明してある。

三ノ丸は藩主が新年などに家臣を集めて儀式を行う大書院があった。現在は、桜の木が多数植えられている。この場所は築城の際、中高坂山の土を運び、盛り土したといわれている。

天守北面を写真撮影しようと思ったが、高欄に人が絶えず来て、撮れない。こちらを見下ろして「おーい‼」と手を振る人もいる。思わず、「じゃま‼」と叫ぶ。そんな距離である。

二ノ丸は、本丸の北、三ノ丸の西上方に位置する。三ノ丸より約八m高く外輪の長さが約三七〇mある。歴代藩主達が生活をした所はこの二ノ丸であって、東南に表御殿・西南に藩主の居室があった。その他、東北には目付役所や数寄屋櫓があり、西北には奥御殿と長局があった。長局の西、二ノ丸の西北端に建坪一一九㎡の三階建・入母屋造の乾櫓があり、浦戸城の天守を移建したものと伝えられ、城内八基の櫓のうち、七基までが二階建であったが、この乾櫓だけは三階建で天守と高さを競って、かつては二ノ丸にも天守の存在する観があった。

二ノ丸北西方向より眺めると、入口部は入母屋造の詰門があり、それと交差するように廊下門、さらに西多聞がそれに連なる。廊下門東端上方奥に天守の最上層が見え高欄には、観光客が多い。ベンチでカメラのフィルムを交換したり、煙草を吸ったりして、一休みする。

二ノ丸と本丸を結ぶ詰門の位置は、二つの郭を仕切る空堀に相当し、縄張の通例からすれば土橋または、木橋が架けられるべきところである。しかし、高知城ではここに櫓門を建てて、階下の門は表裏二箇所に扉を設け、それを互い違いに配している。また、階上の櫓部は渡櫓で、往時は二ノ丸御殿と本丸廊下門をつないでいた。詰門内部に入ると、右手に平侍溜間（たまりのま）・御筒床があり、その下に鯱が展示されている。そして中老溜間・家老溜間があり、御筒床以外は襖建である。家老溜間に対峙して大御小姓があり、左手は窓からの採光で明るく解放的である。

廊下門は本丸大手口の櫓門で、階下の門口は、詰門の階上渡櫓内部に開かれるという特異な形態を示している。また、本丸側から観ると埋門のように掘り下げられている。櫓部西端は石垣から跳ね出しとなり、外面は塗込で、格子窓と銃眼が配されている。

本丸へ出ると、右手に西多聞があり、黒鉄門・納戸蔵・御殿、そして後方に天守が聳え、左手は東多聞で天守郭を構成している。西多聞は管理係の人たちの詰所となっている。西多聞を略測する。地表よりの棟高は、大棟まで約四・六五m、軒高は地表より軒先鐙瓦中央付近まで下屋は、二・六七m、本屋は、二・〇七mある。各建物の鐙瓦・鳥衾は三ツ巴紋で、一つの連珠を数えると一二ある。

黒鉄門は本丸の搦手門に当る小型の櫓門

で、門扉は片側に寄り、柱・扉の全面は、密に帯鉄（おびがね）を打ち、黒く塗られているためこの名称となった。櫓は前面を出桁造に張り出し、四面に古式の猿頭板屋根を設けている。門内部地表より天井板までの高さは、三・四五ｍある。

納戸蔵は、城外側から観ると五箇所の小窓があり、白漆喰塗込の多聞櫓であるが、城内側は本丸御殿の附属施設となり雨戸建で、対照的な様相を呈している。八畳三室と四畳一室から成り、地表よりの棟高は五・七三ｍ、鐙瓦中央付近までの軒高は、同じく三・〇八ｍある。かつては、藩の重要書類等が保管されていた。納戸蔵南面の石垣の直高は、一箇所を略測すると二・六五ｍある。

多数の観光客に混じって、靴を脱ぎ入城券を買って入館する。御殿正面上方に、山内豊章書の〝懐徳館〟の額が掲げられ、右、正殿上段の間・溜間、左、天守閣陳列室の標示がある。正殿は雨天の日には湿気を避け、閉ざされる。正殿へ進むと左手の部屋の上方に、波頭《はとう》を象った欄間がある。波の透彫欄間（すかしぼりらんま）である。下段の間と次の間の境にある土佐の黒潮の波を象った欄間で、うちわけ波の欄間、といわれ、土佐の左甚五郎といわれた名匠武市高朋（たけちたかとも）、通称甚七の作と伝えられる。極めて簡素であるが、そのデザインには、近代的なセンスがみられ、現代の美術的感覚から観ても、充分鑑賞の価値がある、以上のように解説板に記載されている。廊下を通って気品あふれる本丸書院を観る。正殿は本丸書院ともいわれ、正面の一段高い座敷が、上段の間、である。藩主が他藩の使者などに対面する時、謁見の間、として使用されたと考えられる。床の間の掛け軸は、〝富士越の龍〟で狩野栄川（かのうえいせん・典信）の筆である。上段の間の西側は帳台構えで、小襖に金張りの飾金具をつけ、引手に紫の房が付いている。この裏側に納戸があって、万が一の変に備え、警固の武士がひかえていたので一名、武者隠し、といわれた。

シーズン・オフに訪れた時は、観光客もまばらで、充分に建物内部の写真撮影・ビデオ撮影を行うことができた。御殿廊下で、きれいな女の子を写している男の子がいたので思わず、「モデルさんの撮影会ですか？」と聞いてみた。二人は笑って、「ちがいます」と答えた。そのカップルが天守最上階まで上っていたので、「彼女の方だけ、写真撮りましょうか？」と言ったら、男の子は、「だーめっ」と言って笑い、二人で下りて行った。

慶応三年（一八六七）一一月一五日に坂本龍馬と中岡慎太郎が刺客に襲われた際の解説コーナーがあり、古写真等が展示してある。かたわらに特別天然記念物オナガドリの剥製もある。

天守に登閣する。正面上方に欄間があり、左手に高知城についての解説板・写真等が展示してある。右手は階段である。欄間は、梅の枝欄間、と名付けられ島村三四郎の作である。高知九反田の人で、明治三二年（一八九九）八〇余歳で没した。武市甚七以後の名匠といわれ、御扶持大工として召し抱えられて活躍した。

天守内部には多数の展示品がある。朱塗

りの、一二月杯、といわれる杯は、室戸の鯨方が藩政の頃、元旦の祝いに用いた。元和二年（一六一六）の銘のある高知城の古瓦・鐙瓦など、紋様は三葉柏・桐等である。遠眼鏡・塗笠・陣笠・二代忠義銘の矢柄（やがら）・兜割・狩場編笠・鏃・女乗物（大名や旗本の夫人や娘など身分の高い女性の乗り物で、外面にビロードを張り、内部には脇息・背当てをしつらえた落ち着いた意匠の乗り物である）・土州明珍系の四十二間星兜・南海太郎朝尊（ともたか）銘の大太刀は、森岡友之助の作で、幕末に現高岡郡佐川町の鍛冶屋の子として生れ、京に出て修行し、諸国を廻って技を鍛え大成した。この刀剣は、山内家に献上されたものである。

南蛮兜が展示してある。戦国時代に用いられた甲冑の多くは当世具足（とうせいぐそく）といわれた形式である。中世の伝統的な札（さね）仕立てによる胴丸・腹巻に筋兜を配した昔具足（むかしぐそく）に対して新しい様式の甲冑を当世具足と呼んだ。当世具足は、鑓を中心とした歩兵集団戦が激化した戦国時代以来、需要の増加に応じて、胴丸などに部分的な改造が重ねられて形成されたもので、その名称通り、兜・胴の他に、面具（めんぐ）・籠手（こて）・佩盾（はいだて）・脛当（すねあて）などの小具足（こぐそく）が一具に仕立てられている。特に兜は、旗指物とともに歩兵集団戦の中で標識となるため重要視され、実用本来の簡素な仕立ての胴に比べ、特色のあるものが作られた。鉢に前立（まえたて）・脇立（わきたて）・後立（うしろだて）・頭立（づたて）などの立物（たてもの）を付けたり、紙・木・革の類で神仏などの信仰に関わるもの・被り物（かぶりもの）・山岳・魚貝など様々な形を張懸（はりかけ）とした変り鉢が盛行した。変わり形兜（かわりなりかぶと）と称されたものである。

我が国には一六世紀後半から一七世紀初頭にかけて、南蛮貿易によってキリスト教に関する文物・鉄砲の他、ヨーロッパのカルサン（袴・はかまの一種）・マントなどの服飾類・テンプラ・カステラといわれるようになった食物類がもたらされている。これらの中に南蛮具足や南蛮兜と称されたヨーロッパ製の甲冑・フェルト製の帽子である南蛮帽もあった。

南蛮具足は、鉄砲戦に有効で特に前胴が厚く製作されている。ヨーロッパで製作されて日本にもたらされたもの、日本でヨーロッパの形式をほぼ忠実に模倣したもの、ヨーロッパ形式を模倣しながらも当時の当世具足の形式を少し加味したものなど様々である。

能茶山焼（のうさやまやき）の焼物類や、絵馬・手鏡・甲冑・土佐の郷土玩具女だるま・土佐面など、それに野中兼山の紹介コーナーがある。

天守一階の床面から天井板までの高さは、一箇所を計測すると二・三九m、一つの横臥材までの高さは、約二mあった。一階は窓からの採光で明るい。二階への階段は二箇所ある。

二階にも多くの展示品がある。槍身類・袖搦（そでがらみ）・藤並大明神や春日大明神の額・鬼瓦・三葉柏の紋入りの瓦・高知城の天守模型があり、修理工事重修記の銘板が設置されている。前田秀徳先生研究の高知城の石垣刻印研究紹介コーナー・天守の断面図のパネル類・追手門柱包板（つつみいた）落書は、享和元年（一八〇一）のもので、「禁酒したれど、酒屋みれば、足がしとふあと、あゆまれぬかな」と書かれている。追手門破風の六葉・天守の六葉等とともに展示されている。二階の床面から天井板までの高さは、計測すると二・三三m、それぞれの横臥材までの高さは一箇所を計測すると、一・七六m、一・九六mである。窓から追手門方面を見下ろす。

三階は大入母屋部分の窓から明るい光が入る。展示物はない。三階の床面から天井板までの高さは、二・七二m、それぞれの横臥材までの高さは、一箇所を計測すると、一・九一m、二・三九mなどである。

四階は、壁は白壁で明るい。銃眼が施され、突上げ窓の内側は片開き土戸である。全国の主要城郭の写真が掲げられている。四階の床面から天井板までの高さは、二・五一m、横臥材までの高さは、一箇所を計測すると二・一一mある。

五階は、天守最上層下層部分に当り窓はなく、狭小な空間である。五階の床面から天井板までの高さは、一・九一m、横臥材までの高さは一・五二mある。

最上階六階は、東・西・南・北と各方向が標示され眺望がすばらしい。特に、東多聞・廊下門・詰門の連結状態が観察できて、西多聞や納戸蔵・黒鉄門も俯瞰できる。引分板戸で四方に開放され、廻縁と高欄なる望楼は、高知城の場合、四隅と中央に擬宝珠を伴う親柱を立て、高欄を入隅とする。高欄はいずれも黒塗りで、天守意匠上、大きなアクセントとなっている。天井は格天井（ごうてんじょう）である。格天井は、棹縁に相当する材を直交させて格子形に組んだ天井である。床面から天井板までの高さは、二・六三m、直交材までの高さは、二・五四mである。一階に下りて東多聞に向う。

東多聞内部から廊下門内部一部分にかけて、歴史資料が展示してある。東多聞の床面から棟木下辺までの高さは二・六三mである。

展示品には、空穂（うつぼ・矢を入れて背中に負う道具）・鏑（かぶら・鹿の角または木で蕪の根の形に作り、中を空にして数個の穴が開いているので飛ぶ時に鳴る・鏑がついた矢が鏑矢である）・蹄鉄・鐙（あぶみ）・轡（くつわ）・火縄銃類・旧山内家下屋敷長屋の解説板・沖ノ島の木型（野中兼山執政時、宇和島藩と国境争いがあり、その解決のためこの木型が作られ境界線が入っている）・甲冑類・武市半平太書の「山水」の軸・萌黄縅二枚胴具足（もえぎおどしにまいどうぐそく・第一二代藩主山内豊資着用で復古調の鎧である）・桶側胴具足（おけがわどうぐそく・当世具足の形式の一種で、鉄または煉革片を矧ぎ留めして作った胴）等、「小さい体だったんだなあ」、ビデオを撮る背後で若者がつぶやく。陣羽織・陣笠等もある。

黒毛毛槍（けやり・大名行列の先頭などで振り歩く先に鳥毛のついた槍）の大鳥毛（おおとりげ）は、山内家の参勤交代の際などに、長柄（ながえ・柄の長い道具または武具）に付けて行列を引き立てるために使用された。

吉村寅太郎のパネルがある。幕末尊攘派の志士で、最初は庄屋であったが、武市瑞山の土佐勤王党に加盟して活動を始めた。長州に久坂玄瑞を訪ねて以来、寅太郎の行動は武力討幕に一定したようである。脱藩して国事に奔走して、捕えられて土佐に送還された。再び脱藩して尊王討幕運動を続け、ついに天誅組を組織し、時期未だ至らぬまま、二七歳で明治維新の先駆者として散った。

中浜万次郎は、ジョン万次郎ともいい、現在の土佐清水市中浜に生れた。天保一二年（一八四一）に出漁中に漂流し、無人島で孤島生活中にアメリカの捕鯨船に救われ、船長の故郷フェアヘーブンで教育を受け、その後、捕鯨船に乗り航海して、たくましい海の男となった。嘉永四年（一八五一）、二六歳の時に帰国して土佐藩庁に出仕し、その後幕府に旗本として仕え、翻訳・軍艦操練所教授を勤めた。万延元年（一八六〇）咸臨丸に乗り、遣米使節の通弁として渡米した。その後薩摩藩に招聘され、軍艦操練・英語を教授し、維新後は開成学校の教授として多くの人に英語を教えた。

吉田東洋や後藤象二郎の紹介パネルがある。後藤象二郎は土佐藩出身の政治家で、江戸開成所に学び、後に藩政の中心人物となった。藩主山内豊信を説き、大政奉還を建白させた。維新政府の参与・参議などを歴任し、征韓論に敗れて辞職した。板垣退助とともに自由党を結成したが政府の懐柔策に屈して外遊し、その後逓信相・農商務相を歴任した。

坂本龍馬家の紹介コーナーがあり、系図などが展示してある。

幕末土佐の風雲児に中岡慎太郎がいた。現在の安芸郡北川村の大庄屋の子として生れ、その後尊王論を体得し、土佐勤王党に加盟した。文久三年（一八六三）の八月一八日の政変後脱藩した。脱藩後は長州藩の庇護を受け、禁門の変や、四国艦隊下関砲撃事件では長州藩兵とともに戦った。著書『時勢論』は、国事に奔走する中で尊王攘夷すなわち討幕以外に、維新への道はないという明快な論旨を述べていて、今日その人物・見識は坂本龍馬に劣るものではないと評価されつつある。慎太郎は龍馬とともに、幕府の第二次長州征伐をひかえて窮地に立った長州藩を薩摩藩と連合させたり、三条実美と岩倉具視を和解させるなど活躍した。また龍馬の海援隊に対して陸援隊を組織し、討幕運動に力を注いだが、慶応三年（一八六七）、京都河原町の近江屋で龍馬と会談中刺客に襲われた。絶命を聞いて、かの剛腹な岩倉具視は、「自分は片腕をもがれた」、と声を上げて泣いたといわれる。

火事装束・刀剣類等があり、板垣退助の大礼服も展示してある。NHK大河ドラマ「龍馬がゆく」でロケに使用された海援隊のユニオン号の模型が、放送終了後寄贈され展示してある。黒く塗られた三葉柏紋の船印（ふなじるし）がある。船印は船舶の所有者・乗り手などを示す標識である。土佐藩の戊辰戦役従軍将士の紹介、田中光顕の紹介パネルがある。土佐藩出身の政治家で、土佐勤王党に属して運動し、維新後会計検査官に就任し、西南戦争に従軍した。後に陸軍少将となった。参事院議官・元老院議官・警視総監・宮中顧問官などを歴任し、学習院長を経て宮内大臣となり一一年間在職し宮中に権勢をふるった。

ビデオを撮り終え、外に出る。東多聞の城内側は大きな松が植えられていて、建物を遮蔽している。

西多聞の一角で天守を撮影しようと思い、高欄に人がいなくなるのを待つ。

思い起こせば、高知城を初めて映像で見たのは、昭和三〇年代中頃、テレビ時代劇「琴姫七変化」であった。美人女優松山容子さん主演の痛快時代劇で、徳川将軍家斉の息女琴姫が諸国を廻って悪を懲らしめるという内容だった。確かに、五〇幾人かいた子福者一一代将軍家斉には琴姫という娘がいたが夭折している。その「琴姫七変化」のタイトル・バックが高知城の天守であった。その当時はタイトル・バックなどという言葉は使われていなかった。それを見て、ずいぶん背の高いノッポさんの天守閣だ、と思った記憶がある。

高知城天守は江戸中期の天守としては古制を遺し、入母屋大屋根に二重の望楼を載せた形式は、慶長盛期の姿を伝えている。全体の姿を観ると下重部に対する上重部の建ち上りが大きく、やはり時代相応の意匠が表れている。五階は暗がりの間になっているが、これは上階部が高すぎるためである。このような訳で丈の高い天守に見えるのである。

二時間程待ったがどうしても人がどいてくれない。一つの建物で二時間もシャッター・チャンスを狙ったのは初めてである。あきらめて宿泊地中村市に向かう。

土佐古城紀行

JR高知駅から特急南風号に乗り、途中土佐くろしお鉄道を通り中村駅に着き、ビジネスホテルに投宿する。翌朝から史蹟探訪である。

中村市は幡多地方の中心地で、幡多庄が京の九条家の荘園として成立したのは建永元年頃（一二〇六頃）と推定されている。この荘園は九条家から一条家に譲られた。

応仁二年（一四六八）前の関白一条教房は、京での応仁の乱を避け、あわせて家領の回復を目的に幡多庄へ下向した。教房は中村を荘園から都市へ変える努力を続け、京に模した碁盤目状の都市形成を目指した。現在でも「土佐の小京都」と呼ばれる由縁である。

一条氏代々の居館があった中村御所址は、一条神社社殿のある小森山を囲んだ一角にあり、ほぼ七〇〇〇㎡の広さの御殿が建てられたと伝わる。藤遊亭と名付けられた藤見の御殿址や、御化粧の井戸が遺る。かつては一条氏御所館内に、御所七井戸があったといわれ唯一現存するのが御化粧の井戸で、女官・侍女達はこの井戸水を使用して化粧をしたと伝わる。一枚岩をくりぬいた見事な石枠は一条氏の栄華を物語る。

太平寺は文和年間（一三五二～一三五五）海峰性公尼の開基である。天文年間（一五三二～一五五四）に太平寺を修復した一条房基は、非常時の際の避難所として土塀に三角形の矢狭間を造り、軍事的にも出城として重視した。石段を上ると左右の白漆喰の塀に狭間がある。

土佐の豪族達は、一条氏という日本屈指の名族を国司として奉り、武士同士でもめ事が起きた時、調停役となることを期待したのであって、貴族として土佐を支配することを希望したのに過ぎなかった。そのため一条氏が支配力を強化し、戦国大名へと脱皮しようという動きを見せるとともに、土佐国内は騒然となり始める。土佐岡豊城主長宗我部氏は、一条氏の土佐定住を援け、また一族存亡の危機を房家に救われるなど一条氏とは縁の深い武将であった。しかし、一条氏は後に四国の覇者となった長宗我部元親によって滅されてしまう。教房・房家・房冬・房基・兼定と、五代続いた名族一条氏は、約一〇〇年間の歴史を閉じた。

古城山は、日本最後の清流といわれる四万十川と後川（うしろがわ）に挟まれた要害の地である。その山頂が中村城址である。中村城址の殆どが為松公園となっている。中村城は一条氏の家老の一人、為松氏が城を築いたのが最初と考えられているが詳細は不明である。長宗我部氏時代には、吉良親貞・谷忠兵衛等、山内氏時代は、山内一豊の弟康豊が城主となった。詰城は元和の一国一城令で破却された。城は中村平野を一望できる丘陵上に築城され、総面積一万五八六㎡、東城・為松城・中の森・御城・今城の五群の城を統合したもので、平野部を東西に通ずる陸路の要を押さえ、南北と西部に至る河川により、攻防いずれにも臨機応変の戦いに備えることができた。

城址には山内氏時代の石垣が一部遺り、城址碑が建てられ、二ノ丸址・三ノ丸址にも、それぞれ石碑がある。現在は近世風天守様式の幡多郷土資料館が建てられている。入口に長宗我部氏時代の中村城詰城の礎石に使用された墓石が展示してある。開館時間を待てないので入館はあきらめ駅に戻る。途中、大逆事件の首謀者とみなされ四一歳の若さで散った幸徳秋水の墓所入口碑があった。

ＪＲ中村駅から南風号で御免駅まで行く。御免町は南国市で、土佐藩政初期に、野中兼山が新田開発で幾つかの新町を造り、その一つが、入植する者に地子や課役の免除を保証してできた町で、御免町のいわれである。ここから岡豊城址に向う。

高知市の東に隣接する南国市は、高知平野の中央に位置し、古くから開けた田園地帯が広がる。この地は古代から戦国時代までは、土佐国の政治・経済・文化の中心地として栄えた地域であった。その市内北部国道三二号線の北山に標高九七ｍの岡豊山がある。独立した小山で、山麓の南を国分川が西へ流れる。この山上に戦国末期に四国全土を制覇した長宗我部氏の居城岡豊城（おこうじょう）があった。今では山頂近くに巨大な高知県歴史民俗資料館が造られ、城址とともに文化的香りの高い地域となっている。

土佐に土着した秦一族は初め宗部氏（そがべし）を名乗ったが、香美郡（かみぐん）の曾我氏（香宗我部氏・こうそかべし）に対抗して、長岡郡の宗部一族という意味から長宗我部氏を名乗るようになった。南北朝内乱の頃、土佐国守護は細川氏であった。長宗我部氏はその配下となって勢力を伸長していった。しかし細川氏の支配力は次第に衰え、土佐は群雄割拠の時代となった。

細川氏の後ろ盾を失った長宗我部氏は、本山氏・山田氏・吉良氏・大平氏等の近隣豪族の連合軍に攻められた。時の城主長宗我部兼序（かねつぐ）は、嗣子の千雄丸

（後の国親）を城から脱出させて、幡多郡の中村城の一条房家に預けた。そして城内で最後の宴を催し、城から討って出たが、主従九名となり城に引き返し、一六歳の息女と北の方共々自害した。兼序は享年四三歳であった。

千雄丸が一三歳になった時、一条房家は土佐の豪族達と話をつけ、長宗我部氏の本領三千貫を取り返し千雄丸に与えた。永正一五年（一五一八）、千雄丸は元服して長宗我部国親と名を改め岡豊城に帰り、城を修築して近隣諸郡の平定に乗り出した。その後、国親は次第に力を蓄え、長岡郡南部一帯を制圧し、香美郡をも支配下に治めた。さらに、西方への進出を図ったが岡豊城にて五九歳で急死した。

長宗我部元親は、二二歳で家督を継いだ。岡豊城で生れた元親は、幼少の頃は色白でおとなしく姫若子（ひめわこ）と呼ばれた。本山梅慶軍との長浜城をめぐる攻防戦で、敵兵の目を鑓で突くことを教えられ、見事に初陣を飾った。当時としては遅すぎる初陣であった。元親は父国親の遺志を継ぎ、宿敵本山氏打倒に全力を注いだ。そして本山氏を降伏させ、さらに安芸国虎を敗り「土佐の出来人・できびと」と称えられた。中村城の一条兼定は、性粗暴・軟弱で、女色・男色を好み、失政により評判悪しき人物であった。元親はこれを伊予国に放逐し、さらに地方の豪族を従え、天正三年（一五七五）には土佐一国を平定した。岡豊城は土佐国の中心となり、城下町が形成され繁栄したが、本拠地が浦戸城に移され、廃城となった。

岡豊山は、香長（かちょう）平野に突き出した丘陵であり、詰である頂上部に立てば太平洋も臨むことができる。城址は詰を中心とする本城といわれる部分と西の伝厩跡曲輪、南斜面の伝家老屋敷曲輪の二つの出城から成る連郭式の構造となっている。本城は、詰と堀切により隔てられた二ノ段、詰の南から西にかけて周囲を取り巻く三ノ段・四ノ段から成り、虎口は西部に造られている。発掘調査の結果、詰・詰下段・三ノ段では、礎石建物址や土塁の内側に石積みが発見されている。また、多数の土器質（はじしつ）土器とともに青磁・白磁・染付と呼ばれる輸入陶磁器、瀬戸・備前・常滑などの国産陶器、渡来銭・小刀、また武器として火縄銃の部品・弾丸などの遺物が出土している。岡豊城の整備に当っては、発掘調査の成果をもとに、詰・詰下段・二ノ段・三ノ段の土塁や礎石建物址等を復元している。

城址の遺構にはそれぞれ現代風の解説板が設置され城址全体が明るく、また石垣等の多くの石は、石質が鉄分を含んだチャートと呼ばれる岩石で褐色である。城郭の書籍でよく見かける有名な「高知県史跡・岡豊城跡」の石碑がある。そんなに大きくはない。「長宗我部氏岡豊城址」の石碑は、田中光顕題でこちらの方はすこぶる大きい。

室戸岬に近い安芸市は、鉄道がなく公共交通機関はバスのみで、のどかさが漂う街である。田園風景の中に、「野良時計・のらどけい」があり、「土居廓中・どいかちゅう」と呼ばれる古い侍屋敷が遺っている。

土佐国の東部、肥沃な安芸平野が展開するところで土佐湾に向かって南流する安芸川上流右岸の小丘を中心として造られたのが安芸城である。この城を本拠地として豪族安芸氏は栄えた。

安芸氏の先祖は流人・蘇我赤兄（そがのあかえ）と伝えられている。弘文元年（六七二）の壬申の乱で天武天皇の軍勢に敗れて土佐国に流された。安芸氏歴代は時代を巧みに生き抜き、戦国時代には五千貫を領有する土佐七豪族の一人に数えられた。戦国乱世、土佐の七豪族が沈黙を守っているはずがなかった。まず、岡豊城の長宗我部元親が動いた。安芸城主は安芸国虎の代であった。

永禄一二年（一五六九）長宗我部軍約七〇〇〇は山手と海岸の二方面から安芸城を攻めた。迎え撃つ国虎軍は約二〇〇〇であったが戦意は高かった。城を出ては包囲軍と戦闘を繰り返したが、戦いは有利に展開しなかった。そして城内に裏切り者が出た。籠城二四日、包囲軍は城の東側、安芸川の対岸の丘から火矢を放ち、城に火をかけた。その混乱時に城内の料理番は、二つあった井戸の一つに毒を投じ長宗我部軍の陣に走った。そのため城内では多数の者が斃《たお》れ、安芸城は陥落した。国虎は妻と子を城から脱出させた後、菩提寺浄貞寺で自刃して安芸氏は滅亡した。

長宗我部元親は安芸を要衝の地として、弟の香宗我部親泰を城主とした。長宗我部氏滅亡後、土佐に入封した山内一豊は、領国内の重要な城である中村・佐川・窪川等に重臣を配置した。安芸城に入ったのは家老の五藤為重で、城郭を整備し居城とした。

元和元年（一六一五）の一国一城令で安芸城も、山上の詰城の建物、山麓の防備のための建造物は破却された。しかし五藤氏は古城址を居館としてそのまま使用した。仙台藩の要害・薩摩藩の麓・土佐藩の土居構等、大藩では事実上支城が存在し、元和の一国一城令は不徹底に終った。

安芸城址には水堀・虎口石垣・土塁等が遺り、城郭風の安芸市立書道美術館や市立歴史民俗資料館が建てられている。毒井戸も遺り、解説板が設置されている。五藤氏ゆかりの甲冑等を見学したかったが、タクシーを待たせてあるので図録を購入した。そして、土居廓中へ行く。

土佐藩山内氏の家老五藤氏は安芸を領有し、安芸文化の中心地であった土居の城址に代々住んだ。土居廓中図によると追手門前に広小路・練兵場・素読所（学舎）・米蔵・菜園場などがあり、城の西側に馬場、これらを取り巻くように約四〇戸の武家屋敷が立ち並び路地が碁盤の目のように通り、東・西・北にある木戸に通じていた。城の南側は上級武士、北側には下級武士が住んでいた。

現在、簡素な書院造の家が土用竹、ウバメ樫の生け垣や玉石、瓦の練塀に囲まれて、落ち着きのある佇まいを見せている。

三菱財閥の創始者岩崎弥太郎は、安芸の出身で生家がある。道路沿いに巨大な銅像が建てられているので撮る。野良時計は安芸を象徴する建物である。田園の中に建つ時計台で、明治三〇年頃（一八九七頃）地主畠中源馬が製作したもので、現在も正確な時を刻み続けている。汗ばむほどの陽気でのんびり店に入りアイスクリームでもなめたいと思ったが、先を急ぐ。御免駅まで戻り高知市内に入り城下の史蹟探訪であるが、高知での最終探訪地となった浦戸城址について先に触れたい。

浦戸城は、南国土佐の景勝地桂浜の、浜辺の小丘にあった。土佐湾のほぼ中央で、多くの河川が流入する浦戸湾頭先端の小半島状の丘上に位置し、三方を海に囲まれた要害の地に築城された。この城が歴史に登場するのは南北朝争乱期である。天文年間（一五三二～五四）には長岡郡本山城を本拠地とした本山梅慶が浦戸に支城を築いている。永禄三年（一五六〇）梅慶の子茂辰（しげとき）の代に長宗我部国親に攻められ落城した。

長宗我部氏は浦戸を支城として重要視し、一族の者を城番とした。本拠地である岡豊城が海岸から離れていたので浦戸を水軍の拠点とする構想があったものといわれている。豊臣秀吉の四国平定後、土佐一国の領地に限定された元親は、城下町経営を志し、大高坂山に築城の工を起すが、度重なる洪水で工事を断念し、浦戸城へ城替えした。

浦戸城は城郭の経始としては珍しい城である。北・東・南の三方を海に囲まれ西方のみ海岸沿いに平地が開けている。地形的にも水軍の基地を兼ねた城として最適であった。小田原の役や朝鮮出兵に際しては、軍船の基地として使われている。天守も存在し、高知城の黒鉄門は浦戸城からの移建と伝えられている。

現在城址には、県立坂本龍馬記念館・国民宿舎桂浜荘が建っている。ここが浦戸城の詰ノ段に当り、詰ノ段の東北隅には天守址がある。天守址は詰ノ段より約七m高く、いびつな台形である。上部は、東西約一一m、南北約一五mで、城八幡（しろはちまん）と大山祇（おおやまずみ）の小さな祠がある。天守址の斜面には石垣の名残と思われる石が露出している。北斜面は展望台造成工事で削り取られた。三層の天守が存在したと考えられていて、高知城へ移建されたと伝わる。その他、出土した石垣があり、付近には細かい文字の刻まれた古城碑がある。

高知城下史蹟探訪

高知城追手門手前に、野中兼山先生邸址、の石碑と解説碑がある。野中兼山の名は良継・伝右衛門などといい、元和元年（一六一五）播磨国姫路で生れた。野中直継の娘市を娶り養子となった。二代藩主忠義に登用され、藩の家老として約三〇年間にわたり全藩的な規模で強力な政治施策を実施した。物部川（ものべがわ）・仁淀川（によどがわ）・松田川等に大きな井堰を設け、舟入川・新川川（しんかわがわ）という大用水を通じ、流域の荒れ地や畑地を灌漑して約三〇〇〇町歩の新田を開発するとともに、流域には幾つかの新町を造り出した。しかし、大土木工事や新田開発をするために、土佐の豊富な木材を切り出し大坂市場へ移送したり、茶・漆・紙等の専売制を強行したので、農民や小商人にとっては困窮の極みであった。新田開発に当って兼山は、長宗我部遺臣一領具足衆を郷士に取り立てその不満をやわらげ、藩政確立の中心にしようとした。そして、七万五〇〇〇石余りの新田を開発した。しかし、兼山の独裁ぶりに反発する声が相次いで起ったのでついに家老職を追放された。寛文三年（一六六三）藩主一門の弾劾によって失脚した兼山は香美郡中野の隠居所で没した。藩は遺骸が高知城追手門付近の野中邸へ入るのを許さなかった。兼山の死後野中家は改易となり、遺族の妻・妾・子・女一二人は、姻戚の縁により現在の宿毛市（すくもし）に幽閉され、約四〇年、男子が死に絶えた後、遺された者にようやく自由が与えられた。高知に帰ったのは兼山の四女婉（えん）とその母親きさで、婉は医者となり独身のまま父の偉業を胸に、誇り高く生きた。

　山内容堂公誕生之地、の碑があり、さらに、北會所立教授館址、の碑がある。会所とは藩の役所のことで南・北の二箇所に設けられた。北会所では郡奉行を始め、免方（租税）・普請方・山方・浦方などの諸役所が置かれていた。宝暦一〇年（一七六〇）八代藩主山内豊敷（とよのぶ）によって最初の藩校である教授館が北会所内に創設された。幕末、城西に後の致道館となる文武館が出来るまで約一〇〇年間、藩校として教育が続けられた。

　それからはタクシーに乗り、後は運転手さん任せである。藩校致道館は、参政吉田東洋が藩主山内豊範の命により、文久二年（一八六二）に創設し、始め文武館と称したが、慶応元年（一八六五）に致道館と改称された。幕末非常事態での藩士の教育機関として、文武両道を厳しく修練させるとともに、西洋学術も受容した。現在は城西公園に表門が遺されている。桟瓦葺・切妻造の薬医門で右手に番所が設けられている。

　降り出した小雨に、高校生カップルが門の中で話し込んでいて、なかなか立ち去らない。建物の写真に人がいようがいまいが、一般の人には、さして気にはならないと思うが、記録写真を趣味とする人間にとっては、とても大切なことなのである。声をかけたが門の片隅に寄るだけで、カメラの画面に入ってしまい、あきらめてそのまま撮る。

　藩校開成館は、城北町の県立小津高等学校敷地西北隅に、表門・玄関が遺存している。門は本瓦葺・切妻造・両脇戸附の大きな八脚の薬医門である。開成館は致道館とは内容的に異質のもので、吉田東洋が計画し後藤象二郎が奉行となって、慶応二年（一八六六）に開館した。幕末の内外情勢に対応した殖産興業と西洋の科学教育振興・富国強兵を目的とする総合的な施設であった。門背後の玄関部分は、桟瓦葺・入母屋造である。

　百々（どど）越前守綱家は、天文一七年（一五四八）に近江国犬上郡百々村で生れた。後に豊臣秀吉に召し出され、天正一〇年（一五八二）の山崎合戦で活躍したところから、近江国内に六〇〇〇石の領地を与えられ、あわせて秀吉の直轄領五〇〇〇石の代官に任じられた。その頃秀吉の斡旋で、朝廷から従五位下越前守を授かったため通称、百々越前守、と呼ばれるようになった。文禄元年（一五九二）織田信長の嫡孫秀信が岐阜城主になると、綱家は木造具政（こづくりともまさ）と共に、秀吉から秀信の付家老を命じられた。

　慶長五年（一六〇〇）東軍と西軍の対立が明らかになると、綱家は密かに手を回し、東軍に味方するように手はずを整えた。ところが主君秀信は石田三成に籠絡され西軍に荷担することになった。綱家は木造具政と共に必死になって主君に諫言したが、秀信は聞き入れず、関ヶ原合戦の前哨戦の一つとなった岐阜城の戦が始まり、一日足らずの攻防戦で秀信は降伏した。

この時天守の塀の中から笠を出して振り、降伏を東軍に告げたのは綱家であったといわれる。

その後、綱家は関ヶ原合戦に参加することなく京で浪々の暮しを送っていたと伝えられる。綱家は詳細な経歴のわからない人物であり、築城技術もどの程度修得していたか不明であるが、秀吉に従っている時、技術を修得し、一部の人達に築城の名人として知られるようになったものと考えられている。

山内一豊は、その綱家を高知築城に当り六〇〇〇石の高禄で招聘した。一豊の度量に感激した綱家は、心機一転を期して名も安行と改め、子息出雲を伴い高知に赴いた。迎えた一豊は父子ながら築城の最高責任者である御城総奉行に任命し、別に出雲にも一〇〇〇石を与えた。名城高知城と城下の縄張は、この百々父子と一豊の綿密な計画の末、主として安行の老練な手腕をもとに描かれたのであった。

築城工事が始まると、小笠をかぶり田鍬を肩にし、裁着袴（たっつけばかま）に草鞋（わらじ）履きというでたちで、工事現場を巡回する二人の姿が、雨の日も風の日も毎日見かけられたと伝えられる。しかし、安行は、完工なった高知城の偉容も城下の町並みも、ついに我が目で確かめることもなく、幕府の手伝い普請の命により、慶長一二年（一六〇七）に丹波国篠山に赴き、病にかかり同地で客死した。享年六一歳であった。越前町の町名は安行の住居地に因んだ名称で、百々越前邸址、の石碑と解説碑がある。

高知市上町（かみまち）に、坂本龍馬先生誕生地、の石碑がある。

坂本家の先祖は明智光秀の一族で、落人として土佐に来たと伝えられている。これらには諸説があるが、江戸時代の初期には、現在は南国市である長岡郡才谷（さいだに）という山間の村で百姓をしていた。後に坂本家は高知城下に出て商人となり「才谷屋」を屋号とした。龍馬の変名才谷梅太郎はこれに因る。才谷屋は質屋と酒屋を営んで短期間のうちに富み栄え、二代目の時に特権商人と肩を並べ、町老（まちどしより）を勤めるほどになり、三代目直益（なおます）は神道を学び、文化人とも交遊があったが、家業を次男に継がせ、長男には郷士の身分を整えて、この場所に一家を構えさせた。これが郷士坂本家の始まりで、龍馬はその四代目に当る。龍馬の生家は、一応武士階級ではあったが、郭中（かくちゅう）の上士とも在村の郷士とも異なる自由な雰囲気を持っていたようである。

幼少の頃の龍馬は臆病で泣き虫、その上一四歳を過ぎるまで夜尿の癖がなおらなかった。一二歳で生母に死別し、その後は四歳年上の姉乙女（おとめ）が母親がわりとなった。乙女は「坂本の女仁王」といわれた女丈夫で、龍馬を厳しく育てただけでなく、生涯にわたり、良き理解者であった。

龍馬が頭角を現すのは、一四、一五歳の頃、鏡川べりの日根野道場で剣道を学び始めてからであった。父親譲りの体格が備わり、腕が上がるにつれて自信もついてきた。父親は次男の龍馬が剣の道で身を立てることを望んだのか、龍馬は一九歳から二四歳までの間に二度も江戸に行き、北辰一刀流千葉定吉の道場で修業し免許皆伝を得た。その間には、ペリーの来航があり高知に帰っては、河田小龍から、アメリカ漂流漁民の中浜万次郎じこみの新知識を授けられ、海運の急務にめざめた。

武市瑞山は龍馬の遠縁に当り、瑞山が土佐勤王党を結成すると、龍馬はすぐに加盟した。しかし瑞山の説く挙藩勤王の可能性を疑って間もなく脱藩した。瑞山は、「土佐にあだたぬ（はいりきれない）やつ」と評した。

その後、幕臣で開国論者の勝海舟の門に入り、勝を助けて神戸海軍操練所を造って航海術を学び、松平春嶽・大久保一翁（いちおう）・横井小楠（しょうなん）等、当代一流の人物達との知遇を得た。龍馬は正規の学問はせず、本もあまり読まなかったが、これらの人々の見識から学んだものを自由な発想とたくましい行動力で活用していった。

やがて神戸海軍操練所が閉鎖されたので、西郷隆盛等薩摩藩の庇護のもと、長崎に我が国最初の海運商社、亀山社中、を開き脱藩した青年達を率いて航海術訓練のかたわら海運業に従事し、他方では中岡慎太郎等と協力して薩長同盟を結ばせ、討幕派が政局の主導権を握る土台を造った。土佐藩の後藤象二郎等は、こうした国家の形勢を見て、龍馬に接近し、龍馬が授けた船中八策（せんちゅうはっさく）をもとに大政奉還を推進した。以後、亀山社中は藩の後援を受けて土佐海援隊となった。ところで、後藤は武市瑞山等を処刑した勤王党の仇敵であり、海援隊の行う商行為にしても古い武士道観から非難があった。当時、龍馬は乙女に宛てた手紙の中で、「私一人にて五百人や七百人を引いて、天下の御為するより、二十四万石（土佐藩）を引いて、天下国家の御為致すが甚（はなはだ）よろしく」と説明している。

そのめざましい活躍によって龍馬は佐幕派から最も畏れられ、憎まれる存在となっていた。薩長同盟を結んだ直後、伏見寺田屋で襲撃された時は、恋人お龍の急報により手傷を受けながらも逃れることができた。しかし、慶応三年（一八六七）一一月一五日、大政奉還一箇月後、京の近江屋で陸援隊長中岡慎太郎と密談中を幕府の見廻組に襲われ、落命した。奇しくも誕生日であった。享年三三歳で、墓は京都東山の霊山（りょうぜん）にある。

板垣退助先生誕生之地、の石碑を撮り、高知市唯一の武家屋敷、と書かれた大きな看板のある建物に行くが解説板はなかった。切妻造・平屋建の建物で、かなり老朽化している。

武市瑞山先生殉節之地、の碑を訪ねる。この場所は帯屋町で、土佐藩の南会所があった所である。藩の政務をとる官舎や揚り屋（あがりや・牢屋）等があった。

武市瑞山は、通称半平太、東映などの時代劇映画に登場した月形半平太のモデルになった人物である。文政一二年（一八二九）に生れ、江戸に出て桃井春蔵の門に入り剣術を学び、翌年塾頭となった。余技として日本画をよくした。その後、薩摩・長州・水戸の尊王攘夷派の志士達と交流し、文久元年（一八六一）に首領として、挙藩勤王を目指し土佐勤王党を結成した。翌年藩の重要人物吉田東洋を暗殺させた後、上洛して活動、勅使江戸下向の折には副使姉公路公知（あねがこうじきんとも）の護衛をするなどの活躍をし、同年末に上士格となり留守居組（るすいぐみ）に列せられた。

文久三年（一八六三）の政変後、藩政に復帰した山内容堂は、吉田東洋暗殺の件で、瑞山はじめ土佐勤王党の有力者多数を捕縛し、南会所の揚り屋と山田町の獄舎に入牢させ、東洋配下の後藤象二郎等に事実関係を厳しく追及させた。瑞山は東洋暗殺の一件を否認したまま、慶応元年（一八六五）五月、南会所で切腹を命じられた。時に三七歳であった。京坂の地で天誅の剣をふるい、人斬り以蔵、と恐れられた岡田以蔵は獄門という厳しい処分であった。

吉田東洋先生記念之地、の碑は、同じく帯屋町にある。吉田東洋は文化一三年（一八一六）帯屋町に生れた。吉田家の先祖は戦国大名長宗我部元親の部将で、後に山内氏に仕えて、馬廻り役の上級武士の身分となった。東洋の本名は正秋、通称は元吉で、学者としても有名であった。兄の死後、吉田家を継ぎ郡奉行などを経て大目付となり、嘉永六年（一八五三）に山内容堂に参政（仕置役）として登用された。文武館を建設して洋学などの新知識を学ばせる道を開いたり、『海南政典』を編纂して藩政の基準を作り、財政改革を実施した。しかし、東洋は、容堂を助けて公武合体運動の中心的な役割を果したため、土佐勤王党とは対立することとなった。文久二年（一八六二）四月八日、東洋は藩主に、「日本外史」のうち、「本能寺の変」のくだりを講義して、夜更けに追手門を出て、帯屋町の自宅に向う途中、待ち受けていた勤王党の刺客に襲われた。気丈な東洋は傷を受けながらも抜刀して立ち向かったが、三人以上の刺客が相手では勝負にならず殺害されてしまった。時に四八歳であった。

鷹匠町の鷹匠公園と、西隣の駐車場をあわせた場所が、山内容堂の実父豊著（とよあきら）が分家して営んだ南屋敷の跡地である。山内容堂も一時期ここに住んでいて、山内容堂公邸址、の碑がある。鷹匠公園の道を挟んだ東隣の、現在ホテル三翠園になっている所に、藩政末期、家臣七人の屋敷地を召し上げて、藩主山内容堂の下屋敷が造営された。屋敷は明治維新後、山内家の私邸となったが戦後売却され、現在その大部分は三翠園の所有となっている。往時の遺構としては門・長屋・物見亭（水哉閣・すいさいかく）等がある。

国指定重要文化財の、旧山内家下屋敷長屋は、旧屋敷地の西端にあって道路に面し、桁行一七間半（一間―約一・八m）・梁行二間半と、南北に長い二階建の建物で東側に庇を付け、入母屋造・桟瓦葺・上部三分の一程真壁白漆喰塗・下部三分の二は下見板張で、道路側に五箇所窓を設けている。一階は七区画に分けられ土間・納戸と第一室から五室まである。四部屋は畳敷で、その他は板敷である。二階は、三部屋に分けられていて、二階への上り口は二箇所ある。内部には武家の生活用具や幕末の洋船・和船の模型・絵巻物などが陳列されている。鏡川に面した物見亭は、山内容堂が薩摩藩主島津久光の使者として高知に遣された西郷隆盛と会見した所である。

付近の山内神社は山内容堂と豊範を祀るため建てられたもので、社殿西隣の山内神社宝物資料館には、山内家歴代の武具や文書二万数千点が納められ、その一部が陳列展示されている。

大丸デパート付近の、立志社跡、の碑はイベント用の青いシートがじゃまで、よく撮れなかった。

立志社は、我が国に起った自由民権運動の出発点ともいうべき場所である。征韓論に敗れて下野した板垣退助を中心に片岡健吉等が参加して、明治七年（一八七四）に組織された政治結社である。内部に地方子弟の教育のために立志学舎・法律研究所・図書館を造ったり、機関誌を発行するなどして、討論会・演説会を開催して自由民権を唱え、反政府的態度をとった。士族授産・救済のための商局や物産局も設けている。本部は現在の高知大丸デパート付近に置かれた。

明治一〇年（一八七七）に西南戦争が起り、立志社側からもこれに呼応しようとする一団がいたので、社長片岡健吉等幹部一五人をはじめ、関係者が相次いで逮捕されるという立志社の獄を引き起している。同年片岡健吉が代表となって国会開設建白を提出し、幹部逮捕という弾圧にも屈せず、機関誌を通して自由民権を主張した。それが、愛国社再興・国会期成同盟・自由党の結成へとつながって、自由民権運動が全国に波及していったのである。

筆山町の要法寺山門は浦戸城の移建城門である。桟瓦葺・切妻造・脇戸附薬医門で、浦戸城の搦手門といわれる。

その他、市内には幕末維新関係を中心に多数の史蹟があり、とても廻りきれなかった。

高知市内に一泊する。次の朝は好天に恵まれた。朝早く起きて、城址に行く。石段を上り詰門入口のベンチに座って明るくなるのを待つ。やがて天守の白壁がオレンジ色に照らされていく。犬を散歩させたり、体操をしたり、どこの城址公園でも見かける早朝の風景である。老婦人と二言・三言言葉をかわす。明るくなった天守北面を、心置きなく撮る。青空は東面からなので石段を下る。石段の中程から、初夏の青空を背景にした天守の写真を撮影することができた。

威圧の象徴のように、天守の三叉鑓穂と鉄剣を並べた忍び返しは、我が国に現存する唯一のものである。

山内氏は、長宗我部氏の旧臣に郷士という身分を与え懐柔策とした。大部分は帰農して百姓となっていたが、山内氏から最下層の身分ではあるものの、武士としての地位を保証されたことにより、山内氏の支配に従い始めたのであった。他国出身の山内氏が土佐に根付くことは並大抵ではなかった。そして、山内氏は土佐の人々に自らの権力を誇示する手段として、高知城を築き、威圧したのであった。そんな悲しい歴史を秘めた城ではあるが、天守は明るく輝いている。

桂浜に向かう。タクシーの運転手さんが、もう少したったら、浜に向かう道は車でいっぱいだよ、と言った。浦戸城址の発掘で出土した石垣・詰ノ段の標柱・近年建てられた城址碑・解説板・浦戸城墟の碑・天守址等を写真撮影する。そして坂本龍馬の銅像のある方へ行ってもらう。

桂浜の龍頭岬上に、昭和三年（一九二八）に建てられた総高約一四・六八mの坂本龍馬の巨大な銅像がある。その眼は土佐湾から遠く大平洋へと向けられている。慶応二年（一八六六）一月二三日、伏見寺田屋で坂本龍馬と三吉慎蔵が、幕吏に襲撃され、龍馬の恋人お龍の命がけの知らせで、龍馬は負傷したが、両人ともかろうじて逃げることができた。湯治と捕吏の目を逃れるため西郷隆盛は龍馬とお龍を鹿児島へ誘った。

二人は湯治場を巡り、魚釣りを楽しみ、鳥を撃ったり、霧島山に登ったり、龍馬三二歳・お龍二六歳、およそ三箇月間の楽しい時を過した。これが日本人の新婚旅行の草分けであった。

西郷隆盛は、幕末土佐の生んだ快男児坂本龍馬を、次のように評している。

「天下に有志あり、余多く之と交わる。然れども度量の大、龍馬に如く（しく）もの、未だ曾て之を見ず。龍馬の度量や到底測るべからず」

潮風に吹かれて大平洋を眺める。うろ覚えではあるが、以前耳にした歌が思い出される。

「打てば鳴るような、男の胸に、花を咲かせた、土佐なまり、たとえ維新の嵐の中に、ちぎれて飛ぼうと、花は花、天に声あり、龍馬ゆく…」

高知城址

高知城東多聞櫓・廊下門・詰門俯瞰

高知城黒鉄門

高知城詰門

高知城懐徳館上段の間

高知城東多聞櫓内部

高知城天守と懐徳館

高知城納戸蔵北面

高知城西多聞櫓俯瞰

高知城納戸蔵南東面

高知城天守と追手門

高知城東多聞櫓北東面

高知城西多聞櫓北西面

高知城懐徳館図

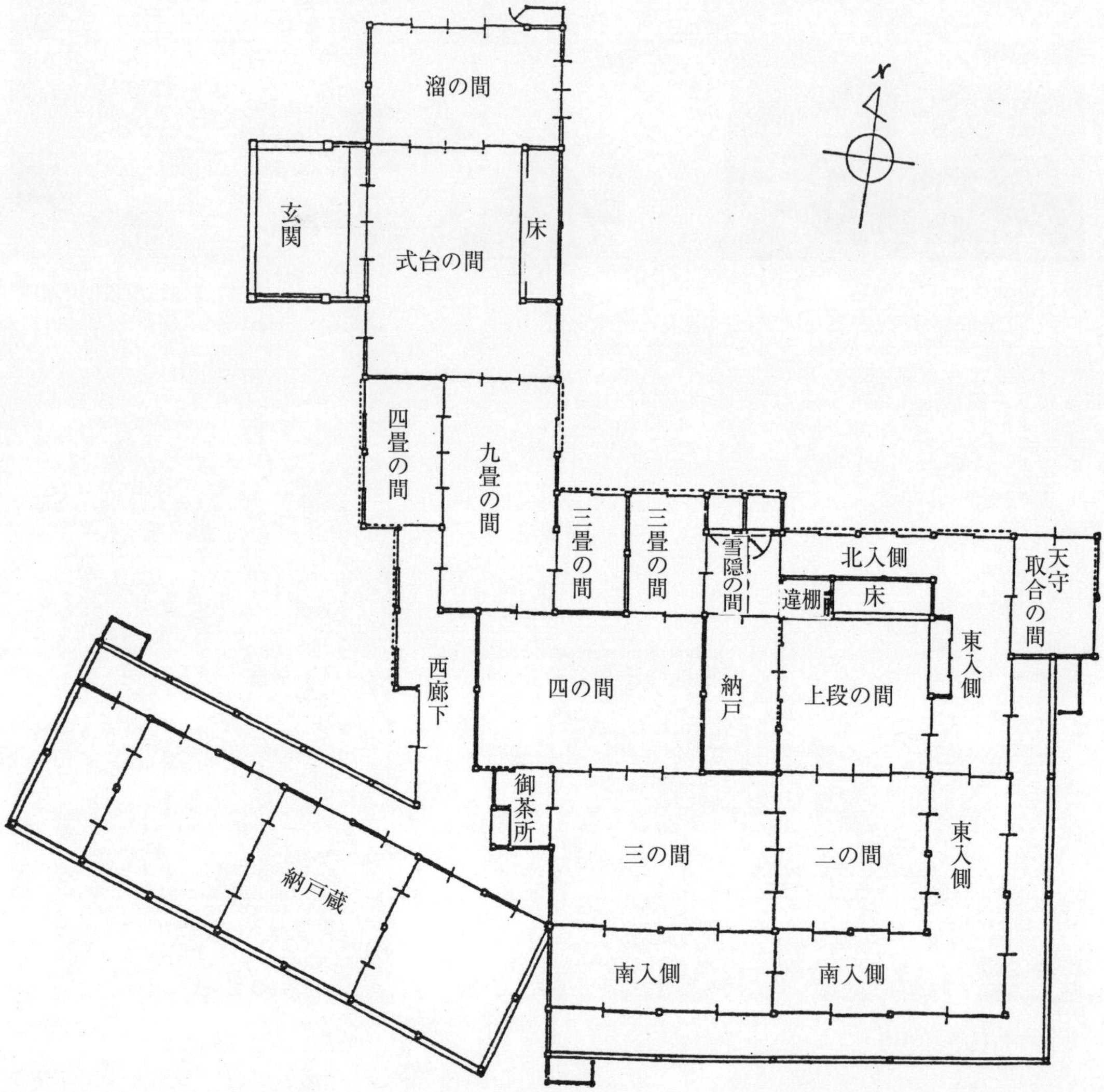

溜の間
玄関
式台の間
床
四畳の間
九畳の間
三畳の間
三畳の間
雪隠の間
北入側
違棚
床
天守取合の間
西廊下
四の間
納戸
上段の間
東入側
御茶所
三の間
二の間
東入側
納戸蔵
南入側
南入側

第二章　探訪

日出城鬼門櫓

はじめに

大分県速見郡日出町（ひじまち）は、豊臣秀吉の甥木下延俊を藩祖とし慶長六年（一六〇一）より木下氏二万五〇〇〇石（初期三万石）、日出藩城下町として繁栄した所である。木下氏は、一氏世襲一六代で明治維新に至っている。木下氏は本姓は杉原であったが、延俊の伯母於ねは秀吉の室であったため、木下姓を冠することを許された。

慶長六年、延俊は日出に入部して荒廃した大神氏・毛利氏の旧日出城を遺棄し、妻の実兄の中津藩主細川忠興の多大な後援と配慮により新城を築くことになり翌七年には、ほぼ完成した。

日出城は南方が別府湾に接した海城的性格の濃い城で、本丸の三方を水堀・空堀で囲み、それを隔てて二ノ丸が囲み、その東方を三ノ丸とした。本丸は南北約一〇九m、東西約五八mで、南東に三重の天守・北西に大手門・東に裏門を設け、南方に二重櫓の望海楼（久頓櫓）・西方に味噌櫓・東北隅に鬼門櫓・西北隅に月見櫓及び多聞・東に裏門櫓などがあった。

木下氏歴代の居城であった日出城も、明治四年（一八七一）廃藩置県と共に国有となり、同六年暘谷学舎（ようこくがくしゃ・現日出小学校）を本丸址に開校し、同七年建造物を払下げ、天守以下大部分が取り壊されたが、望海楼は日出小学校の教室として大正一〇年（一九二一）まで遺っていた。

鬼門櫓と裏門櫓は民家に移健され、双方とも甚だしく老朽化しているが現存する。以前、日出城の御屋敷門と称される門が、竜泉寺に山門として移築現存しているとのことであったが、これは日出城の武具殿の柱を使用して建てられたということが判明した。

日出町史蹟探訪

平成元年（一九八九）初夏、日出町を訪れる機会に恵まれたので、移建された鬼門櫓・旧日出藩成敗場跡地・松屋寺・竜泉寺・日出藩校致道館・人柱祠・日出城址・日出城の時鐘・裏門櫓（日出藩学問所）等を見学した。

日出城鬼門櫓は、城址から北へ約一㎞の日出町下仁王の中村氏所有として遺っているが、現在の所有者は今永氏である。入母屋造の二重櫓であるが老朽化が酷く屋根は一部トタン板で覆われ、壁が剝き出しになり本瓦葺の丸瓦がずれて落ちそうである。上下層共鬼門除けのため東北隅を欠く極めて貴重な遺構例である。様々な思いに駆られながら写真撮影をしたりして、一時間程過ごした。

次に日出藩の処刑場跡地を訪ねた。案内の標柱と大きな石塔があるだけで解説板はなかったが、町指定史蹟である。

松屋寺は木下氏の菩提寺で、種々の寺宝と国指定天然記念物の大蘇鉄、木下氏の墓碑群などがある。墓碑群は、北政所（高台院）の母朝日の方の墓をはじめ、代々の日出藩主の墓など四〇数基の墓石が並び、小藩ながらその威信を示している。近くの竜泉寺墓地には、滝廉太郎の先祖の墓がある。若くして逝った天才作曲家の先祖は日出藩の家老職の家柄であった。

日出藩校致道館は城址付近にあり解説板には次のように記されている。

「致道館は一五代藩主木下俊程（としのり）が、安政五年（一八五八）日出城郭内二ノ丸に創立した藩学校である。八歳以上の士民共々入学を許し、読書・習礼の教育を施し後に漢学を課した。一六代俊愿（としまさ）の時、新たに洋学・算学・兵学の三科が増設された。居寮生五〇人（藩費生三〇人・自費生二〇人）通学生およそ二〇〇人が在校したといわれている。

明治四年（一八七一）廃藩と共に閉校したが、維新前後日出藩より多くの人材を出し中央・地方の政治・経済・軍事、あるいは教育・文化等各方面に貢献した者が少なくなかったのは、碩学帆足萬里等先賢の遺芳によるものであろうが、致道館教育の影響が大であったことがあげられる。教育の伝統は明治六年日出城内の暘谷学校（日出小学校の前身）に引き継がれ現在に至っている。この建物は帆足萬里記念図書館等に転用されたが、昭和二五年（一九五〇）日出中学校建設敷地となったため、翌年行われた帆足萬里一〇〇年祭の記念事業として現在の地に移転復元したもので、大分県に現存する唯一の藩学校である。大分県指定史蹟、昭和二八年四月二〇日」以上である。

帆足萬里は日出藩の儒官で、一時期家老を勤め『窮理通』・『東潜夫論』を著した学者で藩内の人々に多大な影響を与えた。

藩校付近から東へ二、三分歩くと日出城本丸の石垣が見えてくる。本丸石垣西南方に人柱祠がある。この人柱祠は、昭和三五年（一九六〇）城下（しろした）海岸遊歩道の工事中に木棺が見つかり、その中から老武士らしき遺体の人骨が発見された。調査の結果、日出城築城当時の人柱であろうと推定された。慶長六年（一六〇一）秋に木下氏初代延俊が着工した日出城築城工事は、西南部分が地盤が弱く難工事であり、しかも城の裏鬼門に当るので、特別な石組の中の早桶（はやおけ・棺）におさめられた人骨が埋められたものといわれ、人骨の出土した地点の石上に石祠を祀ったものである。

日出城址は現在日出小学校となっている。町指定史蹟である。本丸の石塁・天守台・堀等が遺存する。本丸下の海岸は城下海岸と呼ばれ、ここから眺める別府湾の風景は、別府八景・大分県百景の一つで絶景との評がある。日出の名産で有名な城下（しろした）カレイは、江戸時代将軍家への献上品の一つとされ美味をもって知られている。これは日出城の崖下の海中に清水が湧くところがあり、そこで繁殖する。

城址図で観ると裏門櫓の旧地に時鐘がある。三代木下俊長が、元禄八年（一六九五）に鋳造させたもので大手門の西土手にあり、毎日一二刻鳴らしていたといわれる。廃藩後現地に移され、今では天守台と共に日出城址の象徴となっている。

裏門櫓は、城址東北の民家に移転されている。平櫓で、鬼門櫓程ではないがかなり傷んでいる。傍らの解説板には、日出藩学問所となっていて天保一二年（一八四一）一三代藩主俊敦（としあつ）が創立し、致道館が開校されるまでの学問所であった。

その後廃止され藩の養蚕部屋に転用されたが、後に個人住宅として現在に至っている。三間（約五・九ｍ）×二間（約四・九ｍ）の規模であるといわれ、本瓦葺である。

日出城址へはＪＲ日豊本線暘谷駅（新駅）下車が便利であるが、タクシーが常駐しているのは日出駅である。日出駅へ戻る途中、日出城の鬼門鎮護のため木下延俊により移建され祈祷寺とされた蓮華寺という寺の前を通った。解説板によると寺宝の千手観音・涅槃図等は県指定文化財になっていると記されている。

日出城鬼門櫓

豊後国日出城（正保城絵図・内閣文庫蔵）は、正保三年頃（一六四六頃）作成されたものといわれ、本丸東北隅に二重の隅櫓（鬼門櫓）が観られ縄張も東北隅が欠けている。日出城の完成は慶長七年（一六〇二）であるので、鬼門櫓もその頃から存在したとも考えられる。この櫓は明治初期の古写真で有名である。この写真は北西部から撮影されたもので、入母屋造の二重櫓で、壁は一・二階共下見板張で突上窓や格子付突上窓がある。同櫓は大正一〇年（一九二一）に中村貢氏が買取って下仁王へ移建された。櫓の棟札によると、大正一〇年六月一日に移築が行われ、この建物が岳陽楼という名称で呼ばれていたことが解る。さらに移築に当っては、江戸時代からの日出藩の作事方が工事を担当するなど本格的な作業であった。その後住宅等に使用され、現在は廃屋である。

鬼門櫓の平面については一階は四間×四間（約七・九五ｍ）で東北部が欠けている。入口は南側左寄りに設けられ、二間×二間の四部屋に分けられている。二階は三間×三間（約五・九ｍ）の一室からなり、やはり東北部が欠けている。

立面は東西南北とも、壁が土の下地で上塗りが剥がれている。平面・立面については基本的構造は変ってなくて、窓の位置の変更・突上戸格子の腐食、瓦の破損など保存状態は悪い。本瓦葺で鎧瓦には、木下氏の抱沢瀉（だきおもだか）紋が観られる。

なお、間取りに用いる一間は、関西では柱と柱の間が六尺五寸（約一・九七ｍ）であるが、関東では柱と柱の間が六尺（約一・八二ｍ）である。前者を京間といい後者を江戸間（田舎間）と呼ぶ。日出城の場合の一間は約一・九八ｍで二ｍ近い。

鬼門除け

陰陽道（オンヨウドウまたはインヨウドウ）で悪鬼が出入りするといって万事に忌み嫌う方角で、東北、即ち艮（うしとら）を鬼門という。鬼方ともいう。鬼門除けは災難を除き避けるため、鬼門の方角に神仏等を祀った。

上野国館林城の場合は、鬼門に狐を祀る社を建て城の守護神としている。戦国時代、いじめられていた子狐を助けたこの地の武将赤井照光は、ある夜御礼に現れた親狐から城の縄張を教えられその通りに城を築いた。社は尾曳（おびき）稲荷神社である。いわゆる動物報恩譚の一つである。

城郭の場合、石垣の東北隅を欠いたりする。櫓では弘前城丑寅櫓・高松城艮櫓・福岡城祈念櫓等が現在するが、日出城鬼門櫓のように東北隅が欠かれているのは極めて珍しい。なお鬼門と反対の方角は裏鬼門と呼ばれ、未申（坤）即ち西南方の称で鬼門と共に忌み嫌われた。

古代中国に起源した哲理で、一切の万物は陰・陽二気によって生じ、五行中、木・火は陽、金・水は陰に属し、土はその中間にあるとし、これらの消長によって天地の異変・災禍・人事の吉凶を説明する。これを陰陽（いんよう）五行説といい、これに基づいて、天文・暦数・卜筮（ぼくぜい）・地相等を扱う術を陰陽道といった。大宝律令に規定があり陰陽寮が置かれたが次第に俗信化していった。

日出城の場合、本丸東北隅石垣を欠き、さらに東北隅を欠いた櫓を建て、城下東北方に祈祷寺として蓮華寺を別の場所にあったものを移転建立し、裏鬼門には人柱を立て、鬼門封じは完璧であった。

裏門櫓

日出城址と至近距離にある。旧持主は徳永恒貞氏で日出藩家臣であった。表札には今永成人となっているが成人氏の父松村勝馬氏が買収して昭和二八年（一九五三）から住居としているが、松村氏や今永氏が勝手に売買できないようになっている、とのことであった。

日出藩と立石領

日出藩初代の木下延俊の遺言により二代俊治の弟延由（のぶよし）を寛永一八年（一六四一）に、五〇〇〇石で立石に分封した。速見郡山香町立石である。立石陣屋の跡地は現在は中学校敷地となっている。

日出領三万石から五〇〇〇石もの分封の理由は、延由こそ、実は豊臣秀頼の子国松であったからだといわれている。立石領は旗本木下氏一二代で明治維新まで続いた。菩提寺の長流寺には延由や殉死した家臣二人の墓がある。なお延由の位牌の裏面には「木下縫殿助豊臣延由」と記してある。

日出町の主だった史蹟は、タクシー及び徒歩で三時間程でまわれる。別府方面へ旅する方には是非探訪をお奨めする。

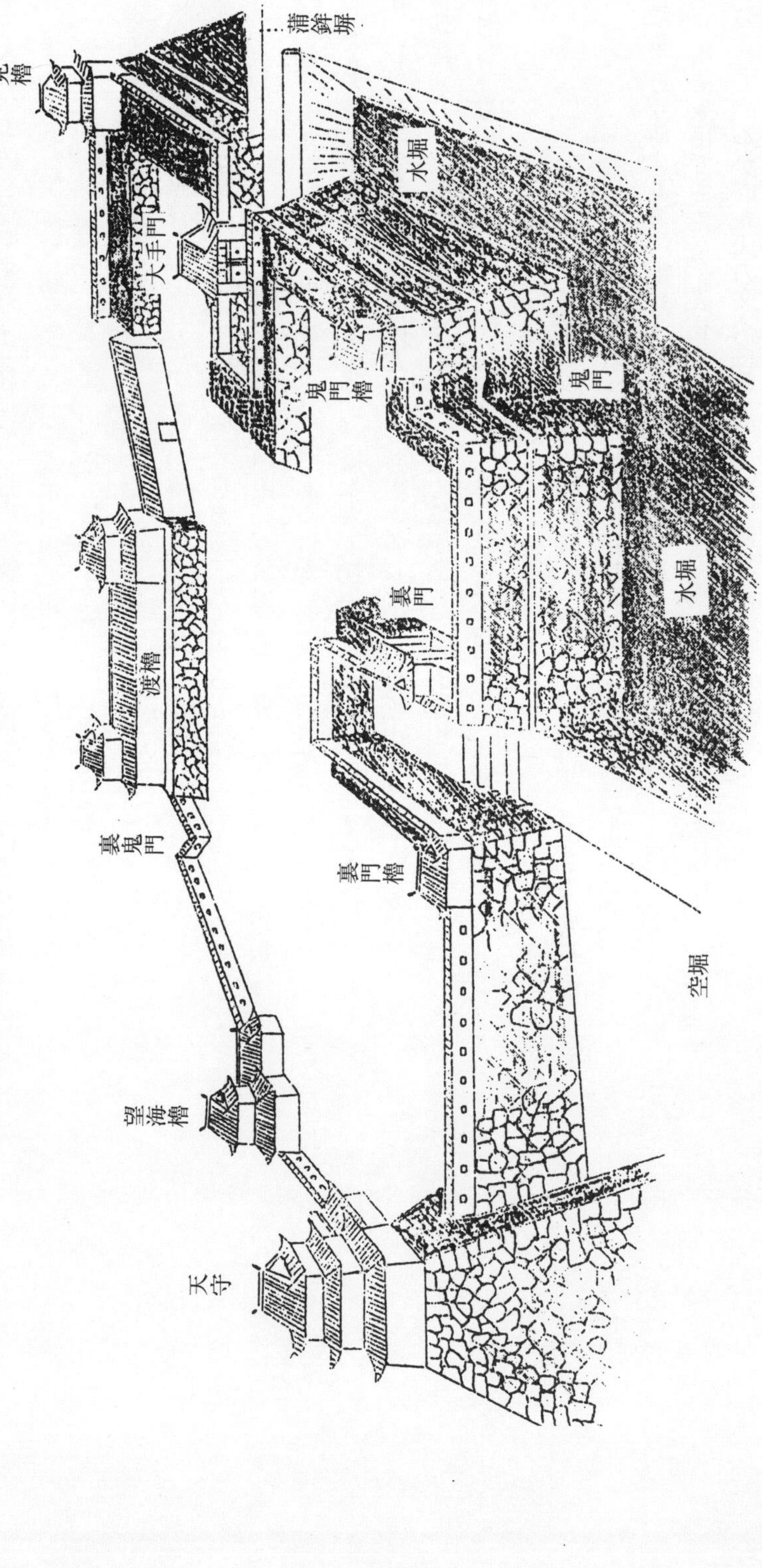
月見櫓
蒲鉾塀
水堀
大手門
鬼門櫓
鬼門
渡櫓
裏門
水堀
裏鬼門
裏門櫓
空堀
望海櫓
天守

日出城本丸概要図

第二章　探訪

日出城鬼門櫓と鬼門考

はじめに

平成三年（一九九一）九月、日本各地に甚大な被害をもたらした台風一九号は、大分県の日田の山林にも大きな災禍を及ぼした。以前訪れた時、老朽化の甚だしかった同県速見郡日出町の日出城鬼門櫓についても、その存在が気懸かりとなり、平成四年秋、再訪を試みた。夜行高速バスで一晩中まんじりともせず、明け方近くになってようやく左手に、晩秋の朝まだき、薄紅色に光る海が見えてきた。波穏やかな別府湾である。ふと何気なく、多分この辺りだろうと思って双眼鏡を取り出し、右手の車窓風景を注意深く観察していると、鬼門櫓が見えてきた。そして、ほっと安堵の胸をなでおろした。それから、大分城址・臼杵城址・日出城址及び鬼門櫓を探訪して竹田市内に泊った。

城史

慶長六年（一六〇一）、豊臣秀吉の正室北政所の実兄木下家定の三男木下延俊は、備中国より日出藩三万石に封じられた。同年別府湾を臨む崖上を城地として築城に取り掛り、翌慶長七年には、ほぼ完成したと伝えられている。延俊の妻の兄は、豊前国小倉城主細川忠興であったので、忠興の多大な経済的配慮や、築城工事に家臣の石垣師穴生（あのう）理衛門を派遣して従事させるなどの後援により、小藩にしては稀にみる優れた縄張の日出城が完成した。

木下俊治の二代藩主襲封に際し、弟延次（延由）に五〇〇〇石を分知して立石領が生れ、本藩は二万五〇〇〇石となった。以後、俊長・俊量（としかず）・俊在（としあり）・長保・長監（ながてる）・俊能（としよし）・俊泰・俊胤・俊懋（としまさ）・俊良・俊敦・俊方・俊程（としのり）・俊愿（としまさ）と襲封され明治維新に至った。

明治の廃城令で日出城は廃城となり、明治六年（一八七三）、現在の日出小学校の前進である暘谷（ようこく）学舎が本丸に開校された。同七年二月城郭の建物を払下げ、天守以下大部分の建物は取り壊された。本丸の望海楼（久頓櫓）は、日出小学校の教室として大正一〇年（一九二一）まで遺存していた。同城鬼門櫓は大正一〇年に民家に移築された。昭和二二年（一九四七）日出中学校が東二ノ丸に開校された。そして昭和二六年（一九五一）旧藩校致道館が西二ノ丸に移築復元された。

現在、城址の本丸は日出小学校敷地、東二ノ丸は日出中学校敷地となり、西二ノ丸には県指定史蹟の藩校致道館が保存されている。天守台・石塁・空堀・石塀（蒲鉾塀）が現存し、鬼門櫓・裏門櫓が民家へ移築されて遺存している。

規模・構造

日出城は、南面を別府湾に接する崖上に築かれた城で、東側と南側は二〇数ｍの海蝕崖である。そして、北側と西側が平坦な陸続きであり、梯郭式縄張の平山城である。本丸は、東西約五八m・南北約一〇九mあり、北・東・西の三方に堀を廻らし、南東部天守下には、船入があった。本丸の三方を侍屋敷である二ノ丸が囲み、東方に三ノ丸を設けた。そして、北側から東北部にかけて総郭が廻らされていた。

本丸はL字形をなし、大手門は本丸の西北部に東面していた。その西に月見櫓があり、本丸の東北隅は鬼門除の入隅となっていて、初層・二層と石垣の東北隅を欠く鬼門櫓があった。鬼門櫓の南に搦手門、さらに南に裏門櫓、そして本丸南東部には、附櫓を伴う三層の層塔式天守があった。外観は下見板張、一階は南北七間半・東西八間二尺、二階は四間×五間、三階は三間×四間で、この天守の西側に四間半×四間半の附櫓があった。装飾的な破風のない天守は、後に細川忠興が築いた豊前小倉城天守に共通する。天守の西には二重櫓の望海楼（望海櫓）があった。この櫓の一重目は本丸に上る通路の城門の役割をし、また櫓の床下からは狭い犬走りに出られるようになっていた。櫓の二重目からは渡櫓で直接本丸に入れるようになっていた。海手方面への非常口として、櫓と門を兼ね備えた特異な構造であった。なお、月見櫓は二層で、大手南方には多聞櫓があり、本丸には居館が営まれた。

二ノ丸には、外大手門・中門・三ノ丸に口門があった。は八日市口門・三ノ丸口門・浜口門・藤原

日出城は小規模ではあるが、近世の城と城下町が一体となって整備され、特に海上交通を重要視して、総構のうちに日出港を取り入れた海城的要素の濃い城であった。

日出藩と立石領

英雄不死伝説というものがある。滅び去った者への憐憫《れんびん》の情、弱者へのいたわりが、体制への反感とあいまって、日本では判官贔屓という形で現れている。源為朝・源義経・護良親王・明智光秀・石田三成・豊臣秀頼・真田幸村・西郷隆盛等、時の正史による場所では死去せず、それぞれ逃避したとされ、各地に様々な伝承・伝説を遺している。この中でも、源義経や西郷隆盛のようにその信憑性が極めて低い生存伝説や、明智光秀・石田三成・豊臣秀頼のように、現地に遺る伝説・墓碑等や地元郷土史家の研究書などを読むと、むしろこちらの方が妥当ではないかと思われる極めて説得力のあるものもある。

日出藩二代木下俊治の弟木下延由は、日出藩三万石のうち五〇〇〇石を分けてもらって立石に陣屋を構えた。速見郡山香町（やまがまち）立石、現在のJR日豊本線立石駅の西方一体の地で、〝御屋敷〟と呼ばれる所である。木下家は、豊臣秀吉の正室於ねの実家杉原家で、杉原家定の三男延俊が木下姓を名乗って日出藩主となった。木下延俊が江戸で没する時、延由に一万石を分封せよと遺言したが、家老の長沢市之丞は、君命に背き独断で五〇〇〇石としたもので、後にその責任をとって自刃している。わずか三万石の所領のうち一万石を与えるというのは日出藩にとって大事変であっただろう。しかしそれには重大な理由があった。

日出藩主に代々〝一子相伝〟という形で語り継がれたところによると、元和元年（一六一五）の大坂落城の時、豊臣秀頼はその子国松と共に薩摩に逃れ、伊集院に匿われたといわれる。しばらくして国松は豊

臣縁故の日出藩で養育され、やがて木下家系図の中に加えられ、俊治の弟延由になったといわれる。山香町立石の菩提寺長流寺には、木下延由と殉死した家臣二人の墓があり、位牌も遺っている。位牌は高さ九三cm、黒漆塗で、上部には雲海状紋様の中に菱形の枠があり、その中に十文字が陽刻されている。法名は「江岸寺殿前擁庭月淵良照大居士」とあり、裏面には「明暦四戊戌稔七月六日木下縫殿助豊臣延由」と朱文字で陰刻されている。戊戌稔は、つちのえいぬのとしと読み、延由は、西暦一六五八年に没したことになる。立石木下家は旗本ながら大名に準じた扱いを受け、延由から一二代俊明まで続き明治維新を迎えた。現在陣屋址は北部中学校敷地となっているが、解説板すらない。

日出城鬼門櫓

『豊後国日出城（正保城絵図）』（内閣文庫蔵）は、正保三年頃（一六四六頃）作成されたものと伝えられ、日出城の本丸・二ノ丸・三ノ丸・町屋等が描かれていて、本丸には天守をはじめ、各櫓・殿舎が描かれている。そして、本丸東北隅には二重の鬼門櫓がみられ、縄張も東北隅が欠かれている。絵図にみられる鬼門櫓は略図であり、詳細については不明な部分もあるが、正保三年頃にはすでに櫓は存在していたものと考えられる。日出城の完成が慶長七年（一六〇二）であるから、当初まで遡れる可能性もある。

日出城の鬼門櫓の状況が鮮明になるのは、明治初期の古写真である。この写真は北西部から撮影したもので、櫓は入母屋造・二重の隅櫓である。立面的には隅櫓の北面と西面が表れている。北面は、一階に二つの窓がみられ、突上窓で壁は下見板張である。二階は窓が中央部にみられ、突上窓が閉り、壁は下見板張で、屋根は入母屋造の妻が見えている。西面は、一階に二つの格子附突上窓、二階はやや北側に突上窓が閉られている。壁は一・二階共下見板張、屋根は入母屋造の平側が見えている。また、東北隅の屋根については、南西隅と較べて短くなっているから、現在同様、欠かれていたものと思われる。

日出城は、明治四年（一八七一）七月廃藩置県と共に国有となり、翌五年学制頒布に伴い、本丸御殿を校舎に転用して、明治六年暘谷学舎が設立された。その後本丸周辺の天守をはじめ、二門が大分県令森下景端によって競売に附せられた。この時山村羊太郎氏は、鬼門櫓他三棟を七九円五〇銭にて落札した。その後、鬼門櫓は山村氏より南喜平の所有になった。明治六年に設立された暘谷学舎は、大正九年（一九二〇）改築に着手した。この時、敷地拡張を行い本丸周辺の高さ二間、幅三間半～四間半の土居をはじめ、各櫓も取り壊されることになった。そこで、大正一〇年に鬼門櫓は中村貢氏が買取って下仁王へ、裏門櫓は徳永氏が買取り二ノ丸へ移築することになった。現在、下仁王の中村氏所有の鬼門櫓に棟札が現存する。この棟札によると、大正一〇年六月一日に移築が行われ、この隅櫓が当時は岳陽楼と呼称されていたことがわかる。さらに、移築に当っては、江戸時代からの日出藩の作事方、高橋家が大工棟梁、青柳家が石工・左官を勤めるなど、本格的な作業であったことが知られる。

下仁王の中村家へ移築された後の鬼門櫓について、『日出圖跡考』に辻治六の実測図が描かれている。この実測図は、正面図・側面図・平面図・窓の構造の四図からなるものである。略図的な部分もあるが、当時の状況を知る上で貴重なものである。正面図は、屋根が入母屋造の妻に描かれ、一階に入口が無く、二つの格子附の窓が描かれているから、中村家へ移築された後の北立面図と考えられる。側面図は、一階に二つの格子附窓・蔀板が描かれ、二階には二つの格子附窓が描かれている。日出城に存在していた頃の鬼門櫓、また中村家へ移築された後の櫓の二階東側は、中央やや北側に一つだけの格子附窓であったから、この側面図は西立面図と考えられる。これら、北・西立面図で、東北部すなわち、鬼門に当る屋根が略図として描かれている。平面図は正面四間、側面四間で、南側中央に入口を設け、東北隅が欠かれている。内部は中央部が土間になり、東・西側部が幅三尺、高さ一尺の板敷、北側部が幅一間、高さ二尺の板敷が設けられ、南西部に梯子段がみられる。これらの実測図は、大正一〇年日出城から下仁王の中村家へ移築された当時の鬼門櫓の状況を表しているものと考えられる。

　熊本大学工学部の北野隆教授が昭和六三年（一九八八）にこの鬼門櫓を調査され、その詳細な報告書が存在する。

　大正一〇年、下仁王の中村家へ移築された鬼門櫓はその後住宅などに使われた。北野教授らが調査された時は、既に空家になっていた。平面については一階は四間×四間（一間＝六尺五寸）からなり、東北部が欠かれている。入口は南側の左寄りに設けられ、二間×二間の四部屋に分けられている。南側の西部屋は土間と階段で、東部屋は台所関係、北側の西部屋は寝室、東部屋は居間に使われていたようである。このように住宅に使用されたため、床を設け、天井が張られ、格子附突上窓など若干変更されてはいるが、基本的な構造部はそのままである。

　二階は三間×三間の一部屋からなり、東北部が欠かれている。そして、南西部に階段を設け、西側に格子附突上窓、北・東側に二つの格子附突上窓、南側に二つの雨戸附障子窓が設けられている。二階は一階に較べ、窓台・格子など失われたものもあるが、一般的に改造は少ない。

　立面については、東・西・南・北共、壁が土の下地で、下見板張・上塗が剝がれている。南立面は、この建物の正面で、一階中央左寄りの入口、左右に格子窓が設けられている。入口に設けられているガラス戸は後のもので、本来は大戸であったといわれる。また、格子窓は突上戸がみられず、窓の高さも変更されているものと考えられる。二階は中央部に雨戸附障子がみられ、当初の形態を保っている。北立面は、一階には窓が無く、二階中央部に突上戸がみられる。東立面は、一階に二つの格子附突上窓、二階は中央部に二つの格子附突上窓がみられる。西立面は、一・二階共に格子附突上窓が一つ設けられている。このように、平面・立面について基本的構造は変わっていないが、窓の位置の変更、突上戸・格子などの腐食、瓦の破損など保存状態は悪く、早急な対策が必要と思われる。

　以上のように、北野教授の「日出城隅櫓（鬼門櫓）調査報告書」に記述されている。

　日出城鬼門櫓の外観は、本瓦葺・入母屋造・二重二階櫓で、鬼瓦・鳥衾《とりぶすま》・鐙《あぶみ》瓦は、木下氏家紋抱沢瀉（だきおもだか）で統一されている。沢瀉は、オモダカ科の多年草草木である。繁茂する勢いのいい強い草で、葉の形が武具の鏃形になっていたので、武運とつながるため武士に好まれ、その紋章は、江戸時代大名一一氏・旗本百余家が使用した。懸魚は梅鉢である。

平面規模は一階＝七・九八九m×七・九五四m、（二階＝五・九三九m×五・九五九m、内部一階東北隅、一・二四m、同二階〇・六mである。棟高は、建物下辺から大棟まで約九・三m、下層軒高（この場合建物下辺から軒先鐙瓦付近まで）約三・三m、同上層軒高約六・六m、軒の出（この場合、壁面と軒先までの水平距離）〇・九m、内部二階床から棟札までの高さは、約五・四m、同二階床から小屋梁中心部までの高さは三・二〇m、一軒疎垂木で、内部の柱は一八㎝角～二四㎝角、連子窓の一つを計測すると、縦九六㎝、横一三六㎝、連子子は五本である。

この建物を買い取りたいという人もいたらしいが、金銭面で折り合いがつかず、現在は廃屋として放置されている。眼を覆いたくなるような老朽化ぶりに沈痛の思いで、城址に向った。

日出城裏門櫓

日出城裏門櫓についても北野研究室の「日出町街並調査報告書」の中にその記載がある。

日出城は、明治六年（一八七三）から、城の東北隅にあった鬼門櫓を遺して取り壊された。裏門櫓は、明治八年、二ノ丸に住んでいた徳永氏が同家の門の東側に移築された。その後今永氏に所有は変わっているが、現在も空家で遺されている。住宅として使用されていたため、現在は北側に台所・東側に縁が増築されているが、城内に存在していた当時の裏門櫓は基本的には破壊されておらず、復元も可能である。それによると梁間方向は二間（柱間）で、一間は八尺であり、桁行方向は四間（柱間）で、一間は五尺六寸の入母屋造・本瓦葺の平櫓であったことがわかる。

日出城裏門櫓の現況規模は、外法平面規模約六・七m×四・六五m、高さ一・四三mの石垣上に立地し、建物下辺から大棟までの軒高は、約五・四m、同軒高約三m、軒の出（この場合壁面と軒先までの水平距離）〇・七五m、縦板張の高さ二・一m、板張上部は漆喰塗真壁造である。建物南面右手に高さ一・二m、幅四・二m、奥行二五㎝の格子出窓がある。本瓦葺で西側の棟に鬼面鬼瓦を載せ、鳥衾は巴紋である。東側の棟も鬼面鬼瓦が載っているが、鳥衾は沢瀉紋である。鐙瓦は巴紋と沢瀉紋混用である。東西共妻に懸魚を欠く。

裏門櫓の復元外観は下見板張の本瓦葺平櫓で、平面規模は、桁行約六・八m、梁行五・一mである。

鬼門考

鬼門とは陰陽道で鬼が出入りするといって、万事に忌み嫌う方角で、東北即ち、艮（うしとら）の称である。鬼方ともいう。鬼門除けは、災難を除き避けるために鬼門の方角に神仏を祀るなどすることである。丑寅除けともいう。

陰陽道とは何かというと、北極と南極を結ぶ経線を子午線ともいうが、子午は十二支のネズミとウマを指す。それは、子が方位では真北を指し、午は真南を指すことに由来する。十二支は古代中国では元来月名として用いられた。それが後に、世界を木火土金水の五行で説明する五行説と結びついた。五行では、冬＝方位の北は水によって表される。そこで子は水に配当された。同じく、夏・方位の南は火に配当されるから十二支の午も火に配当された。これを時間に当てはめると、子は真夜中の〇時、午は真昼の一二時にふさわしいという考えも生まれた。

古代中国ではこのようにして、神々を含む森羅万象が陰陽五行によって説明でき、さらには、その意味・働き・未来まで読むことができると考えた。この思想が六世紀に朝鮮半島を経由して日本に入ってきた。ここから生まれたのが陰陽道である。陰陽道の思想の核は古代天文術と易及び五行論にあった。それらは、当時の日本には存在しない極めて高度で先進的な思想体系であったため、天皇家では早速これを取り入れた。ただしその受容の仕方は、大陸でのそれとはかなり様相が異なっていた。大陸では、陰陽五行理論が、単に占術・呪術に用いられたわけではなく、自然科学分野や博物学・哲学・医学などの諸分野でも主要な理論として用いられた。しかし日本では、それらの学問自体が未発達であったこともあり、また、陰陽五行説が仏教僧侶や道教とともに日本に流入してきた関係もあって占術・呪術的方面での活用が中心となった。

日本での古代陰陽道は、大きくいうと占筮（せんぜい）と天文・暦道の二本の柱から成り立っていた。古代の天文とは、実在の星を陰陽五行に還元し、その動きの意味・吉凶を探る占い及び星を祀って災異を鎮め、福を招く呪術の一種であった。また、暦とは時間に移写された陰陽五行説にほかならなかった。陰陽五行説では、時間は一様かつ直線的に流れる没個性の時の流れではなく、日々刻々、陰陽と五行を入れ替えながら、一定の周期で循環する個性を持った時の流れとしてとらえられた。古代陰陽道ではすでに易という完成した体系を持つ占筮に較べ、完成した体系を持たない天文は、大陸からの影響や時代とともに大きく変遷していって、いわゆる星の宗教というものが形成されていった。

天の動きは、地上にも影響を与える。星々に凶相が現れれば、方位をも左右し、人々はこれに縛られ、吉の方角を模索した。特に鬼や死霊が出入りする東北方向は、艮の鬼門と称され、呪術的作法によって封じねばならない忌み嫌われた方角だった。古代中国の風水理論をもって、陰陽道の担い手の陰陽師（おんみょうじ）たちは、この凶方の魔を封殺し、天皇と国家を守ろうとしていたのである。

陰陽道は現代にも生きている。私達の身近なところでは人相・家相・墓相等の占いがある。家相でいうなら、家の東北隅は出張ってはいけない、同じくトイレを造ってはいけない、南東隅の台所はよろしくない、等である。また、良い墓相とは、小高い南向きの陽のよくあたる斜面に白い石で墓碑を建て、家名のみを刻むのが良い、墓所への入口は南東方向が良い、等である。陰陽道を源流とする暦道の六曜（六輝）がある。先勝（せんしょう）・友引・先負（せんぷ）・仏滅・大安・赤口（しゃっく）である。結婚式は大安の日がよろしい、葬儀には友引の日は避ける等、これらは私達の日常生活に深く浸透している。

陰陽道の根幹は、陰陽説・五行説・十干

十二支・八卦と考えられる。易に由来する陰陽説と、世界を木火土金水の五行で説明する五行説は、それぞれ別個に成立・発展した。まず陰陽説は、森羅万象の状態を表す概念で、上昇的・能動的・攻撃的なものを、《陽》、受動的・防衛的なものを、《陰》と呼ぶ。陽は吉を表し、太陽・男性・数字の奇数などは陽である。陰は凶を示し、月・女性・偶数などは陰である。また、庭に植える樹木も陰木は植えないほうがよいとされる。陽木はその数は多いが、陰木には、バショウ・シュロ・ソテツ・ボケ・ナシ・サルスベリ・ヤナギ・ザクロ・モミ・イチジク・ムクゲ・ブドウ・クス等があり、これらは家の庭に植えてはよくない樹木とされている。

次に五行説であるが、これは、元来は万象を五つのグループに範疇化するために用いられた概念であったが、陰陽思想と一体化して後には、万物を成り立たせている気の五つの様態、というように理解が変化していった。すなわち、空間を表す場合には、木＝東、火＝南、金＝西、水＝北に配当され、中央が土になる。時間を表す場合には、木＝春・朝、火＝夏・昼、金＝秋・夕方、水＝冬・夜に配当され、土はいずれの季節にもまんべんなく含まれると位置付けられる。

五行は、天に由来する五つの徳に配当される。仁・礼・信・義・智でこれを五徳という。また、五行の五色は、世界を象徴的に表すシンボルとして最も多く用いられたもので、現在でも相撲における櫓の四方の房の色、東の青房・西の白房・南の赤房・北の黒房として用いられ、中央の黄色は土である土俵によって表現されている。またこの五色のうち、中央を除く四色に神獣を配当したものが、東の蒼龍（そうりゅう）・西の白虎・南の朱雀（すざく）・北の玄武の四禽（四神）でありこれに中央の黄龍（おうりゅう）を加えたものが五神である。運命や方位を司る原理の陰陽五行説は、実際の占いにおいては、五行は十干（じゅっかん）すなわち、甲（きのえ）・乙（きのと）・丙（ひのえ）・丁（ひのと）・戊（つちのえ）・己（つちのと）・庚（かのえ）・辛（かのと）・壬（みずのえ）・癸（みずのと）と、十二支の、子・丑・寅・卯・辰・巳・午・未・申・酉・戌・亥、に変遷されて用いられている。さらに十干十二支の組み合わせである六十干支によって、五行同士の複雑な相互関係が読み取られていく。その上に、二十八宿・七曜・九曜・十二神将・八卦などが加わり極めて複雑な様相を呈してくる。

八卦（はっか・はっけ）とは、自然界・人事界・百般の現象を、陽爻（ようこう）・陰爻（いんこう）を重ねて、八種類の象（かたち）で表すものである。爻（こう）とは易の卦を表す横画で、乾（けん）・兌（だ）・離（り）・震（しん）・巽（そん）・坎（かん）・艮（ごん）・坤（こん）の八種が横画で表される。空間でいえば、東西南北と中央の五方は五行で説明されより細分化された八方位は八卦によって説明された。

古代律令体制化で、陰陽師が属していた官庁を陰陽寮（おんみょうりょう）という。陰陽道の担い手である陰陽師には、良い土地をさがす相地（そうち）と占筮（せんぜい）という二つの職務があったとされ、二つは相関している。陰陽師は、奈良・平安時代には時には天皇まで動かす国家専属の官僚占術師であった。当時の人々は陰陽師が未来を読み、天命を読み、鬼神天神と通じて、時には死者までも蘇らすような超越的な力を持っているものと想像してこれを畏怖した。現代でもそうであるが、当時の人々がいかに陰陽師に束縛されていたかを表しているのに、方違え（かたたがえ）・物忌み（ものいみ）などがある。古代陰陽師において恐れられた方位は、大将軍・大白神（たいはくじん）・天一神（てんいつじん）・金神（こんじん）といった星神（ほしがみ）が蟠するとされる方角でこれらの神々は遊行した。だから、これらの神々のいる方角を避けて諸事に対処したのが方違えである。

戦国時代になると、この考え方は陰陽師の手を離れ各地の武将のもとで、兵法の一つの流れをなすようになった。陰陽道における物忌みとは、悪夢をみるとか、凶兆とされる妖変がみられたとか、あるいは、陰陽師の占いによって凶事が予知された場合に、一定の期間を定めて外出をひかえ、同時に「物忌」と書きつけた柳の枝の小片や紙片を、しのぶ草という植物の茎に結いつけ、冠や髪、御簾（みす）などに差して、凶意を避けた呪法のことである。

陰陽師の職務の相地は四神相応の地とされた。四神とは、四方から降りかかる悪災を鎮め守護するといわれる中国漢代の四方の神獣である。東の蒼龍（青龍）龍・青、西は白虎・虎・白、南は朱雀・鳳凰・赤、北は玄武・亀と蛇の合体した神獣・黒、これらが、四神とその方位を表す色である。現代の方位学の基となった中国の古書に、「人宅左（東）に流れある之を青龍という。前右（西）に長道ある之を白虎という。後（北）（南）に池ある之を朱雀という。……」に丘陵ある之を玄武という。

桓武天皇が延暦一三年（七九四）に造営した平安京は、東京遷都の明治元年（一八六八）までの一〇〇〇年以上、日本の皇都として存続した。世界史上類例が無いとされている。すなわち、平安京の東には鴨川、西に山陽道、南には今は無いが巨椋池（おぐらいけ）北に船岡山、まさに四神相応の地で永く皇都とならしめた由縁である。さらに、平安京の鬼門鎮護として比叡山に延暦寺を置いている。

徳川家康は陰陽道を存分に活用し江戸城を築いた。江戸城の東には平川、西に東海道、南に江戸湾、北には麹町台地、そして、平安京に倣った上野の東叡山寛永寺、共に四神相応の地に立地したこの二大都市は、現在に至るまで繁栄し続けている。

鬼門である東北隅は、北の陰から東の陽に転じる急所で危機がはらまれているといわれ、方位学上最も重要視された。東北・艮・表鬼門、東南・巽・風門、南西・坤・裏鬼門、北西・乾・天門、南西の裏鬼門は、鬼門と共に忌み嫌われた。鬼門に祀られている神は艮の金神といって、陰陽道が生み出した最も恐るべき方位神で、すさまじいばかりの、エネルギーを持ち、その方位を侵すと、金神七殺（こんじんひちせつ）といって家族七人が殺されると強く信じられた。

陰陽を基本とした一種の地相学が風水思想で、大阪大学大学院の黄永融氏は、その修士論文に、平安京での四神相応、日本における鬼門説など様様な疑問を投げかけておられる。

城郭における鬼門除けは多くみられる。城の縄張の東北隅を欠いたり、城郭の東北方向に社を祀り、寺院を置いたりした。各地にその遺構例は多いが、それが顕著に見られるのは、上田城と鹿児島城である。上田城の場合は本丸土塁、同じく鹿児島城は本丸石垣の東北隅が欠かれている。

日出城は、本丸東北隅を入角とし、石垣と建物の東北角を欠いた鬼門櫓を置き、さらに裏鬼門も入角として人柱をたて、城下東北方向に祈祷寺蓮華寺を置いて徹底して鬼門調伏に心を砕いている。

こういった深遠な陰陽思想の所産である鬼門櫓が朽ち果てようとしているのは、痛恨の極みである。

日出城鬼門櫓東北面

日出城裏門櫓西南面

木下延由（のぶよし・延次・国松ともいわれている）
位牌　大分県速見郡山香町立石長流寺

日出城鬼門櫓内部東北隅詳細

第二章　探訪

佐賀城鯱の門及び続櫓

はじめに

「また来たよ…」、そうつぶやいて石垣や門扉に触れてみる。そこには初めての探訪からすでに、二〇余年の時の流れがあった。過ぎ去りし日々が走馬灯のように浮かぶ。何処までも訪ねて歩く人間の遠い道に立ち止まり振り返れば、いつしかひとりぼっちになっていた。まだ、今はいい…。あの子の笑顔があるうちは…。あの子の笑顔が見えなくなったら俺は本当にひとりぼっちになってしまう…。さつきの花が咲いている。家の庭を想う。草花をこよなく愛した優しい母だった。いまこの世にいたら、その前に座って頭をなでてもらいたい。男というものは幾つになってもそんな思いを持っているものである。余人は知らず、俺はいつでも女性に母の面影を探している。

巨大な櫓門を振り仰ぐ。佐賀平野の空はどこまでも青い。

（平成七年・さつき咲く佐賀城址にて）

佐賀市は佐賀県の南東部に位置し、県庁所在地で、北の脊振（せふり）山地から南の有明海まで、市域は地味肥沃な佐賀平野からなっている。

戦国時代、この地に五州（肥前・肥後・筑前・筑後・豊前）二島（壱岐・対馬）の太守、龍造寺隆信が出て島津氏・大友氏と並び九州の三豪と称された。天正一二年（一五八四）の龍造寺隆信敗死により、統治の実権は家臣鍋島直茂に移った。幕藩体制下、佐賀市の中心部は、佐賀鍋島藩三五万七〇〇〇石の城下町として繁栄した。鍋島氏は治水・干拓事業に力を注ぎ、領内一〇〇箇所近いところで、土木工事を行った。

江戸末期には、賢候の鍋島直正（閑叟・かんそう）が出て軍制改革を断行して、薩摩・長州をしのぐ軍事力を保持し、薩摩・長州・土佐・肥前の、いわゆる薩・長・土・肥と呼ばれた明治維新達成における中心的存在藩の一翼を担った。

明治七年（一八七四）、新政府の方針に不満な士族達が江藤新平を首魁に仰ぎ、佐賀城にいた県令岩村高俊を襲った佐賀の乱が勃発し、佐賀城における最初で最後の近代戦となり、現在でも鯱の門の門扉には、この時の戦闘を物語る大小一三個ほどの弾痕がある。

佐賀は堀端の楠の緑が美しい静かな城下町である。

城史

佐賀平野の真ん中、佐賀城の地に最初に城が築かれたのは、鎌倉時代の初めであった。鎮西八郎源為朝が九州で猛威をふるっていた時、鎮西平定のために遣わされた五人の監使の一人が藤原季清で、九州に下り佐嘉郡に来て、龍造寺村に居を定めた。その後裔の藤原季家は、文治元年（一一八五）の壇ノ浦合戦で平家が滅亡した際、残党を征伐してその功績により同年、源頼朝から龍造寺村の地頭職に任じられた。そして姓を龍造寺とし、村中城を築いた。龍造寺氏は、弘安四年（一二八一）の蒙古襲来には従軍して手柄をたて領土を拡大し、室町時代にもその勢力を伸張した。時の当主龍造寺康家は、長男は出家したので次男の家和を総領として、自分は四男の家兼を連れて槇村に隠退した。家兼はやがて槇村に水ケ江城を築いて、村中城の支城とした。水ケ江龍造寺氏は、着々と勢力を伸ばしていったが、これを喜ばない馬場頼周（よりちか）という部将が、家兼を欺いて水ケ江城を襲い、水ケ江龍造寺氏の柱石だった人々を殺害してしまった。家兼はまもなく水ケ江城を回復して、仇の馬場頼周を討ち取ることができた。村中龍造寺氏も水ケ江龍造寺氏も跡嗣が無く家兼は卒去に臨み、村中龍造寺氏の後継者には、一族で仏門に入っていた長法師丸を指名した。後の龍造寺隆信で、反乱軍の討伐、大友軍との対陣、有馬・松浦・後藤の諸氏攻め等、戦いにつぐ戦いの人生を歩み、五州二島の太守として武威を九州にはり、一代の梟雄《きょうゆう》といわれた。龍造寺隆信は、天正一二年（一五八四）五万七〇〇〇の大軍を率いながら、約八〇〇〇の島津家久・有馬晴信の連合軍と島原で戦い、沖田畷に敗れて落命した。隆信の嗣子政家は隆信が死去した時一八歳になっていたが、国事を自ら裁定しかねて隆信が以前攻略した柳川城から鍋島直茂を呼び寄せ、国政を執らせた。天正一五年（一五八七）豊臣秀吉が島津氏を征伐する際、政家も三万の兵を率いて参陣したが、秀吉に遅参を咎められ、肥前一国のみを与えられ、他領は没収された。政家は御礼のために上坂したが病気になったので隠居することに決し、一族・重臣達と善後策を相談した。

「勇気あって常に短刀をたずさふ」と鍋島家の記録が伝える慶誾尼（けいぎんに）は、龍造寺家の隆盛と鍋島家の創設の親ともいうべき豪快な女性であった。龍造寺宗家胤久（たねひさ）の兄である胤和の娘慶誾尼は、分家である水ヶ江家の周家（ちかいえ）に嫁ぎ隆信を生んだ。夫周家は天文一四年（一五四五）戦場にて死去し、彼女は髪を落として三七歳で尼となった。若年の龍造寺隆信が家督を継いだが、これを喜ばない者もいて、龍造寺家は極めて不安定だった。わが子に良き後ろ盾の必要性を考え、鍋島清房の子、直茂に目をつけた。そしてもし、二人が兄弟の縁に結ばれればこれほど心強いことはないと考えた。清房は七年前に妻を亡くしていた。弘治二年（一五五六）春、清房のもとを訪れ、良い嫁を紹介して進ぜる、と告げた。吉日を選んで送られてきた花嫁を見て、清房は腰を抜かさんばかりに驚く。花嫁は四八歳の慶誾尼その人であったからである。「慶誾様の押しかけ嫁入り」として、佐賀では後々まで語り種となった。主君の母の奇計に、清房は拒むこともできずこの押しかけ女房をやむなく妻に迎えた。これにより隆信と直茂は兄弟となった。直茂は慈悲深い男だったが、一旦戦場に出ると豪快な働きをし、政治にも手腕を発揮した。

大友宗麟は、急激に勢力を伸ばしてきた龍造寺氏を討とうと六万の兵を佐賀に差し向けた。籠城の龍造寺軍は三〇〇〇であった。勝ち目はないと覚悟した直茂は小勢で夜襲をかけ、敵将大友親貞の首級を挙げるしか龍造寺家の生き残る道はないと隆信に献策した。この時、すでに六〇歳を過ぎていた慶誾尼は軍評定の席に顔を出して、鍋島直茂の策を支持し、将士を叱咤激励した。直茂は見事に夜襲に成功して、敵将大友親貞の首級をとり、奇蹟の勝利をつかんだ。世に名高い今山の戦である。

慶誾尼は老いてなお元気で、豊臣秀吉が母の病気のため、名護屋城から上方へ帰る時、また戻る時、その一行のために戸板の上に飯を固く握り、土器に盛り並べて道端に出した。秀吉はその心配りにたいそう喜んだと伝えられている。

慶誾尼は、息子隆信が有馬・島津連合軍に不覚にも敗れ落命すると、孫の政家の器量をみて後継者の資格なしと判断する。そして鍋島直茂に家督を継がせ、鍋島藩は慶誾尼によって生れたともいえるのである。

龍造寺政家は隠居し、鍋島氏が龍造寺氏の後を継いで村中城主となった。

鍋島氏の先祖についての詳細は不明である。少弐氏の一族とも藤原姓高木氏などともいわれている。一説によると、佐々木伊勢守藤原経秀が、山城国長岡ノ庄から肥前に下向して佐嘉郡の鍋島に住み、鍋島をもって姓となした、と伝えられている。その後龍造寺氏と縁戚となり、鍋島氏は、有能且つ有力な重臣として主君によく仕えた。

鍋島清房は、龍造寺家出身の妻との間に四子をもうけ、その次子が豊臣秀吉から、小早川隆景・直江兼続とともに日本三智将と称賛された鍋島直茂である。天文二二年（一五五三）、一六歳で蓮池城攻撃の初陣以来、龍造寺隆信の帷幕に参画しては、よき謀将となり、戦闘においては第一線に立つ勇将として、よくその責務を全うし、智勇兼備の名将の誉が高かった。

鍋島直茂は、永禄一二年から翌元亀元年（一五六九～七〇）における大友宗麟との対戦の際には、籠城策を退け、九州戦国史を彩る今山の夜襲戦を断行して、龍造寺氏の基礎の確立に尽力した。天正一二年（一五八四）、龍造寺隆信の島原出陣に際し、直茂は諫めて自重を促したが、隆信は聞き入れず出陣した。この時、直茂も従軍して右翼隊の将となっていたが、隆信敗死報を聞くと思うところがあって、柳川城へ引き揚げてしまった。そして、鍋島直茂は龍造寺氏に替って肥前の覇者として抬頭して行く。

佐賀城は、龍造寺氏の村中城を基礎として、それに水ケ江城の一部を取り入れて拡張し、鍋島直茂・勝茂父子によって築かれた。工事は天正一三年頃（一五八五頃）から始められた。直茂の父清房がまず土居や大堀の工事を実施し、慶長六年頃（一六〇一頃）には総曲輪が拡張され、そして本丸台所の建築が開始されこれは同八年に完成し、慶長一二年（一六〇七）西ノ丸の隅櫓等の建設に着手し、牛島口・多布施・神野（こうの）・八戸（やえ）の曲輪の普請が行われた。翌一三年は、城まわりの四方の堀が領内の農民を総動員して造られた。そのうち北の堀の東方は、筑前黒田藩の人夫の加勢を得て掘られた。福岡城には肥前堀という名のある堀があったが、これは福岡築城の時、佐賀から加勢に行った人夫が築いたものである。この度は、黒田氏がその時の返礼として、人夫を遣した。筑前堀の名称の由来である。家中屋敷・町小路も設けられ、慶長一四年（一六〇九）には五重の天守が完成し、同一六年には、佐賀城は一応完成した。

慶長年間（一五九六～一六一四）の中頃までは、鍋島氏が龍造寺氏から政権を一時預かっているという意識が家中にも強く、佐賀城もまた龍造寺城と呼ばれていた。そこで、鍋島直茂・勝茂父子は、佐賀城の東方五㎞程の地にある蓮池城（はすのいけじょう）を自らの固有の本拠として熱心に整備を続けていた。ところが元和元年（一六一五）の「一国一城令」で、佐賀城以外の城は破却しなければならなくなり、蓮池城もこの時、建物を解体して佐賀城に移築している。その頃の蓮池城には天守が存在していたらしく、最初の天守は豊臣秀吉の名護屋築城に際して、大手櫓として移築され、二代目の天守も廃城の時に佐賀城に移されたという記録がある。

築城の頃、佐賀城三ノ丸には藩祖鍋島直茂夫妻が住み、勝茂は二ノ丸に居住の予定で、肝心の本丸は居住者未定となっていたが、龍造寺氏の嫡流高房は慶長一二年までは存命で、本丸は当初高房が佐賀城に在城した場合の居住地に予定されていたものと考えられている。しかし高房は同一二年に没した。

慶長一六年（一六一一）に鍋島勝茂が本丸に居を移して政務を執った。そして元和四年頃（一六一八頃）佐賀藩家中の主だった者を在郷から城下へ移動させ、次第に城下町の体裁は整っていった。城下町建設で特筆されることは、水路の整備である。元来佐賀城は有明海の自然陸化地に立地しているので、周りを縦横にクリークが取り巻き自然の要害になっていて、海上交通にも便利であった。また藩草創に藩士の成富兵庫助茂安は高度な技術により治水事業に大きな功績を残し、その一つの結果として佐賀城の堀の水は満々と湛えられた。

鍋島勝茂は、次男元茂・五男直澄・九男直朝をそれぞれ小城・蓮池・鹿島に封じ、三支藩をたてた。後に二代光茂の時に、佐賀藩の武家諸法度ともいうべき「三家格式」が制定され、この三支藩は、本藩の完全な統治下に置かれている。

鍋島藩の武士道の教養書『葉隠・はがくれ』〈佐賀藩士山本常朝口述・田代又左衛門陳基（つらもと）筆録〉の山本常朝は二代鍋島光茂に仕えたが、常朝は龍造寺・鍋島両家は一体のものであり、鍋島家は龍造寺家を引き継いだものという見解に立っていた。佐賀城は村中城を拡張して築かれたものであり、佐賀城のかつての村中城の地域には、龍造寺一統の後藤氏・諫早氏がそのまま居を占めていた。また、城内の中心で、本丸と同じ位の広い地域には、龍造寺一統の多久氏が居住していた。そのため藩士達からは、龍造寺氏ゆかりの人達は、城内に住んで政務を執る親族的存在と認識されていたようである。

三代藩主綱茂は、盛んに学問振興の政策をとった。

四代藩主吉茂は、砲術に関心が深く、「御火矢方役所」を設け、自ら「無地散」と称する強力な火力を持つ砲弾を発明したりした。その他、藩財政充実に努力したが、享保一一年（一七二六）三月には佐賀城が全焼し、参勤の延期を願い出る窮地に陥ってしまった。その後の藩主達は、財政難・自然災害に悩まされ続けた。

八代藩主治茂は、明和八～九年（一七七一～一七七二）に藩祖直茂を祭神とする松原神社を造営し、天明元年（一七八一）には藩校弘道館を創建している。これが幕末維新の際、佐賀藩から多数の人材を輩出させる基盤となった。

九代藩主斉直（なりなお）時代の文化五年（一八〇八）、イギリスの軍艦フェートン号が長崎港に侵入して、長崎警備にあたっていた佐賀藩は幕府からその不行き届きを咎められた。番所役人二名が切腹を申しつけられ、藩主斉直は謹慎を命ぜられた。一〇代藩主直正はこの事件を契機に発奮し、いち早く洋式軍備を取り入れた。これは、明治維新達成の軍事的推進力となった。

佐賀鍋島藩は藩祖直茂から初代勝茂・二代光茂・三代綱茂・四代吉茂・五代宗茂・六代宗教・七代重茂（しげもち）・八代治茂・九代斉直（なりなお）・一〇代直正・一一代直大（なおひろ）・と続いて明治維新を迎えた。

佐賀城は藩政時代に三度にわたって火災に遭った。享保一一年（一七二六）三月に片田江竪小路から出火し、二ノ丸・本丸・天守・三ノ丸を全焼した。その後本丸・天守を除いて再建されたが、天保六年（一八三五）五月に、また二ノ丸が焼失した。同九年には西ノ丸から出火している。

怪奇伝説

佐賀二代藩主鍋島光茂は、ある日、盲目の青年龍造寺又七郎を城中に招いて囲碁に興じていた。龍造寺氏は鍋島氏の主家に当るが当時は没落し、又七郎も客分として禄一〇〇〇石を与えられて、臣従していた。碁の名人である又七郎に光茂は敗北を重ね、激昂のあまりついに又七郎を斬殺してしまった。又七郎の母は、わが子の死を嘆き、悲しみと怒りをかたわらの飼い猫に語って自殺する。流れる老婆の血をなめ尽くした怪猫はいずこともなく姿を隠した。そして城内に忍び込み藩主夫人に化けて、夜ごと光茂を苦しめた。忠臣小森平左衛門と伊藤惣太（そうた）が協力して苦心の末、怪猫を退治して鍋島家の安泰をはかった。これが、佐賀化け猫騒動の粗筋で、幕末になってから劇化されて人口に膾炙されるようになった。鍋島の化け猫騒動は講談の「佐賀の怪猫伝」・「佐賀の夜桜」などで語られ、また歌舞伎では鍋島藩からの抗議で中止されたものもあるが、「花野嵯峨猫魔稿」などで、さまざまに脚色され、広く演じられた。

豊臣秀吉が龍造寺氏を近世大名に取り立てたのが天正一五年（一五八七）で、わずか三年後に龍造寺政家は隠居を命じられ、肥前国は、政権は鍋島、家督は龍造寺という他に類のない分離支配態勢を布いた。この異質な政権交代劇は非常に珍しく、政権奪取でも純粋な下剋上でもない。しかしこの龍造寺氏の鍋島氏に対する怨念が、後に鍋島化け猫騒動伝説を引き起こすことになったのである。

龍造寺政家が隆信から家督を継いだが、領国支配の実権は鍋島氏の手中にあった。さらに秀吉は政家を隠居させて政家の子高房に家督を継がせ、直茂には引き続き政務を執らせた。

江戸時代になってからも、実権は鍋島氏に継承された。慶長一二年（一六〇七）鍋島藩二代勝茂の時、龍造寺高房は徳川二代将軍秀忠に仕えていた。そして、三月三日に高房は乱心して、江戸屋敷で徳川家康の養女で鍋島勝茂の妻であった女人を殺害し、自らも自殺を図った。しかし正式な咎めはなかった。高房は一命をとりとめたものの、佐賀には帰らず自殺同然に死亡し、一箇月後には父政家も死去して、龍造寺家の嫡流が絶えてしまった。しかしその恨みは高房の隠し子伯庵に引き継がれた。寛永一一年（一六三四）伯庵は徳川家光の上洛をねらって龍造寺家再興を願い出たが却下され、その身柄は会津藩に預けられた。三人で鍋島氏に改易の恐怖を与え続けたのである。ただし、幕末の藩主鍋島直大の姫君は、猫を大変可愛がっていたと伝えられている。

佐賀藩主鍋島直正・直大（なおひろ）

幕末佐賀藩の軍制改革を断行して薩摩・長州をしのぐ軍事力を保有し、廃藩置県を率先して提唱した閑叟（かんそう）直正と、その庭訓を受けた直大の開明性と進取の気象は幕末・明治維新に多大な足跡を遺した。

鍋島直正は、オランダ蒸気船に藩士を乗り込ませたり、オランダ改革派の宣教師を藩校弘道館に招くなど早くから西洋文化導入に努め、文久三年（一八六三）には一〇馬力の蒸気機関を搭載した凌風丸（りょうふうまる）を建造しているが、この船は日本人が造った最初の汽船であった。また、いち早くイギリスに注目し、兵器等もイギリス製が優れていることを見抜き、元治元年（一八六四）にはエンフィールド施錠銃を藩銃隊の主要銃に採用している。軍制についても足軽弓槍組を廃止して、すべて鉄砲組に改めるといった軍制改革を断行し、さらに幕府が長崎に海軍伝習所を開設すると、四八名にも及ぶ生徒を派遣して、後に佐賀藩独自の海軍を創設した。これは幕府海軍以外に、薩摩・長州も遠く及ばず、他に並ぶものがなかった。陸軍の野戦砲にいたっては、慶応三年（一八六七）、長崎運上所を通して在庫の大砲一三門全部を購入、その中には後に上野戦争で威力を発揮したアームストロング九ポンド砲五門、同六ポンド砲五門等も含まれ、小銃は約五〇〇〇挺を保有し、蘭癖大名と呼ばれていた直正は、近代的な国防国家を目指していたのであった。

文久元年（一八六一）、直正は家督を直大に譲って隠居し、閑叟と名乗った。しかし、藩の実権は握っていた。直正は、江藤新平についてはその能力を高く評価していた。西洋の倫理観を学んだ直正には、にわかに叫び出した薩摩・長州の尊皇倒幕の声が疎ましく思え、長崎警備の重責を理由に上洛を拒み慶応四年（一八六八）の鳥羽・伏見の戦にも派兵しなかった。そのほぼ一カ月後に藩主直大が藩兵を率いて上洛し、軍艦等を朝廷に献上して父直正に対する誤解を解き、直大は横浜裁判所副総監に任命され、幕府の外国への未納の残金処理・外交問題等、多難な職務に励んだ。上野戦争・戊辰戦役等で、薩摩・長州は徹底して佐賀藩兵を酷使した。

直正は王政復古を方便とした薩長の野心家達の策謀を看破し、いち早く江戸遷都と廃藩置県を唱えた。それを具体化したのが江藤新平で、大木喬任（おおきたかとう）と連名で岩倉具視に江戸遷都を進言した。ともかく、慶応四年は明治元年となり、江戸は東京となった。その後の版籍奉還は旧藩主を藩知事とし、封建制度を継続するものであった。また官制改革は西洋的な三権分立の制というよりは古代の律令制を準用したもので、その政治中枢のほとんどを薩長土三藩が掌握していた。直大は北海道の初代開拓長官に任じられたが、天皇護衛の兵である御親兵採択については、佐賀藩は完全に排斥された。これに反発した直正は、近代的な中央集権国家の建国策を江藤新平に示唆し、佐賀藩が率先して廃藩置県を行うように遺言して、明治四年（一八七一）一月に死去した。およそ六カ月後、薩長土いずれの藩主も考えの及ばなかった廃藩置県の勅書が公布された。冷徹に維新の先行きを見通した英邁な幕末維新最後の佐賀藩主鍋島直正・直大父子であった。

佐賀城の規模・構造

佐賀城は、南北約八五〇m・東西約九〇〇mの規模の輪郭式平城で、北が大手門となっていた。これは戦国時代に絶えず北方からの敵に脅威を受けた結果から北に備えるのが佐賀城の中心課題となった。

この城の縄張は独特で、城地は平城であるからだいたい四角形になっているのは首肯できるが、城郭の中枢部の、本丸・二ノ丸は城地の東南隅にあり、全体の五分の一程度で、孤立したような状態であった。その西に三ノ丸・西ノ丸が一列に並んでいた。

その他は、鍋島図書・鍋島主水・鍋島阿波・神代対馬・多久長門・鍋島十郎左衛門・諫早兵庫・鍋島頼母・鍋島隼人等の各屋敷地でまるで重臣達の城の感があった。鍋島氏の場合、中央集権が不充分なため、城郭が旧式な群郭から完全に脱皮できなかったのが遠因と考えられている。

本丸の規模は東西約一三〇m・南北約一二〇mで、五重の天守がその東北部にあった。現在天守台の法高を測定すると約九・三mあり、ここに福岡藩黒田氏の好意により高さ約三八mの、かなり大規模な五重の天守が建てられた。黒田長政の斡旋で豊前小倉城天守を建てた技術集団が佐賀城の天守をも建てたと考えられていて、佐賀城天守は小倉城天守を模したものとも伝えられているが、享保一一年（一七二六）に焼失してからは再建されなかった。本丸御殿は雄藩にふさわしく大規模なもので、玄関・式台・外御書院・大書院・能舞台・稽古所・小書院・御座間・御寝所・奥寝所・料理之間・台所等から成っていた。本丸北方には正門として鯱の門があり、幕末の二ノ丸には二ノ丸正門等があり主要な建物はなかった。

本丸の北と西側が石塁で、東と南側が土塁、二ノ丸・三ノ丸も土塁造で、一見しただけでは堅固な城郭とはいえないが、外堀の幅は、約六〇mから約九〇mもあり、現在も一部を除き満面と水を湛えている。元来佐賀の地はクリーク（溝渠）がよく発達している。さらに鍋島直茂は、特に重臣で土木・築城等に優れた技術を持っていて、後には領内の耕地開発と治水に多大な功績を遺した成富（しげとみ）兵庫助茂安に城堀の工事を一任し、茂安は一旦攻城された場合、本丸・天守の一部を除いて城及び、城下町が一大湖水になるように設計したと伝えられている。

築城に用いた石はすべて佐嘉郡川上から運んだと伝えられ、総数は大石で一〇〇万、小石四〇万荷あったといわれる。現在でも鯱の門付近の石垣にはいろいろな刻印が観られる。

本丸西の三ノ丸、同西ノ丸及び、各重臣達の屋敷地の間は縦横に堀が廻らされていた。城郭外周りは、北側約六三〇m、南側約七九〇m、東側約七〇〇m、西側約七二〇mという広大なものであった。

佐賀城は、本丸の西部と北部だけにしか石垣がなく、他はすべて土塁を廻らしていた。そして城の廻りの土塁上には、松を植えて城内を城外から望見できないように遮蔽していた。佐賀城は「沈みの城」と称されることがある。これは城下を少し遠ざかると、楠や松の木に隠れて城が見えなくなるためだといわれている。

広大な城にかかわらず、櫓は西ノ丸南側中央に位置する三重櫓一基だけであった。絵図だけによると、初重が矩折れ（かねおれ）をなし、三重目が二重目の片方に寄るように描かれていて、他に類例をみない特異な建築であったといわれている。

佐賀城内に入るには四つの入口があった。東に裏御門・東御門、北に北御門、西に西御門の各門であった。

佐賀の乱とその後の佐賀城

明治七年頃（一八七四頃）の佐賀には、征韓論実行を主張する征韓党と、明治新政府の欧化政策に反対する保守的な憂国党の二大士族の組織があった。西郷隆盛等とともに征韓論を主張して入れられず下野した前参議江藤新平は、迎えられて征韓党の首領となり、憂国党は、前秋田県権令島義勇（しまよしたけ）を党首とした。明治七年二月一日、両党は合同して小野組の金品を奪って蜂起、その人数は一万余に達した。江藤達は、ひとたび事を起せば各地の反対分子が相次いで呼応すると期待していたが、その足並みはなかなか揃わなかった。それに反して政府の処置は迅速だった。同月四日陸軍省に出兵を命じ、参議・内務卿大久保利通に兵馬の大権を授けて出張させた。岩村高俊は佐賀県権令に任じられ熊本鎮台の兵を率いて、同月一五日佐賀に入城した。翌一六日から戦闘が開始され、佐賀士族軍は一時佐賀城を奪回したが、二二日に洋式鉄砲戦の訓練を受けた政府軍が攻勢に転じると完敗した。江藤はひそかに鹿児島に逃れて西郷隆盛を頼ったが、西郷はついにこれに応じなかったので、渡海して高知に赴き片岡健吉・林有造に会見したが、ただ自首を勧められるだけであった。江藤はさらに東上を企てたが、二月二九日に高知県東端の甲の浦（がんのうら）で逮捕されて、佐賀に護送された。ただちに軍事裁判が開かれ、四月一三日、江藤・島は梟首の惨刑に処せられた。他の参加士族も、それぞれ斬首・懲役・除族・禁錮の刑に処せられた。

明治七年（一八七四）佐賀の乱の際、佐賀城は本丸鯱の門、本丸御殿玄関・式台、外書院、御居の間を除く建物が焼失してしまった。その後、明治一六年（一八八三）佐賀県庁が城内に置かれた。同一九年、現在の佐賀大学の前身である佐賀県尋常師範学校が城内に開校された。同二〇年、県庁の新庁舎が城内の旧多久・神代鍋島屋敷址に落成、同四〇年には現在の県立佐賀商業高等学校の前身である私立佐賀商業学校が本丸に開校された。明治四二年（一九〇九）赤松尋常小学校が本丸に移転された。現在の赤松小学校の前身である。本丸御殿玄関・式台等は、師範学校・佐賀商業学校の校舎や赤松小学校講堂として使用されたが、大正九年（一九二〇）に解体され龍泰寺本堂として移築、同一〇年には御居の間の修理工事が実施された。その後、本丸西側の石垣が取り壊され、南側の堀の一部も埋め立てられた。昭和一〇年（一九三五）には東側の堀も埋め立てられた。同二三年、二ノ丸址にＮＨＫ佐賀放送局が開局され、昭和三二年（一九五七）、鯱の門及び続櫓が国の重要文化財に指定された。同年公会堂協和館が天守台上に移築され、同三三年、御居の間が城外大木公園に移築された。同三六年から三八年にかけて、鯱の門及び続櫓の修理工事が実施された。その後、城内北部に県立図書館・県体育館等の建設があった。昭和四五年（一九七〇）、三ノ丸址に佐賀県立博物館が開設された。赤松小学校は城外に移転し、平成五年（一九九三）から同七年にかけて、本丸址の遺構確認のため発掘調査が実施された。

佐賀城址の本丸付近は、歴史資料館建設予定地である。二ノ丸址はＮＨＫ佐賀放送局・佐賀気象台、三ノ丸址は県博物館、西ノ丸址は佐賀大学学生寮等、諫早家・武雄鍋島家屋敷址、多久・神代屋敷址等は、それぞれ官公庁施設・公園・民家等になっている。

佐賀城址には鯱の門及び続櫓・天守台・本丸北側の石垣・東側を除く堀の大部分が現存している。本丸御殿の玄関・式台は解体され龍泰寺本堂に、御居の間は大木公園内に南水会館として移建されている。

櫓門

一、概説

城郭の櫓門は、石垣の上に渡櫓を置き、下部の通路を門としたもので、楼門や二重門とは異なった趣を呈する。門部分では、太い鏡柱（かがみばしら・主に控え柱に対して主要な柱の意）を二本もしくは、三・四本立てて、中央部を大きくとって両開き大扉を設置する。脇間には片開き扉、あるいは出格子を入れる。

同じ櫓門でも、渡櫓形式・多聞形式・二重（楼門）形式に類別される。一般には渡櫓形式が普通で、上部の渡櫓正面に連続格子窓を設け、下部門部分に庇を付ける。屋根の形状は切妻造・入母屋造・寄棟造等である。多聞形式は一見して渡櫓形式と似ているものの上部が一つの建物ではなく、連続する多聞櫓を成すものである。

これに対して二重（楼門）形式は、石垣に挟まれているものと異なり、平地上に二重二階建として築造される。社寺の楼門と違って上下同規模で、回縁をとることが少なく、鏡柱・冠木（かぶき・二本の門柱の上部を繋ぐ横臥材）・腕木（うでぎ・一端が柱や壁にとりつき、他端が、支持点より外に突き出した横木の意で、持ち放し、あるいは持ち出しと称し、桁や梁などの先端を、支持点より外に突き出したことの意である）等を頑強に構成し、防御施設を施している。

二、櫓門遺構例

ⓐ渡櫓形式

福山城筋鉄門・熊本城不開門・彦根城太鼓門・姫路城はの門・同にの門・同との一門・同ぬの門・二条城二ノ丸北大手門・同二ノ丸東大手門・旧江戸城田安門・同清水門・同外桜田門・丸亀城大手一の門・新発田城本丸表門・高知城追手門・同廊下門・同詰門・金沢城石川門・佐賀城鯱の門・大阪城二ノ丸大手門・松

前城本丸御門・小諸城三の門・福岡城大手下の門・佐伯城三ノ丸大手門・平戸城北虎口門等。

ⓑ多聞形式
姫路城備前門・彦根城天秤櫓門・和歌山城岡口門・伊予松山城隠門等。

ⓒ楼門形式
姫路城菱の門・弘前城二ノ丸東門・同二ノ丸南門・同三ノ丸大手門・同三ノ丸東門・同北ノ郭北門・旧掛川城大手二ノ門・高知城黒鉄門・庄内松山城大手門・旧白石城厩口門・旧花巻城円城寺門・土浦城太鼓櫓門・小諸城大手門・旧飯田城八間門・旧大野城鳩門・旧福岡城表門・同名島門・園部城本丸櫓門等。

続櫓（つづきやぐら）
門、あるいは他の櫓などと接続する櫓の称で、門に連なる遺構例として、彦根城太鼓門・佐賀城鯱の門・金沢城石川門・伊予松山城隠門にそれぞれ連なる櫓がある。また他の櫓に接続する例には、彦根城西ノ丸三重櫓・同天秤櫓・高松城北之丸着見櫓・熊本城宇土櫓にそれぞれ続く櫓があり、いずれも一重櫓である。

佐賀城鯱の門及び続櫓

一、創立及び沿革

佐賀城は、龍造寺氏の居城村中城を、同族の鍋島清房が天正一三年頃（一五八五頃）拡張整備に着手し、その後、慶長一六年頃（一六一一頃）に完成した。代々鍋島藩の居城として続いたが、享保一一年（一七二六）火災により鯱の門を残して本丸・二ノ丸・天守等が焼失し、後に本丸・天守を除き再建された。しかし天保六年（一八三五）の失火で二ノ丸を全焼し、この時鯱の門も火災にあった。その後城の復興に着手し、天保九年（一八三八）六月に、天守を除く本丸・二ノ丸・三ノ丸等を竣工し、鯱の門の通行初を同六月三日に行っている。本丸出入の門として建てられたが、明治維新後、明治七年（一八七四）の佐賀の乱に際し、兵火のため災禍に遭い、現在では当時の弾痕をとどめながら遺存している。

佐賀城鯱の門は、天保六年（一八三五）の焼失後、直ちに再建に着手し、同九年に完成した。同門の母屋継手内部等に天保七年の墨書、鬼瓦裏に天保六年の篦書（へらがき）があった。

二、構造・形式

本建物は二重二階の櫓門に一重二階の続櫓が、門の西北部、石垣の上に接続している。

櫓門の門部は桁行正面五間、背面三間、梁行一間。櫓門二階は桁行一五間、梁行三間。続櫓は一階二階共桁行三間、梁行三間。

櫓門門部は、桁行南北各一間に番所を設け床板張、中央三間は土間。正面中央一間は両開板張、続く両脇間片開潜戸板扉、内法上横板壁内部胴縁入、両端間は連子窓内側引違板戸明障子一枚建、上部横板壁内側胴縁入、下部竪板壁表側飾鋲打。南側番所北間仕切は縦格子戸四枚引違上部真壁塗白漆喰仕上、東側は連子窓内側引違板戸明障子一枚建。北側番所東側北半間開放。南半間連子窓嵌め殺し明障子一枚、天井は出梁に化粧の根太を渡して板張。

櫓門一階は南北の各三間（石垣の上の部分）を床板張、中央九間は繋ぎ梁の露出した天井裏で、窓は北側に一箇所、出入口が東側北より第二間と、西側南端に二箇所あるのみで、他はすべて真壁（柱外部は塗込）白漆喰塗仕上、窓は連子内側に片引土戸、出入口は片引土戸各一枚建。

櫓門二階は床拭板張、西側南寄り第三間より、隔間毎に、窓内側引分土戸二枚建五箇所、同北寄り三間は続櫓と接続して開放、北側中央間窓、東側は、北より第二・第四・第六・第八と各間毎に窓七箇所。南側中央間窓いずれも内側に引分土戸建の窓を設け他は真壁（内側柱、貫等木部露出、外部柱、長押等塗込）。

続櫓一階は櫓門二階と高さを同一とし、床拭板張、北側に連子窓一箇所、内側片引土戸建、他はすべて真壁（外部塗込）白漆喰塗仕上。

続櫓二階は、床は櫓門二階と高さを同じくして梁行方向に拭板張、東側は櫓門に接続して開放、他の三方は出窓、内側に一本引板戸を建て、南側と北側の東端にそれぞれ床上に、敷居と同高の台と、上部の枠より構成される戸袋を附してある。

階段は石垣上よりの出入口に近い位置に、二箇所設けられている。

軒は屋根・庇とも一軒で疎垂木、化粧裏板打、茅負、裏甲を廻して瓦座を打つ。

庇は、出梁先端に出桁を架し化粧垂木打、出桁と柱筋の間は小天井鏡板、南北両端は片流破風板、登裏甲で木部は露出、二階は、柱上桁より外部に化粧垂木を疎に配し、軒は全部が桔木によって釣り受けられている。

妻は、三方とも鰭附懸魚を飾り、前包・雨押・破風板・登裏甲等、懸魚を除いて白漆喰塗仕上。

屋根は、杉柿板土居葺に本瓦葺、櫓門大棟南北両端に鯱・鬼瓦を飾り、続櫓は一段低い棟の西側に鬼瓦・鳥衾を附す。出隅には、いずれも隅棟を設け鬼瓦を配す。大棟側面は上下熨斗の間に菊丸瓦を挟み、周囲は漆喰仕上。

櫓門門部の柱・桁・扉等は銅製金具を打ち装飾してあり、背面及び内部は幾分簡略化されている。

三、規模

桁行　柱真々一階　一一・九〇五m
二階三階二五・七二二m

梁行　続櫓　五・六八二m
一階　五・四四二m
二階三階四・五九九m

軒の出　柱真より茅負下外角まで
続櫓　四・五九九m
一重　一・七五八m

軒高　礎石上より茅負下外角まで
二重続櫓一・四七八m
一重　四・八八一m
二重　八・五〇三m

棟高　礎石上より棟瓦上まで
一二・五〇四m

四、修理工事・現状変更

佐賀城鯱の門及び続櫓は、昭和三二年（一九五七）国の重要文化剤に指定された。そして、昭和三六年（一九六一）から同三八年の二一箇月間にわたり、解体修理工事が実施された。修理工事は、櫓門下部・石垣上の軸部を残して解体し、腐朽及び現状変更による部材の取り替え補修を施した後、組み直されたが、構造形式の踏襲を最も重要視して、後世改変部については資料に基づき可及的当初の形式に復旧整備された。また各部より旧規を知る資料等が発見されたのでそれに基づき現状が変更された。

ⓐ櫓門背面の大梁を旧形に復し、後補の支柱二本を撤去した。

ⓑ櫓門両番所の窓の建具を復した。

ⓒ櫓門南側番所の北側に四枚引違縦格子戸を復した。

ⓓ北続櫓上階の西方三方の出窓内側に一本引板戸を復した。

ⓔ北続櫓下階の北側各窓に土戸を復した。

ⓕ北側入母屋の西隅棟を撤去した。

佐賀城鯱の門及び続櫓は本瓦葺・入母屋造で、棟の両端に青銅製の鯱が置かれ、門の名称の由縁となっている。門の柱・桁・扉等は銅製打出しの金具で装飾してある。佐賀城は度々火災に遭い、現在遺存する鯱の門は、門としては三代目で、初代は不詳ではあるが、二代目は現在の位置よりも五〇m程北にあり、その使命も二ノ丸を防備する門であったようである。

鯱の門は城門としては規模が雄大であり、この城門に続く石垣とともに往時の佐賀城を偲ばせる貴重な遺構となっている。平行する二つの石土居の上に櫓を渡しかけた渡櫓形式の櫓門で、下層はすべて塗込、規模は幅二五・四五m、奥行四・五五mである。

城門の鯱の製作についての記録が発見されていないため、製作年代や製作者も不明だったが、昭和三七年（一九六二）に城門全体の解体修理のため、鯱が取り下ろされ詳しく調査した結果、鯱の全貌が明らかになった。

ともに青銅製で、北側の鯱が雄と推定され、高さ一・七五m・重量二一〇kg、南側の鯱は高さ一・七〇m、重量一九〇kgである。

製作者は佐賀城下長瀬町の藩御用鋳物師谷口清左衛門である。「冶工　谷口清左衛門」の刻銘は、両体とも鯱の陰になっている胴体にある。製作年代についての確証はないが、城門構築と同時の天保九年（一八三八）と推定されている。

城址逍遥

吉野ヶ里遺蹟見学の後、JR佐賀駅に着いて、まず蓮池城址に向う。蓮池城址には、佐賀市の中心市街地区の南東部から佐賀平野を蛇行しながら東に流れる佐賀江川に沿って、タクシーで約二〇分で着く。現在は蓮池公園となっている。城址は佐賀江川の改修工事で二分されてしまい、堀址・城の残石・庭園址と覚しき所があるだけで城址碑もなければ、詳細な解説板も設置されていなかった。旧藩主鍋島家内庫所が公民館として現存しているとのことであったが、それも捜してもわからなかった。

蓮池城（はすのいけじょう・はすいけじょうとも云う）には、中世の城址に近世佐賀藩の支藩の一つであった蓮池五万二六〇〇石の陣屋が置かれた。鍋島政権完全確立後の寛永一六年（一六三九）、鍋島勝茂の五男直澄が分封を受けて立藩し、廃城となっていた蓮池城を整備して陣屋とした。

蓮池藩は、小城・鹿島両藩とともに三家と称された支藩の一つで、独自の支配権を有した。しかし石高は本藩石高に含まれる内分支藩である。本藩は当初三支藩の設置は考えていなかったらしく、鍋島一門の強化策の一環として創出された三家が、公儀奉公のため江戸詰をしている過程において、その財政負担軽減の意味もあって、江戸詰交代制を契機に参勤交代を命ぜられて、幕府から大名扱いを受けるようになったと判断されている。本藩初代藩主勝茂が没し、二代・三代の光茂・綱茂の頃になると、本藩主と支藩主とは親子の関係ではなくなった。家来扱いされる支藩主が連繋して不服を唱えて本藩に対して反抗的態度に出ることが多かった。それで本藩は支藩統制令の「三家格式」を制定し、本・支藩の主従関係を確立したが、三支藩の鬱屈した悲憤の心情は続いた。

帰路、「武家屋敷（高岸家）跡・蓮池藩主本藩登城の時の休憩所」の標柱が目についたので、写真撮影した。

佐賀城鯱の門で下車し、夢中でさまざまなアングルから写真撮影を行い、しみじみと櫓門を眺め石垣に触れ、門扉の弾痕などをカメラにおさめる。望遠レンズに替えて鯱も撮る。鯱の門は南北に渡櫓を置き、続櫓は北西部に突出している。その出張部の石垣の底辺規模は、東西七・一三m、同じく出張部の南北方向の石垣底辺規模は、八・九四m、続櫓部の石垣法高は、一箇所と計測すると四・八七mあった。

鬼瓦は、鍋島氏家紋の杏葉紋、鳥衾・鐙瓦は三ツ巴紋で、連珠を数えると、一五〜一六あった。懸魚は素木のやや複雑な蕪懸魚のような鰭附懸魚である。門の内側の高さは地表より建物天井板まで五・一二mあった。地表を一階として、櫓門内部は二階構造なので、実質的には三階建となる。続櫓二階の南・西及び、北の一部は物見格子の出窓である。門の内側には、本瓦葺・真壁・切妻造の番所がある。自由に持ち帰れるように鯱の門について書かれたコピーが置いてあったので二枚程もらってくる。

鯱の門には、佐賀の乱の際の弾痕が遺る。戦国期の火縄銃の弾痕が遺る城門等に比べ、火器の発達した明治維新前後の戦闘を物語る小銃の弾痕は、やはり大きい。

幕末の混沌とした時期、諸藩は争って優れた西欧の新式銃を購入した。西欧各国や、特に南北戦争が終って大量の兵器が余っていた米国から、小銃・拳銃・大砲、そしてその弾薬や装備が、死の商人たちの手によってなだれ込んできた。この時代は世界的に急激な銃器の改良が行われている。新型銃が、ほんの数年で旧型になるといった事態が続いていた。無知から買手である諸藩が、旧式銃や役に立たない廃銃を売りつけられたことも多かったようである。藩の担当役人に銃の知識がなく、方式や口径、装備がさまざま各種の銃を買い、軍隊運用ができなかったこともあったといわれている。

長篠合戦における織田軍の勝利が、新兵器銃砲を中心とした有効な戦術によることは、あまりにも著名なことである。同様に戊辰戦争の勝敗を決めたのも、武器の優劣であった。将士達の戦意は新政府軍よりも、むしろ東北諸藩の方が高かったかもしれないが、たかだか一〇〇m位を有効射程とした前装滑腔銃に比べ、新政府軍の主戦小銃は、一二〇〇mもの射程を持つライフル銃であった。しかもその発射速度において一〇倍以上もの連発銃すら携帯した藩があったのである。

特に、文化五年（一八〇八）英国船フェートン号事件の失態に奮起した佐賀藩は名君鍋島直正を戴き、いち早く洋式兵器の生産に乗り出した。すでに天保年間（一八三〇〜一八四三）には燧石《ひうちいし》式ゲベール銃を採用し、高島秋帆の指導を受けて西洋式の調練を取入れた。その結果、戊辰戦争における佐賀藩の兵備は、新政府軍他藩の追随を許さないものとなった。上野戦争のアームストロング砲や東北各地に転戦にした佐賀藩兵の元込七連発スペンサー銃は格段の威力を発揮した。

　文久三年（一八六三）に薩英戦争の試練を受けた薩摩藩や、元治元年（一八六四）に四国連合艦隊の砲撃を受けた長州藩がその苦杯から得たものは、欧米列強の持つ武器の優秀さであった。薩摩藩では戦後処理が済むと早速、五代友厚が英国人グラバーと交渉に入り、英国製ミニエー銃、すなわちエンフィールド銃を買い入れることが始まった。長州藩も薩摩藩の紹介で英国から銃を輸入した。一方、東北の諸藩は藩財政の逼迫と対外情勢の疎さから、時代おくれのゲベール銃や、戦国時代さながらの火縄銃隊を組織した藩すら存在した。所有小銃の数量も新政府軍と、東北諸藩とでは格段の隔りがあった。ゲベール銃・スペンサー銃・シャープス銃・ミニエー銃・レミントン銃・エンフィールド銃等の小銃の中で、戊辰戦争に最も多用されたのがミニエー銃であった。ミニエー銃というのは、フランス人ミニエー大尉の考案になる弾薬を使用する前装銃の総称で、その中でもイギリス製ミニエー銃は、エンフィールド銃とも呼ばれ、両軍とも最も多く使用された。これを後装式に改良したものがスナイドル銃である。当時最新式と謳われたのが、七連発元込式のアメリカ製スペンサー銃であった。

　戊辰の戦場には、一方にフランス式軍服の将校や筒袖にズボンの洋式兵士がいれば、他方には戦国時代そのままの鎧武者や足軽がいて、それらの将士達が、刀槍から火縄銃、さらには機関銃であるガトリング砲まで、ほとんど歴史をへだてた軍備で戦ったのが、明治維新の戦争であった。

　鯱の門右側の石垣に沿って、桝形から石段を上って行くと天守台に出る。ここには協和館という木造建築が移され、集会場として利用されている。協和館は、明治一九年（一八八六）に県民の融和を目的として建てられた社交施設であった。本丸址は、発掘調査が行われたらしく、掘り返して土が埋め戻してあった。

　龍泰寺へ向う。佐賀城本丸御殿の玄関・式台が解体され、本堂に移建されているとのことであったが、夕やみが迫っていたので、本堂の全景写真を撮影するだけとした。参拝に来ていた婦人の話によると、本堂には丸柱が多く使われているとのことであった。

　鍋島氏の杏葉紋二つに挟まれて、見慣れない家紋の幕があったので、帰宅して調べたら、龍造寺氏家紋日足（ひあし）紋とわかった。日輪を中心に、そこから放射線状の光線を発しているもので、その起源は、古代日本各地の太陽崇拝氏族の蟠踞《ばんきょ》、さらには天孫降臨等の神話の世界に因る。戦国期には、肥前の龍造寺氏や筑前の草野氏、江戸期になると鍋島氏等もこの紋章を使用している。鍋島氏の代表家紋は杏様（ぎょうよう）紋である。杏葉は植物ではなく、木の葉状の装飾馬具の称である。しかし、原型はやはり植物と考えられている。杏葉は、杏（あんず）の葉・銀杏（ぎんなん）の葉等の説があるが、現在では、騎馬民族が用いた装身具であったとされている。忍冬（すいかずら）は、山野に自生する蔓性の常緑低木で、初夏の頃花開き、花の形が杏葉紋のそれに酷似している。葉や茎は乾されて、漢方薬の浄血剤・解毒剤になる。これは、砂漠を越えた騎馬民族の馬糧の豊富さを表した象徴であった。このような経緯から、杏葉紋が生まれたと考えられている。鍋島氏の杏葉紋には、鍋島杏葉紋・鍋島花杏葉紋等があった。

暮れ残る西日に照された広大な水堀を眺める。佐賀城には、左嘉城の別称があり、栄城・亀甲城の雅称があった。城の形状が亀の甲状だったので亀甲城とも呼ばれた。四周四〇〇〇mにも及ぶ日本有数の平城であった。JR佐賀駅構内で、駅弁を山ほど買う。若い頃から駅弁が好きである。当世はやりのグルメではないが、城の入場券・博物館の入場券や、たまに買った郷土銘菓のしおり・集めている民芸品の説明書・駅弁の掛け紙などをスクラップブックに貼ってきている。ここのところはほとんどが未整理で、部屋の片隅に積まれている。ビジネスホテルに投宿する。明日は市内の史蹟探訪である。

早朝、宿を出て市内長瀬町の、築地（ついじ）の反射炉跡へ行く。日新小学校校庭一角に小型の反射炉模型・当時の大砲の模型が屋外展示されている。佐賀藩は、寛永一八年（一六四一）以来、幕命によって福岡藩と一年交替で長崎警備の任務についていた。その装備は、諸外国と比べると薄弱であった。一〇代藩主鍋島直正は、防衛の任務遂行を懸念し幕府にその旨を献策したが、受け入れられなかった。かねてから西洋文化に関心を示していた直正は、嘉永三年（一八五〇）この地に藩独自で洋式反射炉を築造し、築地大砲鋳造所を設け、長崎台場の防衛用大砲を鋳造した。嘉永六年その威力を幕府から認められ、大砲の鋳造依頼があったので多布施に新たに反射炉を築き、公儀石火矢鋳立所を設置し、幕府向けの大砲を製造した。嘉永五年（一八五二）から慶応年間（一八六五～六七）までに佐賀藩が製造した大砲は、合わせて二七一門に及んだ。

次に、佐賀市の重要文化財に指定されている武家屋敷の門を見学した。小路に面して設けられている武家屋敷の門である。創建の年次は明らかではない。門は三間一戸の平門で、四本の片柱で直接棟木を受け、貫の上方は連子となっている。貫の上に肘木を通して軒桁を支え、軒は疎垂木で本瓦葺となっている。中央は両開きの板戸で、左右の脇間は片開きの潜戸である。両側の破風に懸魚が用いられている以外は、飾金具もなく、装飾的な構造は全くみられず、極めて簡素な造りではあるが、木組は比較的大きく安定している。門の両側には、桟瓦葺の塀も残存していて、保存状態は良く藩政時代における武家屋敷の遺構が極めて少なくなった今日、その価値は高いものがある。以下のように解説板に書かれている。

大隈重信の旧宅は、佐賀市内水ケ江（みずがえ）にある。この建物は、江戸期の天明・寛政の頃（一七八一頃～一八〇〇頃）建てられた禄高三〇〇石取りの家臣の居住した建物といわれている。最初は佐賀特有の凹型の屋根を持ったクド造の建物で、藁葺・木造の平屋であった。大隈家は代々兵法家で、特に信保（のぶやす）は荻野流砲術家として名声があり、禄高四〇〇石の石火矢頭人（いしびやとうじん＝砲術長）であった。幕末、長崎警備につき砲台勤務で活躍した。

天保三年（一八三二）信保はこの家を買い取り、同九年、ここで重信が誕生した。重信は六歳で藩校弘道館に入学したが母三井子の考えによって、勉強部屋が二階に増築され、これが今の家の中央部に位置している。後に管理人を居住させるため一部増築されて現在の姿になった。昭和四〇年（一九六五）国の史蹟として指定を受けた。建坪一四八・五㎡、藁葺・一部二階建の簡素な建物である。

大隈重信は明治・大正の中央政界に進出、参議・大蔵卿・外相・首相と大きくはばたいた。佐賀県出身の大政治家はこの家で生を受け、温かく賢い母三井子の庇護のもとに覇気に富む少年時代を送った。早稲田大学の創設者としても有名である。敷地内には明治の元勲大隈重信の礼装姿の巨大な銅像が建てられている。

大木喬任（おおきたかとう）誕生地である大木公園には、佐賀城本丸御殿の御居の間（御座間）が移建され南水会館と称し、公民館として利用されている。本瓦葺・入母屋造・真壁造の建物で、藩主が日常生活をするための建物であったと考えられている。

大木喬任は、天保三年（一八三二）この地に生まれ弘道館に学んだ。技吉神陽らの影響を受けて勤王の志を抱き、「義祭同盟」に参加、中野方蔵（ほうぞう）・江藤新平等と親交を結び、佐賀藩の勤王運動に参画した。明治新政府に招かれ、江藤新平と共に江戸遷都を建議し、これを実現させるために奔走した。後に、民部・文部・司法各卿、文部・司法両大臣、枢密院議長などを歴任したが、特に文部・司法は大木の独壇場と称され、明治五年（一八七二）初代文部卿として、「邑に不学の戸なく、家に不学の人なからしめん」の学制を発布し、近代教育の基礎を築いた。

大木遠吉（えんきち）は喬任の三男で、政治家として期待され司法大臣などを歴任した。

副島種臣誕生地は、佐賀城址の南堀端にある。これも巨大な石碑で、流麗な筆致の金文字により、…誕生之地と記されている。副島種臣は外務卿・書家としても有名で、父は佐賀藩校弘道館教授枝吉南濠、兄は枝吉神陽である。大隈・大木・江藤等、佐賀藩当代の俊秀は皆弘道館の門下生であった。種臣は副島利忠の養子となり、藩命によって上洛し、皇学を研究し、また長崎でアメリカの宣教師から英学を学んだ。

明治新政府では、参議・外務卿・内務大臣を歴任した。その外交手腕は外国高官からも高く評価された。また、書家としては蒼海または、一々学人と号し、中林吾竹と共に近代書の源流と賞され、その筆致は豪放闊達である。

鯱の門南東約二五〇m付近に小さな遊園地がある。一角に龍造寺隆信公碑があり、ここが誕生地である。誕生地の袍衣塚（えなつか）は、一・九〇mの四角形で、高さは一・一〇mあり、佐賀市の史蹟に指定されている。

龍造寺隆信は、享禄二年（一五二九）に水ケ江城のあったこの地に生れて、天文五年（一五三六）七歳の時、宝琳院に入って出家し、始め円月、後に中納言と称した。また長法師丸という名も伝わる。曾祖父龍造寺家兼入道剛忠が九三歳で老死したので、龍造寺家は柱石を失った。それで剛忠の遺志によって、中納言は還俗し山城守隆信と称して村中龍造寺家を相続した。龍造寺家には村中・水ケ江の二系統があり、隆信は水ケ江に生れ、村中の主となったのである。五州二島の太守と謳われ、島津氏・大友氏と九州に覇をとなえたが、天正一二年（一五八四）有馬晴信の反乱に際し、自ら島原半島に出陣して沖田畷（おきたなわて）の戦で敗れ、首級を挙げられた。戦国大名で、戦場で首を取られたのは、今川義元と、この龍造寺隆信ぐらいであると思われる。

佐賀県立図書館の南東方向約三〇〇m、市道を隔てて四周を堀で囲まれた万部島（まんぶじま）公園がある。この公園の一角には、初代鍋島勝茂から一一代直大まで歴代佐賀藩主が、国家安泰・万民安楽を念じて法華経一万部を読誦し、その結願を記念して立てた石塔一一基が林立している。また石塔の南西隅には二基の六地蔵がある。右側のは「天文弐暦（一五三三）十一月二十八日」、左側のには、「天文二十二年（一五五三）乙未霜月七日」の刻銘があり、いずれも龍造寺家兼（剛忠）にゆかりのあるものといわれている。

松原神社は城址東北に位置し、藩祖鍋島直茂と、その先祖や戦国期の龍造寺隆信等が祀られている。壮大な二基の鳥居・大手洗鉢（ちょうずばち）・大隈重信が献じた二基の大灯籠など、広大な神域ではただ手をあわせるのみであった。松原神社は「日峯（にっぽう）さん」と呼ばれ親しまれている。日峯は藩祖鍋島直茂の法号である。昭和八年（一九三三）、松原神社の西に佐嘉神社が造営され鍋島直正の御霊が遷座されて、直大も合祀された。学問と文化の神様として多くの参拝者がある。

神社の前に、九ポンドアームストロング砲が展示されている。本物かレプリカかどうかはよくわからなかったが、解説板には、イギリス人アームストロングが、一八五四年頃発明したもので、元込式・長弾使用、砲身のラセン状溝などの特徴を持ち、飛距離・命中度・破壊力とも、従来の砲に比べ際立った性能を持っていた。当時世界最高水準技術の結晶であったアームストロング砲を、文久三年（一八六三）佐賀藩が独力で製造に成功し、慶応四年（一八六八）五月の上野戦争で彰義隊を二門で砲撃して壊滅させ、会津戦役でもその威力を発揮して他藩に驚きの目をみはらせた。このように記されている。

古びた大砲が屋外展示されている。これは本物で、「佐賀藩鋳造鉄製一五〇ポンド砲―我国最初の鉄製カノン砲…」と記された金属製の銘板が設置されている。嘉永六年（一八五三）ペリーが来航すると、幕府は江戸湾防備のため品川台場を築造し、日本で最初の鉄製大砲の鋳造に成功した佐賀藩に、大砲を注文した。佐賀藩では安政三年（一八五六）までに、二四ポンド砲二五門、三六ポンド砲二五門を納めた。さらに一五〇ポンド砲三門を幕府に献上した。また当時世界で最高の技術を要したアームストロング砲を佐賀藩では、文久・慶応年間（一八六一～一八六八）に三門鋳造することに成功している。展示されている大砲は品川台場に備えられたものの一つであって、その頃の我国の科学技術の最高水準を窺うことができる。

付近に佐賀藩校弘道館記念碑がある。四

角形の先端が尖った巨大な石碑で、大正一二年（一九二三）に建てられた。大隈重信・副島種臣・江藤新平等、多くの明治維新の人材は、この藩校から巣立っている。

佐賀県の特産品や土産類を展示販売している商工会館内の、佐賀県貿易振興センターへ立ち寄ってみる。早朝の史蹟探訪は、タクシーを利用しての写真撮影だけだったので時間が余り、まだ開館していない。しばらく待っていると、向うから係員らしいきれいな姉さんが来たので聞いてみた。「きょうは、ここ開くんですか？」・「たぶん開くと思いますよ」、そんな返事だった。開いたので、中へ入ってみる。民芸品を集めているので見て回ったが、捜しているものは無かった。さっきの姉さんが販売員として働いている。人の悪い姉さんであるが、美人だから許せてしまう。姉さんにアドバイスして貰って、あの子の花のような笑顔を思い浮かべ、お土産に佐賀錦の小さな鏡を買った。そして、バスでJR佐賀駅へ行き、次の探訪地平戸に向った。

佐賀城鯱の門及び続櫓（北西面）

佐賀城鯱の門（東南面）

佐賀城鯱の門附番所

第二章　探訪

熊本城の櫓遺構

はじめに

名将の誉れ高い加藤清正が、心血を注いで築き上げた熊本城は、大坂城・名古屋城とともに日本三名城の一つに数えられている。また、一外様大名が独力で築いた城としては日本一である、と絶賛する人もいる。

かつては、大小天守をはじめ櫓四九、櫓門一八、城門二九を数え、城郭の規模は約七六万㎡、周囲約五・三㎞にも及ぶ豪壮雄大な構えであった。美しい曲線で築かれた石垣と、自然の地形を高度に利用した独特な築城技術で名城中の白眉といってもよい。

熊本城は、加藤氏二代の後、細川氏一一代の居城として明治維新に至った。

明治一〇年（一八七七）の西南の役に際しては、西郷軍を迎えて、五二日間の籠城に耐え不落の城として真価を発揮したが、惜しくも薩軍大攻撃の前日、原因不明の出火により宇土櫓他、一二棟の櫓等を残して焼失した。

明治二九年（一八九六）、四国松山から第五高等学校（熊本大学の前身）の英語教授として赴任し、上熊本駅に降り立った夏目漱石は、人力車に乗り、京町を横切り新坂あたりにさしかかった時、「ああ、熊本は森の都なり…。」と呟いたと伝えられる。

熊本城は、森の都、熊本の象徴として、また熊本市民の心の拠りどころとして明るい南国の空のもとに、厳然と屹立している。

現存する建造物としては宇土櫓とその附属櫓・源之進櫓・四間櫓・十四間櫓・七間櫓・田子櫓・東十八間櫓・北十八間櫓・五間櫓・平櫓・監物櫓（新堀櫓）・長塀・城門二基があり、盛時の熊本城の一端を垣間見ることができる。

城史

茶臼山に、文明年間（一四六九～八六）、菊池氏の一族出田秀信（いでたひでのぶ）が千葉城を築いたのを熊本城の嚆矢とするが、それ以前にも築城伝承はある。続いて明応五年（一四九六）、出田氏にかわって鹿子木親員（かのこぎちかかず・入道寂心）が新しく隈本城を築いた。千葉城が茶臼山の東方を占めたのに対して、隈本城はほぼ反対方向の西南角に立地していた。その後同城には城氏が入城している。天正一五年（一五八七）、豊臣秀吉の九州平定後、肥後一国は佐々成政に与えられた。成政は城氏が柳川に去った後の隈本城に入城したが、領国経営の失政から自尽させられた。

天正一六年（一五八八）に肥後国は二分され、加藤清正と小西行長に与えられた。清正の南九州の雄、島津氏に対しての備えとして、肥後に封ぜられた望みがかなった喜びは大きかった。慶長六年（一六〇一）、清正は関ケ原合戦の戦後処置として、肥後一国五二万石の太守となった。この頃から熊本城の築城は開始され、千葉古城・隈本城（古城）を含む茶臼山の丘陵に設定された。

茶臼山は坪井川がその裾を洗い、白川と井芹川（いせりがわ）を防衛線とした天然の要害である。名築城家清正配下の、築城に造詣の深い飯田覚兵衛・森本儀太夫・三宅角左衛門等の多くの重臣達により高石垣、あるいは清正公（せいしょうこう）石垣と呼ばれる雄渾な美しさを持つ堅城熊本城は完成した。慶長六年（一六〇一）から同一二年にかけて築かれたとされるが着工の時期については、戦後三〇年間の発掘調査や修理工事を通してみると通説よりも早くなるといわれている。清正の子息忠広は同城に二一年間在城、除封改易後の寛永九年（一六三二）細川忠利が、肥後五四万石に封ぜられ細川氏は以後二四〇年間、一一代にわたって在城した。

規模概略

熊本城は茶臼山丘陵全体を城郭とし、当時茶臼山の東に沿って流れる坪井川と、西側を流れる井芹川とは共に南流して白川に入っていたが、坪井川を茶臼山の南に巡らして井芹川に合流させ、白川と切り離した井芹川を西向きに流した。そして、坪井川と井芹川が事実上熊本城の内堀となり、その南外を南西に流れる白川は外堀とみなされた。城下町は白川の内側に設けられ、その東側に侍屋敷、西寄りには町屋が置かれた。茶臼山は、北は京町台地に続き、東から南にかけては崖線で東が高く西が低い。そこで北の台地との間を掘り切って一条の馬背道だけを残して、東側の最高所を本丸と定め西に向って二ノ丸・三ノ丸を設けた。本丸は標高約四九ｍ・二ノ丸約三五ｍである。

本丸の南に月見台、西に西嶽（竹）ノ丸を配置して本丸と月見台を東嶽ノ丸という帯郭で囲み、月見台と西嶽ノ丸との間に数寄屋丸を造り、数寄屋丸の南方に東嶽ノ丸に続く飯田丸を張り出させ、東嶽ノ丸と飯田丸の南方に嶽ノ丸、東嶽ノ丸の東方に小さな帯郭があり、西方は西嶽ノ丸及び、数寄屋丸の西面から、西嶽ノ丸の北面を西出丸が包んでいる。この西出丸の西側にさらに二ノ丸、そして三ノ丸がある。二ノ丸と三ノ丸の南方に古城（隈本城）、本丸の東方に千葉城址、西出丸のほぼ北方に監物台がある。梯郭式縄張の城である。水堀は極めて少ない。

本丸の創建当時の天守は複合天守で、小天守は後に連結された。全体に黒の下見板張を基調とした重厚な建物である。大天守は五重六階・地下一階、外観は入母屋破風・唐破風を配していて、内部地階塩蔵、一階御鉄砲間、二階・御具足之間、三階・御矢之間、四階・御弁当間、五階・御具之間、六階・上段之間で、高さは石垣部分と合わせて約三二ｍ、一ノ天守とも呼ばれた。小天守は二ノ天守と呼ばれ三重四階、地下一階である。一階には広間や書院構えの室があり厠もあった。二階は武具之間、三階は御納戸、四階は御上段之間となっていた。豊臣秀頼を大坂から迎えた際に天守もしくは、本丸御殿に「昭君の間」を秀頼のために特別に造ったという伝承は有名であるが、内部に書院造の構造をもつ小天守こそが秀頼の御成りを迎えるためのものであったといわれている。大小天守は昭和三五年（一九六〇）、厳密な時代考証の基に忠実に外観復元がなされている。その他、熊本城には三重五階造の櫓が六基あった。宇土櫓・裏五階櫓・五階櫓・数寄屋丸五階櫓・飯田丸五階櫓・東嶽ノ丸五階櫓等である。そして、小広間三階櫓・数寄屋丸三階櫓・飯田丸三階櫓・櫨方（はぜかた）隅三階櫓等城内の櫓は四九基あった。その他、熊本城の櫓には大木弥助預櫓・長岡山城預櫓・堀平左衛門預櫓等、管理者の名が櫓名となったものも幾つかあった。

その後の熊本城

明治三年（一八七〇）、数寄屋丸櫓門の焔硝の爆発により同櫓門等を焼失した。同四年末頃、城内に鎮西鎮台が置かれた。そしてその頃、西出丸の櫓・門等が取り壊された。同六年、熊本城は存城となった。鎮西鎮台は熊本鎮台に改編され、同八年二ノ丸に歩兵や砲兵の部隊が駐屯した。同年古城の地に、後に熊本県庁となる白川県庁が置かれた。

明治九年（一八七六）、旧藩士太田黒伴雄等を首魁とする〝神風連の変〟の際、一八四名が城内の歩・砲兵営、県庁等を襲撃し、鎮台司令長官種田政明・県令安岡良亮らを殺害した。同一〇年二月一九日、天守と御門の間から出火し、大小天守と本丸・数寄屋書院・五階櫓群等の建造物の大半と市街地の殆どを焼失した。同月二一日から西郷隆盛率いる薩軍の攻囲を受けた。神風連の変の痛手がまだ癒えぬうちに籠城戦となった。鎮台司令長官谷干城（たてき・かんじょう）以下鎮台兵約三四〇〇人は、四倍にもあまる薩軍兵を迎えて五二日間の籠城戦に耐え抜いた。大天守以下の焼亡については、現在のところ西郷軍が熊本城の攻略に成功した際、その拠点となるのを恐れての自焼説が最も有力である。

以後熊本城は、大正一四年頃（一九二五頃）まで主に兵営として使用された。昭和八年（一九三三）、城址は国指定の史蹟となり、昭和二八年（一九五三）特別史蹟に指定された。昭和三五年（一九六〇）大小天守・平御櫓・数寄屋丸長塀の一部、同四一年馬具櫓、同五六年西大手櫓門がそれぞれ外観復元され、その他、数寄屋丸二階御広間や頬当御門・須戸口門・埋門等の冠木門が復元されている。

熊本城址は特別史蹟で、主要部は史蹟公園、二ノ丸は二ノ丸公園、監物台は樹木園、千葉城址は官公庁敷地、古城は県立第一高等学校敷地、三ノ丸は市街地等になっている。

宇土櫓及び、続櫓・二重櫓・源之進櫓・四間櫓・十四間櫓・七間櫓・田子櫓・東十八間櫓・北十八間櫓・五間櫓・平櫓・監物櫓（新掘櫓・長岡図書預櫓）・不開門・竹ノ丸長塀等は国指定の重要文化財である。西櫓門・櫨方（はぜかた）門及び、中枢部の石垣・土塁・備前堀・空堀がほぼ完存している。

宇土櫓

一、歴史と構造

宇土櫓は、本丸の西の数寄屋丸にあり明治一〇年（一八七七）の西南戦争の時に焼失を免れた唯一の多層櫓であり、その際鎮台の本営が置かれた。西側と北側に深い空堀があり、その低部から石垣を積み上げてあるので、極めて壮大な観を与えている。宇土櫓は小西行長の宇土城より移築したのでこの名称がある、というのが通説であったが、この移築説を立証できるような資料は建物からは得られないばかりでなく、むしろ疑問視されている。宇土櫓の外観は、大小天守と異なって屋根に弛みが無く、いわば屋根面が平面的になっていて、破風も反りがなく直線的になっていてその下端（したば）には反りと反対の起り（むくり）さえある。このような直線的な屋根の構成は、建造物に重厚さを与えていて他の城にはあまり類例をみない。しかし熊本城の諸櫓はいずれもこのような構造になっていた。大小天守の屋根の弛みや、反った形式の破風の使用の方がむしろ異例である。

宇土櫓の内部は、床棚のような装飾的なものは無く座敷風にもなっておらず、かなり粗雑である。外観は下見板張で黒く塗ってある。おそらく当初は黒漆を用いていたものと考えられている。宇土櫓を始めとして、現存の建造物には全部瓦漆喰が塗られていて、白壁の破風と共に黒い下見板と対照され美観を呈しているが瓦漆喰は後世に始められたものと考えられている。

宇土櫓の南には、石垣の上端（うわば）を少し下げて続櫓があり、その南端には二重櫓がある。続櫓の西側には中間の一箇所に石落を張出しているが、上に庇をかけ壁面を垂直に張出した石落で、宇土櫓や続櫓南端に設けた石落と形式を異にしている。

宇土櫓は三重五階で、入母屋造の櫓を二段に重ねその上に望楼が載っている。屋根の桁行にも妻と同じ形の破風があり、四方正面に造られている。最上階の望楼には廻縁勾欄を廻らしている。

西南の役後、宇土櫓は陸軍の保護を受けてきたが荒廃したため、昭和二年（一九二七）大修理が行われて旧観に復した。同年から戦後にかけて一般に公開されてきたが、天守の再建に伴って閉鎖された。平成元年（一九八九）半解体修理が終了してからは、再び公開されている。

二、構造詳細

宇土櫓　三重五階櫓、地下一階附、続櫓一重櫓、一部二階、総本瓦葺。

〔五階櫓〕

地階　桁行五間九・八四七m、梁間四間八・九三八m、西・北・東面石垣積の上にコンクリート壁。床モルタル仕上、中柱（杉丸太、古材一本のみ檜太鼓落とし仕上）南側柱は角柱、コンクリート基礎。大梁（杉丸太）、梁、根太（挽角削り仕上）、東より二間入口大戸、第四間竪格子窓。

一階　桁行九間、梁間八間、六部屋廻りに東・南・西側に一間、北側に二間の武者走附。側廻り土台（現在コンクリート）敷柱立。中柱は礎石立、地下室上部は梁上に乗る。床束、床板張。階段北側武者走に一箇所。

東面南より第二間に入口大戸。第四・五間格子窓、第六間銃眼一箇所。第八間石落。

南面東より第二・四・五間格子窓。

西面南より第二・四・五・六間格子窓、第八間石落、銃眼第一から七間に各一箇所附。

北面西より第三・五・七間格子窓、西より第一・九間石落、第三・五・七間銃眼各一箇所附。

竪格子窓は外側板戸二枚突き上げ、内側明障子二枚引き違い。各部屋とも敷居・鴨居（現在建具を全く欠く）。各部屋とも真壁白漆喰仕上、天井は棹縁天井。

二階　桁行五間、梁間五間の三部屋、東西南北に梁間六間、桁行二間の破風四部屋附。北側部屋に登り階段、北破風部屋に下り階段。東破風南より第三・四間竪格子窓、第二・五間に銃眼一箇所。北破風東より第三・四間竪格子窓、第二・五間に銃眼一箇所。
西破風南より第三・四間竪格子窓、第二・五間に銃眼一箇所。
南破風東より第三・四間竪格子窓。
竪格子窓は、二間続きで外側板戸三枚突き上げ、内側明障子一間二枚引き違い。
側柱は、半間毎に本柱が立ち、真仕切柱は半間毎に間柱が立つ。桁行方向は、敷土台上に、梁行方向は大梁の上に柱が乗る。床板張、破風部屋床は二四cm上がる。
各部屋とも真壁白漆喰仕上、天井は根太天井、破風部屋は化粧屋根裏。

三階　桁行五間、梁間五間四部屋。北東部屋に上り階段、下り階段。東面南より第一間北半間第五間南半間竪格子窓。南面東より第一間東半間、第五間東半間竪格子窓。西面南より第一間北半間、第五間南半間竪格子窓。北面西より第一間東半間、第五間西半間竪格子窓。竪格子窓は外側板戸一枚突き上げ、内側明障子引き込み。側柱、間仕切柱ともに原則として二階からの通し柱となる。床板張。各部屋とも真壁白漆喰仕上、天井は根太天井。

四階　桁行三間、梁間三間一部屋に破風小部屋が東西南北に附く。南東隅に上り階段、東破風に下り階段。東西南北の中央間に竪格子窓。竪格子窓は外側板戸二枚突き上げ、内側明障子両側引き込み。側柱は半間毎に本柱が立ち、桁行方向は敷土台上に、梁行方向は大梁上に乗る。床板張、各部屋とも白漆喰仕上、天井は根太天井、破風部屋は化粧屋根裏。

五階　桁行三間、梁間三間。南東隅に矩折れ下り階段。東西南北の中央間に廻り縁への出入口が附く。出入口は板扉二枚外開き小脇竪板張。側柱はすべて四階から通し柱。床板張、棹縁天井。廻り縁、板張高欄附き。

基礎　石垣安山岩打込ハギ、隅算木積。東礎石安山岩自然石。

初重　出桁造。外壁上部大壁白漆喰仕上。

二重　下見板押縁附。梁木口漆喰塗籠、軒一軒疎垂木、隅木、垂木、裏板、裏甲共漆喰塗籠。隅木先蓋瓦、庇、屋根本瓦葺、本棟隅棟の熨斗瓦三段鬼瓦附。四面据千鳥破風、破風板眉附。懸魚は梅鉢、裏甲共塗籠。六葉樽ノ口は墨塗仕上。

三重　出桁造。外壁上部大壁白漆喰仕上、内法下下見板押縁附。梁木口漆喰塗籠、軒一軒疎垂木、隅木、垂木、裏板、裏甲共漆喰塗籠。隅木先蓋瓦、庇、屋根本瓦葺、本棟隅棟の熨斗瓦三段鬼瓦附。
破風板眉附。懸魚は梅鉢、裏甲共塗籠。六葉樽ノ口は墨塗仕上。
本棟両端青銅製鯱附。

〔続櫓〕

一階　桁行一六間、梁間三間、北側で五階櫓にとり附く。六部屋。側廻り及び南より第五・八・一〇・一二・一五通り土台敷柱建。中柱は礎石立、床束床板張。東面南より第一間第九間に板扉外開き、庇附。南面東より第二間竪格子窓、第三間石落。
西面南より第二間北半間・第三間・第五間・北半間・第六間・第九間・南半間・第一一・一二間・第一四・一五間竪格子窓、南より第六間石落銃眼附、南より第一・二・三・四・五・六・九・一一・一二・一三・一四・一六間に各一箇所、第八・一〇間に各二箇所銃眼附。
南西隅石落は袴状、西南南より七間石落は屋根附。竪格子窓は外側板戸二枚突き上げ、内側明障子二枚引き違い（一間）及び外側板戸一枚突き上げ、内側明障子一枚引き込み（半間）。
各部屋とも真壁白漆喰仕上。化粧屋根裏。

二階　桁行二間、梁間二間。桁行敷土台、梁間大梁上にそれぞれ本柱が乗る。床板張、東面南より第一間北、第二間南竪格子窓、南面東より第二間西竪格子窓、西南南より第一間北、第二間南竪格子窓。北面南より第一間西竪格子窓。竪格子窓は外側一枚板戸突き上げ、明障子一枚引き込み。

基礎　石垣、安山岩打込はぎ、隅算木積。束礎石安山岩自然石。

初重　出桁造。外壁上部大壁白漆喰仕上、内法下

二重　下見板押縁附。梁木口漆喰塗籠、軒一軒疎垂木隅木、垂木、裏板、裏甲共漆喰塗籠。隅木先蓋瓦、庇、屋根本瓦葺、本棟隅棟の熨斗瓦三段鬼瓦附。
破風板眉附。懸魚は梅鉢、裏甲共塗籠。六葉樽ノ口は墨塗仕上。

　宇土櫓の内部には同櫓及び、続櫓・二重櫓の修理要綱の銘板が掲示されているので要点を記載したい。

「宇土櫓は、昭和二九年（一九五四）七月から同三二年三月まで解体修理されている。建物の形式技法からみて天正の末から慶長初期のものと推定される。一説に小西行長の宇土城天守を移築して熊本城の第三の天守としたとも、清正築城当初からのものとも伝わる。旧屋根瓦には元禄・宝永・宝暦のものが発見され、この時屋根替えが行われたものと考えられる。軸部の解体修理は、昭和二年（一九二七）まで行われなかったものと推定される。

　宇土櫓は半解体（屋根・軒及び二層以下外装のみ）を行い、続櫓・二階櫓は建物全体を一旦解体し、内部礎石の据直しより根本修理を行った。今回の修理は旧国宝及び、重要文化財として指定以後はじめて行うもので、当初の構造形式の損われているもの、また後世改変の箇所が多く発見されたが、それらについてはできるだけ当初の形式に復旧整備することとした。なお、木材の防腐・防蟻には化学薬品を用い防災施設として避雷針を設置した。

　修理の大要として、宇土櫓においては軸部及び、小屋組の解体は行わなかった。それ以外は一旦取り解き修理の上組み立てた。

◎構造材は出来るだけ再用に努め原則として旧位置に再用した。

◎基礎石垣は西側において多少孕みが認

められたが積み直しは行わずそのままとした。
◎続櫓軸部礎石は沈下が甚だしかったので、全部掘り起こして据え直し根巻コンクリートによる補強を施した。
◎屋根瓦は約五割八分を補足し、紋様は三ツ巴が大部分であり最古であったのでこれを踏襲した。
　現状変更の要旨として、宇土櫓一階の窓の位置を次の如く旧観に復した。
◎北側各窓を東より一間ずつ西に移し一口を減じた。
◎西側中央窓の左右に各一間の窓を設け三連窓とした。
◎東側北より第二間の窓を廃し、中央窓の北側に一間窓を設け二連窓とした。
　宇土櫓一階西側北端間に石落を設けた。続櫓の窓の配置を次の如く旧態に復した。
◎西側北より、第一・第二の窓はそれぞれ南に一間窓を設け二連窓とした。
◎西側中央一間窓を、南寄り半間窓に改めた。
◎西側南より第一・第二の窓はそれぞれ南に半間窓を設け二連窓とした。
◎南側中央に一間窓を設けた。
◎東側南より第三間・第四・第六・第七・第一一・第一二・第一五間の窓を全部廃し、一連の窓に復した。
　西側南より第七間に石落を設け且つ、南西隅石落の内側の壁を撤去した。

　続櫓より第五柱筋の城内寄り二間に、間仕切を設けた。

　宇土櫓及び、附属続櫓の側廻りのラス張壁を大壁塗に復した。

　宇土櫓一階西側銃眼五個の内、四個を廃し三個を設け、更に上段に三個を設けた。

　宇土櫓附属続櫓一階西側の銃眼九個の内、七個を廃し一〇個を設け、更に上段に四個、石落側面に二個を設けた。……。」

以上である。

　また宇土櫓及び、附属櫓は昭和六〇年（一九八五）一〇月から平成元年（一九八九）一一月末まで半解体修理が行われている。

「明治四年（一八七一）に鎮台が置かれ、同一七年頃軍により修理され、窓・銃眼・石落の撤去、新設、位置変更が行われた。

　昭和二年（一九二七）熊本城址保存会が、陸軍技師の指導により解体修理を行った。この時、土台及び、地階石垣、床をコンクリート、外壁をラス下地モルタル塗、軸部を鉄製ブレースで補強などの変更があった。昭和八年（一九三三）国宝に指定され、同三二年文化財保護委員会の直営工事として再度解体修理が行われ、ほぼ当初の姿に復元された。今回は白蟻の被害が進行したため半解体修理を行った。

　修理の概要として
◎白蟻の被害の著しい五階櫓の四、五階及び、続櫓の南より第五通りまでを全体的に、その他については破損している箇所を部分的に解体し、□□な材を繕った上で組み上げた。
◎屋根は土居葺以上を全面的に葺替えた。
◎漆喰塗は破損度に応じて修理の程度を定め補修した。
◎木部・土壌とも防蟻処理を施した。
◎東側敷地の明治期の盛土を撤去し、建立当初の地盤を表すと共に排水溝の整備を行った。

◎その他墨塗・カシュー塗等の塗装及び、建具調整・避雷針・自動火災報知設備の改修等を行った。
現状変更要旨として三重五階櫓は、
◎五階四方の出入口の敷居鴨居を旧高さに戻し、各面の下見板張を旧規に復すると共に床高を約四cm下げた。
続櫓は
◎一階南より第二及び、第一四柱通りに土台と柱を復して壁を整えた。また、南より第二柱間に階段を復旧整備した。
◎一階東面南より第九間の出入口を壁に復し、庇・階段及び、踏込を撤去した。
◎隅櫓二階南北面の窓の鴨居を約三〇cm上げ、また東西面内部に長押を復した。
◎一・二階の竿縁天井を全て撤去した。
◎各重の垂木割、一間五ツ割を四ツ割に復した。…」

　また櫓内部の解説板によると、宇土櫓という名称は江戸中期頃からのものであり、天守西の御丸五階櫓、あるいは平左衛門預五階櫓と記された文献もある。平櫓（続櫓）は古外様御櫓（ふるとざまおんやぐら）と江戸時代の絵図に描かれている。隅櫓は二階櫓と呼ばれた。

　続櫓は南に行くほど広く床の高さも高くなっている。このように城の建物では、石垣に合わせて規模を変更する事がよくある。二階櫓は頬当御門を守る隅櫓であり二階御櫓として、やはり江戸時代の絵図にある。一階部分より二階部分（二間×二間）の方が材料が古く一間の長さも異なることから、もともと別の建物を組み合わせたものと考えられている。

　なお、宇土櫓という呼び名は本来は五階櫓の部分で高さは土台から最上層棟まで約一九mある。

　熊本城東嶽ノ丸石垣上には、南から田子櫓・七間櫓・十四間櫓・四間櫓、そして源之進櫓が並んでいる。いずれも多聞櫓である。これらの櫓の創建年代は不明であるが、慶長年間（一五九六～一六一四）と考えられ、いずれも幕末に修理されている。

田子櫓

概要　一重櫓、本瓦葺、石落庇付。
基礎略　石垣―東側高さ一四m、南側一八m。
平面　梁間―三間五・九四m。
桁行―東側四間七・八九m、西側五間八・九四m。
石落―東南隅に石落庇付。
柱間装置　入口戸―西側北より第二間片板戸。
窓・建具―東側北より第二間、南側西より第二間に七本竪格子、内側引違明障子、外側突上板戸二枚組。東側北より第三間北半間に三本竪格子、内側片引明障子、外側突上板戸。
銃眼―東側四間、南側三間の各間に各一基、計七基。
内壁―真壁、中塗土仕上。
外壁―大壁、上部白漆喰壁、下部簓子（ささらこ）下見板張墨塗仕上。石垣側では板張が窓楣（まぐさ）上部まで、他では半分程の高さ。
屋根　屋根形状―南端入母屋、北端切妻造、南東隅石落庇付。
瓦葺―本瓦葺。
棟積―本棟は熨斗瓦三段積、玉縁付伏間瓦が載る。両端には鳥袞瓦・鬼瓦を備える。
隅棟―南東・南西の二箇所。熨斗瓦二段積、丸瓦が載り先端に鳥衾瓦・鬼瓦を備え、尻は刀根丸瓦上で漆喰を施す。
棟飾―漆喰塗懸魚、木製墨塗六葉樽ノ口。

軒の出（側本柱より広小舞外下角まで）
　〇・九八ｍ。
軒高　（礎石上端より広小舞外下角まで）
　三・九一ｍ。
棟高　（礎石上端より棟頂上まで）
　七・〇六ｍ。

以上が田子櫓の規模・構造概要である。建物の建立については明らかではないが、懸魚から発見された墨書（慶応元年御建直し）により同年（一八六五）に再建されたものと推定されている。なお、田子（たご）櫓は木製容器類を収納するための櫓と考えられている。

七間櫓

概要　一重櫓、本瓦葺。
基礎略　石垣―東側高さ一四ｍ。
平面　梁間―三間四・九九ｍ。
　桁行―東側七間一一・八二ｍ、西側七間一三・六三ｍ。
柱間装置　入口戸―西側北より第三間片板戸。
　窓・建具―東側北より第三・六間に七本竪格子、内側引違明障子、外側突上板戸二枚組。
　銃眼―東側七間の各間に各一基、計七基。
　内壁―南壁大壁、他の三面は真壁、中塗土仕上。外壁は田子櫓に同じ。
屋根　屋根形状―切妻造。
　瓦葺、棟積は田子櫓と同じ。櫓は両端とも南北の櫓壁面に当たるため鬼瓦等はない。
軒の出（側本柱より広小舞外下角まで）
　東、〇・八七ｍ。西、〇・六八ｍ。
軒高（礎石上端より広小舞外下角まで）
　三・一六ｍ。
棟高　（礎石上端より棟頂上まで）
　五・八一ｍ。

七間櫓の建立については不明であるが、柱の墨書により安政四年（一八五七）の再建と推定されている。

十四間櫓

概要　一重櫓、本瓦葺。
基礎略　石垣―東側高さ一四ｍ。
平面　梁間―四間五・九一ｍ。
　桁行―一四間二七・四三ｍ。
柱間装置　入口戸―北側西より第三間片引板戸。西側北より第四・一二間片引板戸。
　窓・建具―東側北より第二・四・七・一〇・一三間に七本竪格子、明障子なし。外側突上板戸二枚組。
　銃眼―東側北より第二〜一四間に各一基、計一三基。
　内壁―南壁大壁、他の三面は真壁、中塗土仕上。外壁は田子・七間・一四間・四間各櫓共通。
屋根　屋根形状―切妻造。
　棟積―本棟は熨斗瓦三段積、雁振瓦が載り、両端に鳥衾瓦・鬼瓦を備える。

棟飾は田子櫓と同じ。

軒の出（側本柱より広小舞外下角まで）
一・〇七m。

軒高（礎石上端より広小舞外下角まで）
三・一五m。

棟高（礎石上端より棟頂上まで）
六・四四m。

十四間櫓は棟札によると天保一五年（一八四四）の再建となっている。

四間櫓

概要　一重櫓、本瓦葺、石落付。

基礎略　石垣—南側東寄り二間、東側高さ一四mの石垣。

平面　梁間—三間五・九〇m。桁行—四間七・八八m。石落—東南隅。

柱間装置　入口戸—北側西より第二間西半間片引板戸。西側北より第二間引分板戸。窓・建具—東側北より第二間、南側西より第二間に八本竪格子、内側引違明障子、外側突上板戸二枚組。銃眼—東側四間、南側東寄り二間に各一基、計六基。内壁—真壁、中塗土仕上。

屋根　屋根形状—入母屋造。隅棟—北東・北西・南東の三箇所。熨斗瓦二段積、雁振瓦が載り先端に鳥衾瓦・鬼瓦を備え、尻は刀根丸瓦上で漆喰を施す。

軒の出（側本柱より広小舞外下角まで）
〇・九八m。

軒高（礎石上端より広小舞外下角まで）
三・七六m。

棟高（礎石上端より棟頂上まで）
六・八四m。

四間櫓は棟札によると慶応二年（一八六六）の再建となっている。

源之進櫓

建立と沿革

熊本城は、細川氏時代にも本丸の櫓はそのまま使用されているので、源之進櫓の創建も慶長期と考えられるが実証できる記録は見当らない。数度の修理を受け安政六年（一八五九）には大修理が施されている。この時の棟札は現在も櫓内に遺っている。

明治一〇年（一八七七）の西南戦争の時、城の大部分を焼失したが、源之進櫓のある東嶽ノ丸一帯は焼け遺った。源之進櫓の名称については定かではないが、人名であると考えられている。しかし、加藤・細川両家の侍帳にはそれに該当する人物がいない。

概要　一重矩折（かねおれ）櫓、入母屋造、本瓦葺。南北に棟の通る北棟の南側が、東西に棟の通る南棟の北側東寄りに付き、双方の東壁は連続している。

北棟は桁行一六・二〇三m、梁間三・九三九mで北東隅に石落が付く。

南棟は桁行九・一二一m、梁間四・八九三mで南東隅に石楽が付く。

外壁は上部大壁白漆喰仕上、下部簓子下見板張墨塗仕上である。

壁内側は真壁中塗仕上である。

柱間装置　北棟の北より第三・第六間の東壁、南棟の北より第二間の東壁及び、東より第二間の南壁の四箇所は竪格子入窓で、引違明障子と竪羽目板の突上戸二枚ずつを備える。北棟北より第一間の西壁は、戸車付片引大戸である。南棟東より第三間は、西寄り半間を開口した片引板戸である。銃眼は北東隅石落の北面と東面に各一箇所、北棟東壁の北より第二間から第七間まで各一箇所、同第八間に二箇所、南棟東壁の北より第一・二間に各一箇所、南東隅石落の東面と南面に各一箇所、南棟南壁東より第二間に一箇所の合計一五箇所を備える。

屋根　入母屋造、本瓦葺、矩折櫓で南棟が北棟より棟高・軒高とも高い。破風は北棟北と南棟東・西の三箇所に設ける。双方の本棟は三段熨斗に雁振瓦を載せ、両端鳥衾瓦・鬼瓦を備える。刀根丸からの隅棟は北棟北の二箇所と南棟の四箇所で、二段熨斗に丸瓦を載せ下端に鳥衾瓦・鬼瓦を備える。北棟の軒は南棟の軒下に入る。瓦目地には漆喰を施す。

軒・妻飾　出桁造、一重疎垂木漆喰塗籠。垂木先に裏甲・瓦座を重ねる。破風は棟木・母屋の木口に破風板が付き、梅鉢懸魚、木製で墨塗の六葉・樽ノ口が付く。

軒の出（側柱真より裏甲外下角まで）

北棟〇・九〇五m。南棟〇・九八〇m。

軒高　（礎石上端より裏甲外下角まで）

北棟三・四二九m。南棟三・一九五m。

棟高　（礎石上端より棟頂上まで）

北棟五・六〇二m。南棟六・一二二m。

東十八間櫓

熊本城本丸東側を防備する一重の長櫓で、東から北にかけて折曲りの北十八間櫓が連なっている。

概要　一重櫓、本瓦葺。

基礎略　北壁東側二間半と東壁一八間は高さ二〇mの石垣上、南壁四間は高さ一〇mの石垣上、西壁南より一〇間は七～一〇mの石垣上にある。

平面　梁間―七・〇m。桁行―三四・五m。北東隅の各一間と東壁南端の一間に石落が付く。

柱間装置　側壁外部大壁、下部は土台上と楣上位置に見切板を設け、荒土壁下地に簓子下見板壁、上部は荒土壁下地に白漆喰である。側壁内部及び、間仕切壁は真壁、中塗土塗仕上。入口は西壁北より第七間。窓は窓楣・窓台に竪太格子、細貫二本、内側障子戸半間幅、外側突上竪羽目板戸半間幅。東壁北より第三・七・八・一二・一三・一六・一七間と南壁西より第二間と西壁北より第一二・一六間は一間幅の窓で障子戸引違い、突上戸二枚組。東壁北より第二間は南寄り半間の窓で障子戸片引、突上戸一枚、北壁東より第二間は西寄り半間の窓で障子戸倹飩、突上戸一枚。窓と同様銃眼も外向き（高石垣側）に合計二五箇所設けられている。

屋根　南端入母屋造、北端切妻造。本棟は三段熨斗瓦積で両端に鬼瓦・鳥衾瓦を備え、伏間瓦を被せる。隅棟は頭が三段、尻が二段熨斗瓦積で砂漆喰を用い、鬼瓦・鳥衾瓦を備え雁振瓦を被せる。また瓦全面に目地漆喰を施している。

軒・妻飾　軒は出桁造、一重疎垂木。妻木は梅鉢懸魚六葉付き。垂木・上げ裏・出桁・梁尻・破風及び、懸魚は漆喰塗籠、六葉・樽ノ口は墨塗である。

軒の出（側本柱より広小舞外下角まで）　一・一五ｍ。

軒高（礎石上端より広小舞外下角まで）　三・七〇ｍ。

棟高（礎石上端より棟頂上まで）　六・九〇ｍ。

北十八間櫓

熊本城本丸東北の旧千葉城址方面を防備するための折曲り一重櫓で、ほぼ西に五間櫓が連なっている。

概要　折曲り一重櫓、本瓦葺。

基礎略　東棟東側全面、北側全面、北棟西側北より三分の五間は二〇ｍの高石垣上にある。

平面　〔東棟〕梁間四・〇ｍ。桁行一八・九ｍ。南壁東側一間半程は東十八間櫓北壁と共通で東端半間を開口する。西壁北端の一間を開口し第二間の四分の三間を間仕切壁として西へ北棟が続く。入口は西壁南より第四間。北東隅の各一間に石落が付く。〔北棟〕梁間三・九ｍ。桁行二一・二ｍ。北側を中心に石垣に合わせて扇面形に彎曲している。東側は東棟に接続し、北壁は東棟の北壁と連なっており、また西壁は五間櫓の間仕切壁と連なり、南側三分の一間余を共有し、南壁西端一間は開口し五間櫓に続く。西壁北側一間に石落が付く。

柱間装置　壁・入口・戸は東十八間櫓と同形式。窓の仕様も同様で、東棟東壁南より第二・五間と北棟北壁西より第二・四・六・八間に一間窓、東棟の同第八間は四分の三間窓、北棟西壁北より第二間中央は三分の一間窓で、障子戸嵌殺、突上戸一枚。銃眼は合計二一箇所に穿つ。

屋根　東棟南端は切妻で東十八間櫓と接する。同北端は入母屋。西棟もほぼ同様で北端は入母屋だが、南端は東半分が北棟南軒の位置で切妻になる。西半分は五間櫓の北屋根と直交するため谷を構成する。北棟の南屋根は東西で谷を成し東西棟と直交する。同北屋根は軒を東西棟の北棟と連続にし、東棟北西に三角面と谷を成す。西棟北東も三角面と谷を成す。

軒・妻飾　軒は城外側のみ出桁造。その他形式は東十八間櫓と同様である。破風塗籠、懸魚塗籠に六葉を樽ノ口で挿し止める。

軒の出（側本柱より広小舞外下角まで）
〇・六六m～一・一四m。

軒高（礎石上端より広小舞外下角まで）
三・五〇m。

棟高（礎石上端より棟頂上まで）
五・五五m。

五間櫓

北十八間櫓に連続する櫓である。

概要　一重櫓、本瓦葺。

基礎略　北壁西側四間は二〇mの高石垣上にある。

平面　梁間四・〇m。桁行七・四m。平面は矩形ではなく、南東隅は鋭角となっている。東より一間目に間仕切、南側一間程が開口し北は壁で北十八間櫓西棟西壁に連なり、北東隅を共有する。

柱間装置　壁及び、入口・戸形式は北十八間櫓と同様である。窓の形式も同じで、北壁西より第三間に一間窓が付く。銃眼は三箇所である。

屋根　切妻造。北東隅が北十八間櫓に接続する。北屋根東側は谷を成す。東妻の北側は半分程で北十八間櫓に当る。軒・妻飾は東十八間櫓と形式は同様である。

軒の出（側本柱より広小舞外下角まで）
一・一四m。

軒高（礎石上端より広小舞外下角まで）
三・一九m。

棟高（礎石上端より棟頂上まで）
五・五四m。

なお、東十八間櫓は棟札により文久元年（一八六一）に建立されたものと推定されている。また北十八間櫓及び、五間櫓も文久から慶応年間（一八六一～六七）に再建されたものと考えられている。

平櫓

熊本城本丸北に位置し不開門への道を防備するための櫓である。

概要　一重櫓、入母屋造、南側に附庇・小庇・入口庇、北東及び、北西に石落が各々付く。

平面　梁間（本屋）　四・九六五m。
（入口庇）　一・八八五m。
（附庇）　二・九四二m。
（小庇）　一・一一七m。
桁行（本屋）　一五・一五〇m。
（石落—東）
東—五・四〇五m。
北—二・〇三五m。
（石落—西）
西—一・五三五m。
北—二・〇三五m。
（入口庇）
長—三・三三一m。
短—二・六七五m。
（附庇）　八・〇七五m。
（小庇）　一・九三〇m。

柱間装置　本屋北面の東より第二・四・六間、東面の南より第一・二間、西面の第二間はそれぞれ竪格子入り窓である。これは突上戸二枚（東第一間は一枚）を持ち、内側に敷居・鴨居を設け障子を入れる。北・東・西面の外側は下部下見板張、上部大壁白漆喰仕上、内側は真壁中塗仕上である。西北隅と東北隅から東側全面にかけて屋根付の石落を設け、東面に三箇所、北面に九箇所、西面に二箇所銃眼を備える。南面は附庇部分以外は、大壁白漆喰仕上である。

入口庇は東側石落と連続しており、その東南隅の一部が石垣なりに突出している。東側下部は下見板張、上部大壁白漆喰仕上、南側は真壁白漆喰仕上である。南面中央に、一筋の敷居・鴨居を設け入口板戸を入れる。

附庇は外部真壁白漆喰仕上、内部真壁中塗仕上である。南側第一間通り東より第一・二間は縁で、第三・四間は土庇となり、本柱筋東より第一間は窓、第二間は掃出し、第三間は真壁、第四間は板戸一枚内側引込袖壁付である。附庇と本屋とは、本屋南面東より第五間に板戸一枚内側引込袖壁付で通じていて、六段の箱階段を附庇側に設ける。

附庇の西側に、更に小庇が付き、外部真壁白漆喰仕上、内部真壁中塗仕上、床は土間である。

屋根　本屋・石落共本瓦葺。大棟及び、隅降り棟共熨斗積で、大棟は雁振瓦、降り棟は丸雁振瓦棟端に鬼瓦・鳥衾瓦を備える。石落隅降り棟は、丸雁振瓦で石落と入口庇との隅降り棟のみ鬼瓦を備える。附庇・入口庇・小庇は桟瓦（目板瓦）葺である。

軒・妻飾　出桁造、一重疎垂木漆喰塗、入母屋破風及び、懸魚は漆喰塗籠である。

軒の出（側柱柱真から茅負下角まで）
（本屋）〇・九三m。
（石落—東）〇・四一m。
（石落—西）〇・四一m。
（入口庇）〇・五五m。
（附庇）〇・五五m。
（小庇）〇・四一五m。

軒高（石垣上端より茅負下角まで）
本屋は平均三・三m。

棟高（石垣上端より棟瓦上端まで）
本屋は平均五・五五m。

平櫓は、寛永一〇年頃（一六三三頃）の建立と推察され、安政七年（一八六〇）に再建されたものと考えられている。

監物櫓（新堀櫓）

城地北端の新堀門を防備するための櫓で、江戸時代には長岡図書預櫓と呼ばれた。

概要　一重櫓、入母屋造、本瓦葺、北西隅に石落が付く。正面一二間、側面四間、一間の基準尺は、梁間四尺九寸三分、桁行六尺四寸六分である。三間毎に間仕切を設け四室に分かれる。

柱間装置　北面の西より第二・五・八・一一間、西面の南より第二・三間はそれぞれ竪格子入り窓である。これは突上戸二枚（西面のものは一枚）を持ち、内側に敷居・鴨居を設け障子を入れる。

南面の西より第三・五・七間、東面の南より第二間及び、内部間仕切壁三箇所の南より第一間は、それぞれ一筋の敷居・鴨居を設け戸車付片引大戸である。

東西南北とも外壁は下部簓子下見板張黒柿渋塗、上部大壁白漆喰仕上、内側及び、間仕切壁は真壁中塗仕上である。銃眼は石落北面に二箇所、北面の第二〜第一二にそれぞれ一箇所ずつ、西面の第一間に一箇所、合計一四箇所設けている。

屋根　本瓦葺。本棟・隅棟共熨斗積三段で、本棟は雁振瓦、隅棟は丸瓦、棟端に鳥衾瓦・鬼瓦を備え、総目地漆喰（白色）塗である。

軒・妻飾　出桁造、一重疎垂木漆喰塗籠、梅鉢懸魚六葉付き、上げ裏・出桁・肘木・梁尻・破風及び、懸魚は漆喰塗籠、六葉・樽ノ口は黒渋塗である。

監物櫓の建立については不明であるが、この櫓は豊前街道から侵入する敵を想定し、それを制圧する要衝の位置にあるもので、加藤氏によって建立されたと推定される。また、安政七年（一八六〇）再建の棟札がある。

城址逍遥

JR熊本駅前には多数のタクシーが常駐しているが、ここではやはり全国で数少なくなった路面電車を利用したいと思う。駅前から熊本城前まで十数分、北へ進むと坪井川越しに馬具櫓と長塀が見える。行幸橋（みゆきばし）を渡る。明治三五年（一九〇二）、明治天皇行幸に際して、下馬橋から西出丸の南大手門に通ずる主要道の南坂を、傾斜を緩めて直線化した。この時に出来た新道は行幸坂と呼ばれ、熊本城への本通りとなった。

馬具櫓は行幸橋の右手にあり昭和四一年（一九六六）に再建された平櫓で、往時には鞍・鐙・馬甲（うまよろい）・馬面等の馬具を収納する倉庫として使用されていた。その西には文書類が保管されていたと思われる書物櫓址がありここには現在、城址碑が建てられている。馬具櫓下から東側の平御櫓まで続く長塀は全長約二四〇ｍあり、国指定の重要文化財である。桟瓦を載せ黒の下見板を腰高に張った白壁の塀で、長石垣上に黒と白の対比が美しい。西南戦争の時に一度撤去されその後再建されたため、鉄砲狭間を失って旧態を損じている。内側は長塀を支える石の支柱が立ち、支柱と塀は貫（ぬき）で固定されている。

馬具櫓付近から嶽ノ丸への入城門に櫨方門（はぜかたもん）がある。この門は今の加藤神社の鳥居の位置にあった。寛延二年（一七四九）、ここに櫨方会所が置かれその時にこの門も造られたが、後に転用され昭和三〇年（一九五五）老朽化したため解体された。そして、同三二年現在地に再建された。長屋門形式である。現在はこの門と、長塀先の須戸口門、久しくあかずの門であったが平成二年（一九九〇）春から開門された不開門、現在の熊本城の正門に当たる頬当御門、以上四箇所から入退城できる。

行幸坂を上る。右手は備前堀である。かつて熊本城では、南を流れる白川を外堀に見立て、その内側の坪井川と井芹川の流路を合わせて内堀とし、さらにその内堀に繋がる備前堀や古城堀（ふるしろぼり）・新町と藤崎台を隔てる水堀・森本櫓下の陣の橋際の水際の水堀・新町の外部を廻る水堀などがあった。空堀はほとんど旧態を存しているが、水堀は明治以降埋立てられ、今日では備前堀しか遺っていない。備前堀の名称の来歴は、加藤氏時代に前国主佐々成政の遺臣佐々備前がこの近くに住み、屋敷を備前屋敷と称したところから堀もそのように呼ばれるようになったと伝えられる。

北へ進むと左手には「神風連首領太田黒伴雄奮戦之跡碑」がある。明治新政府に批判的な熊本勤王党の一派敬神党（神風連）は、県令安岡良亮の懐柔策により県下大小の神職に任命されたが、憂国のあまり、明治八年（一八七五）の千島・樺太交換の屈辱、翌九年の廃刀令に激昂し総勢一七〇名が決起、鎮台司令官邸や熊本城二ノ丸の砲兵営や歩兵営に斬り込んだ。寝入りばなを襲われた鎮台兵は散々に斬り立てられたが、戦い半ばに燃え出した兵営のあかりで襲撃者の少なさを知り、刀槍のみの神風連を火砲により相次いで倒した。敵弾に胸板を貫かれた太田黒伴雄は同志に背負われて退き法華坂の民家で絶命した。石碑の側面には「明治九年十月二十四日一挙の夜、古田十郎・青木暦太・松田栄蔵がこの地において陸軍中佐大島邦秀と戦い苦戦の際、太田黒走り来て一刀で中佐を仆したところ」とある。戦い敗れた後、彼等は思い思いに各地において自刀して果てた。最高齢者は六九歳で、最年少は一六歳、二〇代や三〇代の若者が多くその数一二四名、その英霊は桜山神社に祀られている。

南大手門址付近から右に進むと西櫓門がある。飯田丸と旧南坂とを結ぶ通路に開いている城門で、飯田丸の西側、備前堀と空堀に面する石垣上には百間櫓が屈曲して延びており、その虎口のところに開いていた。上部を透かしにした頑丈な二枚門扉で、内側八の字開き門（かんぬき）どめである。脇にも閂どめの潜戸（くぐりど）が付いている。旧陸軍時代に上の櫓を撤去したが、門の横木に西南戦争の時に砲弾の当たった痕が遺っているため、屋根をかけて保存されている。現在は閉門されている。

行幸坂をさらに北に進むと右手は空堀、左手は西出丸址である。ここには西大手櫓門が復元されていて、二ノ丸駐車場から観光客が続々と門をくぐって天守へ向っている。熊本城には北大手門・南大手門があったが同城は西向きの城であるから、これが本当の大手門といえる。西南の役一〇〇周年記念事業として昭和五六年（一九八一）に復元された。寛永九年（一六三二）一二月、細川忠利が加藤氏に代わって肥後国主になった時、この西大手門に座して「今日より肥後五四万石の城地を拝領いたします。」と深々と頭を下げた。この折、冠の緒が門の蹴放（けはなし・敷居）に触れたので、以来家中の人々はこの門の中央を通行することを遠慮し、城主自身でもこの部分を跨いで通ることはなかったと伝えられている。西大手門から二ノ丸広場へ向う。西出丸の石垣を通して右から大天守・小天守・宇土櫓の三天守並立の様が眺められる。二ノ丸の一角に藩校時習館址の標柱がある。宝暦五年（一七五五）、細川重賢が藩の子弟を教育するため開いた学校で、科目には儒学中心の道徳・社会・人生に対する知識及び、武術があった。第一代教授（学長）は豊後国鶴崎（大分県）出身の秋山玉山で、この学校には有名な学者が多く集まった。明治三年（一八七〇）に廃校になっている。

西出丸西北隅には乾櫓台がある。西出丸は北大手門・乾櫓、そして西大手門で結ばれ長い石垣の上は総て長塀であったから、これらの長塀を見渡して全線の指揮を執るのがこの櫓の使命であったと考えられる。二層の櫓で南北両面に大きな破風を持っていたと伝えられる。

　監物櫓は有料の監物台樹木園の西北端にあり、元来長岡図書（ずしょ）の邸内にあったので、長岡図書預櫓と呼ばれた。ところが明治以降、隣接した長岡監物邸と合わせて陸軍用地となったため、陸軍は監物邸の櫓と間違え、監物櫓と誤用しそれが通称となった。熊本城の北の守り、京町台地から来襲する敵を新堀門を挟んで撃退する役割を持ち、平時には武具庫として使用され新堀櫓とも呼ばれた。西北隅に石落を設け黒の下見板張、窓は突上戸、等間隔に矢狭間を配している。その手前に埋門址があり冠木門がある。城地北側からの入口は、現在の新堀橋を渡り新堀門を抜け、この埋門を通って城内に入った。冠木門は熊本市制一〇〇周年を記念して造られた。監物台付近から西に向って百間石垣が延びる。高さは五間ほどであるが、長さを基にして百間石垣と呼んでいる。東側は埋門の桝形で折れ西は二ノ丸門の桝形に折れ込んでいる。飯田覚兵衛が築いたと伝えられる。ある年の正月、山東弥源太という若者が悪戯心からか、家老長岡監物邸の注連飾を盗み出した。門番がそれに気づき百間石垣の方へ追いつめたため、弥源太は後ろ向きに飛び降りた。大きな竿につけられた飾りが羽の役目をして、無事着地したので門番もあきれてそれ以上は追わなかったという。それ以来、思い切ったことをする喩えに「百間石垣後ろ飛び」というようになった。「清水の舞台から飛び下りるよう」と同意義である。

　百間石垣先には武家屋敷址の土塀が遺っている。百間石垣は南に屈曲して二ノ丸門となる。二ノ丸門は二ノ丸の正門で、奥行四間・幅一一間という大規模な櫓門であった。明治八年頃（一八七五頃）までは遺っていたらしいが、その後鎮台の手で撤去された。二ノ丸門址から少し南へ歩き、さらに東に進んで南下し北大手門址を通ると、加藤神社前に出る。加藤清正を祀る神社で、境内には文禄・慶長の役記念の太鼓橋・肥後三大手水鉢（ちょうずばち）の一つ・清正ゆかりの旗立石などがある。この辺りは櫨方郭址である。かつては櫨方隅三階櫓があり、櫨方会所が置かれていたところである。

　現在の熊本城本通りと、加藤神社との角付近から仰視する宇土櫓・大天守・小天守が熊本城の写真の中でも最も知られている構図で、高石垣上の城櫓は偉観である。

　頬当御門から本丸方面へ進む。この門は、西出丸から本丸中心部への関門にあたる位置に設けられた冠木門で、現在の門は昭和三五年（一九六〇）の天守再建の時、料金徴収所として旧位置に旧図に基づいて再建されたものである。頬当（ほおあて）の名称は本丸中心部を顔に見立て、顔の前に当てる甲冑の面具の名をとったものと推察されている。二本の門柱の上に貫を渡した冠木門である。門扉は頑丈な厚板の二枚物で内側八の字開き、閂で閉ざす。両脇は木柵になっていた。この門を防備するように宇土櫓の二階櫓がある。宇土櫓前へ出る。

　宇土櫓は黒と白を基調とした重厚な建物で壮麗な印象を与えてくれる。二階櫓側一階から入り続櫓を通って、五階櫓へ出る順路となっていて、親切な初老の管理係の方数名が詰めておられる。白蟻が好む松が使用されている材もあるとの事で解体修理後は、通風性を考慮し、例外日を除いて内部は一般公開されている。写真撮影も自由にできる。全国でも重要文化財級の櫓で内部が公開されているのは、彦根城の天秤櫓その他と、この宇土櫓ぐらいだろう。内部には適宜に解説板や模型があり、城郭古建築を目の当たりにすることができる。宇土櫓は三重五階地下一階附という構造である。三重の屋根を持ち、内部が五階になっている。初重→一階、二重→二・三階、三重→四・五階という構成で上下に三つの建物を重ねた構造となっている。各重ごとに上下の繋がりがないのが特徴で、むろん一階から五階まで通った柱は一本も無い。このような構造は、天守のような重層の建築の中でも古い類型といえる。破風は四面についているが東西が本来の破風で、南北は外観を整えるためのものである。地下は穴蔵あるいは、石蔵と呼ばれ熊本城では宇土櫓の他には、大天守・小天守・裏五階櫓にあった。内部一階は東西九間・南北八間、武者走りを除くと七間・六間の広さでこの部屋が主室であり、三間四方で九間（ここのま）といわれる。このような構成は室町時代の伝統的な上流階級住宅の系譜をひくものである。一間（柱と柱の間の長さ）は地域的・時代的に異なることがあるが、この宇土櫓は一間が六尺五寸（約一・九七m）となっている。熊本城の多くの建物は六尺五寸であるが、よく調べてみると一間が六尺（約一・八二m）の建物もあったようで、一間が六尺となっていた建物は宇土櫓より古いもののようであり、熊本城の成立過程を探る意味で大きな示唆を与えてくれるといわれている。なお、武者走りとは、戦闘時には敵に対して素早く対応するため原則として櫓の城外側には必ず廊下が設けられていた、これをいう。

五階は一階の主室と同じ広さ(三間四方)で、廻縁と高欄が付いている。階段は元来の位置でなく、初めは部屋の中心付近にあったと考えられるし、廻り縁を支える構造も、創建後間もなく変更された。また、天井竿縁に古い材料が発見されたが、他の建物の材料を再利用していると推定されている。宇土櫓の三重の大棟には鯱が載っているが、これは昭和二年（一九二七）に、当時の第六師団司令部に保管されていたものを載せたもので、本来の宇土櫓のものかどうかは解らないが青銅製で形式も古く、江戸初期に遡ると思われる貴重なものである。古瓦については、宇土櫓は加藤氏時代の桔梗紋をもつ軒平瓦で葺かれていた他、加藤氏時代のものと思われる三ツ巴紋の軒丸瓦や室町時代まで遡る可能性のある三ツ巴紋の軒丸瓦も発見されている。また、工事に伴う発掘調査で、慶長四年（一五九九）の朝鮮瓦や軒丸瓦・鬼瓦の一部も出土している。内部をじっくり見学して外へ出る。

櫓下長塀は昭和三五年の再建である。城内の各櫓はすべて屋根付きの塀で連結され、城内の兵士の動きは城外からは察知できない。塀の構造も厳重である。芯の枠組みから竹小舞などの下地も入念で、厚手の土壁にして簡単には破壊されないように工夫されていた。同間隔で狭間を開けて銃撃用に備え、また、引き落されないように内側に控えの石柱を立て貫で固定した。眼前は大天守・小天守である。あちこちでバスガイドが団体客に熱っぽく城の謂れを説明している。

熊本城本丸の天守へ上るには、数寄屋丸前から耕作櫓門を通って本丸御殿の床下を抜けなければならなかった。御殿の建物は天守台への虎口の上にまたがって建っているから、この虎口にさしかかると中は真っ暗である。御殿下への入口がくらがり（暗）御門で、門内の地下道には照明用の鉄燈籠が下がり、百目蝋燭がともっているだけで、ここを抜けて四辻御門を出るとようやく銀杏樹の見える平面に到達できた。現在では本丸御殿は跡形もない。

熊本城の天守は大天守と小天守が連立している。大天守は一の天守とも呼ばれ、高さ一六間二尺（約三二m）、外見は三層であるが内側は六階地下一階になっている。石垣の上に大丸太を縦横に並べた土台は、三方に張り出し武者返しを兼ねる。床板を外すと全面が石落の役割を持つ。大天守は二層の千鳥破風を持ちその上に唐破風を備え各階の白壁は軒下部分だけを残し、あとは黒の下見板で覆われている。小天守は二の天守とも言われ、二層四階地下一階、高さは九間半（約一九m）ある。大天守と一層部分は繋がっているが大天守石垣ができあがった後に追加されたものである。大天守内部は戦闘用に配置された部屋割だけになっているが、小天守内部には居住空間が設けられ地階には井戸もあった。西南戦争後は天守台だけであったが、昭和に入って熊本城址保存会が天守の再建を計画したが実現せず、昭和三五年（一九六〇）に熊本市が完成させた。鉄筋コンクリート製ではあるが、外観はすべて旧態通りであるのが喜ばしい。小天守から入って大天守側に出る順路になっている。現在、天守内部には熊本市立博物館の分館があり、加藤・細川両氏の資料、熊本城関係や西南戦争の資料などの多くの文化財が展示されている。小天守に入ってまず目につくのは、くらがり門燈籠である。昼夜百匁（約四〇〇g）のロウソクを灯していたといわれる。

天守内部で一際目を引くのが重要文化財・波奈之丸（なみなしまる）舟屋形である。波奈之丸は、細川家の参勤交代用の御座船である。豊後国鶴崎（大分県）の港から播磨国室の津（兵庫県）、または大坂までの瀬戸内海の船旅に用いられた。舟屋形は船体の中央部で藩主の居間である「御座の間」など四室と二階がある。本船は天保一〇年（一八三九）の建造で、明治四年（一八七一）廃船後、鶴崎の首藤家の尽力により舟屋形が保存された。大正一〇年（一九二一）細川家に移され、昭和三八年（一九六三）からここに展示してある。「波奈之」の額は肥後藩主一〇代斉護（なりもり）の書を福田太華が彫刻したもので、室内の襖や格天井（ごうてんじょう）の装飾画は画風から見て、細川家御用・矢野派の絵師が描いたものと思われる。藩主の船には波奈之丸の他にも「泰宝丸」などの姉妹船があった。舟屋形は一重二階の切妻造で屋根は板葺である。美麗な甲冑や刀剣・大名道具等も多く展示してある。最上階に上る。小天守や、天守建築と考えたら九州で現存唯一、櫓だとしたら全国最大規模の宇土櫓が見下ろせる。窓の外の、よくあんな所まで手が届く、と思われる所にまで落書きがしてあり、思わず失笑してしまう。

天守を出て月見台へ向う。ここには月見櫓址・谷干城銅像・横手五郎首掛石等がある。この郭には西南端に上三階櫓が聳え、それから東へ平櫓が続いていた。その平櫓の上に宝形造の二階が突き出しており、これが月見櫓であった。名称から各地の城郭の月見櫓のように観月の宴用の櫓を連想しがちであるが、この月見櫓は今日でいう天文台で、日・月の出入りを観測して時刻を定め、時の太鼓で城下に知らせていた。天守と共に焼失後、鎮台が正午を知らせる空砲を打っていたので戦前はここを午砲台（ごほうだい）と呼んでいた。

なお、熊本城の支城八代城本丸には、屋根形状の名称そのままの宝形櫓があった。本丸の南東隅に位置し、四間四方を測る二層二階の隅櫓で、屋根が頂上の一点に集まり、その上に露盤宝珠をのせる宝形造は仏寺によくみられる形で、この宝形櫓の二階は仏殿になっていたといわれる。

谷干城は土佐出身で戊辰の役において各地に転戦し、明治四年（一八七一）以後、新政府の兵部権大丞となった。明治一〇年の西南の役に際しては熊本城を死守して名将の名を馳せた。

この時熊本城に籠城したのは、谷干城少将をはじめ鎮台兵と、支援に駆けつけた小倉歩兵第一四連隊第一大隊及び、警視隊など合わせて三四〇〇余名であった。これに対して城下に押し寄せた西郷軍は隆盛以下一万三〇〇〇名弱、何度強襲をかけてもついに熊本城は落ちなかった。

勇将木山弾正の遺子と伝えられる横手五郎は、父が天正一七年（一五八九）の天草一揆の時、志岐麟仙に味方して仏木坂で加藤清正に一騎打ちを挑み、武運つたなく戦死したので成人の後清正を仇と狙い、築城人夫に身をやつし父の恨みをはらす機会を窺っていたが、彼の素性は見破られ井戸掘りをしている時、生き埋めにされたといわれる。首掛石は約一八〇〇kgもあるが、築城当時に五郎が首に掛けて運んだものと言い伝えられている。凹型の使途不明の大石である。

飯田丸から宇土櫓前への虎口は特別な高石垣で築かれており、その間には三階建の地蔵櫓門がかかっていた。門の名称は礎石に仏像が刻まれているところから付いたものであるが、実際は阿弥陀如来の立像である。

この門址から宇土櫓へ出る虎口は、幅の広い城内屈指の高石段である。数寄屋丸の脇に石段の途中から入る箱形の石組みを地図石と称している。切り石の組み合わせで美しく構成されている。

名称について諸説があるが、旧藩時代の絵図には「お待合口」とあり、茶会などの参入口と考えられている。数寄屋丸二階御広間は数寄屋丸南側に位置し、往時には主に接客用として茶会・歌会・能の鑑賞等に使用されていたといわれる。明治三年（一八七〇）の焔硝蔵の爆発で焼失したが、市制一〇〇周年を期して再建され、内部一画には熊本城管理事務所がある。

地蔵門址から飯田丸に出る。月見台の一部に、隅が二箇所ある「二様の石垣」と呼ばれる石垣がある。加藤氏時代と細川氏時代の石垣積みの技術の変化を示す貴重な遺構である。飯田丸三階櫓址・札櫓門址・東嶽之丸五階櫓址、このあたりは二重の虎口である。嶽之丸へ出る。縄張は複雑で、振り仰ぐ高石垣の曲線は実に美しい。振り返ると左手は飯田丸五階櫓台、一段下がって要人櫓址である。現在、竹（嶽）の丸広場は肥後六花園・同椿園となっている。肥後六花とは六代藩主細川重賢が、藩政振興の一つとして蕃滋園を創設し、有用植物を栽培したのが始まりで、花芯の優雅さ・一重咲きの花形・花色の純粋さに特徴がある。それぞれ肥後の名が冠せられた菊・椿・朝顔・芍薬（しゃくやく）・菖蒲・山茶花である。

東嶽之丸へ行き田子櫓等の背面を見る。田子櫓・七間櫓・十四櫓・四間櫓と続き、少し間隔をおいて源之進櫓がある。各櫓は外側に較べて内側の方が白壁の割合が多い。田子櫓は一重櫓で、東南隅に外壁を垂直にして庇をかけた形式の石落を配している。七間櫓と十四間櫓は、田子櫓より軒を一段下げて少し折曲りながら高石垣上に長く続き、四間櫓は石垣を矩折りにして少し段をつけて前方に張出している。それぞれ長さを櫓名としているが、往時の用途は不明である。源之進櫓は折曲りの一重櫓である。北へ進むとその東北隅に、東十八間櫓・北十八間櫓・五間櫓の多聞櫓がある。東十八間櫓は一重平櫓で、東向きに直線に構えられ、一段下がって折曲りの一重櫓である北十八間櫓が東北角を占め、さらに一段下がり一重櫓の五間櫓が接続している。不開門西北に平櫓がある。現在は鉄柵が施されていて公然と背面へ近づくことはできない。不謹慎ではあったが鉄柵を乗り越えて、平櫓背面・石門二箇所・付近から仰視した小天守、大天守等を写真撮影して足早に引き返した。

不開門がある。古くから東北の方向は鬼門と呼んで陰陽道では不吉な方向とされていた。城郭の縄張においても東北隅を欠いた土塁や石垣を築いたものもあった。この方向は塞いではいけないし、解放してもいけないというので、門は造るが普段は閉鎖して人は出入りしないことにしてあった。そこから不開門・不明門などという名称が付けられた。熊本城不開門は東嶽之丸側から見て屋根が右端が入母造、左端は切妻造の独特な形状をしている。左には建物が接続していたことを示していると考えられている。この門は棟札によって慶応二年（一八六六）に建てられているので、この時に改築されたものと思われる。

不開門を出て坂を下る。左手の高石垣上に平櫓が見える。東側は三角形に張出して隅が石落となっていて、この張出し部分に庇をかけているので、東側は軒が二重に重なっている。背面の庇は長く他の櫓と較べて独特の形状をしている。不開門坂道に侵入する敵を想定し、それを攻撃するための重要な櫓であった。解体修理の時、人形（ひとがた）や門の出入鑑札などが発見され、寛永期（一六二四～四三）に創建されたものであることが判明した。五間櫓・北十八間櫓・東十八間櫓を仰視する。石垣が極めて高く壮観である。

熊本城東北方の千葉城址には、現在NHK九州本部が置かれていて城址の解説碑がある。細川氏入国後藩主忠利の客分として迎えられた宮本武蔵が、この地の南側に居住した、とある。熊本最初の県立中学校、千葉中学校がこの地に建てられた、とも記してある。東嶽ノ丸の櫓群と天守をある程度の高さから写真撮影するには、市役所の展望レストランがよいとのことであったが、休日だったので熊本ホテルキャッスルへ行く。ここのレストランからは北十八間櫓・東十八間櫓・大小天守が望見できる。貴顕紳士が和やかに会食する中で、いささか場違いの感があったが、頼んで窓越しに写真撮影をさせてもらってそそくさと退去した。熊本大神宮・熊本城稲荷神社を右手に見て平御櫓・須戸口門の見える所へ来る。

平御櫓（ひらおんやぐら）は坪井川に沿った長塀東端の高石垣上に構えられた櫓で、長塀の防御線を一段高い位置から援護する役割の他に、須戸口門から侵入する敵を東嶽ノ丸方面との連繋で挟撃する役目を持っていた。須戸口門は冠木門で簀戸口とも書き厩橋際から城内の入口として設けられた。共に復元されている。

中世隈本城のあった第一高等学校に城址碑か標柱がないかと思ってタクシーで行ってみて探したが、見当らなかった。このあたりは、かつては古城（ふるしろ）と呼ばれていた。そのため古城の外の堀を古城堀といい、その堀端の町は「古城堀端町」と名付けられた。旧藩時代には屋敷町であったが、西南の役で焼失してしまって、現在この町名は使用されていない。

宇土櫓前へ戻ってしみじみと名城を仰ぐ。熊本城を見ずして近世城郭は語れない、そんな思いが胸に迫り来る巨城である。

熊本城大天守・小天守

熊本城源之進櫓北面

熊本城宇土櫓南東面

熊本城監物櫓北面

熊本城北十八間櫓北面・左東十八間櫓

熊本城五間櫓南面

熊本城平櫓北面

熊本城田子櫓西面

熊本城七間櫓西北面

熊本城平櫓南面

熊本城四間櫓西面

熊本城東十八間櫓内部

熊本城東十八間櫓内部

熊本城宇土館内部四階

熊本城図

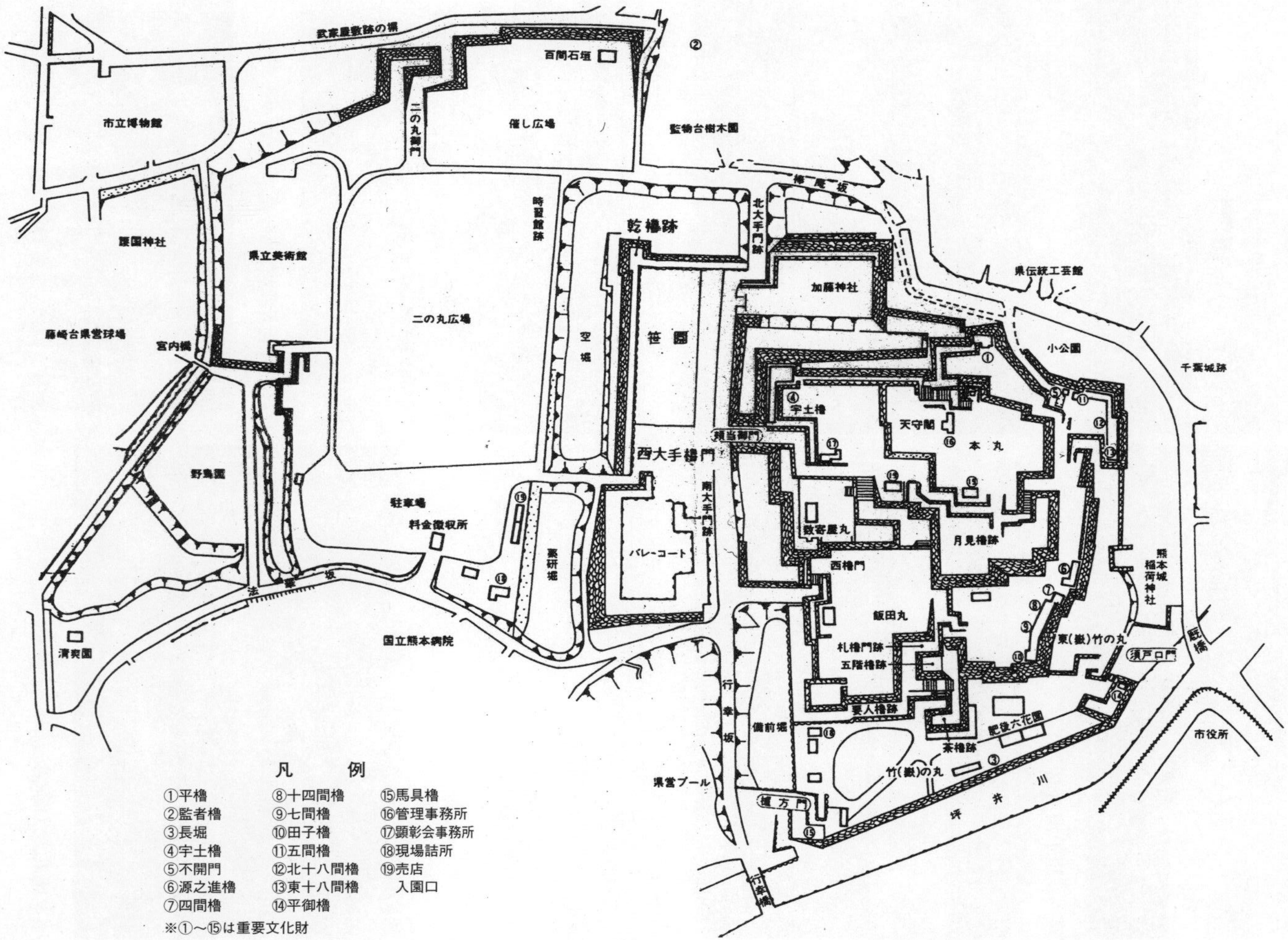

凡　例

①平櫓　⑧十四間櫓　⑮馬具櫓
②監者櫓　⑨七間櫓　⑯管理事務所
③長堀　⑩田子櫓　⑰顕彰会事務所
④宇土櫓　⑪五間櫓　⑱現場詰所
⑤不開門　⑫北十八間櫓　⑲売店
⑥源之進櫓　⑬東十八間櫓　入園口
⑦四間櫓　⑭平御櫓

※①～⑮は重要文化財

熊本城田子櫓①・七間櫓②・十四間櫓③

四間櫓④　平面図

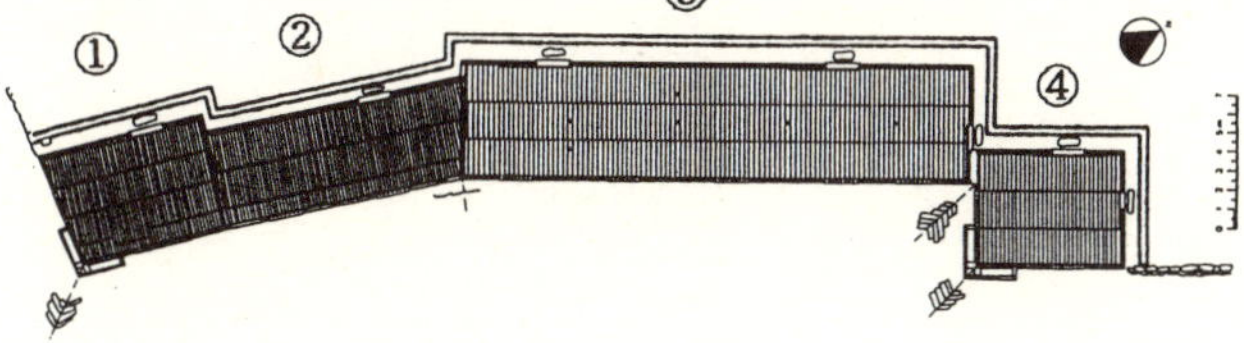

熊本城平櫓東側立面図

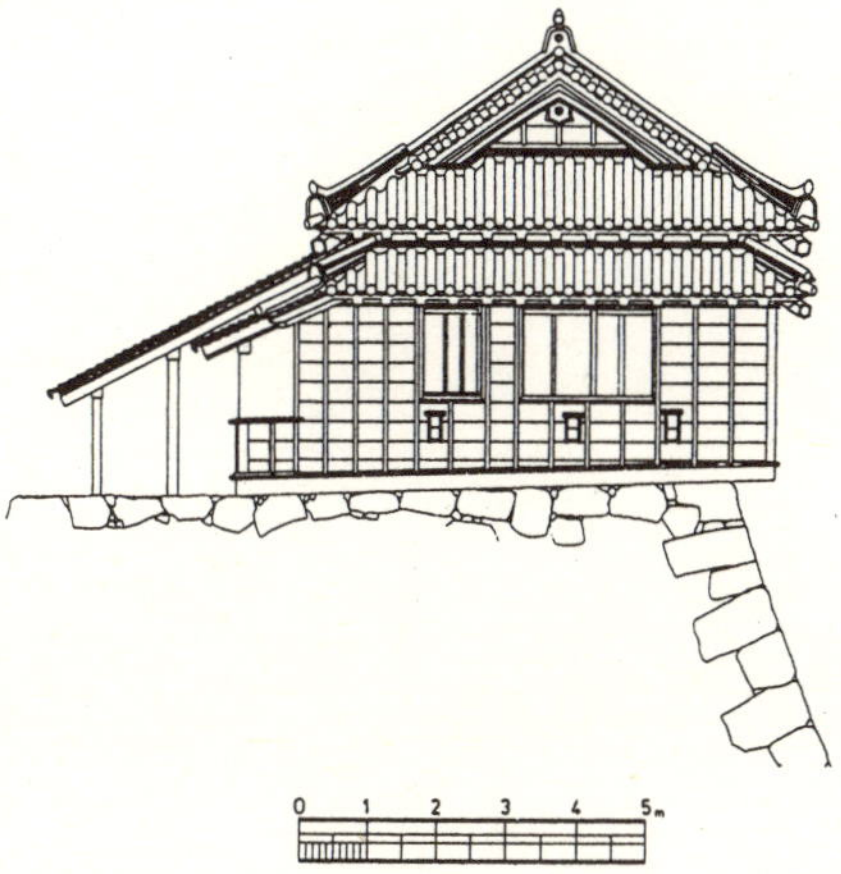

熊本城平櫓北側立面図

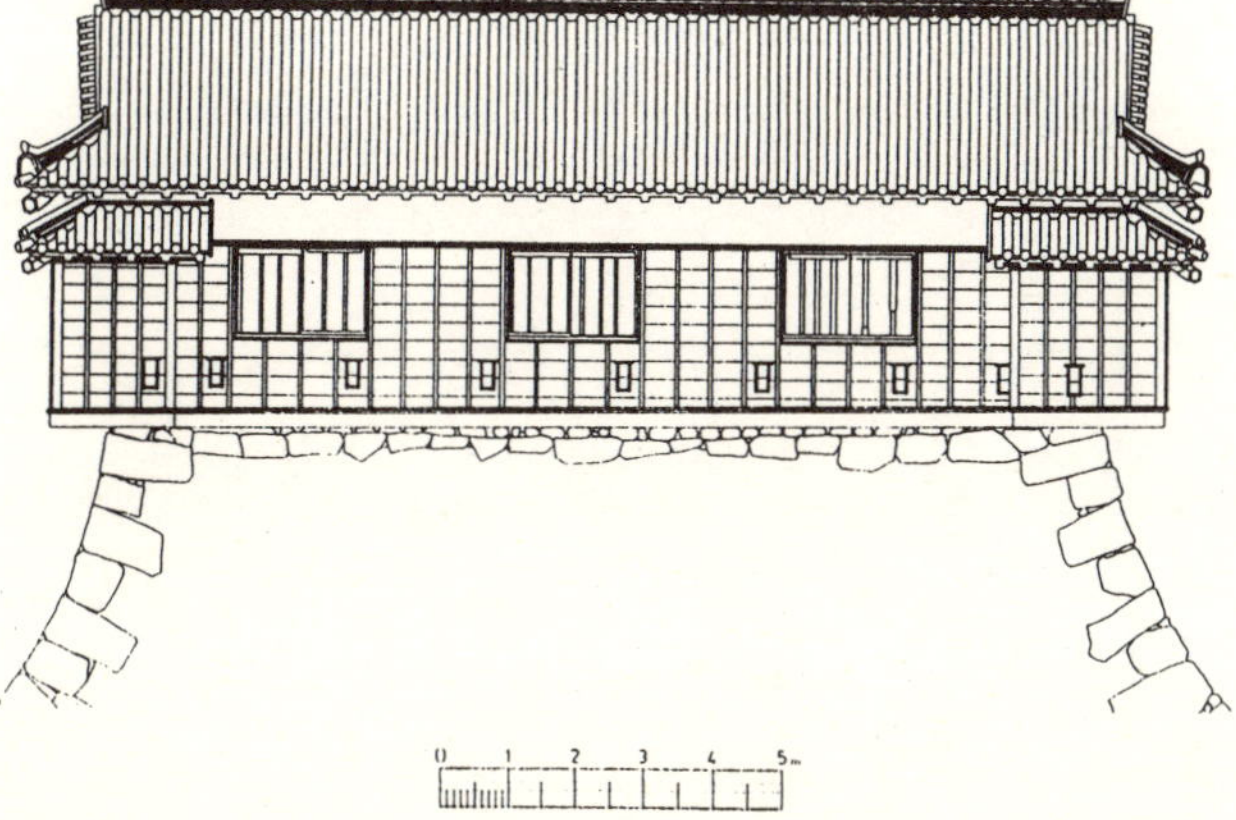

第二章　探訪

平戸城狸櫓

はじめに

初夏の旭光に天守が輝いている。玄海灘の波は、あくまでも穏やかである。バスの中から振り向き、また振り向いて、西の城下町平戸に別れを告げる。「………さすらい人のふるさとは、遠い昔の子守歌………」ひそやかなため息にも似たつぶやきが出る。惜春のひとり旅は哀しい。

（平成七年、陽光うららかな日、平戸を発つ）

平戸島は、昭和五二年（一九七七）に平戸大橋の架橋で本土と陸続きになった。本土と平戸島との間は平戸瀬戸と呼ばれ、その幅はわずかに六〇〇mで、潮の流れが速く、一名を雷瀬戸ともいわれた。この地は玄海灘と東支那海を結ぶ要衝であったので、早くから対支貿易の要港として発展してきた。推古天皇より仁明天皇に至る間に派遣された遣唐使は往還の都度、この地を寄港地として利用してきたし、また民間の、宋・元に往来した貿易船もここに船がかりして、東北より吹く季節風を待って船出した。したがって、入唐した空海や、入宋した栄西もここに足跡を遺している。ことに栄西は宋よりの帰途、建久二年（一一九一）平戸の古江湾に着船し、この地の冨春庵で日本最初の禅機を行い、その時裏山の畑に茶の種子を蒔き、抹茶や製茶法を伝えた。これが日本における茶栽培の嚆矢であった。

元寇すなわち、文永・弘安の両役（文永一一年・一二七四、弘安四年・一二八一）にあたって平戸はそのたびごとに敵の来攻を受けたが、松浦党を中心に勇戦して撃退し事なきを得ている。戦国時代になると貿易のための明船の来航が多く、有名な海賊の巨頭王直は松浦隆信の支援を得て、ここを根拠地として海外貿易の仲介をしたので、京・堺の商人等も集まって来ておおいに栄えた。『国姓爺合戦』（近松門左衛門の人形浄瑠璃の一つ、明朝の遺臣鄭芝竜の日本亡命中の子和藤内（国姓爺）が明国の回復を計ることを脚色する）で有名な明の遺臣鄭成功（和藤内）も、海賊の棟梁であった鄭芝竜と、田川氏との間に平戸で生れている。

天文一九年（一五五〇）にはポルトガル船の入港があり、フランシスコ・ザビエルによりキリスト教が伝えられた。続いてイスパニア船も入港し、慶長六年（一六〇一）にデ・カストロが煙草の種子を初めて伝えた。慶長一四年（一六〇九）にはオランダ船が入港し、同一八年（一六一三）にはイギリス船も入港して、両国の商館が建ち、平戸は日本最初の海外貿易港として繁栄した。しかし元和九年（一六二三）にイギリス商館は閉鎖され、寛永一八年（一六四一）には徳川幕府の鎖国政策によりオランダ商館は長崎に移された。

今では、華やかなりし貿易時代の遺蹟が昔日の名残をとどめ、ジャガタラ文（徳川幕府の鎖国政策の一端として現在のジャカルタであるジャガタラに追放された南蛮人と日本婦人との間に生れた混血児並びにその母親が故国によせた書簡の総称）の哀話や、キリシタン弾圧による殉教の悲話などが旅人の心を打つ。

大類伸先生監修の名著『続日本の名城』（昭和三四年・人物往来社刊）では、荒廃した昭和三〇年代初めの平戸城を次の様に描写している。「………こうした謎と伝説につつまれた城址は、焼けつくような南国の日ざしをさえぎる幾百年もの大木におおわれ、いまなお古狸が棲みそうな静寂さである。苔むした石垣は崩れ櫓の壁は朽ちて玄海の潮風にさらされ、一面蔦におおわれた白亜の土塀には、異様な銃眼が昔をしのばせている………」

その平戸城址もすっかり明るくなって模擬天守や諸櫓が建てられている。また、改築されてはいるが、全国唯一の動物名の冠せられた狸櫓が現存している。

城史

平戸城は北九州の海賊、松浦党の棟梁の子孫である松浦氏三〇代の当主松浦棟（まつらたかし・雄香）によって宝永元年（一七〇四）より、同四年（一七〇七）にいたる約四箇年の歳月を要して築かれたものであるが、城郭が調和よく造られた背景は、碩学といわれた山鹿素行と、名君であり茶人としても有名な、二九代当主松浦鎮信（まつらしげのぶ・天祥）の長年にわたる研鑽の賜物である。鎮信は平戸藩四代の藩主で、三代隆信の子である。約五〇年の長きにわたって平戸藩主として善政を布いた。水利を開いて新田を開発し、漁港の護岸工事を行って漁業の保護に努めるなどの治績をあげ、家臣の家訓・教訓等を定め藩の態勢を整えるなど、名君の誉れが高かった。また文化人として、神道を学び、和漢の学に達し、禅にも通ずるという精進ぶりであった。また詩歌をよくし茶道に精通して、茶道においては石州流より出で鎮信流という一派を創始した。そして、儒学者であり兵学者でもあった山鹿素行に傾倒し心酔して、約三〇年の間に互いに三〇〇回以上往来して親交を深めた。平戸城は、この山鹿素行の兵学と、松浦鎮信の芸術的才能とが渾然一体となって具現された城であった。

松浦党に属する諸氏の本姓は種々の説があって明瞭ではないが、平戸藩主の松浦氏の本姓は嵯峨源氏で、源頼光四天王の一人といわれた渡辺綱の子が肥前国今福に下って土着し、初めて松浦の姓を名乗ったのに始まると伝えられている。この子孫が海賊松浦党に発展していった。しかしこの松浦党は必ずしも本姓嵯峨源氏ばかりではなかった。

松浦氏は壇ノ浦の合戦では平氏の水軍に属したが、後に鎌倉幕府より所領を安堵され、松浦持（まつらたもつ）の代に、初めて平戸に移って館山に城を築いて居城とした。南北朝の騒乱期、松浦定（まつらさだむ）は南朝のために尽力し、松浦勝（まつうらすぐる）の世には北朝に降り、勝尾嶽に白狐山城を築いて移り住んだ。後に松浦隆信は海外との交易を求めて明人王直のために勝尾嶽の麓に屋敷を与え、自らは平戸港の入口を扼し、その見張りに便利な崎方遠見の中腹にある古館に移り住んだ。松浦隆信（道可）の時代には、北松浦地方に壱岐国を領有する戦国大名の地位を確立した。

松浦隆信の子息法印鎮信は、一七歳の大村攻めの初陣以来野戦に生きた戦さ巧者で、奇策縦横・鬼の法印としてその勇名を馳せた。白狐山城が山城で、時代遅れであるのを見抜き、早くから築城のため用度を節して備えていた。天正一五年（一五八七）豊臣秀吉の九州征伐の後、鎮信は旧領を安堵され近世大名としての地位を確立した。豊臣秀吉の朝鮮出兵に従軍して在韓七年、帰国した松浦鎮信は亀岡の地に壮麗な日之嶽城を築いた。松浦氏の精強さは、新兵器鉄砲の採用にあった。鉄砲だけでなく西欧人より、西欧の築城法・石材架橋術・操砲製火薬術の伝授を受け、日之嶽築城に当っては自ら縄張し、普請・作事を督励したと伝えられている。朝鮮出兵の際の本営となり、後に不用となった名護屋城の用材を貰い受けて築造されたので、豪壮華麗な城であったと伝えられている。

ところで、我国に鉄砲が伝来したのは定説では、天文一二年（一五四三）八月、ポルトガル人が種子島に漂着した時にもたらしたものということになっているが、この年の三月に松浦隆信が飯盛城に松浦親（しかし）を攻めた際に、鉄砲を用いたといわれているから鉄砲伝来の地は、実は平戸なのである。鉄砲伝来の地が種子島となったのは、鉄砲を自製しようと努力してそれを成し遂げた領主種子島時堯の積極的な態度にあったのである。

日之嶽城築城時期については、慶長四年説（一五九九年説）と、同八年説とがあって一致せず、いずれとも断定し難い。その後、日之嶽城は慶長一二年（一六〇七）もしくは同一八年に出火・焼失した。鎮信が嫡子で藩主の地位にあった久信の伏見での病没を悲しんで城に放火したと伝わるが、久信の死による悲嘆が、鎮信の放火に至らねばならない必然性について首肯することができず、また、出火が久信病没の、慶長七年（一六〇二）からかなりの年月を経た後であるという時間的経過からしても疑問視されている。

松浦法印鎮信は、文武両道に秀でた武将で、豊臣秀吉の島津氏征伐には、父隆信と共に進んで参陣し、征韓の議にも参与している。イスパニア船が平戸に入港すると、肥前名護屋城にいた秀吉に、謁見の労も取っている。徳川家康の時代になった慶長一〇年（一六〇五）には、豊後に漂着したオランダ船リーフデ号の船員を送還するに当って、銀一五貫を費し新船を建造して、オランダ人二人をパタニに送っている。これが契機となってオランダ船やイギリス船が平戸に入港することになるのである。家康は、秀吉と関りの深かった鎮信を快く思っていなかったようである。家康は、征韓の役なども含めて秀吉に心服していた平戸藩の行動を監視していたと伝えられている。鎮信はこうした疑惑を晴らすための決断として、築城間もない城を自身の手で焼いたと伝わる。

当時、平戸に入港していたイギリス船の司令官ジョン・セリースが江戸に向い、留守を預っていた後の平戸商館長になるリチャード・コックスの日記に、慶長一八年（一六一三）一〇月二日の夜、老王の城が火災にかかり一時間程で焼けてしまい、風説では鎮信自ら放火したということで、当日記にはこのように記されている。日之嶽城の構造については明らかでないが、後の平戸城と重複しているため双方の遺構を仔細な点に至るまで識別することは困難である。

後に松浦鎮信は中之館（なかのたち）に移っている。中之館は、江戸時代初期における平戸藩の政庁兼藩主の私邸であった。松浦氏は、日之嶽城焼失後より宝永四年（一七〇七）に至るまでの約一〇〇年間城を再建せず、館にあって政務を執った。その最初の館が中之館で、ついで御館（おたち）に移った。御館は平戸市の中心に位置し、平戸港を眼下に見下ろせる絶好の地にある。御館は城とは異なり、幕府の威を恐れた松浦氏が意図的に営んだ館であった。館の周囲は石垣と塀で囲まれ、時代の進行とともに整備されて行った。御館の跡には明治二七年（一八九四）に松浦氏の私邸が建てられ、その後、昭和三〇年（一九五五）に同邸は財団法人松浦史料博物館に寄贈され、博物館となって今日に至っている。

平戸城は別称や雅称を、亀岡城・亀甲城・朝日嶽城・玄武城という。平戸市の市街地の一角、平戸瀬戸に突き出したほぼ円形に近い小高い山を利用して築かれた平戸藩松浦氏の近世城郭であった。日之嶽城焼失後、館に居住してきた藩主鎮信（天祥）は居城再建を希望し、江戸参勤中には親交のあった山鹿素行と共に、砂形を用いて築城・用兵のことを研究している。平戸藩主松浦氏は、初代法印鎮信・二代久信（泰岳）・三代隆信（宗陽）・四代鎮信（天祥）と、六万二〇〇〇石余で襲封された。したがって、初代法印鎮信の父隆信（道可）とそれに続く法印鎮信、さらにその後には、隆信（宗陽）と鎮信（天祥）という同名の父子がいたのである。

松浦鎮信（天祥）の時代には築城を実現するには至らなかったが、その後に藩主となった棟（たかし・雄香）の代は、あたかも徳川五代将軍綱吉の元禄時代に当り、ようやく幕府も従来の武断政治から文治政治に転じた。松浦棟は外様大名ながら綱吉の改革政治の一環として寺社奉行に任じられ、およそ三年間幕府の一翼を担うこととなった。このような状況の変化に伴い、宝永四年（一七〇七）、かつて日之嶽城が設けられていた故地に平戸城が再建されたのである。松浦氏の平戸城は鎮信の声望と嗣子棟二代の努力によって完成したのである。本丸御門竣工までは着工から実に一七年の歳月を要した。

平戸藩主は棟（たかし・雄香）の後、篤信（あつのぶ・松英）・有信（等覚）・誠信（さねのぶ・安靖）・清（きよし・静山）・熈（ひろむ・観中）・曜（てらす・諦乗）・詮（あきら・心月）と計一二代にわたって継承され明治維新を迎えた。

中世松浦党の中心勢力であった平戸松浦氏の出自については異説が多く、普通には嵯峨天皇の皇子源融（みなもとのゆずる）の子孫源綱（みなもとのつな）の子久（ひさし）が、肥前松浦郡に土着し松浦氏を名乗ったと伝えられている。名乗りが一字名であることは嵯峨源氏の血統として、この説が有力視されている。

歴代平戸藩主で有名な人物は、九代清である。清はわずか四七歳で隠居し、静山と号して、八二歳で亡くなるまでの三五年間を著作や武芸に励み、二七八巻から成る大著『甲子夜話・かつしやわ』を著した。

平戸は寛永一八年（一六四一）、徳川幕府の命によってオランダ商館が長崎に移転させられるまで古くから海の要衝の地であった。長崎に主役の座を取って代わられ、藩財政は大打撃を受けた。そのため、代々の平戸藩主は苦慮し続けなければならなかった。藩のおかれた状況は厳しかったが、静山は折からの寛政の改革とあい前後してさまざまな政策を施行して業績をあげた。その努力によって藩の財政はうるおい幕府に対しても湯島聖堂再建の際に二万両という莫大な献金をして、将軍から佩刀を与えられる栄誉に輝いた。

静山の政策は、財政面のみならず、文武両面の政策にも大きな特徴を備えている。武士として、文学は武芸と同等に心得る必要があるというのが持論であった。その方針のもとに創られたのが、安永七年（一七七八）に設置された藩校・維新館であり、同時に武射場を建ててこれを実践した。維新館には、松浦鎮信（天祥）が山鹿素行と親交があった関係で、その弟平馬と孫の高道が平戸藩に仕官して山鹿流の学統を伝えた。静山は隠居するまでに藩政の実績を上げ、平戸藩中興の名君として不動の地位を確立した。

松浦静山は隠居しても気をゆるめることなく、さらに精進を重ねた。五三歳で心形刀流（しんぎょうとうりゅう）剣法家伝を、六八歳で日置流（へきりゅう）射学免許を許されたことをみても、自ら率先して文武の道に邁進したことが解る。静山を最も有名にしたのが『甲子夜話』の大著である。文政四年（一八二一）に筆をとって以来、その死に至る天保一二年（一八四一）までの二〇年の間、一夜も休まず書き続けた膨大な著作である。その他に、数十種におよぶ著作があり昼間は武芸に励んでいたことを考えると、まさに神業であった。

静山はある日、数えを受けていた林述斎から古人の善業や嘉言はこれを記して後世に伝えたい、と勧められた。静山はこの言葉によってその日から筆を起こし、それが甲子（きのえね）の夜であったことから、そのまま書題となったのである。取り上げられた題材は、歴史上の事件はいうにおよばず、当時の風俗・社会情勢・宗教と、ありとあらゆる方面にわたり登場する人物も支配階級から名もない庶民に至り、動物さえも主人公になるという自由闊達さである。

木下藤吉郎の浮気癖に手を焼いた於ねが、信長に訴えたところ、おまえのようにできた女房は、あのハゲネズミにはもったいない。しかし、やきもちを焼いてヒステリーなど起すのは愚の骨頂である。だまって見ていてやれ、と優しく諭した。気難しい信長の意外な一面である。

石田三成が関ケ原の合戦で敗れ、その居城であった佐和山城が落城した。一八万石の城主であったから、多少の贅沢はしたであろうと城に足を踏み入れてみると、その質素さに、三成は佐和山の城主で終わる気持ちはさらさらなかったのだ、と皆で噂した。

大坂落城の際、秀頼は死んだのではなく薩摩へ落ちのびたということ、そして九一、二歳まで生きのびたと伝えられる。源義経が満州に逃れたという説も載せている。

こうした歴史のかくれたエピソードも興味深いが、巷で評判となった記事もいたって面白い。

相撲取りの泣き所・遊女の体験談・狐や狸に化かされた話など、時によっては絵図まで添えられているのである。

静山は天皇家とも接近し、第一一女愛子（なるこ）は、中山大納言家に嫁いだ。その長女慶子姫は、孝明天皇の側にはべり、祐宮を生んだ。後の明治天皇である。つまり静山は明治天皇の曾祖父となったのである。その華麗な交友関係と姻戚関係は、静山の旺盛な好奇心からなる情報の収集が力を発揮したといえる。静山は三三人の子宝に恵まれた。「老驥伏櫪、畏る可き也」晩年の静山を評した長来の友、佐藤一斎の言葉である。驥（き）とは、一日に千里を走る良馬のことである。静山は天保一二年（一八四一）に八二歳で没した。巨人という名にふさわしい人物であった。

規模・構造

元和偃武（げんなえんぶ）の直後から、それまで実践されていた戦略・戦術を学問として体系化していこうとする動きがみられ、兵学が成立した。元和八年（一六二二）、会津若松に生れた山鹿素行は、小幡景憲や北条氏長についてこれを学び、後に独自の流派を樹立した。素行は自らの兵学を「武教」と呼び、武士のあり方全般について思索し、広く門人を集めたが、その中には大名も多かった。平戸藩主松浦鎮信も、素行に深く私淑した一人であった。鎮信は講義を受けるだけでなく、素行の弟平馬を後に家老として重用するほどであった。津軽信政もまた同様であったため、今も平戸と津軽には山鹿家の子孫が存在する。城主大名としての家格にありながら、城を持たないことは松浦家代々にとって甚だ気になることであった。鎮信が、山鹿流兵法にのっとって城を築いてみたい、と考えたのは当然の成行きであった。鎮信は素行の協力を仰ぎ、築城の構想を進めた。延宝七年頃（一六七九頃）から松浦鎮信と山鹿素行はしばしば会談し、松浦家の家臣熊沢右衛門八（えもはち）という人物は、何十個もの城の砂形を作って素行に見せている。

築城は、鎮信時代にすんでいた縄張により、山鹿義昌（平馬）の指導のもとに行われた。亀岡山は平戸港に突き出した円形の山で、東・西・北が海に面し、南方陸地との接合部は最も狭いところで、東西三〇〇m程であった。これを両側から潮入堀で約一五〇mに狭めたが、中央部は二〇m以上の標高があって水堀では切断しきれないため、空堀で掘り切っている。この堀の内側が城地であった。

城地は、海面より本丸櫓付近までの高さが約五〇mあり、周囲一九八三m、南北約四一一m、東西約四八〇mで、総面積は約一七万八二〇〇㎡あった。亀岡山の最高所に本丸を置き、その南側に梯郭式に二ノ丸が置かれた。本丸・二ノ丸の周囲は、高い比高を得るよう工夫され、石塁が廻らされた。三ノ丸はその西に付属しそれらを廻って広く外郭があった。

本丸は、石垣の周囲約三一二m、塀約二二二m、面積は、約一四二〇㎡であった。南側に虎口桝形を置き二つの門を備えていた。北側塁線上に二重櫓が一基あり、沖見櫓と称された。現在この位置に模擬天守が建てられているが、本来この城には天守は存在しなかった。築城願いには「本丸に櫓二」とあり、桝形横に櫓台がもう一つあるが、古図には櫓はみられない。本丸内には、殿舎や蔵も無く、純然たる詰の郭であったと考えられている。

二ノ丸はほぼ三角形をしていて、石垣の周囲約一〇九四m、塀約七四五m、面積は約五二八〇㎡あり、大手・北虎口・安寿・方啓の四つの虎口があった。いずれも明確な桝形の形態はとっていないが、厳重な構えである。二ノ丸中央に殿舎があって藩主の居宅となっていた。古図によると櫓は八基みえる。三重の乾櫓がこの城の実質的な天守の役割を果していた。

三ノ丸はどこまでの範囲をいうのか明らかではないが、築城願いに「門一二箇所（うち二箇所櫓門）」とあるのをみると、かなり広い範囲を含んでいたものと考えられる。三ノ丸内には新馬場のほか、溜池があったことは重要なことである。

外郭には一ノ大手門のほか、四つの虎口があった。築城願いでは、「大手櫓一、多門二、門一三（うち櫓門三）」となっているが、古図によれば多門はもっと多かったようである。北側に小舟入り・御船入りの二つの船溜があった。西側には本蔵・御船手役所・御米蔵・小渡・勘定場・町役所・御山方・御作事方・御武具方・御城方などの施設があり、東側には御厩（うまや）があった。周囲は東北の最も急な斜面の部分を除いて、多門あるいは塀が廻らされていた。

小松和博先生は、ある書籍で、平戸城の歴史と構造・見どころを詳述しておられるが、それには山鹿流築城の平戸城について次のように論述されている。

「平戸城は山鹿流の築城として有名だが、はたして山鹿素行の兵学がどのように反映しているのだろうか、ほかに山鹿流の兵学によって築かれたとされる城に赤穂城がある。赤穂築城には甲州流の近藤正純に加えて素行自身も参画している。浅井孝美氏は、赤穂城においては稜堡式築城を思わせる塁の屈曲などに兵学の影響が濃厚にみられるとしているが、平戸城の場合には『武教全書』などの記述と照らし合わせてみても、ここが山鹿流である、と指摘することは容易でないばかりか、かえって背反するようなところさえある。たとえば、盛んに述べられている馬出しが、外郭の五つの虎口に一つも採用されていないことや、虎口桝形は左前がよいとされるのに、そうなっていないのはどうしたことか（左前とは、城内から撃って出るときに桝形内で左に折れることをいう。鎧の守りのかたい左側を敵に向けて戦うことができる）。

これは一つには、平戸城が日之嶽城の残構を利用して築かれたため、その点の制約があったことによるのだろう。日之嶽城は、焼却したというだけで土木的にとりこわされたわけでないことは、幕府に提出した築城願いに「櫓台朱引之所引直候事」とか「大手櫓一ケ所石垣築足朱引之通」とあることによってもわかる。

また一つには、山鹿流による築城とは、外形的な面よりも、もっと深い意味であるかもしれず、思想的な面もきわめないと、見抜くことが困難なのかもしれない。しかし、よく注意すると、船入りを持つこと、溜池・中井池があること、外郭は複数の虎口から連繋して出陣・反撃できるならび虎口と見られないでもないこと、二ノ丸虎口が屈曲の多いとぐら口になっていること、二ノ丸東面に横矢桝形や外郭に横矢掛りがあって側防に配慮がなされていること、等がわかる。もっとも、幸橋北側の屈曲は、城外に背を向けないですむ順横矢とはなっていない。

平戸城は玄武城ともよばれた。玄武は四神の中で北を表し、平戸島の北に位置したので別称となった。

その後の平戸城

明治の廃城令で平戸城は廃城とされた。明治四年（一八七一）七月平戸県庁が城内に置かれたが、同年一一月長崎県に合併された。同七年外郭の旧藩校維新館武榭址（ぶしゃあと・武道場址のこと）に平戸小学校が開校された。同七年平戸区裁判所が維新館址に置かれた。明治八年（一八七五）城地や建物が払い下げられ西彼杵郡の某が落札したが、旧藩主松浦詮（まつらあきら）がさらに買収した。城の建物は一部を除いて取り壊された。明治一三年（一八八〇）松浦詮は霊椿山神社に八幡宮・乙宮神社・七郎宮の三社を合祀し、二ノ丸御殿址に新社殿を建立して亀岡神社と改称した。現長崎県立猶興館高等学校の前身は、明治一三年に松浦詮が平戸城外郭址に創設した猶興書院である。明治二一年（一八八八）外郭に平戸役場が置かれた。現在の平戸市役所の前身である。昭和三二年（一九五七）城址の中心部が亀岡公園となり、同四四年には総合公園となった。昭和三七年（一九六二）旧沖見櫓址に模擬天守が築造された。さらに、乾櫓・地蔵坂櫓・見奏櫓が復興され、北虎口門・狸櫓も修築された。昭和五二年（一九七七）には懐柔櫓が復興された。同五三年には幸橋が重要文化財に指定され、同五九年に幸橋門が復元された。昭和六〇年（一九八五）外郭に平戸文化センターが開設された。

現況は、城址の本丸・二ノ丸・三ノ丸は亀岡公園、二ノ丸は亀岡神社境内、三ノ丸の新馬場址は市民グラウンド、外郭は市立平戸小学校や、平戸市役所・警察署等の官公庁・平戸文化センター・猶興館高等学校等の敷地となっている。城址には北虎口門・狸櫓とそれに続く土塀の一部・幸橋門付近の土塀・幸橋・主要部の石垣・一ノ大手左右の空堀等が現存している。復興された櫓はおおむね旧規に準じて再現されているが、天守は模擬天守である。

平戸城址は現時点では、国・県及び市等の史蹟に指定されていない。意外な事例である。それがために安直な整備・復興工事等が行われた傾向がある。

平戸城狸櫓

一、動物名の冠せられた櫓

かつて全国に存在した城郭の櫓に動物名が付けられたのは以下である。

◎虎櫓—川越城・高松城・平戸城
◎龍櫓—高松城
◎龍所前櫓—宇都宮城

◎鷹櫓―淀城
◎烏櫓―高松城
◎鹿櫓―高松城
◎狸櫓―平戸城

虎は四神においてその方位は西を表し、龍は同様に東を指す。虎櫓・龍櫓はその立地方向を表した櫓名なのかもしれない。鷹櫓・烏櫓・鹿櫓の櫓名に至っては現地に赴いて入念に調査しなければ不明なものばかりである。その中で平戸城の狸櫓は来歴が明確である。

二、平戸城狸櫓

ⓐ規模・構造

平戸城狸櫓は北虎口門東に位置し、北虎口門とL字状を成す。門と櫓の間には土塀がある。かつては北虎口御多門、あるいは多門蔵と称された。古図には櫓東面の平（ひら）面が描かれ、長方形・三角形・正方形の狭間が一つずつある。屋根は青色、石垣は薄茶色に彩色され、壁は白く描かれている。

狸櫓は、本瓦葺・入母造・一重櫓で、櫓台石垣の法高は二・八九m、建物平面内法は八・二九m×三・九九m、棟高は建物下辺より大棟まで五・三六m、軒高は建物下辺より軒先鐙瓦中央付近まで三・三四m、軒の出は建物壁面より軒先鐙瓦付近までの水平距離一・〇五mである。鯱瓦はなく鬼瓦・鐙瓦には曜星紋である松浦氏家紋の松浦星（三つ星）が見受けられる。他に松浦氏家紋には、平戸梶の葉紋があった。懸魚は梅鉢である。建物下方高さ約二mを下見板張とし、上方は白漆喰塗込、軒裏は波状に漆喰を塗込めている。

古図平面図によれば、柱割は桁方向に隅柱を入れて六本、同梁方向に三本である。現在内部は真壁造で壁の柱と柱の間の一箇所を計測すると約二mあり、柱の幅は一六・五cmで、中央部に幅一二・五cmの間柱をそれぞれ入れている。床面から棟木側面付近までの高さは、約四・八m、同棟木下部まで四・四九m、梁までの高さの中央部一箇所は三・二六mで、梁の太さは約二〇cmある。格子窓の一箇所を計測すると、高さは約一m、幅は約〇・九mある。格子子は三本である。外観西面の格子窓は、中央部を連双として格子子は合計六本、その左右に、前記の約一m×約〇・九mの格子窓を配する。同北面には六本格子の窓、東面は三本の格子窓二箇所が確認できる。入口は建物西南部にあり、高さ約一・八m、幅約一・五mのガラス片引戸である。狸櫓内部は農耕資料室として、江戸期等に使用された農耕用具が展示されている。

ⓑ伝説

平戸城狸櫓には、狸櫓由来記の解説板が設置されている。それによると、狸櫓の由来については、第三五代藩主松浦熈（ひろむ・観中）が、「亀岡随筆　三六」に記している、とあり、観中公直筆の古文書のコピーと、それを平易に訳したものが狸櫓入口上方に掲げられているのでそれを記載する。

『北虎口狸櫓由来の事

北虎口の角に多門があるがこれは平の櫓で、この辺りは松英公（第三一代篤信　徳川八代将軍吉宗の時代）の御代の後の頃に建てられたようで、かなり年月も経って傷みもひどく、また道具を入れたこともなく、ただ古物などを放り込んでいた。

熈（ひろむ…第三五代観中公「ご本人」）の代になって、龍瑞寺の大杉の余材など積み上げて入れて置いていたが、いつの頃から名付けられていたのか俗に狸櫓と云われ、静山公（第三四代）の頃にもそのように呼ばれていたという。

銃眼（鉄砲はざま）として一つ開けてあった穴を塞いでおいたが、一晩で元通りに開けている。何物かが出入りした擦れた面もあるので、きっとこの穴から狸が出入りし元通りにしたのであろう。

以前は時折住居辺りにまで狸が出入りし、人を脅かしたり、或いは本丸の山で物真似などをしていたと聞いていたが、近頃は何の音沙汰もない。

しかし、次第にこの多門も傷み朽ち荒物も入れられなくなったので、天保一二年城の係のものに指図し、隠居家の物入れを兼ねて、以前より少し間数を多くして建て替えたが、造りが厳重に出来たので狸の住むところも無いようになった。


このような次第で天保一四年一〇月二五日、建前、土堅め、清めの御祓いなどを立石美濃守（宮司）に申し付けた際、狸に言い渡したことは、「これまで此処を住家とさせていたが、最早このように再建が成就したうえは、前のように銃眼に穴を開けたり、或いは長持のかけ箱の間などを住家にしてくれては迷惑である、気の毒ではあるが、何処かへ住家を替えるよう」と言い渡しその通りに取り計らっておいたところ、その後不思議な感応（テレパシー）があった。

「ここに住んでいる古狸は甚だ長年にわたって此処を住家としている。眷族も多くなっているので我々を粗末に取扱ったりするときはひどい仕返しをするが、親切に取扱ってもらえるなら、この城を末永くお護りし、災いを払って陰ながら城主に忠勤を励みます。今、住家を替えることは甚だ迷惑至極、これまでは板敷もなく土間であったが、この度は板敷になったので、床下は何の用向きもないと思うので此処に住まわしてもらいたい。そうすれば我々はいよいよ災難を除いて、この城が堅固であるようにお護りいたします。」というのであった。

よって床下四ケ所風抜きを開けさせ、はね戸にして、勝手に狸が出入りできるようにと申し付けまたその後、宮司を通じ
「床下を許すから自由に使って住んでよろしい。しかし、人の邪魔になるようなことをすれば、どんな責めを受けるか分からない。そんな事がない限り例え人の目に触れても、鉄砲で狙ったり狸狩りなどしてはならぬと子孫に申し伝えておく。」

このように誓わせておいたので、この事をここに書き後々の人に残しておきます。必ずもって罪のない老狸を苛めて、その祟りを受けるようなことがないように、そして地神様同様に思ってそっとしておきなさい。また、決してこのことを疑ったり、背いたりしてはいけません。

天保一五年一二月　記す

　また、別の伝説では、いつの頃からか、この櫓の床下に狸が棲みだしたが、天保の初年頃修理のために床板が全部とりはずされた。そこで一匹の狸がある夜小姓に化けて城主の寝所に行き「われら一族を櫓に住まわせていただければ、末永く城を守護します」と歎願するので、城主はこれを許し、翌日さっそく床板が張られた。狸たちは大喜びで月明の晩など櫓上に浮かれ出て腹づつみを打ち、城下の人々に聞かせたといわれる。

　平戸城狸櫓は、北虎口門と共に修築されたが、文化財に指定されていないため不適切な修理がなされた感が否めない。しかし、愉快な伝説があってそれが櫓名となり全国に現存する唯一の動物名櫓として貴重な遺構といえる。

城址逍遥

　JR佐世保駅から第三セクター方式の松浦鉄道にてたびら平戸口駅で降車する。平戸方面への玄関口で、駅の構内に「日本最西端の駅」と刻まれた石碑が建っている。坂道を下りて停留所で少し待ってバスに乗り平戸大橋を渡る。架橋には四年の歳月と巨費を要し、橋の全長は六一四・五mである。しばらく進むと平戸城址が見えてくる。ビジネスホテルに荷物を預け城址に向う。

　一ノ大手址より入城する。亀岡神社の石碑があり、その奥の大手門址の標柱は、文字がかすれてしまっている。平戸城二ノ丸址は亀岡公園として親しまれ、二度咲き桜・平戸つつじ・亀岡のマキ並木など、四季折々の豊かな景観が楽しめる。二ノ丸西側には乾櫓が再建されている。三層三階建で、二層・三層は塗込造、初層目下半は板張で、中央に切妻破風の出窓があり、棟高は約一六・五mある。この櫓は方位を表す名称であるが、本丸からは南西方向にあり、北西の乾の方角ではない。二ノ丸にあった御殿に対しての乾の方角である。当時は天守代用と目された櫓であった。亀岡神社が結婚式場を兼ねているので、再建乾櫓は披露宴の会場として使用されている。城址の野面積を主体とした石垣はさして高くはない。神社の左手脇を進むと、右手石垣上に、これも再建された地蔵坂櫓があり、そして本丸入口の北虎口門がある。北虎口門は渡櫓門形式で左手の狸櫓と共に築城当時からの遺構ではあるが、多門櫓部のガラス窓は、景観を損ねている。また土塀の一部もコンクリートで塗り固めてある。

　本丸址へ上って行く際の、左手の銃眼塀は古城址の雰囲気をよく遺している。模擬天守は入母屋造の三層四階建で、千鳥破風を配し、最上階には高欄が巡らされている。懸魚は梅鉢である。棟高は約二〇mあり、天守再建は時の山鹿素行の子孫である山鹿市長以下、平戸市民の方々の熱意の賜物である。第一次築城ブームの所産ではあるが、風景によく溶け込んでいる。ここで、わずかの間に濃い青色の空を背景とした天守を写真撮影することができた。二分程後にはもう雲がかかって来た。

　天守内部には、松浦家伝来の調度品や遺品類、国指定重要文化財の環頭太刀・平戸城の模型・中山愛子（なるこ）の木像・明治天皇御七夜産衣などが展示されていた。最上階からの眺望は素晴らしい。日本の城で海を眼下に見下ろせる天守はそんなに多くはない。心地よい潮風に吹かれる。平戸城には、再建櫓として、二ノ丸東北端に見奏櫓・同じく二ノ丸東端に懐柔櫓があり、共に二重二階建である。この見奏と懐柔の意味は、現時点では不明であった。懐柔の方はカイジュウ策などと表現するが、櫓名とは結びつかない。あるいは、奥深い山鹿流兵学の教義による命名なのかもしれない

天守を後にして幸橋へ向う。橋の傍に英国商館遺址之碑がある。幸橋（さいわいばし・オランダ橋ともいう）は、平戸港近くの河口に構築された石造の高欄附単アーチ橋で、元禄一五年（一七〇二）平戸藩主松浦棟が平戸の石工達に造らせたものである。架橋の技術は平戸オランダ商館建造に従事した石工豊前（とよさき）が見習い覚え、地元の石工達に伝授したものと伝えられ、別名オランダ橋と呼ばれる由縁となっている。平戸がオランダとの貿易港として繁栄した頃の石造技術を継承したものとして重要な遺構である。当初は渡し船で往来していたが、寛文九年（一六六九）松浦鎮信（天祥）の命により無柱式木橋が架けられ、これによって往来が便利になったので幸橋と名付けられた。しかし三〇年程後に破損してしまい、石造アーチ橋に架け替えられた。これが現在の幸橋であり、阿翁石（あおいし・鷹島石）と呼ばれる玄武岩を用いている。

幸橋門（西口門）は、正徳五年（一七一五）に平戸城再築城に伴って構築されたものであり、路面調査時に礎石等が確認され、昭和五九年（一九八四）当時の姿に復元された。左右には銃眼塀もある。幸橋は昭和五三年（一九七八）に国の重要文化財に指定された。橋長は、一九・二六m、幅員は五・一二mである。

平戸市役所観光課から送ってもらったパンフレットを見ながら平戸オランダ商館址、常灯の鼻・オランダ井戸・オランダ埠頭・オランダ倉庫の壁等を見学する。常灯の鼻は、オランダ商館の東南端に当るところで、元和七年（一六二一）の平戸地図にオランダの国旗が立っている場所である。元和二年の築造で、今も石組は当時のまま遺り、防波堤の一部となっている。オランダ商館の石庫の壁が一部遺っている民家の前の通りから、丘に向って右手の石段のある坂道に沿い、長さ三〇m程の石塀が電光のように続いている。この石塀の下がオランダ商館址で、地元ではこの石塀をオランダ塀と呼んでいる。

松浦史料博物館は、高石垣に白塀を廻らしたかつての平戸藩主邸宅であった御館にある。現在の資料の陳列場は当時の謁見応接の間、千歳閣である。庭の一隅に草庵式の茶室閑雲亭があって鎮信流茶道門人の稽古場となっている。博物館に所蔵されている資料は三万余点あり、松浦家代々の所蔵品を主として、後醍醐天皇下賜の直垂（ひたたれ）・狩野探幽筆の屏風・武具類・オランダ船の船首飾の木像や錨など、豊臣秀吉の切支丹禁制定書や、書画・絵巻物・藩政の記録等の文献も多数所蔵されている。

県指定史蹟の六角井戸や、大蘇鉄も見学する。六角井戸は、日明貿易の盛んであった天文年間頃（一五三二～五四頃）飲料水用として町の中央に掘られた井戸であり、枠組は石製で六角の形状をしている。

平戸には悲惨なキリシタン弾圧の歴史がある。松浦鎮信（天祥）襲封と同時に、島原の乱の派兵・幕使松平信綱の平戸視察・オランダ商館取り壊し等があり、幕府の指示に従って切支丹寺の焼き払い・信者の追放・無人島においての信者処刑等を断行した。貿易のための布教許可ではあったが、時の権力には逆らえなかった。そして、いくつかの仏教寺院が建てられた。

平戸港の西、ひときわ高い尖塔が目立つ聖フランシスコ・ザビエル記念聖堂は、昭和六年（一九三一）に建立された。オランダ橋から南へ市街を経て山手の静かな坂道を入って行くと、寺院と教会の見える風景が展開する。平戸のエキゾチシズムを象徴する光景である。寺院に重なるようにカトリック教会の尖塔が石垣と白い塀の上に望見できる。寺院は、手前が光明寺、下の方に瑞雲寺、上方は正宗寺である。

御館より平戸城を眺める。海の雄族松浦党末裔の居城地平戸城は、再建とはいえ玄海の潮風をうけ、亀岡の山上に燦然と輝き、行人（こうじん）をして、うたかたの夢を語らしめる。

平戸城模擬天守

平戸城狸櫓南西面

平戸城狸櫓内部

平戸城要図

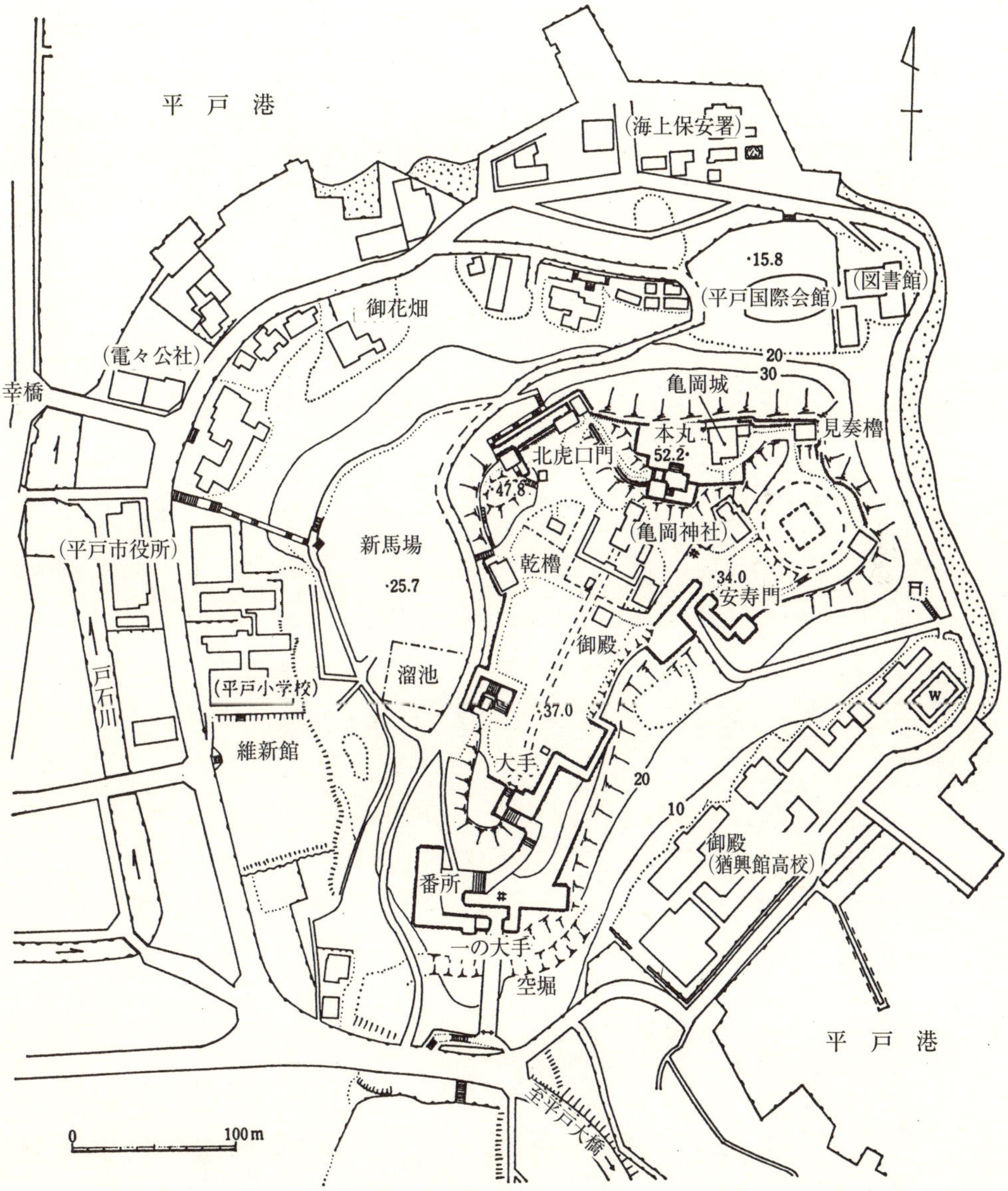

日本城郭大系・17・（新人物往来社）より

第三章　補遺・詳細及び訂正

会津若松市は、平成六年（一九九四）に「史蹟若松城跡保存整備のあり方」を策定して、江戸末期の状態に合わせた建物の復元を含む城址の保存整備を計画していて、平成九年度（一九九七）から同一二年度にかけて、本丸の鉄門に続く走長屋（続櫓）・干飯櫓の復元工事中で、その後本丸裏門、さらに月見櫓・茶壺櫓・走長屋・塀・御三階の復元も計画されていて、将来の探訪が楽しみである。

会津若松城の御三階櫓は、昭和の天守復元の際、東京工業大学の藤岡博士が立ち寄られ、それまで道路端であり冠水するので、現在地に移転するように助言をされた。建物内部は非公開である。

白河小峰三重櫓

一、構造――木造三重三階建（土間、張出し附）

二、面積――一階　六間×六間　五一・五八坪
二階　四間×四間　二一・九八坪
三階　二間×二間　四・七二坪
合計　七八・二八坪

三、規模――一階桁高（桁　上端まで）一〇・六二尺
同階高（床　上端まで）一二・九〇尺
同軒高（垂木下端まで）八・七〇尺
二階桁高（桁　上端まで）二三・一八尺
同階高（床　上端まで）一四・一八尺
同軒高（垂木下端まで）二一・二〇尺
三階桁高（桁　上端まで）三五・三六尺
同軒高（垂木下端まで）三四・〇〇尺
同棟高（棟木上端まで）四六・〇〇尺
（階高以外は土台上端からの高さとする）

四、仕様――一階　床　板張　一部玉石敷タタキ土
内壁　羽目板張　一部漆喰塗
天井　化粧根太　小屋梁あらわし
外壁　腰板張古色塗　壁漆喰塗
軒裏　総漆喰塗込　一部軒先古色塗
屋根　土居葺の上本瓦葺
二・三階は一階と同じ

笠間城の移建城門が二棟存在する。
笠間市笠間八二四　小嶋守男氏宅
笠間市笠間八一八　小嶋勇一氏宅

土浦城の西櫓は昭和二四年（一九四九）キティ台風の被害を受け、翌年復元を前提として解体された。土塁上には礎石のみが遺されていたが、平成三年（一九九一）に復元完成された。
構造形式　木造本瓦葺　二階建（二層・二階）　入母屋造

一階　三間×四間＝一二坪
二階　二間×三間＝六坪　計
一八坪
（一間＝六尺一寸五分）

土浦城の東櫓は譜代大名西尾氏が城主であった時に建てられたと伝えられ、西櫓と共に東西の土塁の上に存在した。櫓は、元来は城の防禦の拠点の一つとして物見や、武器庫の役割を持った建物であった。それに加えて、江戸時代の東櫓は貴重品などを入れて置く文庫蔵の役割を果たしていたと考えられる。

東櫓は明治時代の火災で本丸館と共に焼失したが、平成一〇年（一九九八）に復元完成した。新しい東櫓は江戸時代の建築技術を継承しながら現代工法も取り入れた建物となっていて土浦市立博物館の附属展示館として土浦城を紹介している。

この東櫓内部には、建築用材に解りやすく木札が表示してあってとても勉強になった。

もう一つの五稜郭といわれる長野県の龍岡城へ行って観て、つくづく感じるのは堀の狭さである。このような狭い堀で、また郭内石垣に跳出しを付けても意味がないのである。大きな板でも持ってきて渡れば充分である。これは松平乗謨の夢そのもので、いわば気概を表す記念的な築城だと考える。

松代城は現在復元工事が急ピッチで行われていて、整備工事内容は、本丸石垣の修理・復元、二ノ丸土塁の再現・虎口の表示、内堀の復元、一部外堀・外堀遺構の表示、本丸太鼓門・本丸北不明門等の復元が計画されている。

松本城太鼓門は、二ノ丸の正門で文禄四年頃（一五九五頃）に築かれたもので、一の門（櫓門）と二の門（高麗門）からなり、その間に桝形が造られていた。門台石垣の上には太鼓楼があり、太鼓や半鐘が置かれ、時の太鼓や登城の合図が打ち鳴らされた。太鼓門という呼び名は、このような大事な働きを持っていた太鼓楼に由来するもので、明治四年（一八七一）に取り壊されてから、一二八年ぶりの平成一一年（一九九九）に甦った。

上田城の真田石は、縦二・一五m、横二・七mである。

伊勢亀山城の場合、古写真で、三重櫓・大手門・二ノ丸御殿の三枚の写真を複製する際に、まちがって乾板の裏から撮ったため左右の位置が逆になって紹介されてしまった。

高槻の白井河原の合戦は元亀元年（一五七〇）説もある。

高槻城二ノ丸隅櫓は、地表よりの棟高が、約七・三m、同じく地表より、軒高は、五・四五mあり、軒の出〇・六五m、建物外法は六・三五m×六m、窓等は手が加えられたと考える。内部は天井等に現在の板が張られ、観察が出来ないとのことだった。高槻城の移建櫓の鬼瓦に、「文政三年、辰二月、吉日」・「萩庄村瓦師想明」の銘がある。萩庄村は現在の高槻城址東方の高槻市萩之庄と考えられる。

熊本城宇土櫓の規模
桁行――桁行両端柱間真々
五階櫓――一七・八二〇m

続櫓――東側――三二・〇〇七m
西側――三一・六五五m
梁行――梁行両端柱間真々
五階櫓――一五・三六六m
続櫓――南側――五・七九五m
北側――五・三三三m
軒の出――側本柱より広小舞下角まで
五階櫓――初重――一・〇〇m
二重――一・〇〇m
三重――一・一〇m
続櫓――初重――一・〇〇m
二重――〇・九五m
軒高――礎石上端より広小舞下角まで
五階櫓――初重――三・六七m
二重――九・九七m
三重――一六・一二m
続櫓――初重――三・五八m
二重――六・七八m
棟高――礎石上端より棟頂上まで
五階櫓――一九・一四m
続櫓――九・三四m

熊本城監物櫓の規模
桁行――桁行両端柱間真々
――二三・四八五m（七七・五尺）
梁行――梁行両端柱間真々
――五・九七五m（一九・七尺）
軒の出――側柱真より野地板外下角まで
〇・八六七m（二・九尺）
軒高――礎石上端より野地板外下角まで
三・五三二m（一一・七尺）
棟高――礎石上端より棟頂上まで
六・二七七m（二〇・七尺）

平成一二年（二〇〇〇）春、熊本城址を訪れることができた。古城址（ふるしろあと）には解説板があった。それによると加藤清正が今の熊本城を築く前は、この地に鹿子木寂心（親員・ちかかず）の築いた隈本城があり、後に古城（ふるしろ）と呼ばれた。この城には鹿子木氏の後、城氏が入り豊臣秀吉は九州征伐に当たって、この城に薩州攻撃の本陣を進めた。その後、佐々成政の居城とし加藤清正が熊本城に移るまで約二〇年間存在した。

大名屋敷　旧刑部邸

細川刑部家は、細川氏三代忠利の弟、刑部少輔興孝が正保三年（一六四六）に二万五〇〇〇石を与えられて興した。

本邸は城内のもと加藤家の重臣庄林隼人正（しょうばやしはやとのしょう）の屋敷であったが、延宝六年（一六七八）に子飼（こがい・熊本市東子飼町）にお茶屋を造り、後に下屋敷とした。刑部家は代々刑部か図書（ずしょ）を名乗り、家禄一万石で活躍した。子飼屋敷（別業）は、元禄年間や宝暦年間にも造作が行われ藩主も度々訪れた。

明治四年（一八七一）に熊本城が鎮西鎮台となり、城内の武家屋敷は一斉に城外に移った。時の刑部家の当主興増（おきます）は、同六年城内の屋敷も子飼に移して男爵家本邸として整えた。

旧刑部邸は建坪約三〇〇坪（九九〇㎡）あり、鉄砲蔵が附属した長屋門を入ると唐破風屋根の大玄関に至る。ついでに表客間から入側造の書院、二階建の「春松閣」と続き、一階は「銀之間」と呼ばれている。別棟は、書斎の付いた茶室「観川邸・かんせいてい」・御宝蔵・台所があり、全国有数の大大名一門の格式ある武家屋敷の形式を持っている。

熊本市では、平成二年度（一九九〇）から「ふるさとづくり特別対策事業」によって三ノ丸の用地を取得し、三カ年で移築復元したものである。昭和六〇年（一九八五）熊本県重要文化財に指定された。

熊本城には質部屋跡（しちべやあと）があり、ここには人質を住まわせる建物があった。

熊本市では熊本城復元整備計画を掲げ、加藤清正が築城した九八haの城郭全体を対象に、往時の姿に復元整備することを目指している。

熊本城は絵地図や古文書をはじめとする史料が多く遺されていて、この財産を生かして、史実に基づいた歴史的建造物の復元・保存を行うことにより、歴史遺産としての価値をさらに高めることを目的とする。築城四〇〇年に当る平成一九年（二〇〇七）を目処に整備を進め、本丸御殿・戌亥櫓・元太鼓櫓・未申櫓・南大手櫓門・飯田丸五階櫓・西嶽ノ丸五階櫓・数寄屋丸五階櫓・御裏五階櫓・櫨方三階櫓・北大手櫓門等を復元する予定である。

第四章　基本参考文献・御協力公共機関・寺社・個人等（順不同・敬称略）

基本文献　名城―その歴史と構成　大類伸監修　西ヶ谷恭弘著
日本城郭体系　新人物往来社
日本の名城・古城ものしり事典　小和田哲男監修　平成四年　主婦と生活社
別冊歴史読本各号　月刊歴史読本各号　新人物往来社

参考文献　藩史大事典　全八巻　雄山閣
写真紀行　日本の城　全四巻　集英社
城シリーズ　全八巻　毎日新聞社
日本の城と文学と　井上宗和　朝日新聞社

（①項目別参考文献・引用書目
②御協力寺社・公共機関及び個人（順不同・敬称略））

城郭建造物遺構櫓
①三内丸山遺跡の復元　大林組プロジェクトチーム著　一九九八初版　学生社
国指定史跡〝志波城〟　盛岡市教育委員会
吉野ケ里遺跡と古代国家　佐賀県教育委員会編
ひょうごの城　昭和五二年　神戸出版センター
信州の城と古戦場　南原公平著　昭和五〇年　令文社
グラフ――よみがえる鞠智城　熊本日日新聞社　平成一一年
三内丸山遺跡と北の縄文世界　朝日新聞社

弘前城の櫓遺構
①旧国宝弘前城二ノ丸辰巳櫓・同丑寅櫓及三ノ丸追手門維持修理工事報告書、重要文化財弘前城修理工事報告書
弘前の散歩道　藤田本太郎　一九八六　初版
青森県の歴史散歩　山川出版社
北の城下町弘前　長谷川成一編　名著出版
②弘前市立図書館　弘前市教育委員会

城郭櫓探訪（涌谷・会津若松・白河小峰）
①鶴ヶ城　昭和五九年　歴史春秋社
会津若松史跡めぐり　一九九三　歴史春秋出版
白河市史十　平成四年　福島県白河市
②荒井つね子　阿弥陀寺

新発田城の建造物遺構
①菖蒲城物語　角田夏夫著　財団法人　北方文化博物館　昭和五五年
城下町しばた　編著者　鈴木康　財団法人　北方文化博物館（清水園）　昭和六一年　初版
上杉謙信と春日山城　花ケ前盛明著　新人物往来社

②新発田市教育委員会

城郭櫓探訪（笠間・土浦）
①笠間城のはなし（上・下）　田中嘉彦著　一九八六　第一刷　筑波書林
茨城県指定文化財　土浦城址内　櫓門保存修理工事報告書　昭和六三年　土浦市教育委員会
茨城県指定史跡　土浦城址　土浦城西櫓　復元工事報告書　土浦市教育委員会　平成五年
②土浦市教育委員会・土浦市立歴史博物館・真浄寺

城郭櫓探訪（岩槻・高崎）
①岩槻城と町々の歴史　昭和六二年　聚海書林
高崎の散歩道　社団法人　高崎観光協会　昭和五五年

伝承松代城移建櫓考察
①松代　歴史と文化　昭和六〇年　編者　信濃毎日新聞社
真田家と佐久間象山　長野市観光協会　松代観光事業振興会
②昌龍寺

龍岡城台所櫓
①もう一つの五稜郭　中村勝実著　昭和五七年　（株）櫟（いちい）
②臼田町教育委員会

上田城の櫓遺構
①郷土の歴史　上田城　平成二年　編集発行　上田市立博物館
定本信州上田城　黒坂周平監修　東信史学会編
国指定史跡　上田城跡　本丸東虎口櫓門復元工事報告書　一九九五　上田市教育委員会
史跡上田城跡　西櫓・南櫓・北櫓修理工事報告書　昭和六二年

松本城の建造物遺構
①国宝松本城　解体と復元　竹内力編　昭和五四年
松本城　毎日新聞社　昭和四七年
松本城の歴史　一九八九　編集発行　日本民俗資料館　松本市立博物館
②松本市教育委員会

田中城本丸櫓
①静岡市歴史散歩　静岡新聞社　平成二年
静岡県古城めぐり　静岡新聞社　昭和五七年　小和田哲男　鈴木東洋　関口宏行　長倉智恵雄　見崎闃雄　共著
静岡県の史跡散歩　神村清著　昭和五一年　静岡新聞社
田中城絵図　平成八年　第一〇会特別展

藤枝市郷土博物館
静岡県の城物語　文　小和田哲男
写真　水野茂
平成元年　初版
静岡新聞社

犬山城宗門櫓
①犬山の歴史散歩　昭和六〇年
横山住雄著
国宝犬山城と城下町　昭和五四年　第一刷
横山住雄著
国宝犬山城図録　横山住雄著
教育出版文化協会
②森清士

三重の城郭櫓遺構・同詳細
①三重の近世城郭　一九八四　初版
編集　三重県
発行　三重県教育委員会
三重の城　福井健二著
昭和五四年
三重県良書出版会
志るべ石　桑名史跡めぐり
平成三年　桑名市教育委員会
②蓮花寺

伊勢亀山城石坂門多門櫓部
①亀山城本丸跡　亀山市教育委員会
亀山市の文化財　亀山市教育委員会

高取城火薬櫓
①大和の近世城郭と陣屋　関西城郭研究会
昭和五一年　海津栄太郎

高槻城と移建
①摂津　高槻城　本丸跡発掘調査報告書
昭和五九年
高槻市教育委員会
戦国時代の高槻　昭和五二年初版
高槻市教育委員会
摂津高槻城の研究　北本好武著
高槻市教育委員会

水口城櫓随想
①城下町の水口　昭和四七年

城郭櫓探訪（園部・福知山）
①福知山城の歴史　福知山城（福知山市郷土資料館）
福知山城跡　昭和六一年　福知山市教育委員会
福知山城繪図　平成元年　福知山市郷土資料館

福知山城物語　一九八七　京都新聞社編
②福知山市教育委員会・福知山市役所・安楽寺

下津井城の櫓遺構
①藤戸　原三正著　岡山文庫シリーズ
平成三年　初版
日本文教出版社
②倉敷市教育委員会・遍照院

備中松山城の建造物遺構
①重要文化財松山城（高梁城）防災施設保存修理工事報告書
高梁市　一九七〇
重要文化財　備中松山城　昭和五〇年　改訂版
発行　高梁市
②高梁市教育委員会

福山城の櫓遺構
①福山城　昭和四一年　村上正名著
福山市文化財協会
福山城誌　昭和一一年　浜本鶴賓著
②福山市教育委員会

吉田陣屋物見櫓
②法圓寺　吉田町教育委員会

津和野藩邸の櫓遺構
①津和野ものがたり　一、津和野藩
四、坂崎出羽守
六、津和野

高知城の建造物遺構
①重要文化財高知城天守修理工事報告書
重要文化財高知城東多門・詰門・廊下門修理工事報告書
重要文化財高知城懐徳館・黒鉄門・西多門・矢狭間塀修理
報告書
一九五五〜七九
高知県教育委員会
②高知市教育委員会

日出城鬼門櫓
①大いなり帆足萬里先生　平成四年
②日出町教育委員会　日出町文化財保護委員会

佐賀城鯱の門及び続櫓
①重要文化財佐賀城鯱の門及び続櫓修理工事報告書
一九六三　佐賀市　佐賀市教育委員会
佐賀県の歴史散歩　一九九五　山川出版社
②佐賀市教育委員会

熊本城の櫓遺構
①フォトレポート　熊本城　昭和六二年

熊本日日新聞社

熊本城　昭和五一年　初版　藤岡通夫著

中央公論美術出版

熊本城　川村晃　一九八七　株式会社成美堂出版

加藤清正（二）築城・宗教編　一九九二　矢野四年生著

熊本日日新聞情報文化センター

熊本歴史散歩　荒木精之（せいし）著　創元社

隈本の魁　國武慶旭著

②熊本市教育委員会　熊本県立図書館

平戸城狸櫓

①平戸市の文化財四

平戸市文化財調査報告書　一九七六　平戸市教育委員会

歴史と観光の島　平戸　昭和五〇年　初版

②平戸市教育委員会

城と民家　昭和四七年　城戸久著　毎日新聞社

終章　鹿児島県の歴史散歩　山川出版社

島津家おもしろ歴史館　第四版　平成九年　尚古集成館

島津家おもしろ歴史館二　集成館事業編　尚古集成館　平成一〇年

千葉県立関宿城博物館

城門研究家　近藤薫

日本古城友の会　藤林明芳

東海古城研究会　中村勇次

終章

古城流離（さすらい）佳人憧憬（かじんどうけい）そして新たなる旅立ち

私は、昭和二四年岐阜県郡上郡白鳥町長滝、現在の若宮修古館の地に生れた。そして、そこで小学校二年生まで育った。幼い頃の遊びは、夏は川遊び、春や秋は、野山を駆け廻ることであった。山へ行く時には、私を大変可愛がってくれた祖母が、弁当を作ってくれた。おかずはいつもうずら豆の煮たものか、たまに卵焼きであった。楽しみは年二回の白山長滝神社の御祭りであった。祭りの日には、カン鉄砲やヨーヨー・鯛焼きなどを買った。一日の小遣いが一〇円であったが祭りの日だけは、五〇円貰えた。

そしてもう一つの楽しみは、自衛隊に勤務していた兄が毎月送ってくれる学習雑誌と、時々帰省した叔父が買ってきてくれる漫画本であった。

父が関市の中濃病院の給食の係をしていた関係などにより、関へ出てきて、関商工高等学校の裏手の借家に落ち着いた。校庭は格好の遊び場であった。現在は文化会館が建てられている。そして、昭和三四年の春に現在の西福野に移った。そしてその年の秋に、伊勢湾台風でこっぴどくやられた。

歴史的な環境に育ったせいか、中学・高校では他の教科はだめでも日本史だけは学年でもトップクラスの成績だった。当時、現在の中日新聞がまだ中部日本新聞と称していて、毎週日曜日に「古戦場の旅」と題して全国各地の古戦場を紹介した。もちろん城址も含まれていた。それに強く心を引かれ、日曜日を心待ちにした。

決定的な城との関わりは、母に頼んで岐阜の書店で買ってきて貰った人物往来社の「日本の名城」であった。その本を読んで自分もいつかはこれらの城を探訪したいと強く思うようになった。大学は史学科に入学したが、致し方のない状況で数カ月で退学して社会に出た。そして年に二回ほど、念願の古城流離の旅に出るようになった。

昭和五一年、東海古城研究会に入会させて頂き、多くの先達と知り合いになれて、月一回の見学会を楽しみに仕事に励んだ。昭和五〇年代ぐらいから、全国的に中世城郭の調査・研究が盛んになった。私も出身地の郡上郡の城址を調査して、それなりにまとめられたら、と思って巻き尺を買って、春や秋の日曜日には、母に朝早く握り飯を作ってもらって、郡上の山奥深く分け入った。しかし、先達があまりにも完璧な城址図を機関誌に発表されるので、中世城郭調査から離れることとした。そして、城址でもかねてから興味のあった櫓を中心に探訪するようになった。そして幾つかの移建櫓の存在も知った。時代はいつしか平成になっていた。

初期の櫓探訪は、写真撮影とせいぜい建物の下層の外法を計測するぐらいであった。しかし、どうしても高さが知りたいので、いろいろ考えて測量器機店に電話をして、逆目盛計尺竿の存在を知り購入した。最高一二・三〇mまで測れるグラスファイバー製の竿で、少しずつ伸ばしていって建物にあてがうと、手元でその高さが計測できるようになっている。縮めた時の寸法が一・六〇m、重さは三kgある。これを持って、頭には手作りのバンダナをして、日本中に恥をさらして歩いている訳である。よくタクシーの運転手さんなどに、「釣りですか?」と聞かれる。大きな顔で、よけいに目立つ格好をしているのでたいていの人が、怪訝そうな顔をする。若い娘などは嫌な顔をする。

城址に現存していて文化財に指定されている櫓は詳細な資料があるが、移建櫓で文化財にも指定されていないものは、それが無く自分で計測するしかない。例えば、地上で五mと、高さで五mとでは感覚的にものすごく違うものなのである。もちろん建築学上では一分の違いも許されないのであるが、大略の高さが知れたらいいと思っている。中世城郭の調査が三回を目安としているように、いくら移建櫓探訪といっても一回で、写真撮影・聞き取り調査・建物の略測が完了した例は、稀である。どこかに手落ちがあるので、遠隔地でも二度・三度と足を運ばなければならない。

平成五年五月、私の趣味に対して最大の理解者であった母が、黄泉の国へ旅立ってしまった。しかし、ふり返ってばかりもいられない。私の古城流離は続く。

幾度か花が咲き、星が流れた。忘れられない人達がいる。カメラ店の代々の店長さんである。みんな咲く花の匂うがごとき女性たちであった。初代は関で一番といわれた美人、二代目は、チャーミングで春風のようにさわやかな人、三代目は笑顔のとても可愛い娘さんであった。

とりわけ三代目の印象は深い。写真やカメラのことで店に電話をして、「いい子ですか?」と聞いたところ、「いい子ですよ!!」と言ったので、いつしか呼び名は、いい子、となった。昔気質の男として直接本人や、周囲の人に名前が聞けず、もっぱらいい子で通した。ある城の移建櫓の存在が解った時は嬉しさのあまり店に電話をして初めて名前を知った。私は自分のことをおじちゃんといった。当時、いい子が二〇代前半、私が四〇代後半、思えば人生であの頃が一番充実していたように思える。いい子の笑顔が見たいがために、各地の城を探訪して店にフィルムを運んだ。

秋風が吹きはじめた頃、いい子は彼と二人で、別れの挨拶に家に来てくれた。そして、さわやかな笑顔を私の心に深くきざみつけ、亜麻色の髪をなびかせて去っていった。それは私の四〇代最後の日でもあった。四九年生れの、いい子と彼、私とは何か別の意味での、赤い糸の伝説で結ばれているような気がした。しばらく、鬱勃たる日々が続いた。

明けて平成一二年、春まだ遠き日、突然張りつめていた心の糸が切れた。それはいい子の誕生日でもあった。悶々たる日々が続いた。そして、新しい自分を見つけ出すために南へ飛んだ。近代日本の黎明の地ともいえる鹿児島である。昭和三四年頃から普及し始めたテレビで見た時代劇に「薩摩飛脚」があった。江戸時代、幕府の密命を帯びた隠密は薩摩に潜入し、生きては帰れなかったという。また、同じく当時流行って口ずさんだ歌に、「丸に十の字の旗風に…」、あるいは、「薩摩隼人の名にかけて…」というのがあった。薩摩隼人の西郷隆盛・大久保利通等、近代日本の魁となった人々の故郷、「わが胸の　燃ゆる思いに比ぶれば　煙は薄し　桜島山」、幕末生野の変で散った平野国臣の歌、薩摩には万人を引き付けるものがある。戦国大名島津氏、朝鮮征伐での明軍の心胆寒からしめた島津軍銃隊の活躍での異名鬼島津、関ケ原合戦で世界戦史上類例のない前面退却を敢行したいわゆる島津の退口、その後徳川幕府に対して殆ど領土を削減されなかった巧みな処世術、薩摩の示現流、何もかもが凝縮され、リーダーシップをとり近代国家日本の幕を切り開いた薩摩人・鹿児島…。

鹿児島城址に着いた時には、雨に降られて先が思いやられた。ここの石垣は鬼門除けのため東北隅が欠かれている。二度と来なくてもいいように何枚か撮る。西南戦争における政府軍攻撃の凄まじきばかりの弾痕が遺る私学校址の石垣を撮り、中華飯店で長崎チャンポンを食べる。以前、長崎駅近くの長崎屋という店で食べたことがあるが、あの時は美味かった。今回は疲れているせいか、あまり味がしない。

翌朝は快晴である。晴れ晴れとした気分になり城山に登る。登り口に薩摩義士碑がある。木曾・長良・揖斐三川の治水工事で、予算超過の責任をとって自刃した平田靭負と工事犠牲者の慰霊の碑である。幕府の外様大藩島津氏の財力消耗を狙ったいわゆる宝暦治水である。このように歴史的にゆかりが深いので、現在では鹿児島と岐阜とは友好姉妹県である。ゆっくりと登る。鶯の鳴き声を聞いた。空気が澄み切っている。早春の鹿児島はやはり南国である。左手に噴煙昇る桜島が見えてくる。何人かの人達が朝の散歩を楽しんでいる。頂上近くに来たら一人の男の人が、「普段、見えない開聞岳が見えますよ!!」と声をかけてくれた。私はその言葉に、一条の光明を見る思いがした。

開聞岳…終戦直前、沖縄の米国艦隊に、木とジュラルミンでできた零戦に乗って、二五〇kgの爆弾を抱え、片道の燃料だけで、敵艦隊に突入し花の命を散らした若者達…。昭和二〇年春、知覧の女生徒たちは桜の小枝をかざして、開聞岳めざして舞い上がる零戦を涙ながらに見送った。白きスカーフを巻き潔く死に突入していった防人たち…。

気宇壮大な薩摩隼人を育んだ風土…桜島…誰しもがこの景色を眺めたら、西郷さんや大久保さんのような気分になってしまうだろう。思いっきり深呼吸をする。散歩に来てベンチで休んでいるオジさんと三〇分程歴史談議に花を咲かせる。とても勉強になった。西郷さんを紹介した箇所があり、いろいろ書いてある。敬天愛人…西郷さんはあまり世渡りはうまくなかったようである。最後は私学校の生徒たちに担ぎ上げられ賊軍として五〇歳で死去する。そういえば織田信長が落命したのも一歳ちがいの四九…どうしてこういった惜しまれる命は早く散ったのであろう。花は散り際男は引際といって惜しまれつつ去るのが真の益荒男である。公の場に老醜は晒すべきものではない。

茶店で西郷さんの土人形と絵葉書を買う。それからゆっくりと下る。鹿児島城址内の、黎明館で様々な展示品を見せてもらう。まさに目からうろこである。甲冑・古文書・武器類・鉄砲・刀剣・什器…なぜ自分は今までどこの博物館へ行っても図録を買うだけでせかせかと、ろくに展示品の説明書きも読まないままに…何だかとても損をしてきたような気がした。黎明館入口付近に旧制第七高等学校(現在の鹿児島大学)

関係の碑などある。それから城址をあとにして歩く。鹿児島城址の入口左手は石垣の積み直し工事中で、もうしばらくすると新しい石垣の城址が見えるだろう。

タクシーの運転手さんと目線があったので乗せてもらいいろいろ話を聞く。地元の人だったら実によく知っていて勉強になる。昨今はリストラでタクシーの運転手さんになる人が多く、そういった運転手さんは道を知らない。宇都宮へ行った時は、やはりそんな運転手さんの車に乗りかなり手間取ったが、それはそれで仕方のないことである。東福寺城址・祇園洲砲台址・石橋公園は工事中であった。南洲墓地…西郷さんと桐野さんの墓がある。桐野利秋、通称人斬り半次郎、日本最初の陸軍少将…当時中将はなく、もちろん大将は西郷さんであった。

西郷さん終焉の地・西郷洞窟・照国神社の島津斉彬・久光・忠義諸侯の銅像・庭園・造士館址・ザビエル記念碑・下加治屋町の西郷さんや大久保さんの生家址。郷中の西郷さんや大久保さんの先輩たちが、西郷は金の玉のごとく、大久保は銀の玉のごとし、と評したという。むろん金の玉の方が大事なのである。真の男というものはべらべら喋るべきものではない。先に結論を言ってしまって思惑通りに行かなかった場合には、それを後から訂正して廻らなければならないようなはめになってしまう。どうも昨今は無駄話ばかりしている連中が多いようで、その間に時間ばかりが過ぎて行く。女の人の世間話というものは他愛のないものである。沈黙は金・雄弁は銀…昔の人は決して間違ったことを言ってはいない。

天保山（てんぽざん）砲台址…公園の一角にあり大勢のヤンママや子供たちが無邪気に遊んでいる。

薩英戦争は、前浜之戦（まえんはまのいっさ）といわれ生麦事件に端を発し、結果的にはイギリス側は、薩摩側を上回る六三名の死傷者を出した。砲撃戦ではイギリスと薩摩の大砲の威力の差が歴然としていた。イギリス艦隊の最新鋭アームストロング砲は、椎の実形の弾丸で射程およそ四km、信管が付いていて物に命中すれば爆発した。これに対して薩摩藩の旧式砲は、丸弾（まるだま）で射程は二km前後、その多くは爆発しないものであった。

坂本龍馬新婚の旅碑…龍馬が立ち、お龍さんが寄り添いしゃがんで夫を見上げている。英雄の短い生涯での、ほんのひととき、心が休まる旅であった。

ＪＲ西鹿児島駅前のバス発着場から、桜島フェリー乗り場へ向う。フェリーに乗り潮風を受け眼前の桜島や錦江湾を見回す。実に爽快な気分である。桜島の桟橋について、そして止まっているバスに乗る。なかなか動かないので、向こうに数人のタクシーの運転手さんがいたので、林芙美子の文学碑が見たいんだけど、と言ったら、バスは本数が少ないから、車の方がいい、それにせっかくだから島の反対側にある噴火で埋没した鳥居も見ておくといい、とのことであったのでそれもそうだと思い、車を走らせてもらい、運転手さんと話して、いろいろ説明してもらう。

大正三年の大噴火で黒神集落など三つの村落が埋没し、かつて高さ三ｍもあった鳥居がわずかに頭を出して噴火の凄まじさを物語っている。三枚程撮り、文学碑のところに戻ってもらう。火山灰が噴きつけるように降り落ち道に積もり、車が通る度に舞い上がる。運転手さんは今日はまだ穏やかな方だという。

　林芙美子…幼少の頃フミ子はここ桜島で過ごした。花のいのちは　みじかくて　苦しきことのみ　多かりき…。原始実に女性は太陽であった…婦人運動の先駆者平塚雷鳥は、明治四四年青踏社を創立し、雑誌『青踏』を出した。その表紙を飾ったのが高村智恵子の絵であったと記憶している。高村（旧姓長沼）智恵子は、福島県二本松市の酒造店で生れ恵まれた環境で育った。絵画の道を志し、高村光太郎と出会い、そして絵の才能が世に認められず、実家の没落もあり、心の病を患い、東京のゼームス坂病院で肺炎により亡くなった。晩年の智恵子は童女のように、無心に千代紙を折り続けた。

　東京の空　はいいろの空　ほんとの空が見たいという　すねてあまえた智恵子　智恵子の声が　安達太良の山に　きょうも聞こえる…千代紙がすき　折り鶴がすき　故郷の空へ　とばすという　願いひとすじ智恵子　智恵子の夢が…うろ覚えではあるが、私が幼い頃ヒットした二代目コロンビア・ローズさんの智恵子抄である。

　世の中に女神という表現はあっても、男神というのは知らない。女性はいつの世でも大切なのである。

　放浪の作家林芙美子は幼児期の数年を桜島で過ごした。芙美子は明治三七年に下関に生れた。七歳の時に両親が離婚したため母の実家で温泉宿を営んでいた祖父のところで暮らすことになった。その後母がよそ者と再婚したため一家はこの地を追われることになった。そのため芙美子は成人後も終生この地を訪れることはなかった。芙美子は上野の山の西郷さんの銅像の前で「寒くなってきましたね　お茶にかるかんがおいしいころですね　あなたはかるかんが食べたくないですか　ふるさとが恋しくはないのですか…」といったようなことを語りかけてそれを文章に遺しているという。

　桜島をあとにして磯庭園へ向う。第一九代藩主島津光久が築いた別邸で、国指定名勝の仙巌園というのはこの磯別邸の庭園に付けられた名称である。

　入口を入るとすぐ左手に反射炉址の石積が遺り、そこから奥に進むと右手に土産品店等があり、のどが渇いていたのでアイスクリームを買う。美味しかったのでもう一個買ってなめる。穏やかな日和で、ピンク色の花が咲いているが、今まで花の名・鳥の姿など気にもしなかった。これからはゆっくりと覚えられる。

　そこから進むと右側に白壁の土蔵に挟まれて大きな武家門があり、これが明治三〇年頃完成した正門で、昔の正門は少し先に東向きに設けられている朱塗の錫門である。屋根が鹿児島の南部にある錫山で産出する錫で葺いてあり、白く光り、朱色の木部と絶妙の対比を見せていて、日本で唯一のものである。ここは明治時代の一時期に島津忠義が本邸とした。園内は緑の磯山と錦江湾に挟まれたおよそ五万坪の敷地に、書院造建物・石壁土蔵・孟宗竹林・曲水の庭などがある。前方は国道とJR日豊本線、そして錦江湾が広がりその彼方に雄大な桜島がある。錫門を入って右に折れると仙巌園の主庭園に至る。庭園の左手の建物が書院造の居館で、大書院・化粧の間など大小一三の部屋があり、現在の建物は明治一四年に改築されたものである。庭園内には八畳敷大の笠石の上に獅子の乗った獅子乗大石灯籠や、我国で最初にガス灯がともされた鶴灯籠がある。また、琉球王が献上したといわれる異国的な望嶽楼（ぼうがくろう）は、床に様々な唐草模様の彫られた塼（せん）が敷かれている。秦の始皇帝の建てた阿房宮（あぼうきゅう）をまねたものといわれ、屋内に掲げられた「望嶽楼」の文字は書聖王羲之（おうぎし）の書からの集字である。

国指定史蹟の集成館は磯庭園のすぐ南にあり、見学はこちらの方が先であった。島津斉彬が嘉永五年に造らせた近代的工場の跡で、反射炉ガラス製造所・陶磁器製造所・鍛冶場・鍋釜製造所・製薬所などがあり、後にこれらの工場群は集成館と命名された。斉彬は集成館を中心に富国強兵・殖産興業政策を推し進め、日本を欧米諸国並みの近代国家にしようとした。斉彬の死後、集成館は縮小され、さらに文久三年の薩英戦争により焼失してしまったが、島津忠義によって再建された。明治維新後は陸・海軍が集成館を使用し、西南戦争では西郷軍がここを占拠して武器の製造に当った。その後集成館は島津家に返却され、大正四年まで事業は続けられた。

同八年島津忠義は、島津家の歴史を物語る資料を展示するため蒸気鉄工機械所を改修し、同一二年尚古集成館と名付け開館させた。昭和三四年に集成館の跡地は国の史蹟に指定され、同三七年には尚古集成館の建物も旧集成館機械工場として国の重要文化財の指定を受けた。明治天皇行幸所集成館の石碑があり、建物入口付近の解説板を撮る。

石材が細工がしやすくしかも風化に強い小野石が使用された建物を撮り静かに入館する。展示品を観れば目からうろこ、またうろこの連続で、筆舌に尽くし難い。

慶応三年、パリにおいて第五回万国博覧会が開催され、日本もこの時初めて参加した。この万博に薩摩藩は独自に参加し、記念章として勲章を作りナポレオン三世をはじめフランスの高官に贈った。これが好評を博し、日本には幕府とは別の独立国家が存在するような印象を与えその効果は絶大であった。幕府はさぞ悔しかったであろう。勲章は赤い五稜星に、丸い白十字紋が鮮やかな対比をなし、星の間には「薩摩琉球国」の文字があしらわれている。これが日本で第一号の勲章である。ゆっくり展示品を観て、解説文を頭に叩き込み図録を購入して別館に行く。別館には雛人形が展示してあり、薩摩の郷土玩具の糸びなを買った。

それから磯庭園の本館に入館したのであったが、閉館約一〇分前で、滑り込みセーフであった。和服姿のきれいな姉さんが二人いて、一人は販売箇所にいた。今まで各地の博物館に入館してきたが、きれいな和服姿の姉さんが二人もいるようなところは初めてで、長生きはするものである。

見学者はサラリーマンの上司と部下の男の子と自分の三人で、しばらく待っているように言われたので販売箇所を見てみると、鯛車があった。ちょっとした思い出のある郷土玩具で、やっとめぐり会えたと思った。姉さんがきれいだったし、それに嬉しかったので話しかける。

「これが鯛車ですか、わりとスリムなん

ですね、中年になると下っ腹が出てしまって」、「はい」と言って姉さんは笑い、「実はね、これには思い出があってね、新婚旅行の帰りに鹿児島空港で、これがなくて、土鈴のを買いましたよ」、「そうですか」、郡上の姉は若い時から土鈴を集めていて、自分もずいぶん買わされた。日曜日に家にいて洗濯をするだとか、料理を作るとかいう普通の娘がやるべき姿を、自分の記憶する限り一度も見たことがなかったある意味での女傑であった。姉が土鈴を、どすず・どすず、と言うから自分もそう表現するのだと思い込んでいたが、正しくは、どれい、という。

　三人で、ていねいな解説で案内してもらい、雛人形のある部屋でお抹茶を頂いた。気がゆるみ、解説をしてもらう度に、ついつい声が大きくなり、「しかし、中国の毛利氏は、関ケ原合戦で領地が一二〇万石から三六万九〇〇〇石に減らされたのに、島津侯は減らされなかった、えらかったんですねえ」と言って、販売箇所の姉さんに、「結局、その嫁さんには逃げられました」と言ったら、姉さんは笑っていた。すがすがしい気分で表に出て、庭園や灯籠を撮り、ゆっくり出口に向う。それからタクシーで撮り忘れたザビエル上陸記念碑に行って、ホテルに帰りゆっくり休む。計画を決めないはじめての旅であったので、ガイドブックを見て翌日は隼人町にある鹿児島神宮を参拝することにする。

　早朝ＪＲ西鹿児島駅から列車に乗り、およそ五〇分で隼人駅に着き、観光案内板を見てゆっくり歩く。しばらく右手に進み、そして左手に曲がって行くと神宮の手前右手に小学校があり、ＰＴＡのオジさんが、旗を持って登校してくる児童一人ひとりにあいさつの声をかけ、子供たちも元気よく返事をしている。近頃は挨拶のできる子は少なくなったというよりも、第一大人が変に格好をつけてそれをやらない。人生で一番純真なのは、小学生ならせいぜい三年生ぐらいまで、大人だったら人生の年輪を重ね、穏やかな顔のかわいらしいオジイちゃん、オバアちゃんである。年を取ってカリカリしているようなお年寄りは、もう少し若い者の意見を聞いて丸くなったほうがいい。老いては子に従えである。幼い子供が純真なのは当たり前で、むしろ異常なのは大人達である。大人は、ささいなことから喧嘩はするし物は盗る、果てには血を見るようなことも平気でする。純真な子供が例えば、あこがれの女の子をめぐってエアガンで一対一の決闘をするかといえばそれは決してやらないし、オジイちゃん同士がかわいいオバアちゃんを取り合って杖でチャンバラをするかといえばそれもやらない。ということは昔から戦争の繰り返しの世界の歴史というのはいったい何だったかということになる。結局は、子供でも解る理屈、例えば、自分のことは自分でする、自分のご飯は自分で食べる、人に借りたものは返す、自分の意見ははっきり言う、こんなことは自分たちは小学校に入学する以前から親や近所の人達に教わってきた。こんなことができない大人は、はっきりいって大きな服を着た醜い子供に過ぎない。

　かつてＮＨＫ連続ドラマで「隣の芝生」というのがあった。とかく人間というのは他人が気になるようで、例えば、結婚したカップルに、赤ちゃんは、などと聞くが、聞かれた人にはそれぞれの事情もあるし、その一言で痛く傷つくこともある。それに価値観というのは人それぞれ違うのであって、人のことをどうのこうのいうより先ず自分である。

だいたい九五％以上の人格者でなければ人のことをとやかく言う資格はないし、ましてや、会社や国のトップだったら一〇〇％以上のものが要求されて当然である。人の不幸は鴨の味といって、人間は他人の不幸ほど嬉しいものはないようであるが、あさましいことである。その前に自分の頭の上の蠅を追うべきである。

中年のオッサンが嫌われるのは、若い女性に対して、彼氏はいるかとか、出身地はどこだとか、無粋な言葉を投げかけるからであって、もっと他愛のないユーモアのセンスを身につけ、女性を笑わせるような言動をすべきである。それには、テレビでも雑誌でも、簡単に身につく情報があふれていて、それを身につけることによって自分も高めることができる。どうも世の中にはドスケベチックな男が多いようである。

この世の中に、先生と呼ばれるのは教職者・医師等一部の人達であってそれ以外に先生はいない。もしいるとすれば、時代劇で悪徳商人に雇われた腕の立つ用心棒である。人間は先生と呼ばれたら、何と自分も落ちぶれたものよ、とむしろ悲しむべきである。昔から先生・先生と呼ばれるほど馬鹿でなしという。

よく新聞記事で死刑囚の人権がどうのこうのいうがこれもまず初めに考えなければならないことは、被害者の果てしない未来を絶たれた無念さである。死刑囚の人権云々は二の次である。

新選組の沖田総司さんは人は斬ったが、純真な性格は好きである。自分も出来れば大人になりたくなかった。

広大な神域で、しみじみと神社建築を眺める。緋袴の可憐な巫女さんが、ほうきを使っている。森には霊気が宿るというが、とにかく幾度も幾度も深呼吸である。巫女さんが仕事を終えたので、頃合いを見計って授与所で玩具を買う。これで鯛車は、磯庭園で買ったのと合わせて大・中・小の三個となった。鹿児島神宮は、おもちゃ神社として全国にその名を知られ様々な玩具があり宅配便でも送ってくれる。

駅に戻り少し向こうの隼人塚に行く。国指定史蹟で公園化整備工事中であった。朝廷に平定された隼人族の遺蹟である。コンビニで肉マンとアンマンと缶コーヒーを買い駅で食べる。今朝は少し冷え込んだ。そして西鹿児島駅に向い、最後に維新ふるさと館に行く。ここは時間があったので行ったが、もう入ってびっくりである。実に丁寧にいわゆる最先端技術というのかそれを駆使して、薩摩を中心とした歴史が理解できるような工夫がなされている。

「いちかけ　にかけ　さんかけて　しかけて　ごかけて　はしをかけ…」、懐かしい歌声である。思わず見回す。その歌はNHK大河ドラマ『翔ぶが如く』、で最終回に田中裕子さん扮する西郷さんのお嫁さんのイトさんが、赤ちゃんをおんぶして浜を散歩するシーンに流れたメロディである。もちろんそれ以前に流れていたが、明治生れの母はおおよその歌を知っていて教えてくれた。懐かしい歌声と母の面影がかさなり、歯を食いしばる。

天下分け目の関ケ原という言葉がある。それは昔も今も、国であれ会社であっても、また個人にもそういう時期が必ず来る。それをどう乗り越えるかでその後が大きく変わり、良くも悪くもなる。人でいうなら若い時は、親や周囲がそれを支えてくれるが、独り立ちした人間には最後に頼れるのは自分の人生経験で得た知識と判断力である。ノストラダムスの大予言に肩透かしを食わされ、コンピュータ問題も何ともなかったように、もはや未来のことなど解りっこないとみんな考えている。そこで過去の戦国武将や武芸者、あるいは為政者の行動にそれを学ばなければならないし、それは実に簡単な方法なのである。本屋さんに行けば歴史関係の書籍がたくさん置いてあるし、歴史にとどまらず、いろいろなサークルもあり、また人に誇れる趣味を持つことも大切なことである。子供を育て、孫のお守りをする、悪いとはいわないが、人生というのは一度きり、思いきり楽しんで、あの世へ旅立つ時、「いい人生だった」、そう言って去りたい。

心洗われる思いの薩摩紀行で、あふれんばかりの糧を得て、人生の再出発の指針を見出すことができた。そして、白き心の巨塔を経て、遅れ馳せながら青雲の志を抱いて上京することとなった。

著者名

美坂 龍城（みさか りゅうじょう）
本名：宇佐美 達也（うさみ たつや）

1951（昭和24）年岐阜県に生まれる
1976（昭和51）年「東海古城研究会」に入会する
1989年より「櫓」にテーマを絞り、研究を始める
現在も全国の城郭を探訪する

著書
『城郭建造物遺構「櫓」探訪（上）』（文芸社刊）

城郭建造物遺構「櫓」探訪（上）

2001年2月22日　初版第1刷発行
2002年5月7日　初版第2刷発行

著　者　美坂 龍城
発行者　瓜谷 綱延
発行所　株式会社 文芸社
〒160-0022　東京都新宿区新宿1-10-1
電話　03-5369-3060（編集）
03-5369-2299（販売）
振替　00190-8-728265
印刷所　株式会社フクイン

©Ryujou Misaka 2001 Printed in Japan
乱丁・落丁本はお取り替えいたします。
ISBN 4-8355-1444-0 C0095
日本音楽著作権協会（出）許諾第0100209-101号